KB105815

중국과 조선, 그리고 중화

대우학술총서

620

중국과 조선, 그리고 중화

— 조선 후기 중국 인식의 전개와
중화 사상의 굴절

김영식 지음

아카넷

차례

제2부 중화 사상의 재조명

제3부 구체적 사례들

머리말

1.

전통 시기 한국의 철학, 종교, 예술, 과학 등 여러 문화요소들의 역사를 연구하면서 접하게 되는 문제 한 가지가 '한국사에서의 중국의 문제'이다. 전통 시기 한국의 사상(思想), 기물(器物), 실행, 경향 등 많은 것들이 중국의 것이거나 중국에서 기원한 것이며, 때로는 이것들이 지리적으로 한국에 위치했다는 것 이외에는 중국의 것들과 완전히 같은 모습을 보인다. 또한 이것들의 한국에서의 전개, 진화, 발전 과정에서도 중국의 압도적인 영향을 볼 수 있다.

전통 시기 한국 문화의 여러 측면에서 뚜렷이 드러나는 이 같은 중국의 압도적인 영향은 연구자들로 하여금 한국 문화와 역사의 '모방성', '종속성' 등을 거론하도록 했다. 그리고 그 같은 평가에 대한 반작용으로 한국 역사와 문화의 '독창성', '자주성'을 강조하는 경향이 나타나기도 했다. 특히 조선의 정체(停滯)와 타율성을 강조했던 일제 시기의 '식민주의 사관(史觀)'에 대항해서 한국사의 발전과 자주성을 주장한 이른바 '민족주의 사관'이 해방 이후 대두해서 한동안 학계를 주도하면서 한국사 연구는 독창성, 자주성을 찾는 경향이 지배적이 되었다. 근래에 들어서야 식민주의 사관과 민족주의 사관의 양극단에서 벗어나 균형 잡힌 시각에서 전통 시기 한국의 역사를 중국 주도의 동아시아 속에 위치한 한국이라는 맥락에서 이해하려는 시도들이 성과를 내고 있다. 이 같은 상황은 "한국사에서 중국을 어떻게 이해할 것인가", "한국사에서 중국의 의미는 무엇인가" 하는 근본적인 문제들을 제기한다. 이 책은 이 같은 문제들에 대한 나의 관심으로부터 시작되었다.

내가 이 문제들에 관심을 갖게 된 데에는 나 자신의 개인적인 경험이 영향을 미쳤다. 박사학위논문을 준비하던 1970년대 중반부터 나의 학문적 관심은 줄곧 중국 과학사 및 사상사의 연구—중국의 과학과 그 사상적 배경으로서 유가 철학, 그리고 전통 중국 사회의 지적, 사회적 주도층이었던 사인(士人)들의 자연세계 및 과학기술에 대한 인식—에 집중되어왔다. 물론 한국인으로서 한국의 과학사 및 사상사에 관심이 없을 수는 없었고 언젠가는 본격적으로 공부하고 연구해보겠다는 생각은 있었지만, 쉽게 그럴 만한 여유를 갖기는 힘들었다. 그러다가 1990년대 들면서부터 조선 시기를 학위논문 주제로 잡는 대학원생들이 여럿 나왔고 지도교수로서 그들의 논문 연구를 '지도'해야 하는 상황에서 거꾸로 그들로부터 배우면서 나 자신의 한국 과학사 및 사상사 공부가 뒤늦게 시작되었다. 그런데 그 과정에서 나는 내 학생들이 연구하고 있는 조선 시기 사인들의 저술 가운데 상당 부분이 앞선 시기의 중국 사인들의 저술을 발췌, 편집한 내용들로 이루어져 있다는 사실에 자주 부딪히게 되었다. 물론 그렇다고 해서 그 같은 조선 시기 사인들의 학문적 가치가 손상되는 것은 아니었다. 중국의 유수한 사인들이 이들과 똑같은 방식으로 앞 시대의 저술을 발췌, 편집하면서 훌륭한 업적들을 이루어왔기 때문이다. 그러나 내가 자주 접했던 이 같은 사실은 내게 몇 가지 문제들을 제기했다.

나는 1990년대 후반부터 몇 편의 글과 강연에서 이 문제들에 대한 내 생각과 의문들을 토로해왔었는데, 원래 영문으로 발표되었던 그 내용이 내 정년퇴임을 기념해서 2013년에 출간된 책에 포함된 "한국 과학사 연구에서 나타나는 '중국의 문제'"라는 글 속에 다음과 같이 번역되어 실렸다.

다소 다듬어지지 않은 방식으로 표현하면, 문제는 다음과 같다. 한국 과학사 연구자들은 중국으로부터 직수입한 개념과 기술을 어떻게 다루어야만 하는가? 환언하면 지리적으로 한국에서 논의되고 수행되었다는 사실을 제외하면 중국의 그것과 똑같았던 한국 전통 과학의 이론과 실행을 어떻게 다루어야 하는가? 만일 역사학자가 자신의 관심사를 한국 특유의 것에만 한정한다면, 그는 사실상 한국의 과학이지만 중국과 비교하면 그다지 독특하지도 않은 많은 것들을 배제해야만 할 것이다. 반대로, 역사학자가 한국에서 일어났던 모든 것을 연구 대상에 포함시킨다면, 그는 중국에서 일어났던 일들과 별반 다르지 않은 많은 것들을 다루어야만 할 것이다. 이것이 한국의 전통 과학을 연구하고 이해하는 정당한 방법일까?

… 한국 과학사 연구자들이 던질 수 있는 생산적인 질문들은 여전히 남아 있다. 어떠한 경로를 통하여 그러한 과학적 관념과 기물이 한국에 전파되었는가? 한국인들은 중국으로부터 도래한 그러한 관념, 기법, 기물을 어느 정도까지 이해, 채택, 소화, 숙달했는가? 한국인들은 그것을 개별적으로 받아들였는가, 아니면 전체의 일부로서 받아들였는가? 그리고 그들

은 중국 과학의 전체, 체계 또는 전서(全書)에 얼마만큼 충실했는가? 한국인들은 종종 중국 과학의 체계들을 전체로서 온전히 받아들인 것처럼 보인다. 그러나 언제나 그랬을까? 전체 중국 과학 중에서 한국인들은 어느 것을 더 선호했으며, 그 이유는 무엇이었는가? 사실 이러한 질문은 전통 시대 한국에서 이루어진 과학기술 활동의 본성과 그것이 한국의 문화와 사회에서 차지하고 있는 위치에 대해 더 많은 것을 조명해줄 수 있다.[1]

물론 여기서 내가 제기하는 질문들은 주로 과학을 주제로 하고 있지만, '과학'이라는 말을 '사상', '학문', '문화' 등으로 바꾸어도 많은 경우 같은 질문이 나올 수 있다. 그리고 실제로 나 자신의 관심도 과학과 사상만이 아니라 학문과 문화 전반을 두고 위와 같은 질문을 던지는 방향으로 확대되었다. 결국 이런 식으로 내가 "한국사에 있어서 '중국의 문제'"와 마주하게 되었던 것이다.

이 같은 문제에 대한 관심에서 시작된 이 책의 구체적인 집필 과정은 중국에 대한 조선 후기 사인(士人)들의 인식과 태도를 살펴보는 방향으로 진행되었다. 이처럼 시기적으로 조선 후기를 선택하여 그에 집중하게 된 데에는 두 가지 이유가 있었다. 우선 그 이전 시기에 대한 자료가 부족하고 그에 따라 선행연구가 결여되거나 부족한 상황에서 결국 선행연구에 많이 의존해야 하는 나로서는 어쩔 수 없는 선택일 수밖에 없었다. 그러나 또 다른, 더 중요한 이유로 들 수 있는 것은 우리에게 익숙한 한국 전통 사회와 문화의 특징적인 성격들이 조선 후기에 들어서 자리잡았다는 점이다. 그리고 조선 후기라는 시기

---

[1] 김영식, "한국 과학사 연구에서 나타나는 '중국의 문제'", 『동아시아 과학의 차이— 서양 과학, 동양 과학, 그리고 한국 과학』(사이언스북스, 2013), 207-222 중 209쪽.

가 지니는 이 같은 의미는 사인들의 중국에 대한 인식과 태도를 두고
서도 마찬가지였을 것이라고 생각된다. 한편 조선 후기는 사인—양
반, 학자, 관료, '지식인'—들이 주도하던 사회였고 그런 이유에서 이
책은 조선 후기 사회의 주도층이었던 사인에 집중했다. 물론 이들이
수적으로 소수였지만 조선 후기 사회에서 이들이 지녔던 지적, 사회
적 중요성에 비추어볼 때 조선 후기, 나아가 전통 시기 한국인들의 중
국에 대한 인식과 태도를 이해하는 데 이들을 살펴보는 일이 절대적
으로 중요한 것이다.

2.

사실 중국을, 중국 문화를 어떻게 볼 것인가 하는 문제는 조선 후
기 사인들에게는 피할 수 없는 문제였다. 그것은 세계에 대한, 문화
에 대한, 가치에 대한, 그리고 자신들의 정체성에 대한 그들의 생각의
기본이 되는 문제였다. 우경섭이 지적하듯이, 그것은 "개인의 수양론
에 관한 보편적 문제의식으로부터 의리론을 둘러싼 당파 간의 갈등,
조·청 간의 현실적인 외교 현안, 더 나아가 동아시아와 세계의 존재
양상 및 19세기 후반 일본과 서양의 침략에 대한 가치판단에 이르기
까지 다양한 층위와 폭넓은 스펙트럼"의 문제였다.[2] 따라서 조선 후
기의 거의 모든 사인이 중국과 중국 문화가 자신과 조선에게 어떤 의
미를 지니는가에 대해 견해를 지니고 있었고, 그들의 글과 대화 속에
그 문제에 대한 그들의 생각을 담고 있었다. 그들은 그 문제에 대해

---

2) 우경섭, 『조선중화주의의 성립과 동아시아』(유니스토리, 2013), 15-16쪽.

의식적으로 논의하고 저술했을 뿐만 아니라, 그 문제는 무의식적인 차원에서도 그들의 생각에 영향을 미쳤다. 그리고 이에 대해서는 그간 많은 논의가 이루어져 왔다.

조선 후기 사인들의 중국과 중국 문화에 대한 인식과 태도에 대해서 공부하고 생각하면서 나는 이들 선행연구에서 많은 것을 배웠다. 특히 근래에 발표된 여러 연구업적들이 나의 뒤늦은, 그리고 제한된 공부에 큰 도움을 주었다. 예컨대 김문식은 중국, 일본, 서양 등 외국에 대한 조선 사인들의 태도에 그들의 자아인식이 드러남을 보이는 『조선후기 지식인의 대외인식』에서 그들의 중국에 대한 인식을 다루었고,[3] 허태용은 『조선후기 중화론과 역사인식』에서 조선 후기 사인들의 중국에 대한 태도의 복잡다단한 변화 과정을 "중화회복의식"에서 "중화계승의식"으로의 변화라는 시각에서 추적했으며,[4] 우경섭은 『조선중화주의의 성립과 동아시아』[5]에서 조선중화 관념의 형성과 전개 과정의 추적을 통해 조선 사인들의 중국 인식의 다양한 모습과 변화를 서술했다. 그리고 배우성도 『조선과 중화―조선이 꿈꾸고 상상

---

3) 김문식, 『조선후기 지식인의 대외인식』(새문사, 2009). 그 외에 "조선후기 지식인의 자아인식과 타자인식―대청교섭을 중심으로", 『대동문화연구』(성균관대학교 대동문화연구원) 39권(2001), 425-467쪽; "조선후기 지식인의 대외인식", 『한국실학연구』 5(2003), 223-245쪽 등을 볼 것.

4) 허태용, 『조선후기 중화론과 역사인식』(아카넷, 2009). 그 외에 "17,18세기 北伐論의 추이와 北學論의 대두", 『大東文化研究』 69집(2010), 373-418쪽; "전근대 동국의식의 역사적 성격 재검토", 『역사비평』 111호(역사비평사, 2015년 여름), 443-470쪽 등을 볼 것.

5) 위 주 2에 인용된 책. 그 외에 "송시열의 화이론(華夷論)과 조선중화주의의 성립", 『진단학보』 101(2006), 257-289쪽; "朝鮮中華主義에 대한 학설사적 검토", 『韓國史研究』 159호(2012), 237-263쪽; 우경섭, "조선후기 귀화 한인(漢人)과 황조유민(皇朝遺民) 의식", 『한국학연구』(인하대학교 한국학연구소) 27집(2012), 333-365쪽 등을 볼 것.

한 세계와 문명』에서 조선 사인들의 지도(地圖)와 지리 지식을 중심으로 세계와 중국, 그리고 중화에 대한 그들의 인식을 보여주었다.[6]

그간의 단편 논문들을 정리하여 단행본으로 출간한 이들 업적 이외에도 특정 주제들을 단편 논문의 형태로 다룬 연구들로부터도 나는 많은 도움을 받았다. 무엇보다도 조선 후기 지성사의 여러 구체적 주제들을 다루는 조성산의 일련의 논문들이 조선 후기 사인들의 중국과 중국 문화에 대한 인식과 태도의 여러 측면들에 대한 풍부한 논의를 담고 있었다.[7] '북학(北學)'의 주장이나 '동국(東國)'이라는 용어 사용에 담긴 화이론(華夷論)적 의미를 분석하는 김문용의 논문들[8]이나 조선에서의 서학중국기원론(西學中國起源論), 동도서기론(東道西器論) 등의 형성 및 전개 과정을 다룬 노대환의 논문들[9]로부터도 조선 후기 사인들의 중국 인식을 살펴볼 수 있었다. 과학기술, 특히 역법(曆法)에

---

6) 배우성, 『조선과 중화―조선이 꿈꾸고 상상한 세계와 문명』(돌베개, 2014). 그 외에 『조선후기 국토관과 천하관의 변화』(일지사, 1998); "조선후기 지식인의 漢語 인식과 滿洲語", 『朝鮮時代史學報』 43호(2007), 133-166쪽; "조선후기 中華 인식의 지리적 맥락", 『韓國史研究』 158호(2012), 159-195쪽 등을 볼 것.

7) 조성산, "조선후기 소론계의 古代史 연구와 中華主義의 변용", 『歷史學報』 202집(2009), 49-90쪽; "18세기 후반~19세기 전반 對淸認識의 변화와 새로운 中華 관념의 형성", 『韓國史研究』 145(2009), 67-113쪽; "조선후기 소론계의 東音 인식과 訓民正音 연구", 『韓國史學報』 36호(2009), 87-118쪽; "조선후기 西人·老論의 풍속인식과 그 기원", 『史學研究』 102호(2011), 39-77쪽; "19세기 조선의 동문의식과 한문근대", 미야지마 히로시 엮음, 『동아시아는 몇 시인가?』(너머북스, 2015), 204-233쪽.

8) 김문용, "18세기 北學論의 문명론적 함의에 대한 검토", 『泰東古典研究』 19輯(2003. 6), 79-104쪽; "동국의식과 세계 인식―조선시대 집단적 자아의식의 한 단면", 『국학연구』 14집(2009), 121-150쪽.

9) 노대환, "정조대의 서기수용 논의―'중국원류설'을 중심으로", 『한국학보』 99(1999), 126-167쪽; "조선후기 '西學中國源流說'의 전개와 그 성격", 『歷史學報』 178(2003), 113-139쪽; 『동도서기론 형성과정 연구』(일지사, 2005).

대한 조선 사인들의 지식과 태도를 다루는 문중양의 논문들도 그들의 중국과 중국 문화에 대한 인식과 태도를 보여주었으며,[10] 그 외에 전통 시기 한국 천문역법의 특성을 규명하는 과정에서 중국 역법과의 관계를 검토하는 전용훈의 연구[11]나 조선의 시헌력 습득 과정과 조선 사인들의 연행 과정에 대해 다룬 임종태의 논문들,[12] 그리고 조선 시기 역서 제작 작업에 대한 박권수의 연구[13] 또한 그 같은 일에 참여한 조선 사인들의 중국 인식을 보여주었다.

---

10) 문중양, "세종대 과학기술의 '자주성' 다시보기", 『歷史學報』 189집(2006), 39-72쪽; "18세기 후반 조선 과학의 역사 시간", 김인걸 외, 『정조와 정조 시대』(서울대 출판문화원, 2011), 17-56쪽; "홍경모의 역법관과 '東曆' 인식", 이종묵 편, 『관암 홍경모와 19세기 학술사』(경인문화사, 2011), 211-244쪽; "'鄕曆'에서 '東曆'으로: 조선 후기 自國曆을 갖고자 하는 열망", 『歷史學報』 218집(2013), 237-270쪽; "15세기의 '風土不同論'과 조선의 고유성", 『韓國史研究』 162호(2013), 45-83쪽.

11) 전용훈, "19세기 조선에서 서양 과학과 천문학의 성격―청조 고증학의 영향을 중심으로", 『한국과학사학회지』 35(2013), 435-464쪽; "고려시대의 曆法과 曆書", 『한국중세사연구』 39호(2014), 193-257쪽; "韓国の曆書の曆注", 東アジア怪異學會 編, 『アジア遊學 187: 怪異を媒介するもの』(京都: 勉誠出版, 2015), 265-271쪽; "한국 천문학사의 한국적 특질에 관한 시론: 세종 시대 역산(曆算) 연구를 중심으로", 『한국과학사학회지』 38(2016), 1-34쪽.

12) 임종태, "'극동(極東)'과 극서(極西)의 조우': 이기지(李器之)의 『일암연기(一菴燕記)』에 나타난 조선 연행사의 천주당 방문과 예수회사의 만남", 『한국과학사학회지』 31(2009), 377-411쪽; "17,18世紀朝鮮天文學者的北京旅行―以金尚范和許遠的事例爲中心", 『自然科學史研究』 33卷(2013), 446-455쪽. Lim Jongtae, "Learning 'Western' Astronomy from 'China': Another Look at the Introduction of the *Shixian li* Calendrical System into Late Chosŏn Korea," *The Korean Journal for the History of Science* 34(2012), pp. 205-225; "Tributary Relations between the Chosŏn and Ch'ing Courts to 1800," Willard J. Peterson, ed., *The Cambridge History of China*, vol. 9, The Ch'ing Empire to 1800, Part 2(Cambridge University Press, 2016), pp. 146-196.

13) 박권수, "조선의 역서(曆書) 간행과 로컬사이언스", 『한국과학사학회지』 35(2013), 69-103쪽.

한편 2010년대 초반에 학계에서 진행된 '조선중화주의'와 관련된 논쟁, 특히 우경섭과 계승범의 서로 상반된 시각에서의 논쟁도 조선 사인들의 중국과 중화 인식에 대한 이해를 깊게 하는 데 기여했다.[14] 그리고 2013년 출간된 『한국사연구』 162호에 실린 "중화문물과 조선의 정체성"이라는 제목의 특집[15]은 위의 논쟁의 분석을 중심으로 조선중화주의를 재검토한 김영민의 논문 이외에 조선 후기 사인들의 중국과 중화 인식을 다루는 허태구, 김호, 김대중 등의 유용한 논문들을 담고 있다.[16] 청 제국 체제하에서의 조선에 주목하고 조선과 청의 관계에 대해 검토한 구범진의 논문들에도 조선 사인들의 중국 인식을 보여주는 내용들이 담겨 있다.[17] 물론 나는 이 외에도 다른 많은 연구자들의 수많은 글들을 읽고 큰 도움을 받았다.

이러한 여러 선행연구자들은 대체로 서로 같은 인물들, 같은 텍스

14) 이 두 연구자의 직접적인 논쟁은 우경섭, "朝鮮中華主義에 대한 학설사적 검토", 237-263쪽; 계승범, "조선후기 조선중화주의와 그 해석 문제", 『韓國史研究』 159호 (2012), 265-294쪽을 볼 것. 계승범의 견해는 그 외에 "조선후기 중화론의 이면과 그 유산", 『韓國史學史學報』 19(2009), 39-81쪽; 계승범, 『정지된 시간—조선의 대보단과 근대의 문턱』(서강대학교출판부, 2011) 등에 담겨 있다.

15) 『한국사연구』 162호(2013), 1-252쪽. 이 특집은 원래 "중화문물과 조선의 정체성"이라는 제목으로 2013년 4월 19-20일 거행된 "한국사연구회 · 템플턴 「동아시아의 과학과 종교」 프로젝트 연합학술회의"에 발표된 논문들을 바탕으로 한 것으로, 내가 이 학술회의에서 "조선 후기사에 있어서 '중국'의 문제"라는 제목으로 행한 기조강연이 이 책 집필의 시발점이었다고 할 수 있다.

16) 김영민, "조선중화주의의 재검토—이론적 접근", 211-252쪽; 허태구, "崔鳴吉의 主和論과 對明義理", 87-122쪽; 김호, "조선후기 華夷論 再考—'域外春秋'論을 중심으로", 123-163쪽; 김대중, "내부 ⇄ 외부에 대한 두 개의 시선—이덕무와 박제가", 165-209쪽.

17) 丘凡眞, "淸의 朝鮮使行 人選과 '大淸帝國體制'", 『인문논총』 59권(2008), 1-50쪽; 『청나라, 키메라의 제국』(민음사, 2012), 특히 5장; "조선의 청 황제 성절 축하와 건륭 칠순 '진하외교'", 『한국문화』 68(2014), 215-248쪽.

트들을 분석과 서술의 대상으로 하면서도 각각 다른 측면들에 주목하고 다른 측면들을 강조했는데, 나 역시 이 책에서 많은 부분 이들 선행연구에서 이미 다룬 인물들과 텍스트들을 대상으로 하면서 그에 대한 내 나름의 조망을 시도했다. 그 같은 시도의 결과 이 책이 선행연구들과 크게 다른 새로운 내용을 많이 담지는 않을 것이다. 사실 위에서 언급한 선행연구자들은 조선 후기 사인들의 중국 인식에 관련해서 많은 새로운 해석과 관점을 제시했고, 이 책에서의 나의 논의에 이들 선행연구에서 다루지 않은 완전히 새로운 내용은 별로 없을 것이며, 선행연구들과 많은 내용이 중복되는 것은 어쩔 수 없을 것이다.

그러나 이처럼 선행연구들과의 내용상의 중복을 무릅쓰면서 내어놓는 이 책에서 나는 각각 그 주안점과 시각이 다른 선행연구들에 포함되지 않았던 내용들까지를 모두 종합, 정리하고 이를 통해 하나의 흐름을 구성해보려고 시도했다. 특히 그동안의 연구들이 '대명의리', '조선중화', '북학' 등 몇 가지 주제들에 집중했고 그에 따라 조선 후기 사인들의 중국 인식을 보여주는 여러 다른 측면들은 소홀히 해왔는데 그같이 소홀히 되어왔던 측면들도 이 책에 포함시킴으로써 더 넓은 범위의 주제들을 조선 사인들의 중국 인식이라는 틀 속에 함께 조망할 수 있었다. 그 외에 내가 조선 후기 사인들에 관심을 갖기 이전에 오랜 기간 동안 중국의 사인들에 대해 연구해왔기에, 그 같은 경험이 나로 하여금 조선 사인들의 태도에서 그동안 선행연구자들이 보지 못한 측면이나 그들이 본 것과는 다른 측면을 보게 해주었을 가능성도 있을 것이다.

조선 후기 사인들의 중국 인식을 보여주는 다양한 측면들에 대한 이 책에서의 긴 논의의 밑바탕에 깔려 있는 나의 주된 주장은, 물론 그것이 다른 선행연구자들이 보지 못한 완전히 새로운 내용이라고 할 수는 없지만, 그런 면에서 예로 들 수 있겠다. 조선 후기 사인들이 중국과 중국 문화에 대한 다양한 인식과 태도를 통해 중화 사상에 긴장과 모순을 빚고 중화 사상으로부터 벗어난 것으로 보이기도 했지만 그들이 그 같은 긴장과 모순 때문에 중화 사상을 포기한 것이 아니라 오히려 폭넓고 유연한 중화 사상의 틀 속에 그 같은 긴장과 모순을 포괄함으로써 그에 대응할 수 있었다는 주장이 그것인데, 이는 조선 후기를 통해 중화 사상이 조선 사인들의 생각을 지배한 정도를 보여줄 뿐 아니라 그에 대해 조선 사인들이 지녔던 태도의 다양성과 중층성을 보여주는 것이기도 하다.

3.

이 책의 제1부는 중국에 대한 조선 후기 사인들의 인식과 태도에서 볼 수 있는 몇가지 경향들, 그리고 그 같은 경향들이 나타나고 변화하는 과정을 다루는 장들로 이루어진다. 먼저 1장에서 조선 후기 사인들의 중국에 대한 의식을 지배한 '중화 사상'에 대해 전반적으로 살펴보면서 시작한다. 이어지는 2-4장에서 중화 사상이 조선 후기의 역사에서 구체적으로 나타난 몇 가지 경향들—대명의리, 청에 대한 부정적 태도, 주자 정통론의 심화 등—에 대해 다룬다. 5장은 조선의 문화가 중화의 수준에 이르렀다는 '소중화' 의식, 나아가 중국이 오랑캐의 지배하에 들어간 상황에서 이제 조선이 유일한 중화라는 '조선중화' 의식에 대해 다룬 후, 6장에서 이 같은 '소중화', '조선중화' 사상의 밑바탕에 깔려 있는 '용하변이(用夏變夷)' 사상과 이를 뒷받침한 기자(箕子)에 대한 믿음과 해석 등을 다루고, 이로부터 이어진 단군에 대한 관심, 그리고 고구려, 발해 및 고대 조선의 북방영토에 대한 관심을 살펴본다. 7장은 여기서 더 나아가서 조선 후기 사인들의 조선인으로서의 자의식, 조선의 문화 및 학문에 대한 관심 및 자부심을 다룬다. 8장은 청의 높은 문화 수준을 인식하게 되면서 일부 조선 사인들 사이에 그것을 배우려는 '북학' 사상이 출현하여 전개되는 과정을, 그리고 끝으로 9장에서는 그 같은 상황에서 청 중심의 현실을 수용하는 경향이 퍼져가게 되는 과정을 다룬다.

이에 따라 1부는 결국 조선 후기 사인들의 중국 인식을 중심으로 한 조선 후기 사상사 전체의 재조명이 되었다. 그리고 그 과정에서 조선 후기 사인들의 중국과 중국 문화에 대한 인식과 태도가 지극히 복잡하고 다양했으며 서로 모순이 되거나 마찰이 존재했음을 볼 수 있었다. 이 책의 제2부는 1부의 여러 장들에서 살펴본 이 같은 복잡하고 다층적인 양상들의 밑바탕에 깔려 있는 중화 사상의 성격에 대해 재조명하는 두 개의 장으로 이루어진다. 우선 10장은 '중화'를 규정하는 지역, 종족, 문화의 세 가지 기준들 중에서 문화가 이 같은 여러 경향과 사조들이 형성, 전개되는 데 중요한 역할을 하게 되며 그 과정에서 중화 관념이 상대화하는 경향이 출현함을 보인다. 11장은 소중화, 조선중화 의식이나 조선인으로서의 자의식과 자주적, 독자적 경향, 북학 사조 등 조선 후기 사인들의 중국에 대한 태도에서 나타난 다양한 경향과 사조들이 일견 중화 사상으로부터 벗어나고 중화 사상에 긴장과 모순을 빚은 것으로 보이지만 사실은 이들이 모두 중화 사상의 틀 안에서 일어난 것임을 보이고, 중화 사상이 이적 왕조 청이 중원을 지배하고 서양 문물이 유입되는 상황에서 화이론의 다양한 측면들과 그것들 사이의 모순과 긴장이 빚어내는 화이 구분의 균열을 모두 포용할 수 있는 유연하고 폭넓은 틀이었음을 보인다. 조선 후기 사인들의 중국과 중국 문화에 대한 다양한 인식과 태도를 추적하는 앞의 장들에서의 긴 논의의 결과로 내가 주장할 수 있는 것이 있다면—물론 그것을 주장하는 것이 이 책의 목적은 아니지만—바로 이 11장에 담겨 있다고 할 수 있다.

제3부에서는 조선 후기 사인들의 중국과 중국 문화에 대한 인식과 태도의 다양한 측면을 다른 각도들에서 다시 조망해볼 수 있는 몇 가지 구체적 주제들을 다룬다. 먼저 12장에서는 중국과 조선의 관계를 '중심'인 중국과 '주변부' 조선이라는 관점에서 봄으로써 앞에서의 논의의 전제이자 배경으로 깔려 있던 중화 사상이라는 동아시아의 특수한 관점에서 벗어나서 이를 더 일반화시켜보려고 시도하는데, 특히 주변부 조선의 사인들이 중심부 중국 학계와 사인들에 대해 지닌 태도를 살펴본다. 13장은 조선이 서양 과학을 도입함에 있어 중국에 의존하는 모습, 그리고 서학중국기원론에 대한 조선 사인들의 태도를 다룬다. 14장은 중국에서 발생했거나 유행한 특정한 사조나 문화 요소가 조선에서 나타나는 시간상의 지연, 그리고 그 같은 시간지연의 과정에서 일어나는 중국 원형(原形)의 변형, 왜곡 등에 대해서 주자학, 서양 과학과 우주론, 천주교 등이 조선에 도입되는 과정 등을 예로 들어 살펴본다. 마지막 15장에서는 중화질서의 틀 안에서 나타나는 조선의 자주적, 독자적 움직임의 한 예로 조선의 역 계산과 역서 간행 작업을 살펴보고 그것이 흔히 거론되듯이 독자적 역(曆), 즉 '자국력(自國曆)'을 지향하는 움직임이었는지를 재검토한다.

4.

이렇듯 이 책은 조선 후기 사상사 전체에 걸쳐 넓은 범위를 아우르며 방대한 규모를 지니게 되었고 이는 분명히 나 자신의 능력과 공부의 범위를 엄청나게 넘어서고, 그에 따라 어쩔 수 없이 많은 제약과 한계를 지니게 되었다.

우선 조선 후기의 중국과 중국 문화에 대한 인식과 태도에 대해 전체적으로 하나의 흐름을 구성해내려고 시도하는 과정에서 피할 수 없이 상당 정도 단순화와 왜곡이 생겼을 것이다. 예컨대 나는 이 책에서 수많은 주장과 해석, 평가를 제시할 것인데, 이들 주장이나 해석 각각에 대해 그간 여러 학자들이 깊이 있는 연구를 해온 것들임에도 제한된 숫자의 예들만, 때로는 한두 가지 대표적 예들만을 가지고 뒷받침하는 경우가 많았다. 또한 전체적 흐름을 보이는 것이 이 책의 주목적이었기에 다양한 측면을 지니고 계속 변화하는 한 개인의 생각을 한 곳에서 다루지 않고 그 같은 흐름의 서로 다른 측면들을 다루는 여러 부분들에서 나누어 다루는 일이 많았다. 물론 이런 식으로 해서 조선 후기 사인들의 생각과 그들이 처한 복잡다단한 상황을 충분히 정확하게 보일 수는 없고, 각 개인에 따라, 그리고 그들의 시기와 상황에 따라, 매우 다양하게 나타났을 지극히 풍부하고 복잡한 세부적 사실들을 단순화하고 왜곡할 수밖에 없었을 것이다.

그러나 일정한 분량으로 전체의 흐름을 효과적으로 보이려고 하는 이런 종류의 책에서 이 같은 문제점은 피할 수 없는 면도 있다. 이렇듯 불가피한 문제들에도 불구하고 이 같은 전체적인 흐름을 그려보는 것은 의미가 있다고 생각한다. 더구나 중국과 중국 문화에 대한 인식은 조선 후기 사인들의 사상을 이해하는 데 워낙 핵심적 의미를 지니는 것이기에 이런 작업은 어느 단계에서 끝낼 수 있는 것이 아니라 계속해서 되풀이되어야 할 것이다. 조선 후기 사인들의 중국과 중국 문화에 대한 인식과 태도와 관련해서 이런 다양하고 복잡한 상황을 이해해보려는 나 개인의 노력의 결과인 이 책이 이런 복잡한 상황을 두고 앞으로 같은 노력을 해야 하는 사람들에게 도움이 될—특히 내가 여기서 제시하는 것보다 진일보한 새로운 이해를 얻어내는 데—수 있을 것이라고 기대하면서 이 책을 내어놓는다.

이 책에서 사용하는 여러 용어들에도 문제점이 있을 것인데, 여기서는 두 가지만을 언급하겠다. 우선 '사인(士人)'이라는 용어이다. 사실 나는 이 책에 등장하는 여러 인물들을 지칭하는 단어를 선택하는 데 많은 어려움을 겪었다. '양반', '사대부', '선비' 등 당대의 용어나 '학자', '지식인' 등 오늘날의 용어가 실제로 이들을 지칭해서 사용되고 있고 더 익숙하기는 하지만, 나는 이들 용어 중 어느 것에도 만족하기가 힘들었다. 이들 용어 중 어떤 것들은 이 책에서 내가 다루는 사람 모두나 그들이 지닌 속성 모두를 나타내주지 못한다는 느낌이 들었고, 어떤 것들은 이 책에서 다루는 사람들을 포함하기는 하지만 그 외의 다른 사람들에도 해당되는 것으로 느껴졌으며, 어떤 것들은 조선 후기에는 존재하지 않던 아예 다른 유형의 사람들을 지칭하는 느낌이 들었다. 결국 많은 고민 끝에 완전히 만족스럽지는 않고 얼마간 생소한 느낌이지만 '사인'이라는 단어를 사용하기로 했다.

또 한 가지 내가 겪었던 용어상의 어려움은 전통 시기 우리나라를 어떻게 지칭할 것인가 하는 문제였다. 물론 조선 시기에 대해서 다루면서는 '조선'이 자연스럽지만 조선 시기가 아닌 삼국 시기, 고려 시기의 경우에는 문제가 되는 것이다. 모든 시기에 대해 "한국"이라는 표현을 사용해서 "삼국 시기 한국", "고려 시기 한국"이라고 하는 것도,

비록 그것이 우리 학계의 공식적인 입장인 것으로 보이지만, 나로서는 어색한 느낌을 피할 수 없었다. 또 다른 대안으로 '우리나라'라는 표현도 가능하겠지만 학술적인 논의에서 사용하기에는 적절치 않은 정서적 요소가 담겨 있음이 아무래도 마음에 걸렸다. 그러나 그렇다고 해서 마땅한 대안을 찾지는 못했고, 결국은 그 같은 경우를 되도록 피하되 어쩔 수 없는 경우 몇 차례는 '우리나라' 또는 '한국'이라는 표현을 쓸 수밖에 없었다.

5.

이 책을 쓰는 과정에서 많은 사람들의 도움을 받았다. 그중에서도, 2000년경부터 "조선 후기 과학 및 사상사 연구모임"이라는 느슨한 이름으로 모여 발표하고 토론했던 문중양, 구만옥, 오상학, 임종태, 전용훈, 신동원, 박권수, 정명현, 허윤섭 선생 등, 그리고 이 모임이 주축이 되어 2011년부터 3년간 미국 템플턴(Templeton)재단의 지원을 받아 프로젝트를 수행하게 되면서 참여하게 된 김문용, 안대옥, 김영민, 조성산, 구범진 선생 등으로부터 큰 도움을 받았다. 이들과의 토론모임과 뒤이은 회식 자리에서의 만연한 대화는 중국의 과학과 사상에 대해 연구하다가 뒤늦게 조선 시기로 뛰어든 내가 조선의 역사와 사회, 인물과 자료에 대해 공부하고 익히는 데에 엄청난 도움이 되었다. 물론 이렇게 자주 만나 토론했던 사람들 이외에도 수많은 학자들의 발표를 듣거나 글을 읽음으로써 많은 것을 배웠다. 그들로부터 받은 도움은 이 머리말의 앞부분에서 일부를 언급했고 이 책의 각주와 참고문헌에도 나타나 있겠지만, 그중에서도 특히 배우성, 우경섭,

허태용, 김호, 노대환, 계승범 선생 등의 발표와 글에 빚을 많이 졌다. 한국고전종합DB의 인터넷 서비스를 통해『한국문집총간』,『조선왕조실록』등의 방대한 자료들을 온라인으로 접할 수 있었던 것 또한 큰 도움이 되었다. 이 서비스가 없었다면 나 같은 사람에게 이 같은 책의 집필 작업은 아예 불가능했을 것이다.

이 책의 기원은 10여 년 전, 당시 학술협의회를 맡고 계시던 김용준 선생님이 대우학술총서의 한 권을 집필할 것을 내게 권해주시던 때로 거슬러 올라가는데, 특히 선생님은 책의 주제를 내가 원하는 대로 정하도록 해주셨다. 그 후 주제가 변경되고 지연되는 긴 기간을 기다려준 선생님과 대우재단에 감사드린다. 원고가 완성된 후에는 긴 분량을 꼼꼼히 읽고 여러 가지 값진 지적을 해준 임종태 선생, 그리고 대우재단의 익명의 심사자 덕택에 많은 잘못을 고칠 수 있었다. 끝으로 책의 출판 과정을 맡아 진행해준 아카넷 출판사에 감사한다.

2018년 11월
김영식

1

중국 인식의 전개

1장
중화 사상

조선 후기 사인들의 중국에 대한 인식과 태도를 이해함에 있어 핵심이 되는 요소가 중화 사상이다. 그들은 거의 예외 없이 중화 사상의 틀에 안주하고 있었으며, 중화 사상이 대전제처럼 조선 후기 사인들의 의식을 지배했다. 이와 함께 그들은 중화 문명, 특히 유가 전통의 보편성과 우수성에 대한 깊은 확신, 그리고 그에 대한 극도의 존숭(尊崇)의 정서를 공유하고 있었다. 조선 후기 사인들은 중화 문명의 근원인 고대 중국의 지식과 제도에 대해 깊은 존경심을 보였으며, 특히 고대 경전(經典)들에 대한 그들의 존숭은 거의 절대적이어서 그들에게 경전은 모든 지식의 궁극적인 근원이었다. 이런 상황에서 많은 조선 후기 사인들이 중화 문명과 중국 유가 전통을 타자(他者)인 중국의 것이 아니라 자신들의 것으로 생각했고 자신들이 중국과 공유하는 것으로 믿기도 했다.

1.1 중화 사상과 중화 체제

중화 사상은 관념적 차원에서는 세계의 주체이자 중심으로 문명을 상징하는 '화(華)'(중화)와 종속이자 주변부로 야만을 상징하는 '이(夷)'(이적)를 대비하고 구분하는 화이관(華夷觀)에 바탕한 것으로, 이성규가 지적하듯이, "도전을 불허하는 '화'인 중국의 '이'에 대한 절대적 우월성 및 그 지배의 정당성을 용인하는 관념이 바로 중화 사상의 핵심"이라고 할 수 있다.[1]

이 같은 화이관에 대해서는 고대 경전들에도 그것을 뒷받침하는 근거들이 있었다. 예컨대 『좌전(左傳)』의 여러 곳에 나오는 "변방은 중화를 꾀하지 않고 이적은 중화를 어지럽히지 않는다"는 구절이나,[2] 『논어(論語)』의 "이적이 임금이 있다고 해도 중화가 망한 것만 같지 못하다"는 구절,[3] 그리고 『맹자(孟子)』의 "나는 중화로 이적을 변화시켰다는 것은 들었지만 [중화가] 이적에 의해 변했다는 것은 듣지 못했다"는 구절[4] 등이 화이관을 뒷받침하는 근거로 받아들여졌던 것이다. 이 같은 경전적 근거까지 지닌 중화 사상을 움직일 수 없는 전제로 받아들인 전통 시기 중국 사인들은 중국 문화의 모든 영역─학문, 도덕가치, 사회제도 등─의 우수성을 확신했다.

사실 중국의 전통, 그중에서도 유가 전통의 우수성에 대한 중국 사인들의 믿음은 거의 절대적이었다. 그들은 학문, 사회제도, 도덕적 가치, 심지어는 언어에 이르기까지 중국 문명의 모든 영역이 중국을

---

1) 李成珪, "中華思想과 民族主義", 『철학』 37집(1992), 31-67 중 32쪽.
2) 예컨대 "裔不謀夏, 夷不亂華.": 『左傳』 定公10年.
3) "夷狄之有君, 不如諸夏之亡也.": 『論語』 「八佾」편(3.5).
4) "吾聞用夏變夷者, 未聞變於夷者也.": 『孟子』 「藤文公上」(3上4).

제외한 나머지 세계의 "오랑캐들"의 그것들에 비해 우수하다고 확신했다. 중국 전통 문명의 보편성과 탁월성에 대한 이 같은 확신은 고대 중국 문명의 황금기에 대한 믿음으로 이어졌고, 특히 고대 성인들의 시기가 중국의 문명이 최고에 달한 황금기였고 성인들이 쓴 경전들에 모든 진리가 담겨 있다는 믿음이 중국 사인들 사이에 널리 퍼져 있었다. 그리고 이 같은 믿음은 이 세상에서 가치 있는 모든 것은 고대 경전에 담겨 있다는 확신까지 빚어냈다.

　그 같은 확신은 워낙 공고했기에 명말 이후 중국이 서양 문명과 접하고 무기, 기계, 천문, 지도 등에서 서양인들의 우수함을 인식한 후에도 지속되었다. 예컨대 설봉조(薛鳳祚, 1600-1680)는 중국과 서양의 천문역법의 '회통(會通)'을 목표로 한 자신의 책 『역학회통(曆學會通)』의 서문(1662)에서 "중국 땅은 문명, 예악의 고향이다. 어찌 외부의 학문에 뒤지겠는가?"라고 썼다.[5] 매문정(梅文鼎, 1633-1721)은 모든 언어 중 중국어만이 유일하게 바른 어순(語順)을 지녔다고 주장하기까지 했다.[6] 중국 문명의 우월성에 대한 이 같은 확신을 지닌 중국 사인들은 서양 신부들이 중국의 높은 수준의 문명에 이끌려 찾아온 것으로 말하기도 했다. 예컨대 마테오 리치(Matteo Ricci: 利瑪竇, 1552-1610)의 중국 입국 초기에 그와 교유했던 구여기(瞿汝夔, 1549-1612)는 리치의 『교우론(交友論)』을 위해 쓴 서문(1595)에서 "리치와 같은 먼 땅의 덕이 높은 사람들이 중화를 숭모하여 찾아왔다"는 표현을 사용했고,[7]

---

5) "中土文明禮樂之鄕, 何詎遂遜外泮然.":『曆學會通』正集紱: 薄樹人 編,『中國科學技術典籍通彙. 天文卷六』(鄭州: 河南敎育出版社, 1995), 619쪽.

6) "語言惟中土爲順, 若佛經語皆倒, 如云到彼岸, 則必云彼岸到之類. 歐邏巴雖與五印度等國不同語言, 而其字之倒用亦同.": 梅文鼎,『曆學疑問補』:『曆算全書』(文淵閣四庫全書, 第794冊), 卷4, 16b.

7) "洪惟我大明中天, 冠絶百代, 神聖繼起, 德覆無疆, 以與遐方碩德, 如利公者, 慕華

왕징(王徵, 1571-1644)도 트리고(Nicolas Trigault: 金尼閣, 1577-1628)의 『서유이목자(西儒耳目資)』에 부친 서문(1626)에서 트리고가 "우리 명의 숭문(崇文)의 교화(敎化)를 사모하여 9만 리를 산을 넘고 물을 건너왔다"고 썼다.[8] 이 같은 중국 사인들의 극단적 중국 중심적 경향은 이에 접한 예수회사들에 의해서도 기록되었다. 예컨대 리치는 자신들이 세계의 중심이고 높은 학문과 문화를 지니고 있으며 모든 주위 야만인들의 문화는 보잘것없다는 중국인들의 생각을 자주 언급했고[9] 판토하(Diego de Pantoja: 龐迪我, 1571-1618)는 중국에 체류 중 훌륭한 지식을 획득했기 때문에 예수회사들이 유럽에 남아 있는 그들의 동료들에 비해 훨씬 우수해져서 그들이 유럽으로 돌아가게 되면 필경 교황으로 선출될 것이라고 말하는 한 중국인에 대해 쓰기도 했다.[10]

이 같은 중국 중심의 중화 사상은 중국인들 자신에게서 그치지 않고 주변 민족들에게도 퍼져서, 조선을 비롯하여 월남, 일본 등 주변 민족들이 대체로 중국이 세계의 중심임을 인정하고 중국 문화의 우위를 받아들였다.[11] 현실적 차원에서 중화 사상은 전근대 동아시아 국제관계의 기반이 되는 '중화 체제'로 나타났다. 중화 사상이 "중국의

來款.": 「大西域利公友論序」; 徐宗澤編, 『明淸間耶蘇會士譯著提要』(北京: 中華書局, 1949 影印本), 344-345쪽.

8) "金四表先生 … 慕我明崇文之化, 梯航九萬里.": 「西儒耳目資敍」; 徐宗澤編, 『明淸間耶蘇會士譯著提要』(北京: 中華書局, 1949 影印本), 323쪽.

9) Matteo Ricci, *China in the Sixteenth Century: The Journals of Matthew Ricci: 1582-1610*, ed. Nicholas Trigault, tr. Louis Gallagher(New York: Random House, 1953), pp. 88-89.

10) Pantoja, Luis de Guzman에게 보낸 편지(1602. 3. 2.); Liam Matthew Brockey, *Journey to the East: The Jesuit Mission to China, 1579-1724*(Cambridge, Mass.: Harvard University Press, 2007), p. 253에서 재인용.

11) 李成珪, "中華思想과 民族主義", 31쪽.

대타자 논리를 넘어 동아시아 세계질서의 기반 담론으로 자리잡았으며, 동아시아 여러 나라들은 중국의 중화 문명을 수용하면서 중화 체제 속으로 편입된 결과, 저마다 중국을 대국으로 섬겼고 자신들의 정체성을 중화 문명 속에서 찾"기에 이르렀던 것이다.[12] 이 같은 체제하에서 중화 사상의 가장 분명한 형태는 중국 황제인 천자가 천하를 지배하는 것임을, 그리고 주변 나라의 통치자는 천자의 제후임을 인정하는 것이었다. 이는 고대 중화 문명의 이상으로 간주되는 주대(周代)의 봉건제도의 변용으로 볼 수 있는 것으로 춘추 전국 시대 주나라의 제후국들 사이에 확대되어 전한(前漢, 기원전 268-기원후 5) 시대에 자리잡으면서 중화 체제의 기본이 되었다.[13]

특히 조선은 건국 초부터 중화질서 속에 자신의 분(分)을 찾아 규정하는 등 중화 체제 속에서 종주국 중국에 대한 제후국 조선의 지위에 안주했다.[14] 사실 조선이 조선 중심의 세계 체제를 따로 구축하지 않는 한 이 같은 중국 중심의 중화 체제는 조선으로서는 아주 효과적인, 경제적인 체제였다. 그 체제 안에 편입됨으로써 가외의 노력 없이 그 체제가 이미 구축해놓은 자원을 이용할 수 있었던 것이다. 실제로

---

12) 김태년, "총론: '다름'들이 상생하는 대동(大同)의 장을 꿈꾸며", 인하대학교 한국학연구소 편, 『중국 없는 중화』(인하대학교출판부, 2009), 1-11 중 3쪽.

13) 沈載勳, "華夷觀의 前史─商周시대 自他 의식의 형성", 『東洋史學研究』 131집 (2015), 189-231 중 189-190쪽; 渡邊英幸, 『古代〈中華〉觀念の形成』(東京: 岩波書店, 2010), 3-17쪽. 『春秋繁露』에 나오는 "천자는 하늘로부터 명을 받고 천하는 천자로부터 명을 받는다(天子受命于天, 天下受命于天子)"는 구절이 이를 잘 나타내준다: 『春秋繁露』 「爲人者天第四十一」(文淵閣四庫全書 제181책) 卷11, 1a.

14) 건국 직후 조선은 『高麗史』를 편찬함에 있어 '皇帝', '天子' 등의 표현을 '王'으로 바꾸는 등 고려의 황제 제도를 제후국의 제도로 바꾸어 기술했다: 노명호, "고려 전기 천하관과 황제국 체제", 노명호 등, 『고려 역사상의 탐색』(집문당, 2017), 3-23 중 4-5쪽.

한국의 군왕들은 이미 고대부터 중국의 율령 제도와 유교, 불교 등을 받아들여 왕권 확립을 기했으며, 중국과의 조공 무역을 통한 실리를 취하기도 했고, 자국 내의 특정 지역에 대한 영유권과 지배권 주장이나 주변국과의 항쟁에서 중국 천자의 권위를 이용하기도 했다.[15] 중화 체제에서의 명목상의 주-종, 군-신 관계 등 오늘날 일견 종속적으로 보이는 관계는 그 같은 이점들을 위해 얼마든지 받아들일 수 있는 것이었으며 실제로 굴욕적으로 느껴지지도 않았던 것이다. 또한 오늘날과 같은 다국 체제에서 그중 한 특정 국가에 대해 복속한 것이 아니라 중화 체제의 보편 문화의 담지자로서 중화제국에 대해 복속한 것으로 여김으로써 그 같은 복속 자체를 바람직한 것으로, 나아가 명예로 여길 수도 있었을 것이다.

1.2 중화 사상의 정착

사실 조선 시기 이전에도 한국은 중국과의 관계에서 이 같은 중화 체제를 받아들이고 있었다. 고려의 경우 상황에 따라 중국 측의 상대방은 바뀌었지만 전 시기를 통해 계속해서 송(宋), 요(遼), 금(金), 원(元) 등 중국 왕조의 정삭(正朔)을 받고 연호(年號)를 사용했다. 960-993년에 송의 정삭을 채용했던 고려는 요가 성하자 994년부터 1116년까지의 기간은 중간 송의 정삭을 채용한 6년(1016-1021)을 제외하고는 요의 정삭을 받고 연호를 사용했으며, 요가 쇠퇴하고 금이 성한 후에는 금의 책봉을 받으려고 노력을 기울여서 1126년 사신을 보낸 후 1142년

---

15) 李成珪, "中華思想과 民族主義", 50쪽.

책봉을 받고 1224년까지 책봉 관계를 유지했는데, 몽골 원에 복속한 후 1260년부터 1370년 공민왕(恭愍王, 재위 1351-1374)이 명 홍무제(洪武帝, 재위 1368-1399)의 책봉을 받을 때까지는 원의 연호를 사용했다.[16)

 조선 개국 후에는 중국의 책봉을 받는 일에 더욱 적극적인 노력을 기울였다. 건국 후 조선은 명 황제로부터 책봉을 받아 그 후광으로 왕권을 강화하려고 꾀했으며 명 황제가 조선은 중국에서 멀리 떨어져 있으니 "자위성교(自爲聲敎)"할 것을 내세워 거절했음에도 오히려 명에 자진해서 사절을 보내어 명 중심의 중화 체제에 속하려는 노력을 기울였다.[17) 특히 태조는 홍무제로부터 "조선"이라는 국호를 받은 후 자신과 홍무제와의 관계를 기자(箕子)와 주무왕(周武王)과의 관계에 비유하기도 했다.[18) 이후 영락제(永樂帝, 재위 1403-1425)가 태종을 책봉한 이후부터는 명 황제에 의한 조선 국왕의 책봉 체제가 확립되었는데[19) 이렇듯 명의 책봉을 받은 조선은 그동안 사용해오던 의전(儀典) 격식들 중 제후국으로서 행해서는 안 될 것들은 스스로 철폐했다. 예컨대 태종(太宗, 재위 1400-1418)은 종묘의 제사 때 임무를 맡는 그동안의 직책들을 제후에 맞도록 강등했고 세종(世宗, 재위 1418-1450)은 그동안

---

16) 전용훈, "고려시대의 曆法과 曆書", 『한국중세사연구』 39호(2014), 193-257 중 197-212쪽.

17) 최종석, "조선 초기 국가 위상과 '聲敎自由'", 『韓國史研究』 162(2013), 3-44쪽.

18) "惟箕子受周武之命, 封朝鮮侯. 今天子命曰, 惟朝鮮之稱美, 且其來遠矣, 可以本其名而祖之, 體天牧民, 永昌後嗣. 蓋以武王之命箕子者命殿下, 名旣正矣. 言旣順矣.": 鄭道傳, 『三峯集』 卷7 朝鮮經國典上「國號」;『韓國文集叢刊』(이 책에서는 따로 밝히지 않는 한 "한국고전종합DB"에서 제공하는 사이버 자료를 사용한다), a005_414d.[이하 "(문집총간 a005_414d)"와 같이 표기한다.]

19) 여기에는 물론 명초, 특히 영락제가 조선과의 평화적 관계를 유지할 필요가 있었던 상황도 작용했고 사실 "조선"이라는 국호 자체가 조선의 복속을 확보하려는 명 측의 선호를 반영했다. 최소자, 『淸과 朝鮮 — 근세 동아시아의 상호인식』(혜안, 2005), 177-179쪽.

써오던 국왕의 고정립(高頂笠)을 홍무제가 즐겨 쓰는 것이라 하여 쓰지 않기로 결정하기까지 했다.[20]

중화 사상은 중종(中宗, 재위 1506-1544)대 이후 더욱 강화되어 16세기에 이르러 크게 떨치게 되었다. 16세기 조선 사인들은 명과의 책봉 관계가 확립되고 조선이 중화 문명권에 확실히 들게 된 데 대해 자부심을 보이기도 했다. 예컨대 이황(李滉, 1501-1570)은 한 일본인 무인(武人)에게 보내는 예조(禮曹)의 외교서신에서 "하늘에는 해가 둘이 없고 백성에게는 임금이 둘이 없다. '춘추대일통(春秋大一統)'이란 천지의 상경(常經)이고 고금의 통의(通義)이다. 대명(大明)은 천하의 종주국이니, 바다 모퉁이라도 해가 뜨는 곳이라면 신복(臣服)하지 않는 나라가 없다. 귀국 또한 대대로 조공을 바친 것이다"라고 했고,[21] 이이(李珥, 1536-1584)도 「공로책(貢路策)」에서 "신은 하늘에는 두 개의 해가 없고 백성에게는 두 임금이 없다고 들었습니다. 우리 동방은 멀리 해외(海外)에 있어 비록 별도로 한 구역이 된 것 같으나, 구주(九疇)의 가르침과 예악의 풍속은 중화에 뒤지지 않은즉 한 줄기 강물에 막혀 끝내 스스로 이역(異域)이 될 수는 없습니다"라고 했는데,[22] 같은 글의 뒤에 가서는 "이제 작은 것으로써 큰 것을 섬겨 군신의 분수가 이미 정해져 있은즉 때의 어려움과 쉬움을 헤아리지 않고, 형세의 이로움과 해로

20) 계승범, 『정지된 시간—조선의 대보단과 근대의 문턱』(서강대학교출판부, 2011), 109-110쪽.
21) "天無二日, 民無二王. 春秋大一統者, 乃天地之常經, 古今之通義也. 大明爲天下宗主, 海隅出日, 罔不臣服. 亦貴國之世修朝貢者矣.": 『退溪先生文集』 卷8 「禮曹答日本國左武衛將軍源義淸」(문집총간 a029_261d-262a).
22) "臣聞天無二日民無二主. 惟我東方, 邈在海表, 雖若別爲一區, 而九疇之敎禮樂之俗, 不讓華夏. 則終不可限以一帶之水而自爲異域.": 『栗谷先生全書』 拾遺 卷4 「貢路策」(문집총간 a045_537a-537b).

움을 헤아리지 않으며 그 정성을 다하기만 힘쓸 따름입니다"라고 썼다.[23] 이후 조선의 사인들에게 중화 사상은 더욱 확고히 자리잡아 우경섭이 지적하듯이 "17세기 중반부터 20세기 초반에 이르기까지 거의 300년에 이르는 기간 동안 조선왕조 유교 지식인들의 사고와 행동을 규정하는 중추적 이데올로기로 기능"하게 되었다.[24]

병자호란과 그에 뒤이은 명청 교체 등 조선을 둘러싼 외적 상황이 중화 사상을 강화시키는 쪽으로 영향을 미쳤다. 명청 교체 이후 중원에서 중화가 사라지고 만주족 왕조인 청이 중원을 지배하게 된 사실이 조선 사인들 사이에 중화 문명의 본질과 기준에 대해 검토하고 화이 구분에 집착하는 태도를 강화시키기도 했다. 예컨대 송시열(宋時烈, 1607-1689)이 오랑캐 원을 정통으로 받아들였던 허형(許衡, 1209-1281)을 강력하게 배척한 것은 이 같은 태도를 보여준다고 하겠다.[25] 이런 상황에서 조선 사인들이 천주교를 비판하는 데 있어서도 그것이 오랑캐의 종교라는 생각이 중요하게 작용했다. 예컨대 신후담(愼後耼, 1702-1761)은『서학변(西學辨)』에서 천주교를 비판하면서 "저 유럽의 여러 나라는 바다 끝의 외딴 지역에 불과하며 오랑캐의 편방이어서 스스로 중국에 들어와 중화를 본받을 수 없었다"고 했으며,[26] 안정복(安鼎福, 1712-1791)은 1784년 권철신(權哲身, 1736-1801)에게 보낸 편

---

23) "今夫以小事大, 君臣之分已定. 則不度時之艱易, 不揣勢之利害, 務盡其誠而已.": 같은 글(문집총간 a045_538b).

24) 우경섭, "朝鮮中華主義에 대한 학설사적 검토",『韓國史研究』159호(2012), 237-263 중 237쪽. 배우성은 조선 지식인들에게 "중화를 핵으로 하는 일원적 문명질서, 중원대륙과 한반도를 핵으로 하는 단일한 중화 세계는 일종의 천리(天理)였다"고 까지 표현했다: "『조선과 중화』와 나"(규장각 특강, 2015. 1. 22. 발표문), 9쪽.

25) 우경섭,『조선중화주의의 성립과 동아시아』(유니스토리, 2013), 167-186쪽.

26) "彼歐邏巴等諸國, 不過窮海之絶域, 裔夷之偏方, 不能自進校華夏.": 李晩采,『闢衛編』: 金時俊 譯,『新完譯 闢衛編―韓國天主教迫害史』(明文堂, 1987), 467쪽.

지에서 그가 이벽(李蘗, 1754-1785) 등과 천주교 서적을 읽고 공부하는 것을 염려하면서 "나는 중화로 이적을 변화시켰다는 것은 들었지만 [중화가] 이적에 의해 변했다는 것은 듣지 못했다"는 위에서 언급한 『맹자』의 구절을 인용했다.[27]

물론 조선 사인들 사이에 조선은 다른 제후국과는 달리 특별하다는 인식이 있었던 것은 사실이다. 그리고 조선이 중국에 복속하였으면서도 실제로는 내정과 외교의 여러 측면을 대부분 자주적으로 처리하고 있었음도 사실이다.[28] 그 같은 측면은 나중 15장에서 볼 것처럼 조선이 자국의 위치에 부합하는 역서(曆書) 자료를 산출하는 능력을 확보하려고 노력했다는 사실에서도 볼 수 있으며, 조선의 역사인 '동사(東史)'는 중국의 연호가 아니라 '본국기년(本國紀年)'을 사용해야 한다는 유형원(柳馨遠, 1622-1673), 이익(李瀷, 1681-1763), 안정복 등의 주장도 같은 태도를 보여준다고 할 수 있다.[29]

그러나 공식적으로는, 그리고 대외적으로는, 어디까지나 조선은 중국의 제후국이자 속국이었다. 송시열은 정몽주(鄭夢周, 1337-1392)의 「신도비명(神道碑銘)」에서 정몽주가 원을 배척하고 명에 귀의했으며 중화의 제도로 오랑캐 풍속을 변화시켜 "우리 동방 땅을 중국의 속국이 되게 하고 성대히 예의의 나라가 되게" 한 것을 그의 "큰 공"이라고

---

27) "天主導人爲善之意, 必不如此也. 然聖人明明德於天下者, 其救世之意, 爲如何哉. 何必捨名敎之樂地而求生天堂乎. 所謂閒用夏變夷未聞變於夷者, 此也.": 『順菴先生文集』 卷6 「答權旣明書甲辰」(문집총간 a229_463b).

28) 구범진, 『청나라, 키메라의 제국』(민음사, 2012), 184쪽.

29) 조성산, "조선 후기 성호학과 '지역성'의 문제", 『조선시대 지식·지식인 재생산체계─17~18세기 여주 이씨를 중심으로』(고려대학교 민족문화연구원 "조선시대 지식·지식인 재생산체계" 연구팀 제2차 학술회의 자료집, 2013. 4. 26.), 67-85 중 70쪽.

했으며,[30] 선조(宣祖, 재위 1567-1608)는 심지어 "제후의 땅은 천자로부터 받은 것이므로" 조선이 "실제로는 중국의 땅인데 [중국이] 우리나라로 하여금 [스스로] 다스리게 한" 것이라고까지 이야기했다.[31] 명에 알리지 않은 채 일본과 수교한 그동안의 일이 문제가 될 것으로 걱정한 조선 조정이 임진왜란 이후 일본과의 통교 때는 명에 미리 알려 허락을 받아내는 형식적 절차를 밟은 일도 조선이 처했던 그 같은 엄연한 현실을 보여준다.[32] 이 같은 상황에서 중국에서 국왕 책봉의 조칙(詔勅)을 받게 되면 조선 조정이 이를 크게 경축하는 분위기였던 것은 당연한 일이었다.

1.3 중화 사상의 다양한 표현

이 같은 조선 사인들의 중화 사상은 그들이 흔히 쓰던 몇 가지 표현들에 잘 나타났다. 우선 그들이 자신들의 나라인 조선을 "동국(東國)"이라고 부른 데에서 그들에게 깊이 각인된 중국 중심적인 생각이 드러났다. "동방(東方)", "동토(東土)", "해동(海東)", "대동(大東)", "아동

---

30) "使我東土爲中國之屬國"한 것을 큰 공으로 여김: "其斥胡元歸皇朝, 用華制變胡俗, 使我東土爲中國之屬國, 而蔚然爲禮義之邦者, 是非先生之大功乎.": 『宋子大全』 卷154 「圃隱鄭先生神道碑銘」(문집총간 a113_307d-308a).

31) "諸侯土地, 受之於天子. … 其實中國之地, 使我國治之.": 『宣祖實錄』 26년(1593) 8월 癸未(2일). 이하 이 책에서 『實錄』 기사를 인용하면서는 연도에는 서력기원을 병기하고 日字는 干支 대신 숫자로 된 날짜로 표기한다. 한편 이 책에서 사용된 날짜는 모두 음력이며, 연도는 편의상 음력 1월 1일부터 12월 말일까지의 전 기간에 대해 같은 서기 연도를 사용한다.

32) 허태구, "崔鳴吉의 主和論과 對明義理", 『韓國史硏究』 162(2013), 87-122 중 99-100쪽.

(我東)”, “화동(華東)”, “좌해(左海)” 등으로 다양하게 변형된 이러한 표현은 이미 최치원(崔致遠, 857-?)에게서 나타났었고 20세기 초까지 사용되었다.[33] 그 외에도, 조선 사인들이 명을 ‘천조(天朝)’라고 불렀고, 자신들이 천자의 제후인 조선 국왕을 섬기는 신하로서 천자의 신하이기도 하다는 의미에서 자신들을 ‘배신(陪臣)’이라고 표현했는데 이 또한 그들의 중화 사상을 잘 드러내준다고 할 수 있다.[34]

　한편 중화 체제 속에서 중국의 책봉을 받은 제후국으로서 조선을 직접적으로 드러낸 표현은 “유명조선국(有明朝鮮國)”이었다. 사실 이는 일본이나 월남에서는 보이지 않는 조선에서만 독특한 표현으로, 조선 이전에도 “유당신라국(有唐新羅國)”, “당신라국(唐新羅國)”이나 “유당고려(有唐高麗)”, “대송고려(大宋高麗)”, “대원고려(大元高麗)” 등 비슷한 표현들이 있었지만, 조선의 건국 이후 “유명조선국”이라는 표현은 이들 경우보다 훨씬 더 널리 사용되었다.[35] 건국 초기 조선의 건국이 명에 의해 승인받았음을 내세움으로써 고려를 찬탈한 것이라는 비판을 봉쇄하려는 의도가 있었던 것으로 보이는 “유명조선국”이라는 표현[36]은 이후 조선의 공식 호칭으로 차츰 굳어졌다. 선조대에는 자인(懿仁)왕후의 지문(誌文)에 “유명조선국”이라는 표현이 빠진 사실을 확인한 후 관련 관원을 파직하고 다시 새겨 넣는 일까지 찾아볼 수 있었다.[37]

33) 김문용, “동국의식과 세계 인식―조선시대 집단적 자아의식의 한 단면”, 『국학연구』 제14집(2009), 121-150 중 122-123쪽.
34) 계승범, “조선후기 중화론의 이면과 그 유산”, 『韓國史學史學報』 19(2009), 39-81 중 57쪽.
35) 이성규, “中華帝國의 팽창과 축소: 그 이념과 실체”, 『역사학보』 186집(2005), 87-133 중 105-116쪽.
36) 이성규, “中華帝國의 팽창과 축소: 그 이념과 실체”, 116쪽.

명 멸망 이후에도 많은 조선 사인들은 계속해서 "유명조선국"을 칭했고, 그에 반해 "유청조선국(有淸朝鮮國)"이라는 표현을 사용하는 경우는 없었다.[38] 유형원 같은 사람조차 북경 함락 후 명나라 배신으로 자처하고 우반동(愚磻洞)에 은거했으며,[39] 묘비에는 "유명조선국 진사(有明朝鮮國進士)"라고 새겼다.[40] 개인들만이 아니라 조정의 공식 자료에서도 "유명조선국"이라는 표현이 사용되는 일이 있어서, 1718년 숙종(肅宗, 재위 1674-1720)의 단의빈(端懿嬪)이 죽자 조정은 묘지석(墓誌石)에 "유명조선국 단의빈 묘지석(有明朝鮮國端懿嬪墓誌石)"이라고 새기기로 하면서 이것이 1701년 인현왕후(仁顯王后)의 명릉(明陵) 지석(誌石)의 예를 따른 것임을 밝혔다.[41] 1800년 정조(正祖, 재위 1776-1800)의 지석문(誌石文)에도 "유명조선국왕 정종대왕 건릉지(有明朝鮮國王正宗大王健陵誌)"로 적혀 있었다.[42]

중화 사상을 당연한 것으로 받아들인 조선 사인들은 중국의 지리적 위치를 통해 중국이 중화인 까닭에 대한 설명을 제시하기도 했다. 예컨대 이익은 「발직방외기(跋職方外紀)」에서 유럽과 중국이 같은 위도(緯度)임에도 유럽을 서쪽이라고 하고 중국을 중앙이라고 하는 이유

37) 『宣祖實錄』33년(1600) 12월 26일. 그러나 명이 조선에 보낸 국서는 물론 조선이 명에 보낸 문서에는 그냥 "조선국"이었음을 보면 "유명조선국"은 조선의 국내 의례용이었음을 알 수 있다. 이성규, "中華帝國의 팽창과 축소", 116쪽.

38) 이성규, "中華帝國의 팽창과 축소", 115-117쪽.

39) "明烈帝十七年, 淸人寇陷燕, 自立爲帝. 馨遠自以明陪臣義不出, 隱於愚磻山谷中." 俞漢雋, 『自著』卷15「柳馨遠傳」(문집총간 a249_260a-260b).

40) 우경섭, "朝鮮中華主義에 대한 학설사적 검토", 247쪽.

41) "禮葬都監言. 辛巳年誌石上外面中央, 以雙行大書, 有明朝鮮國仁顯王后明陵誌石 十三字刻之. 今亦當以有明朝鮮國端懿嬪墓誌石十一字刻之. 世子從之.": 『肅宗實錄』44년(1718) 3월 16일.

42) 『正祖國葬都監儀軌』「表石儀軌」,「誌石儀軌」.

를 설명하면서 "아세아(亞細亞)는 실로 천하에서 가장 큰 대륙으로 인류가 처음 태어난 땅이고 성현이 처음 나온 곳인데 중국은 또 그 바로 중심에 해당한다"고 말했다. 그는 이 같은 중국의 위치가 풍수지리가들이 말하는 '낙혈(落穴)'과 비슷하다고 지적했고 『주역(周易)』 송괘(訟卦) 상전(象傳)의 "하늘과 물이 어긋나게 행한다(天水違行)"는 표현을 들어 강물이 모두 동쪽으로 흘러가는 중국에서 상(象)을 취하여 송괘가 만들어진 것이라고 말하기도 했다.[43] 신후담도 『서학변』에서 알레니(Giolio Aleni: 艾儒略, 1582-1649)의 『직방외기(職方外紀)』에 대해 논하면서 "중국은 천하의 중심에 위치하여 풍기(風氣)의 바름을 얻어 예로부터 지금까지 성현이 거듭 나오고 유교를 숭상했다. 그 풍속의 아름다움과 인물의 융성함은 단연코 다른 나라들이 미칠 수 있는 바가 아니다"라고 말했다.[44] 사실 중국이 세계의 중심이어서 맑은 기를 받아 성인이 계속 나왔다는 생각은 이미 1630년 정두원(鄭斗源, 1581-?)을 수행하여 명에 간 조선의 역관(譯官) 이영후(李榮後)가 로드리게스(João Rodrigues: 陸若漢, 1561-1633)로부터 세계지도를 얻어 본 후 보낸 편지에서 이야기한 것이 안정복의 『잡동산이(雜同散異)』에 수록된 바 있었다.[45]

---

43) "亞細亞實爲天下第一大州, 人類肇生之地, 聖賢首出之鄕, 而中國又當其正心. 故如堪輿家落穴相似. … 孔子曰, 天地設位, 易行于其中. 易者不特爲中國設地. 以中國方六千里之地, 而水皆東趨, 以是取象曰天水違行, 有訟之卦焉.": 『星湖先生全集』 卷55 「跋職方外紀」(문집총간 a199_515b-515c).

44) "余惟中國處天下之中, 得風氣之正. 自古迄今, 聖賢迭興, 名教是尙. 其風俗之美, 人物之盛, 固非外國之所可及." 李晩采, 『闢衛編』: 金時俊 譯, 『新完譯闢衛編』, 467쪽.

45) "中洲之地, 正當天之中, 渾元淸淑之氣, 蜿蟺扶輿, 磅礴而鬱積者, 必於此焉. 故自古伏羲神農黃帝堯舜禹湯文武周公孔子之聖, 皆興於此.": 「與西洋國陸掌教若漢書」: 安鼎福, 『雜同散異』: 임종태, 『17, 18세기 중국과 조선의 서구 지리학 이해』, 79쪽에서 재인용.

중국이 지리적 중심이라는 설명 이외의 다른 설명도 있었다. 예를 들어 안정복은 하늘이 만물을 낼 때 중국의 인물을 가장 먼저 냈다고 이야기했지만,[46] 『천학문답(天學問答)』에서 다음과 같은 설명을 제시했다.

중국은 천하의 동남쪽에 위치하여 양명(陽明)함이 모인다. 따라서 이 기를 품부받고 태어난 자는 과연 신성한 사람이니, 요(堯), 순(舜), 우(禹), 탕(湯), 문왕, 무왕, 주공(周公), 공자 같은 이들이 이들이다. 사람의 심장이 가슴속에 있으면서 신명(神明)의 집이 되어 온갖 조화가 거기서 나오는 것과 같다.[47]

이덕무(李德懋, 1741-1793)도 "중원(中原)은 원기(元氣)가 모인 곳이어서 일월(日月)이 비스듬히 비추지 않고 수토(水土)가 그 조화로움을 모아, 성현이 계속 나오고 문헌이 육성되었다"고 했지만 중국이 대지의 중심이라고 이야기하지는 않았다.[48]

한편 조선이 중화가 되지 못하는 데 대한 설명도 제시되었다. 이미 고려 말에 나라가 작고 치우쳐 있다는 "부정적 국토관"이 표명되었다.[49]

---

46) "夫天之生物, 中夏人物爲首.": 『順菴先生文集』 卷12 橡軒隨筆 「華夷正統」(문집총간 a230_035c).
47) "若中國則據天下之東南而陽明聚之, 是以禀是氣而生者, 果是神聖之人, 若堯舜禹湯文武周孔是也. 猶人之心臟居胸中, 而爲神明之舍, 萬化出焉.": 『順菴先生文集』 卷17 「天學問答」(문집총간 a230_141d).
48) "僕竊以爲中原元氣之所萃, 故日月不旁照, 水土鍾其和, 聖賢之淵藪而文獻之亭毒也.": (刊本)『雅亭遺稿』 卷6 「與李洛瑞書九書」: 민족문화추진회 편, 『국역청장관전서』 영인본(솔, 1997) 제4책, 73쪽.
49) 김문용, "동국의식과 세계 인식—조선시대 집단적 자아의식의 한 단면", 『국학연구』 제14집(2009), 121-150 중 125-126쪽.

예컨대 이색(李穡, 1328-1396)은 1373년 국왕의 이름으로 명 황제에게 올리는 표(表)에서 "작은 나라가 외딴 변방에 치우쳐서 먼 옛날부터 풍기(風氣)가 좁게 국한되고 문장은 겨우 그 의사를 전달하고 언어는 반드시 통역을 거쳐야만 통"한다고 했고,[50] 권근(權近, 1352-1409)도 1388년에 올린 표에서 "저희 나라는 구석땅에 동떨어져 있어, 협소하기는 실로 벼루와 같으며 메마르기는 돌밭과 다를 것이 없습니다. 더구나 동쪽 모퉁이로부터 북쪽 변방까지는 바다를 끼고 산이 막혀 형세가 매우 편협합니다"라고 했다.[51]

조선 후기에는 제후국 조선과 종주국 중국의 관계에 대한 더 구체적인 지리적 설명이 제시되었다. 예컨대 이중환(李重煥, 1690-1752)은 한반도가 서쪽으로 열려 중국에 읍(揖)하는 노인의 형상이고 그 때문에 예로부터 중국과 친했다는 옛사람들의 이야기를 인용하면서 조선이 중국에 대해 사대하는 것이 지리적 형세에 드러나 있다는 생각을 표현하기까지 했고[52] 우하영(禹夏永, 1741-1812)은 산천의 형세와 『주역』의 괘상(卦象)을 연관시켜 중국의 산줄기와 물줄기가 동남 방향으로 뻗은 것을 『주역』의 '선천(先天)'의 상, 서남 방향인 조선의 경우를 '후천(後天)'의 상이라고 지적하고, "조선은 산천 지형이 원래 중국과 서로 대칭에 해당되고 모여서 껴안으므로 미상불 개국 이래 중국에 신복하고 한마음으로 사대했다. 이 또한 천지 자연의 리(理)이다"라고 이야기했다.[53]

---

50) "小國僻在荒陬, 肇自古初, 局於風氣, 文辭則僅達其所蘊, 言語則必譯而乃通.": 『牧隱文藁』 卷11 「謝復位表」(문집총간 a005_091c).

51) "粵惟敝邦, 僻在遐壤, 褊小實同於墨誌, 崝嶸何異於石田, 況從東隅, 以至北鄙, 介屆山海, 形勢甚偏.": 『陽村先生文集』 卷24 事大表箋類(문집총간 a007_237a).

52) "大抵古人謂. 我國爲老人形, 而坐亥向巳, 向西開面, 有拱揖中國之狀, 故自昔親昵於中國.": 『擇里志』 「山水」. 안정복도 같은 생각을 이야기한 바 있다. 『萬物類聚』 「地形」: 배우성, 『조선과 중화』, 181쪽.

한편 중화 사상과 중화 체제는 그에 상반되거나 문제가 될 수 있는 예외적인 경우들에 대한 반응을 통해서도 확인된다. 대표적인 예가 삼국 시대부터 고려 때까지 행해오던 국왕의 제천(祭天)의례인데 조선 개국 후에는 제천의례가 제후국의 격식과 관련해서 문제가 되었고 이를 둘러싼 논쟁이 상당 기간 이어졌다. 태조(太祖, 재위 1392-1398)는 즉위하고 불과 20여 일이 지난 후 환구단(圜丘壇)에서의 제천의례는 천자의 예이니 폐지하라는 예조의 건의를 받아들여 고려 시대에 시행해오던 제천례를 폐지했다가[54] 2년 후에는 "삼국 이래 환구단에서 하늘에 제사를 올리고 기곡(祈穀)과 기우(祈雨)를 행한 지 이미 오래되어 가볍게 폐할 수 없으니 사전(祀典)에 기록하여 옛 제도를 회복하고 이름을 원단(圓壇)이라 고쳐 부르"자는 예조의 건의를 받아들여 다시 복구했다.[55] 이후 태종대에도 제천 의식의 적절성에 대한 논의가 다시 제기되고 논쟁이 이어졌다. 제천의례 반대론자들은 애초에 단군이 해외에 나라를 세워 중국과 군신관계를 갖지 못했기에 그동안은 제천례를 해온 것이지만 조선 건국 후에는 홍무제의 책봉을 받아 군신관계를 맺었으니 이제 불가하다는 주장을 폈는데, 변계량(卞季良, 1369-1430)이 1416년 태종에게 올린 상소에서 이를 반박했다. 천자가 천지에 제사 지내는 것이 상도(常道)이기는 하지만 조선에서도 비상한 상황에 처해서 하늘을 대상으로 기우제를 지낼 수밖에 없으며 조선이 해외의 나라로 처음에는 하늘의 명을 받았을 것이고 예로부터 제천례

---

53) "我東則山川地形, 本與中國相爲配對而朝拱. 故自開國以來, 未嘗不臣服中華, 一心事大. 此亦天地自然之理也.":『千一錄』「總論」; 배우성,『조선과 중화—조선이 꿈꾸고 상상한 세계와 문명』(돌베개, 2014), 170-171쪽에서 재인용.

54) "圓丘, 天子祭天之禮, 請罷之.":『太祖實錄』 1년(1392) 8월 11일.

55) "禮曹啓曰, 吾東方自三國以來, 祀天于圓丘, 祈穀祈雨, 行之已久, 不可輕廢. 請載祀典, 以復其舊, 改號圓壇. 上從之.":『太祖實錄』 3년(1394) 8월 21일.

가 오래 행해져 와서 폐할 수 없다는 것이었다.[56] 그러나 이 상소를 기록한 사관(史官)이 변계량에 대해 "부처에 혹하고 신(神)에 아첨하여 … 하늘에 제사하자는 설을 힘써 주장하기에 이르니, 분수를 범하고 예를 잃음을 모르지 않으면서 억지의 글로써 올바른 이치를 빼앗으려 한 것"이라고 비판한 데서 볼 수 있듯이 결국 제천은 비례(非禮)라는 논리가 우세하게 되었다.[57] 물론 제천례는 주로 기우제 기능을 내세워 세종대까지 50년 이상 존속되었던 것으로 보이지만, 실제로는 국왕이 친행하지는 않고 관원을 보내 지냈다.[58] 그 후 세조 시기에 환구단의 제천의례가 잠깐 부활하고 광해군 시기에 일시적으로 그 복원이 논의되기도 했지만 결국은 소멸되기에 이르렀다.[59] 결국 조선에서의 제천의례는 국가를 대표해서 국왕이 하늘에 대해 지내는 것으로서보다 왕실 내부의 안녕을 비는 도교적 기복(祈福)의 의식으로 변질되어 시행되다가 소멸되었다고 할 수 있다.[60]

한편 조선에서도 황제를 칭하자는 '칭제(稱帝)'의 주장이 드물게 제기되었는데, 이 역시 주장으로 그쳤을 뿐 시행되지 않았고 현실적인 고려의 대상이 되지도 못했다. '칭제'라는 생각은 세상이 오랑캐가 된 이제 중화 문화를 보존하고 있는 조선이 북벌을 통해 천하를 장악해서 왕도(王道)를 펼쳐야 한다는 한원진(韓元震, 1682-1751)의 주장에

---

56) "天子祭天地者常也. 禱雨於天, 處非常之變也. … 厥今浹旬不雨, 而尙且疑於祭天可乎. 雖禱雨於天, 亦未可必, 況今未嘗禱焉, 而望雨澤之降, 難矣哉. … 厥後乃許儀從本俗, 法守舊章, 其意蓋謂海外之邦, 始也受命於天, 其祭天之禮甚久, 而不可變也.": 『太宗實錄』 16년(1416) 6월 1일.

57) "季良惑佛諂神, 拜天禮星, 無所不爲, 至於力主東國祀天之說. 非不知犯分失禮, 徒欲以强詞, 奪正理耳.": 같은 곳.

58) 배우성, 『조선과 중화』, 109-123쪽; 계승범, 『정지된 시간』, 226쪽.

59) 계승범, 『정지된 시간』, 227-229쪽.

60) 정순우, "다산에 있어서의 천과 상제", 『茶山學』 9호(2006), 5-39 중 16쪽.

담겨 있었다고 볼 수 있다.[61] 이후 김약행(金若行, 1718-1788)이 1768년 박세채(朴世采, 1631-1695)를 탄핵하면서 영조에게 제출한 소(疏)에서 중국에 '진주(眞主)'가 없어져 제통(帝統)이 끊어졌으니 이제 조선에서 제호(帝號)를 쓰고 천자의 예악을 써야 한다고 한 주장이 이와 관련해서 자주 언급되지만, 이 주장은 허망스러운 것이라고 하여 영조와 신하들에 의해 즉각적으로 거부되었다.[62] 그리고 그나마 이 같은 칭제의 주장도 실제로 칭제하자는 것이라기보다는 대부분 제사(祭祀) 등 의례와 관련된 경우에 해당되는 것으로, 예컨대 김약행의 위의 주장도 천제(天祭)를 지낼 때 제호(帝號)를 쓰자는 주장에 그친 것이었으며 조선이 독자적 연호를 사용하자는 '건원(建元)'의 주장 같은 것은 생각할 수도 없었다.[63]

이 같은 상황은 1876년 개항 이후에도 이어졌다. 실제로 개항 이후에도 대보단(大報壇)에서의 명 황제들에 대한 제사가 청일전쟁으로 일본군이 서울을 점령할 때까지 지속되었으며 고종(高宗, 재위 1863-1907)이 퇴위한 1907년에야 공식 폐지되었다.[64] 1882년 미국과 수교 시에는, 수교를 주선한 이홍장(李鴻章, 1823-1901)의 요구에 따른 것이기는 하지만, 고종이 미국 대통령에게 "조선은 청의 속방이며 조선과 미국의 호혜평등조약은 이 속방 관계와는 무관하다"는 내용의 서한을

---

61) "海內腥膻之時, 乃以一隅偏邦, 獨能保中華之治, 承前聖之統, 而始與昔之閩越, 無相遜讓, 則雖由此進於中國, 行王道而有天下, 亦無不可矣.":『南塘先生文集』拾遺 卷6「拙修齋說辨」(문집총간 a202_453c).

62) 『英祖實錄』44년(1768) 5월 11일, 6월 11일, 6월 14일; 47년(1771) 7월 29일. 계승범,『정지된 시간』, 42-43쪽.

63) 계승범,『정지된 시간』, 43-44쪽. 이런 상황에서 조선이 할 수 있었던 일은 기껏해야 일본과의 서신 교환에서 청의 연호를 쓰지 않고 干支만을 쓰는 정도였다: 같은 곳.

64) 계승범,『정지된 시간』, 7쪽.

보내 조선이 청의 속국임을 밝히기까지 했다.[65] 최익현(崔益鉉, 1833-1906)은 갑오개혁 당시 국왕에게 "대군주폐하(大君主陛下)"라는 칭호를 붙이는 일에 대해서 진정으로 자주(自主)하지도 못하면서 왜적들처럼 폐하를 칭하는 것은 "명실(名實)이 맞지 않고 끝내 성덕(聖德)에도 누가 될까 걱정"이라고 하여 반대했다.[66] 1897년 대한제국을 수립하고 고종이 황제를 칭할 때도 대부분의 사인들이 칭제에 대해 반대했다.[67] 예컨대 유인석(柳麟錫, 1842-1915)은 고종의 칭제에 반대하면서, 조선이 명의 황제를 섬기는 것은 "광명대의(光明大義)"이며 천하에 두 황제가 있을 수 없으니 칭제하는 것은 부당하다고 했고,[68] 대명 황제가 있으니 천하에 두 황제가 있을 수 없는데도 칭제를 하는 것은 오랑캐를 따르는 일이므로 황제를 칭할 것이 아니라 천하의 진정한 주인이 나오기를 기다려야 하고 중국에 '진주(眞主)'가 나오면 대한제국 황제가 황제 호칭을 취소해야 한다고 주장했다.[69]

---

65) 李成珪, "中華思想과 民族主義", 61쪽.

66) "徒效倭奴之僭稱. 一朝受陛下之號, 則名實不副, 恐終爲聖德之累也.": 『勉菴先生文集』 卷4「請討逆復衣制疏」(문집총간 a325_077c).

67) 계승범, 『정지된 시간』, 230-231쪽.

68) "吾國帝大明, 是孝廟與老先生所立光明大義而世守者也. 天下無二帝, 不當復帝.": 『毅菴先生文集』 卷6「與宋淵齋」 別紙(문집총간 a337_165b).

69) "士子知大義者, 尙帝之而用其年號. 吾師省齋先生說其義日. 人不可一日無帝, 又不可以剃頭僭皇爲帝, 姑帝先王先祖之所帝, 以待天下眞主之出. 其義甚正也, 吾故守之.": 『毅菴先生文集』 卷32「散言」(문집총간 a338_353c-353d). 배우성, 『조선과 중화』, 553-555쪽.

2장
대명의리

앞 장에서 조선 사인들이 중화 사상에 깊이 젖어 있었고 조선 후기에 들어 더욱 심화되었음을 보았다. 조선 후기 사인들의 중화 사상은 그들이 진정한 중화로 여겼던 명에 대한 의리와 명을 침탈한 이적 왕조 청에 대한 반감으로 두드러지게 표현되었다. 그리고 이에는 조선 후기 사인들이 처했던 역사적 상황이 큰 영향을 미쳤다. 17세기 초 조선이 오랑캐 만주족 청에 패배하고 복속하는 수모를 당하고 뒤이어 그동안 종주국으로 섬겨온 명을 오히려 공격하도록 강요받는 난감한 상황에까지 처하게 되기도 했던 조선 사인들은 얼마 후 청에 의한 명의 전복을 접하게 되자 엄청난 충격에 휩싸이게 되었다. 중화 사상에 깊이 젖어 있던 조선 사인들에게 명의 멸망은 그간 안주해온 중화 체제의 붕괴이자, 그들이 신봉해온 중화 문명 자체의 붕괴를 의미했으며, 이에 접해 그들은 "하늘이 무너지고 땅이 꺼지는(天地崩坼)" 느낌을 토로했다.[1] 이들에게는 자연히 멸망한 명에 대한 의리를 지키려는 정서가 퍼졌다. 이 장에서는 조선 후기 사인들 사이에 이 같은 '대명의리

(對明義理)' 정서가 전개, 심화되어간 과정에 대해 살펴볼 것이다.

2.1 '재조지은'

물론 멸망한 중국 왕조에 대한 의리를 지키려는 정서는 조선 시기 이전에도 표출된 적이 있었다. 예컨대 고려는 요(遼)가 강성해지자 요와 책봉 관계를 맺으면서도 송(宋)과의 통교를 계속 유지하려고 추구하여 역서(曆書)의 경우에도 송의 역서와 차이가 나지 않도록 하기 위해 송의 역일(曆日)에 맞추려 했다.[2] 심지어는 이적 왕조인 원(元)의 멸망 이후에도 원에 대한 의리를 지켜 애석해하는 정서를 보이기도 했다.[3] 그러나 이 경우들에서 보는 멸망한 중국의 전 왕조에 대한 의리에 비해 명의 멸망 이후 조선 사인들이 보인 명에 대한 의리는 훨씬 깊고 널리 퍼져 있었다.

조선 후기 사인들 사이에 대명의리가 형성되고 이처럼 심화되는 데에 결정적인 역할을 한 것은 임진왜란 시 명의 파병에 힘입어 나라를 보존한 조선이 명의 만력제(萬曆帝, 재위 1573-1620)로부터 '재조지은(再造之恩)'을 입었다는 생각이었다.[4] 1593년 1월 명군의 평양 탈환에

---

1) 예를 들어 李箕洪, "嗚呼. 崇禎皇帝甲申三月之禍, 尙忍言哉. 甲申之前, 我國先被丙丁之亂, 而竟至天地崩坼, 中國爲夷狄, 天下不復知有皇朝者久矣.": 『直齋集』 卷8 「崇禎丁丑皇曆後跋」(문집총간 a149_445d); 權尙夏, "滄桑百變. 天地崩坼. 四海腥膻. 九廟荊棘. 甲子一周. 香火久絕. 遺民思漢. 含痛采切.": 『寒水齋先生文集』 卷23 「淸州華陽洞萬東祠 神宗皇帝位祭文」(문집총간 a150_418b) 등을 볼 것.

2) 전용훈, "고려시대의 曆法과 曆書", 『한국중세사연구』 39호(2014), 193-257 중 223쪽.

3) 王元周, "조선 후기 북벌대의론의 변화와 영향: '조선중화주의'에 대한 시론", 『社會科學論集』(연세대학교 사회과학연구소) 40집(2009), 1-36 중 8쪽(주 20).

4) 한명기, "'재조지은(再造之恩)'과 조선후기 정치사 ─ 임진왜란~정조대 시기를 중심

대해 조선 조정이 "[명이] 우리나라를 재조해주었다(再造邦國)"[5]고 표현한 이래 명에 보내는 외교문서는 물론 개인 사인들의 글에서 "재조", "재조지은"과 같은 표현들이 자주 사용되었다.[6] 3학사의 한 사람으로 나중 병자호란 후 청에 끌려가 죽음을 당하게 되는 홍익한(洪翼漢, 1586-1637)은 1624년 명에 여행 중 조선의 사대(事大)가 정성됨을 치하하는 중국 사인들에게 "임진, 정유 양년 왜구에 의해 거의 멸망에 이르렀을 때 다행히도 신종(神宗) 황제가 소국을 돌봐 구원하는 덕에 힘입어 번방(藩邦)을 재조했으니, 지금 동식물과 날짐승, 들짐승들이 모두 그 은혜를 입은 것"이라고 답했었다.[7] 이후 '재조지은'에 대한 인식은 차츰 조선 사인들의 마음속에 깊이 새겨져 갔고, 명이 멸망한 후에는 더욱 심화되었다. 특히 그 같은 '재조'의 은혜를 입고서도 명의 멸망을 두고서는 속수무책일 수밖에 없었고 심지어 명을 공격하도록 강요받기까지 했던 상황에서 느끼게 된 부담감도 여기에 더해졌다.[8] 송시열은 다음과 같이 이야기했다.

　　으로", 『대동문화연구』 59권(2007), 191-230쪽.

5) 『宣祖實錄』 26권(1593) 1월 10일.

6) 한명기, "재조지은과 조선후기 정치사", 194쪽. 사실 이 시기 조선 사인들의 역사 인식을 대전제처럼 지배한 '재조지은' 관념이 명과 후금 사이에서 조선의 유연한 외교적 행보를 제약하여 끝내 병자호란을 야기한 측면도 있었다: 허태구, "丙子胡亂 이해의 새로운 시각과 전망―胡亂期 斥和論의 성격과 그에 대한 맥락적 이해", 『奎章閣』 47(2015), 163-200 중 181쪽.

7) "小國豈不知事大之義, 而終忘大國之恩哉. 向在壬丁兩年, 幾盡沒於倭寇, 幸賴神宗皇帝字小興滅之德, 再造藩邦. 至今動植飛走, 咸被其澤.": 『花浦先生朝天航海錄』 卷1 9月 24日: 成均館大學校 大東文化研究院 編, 『燕行錄選集』(成均館大學校 大東文化研究院, 1960), 上卷, 144쪽.

8) 한명기, "재조지은과 조선후기 정치사", 208쪽.

아! 비록 병자(丙子), 정축(丁丑)년 후에 태어난 사람일지라도 음양과 화이의 구분은 없지 않은데, 하물며 황조(皇朝)의 풍화(風化)를 입고 황제의 덕의 깊은 은혜 속에 살아온 사람은 어떻겠는가? 더욱이 임진, 정유의 왜란에 황상(皇上)께서 지성으로 동방을 돌보아주지 않으셨다면 나라가 없어진 지 오래일 것이니, 하물며 이 몸이 다시 있었겠는가? 오늘에 이르러 지난 일을 되돌아 보니 피눈물이 그치지 않게 되는 것은 하늘의 리(理)와 사람의 본분이 자연히 그러한 것이다.[9]

'재조지은'에 대한 보은의 정서는 정통 주자학자들만이 아니라 조선 사인들 전체에 퍼져 있었다. 예컨대 이익(李瀷, 1681-1763)은 작은 나라로서 큰 나라에 굴복해야 하는 조선의 현실을 인정하면서도, 명이 멸망하는 과정에서 과거에 입은 은혜를 갚으려 하지 않고 수수방관한 것을 비판했고,[10] 홍대용(洪大容, 1731-1783)도 연행 이전에는 대명의리에 깊이 젖어 있었음은 1765년 연행 직전 쓴 편지의 다음 구절에서 볼 수 있다.

우리나라가 명을 섬긴 지 2백여 년이다. 임진년 '재조' 이후 군신의 의(義)

---

9) "噫, 雖生在丙丁之後者, 猶不無陰陽夏夷之辨, 況吾沐浴皇朝之風化, 游永帝德之浸潤者乎. 又況壬丁倭變, 靡皇上至誠東顧, 則其無國久矣, 況復有此身乎. 及至今日追思反顧, 至於血泣而不已者, 蓋天理民彝之不期然而然者矣.": 『宋子大全』卷142「冽泉亭記」(문집총간 a113_052b).

10) "經曰, 報生以死報賜以力. 萬曆帝動天下兵扶植外藩, 此必報之恩也. 至其孫崇禎帝年代未遠也, 宇內雲擾朝夕待人殆十年. 我國胡不悉弊賦助征流賊, 而從容暇像隙中觀鬪不費一矢. 當時斥和諸臣誰不在朝無一言, 及此何也.": 『星湖僿說』卷22 經史門「助伐南朝」. 중국과의 관계에 대한 이익의 냉정한 현실적 인식에 대해서는 김대중, "성호 이익―냉정한 우호의 정치학", 『한국실학연구』18호(2009), 365-407 중 379-391쪽을 볼 것.

에 부자의 은혜를 겸하게 되었다. 대명(大明)이 [우리나라를] 대접하고 우리나라가 [대명에] 의지하고 우러러봄은 내번(內藩)[이 하는 것과] 다름이 없고 다른 외이(外夷)들에 가히 비할 바가 아니다.[11]

연행 중 홍대용은 엄성(嚴誠), 반정균(潘庭均) 등 청의 한족 사인들에게 "우리나라는 전조(前朝) 명으로부터 '재조지은'이 있었는데 형들은 들은 적이 있는가"라고 묻고 그들이 무슨 말인지 묻자 그에 답해 다음과 같이 설명했다.

만력(萬曆) 연간에 왜적이 대거 동국에 들어와 팔도가 쓸려 문드러졌는데, 신종 황제가 천하의 군사를 움직이고 천하의 재물을 써서 7년 뒤에 평정되었다. 지금에 이르기까지 2백 년 백성의 즐거움과 복리는 모두 신종 황제가 주신 것이다. 또한 말년의 유적(流賊)의 변(變)이 이에 [즉 조선에 파병함에] 말미암은 것이 아니라 할 수도 없고, 따라서 우리나라는 우리 때문에 명이 망했다 하여 평생 슬피 사모하기를 아직도 그치지 않는다.[12]

청의 문물을 배우고 받아들이자는 주장을 폈던 이른바 '북학론자'들도 '재조지은'을 이야기했다. 예컨대 박지원(朴趾源, 1737-1805)

---

11) "我國之服事大明二百有餘年, 及壬辰再造之後, 則以君臣之義, 兼父子之恩, 大明之所見待, 我國之所依仰, 無異內藩而非他外夷之可比也.": 『湛軒書』內集 卷3「答韓仲由書」(문집총간 a248_063c).

12) "我國於前明, 有再造之恩. 兄輩曾聞之否. 皆曰何故. 余曰. 萬曆年間, 倭賊大入東國, 八道靡爛. 神宗皇帝動天下之兵, 費天下之財, 七年然後定. 到今二百年生民之樂利, 皆神皇之賜也. 且末年流賊之變, 未必不由於此. 故我國以爲由我而亡, 沒世哀慕, 至于今不已.": 『湛軒書』外集 卷2「杭傳尺牘 乾淨衕筆談」(문집총간 a248_142a).

은 임진란 때 군사를 보내 나라를 보존하게 해준 신종 황제의 은혜를 "만세에 영원히 입었다"고 칭송했으며[13] 비록 조선이 오랑캐를 물리쳐 중원을 회복할 힘은 없지만 '숭정(崇禎)'이라는 연호라도 존중해서 중국을 보존할 것을 주장했다.[14] 박제가(朴齊家, 1750-1805)도 「존주론(尊周論)」에서 임란 중 명 신종으로부터 입은 은혜에 대해 "동방 백성의 머리 하나 털끝 하나 '재조지은' 아닌 것이 없다"고 이야기했다.[15] 성해응(成海應, 1760-1839)은 자신이 『황명유민전(皇明遺民傳)』을 펴낸 데 대해 다음과 같이 설명했다.

청이 천하의 주인이 된 지 오래이다. … 단지 우리 동국의 사인들만이 항상 만력과 숭정의 은혜를 마음에 품고 아직도 존양(尊攘)[의 도리]을 따를 만함을 알고 있고, 우리 집안 또한 대대로 이 의리를 지켜왔기에 기쁘게 유민(遺民)을 위해 전기(傳記)를 지어 황하가 맑아지는 날 천하에 드러낼 수 있기를 기다린다.[16]

'재조지은'에 대한 이 같은 보은의 정서에 젖은 조선 사인들은 명나라의 입장에서는 현실적으로 적절한 선택이 아니었을 뿐 아니라 결과적으로 명나라의 몰락에 기여했던 만력제의 원군 파견을 중화질서의

---

13) "昔倭人覆我疆域, 我神宗皇帝提天下之師東援之, 竭帑銀以供師旅, 復我三都, 還我八路. 我祖宗無國而有國, 我百姓得免雕題卉服之俗. 恩在肌髓, 萬世永賴, 皆吾上國之恩也.": 『燕巖集』 卷13 別集 『熱河日記』 「行在雜錄序」(문집총간 a252_242c).

14) "雖力不足以攘除戎狄肅淸中原, 以光復先王之舊, 然皆能尊崇禎, 以存中國也.": 『燕巖集』 卷11 別集 『熱河日記』 「渡江錄序」(문집총간 a252_146a-146b).

15) "… 東民之一毛一髮, 無非再造之恩.": 『北學議』 外篇 「尊周論」.

16) "嗚呼. 淸人之主天下已久. … 獨吾東之士, 常懷萬曆之恩崇禎之惠, 尙能知尊攘之爲可慕. 余家又世守此義, 故喜爲遺民作傳, 以待河淸之日, 得章顯于天下.": 『硏經齋全集』 卷31 風泉錄一 「皇明遺民傳序」(문집총간 a274_187d).

수호를 위한 숭고한 결정으로 평가했다.[17] 사실 중국 역사상의 황제 중 별로 평가를 받지 못하는 만력제가 조선에서 숭배와 추모의 대상이 된 데에는 그가 조선에 재조지은을 베푼 당사자였다는 사실이 작용했다.[18] 예컨대 성해응은 "사무사(思無邪)"라는 숭정제의 어서(御書)를 만력제의 것으로 여기고 그에 대해 쓴 글에서 만력제가 흔히 알려진 것처럼 재물을 탐하고 여색에 빠진 것이 아니라 몸가짐을 엄격히 했다고 옹호하기도 했다.[19]

'재조지은'에 대한 보은이라는 명분은 그때그때의 정치적 상황에 맞추어 이용되기도 했다. 한명기가 지적하듯이, 선조(宣祖, 재위 1567-1608)대에는 명군을 불러들인 선조의 정치적 입장을 뒷받침하면서 재조지은이 강조되었고, 인조(仁祖, 재위 1623-1649)대에는 재조지은을 배신한 광해군(光海君, 재위 1608-1623)을 응징한 인조반정의 명분으로 재조지은이 거론된 데 반해 효종(孝宗, 재위 1649-1659)대에는 오히려 '재조지은'이 별로 언급되지 않았는데, 이는 효종 자신과 조선 사인들이 겪은 치욕에 대한 설욕감이 더 강했던 데다가 청의 감시와 내정 간섭이 극심한 상황에서 북벌을 도모하면서 과거의 명의 은혜를 우선적으로 고려할 여유가 없었기 때문이었다.[20] 그 이후의 국왕들도 왕권 강화의 수단으로 '재조지은'의 명분을 내세워 대보단 건립을 비롯한

---

17) 우경섭, 『조선중화주의의 성립과 동아시아』(유니스토리, 2013), 98-99쪽.
18) 葛兆光, 『想像異域―讀李朝朝鮮漢文燕行文獻札記』(北京: 中華書局, 2014), 31쪽.
19) "神宗顯皇帝御書思無邪三字, 亦刻之華陽之崖. 上雖在深燕之中, 嘗潛察善惡之幾, 發於翰墨者如此. … 上旣嚴於自治, 豈黷貨財而蠱女禍乎. 臣以宸翰而知上之不出此也.": 『研經齋全集』卷31 風泉錄一「皇朝御書畵記」(문집총간 a274_196a). "思無邪"라는 세 글자는 실제로는 朝宗巖의 바위에 새겨져 있는데, 성해응이 화양동 절벽에 새겨져 있다고 쓰고 있는 것으로 보아 당시에 화양동에도 새겨져 있었는지, 아니면 이 또한 그가 잘못 알고 쓴 것인지 알 수 없다.
20) 한명기, "재조지은과 조선후기 정치사", 201-209쪽.

대명의리 현양사업을 추진했다.[21] 숙종(肅宗, 재위 1674-1720)은 1687년 야대(夜對) 자리에서 다음과 같이 말했다.

> 임진년 난리를 당했을 때 만약 신종 황제가 천하의 군사를 움직이지 않았다면 어떻게 우리나라가 재조(再造)하여 오늘이 있을 수 있었겠는가? 명나라가 빠르게 망한 것은 동정(東征) 때문이 아닐 수 없는데, 우리나라가 작고 힘이 약하여 복수설치하지도 못했고 [남명의] 홍광(弘光)이 남도(南渡)한 이후로는 또한 아득히 그 존망을 모르고 있으니, 매번 생각이 이에 미칠 때마다 개탄스러워하지 않은 적이 없었다.[22]

왕으로서의 정통성 시비에 시달렸던 영조(英祖, 재위 1724-1776)는 '재조지은'과 대명의리를 내세움으로써 자신의 입지를 확고히 하려고 했는데, 즉위 이듬해인 1725년 12월 숭정 황제의 어필 모본(模本)을 받아본 후 "황조(皇朝)의 재조지은은 실로 우리 동방에서 세상이 끝날 때까지 추모할 일"이라고 지적하고 세월이 오래되어 사람들이 잊고 있음을 탄식했다.[23] 정조(正祖, 재위 1776-1800) 또한 재조지은에 대한 보은 사업을 광범위하게 추진했는데, 1797년 황단(皇壇) 망배례(望拜禮) 때에는 참여한 사람들에게 "재조번방(再造藩邦)"이라는 부제(賦題)로 제술(製述) 시험을 보이고 시상하기도 했다.[24]

---

21) 한명기, "재조지은과 조선후기 정치사", 212-221쪽.
22) "當壬辰板蕩之日, 苟非神宗皇帝動天下之兵, 則我邦其何以再造而得有今日乎? 皇朝之速亡, 未必不由於東征, 而我國小力弱, 旣不能復讐雪恥. 弘光南渡之後, 亦漠然不知其存亡, 每念至此, 未嘗不慨恨也.": 『肅宗實錄』 13년(1687) 2월 3일.
23) "皇朝再造之恩, 實我東沒世追慕者. 而年歲浸久, 人心狃玩, 尊周一事, 幾乎相忘." 『英祖實錄』 1년(1725) 12월 15일.
24) 『正祖實錄』 21년(1797) 7월 21일.

중국 쪽에서도 자신들이 조선에 베푼 '재조지은'을 언급했다. 명은 이미 1593년부터 '재조지은'을 언급하기 시작했는데, 예컨대 1623년 인조의 책봉을 요청하는 조선 주문사(奏聞使) 일행에게는 명이 "왜노(倭奴)를 구축하고 번방을 재조해"주었는데도 조선이 후금(後金)과의 군사적 대결에서 명을 돕지 않는 것을 질책했다.[25] 청 측에서도 조선에 대해 자신들이 '재조지은'을 베풀었음을 내세웠다. 사실 1619년 명에 원병을 파병했던 조선은 그것이 임란 시의 재조지은 때문에 부득이한 것으로 후금에 대해서는 원한이 없다고 변명하였고 후금 또한 이를 양해했었지만 1627년 정묘호란을 일으키면서 후금(後金)은 선조 말년 누르하치(努爾哈赤, 1559-1626)가 여진 울라(烏拉) 부족의 조선 공격을 중지시켰던 일을 상기시키고 조선이 명의 은혜는 갚으려 하면서 왜 후금의 이 같은 은혜는 보답하려 하지 않는가 하고 역공하기도 했다.[26] 청 태종(太宗: 皇太極, 1592-1643)은 패한 인조로 하여금 종사(宗社)를 유지할 수 있게 해준 것을 자신이 '재조지은'을 베푼 것으로 표현하면서 조선이 그 은혜를 잊지 말고 신의를 지켜야 나라를 영원히 보존할 것이라고 했다.[27] 1706년 강희제(康熙帝, 재위 1662-1722) 또한 청 태종이 패망한 조선이 나라를 재건할 수 있게 해줌으로써 조선에 은혜를 베풀었고 조선 사람들이 청군이 주둔한 곳에 석비를 세워 청 태종의 덕을 기려오고 있다고 이야기했다.[28]

---

25) 한명기, "재조지은과 조선후기 정치사", 194, 205쪽.

26) 한명기, "재조지은과 조선후기 정치사", 204-207쪽.

27) "爾以既死之身, 朕與生存, 保全爾之宗社, 復還所獲, 爾當念朕再造之恩, 後日子孫毋違信義, 則邦國永存矣.":『淸太宗文皇帝實錄』卷33 崇德 2年(1637) 1月 28日. 조선도 항복하기에 앞서 청에 보낸 국서에서 인조의 왕위를 유지시켜준 청 황제의 "再造之賜"를 언급했다: 한명기, "재조지은과 조선후기 정치사", 208쪽.

28) "太宗文皇帝定朝鮮之役, 我兵無處不到, 以已破之國, 我朝為之重加營建, 俾安堵

2.2 북벌론의 좌절

명이 멸망하기 이전에도 쇠락하는 과정의 명에 대한 의리의 정서는 조선 사인들 사이에 확고했다. 정묘, 병자호란 중 청과 대척하는 과정에서는 대명의리의 대전제하에서 척화론이 절대적 대의(大義)였다. 물론 1630, 40년대에는 명에 대한 보은의 정서만이 아니라 아직 망하지 않은 명에 대한 현실적 두려움도 작용했음은 사실이다. 예컨대 척화론자인 김상헌(金尙憲, 1570-1652)이 1639년 명 정벌에 파병하여 참여하라는 청의 요구에 응하지 말 것을 주장하면서 올린 상소에서 예의는 따지지 않고 이해로써 논한다 해도 강포한 청의 일시적인 위험만 두려워하고 명의 군대를 두려워하지 않는 것은 좋은 계책이 아니라고 하면서 명의 군사들이 "비록 오랑캐를 쓸어내고 옛 강토를 회복하기에는 부족하다고 하더라도, 우리나라의 잘못을 금하기에는 남음이 있으며" 만약 조선이 청에 조력하는 것을 알게 되면 "죄를 묻는 [명의] 군사가 벼락같이 달려와" 조선 땅에 이를 것이라고 경고하기도 했다.[29] 그러나 척화론자들이 진정으로 우려했던 것은 그 같은 명의 보복 가능성보다는 대명의리의 포기에 따른 윤리와 도덕의 붕괴였다. 근본적으로 그들은 명으로 상징되는 중화라는 보편문명을 지키고자 했던 것이다.[30]

如故. 是以其國人於太宗文皇帝駐軍之地, 樹立石碑, 備書更生之德, 累世感戴, 以至於今.":『淸聖祖仁皇帝實錄』卷227 康熙 45年(1706) 10月 23日.

29) "臣未暇據禮義以辨. 雖以利害論之, 徒畏強隣一朝之暴, 而不懼天子六師之移, 非遠計也. … 關下列屯之兵, 海上樓舡之卒, 雖不足於掃氈裘復遼疆, 而其於禁我國之爲梗則有餘也. 若聞我國之人爲倀鬼於虎前, 問罪之師. 雷奔霆擊. 帆風一日, 直到海西圻島之間. 毋謂可畏者獨在於瀋陽也.":『淸陰先生集』卷21「請勿助兵瀋陽疏 己卯十二月」(문집총간 a077_276a-276b).

명이 멸망하고 청이 중원을 장악한 이후 조선 사인들 사이에 대명의리 정서는 더욱 강해졌다. 그 같은 정서는 일단은 대명의리를 지키고 명을 위해 청에 대해 복수해야 한다는 북벌론의 형태로 나타났다. 부득이한 상황에서 주화(主和)론을 쫓아 전쟁을 종결시켰지만 압도적인 국론은 척화(斥和)론이었다. 사실 병자호란 중에도 주화론자들이 대명의리론 자체를 버린 것은 아니었다.[31] "국망(國亡) 직전의 극한 상황에서 어쩔 수 없이 청에 항복하고 만 조선의 군신(君臣)들은 어느 누구도 대명의리 자체를 비난하거나 부정하지 않았"던 것이다.[32]

이런 분위기에서 효종이 즉위하자 북벌론이 활발하게 제기되었다.[33] 대표적 북벌론자인 송시열은 1649년 효종의 부름에 응해 조정에 나간 직후 올린 장문의 「기축봉사(己丑封事)」의 마지막 항목을 "정사(政事)를 닦아 이적을 물리치기(修政事以攘夷狄)"로 잡고 공자와 주자의 가르침에 근거하여 북벌의 당위성을 설파했다. 그는 "'군부(君父)의 원수와는 같은 하늘 아래 있을 수 없다'는 말은 하늘의 아래와 땅 위에서 무릇 군신, 부자의 성(性)을 지닌 사람들이 지극한 분통을 스스로 어쩌지 못하는 같은 마음에서 나온 것이지 한 개인의 사욕에서 나온 것이 아니다"라는 주자의 말을 인용하면서 효종에게 다음과 같이 권했다.

---

30) 허태구, "丙子胡亂 이해의 새로운 시각과 전망—胡亂期 斥和論의 성격과 그에 대한 맥락적 이해",『奎章閣』47(2015), 163-200 중 192-193쪽.

31) 허태구, "崔鳴吉의 主和論과 對明義理",『韓國史研究』162(2013), 87-122, 특히 106-113쪽; 허태구, "丙子胡亂 이해의 새로운 시각과 전망", 183-187쪽.

32) 허태구, "丙子胡亂 이해의 새로운 시각과 전망", 186쪽.

33) 우경섭,『조선중화주의의 성립과 동아시아』, 54-67쪽; 허태용,『조선후기 중화론과 역사인식』(아카넷, 2009), 77-85쪽. 물론 당시 불안한 위상에 처해 있던 효종이 이 같은 분위기에 편승해 북벌을 내세우면서 국왕의 호위를 위한 군비확장을 꾀한 측면도 있었을 것이다. 계승범,『정지된 시간—조선의 대보단과 근대의 문턱』(서강대학교출판부, 2011), 88-90쪽.

전하께서는 마음에 굳게 정하시기를 "이 오랑캐는 군부의 큰 원수이니, 맹세코 차마 한 하늘 밑에 있을 수 없다"고 하시어 원한을 축적하고 원통을 참고 견디며 말을 공손하게 하는 중에도 분노를 더욱 새기고 금폐(金幣)를 바치는 중에도 와신상담(臥薪嘗膽)을 더욱 절실히 하여 계책의 비밀은 귀신도 엿보지 못하고 지기(志氣)의 견고함은 분육(賁育: 고대의 장사 孟賁과 夏育)도 빼앗지 못하도록 하여 5-7년에서 10, 20년까지도 마음을 늦추지 말고 우리 힘의 강약을 보고 저들 형세의 성쇠를 관찰하소서.[34]

나중 권상하(權尙夏, 1641-1721)는 송시열이 "춘추대의(春秋大義)란 오랑캐가 중국에 들어올 수 없고 짐승이 사람과 나란히 할 수 없다는 것이 첫 번째 의(義)이고 명나라를 위해 복수하는 것이 두 번째 의라고 생각했다는데 그러한가?"라는 윤봉구(尹鳳九, 1681-1767)의 질문에 대해 "선생의 뜻이 진실로 그러했다"고 확인했다.[35]

　그러나 1659년 효종의 때 이른 사망과 1662년 남명(南明, 1644-1662)의 멸망으로 북벌이 사실상 불가능해졌다. 남명을 통해 명 황실이 온존하고 있다는 사실이 조선 사인들 사이에 중화질서 회복의 가능성에 대한 기대를 유지시켜주고 있었는데 남명의 멸망은 이 같은 기대

---

34) "其曰君父之讎不與共戴天者, 乃天之所覆地之所載, 凡有君臣父子之性者, 發於至痛不能自己之同情, 而非出於一己之私也.":『宋子大全』卷5「己丑封事」(문집총간 a108_200a); "伏願殿下堅定於心曰, 此虜者君父之大讎, 矢不忍共戴一天, 蓄憾積怨, 忍痛含冤, 卑辭之中, 忿怒愈蘊, 金幣之中, 薪膽愈切, 樞機之密, 鬼神莫窺, 志氣之堅, 賁育莫奪. 期以五年七年以至於十年二十年而不, 視吾力之強弱, 觀彼勢之盛衰. …": 같은 글(문집총간 a108_201a-201b).

35) "鳳九曰, 聞淸愼春諸先生皆以大明復讎爲大義. 而尤翁則又加一節, 以爲春秋大義, 夷狄而不得入於中國, 禽獸而不得倫於人類, 爲第一義. 爲明復讎, 爲第二義. 然否. 曰, 老先生之意正如是矣.":『宋子大全』附錄 卷19「尹鳳九江上語錄」(문집총간 a115_590c).

와 연결된 북벌의 희망에 타격을 가했다.[36) 송시열은 남명 영력제(永曆帝, 재위 1647-1662)의 사망 소식을 듣고 "천하의 일이 이로써 더 가망이 없어져서 목이 메도록 통곡하지 않을 수 없었다. 하늘이 이미 이같이 정한 지 오래였으니 우리 효종대왕이 어찌 갑자기 돌아가시지 않을수 있었겠는가"라고 한탄했다.[37) 중국에서 삼번(三藩)의 난이 발발하자 1674년 윤휴(尹鑴, 1617-1680) 등이 재조지은을 내세워 다시 북벌을거론하기도 했지만 숙종은 별다른 조치를 취하지 않았고, 얼마 후 결국 삼번의 난이 평정되고 정성공(鄭成功, 1624-1662) 등의 세력이 진압된 이후에는 북벌이 불가능하다는 인식이 더욱 퍼지게 되었다.[38)

물론 그렇다고 북벌론이 완전히 수그러들지는 않았고 북벌을 통해'재조지은'을 제대로 보은하지 못했다는 "심리적 부채의식"[39)이 계속해서 표현되었다. 위에서 보았듯이 1687년에 이르러서도 숙종은 남명의 멸망을 안타까워하면서 재조지은을 입고서도 복수설치하지 못함을 한탄했다. 한원진(韓元震, 1682-1751)은 1726년의 경연에서 명이 망한 지 이미 오래되어 부흥할 가능성이 없고 설사 주(朱) 씨가 다시 부흥하더라도 동한(東漢)이나 남송(南宋)처럼 될 수 없음을 인정했으면서도 다른 한편으로는 오히려 천하가 오랑캐의 지배하에 놓인 지금

---

36) 우경섭, 『조선중화주의의 성립과 동아시아』, 133-137쪽.

37) "今年五月二十三日, 因忠淸監司, 聞永曆皇帝破亡被靑衣之辱, 天下事自此無復可望矣, 不勝痛哭失聲也. 天定久已如此, 我孝宗大王安得不遽失遐齡也.": 『宋子大全』附錄 卷4 年譜 崇禎三十五年壬寅 五月 乙未(문집총간 a115_276d).

38) 한명기, "재조지은과 조선후기 정치사", 210-212쪽.

39) Jongtae Lim, "Tributary Relations between the Chosŏn and Ch'ing Courts to 1800," in Willard J. Peterson, ed., The Cambridge History of China, vol. 9. The Ch'ing Empire to 1800, Part 2(Cambridge University Press, 2016), pp. 146-196 중 p. 165에 나오는 "The Koreans' painful sense of their unpaid debt to the Ming"이라는 표현.

홀로 중화의 다스림을 보존하고 성현의 정통을 계승한 조선이 북벌해서 중원을 차지하고 왕도를 시행할 수 있다고 주장했다.[40]

　그러나 시간이 가면서 결국 북벌이 현실적으로 불가능하다는 인식이 대세가 되어갔다. 사실 북벌론은 처음부터 현실성이 없는 정치적 구호의 성격을 지녔으며, 양란 이후 조선 사회에서 "자강지도(自强之道)를 강구하는 방법론"이었다고 할 수 있다.[41] 송시열 자신이 상황이 바뀐 후 1681년 숙종에게 보낸 수차(袖箚)에서 효종의 참뜻에 대해 다음과 같이 언급하는 데에 북벌론의 그 같은 성격이 잘 드러나 있다.

　　그날의 성의(聖意)가 어찌 시세(時勢)를 헤아리지 않고 큰 재앙을 도발하고자 하는 것이었겠습니까? … [효종께서] 일찍이 말씀하시기를, "우리 힘의 강약을 보고, 저들의 흔단(釁端)의 심천(深淺)을 살펴야 한다" 하셨고, 또 말씀하시기를, "이것은 학문하는 도리와 다를 바가 없다. 서서히 하면서 신속하게 하고자 하는 바가 없어야 하고, 꾸준히 하면서 감히 게을리하지 않아야 한다" 하셨습니다.[42]

40) "臣謂, 國之中興, 皆在於其亡之不久. 明亡殆將百年, 至今無所聞, 則此豈可復興哉. 設使有朱氏復興, 此猶堯之後漢高也. 豈可比漢宋之中興也.": 『南塘先生文集』卷6 經筵說 下 丙午 十月 初五日(문집총간 a201_148c-148d); "海內腥膻之時, 乃以一隅偏邦, 獨能保中華之治, 承前聖之統. 而殆與昔之閩越, 無相遜讓, 則雖由此進於中國, 行王道而有天下, 亦無不可矣.": 『南塘先生文集』拾遺 卷6 「拙修齋說辨」(문집총간 a202_453c).

41) 계승범, 『정지된 시간』, 90쪽; 정옥자, 『조선후기 조선중화사상연구』(일지사, 1998), 166쪽.

42) "… 當日聖意, 豈欲不量時勢, 輕挑大禍哉. 蓋嘗曰, 生聚敎訓, 遲以歲月, 當如句踐之爲. 又嘗曰, 視吾力之强弱, 觀彼釁之淺深." 又曰, "此與學問之道無異, 徐徐乎無欲速也; 汲汲乎不敢惰也.": 『肅宗實錄』7년(1681) 1월 3일.

북벌의 불가능함에 대한 이 같은 인식은 1704년 대보단(大報壇) 설치를 논의하는 과정에서도 나타나서, 송시열의 직계 제자인 좌의정 이여(李畬, 1645-1718)는 이제 천하의 정세가 달라져 북벌은 논할 수 없으며 자강책을 도모하는 데 힘써야 한다는 생각을 분명히 했다.[43] 정조도 한때 중화라고 일컬어지던 조선에서 대명의리가 시들어가는 세태를 이야기하며 "한관(漢官)의 위의(威儀)를 다시 볼 수 없고 중국 안(神州)의 더러운 오랑캐를 다시 제거할 수 없"게 된 상황을 한탄했다.[44] 홍대용도 1775년 세손 정조가 북경의 성곽과 방어 태세에 대해 자신에게 묻고 그에 대한 답을 들은 후 그렇다면 쉽게 공격할 수 없을 것 같다고 말하자 "성과 못(池)의 험함이야 확실히 믿기에는 부족하지만 형세가 비슷하고 힘이 대적할 수 있어야 공격할 텐데, 사실은 쉽지 않다"고 하여 북벌이 사실상 불가능함을 지적했다.[45] 황경원(黃景源, 1709-1807) 같은 사람은 조선이 출병하여 요양(遼陽)을 침공한다 해도 요양인들이 청인들과 합세해 조선에 저항하지 않을지 알 수 없다고 하여 북벌이 성공할 수 없음을 지적하기도 했다.[46]

---

43) "蓋丙丁以後, 彼爲方興之國, 雖以孝廟雄略, 亦未易輕擧矣. 今則天下事, 稍異於前, 庶有可爲. 復讐雪恥, 亦係乎時勢之難易, 何可自畫. 夫以小事大, 古喆王之所不免, 而莫不內爲自强之圖, 以保其國, 不但以皮幣珠玉恃以爲安也. 顧以國勢言之, 復讐非可論, 雖欲自保, 亦恐未易. 臣每中夜思之, 寢食何甘. 殿下苟能惕然奮發, 先立大志, 以爲興衰撥亂之本, 則如繕兵固圉之計, 特一施措間事耳. 根本旣立, 何事不成.": 『肅宗實錄』 30년 1월 10일.

44) "我東以蕞爾鰈域, 粗知禮義之方, 世有中華之稱. 而今則, 人心漸至狃安, 大義轉益湮晦, 北走之皮幣, 看作常事, 不以爲恥. 思之及此, 寧不心寒. 漢官威儀, 不可復觀, 神州腥羶, 不可復掃.": 『正祖實錄』 3년(1779) 8월 3일.

45) "令曰, 城池如何. 臣曰, 城高五六丈, 內外具設女墻, 兩面塹絶, 異於我國城制. 其廣則城上平鋪如砥, 可馳十馬隊也. 令曰, 雖曰在德不在險, 城制旣如此, 亦未易攻也. 臣曰, 城池之險, 固不足恃也. 但勢均力敵則攻之, 實未易也.": 『湛軒書』 內集 卷2 『桂坊日記』 乙未 三月 二十九日(문집총간 a248_054a-054b).

2.3 대명의리 정서의 지속과 확산

그러나 이처럼 북벌론이 포기되는 상황에서도 대명의리 정서는 지속되었다. 효종이 죽고 남명이 멸망하여 북벌이 불가능해진 후 조선 사인들의 대명의리 정서는 북벌과 명 왕조의 회복 대신 중화 문화의 존숭과 그 계승을 추구하는 쪽으로 향했다. 당초 북벌론을 강력히 주장했던 송시열도 대명의리의 강조점을 청에 대한 복수를 가리키는 '이적을 물리침(攘夷狄)'으로부터 보다 근본적인 수준에서 중화의 가치를 추구하는 '중화의 존숭(尊中華)'으로 바꿨다. '치(治)'와 '난(亂)'의 상태가 되풀이된다는 맹자의 '일치일란(一治一亂)' 설에 바탕해서 현재의 '난'의 세상이 끝나면 '치'의 세상이 올 것이고 『주역』이 바로 '일치일란'의 리를 보여준다고 믿은 송시열은 『춘추(春秋)』가 '난'을 다스리는 도구로 지어졌다고 주장했는데, 그에게는 '존주(尊周)'의 의리가 『춘추』의 핵심적인 이념이었다.[47] 이에 따라 1680년대부터 '존주대의'를 지킨 인물들을 기리는 각종 기념사업이 널리 추진되었다.[48]

물론 조선 쪽에서는 자신들의 대명의리의 정서가 청에 알려지지

---

46) "及明旣亡, 感淸人煦濡之惠, 歸附日衆. 向之惻怛於心者, 今反訢訢. 向之忸怩於色者, 今反陽陽. 屬國兵雖入遼陽, 遼陽之民不爲淸人力戰而固守者, 余未之信也." 『江漢集』 卷32 「明陪臣傳 六」(문집총간 a225_079c).

47) 우경섭, 『조선중화주의의 성립과 동아시아』, 70-71쪽; 우경섭, "송시열의 화이론(華夷論)과 조선중화주의의 성립", 『진단학보』 101(2006), 257-289 중 275-277쪽. 예를 들어 다음의 언급을 볼 것. "嗚呼. 治亂者陰陽之理也. 聖人旣贊大易, 以見陽不可終無, 亂可以復治. 而又作春秋, 以垂治亂之具. 是道苟明, 則斯可謂治矣. … 春秋旣曰文成數萬其指數千, 則聖人之微辭奧義雖不可得以知. 而惟尊尙京師之義, 則炳如日星, 雖瞽者亦見之矣.": 『宋子大全』 卷171 「石室書院廟庭碑」(문집총간 a113_586d-587a).

48) 허태용, 『조선후기 중화론과 역사인식』(아카넷, 2009), 121-134쪽.

않도록 감추었다. 예를 들어 효종은 원나라 조정에 출사한 허형(許衡, 1209-1281)을 문묘에서 출향(黜享)하라고 상소를 올린 송시열에게 그것이 정당한 의논이기는 하지만 사람들이 듣게 되면 번거로워질 것이므로 곤란하다는 뜻의 밀유(密諭)를 전했다.[49] 나중 윤증(尹拯, 1629-1714)도 허형 출향론과 대보단 건립 추진에 대해 청나라가 알게 되면 재침(再侵)을 야기할 것이라는 걱정을 표현했다.[50]

한편 청쪽의 태도 변화도 조선에서의 대명의리 정서가 지속될 수 있도록 고무했던 것으로 보인다. 청은 처음에는 조선의 대청 복수의 정서와 군비 강화의 움직임에 경계감을 표현했다.[51] 예컨대 1650년 순치제(順治帝, 재위 1643-1661)는 왜국을 경계하기 위해 성(城)을 수축하고 병사를 모으고 기계(器械)를 정돈하겠다는 효종의 상주(上奏)에 답하는 칙유(勅諭)에서 왜국을 경계하겠다는 것은 핑계일 뿐 이것이 실은 청을 대상으로 한 것임을 알고 있다고 힐책하기도 했다.[52] 그러나 삼번

---

49) "上下敎曰, 前日贊善宋時烈疏中, 論許衡一款, 議于大臣以啓, 而勿煩聽聞. 大臣獻議, 皆以爲不可. 上以其議, 封示宋時烈.": 『孝宗實錄』 8년(1657) 11월 5일. 이에 대해 송시열은 1681년 숙종에게 올린 상소에서 "臣嘗以是陳自於聖祖. 則聖祖以爲正當之論, 而惟其有煩聽聞. 故密使近侍, 諭臣以難便之意矣."라고 이야기했다: 『宋子大全』 卷17 「論文廟從祀疏 辛酉十二月六日」(문집총간 a108_410c-410d). 송시열의 허형 출향론과 그에 대한 긴 논의 과정에 대해서는 우경섭, 『조선중화주의의 성립과 동아시아』, 167-186쪽을 볼 것.

50) 우경섭, 『조선중화주의의 성립과 동아시아』, 185쪽.

51) 洪性鳩, "청질서의 성립과 조청관계의 안정화: 1644-1700", 『東洋史學硏究』 140輯 (2017), 155-194 중 161-165쪽.

52) "諭朝鮮國王李淏曰, 據奏倭國相惡, 欲修城集兵整頓器械此等言辭. … 據巴哈納祁充格等回奏云, 臣提取慶尙道觀察使李曼東萊府使盧協等詳細訊問, 知倭國朝鮮素相和好, 並無怨亂兵伐之事, 前奏係欺罔巧詐等語. 由此觀之, 其修城集兵, 整頓器械之事, 原與倭國無涉, 專欲與朕爲難也爾旣欺罔巧詐, 負恩悖禮, 朕惟備之而已. 夫復何言.": 『淸世祖章皇帝實錄』 順治 7년(1650) 7월 20일.

의 난 평정 후 청이 자신감을 가지게 되고 조선에 대해 너그러워졌다. 심지어 청 스스로 대명의리를 고취한 측면도 있었다. 강희제는 1706년 태학사들에게 유시(諭示)하면서 "조선 국왕을 보면, 범사에 지극히 정중하고 삼가며" 특히 명 말년에 시종 명을 배반하지 않았음을 들어 "예의를 중히 여기는 나라"라고 칭송하여 명에 대한 조선의 충절을 평가하기도 했다.[53] 나중 건륭제(乾隆帝, 재위 1735-1795)가 명의 신하로 청에 투항한 전겸익(錢謙益, 1582-1664) 등의 실절(失節)을 비판한 것도 같은 영향을 미쳤다.[54] 이런 분위기에서 1704년 대보단 설치에 관해 묻는 이여에게 보낸 답서에서 권상하는 청이 조선의 명 황제에 대한 제사에 대해 그다지 심하게 힐문하지 않을 것이라고 하면서 찬성의 의견을 표명했다.

만일 저들이 힐문하는 것을 우려해서라면, 우리나라가 황조(皇朝)의 은덕을 받은 것은 천하가 다 아는 것으로, 지금에 이르러 옛일을 추념하여 간략하게 보답하는 사전(祀典)을 거행하는 것은 심정에서 나오고 천리(天理)에 있어 그만둘 수 없는 것인즉, 저들 또한 사람인데, 어찌 반드시 금지시키겠습니까? 또 듣건대, 저들은 일찍이 대명(大明)은 유적(流賊)에게 망한 것이고 자기들이 연경(燕京)에 들어온 것은 대명을 위하여 원수를

---

53) "諭大學士等曰. 觀朝鮮國王, 凡事極其敬愼. 其國人亦皆感戴. … 且彼更有可取者. 明之末年, 彼始終未嘗叛之, 猶爲重禮義之邦也." 『淸聖祖仁皇帝實錄』45년(1706) 10월 23일. 강희제는 심지어 이 같은 조선에 대한 홍타이지의 침공이 譯官들의 장난으로 야기되었다고 이야기하기까지 했다: 구범진, 『청나라, 키메라의 제국』 (민음사, 2012), 209쪽.

54) 이덕무는 『入燕記』에서 『國朝詩別裁集』에 전겸익의 시를 다수 수록하였다고 하여 沈德潛(1673-1769)을 비판한 건륭제의 『御製序』를 인용했다. 『靑莊館全書』卷67 「入燕記」正祖 2년 5월 22일(문집총간 a259_221b-222a).

갚기 위한 것이라고 말했고 선제(先帝)에게 시호(諡號)를 올리기까지 하였다고 합니다. 설사 힐문하는 일이 있다고 하더라도 어찌 대답할 말이 없겠습니까?[55)

1712년 정계비(定界碑)가 세워지면서는 청과의 국경 문제도 일단락되고 이에 따라 조선의 대청 관계는 더욱 안정화되었다. 1713년에 이르면 숙종 자신이 청에 사신으로 가는 권상유(權尙游, 1656-1724)에게 청에서 대보단을 만든 일에 대해 물으면 사실대로 말해도 문제되지 않을 것이라고 말하게까지 되었다.[56)

이 같은 대명의리 정서는 19세기 후반 개화기(開化期)까지 조선 사인들의 지배적인 정서로 이어졌다.[57) 그것은 정통 주자학자들에게 국한되지 않고 조선 사인들 전체가 공유하는 지배적 정서였다. 청의 문물을 높이 평가하는 북학론자들도 마찬가지였다. 예컨대 홍대용, 박지원, 박제가 등이 위에서 보았듯이 재조지은을 내세우면서 대명의리를 지켜야 한다는 생각을 피력했다. 박지원은 건륭제가 1776년 명 충신들을 복권시키는 칙령을 내리면서 김상헌을 포함시키지 않은 것을 지적하면서 자신은 "'청음(淸陰)'이라는 두 글자를 들을 때마다 미상불 머리털이 움직이고 핏줄이 뛰어 몰래 목구멍 속에 배회하지만

---

55) "若以彼人致詰爲慮, 則我國受皇朝之恩, 天下之所共知. 到今追念舊事, 略擧報祀之典者, 出於心情, 天理之所不已, 則彼亦人耳, 何必爲之呵禁哉. 且聞渠嘗謂, 大明亡於流賊, 渠之入燕, 爲大明報仇, 至上先帝之諡云. 設有致詰之端, 豈無可對之辭乎.":『肅宗實錄』30년(1704) 1월 10일.

56) "甲申築壇後, 東平尉之行, 卽在乙丙, 故或慮其有問. 今則恰滿十年, 使价相踵, 而彼不曾提起, 今何必追提乎. 設令有問, 以實爲對, 無害於義理也.":『肅宗實錄』39년(1713) 7월 20일.

57) 예컨대 개화를 주창했던 朴珪壽(1807-1877) 같은 사람까지도 尊明 의리를 깊이 신봉하고 있었다: 김명호,『환재 박규수 연구』(창작과비평사, 2008), 169-172쪽.

감히 입 밖으로 내놓지 못한다"고 이야기하기도 했다.[58] 특히 이덕무
(李德懋, 1741-1793)는 이서구(李書九, 1754-1825)에게 보낸 편지에서 자
신이 "명의 백성"이라고 자처했는데, 명말 사인들 간의 교류의 어진
모습을 칭송하면서 명 유민들의 행적을 모아『뇌뢰낙락서(磊磊落落書)』
를 지었다.[59] 청 사인들에게 조선 사인들의 재조지은의 정서를 설명하
는, 앞에서 인용한 홍대용의 이야기에 대해서 이덕무는 다음과 같이
논평했다.

　지금 세상에 [명나라를] 슬피 사모하는 자가 몇 사람이나 되겠는가? 내
가 일찍이 남에게 보내는 편지에 '명(明)'이란 글자를 쓸 때 한 자 높여 썼
더니, 어떤 부박(浮薄)한 사람이 크게 웃으면서 "명나라는 이미 망했으니
구태여 높일 것이 뭐 있는가?"라고 했다. 또 어떤 사람이 만주 사람을 부
를 때 할아버지나 아버지라고 한다고 전해 들었다. 어찌 이런 수치가 있겠
는가? 말은 이렇게 함부로 해서는 안 되는 것이다.[60]

---

58) "余每聞淸陰二字, 未嘗不髮動脈跳. 雖闇自喉裏徘, 而未敢發諸齒外.":『燕巖集』
　　卷14 別集『熱河日記』「銅蘭涉筆」(문집총간 a252_328d).

59) "嘗寄余書曰. 我明民也. 結交隆曆啓禎間名臣處士, 視世之眼前婥嫛背後睚眄, 豈
　　不賢哉. 遂採甲申後遺民, 著磊磊落落書七卷, 以托其意.": 李書九,『惕齋集』卷9
　　「李懋官墓誌銘」(문집총간 a270_200b). 黃胤錫(1729-1791), 安錫儆(1718-1774)
　　같은 사람들도 자신들이 '명의 유민'이라고 이야기했다: "大明遺民黃子, 旣得淸
　　主所撰律曆淵源, 閱之歎曰深矣遠矣. …" 黃胤錫,『頤齋遺藁』卷12「題數理精蘊
　　寫本」(문집총간 a246_264a); "孔明漢人也, 以復漢報讎爲事, 其心焃然爲萬世之師.
　　今以我明之遺民, 而或不思興王室而討讎虜, 尙可以爲人耶.": 安錫儆,『雪橋集』
　　卷5「諸葛孔明眞贊」(문집총간 a233_536a).

60) 위 주 12를 볼 것. "湛軒曰. 萬曆年倭賊大入東國, 神宗皇帝動天下之兵, 費天下之
　　財, 七年然後定. 到今二百年, 生民之樂利, 皆神宗之賜也. 炯菴曰. 今世哀慕者
　　幾人矣. 余嘗與人書, 書明字於極行. 有一浮薄輩, 大笑以爲明旣亡矣, 何必尊之.
　　又傳聞一人以爲喚滿人曰祖曰父, 何辱之有, 言不可以若是之悖."『靑莊館全書』
　　卷63「天涯知己書 筆談」(문집총간 a259_135c-135d).

2.4 명 숭배, 계승 의식

결국 조선 사인들의 대명의리 정서는 북벌이 아니라 멸망한 명을 숭배하고 명의 전통을 계승하겠다는 생각으로 표현되었다.

2.4.1 남명

조선 사인들의 명 숭배, 계승의 정서는 우선 남명(南明)에 대한 그들의 태도에서 나타났다. 사실 위에서 보았듯이 명 멸망 후 처음에는 남명의 존재가 조선 사인들 사이에서 명나라 중심의 중화질서가 회복될 가능성에 대한 기대를 빚기도 했고, 그들은 남명이 명의 멸망 이후 사라진 중화의 정통을 이어줄 것으로 생각했다.[61] 이 같은 기대가 무너지고 남명이 멸망한 후에도 조선 사인들은 남명을 중국의 정통 왕조로 간주했다. 홍만종(洪萬宗, 1643-1725)은 『증보역대총목(增補歷代總目)』에서 중국사의 정통이 요(堯)임금에서부터 남명의 영력제(永曆帝, 재위 1646-1662)에까지 이어지는 것으로 서술했는데,[62] 이 같은 생각은 그 후로 여러 사인들에 의해 자주 표명되었으며 18세기 후반에도 조선 사인들 사이에 널리 퍼져 있었다. 이들은 청조가 편찬한 『명사(明史)』가 남명 3황제를 "제왕(諸王)"으로 나열하는 데 대해 불만을 표했다.[63] 윤광소(尹光紹, 1708-1786)는 "이 같은 사서(史書)가 [청의] 오랑캐로부

---

61) 그들은 아직 南明이 명맥을 유지하고 있던 시기를 東周가 미약하나마 周室의 권위를 유지하던 춘추 시대에, 그리고 남명 멸망 이후를 동주마저 멸망하여 중화의 적통이 끊긴 전국 시기에 비유하기도 했다: 우경섭, "송시열의 화이론과 조선중화주의의 성립", 276쪽.

62) 金順姬, "『增補歷代總目』의 書誌學的 硏究", 『서지학연구』 23집(2002), 149-189 중 167쪽.

터 나왔으니 물론 책임을 물을 수 없겠지만 [조선의] 사대부들의 의론 또한 매번 황조가 갑신년에 망한 것으로 여기고 나만이 홀로 황조는 갑신년에 망하지 않고 영력제에서 망했다고 생각한다"고 했다.[64] 남명을 포함시켜 이 같은『명사』의 잘못을 고쳐 바로잡으려는 노력이 이현석(李玄錫, 1647-1703)의『명사강목(明史綱目)』으로부터 시작되었는데, 남유용(南有容, 1698-1773)은『명사강목』도 기년을 숭정에서 끝내고 남명을 부록으로 넣어 정통에서 제외시켰다고 하여, "이는 참을 거짓으로 간주한 것으로 … 역사라고 생각할 수가 없다"는 비판까지 하면서,[65]『명사정강(明史正綱)』을 저술했다. 홍계희(洪啓禧, 1703-1771)는 1771년 영조의 명으로『명사강목』의 개찬 작업을 하면서 남명의 사실(事實)이 "민몰(泯沒)"되는 것을 막기 위해 남명 부분을『황명통기(皇明統紀)』와 별도로 간행하자고 주장했고 영조도 이에 동의하여『황명유문(皇明遺聞)』이라는 제목을 정해주기도 했다.[66] 정조의 명으로 대명의리 행적을 정리하여 편찬한『존주휘편(尊周彙編)』은 영력제가 죽은 1662년까지를 "황조기년(皇朝紀年)"으로, 그 이후를 "본국기년(本國紀年)"으로 구분했는데, 성해응은 이 책에 대해서 "혹 주자의 뒤를 이어『강목』을 짓는다면 어찌 삼황제의 정통으로 숭정을 잇지 않겠는가?

63) 우경섭,『조선중화주의의 성립과 동아시아』, 140-142쪽; 허태용,『조선후기 중화론과 역사인식』, 198-200쪽.

64) "余見明史, 皇朝之統, 訖于崇禎甲申, 其後繼以胡統, 以弘光隆武永曆三皇, 比之僭號而黜之. 此史出於胡人, 固不足責也. 然搢紳大夫之論, 亦每以爲皇朝亡於甲申, 余獨以爲皇朝不亡於甲申而亡於永曆.":『素谷先生遺稿』卷4「正統說」(문집총간 a223_112a).

65) "李氏明史, 紀載非不詳, 而綱領不甚好. 且紀年止於崇禎, 弘光至永曆, 皆見之附錄, 是眞以爲僭也. 爲明史却如此無心, 曷足以爲史."『臺淵集』卷16「答李生鑨之」(문집총간 a217_349a).

66)『英祖實錄』47년(1771) 7월 23일.

이 책이 삼황제의 정삭(正朔)을 드러내 보이는 것은 진실로 천하의 지극한 의리이다"라고 말했다.[67] 이 같은 생각은 조선 사인들이 직접 남명의 역사를 편찬하는 일로 이어졌는데, 황경원이 남명 삼황제의 사적을 정리하여 편찬한 『남명서(南明書)』로부터 시작해서 19세기로까지 이어졌다.[68] 예컨대 조철영(趙徹永, 1777-1853)은 청이 최초 명을 침범한 1583년부터 영력제가 죽은 1662년까지를 다룬 『속명서(續明書)』에서 남명을 "아조(我朝)"로, 청을 "노(奴)"로 기술했다.[69]

명의 "숭정" 연호를 사용할 것인가 남명의 "영력" 연호를 사용할 것인가에 관한 논쟁이 일어나기도 했다. 『존주휘편』 편찬 시 이서구는 남명이 멸망한 1662년까지의 기간을 "숭정기원후 ○○년"으로 하면 남명 세 황제의 연호를 표현하지 못하게 되고 그렇다고 남명의 연호를 사용하다가 1662년 이후 "숭정기원후"로 돌아가는 것도 문제임을 지적하였는데, 결국 위에서 보았듯이 남명이 멸망한 해인 1662년까지는 남명 연호를 사용하고 그 이후는 '본국기년'으로 계속하기로 결정되었다.[70] 남명 연호 사용에 대한 논쟁은 나중 19세기 후반에도 재현되어 최익현(崔益鉉, 1833-1906), 유인석(柳麟錫, 1842-1915) 등 이항로

---

67) "有或繼朱子而作綱目, 則其不以三皇帝之統上繼於崇禎乎. 此書之表揭三皇帝正朔, 誠天下之至義也.": 『硏經齋全集』 卷32 「尊周彙編條議」(문집총간 a274_209d).

68) 우경섭, 『조선중화주의의 성립과 동아시아』, 140-146쪽.

69) 葛兆光, 『想像異域』, 41쪽.

70) 정옥자, 『조선후기 조선중화사상연구』, 133-134, 143쪽. 남명 연호 사용 문제는 일찍이 1667년 남명인이 표류해왔을 때에도 제기된 바 있었지만 조선은 영락제의 책봉을 받은 적이 없으므로 숭정 연호를 사용해야 한다는 송시열의 견해에 따라 일단락되었다. "丁未, 耽羅獲一漂船, 即漢人也. 言中原消息曰, 今年爲永曆二十一年也. 宋子愼曰, 用永曆何如. 先生曰, 彼言何可信. 就使可信, 曾無頒布於我國者, 莫如因用崇禎也.": 『宋子大全』 附錄 卷17 語錄 崔愼錄(문집총간 a115_544a). 우경섭, "조선 후기 지식인들의 명나라 인식"(미발표 원고), 18쪽.

(李恒老, 1792-1868)의 문인들은 "숭정" 대신 "영력"을 사용하기도 했다.[71]

2.4.2 명의 유민

이런 상황에서 조선 사인들 사이에 명 유민에 대한 관심이 생겨나고 그들을 배려하는 조정의 조치가 취해졌다. 이미 1620년대 초에 조선 조정은 후금의 지배를 피해 조선에 들어온 한인들을 재조지은의 명분 아래 삼남 지역으로 이주시키는 등 돕고 보호했다.[72] 나중 청의 북경 함락 후에는 명의 사인들이 조선으로 망명해왔는데, 이들 중에는 이여송(李如松, 1549-1598)의 후손들을 비롯해서 원군으로 임란에 참여했던 무인들의 후손들이 많이 포함되었고, 봉림대군(鳳林大君, 1619-1659: 孝宗, 재위 1649-1659)이 귀국 시 심양(瀋陽)에서 함께 지내던 한인(漢人)들과 같이 오기도 했다.[73] 조선 조정은 중국으로부터 한인들이 표류해왔을 때 이들을 청으로 송환하지 않고 숨겨주기도 했다. 1652년 한인이 표류해왔을 때 민정중(閔鼎重, 1628-1692)은 이들이 "우리가 옛날에 섬겼던 '천조(天朝)'의 백성"이므로 이들을 붙잡아 원수에게 돌려보내는 것은 "인정이 끓어오르고 답답할 일"이며 "성심(聖心)이 슬퍼할 일"이라고 하여 이들의 송환을 반대하는 상소를 올렸다.[74] 1667년 표류해온 한인들을 대청 관계를 염려하여 청으로 압송하기로

---

71) 우경섭, 『조선중화주의의 성립과 동아시아』, 146-148쪽.
72) 우경섭, 『조선중화주의의 성립과 동아시아』, 107쪽. 그러나 이내 후금의 압력으로 이들을 색출, 송환시킬 수밖에 없었다: 같은 곳.
73) 우경섭, 『조선중화주의의 성립과 동아시아』, 108-110쪽.
74) "漂海漢人, 豈非我昔日天朝之赤子乎. 設令國家不幸至此, 尙何忍一切縛繫遺黎, 驅送仇敵, 略無疑難哉. 此誠人情之所怫鬱, 聖心之所怛然者也." 『孝宗實錄』3년 (1652) 4월 26일.

결정했다는 소식이 퍼졌을 때에는 조선 사인들 사이에 반대 의견이 많이 퍼지기도 했다.[75]

조선 조정은 조선으로 이주한 한인들을 명나라 후예라 하여 관리, 지원했다.[76] 중원 회복 가능성이 사라지면서 한인들도 조선왕조 통치 체제 속으로 들어오게 되었는데, 숙종 때부터는 조선으로 이주한 한인들을 '황조인(皇朝人)'이라고 부르면서 신역(身役)을 면제하는 등의 우대 정책을 시행했다. 존주대의를 강조한 영조대 후반부터는 1764년 충량과(忠良科)를 설치해 명나라 후예들이 응시할 수 있도록 하는 등 새로운 정책들이 추가되었다.[77] 충신들의 자손과 함께 명 유민을 우대하는 정책을 더욱 강화한 정조는 중국의 물건은 중히 여기면서 중국의 사람인 황조인에 대해서는 차별하는 것을 "문벌만을 보는 매우 소규모"의 작태라고 비판했고,[78] 이여송의 후손인 이원(李源)을 지중추부사(知中樞府事)에 제수하고 도총관(都摠管)을 겸하게 하기도 했다.[79] 이 같은 황조인 우대책은 고종대까지 지속되었다. 이와 함께 명 유민에 대해 학문적으로 연구하고 정리하는 작업도 행해졌는데, 앞에서 언급한 바 있는 이덕무의 『뇌뢰낙락서』를 비롯해서 황경원의 『명배

---

75) 우경섭, 『조선중화주의의 성립과 동아시아』, 112-114쪽.

76) 우경섭, 『조선중화주의의 성립과 동아시아』, 115-122쪽; 우경섭, "조선후기 귀화 한인(漢人)과 황조유민(皇朝遺民) 의식", 『한국학연구』(인하대학교 한국학연구소) 27집(2012), 333-365 중 350-351쪽; 허태용, 『조선후기 중화론과 역사인식』, 176-177쪽.

77) 우경섭, 『조선중화주의의 성립과 동아시아』, 118-120쪽.

78) "百物之來自中原者, 我東莫不貴視. 稱以唐物, 雖賤者, 能掩土産之貴者. 獨於族姓則不然, 皇朝人子孫之在我土者, 我人甚賤之. 彼祖先皆中國冠冕人也, 豈不及我國卿相家子孫耶. 大抵我東專視門閥, 亦甚小規模. 思之, 實有貴物而賤人之歎.": 『弘齋全書』 卷172 日得錄十二 「人物 二」(문집총간 a267_371a-371b).

79) 허태용, 『조선후기 중화론과 역사인식』, 177쪽.

신전(明陪臣傳)』, 『명배신고(明陪臣考)』, 성해응의 『황명유민전(皇明遺民傳)』 등이 연이어 나왔다.[80]

2.4.3 대통력서

조선 사인들의 대명의리의 정서는 명이 반포한 대통력서(大統曆書)에 대한 그들의 태도에도 나타났다. 조선 사인들은 명의 대통력에 대해 깊은 애착을 지녔고, 명 멸망 이전 제작된 대통력서의 실물을 보고 감격하는 모습을 자주 보였다. 예컨대 송시열은 1665년에 우연히 발견된 1630년 대통력서에 발문을 써서 1637년 이후 조선에서 다시 보지 못하게 되고 1644년 이후에는 언급조차 못하게 된 대통력서를 다시 보게 된 감회와 그 같은 상황에 대한 원통함을 토로했다.[81] 1705년에 권상하도 명 황제에게서 하사받아 조선에서 반포된 마지막 대통력서로 인조가 김상헌에게 하사한 1637년 『숭정정축대통력(崇禎丁丑大統曆)』을 김상헌의 후손으로부터 받고서 신종, 의종(毅宗) 두 황제의 어묵(御墨)과 함께 봉안하고 「숭정대통력발(崇禎大統曆跋)」을 지어 슬프고 간절한 마음을 적은 후 날짜는 "숭정후 을묘 추일(崇禎後乙酉秋日)"로 자신은 "배신(陪臣) 권상하"라고 표현했다.[82] 이렇게 재발견된 '숭정정축년 대통력서'는 조선 사인들의 큰 관심을 끌고 명에 대한 추모의

80) 손혜리, "18세기 후반-19세기 전반 조선 지식인들의 明 遺民에 대한 기록과 편찬 의식―李德懋의 『磊磊落落書』와 成海應의 『皇明遺民傳』을 중심으로", 『한국실학 연구』28호(2014), 327-361쪽; 우경섭, 『조선중화주의의 성립과 동아시아』, 123-132쪽.

81) "… 大統曆者, … 自丁丑以後, 東民不復見此, 而甲申以後, 則愈不忍言矣. 凡皇祖 遺章舊典, 變盡無餘, 而今日所見者. …. 嗚呼, 可勝慎痛哉.": 『宋子大全』卷146 「庚午大統曆跋」(문집총간 a113_147b -147c).

정서를 강화시켰는데, 이기홍(李箕洪, 1641-1708) 같은 사람은 이 역서가 사라지지 않고 남은 것을 들어 "백수진인(白水眞人)"이 나타날 가능성을 기원하기도 했다.[83] 영조도 1756년 이 '숭정정축대통력'을 얻은 후 「어제황력기(御製皇曆記)」를 짓게 하고 며칠 후 대보단에 봉안하는 의식을 거행했고, 그 후 다시 친행하여 망배례를 올리고 봉안된 역서를 신하들에게 보이기도 했다.[84] 대통력에 대한 숭모의 정서는 그 후로도 이어져서 정조는 1782년『천세력(千歲曆)』을 간행하면서 향후 100년의 역서를 시헌력법(時憲曆法) 이외에 명의 대통력법으로도 계산해서 수록하도록 했다.[85]

2.4.4 대보단

조선 후기 대명의리와 명 숭배, 계승 의식을 보여주는 가장 두드러진 예는 1704년 명 멸망 60주년을 맞아 명 황제들에게 제사를 지내기 위해 궁궐 후원에 대보단(大報壇)을 설치한 일이었다.[86] 조선 사인들의

---

82) "嗚呼, 天朝頒曆, 至此而止, 今安得復見此事. 金文正之所以丁寧付囑者, 意甚悲切. 倘使先師見者, 想必掩泣於斯也. … 噫. 崇禎後乙酉秋日 陪臣權尙夏敬書.":『寒水齋先生文集』卷22「崇禎大統曆跋」(문집총간 a150_410b-410c).

83) "嗚呼. 皇朝之禮樂文物, 今不可復見, 而獨此一書. 幸不至泯滅. … 噫. 顧今天下之亂極矣, 亂極思治, 固理之常, 而函夏腥羶, 天厭穢德. 則安知無白水眞人起於春陵, 而此書不爲他日之考信者耶.":『直齋集』卷8「崇禎丁丑皇曆後跋」(문집총간 a149_445d-446a).

84) 『承政院日記』英祖 32년(1756) 4월 30일; 5월 4일, 15일, 24일; 신민철, "서명응(1716-1787)의 팔도 주야, 절기 시각 표기론의 형성과 전개"(미발표 초고), 7-8쪽. 신민철은 여기에는 신하들로부터 대명의리의 주도권을 쟁취하려는 영조의 의도도 개재되어 있었다고 지적한다: 같은 글, 9쪽.

85) 전용훈, "정조대의 曆法과 術數學 지식:『千歲曆』과『協吉通義』를 중심으로", 『한국문화』54집(2011), 311-338 중 323-324쪽.

'재조지은'에 대한 보은의 정서는 그 직접 당사자인 만력제 이외에 숭정제에게도 향했다. 예컨대 송시열은 숭정제의 어필을 받아보고 감격하고 환장암(煥章庵)을 세워 어필을 보관하고 만력제와 숭정제에게 제사를 지낼 계획을 세우기도 했다.[87] 이에 따라 앞에서 보았던 만력제에 대한 높은 평가와 함께 숭정제에 대한 재평가 움직임도 나타났다. 송시열은 숭정제가 "나라가 망하면 임금이 죽는다(國亡君死)"는 바른 의리를 지킨 것으로 여러 차례 칭송했으며, 심지어 "우리 황제(吾皇, 我皇帝)"라고 부르기까지 했다.[88] 성해응은 숭정제가 장엄함(莊), 검소함(儉), 부지런함(勤)의 세 가지 덕을 갖추고서도 나라를 잃은 것을 한탄했다.[89]

이들 명 황제에 대한 제사를 지내기 위한 대보단 건립에 대해서는 1704년 1월 10일 처음 논의가 시작되었는데, 논의를 제기하면서 숙종은 명이 '조선'이라는 국호를 준 것을 언급하기도 하고, 그럼에도

---

86) 이에 앞서 송시열이 華陽洞 거처의 석벽에 숭정제의 어필 "非禮不動"이란 글자를 새겼고 그의 유지를 받아 그의 제자들이 만력, 숭정제의 祠宇를 건립한 일이 있었다. 정옥자, 『조선후기 조선중화사상연구』, 76-77쪽. 대보단의 설치 과정과 그 후의 운영에 대해서는 같은 책, 66-99, 155-183쪽; 계승범, 『정지된 시간』을 볼 것.

87) 우경섭, 『조선중화주의의 성립과 동아시아』, 77쪽. 우경섭이 지적하듯이 송시열은 이를 통해 효종을 숭정제의 뒤를 이은 중화 문화의 계승자로 자리매김했던 것이다: 같은 책, 79-80쪽.

88) "甲申三月事, 思之心欲剖, 國亡君死之, 古今徒騰口. 吾皇獨辦此, 天壤壞不朽, 萬邦劇喪考, 猶自稱天祐.": 『宋子大全』 卷1 「次後雲翁煥章菴七十一韻」(문집총간 a108_104d); "今我皇帝陛下之表章, 獨在於是, 則聖學之高明, 可知矣. 故其甲申三月之變, 不失國亡君死之正, 以明聖訓於無窮, 豈不盛哉.": 『宋子大全』 卷147 「崇禎皇帝御筆跋」(문집총간 a113_159b).

89) "毅宗烈皇帝 … 莊以臨下, 臣莫敢淫於志. 儉以昭德, 臣莫敢放於奢. 勤以集事, 臣莫敢縱於惰. 具此三德, 何爲而亡國哉. 非德之不建, 非民之不援. 哀哉.": 『研經齋全集』 卷31 風泉錄一 「皇朝御書畫記」(문집총간 a274_196a-196b).

복수설치의 대의가 차츰 잊혀가는 것을 한탄하기도 하는 등 적극적인 태도를 보였다.[90] 처음에는 여러 신하들이 제후의 나라에서 황제의 묘우(廟宇)를 건립하는 일의 부당함, 청나라에 기밀이 새어나갈 우려, 재정적 부담 등 여러 이유를 들어 반대하였지만, 몇 달간의 논의 끝에 9월 결국 항시적인 묘우를 만드는 일은 포기하고 제단(祭壇)을 만들어 필요 시 제사를 지내기로 결론지어졌고 3개월간의 공사 끝에 같은 해 12월 21일 창덕궁에 대보단이 완성되었다.[91]

대보단이 건립된 후에는 숙종이 세자와 문무백관을 거느리고 명 황제에 제사 지냈고, 이는 그 후 지속되었다. 영조는 대보단 제례를 더욱 강화하여, 1749년 대보단을 중건하고 숭정제와 홍무제를 합향(合享)하였으며[92] 1757년 병자호란 패배 2주갑을 맞아 양란의 충신, 열사, 의인(義人)들을 배향하기도 했다.[93] 정조대에 들어서서는 대보단에서 명 황제들에게 제사 지내는 일은 국가의 전범(典範)으로 굳어졌는데,[94] 정조는 황단(皇壇) 배향 작업도 계속 추진했으며 1796년 『존주휘편』과 함께 『황단제신배향목록(皇壇諸臣配享目錄)』을 편찬했다.[95]

---

90) "我邦自立國初, 受皇朝恩, 錫號朝鮮, 視同內服, 列聖相承, 至誠事大. … 丁丑之事, 有不忍言. … 到今年紀愈久, 世道愈下, 復讎雪恥, 固非朝夕所可期, 而至於疏章間慷慨之言, 亦未有聞. … 予嘗慨然, 今逢周甲, 一倍感愴矣."『肅宗實錄』30년(1704) 1월 10일.

91) 정옥자, 『조선후기 조선중화사상연구』, 78-88쪽; 계승범, 『정지된 시간』, 71-80쪽.

92) 계승범, 『정지된 시간』, 111-121쪽.

93) 정옥자, 『조선후기 조선중화사상연구』, 167-183쪽. 명 황제를 제사 지내는 대보단에 조선의 충신, 열사를 배향한 것은 이들이 명 황제의 충신이라는 생각이 작용을 했으며, 명 황제와 조선 국왕 사이의 군신의 의리를 조선 내부의 군신관계에 적용시키려는 영조의 의도가 작용하기도 했다. 정옥자, 『조선후기 조선중화사상연구』, 104쪽; 계승범, 『정지된 시간』, 52쪽; 한명기, "'재조지은(再造之恩)'과 조선후기 정치사", 218-219쪽

94) 계승범, 『정지된 시간』, 139-148쪽.

대보단 제례는 그 후 계속되어 1894년 갑오개혁으로 폐지될 때까지 지속되었다.[96]

2.4.5 관념적 중화로서의 명

이렇듯 북벌 의식이 명 숭배, 계승 의식으로 변화해가는 과정에서 조선 사인들에게 명은 현실적 실체가 아니라 관념적 대상이 되어갔다. 우경섭이 지적하였듯이, 명청 교체 후 오래 지나서도 조선 사인들에게는 "동아시아의 현실적 패자인 청나라에 대한 관심보다, 명나라로 상징되는 중화의 실체에 대한 고민"이 더 중요했으며 "중화 문화의 수호자를 상징하는 이념적 표상으로서의 명나라에 대한 기억"이 자리잡았는데, 이제 조선 사인들에게 중요했던 것은 "'실체로서의 명나라'가 아니라 중화라는 '이념적 가치로서의 명나라'"였던 것이다.[97] 예컨대 열렬한 대명의리론자 송시열이 양명학풍, 정치적 상황 등 명의

---

95) 정옥자, 『조선후기 조선중화사상연구』, 164-183쪽.

96) 계승범, 『정지된 시간』, 222-224쪽. 계승범은 고종의 황제 즉위 후 환구단을 건립한 명분에 대해서도 "그동안 명나라의 세 황제를 제사 지내온 대보단의 정신과 중화문물을 계승한 나라가 바로 조선이라는 의식에서 … 청나라가 눈앞에서 사라진 상황을 맞아, 그동안 명 황제를 제사 지내온 조선의 국왕이 이제 명 황제를 대신해 스스로 천제를 드릴 수 있다는 논리가 자연스럽게 세워진 것"이며(계승범, 『정지된 시간』, 222쪽), "환구단에서의 황제 등극을 명나라의 적통이자 중화문물의 계승자라는 논리로 정당화"한 것으로 보았다(같은 책, 245쪽).

97) 우경섭, 『조선중화주의의 성립과 동아시아』, 101쪽. 우경섭은 이 같은 관념이 "현실과 이상의 괴리는 당연한 것"으로 "애초부터 현실과 분리된 천리(=중화)라는 보편적 도덕법칙"을 상정하였던 "주자학의 근원적 문제의식"과 부합되는 면이 있음을 지적했으며(같은 책, 38쪽) 더 나아가 조선 후기 사인들이 "혈통·지역(왕조)의 계승자로서 명나라를 점차 허구화하는 가운데, 오직 관념적 문화만을 중화의 실체로 남기고자 한" 것으로 보았다: 우경섭, "朝鮮中華主義에 대한 학설사적 검토", 255쪽.

부정적인 면을 많이 지적한 것도 그의 존숭의 대상으로서의 명이 그 같은 부정적인 면들을 지닌 역사적 실체이기보다는 이상적 중화로서의 관념이었음을 보여준다.[98] 실제로 김종후(金鍾厚, 1721-1780)가 홍대용에게 보낸 편지에서 청의 한인 사인들을 비판하면서 "나는 그들이 명나라를 생각하지 않는 것을 꾸짖는 것이 아니라 그들이 중국을 생각하지 않는 것을 꾸짖는 것"이라고 했을 때 그는 역사적 실체인 '명'과 '관념적 중화'인 중국을 구분하고 있었던 것이다.[99] 임종태는 심지어 대명의리가 명의 부재를 전제로 했거나 필요로 했던 면이 있음을 지적했으며, 오히려 명의 '관념화'를 통해 조선 사인들이 과거의 치욕의 기억에서 벗어나 청과의 현실적 관계를 맺는 것이 가능했다고 보았다.[100]

---

98) 우경섭, 『조선중화주의의 성립과 동아시아』, 33-34쪽.

99) "僕非責彼之不思明朝 而責其不思中國耳.": 洪大容, 『湛軒書』 內集 卷3 「與金直齋鍾厚書」(문집총간 a248_065c).

100) Lim, "Tributary Relations between the Chosŏn and Ch'ing Courts to 1800," pp. 169-170.

3장

청에 대한 부정적 태도

앞 장에서 조선 후기 사인들의 대명의리 정서가 나타나는 여러 모습을 살펴보았는데, 이 같은 대명의리 정서를 지닌 조선 사인들은 청에 대해서는 부정적 태도를 보였다. 이 장에서는 조선 후기 사인들이 청에 대해 보인 부정적 태도의 다양한 측면들을 살펴볼 것이다.

3.1 청에 대한 종주국 인정 거부

우선 많은 조선 사인들이 겉으로는 어쩔 수 없이 청에 복속했으면서도 실제로는 청을 종주국으로 받아들이는 것을 거부했다. 물론 병자호란 직후에는 친청파(親淸派)도 상당수 찾아볼 수 있었다.[1] 그들

---

1) 지두환, "인조대 후반 친청파와 반청파의 대립—심기원, 임경업 옥사를 중심으로", 『한국사상과 문화』 9(2000), 101-121쪽.

중에는 청의 지배를 현실적으로 인정하는 차원을 넘어서 적극적으로 친청 노선을 주장하고 심지어 척화파를 탄핵하는 사람들까지 있었고 실제로 인조 말년에는 친청파들이 득세하기도 했다.[2] 그러나 그럼에도 불구하고 대부분의 조선 사인들은 청에 대한 신복을 거부했고 청에 대한 그 같은 불복의 정서는 그 후 줄곧 이어졌다.

이 같은 조선 사인들의 태도는 청 지배하 중국의 한인(漢人) 사인들의 태도와 대비된다. 물론 청 초기 한인 사인들에게서도 이적의 지배에 대한 참담한 수모감과 반청의식을 찾아볼 수 있었지만, 시간이 지나면서, 특히 강희제의 통치가 안정기에 접어들면서는 만주족 황제에 대한 반감이 수그러들기 시작했고, 건륭제 시기에 이르러서는 반청의식이 크게 줄어들었다. 청이 유적(流賊)을 소탕해서 백성을 도탄에서 구하는 것을 입관(入關)의 명분으로 내세우면서 백성들의 폐해를 경계했고 숭정제의 장례를 성대히 치르고 명 황릉(皇陵)을 보호하는 등 처음부터 자신들을 명의 계승자로 부각시키려는 태도를 보인 것이 한인 사인들의 마음을 사기도 했던 것으로 보인다.[3] 실제로 연행 중의 홍대용과 교유한 엄성(嚴誠)은 홍대용에게 청이 "대적(大賊)을 멸하고 대의를 폈으며, 그때는 중원에 주인이 없는 때여서 천하를 탐한 것은 아니었다"고 하면서 "'본조(本朝)'의 입국이 매우 정당했다"고 이야기했고,[4] 반정균(潘庭均)도 홍대용에게 청이 한인의 의복 제도를 채택하지 않은

---

2) 우경섭, 『조선중화주의의 성립과 동아시아』(유니스토리, 2013), 55-57쪽. 예컨대 1644년 反正功臣으로 좌의정을 역임한 沈器遠(1587-1644)이 친청파 제거를 명분으로 모반을 꾀하는 일까지 있었다. 지두환, "인조대 후반 친청파와 반청파의 대립", 106-114쪽.
3) 최갑순, 김상범, "淸朝 支配의 理念的 指向과 國家祭祀 運營―順治~乾隆時期를 중심으로", 『역사문화연구』(한국외국어대학교 역사문화연구소) 34집(2009), 339-387 중 360-363쪽.

것을 설명하면서 그렇게 하면 순박함이 줄고 예도(禮度)를 잃게 될 것을 우려하여 "'아조(我朝)'의 성주(聖主)들이 이어 내려오면서" 한인의 의복 제도를 본받지 않았다고 이야기했다.[5] 이에 반해 조선에서는 18세기 내내 사인들 사이에 반청의식이 지배적이어서 대부분의 사인들이 청을 종주국으로 받아들이지 않았다. 이는 몽골 직접 지배하의 고려 사인들이 원을 중화로 인정하고 받아들였던 것과도 대조적인데,[6] 사실 조선이 청의 직접 지배하에 있지 않았기에 이런 반청의 감정이 더 쉽게 토로될 수 있는 측면도 있었다.[7]

청을 종주국으로 인정하기를 거부하는 태도가 나타난 가장 두드러진 예는 청의 연호 사용을 회피하는 것이었다. 병자호란으로 청에 복속한 이후에도 청의 연호를 사용하지 않고 명의 연호를 계속 사용하려는 정서가 조선 사인들 사이에 있었던 것이다. 물론 1637년 청에 항복한 직후 '숭정' 연호를 사용한 국왕의 교서(教書)를 청군에게 뺏겨 발각되는 일이 발생한 후 청에 대한 외교문서만이 아니라 각종 공식 문서에 청의 연호인 '숭덕(崇德)'을 사용할 수밖에 없게 되었지만,[8]

---

4) "力闇日, 本朝立國甚正. 滅大賊伸大義, 際中原無主, 非利天下.": 『湛軒書』 外集 卷2 「杭傳尺牘 乾淨衕筆談」(문집총간 a248_141d).

5) "若效漢習, 諸í事便怠惰, 忘騎射, 少淳朴, 失禮度, 子孫當謹凜之. 是以我朝聖聖相傳, 不效漢人衣制也.": 같은 글(문집총간 a248_164c). 홍대용도 "天時를 받들고 이 백성을 편안하게 할 수 있으면 이는 천하의 義主인데 本朝가 입관 이후 유적을 깨끗이 평정하여 이제까지 100여 년 동안 백성이 안정되고 있으니 그 치도가 훌륭하다고 할 수 있다"고 하면서 이들의 생각에 동조했다("苟可以奉天時而安斯民, 此天下之義主也. 本朝入關以後, 削平流賊, 到今百有餘年, 生民按堵, 其治道可謂盛矣.": 같은 글: 문집총간 a248_164d).

6) 채웅석, "원간섭기 성리학자들의 화이관과 국가관", 『역사와 현실』 49(2003), 99-124쪽.

7) 허태용, "동아시아 중화질서의 변동과 조선왕조의 정치·사상적 대응"(서울대학교 Templeton 과학과 종교 프로젝트 세미나 발표문, 2013. 11. 14.), 8쪽.

그럼에도 불구하고 조선의 사인들은 개인적으로 숭정 연호 사용을 계속해서 수많은 사인들의 문집에서 "숭정기원후 갑자(崇禎紀元後甲子)" (1684), "숭정기원후 (崇禎紀元後) ○○년"(1627+○○) 등의 표현을 찾아볼 수 있었다. 이 같은 상황은 18세기에는 더욱 퍼져서, 박지원의 『열하일기(熱河日記)』가 청나라 연호를 썼다고 하여 "오랑캐 호(號)를 쓴 원고(虜號之藁)"라고 매도되기도 했다.[9]

국왕들도 사인들의 이 같은 정서를 공유했다. 1649년 즉위 초 효종은 조정의 논의에서 종묘의 축사(祝辭)와 조신(朝臣)의 고신(告身)에 연월(年月)만 쓰고 청의 연호는 사용하지 않기로 한 인조의 방침을 재확인했으며[10] 숙종도 대보단의 단소(壇所) 문서에 청의 연호를 쓰지 말도록 지시했다.[11] 정조는 충신, 열사에게 증직(贈職)하는 교지에서 숭정 연호를 쓰도록 했으며,[12] 이 같은 정조의 뜻은 그의 사후 건릉(健陵) 표석(標石)에도 생몰 연도를 "숭정기원후" 125년과 173년으로 표기하는 것으로 표현되기도 했다.[13]

청이 종주국임을 인정하지 않는 태도는 역법과 역서(曆書)를 두고서도 나타났다. 시헌력을 받아들일 수밖에 없게 된 상황에 처해서 조선 사인들은 그것이 청의 역이 아니라 숭정 시기 명이 채택한 역이라는 주장을 제기했다.[14] 1760년 서명응(徐命膺, 1716-1787)은 경연에서

---

8) 『仁祖實錄』 15년(1637) 2월 28일.

9) 李仲存에게 보낸 편지에서 박지원 자신이 그 같은 비판에 대해 응수하고 있다: "彼所云虜號之藁, 不識何所指也. …": 『燕巖集』 卷2 「答李仲存書」(문집총간 a252_045a).

10) 『孝宗實錄』, 즉위년(1649) 8월 23일.

11) 『肅宗實錄』, 30년(1704) 11월 25일.

12) 『尊周彙編』 紀年9, 正祖條 戊午(22년, 1798) 4월.

13) 『正祖國葬都監儀軌』 「表石儀軌」, 「誌石儀軌」.

14) Lim Jongtae, "Learning 'Western' Astronomy from 'China': Another Look

의 영조와의 대화에서 시헌력에 대해 "황명숭정력법(皇明崇禎曆法)"이라는 표현을 사용했으며, 명이 원래 대통력법을 사용하다가 숭정 연간에 이르러 신법으로 수정했으나 조정의 의견이 모아지지 않아 시행하지 못했던 것이라고 이야기하여 조선이 사용하는 시헌력이 명나라때 만들어진 역법임을 지적했다.[15] 황윤석(黃胤錫, 1729-1791)도 시헌력이 서광계(徐光啓, 1562-1633), 이지조(李之藻, 1565-1630) 등과 예수회사들에 의해 명 숭정 연간에 완성되었음을 지적하고 이를 청력이라고하여 사용할 수 없다고 하는 것은 이 같은 "황명(皇明)의 옛일"을 생각하지 않는 것이라고 비판했다.[16] 한편 그런 식으로 시헌력이 명의 역이라고 하여 그것을 받아들이는 것을 합리화하면서도 그것이 청이 반포한 역서라는 데 대한 거부감은 여전해서, 영조는 신하들과의 논의에서 청에서 간행하여 반포한 시헌력서를 "저들의 역(彼曆)", "저 나라의 역서(彼國曆書)" 등으로 표현했다.[17]

비슷한 일은 천문도와 지도를 두고서도 찾아볼 수 있다. 최석정(崔錫鼎, 1646-1715)은 1708년 샬(Johann Adam Schall von Bell: 湯若望,

---

at the Introduction of the *Shixian li* Calendrical System into Late Chosŏn Korea," *The Korean Journal for the History of Science* 34(2012), 205-225 중 pp. 221-223.

15) "及考皇明崇禎曆法而後, 始知晝夜長短, 以南北而差, 節氣早晚, 以東西而差. … 皇明, 本用大統曆法, 而至崇禎年間, 內閣學士徐光啓, 精於曆術, 修正新法, 將欲施行, 而朝議不一, 竟未之果矣."『承政院日記』英祖 36년(1760), 12월 8일.

16) "按新法曆引者, 卽崇禎中徐光啓李天經與西洋人湯若望羅雅谷等修正舊法, 測定新法, 將改大統曆, 其略見于是書. … 惜乎. 毅皇留意制作書器已成, 而大運所駐未及頒行. 天下竟爲淸人所號時憲者, 豈不重可慨也. 或者乃曰. 淸曆不可用, 亦不必觀, 是固攘夷之說, 獨不念皇明舊事乎.":『頤齋亂藁』, 戊子(1768) 7월 21일(韓國精神文化研究院 編, 1998), 2책 195쪽.

17)『承政院日記』英祖 6년(1730), 10월 4일, 10년(1734), 4월10일, 11월 18일, 13년(1737), 12월 27일, 24년(1748), 12월 28일.

1591-1666)의 천문도인 「건상도(乾象圖)」와 리치의 세계지도인 「곤여만국전도(坤輿萬國全圖)」를 모사하여 간행하면서 쓴 글에서 그 지도들이 "황명숭정" 연간에 만들어져서 그 인본(印本)들이 조선에 전달된 것이라는 말로 시작한 후 "「건상도」에는 '숭정무진(崇禎戊辰)'이라는 글자가 있고 「곤여도」에는 '대명일통(大明一統)'이라는 글자가 있는데" 지금의 중국에는 고대 중국의 지도와 역법을 찾아볼 수 없다고 한탄했다.[18] 중국의 지리 정보를 두고도 조선 사인들은 명대의 중국의 상황을 염두에 두는 일이 잦아서 예컨대 김수홍(金壽弘, 1601-1685)은 1666년 제작된 그의 지도 「천하고금대총편람도(天下古今大總便覽圖)」에서 명나라의 행정구역과 지명들을 그대로 싣고 있었으며,[19] 이종휘(李種徽, 1731-1797)는 「혁구속(革舊俗)」이라는 글에서 중국의 규모를 가리켜 "중국 13성(中國十三省)"이라는 표현을 사용함으로써 자신이 청대에 들어 18성(省)이 된 중국이 아니라 13성이었던 명대의 중국을 염두에 두고 있음을 드러냈다.[20]

청을 종주국으로 인정하기를 거부하는 태도는 다른 형태들로도 나타났다. 예컨대 인조 이래 국왕이 승하한 후 청으로부터 시호(諡號)를 받고서도 사용하지 않고 조선의 시호만을 사용한 일[21]이나 1799년 청 황제의 복제(服制) 문제가 제기되었을 때 정조가 '무복(無服)'으로 하기

---

18) "皇明崇禎初年, 西洋人湯若望作乾象坤輿圖各八帖爲屛子, 印本傳於東方. 噫. 乾象圖有崇禎戊辰字, 坤輿圖有大明一統字. 而眷焉中朝, 世運嬗變, 禹封周曆非復舊觀. 志士忠臣匪風下泉之, 庸有旣乎.": 『明谷集』 卷8 「西洋乾象坤輿圖二屛總序」(문집총간 a153_584d-585b), Lim, "Learning 'Western' Astronomy from 'China'," p. 221.

19) 배우성, 『조선과 중화─조선이 꿈꾸고 상상한 세계와 문명』(돌베개, 2014), 80쪽.

20) 배우성, 『조선과 중화』, 175쪽.

21) 이성규, "中華帝國의 팽창과 축소", 117쪽.

로 결정한 것은 이 같은 정서를 반영하는 것이었다.[22] 윤휴(尹鑴, 1617-1680)는 심지어 『명사(明史)』에 인조의 즉위가 찬역(簒逆)으로 기록되지 않도록 하려고 조선 조정이 노력을 기울이는 데 대해 비판했는데, 조선의 정통성을 오랑캐 청 황제의 판단에 맡기는 것이 옳지 않다는 생각이 그 이유였다.[23]

청에 대한 복속을 받아들이지 않는 태도는 조선 사인들이 사용하던 여러 표현들에도 나타났다. 우선 청 치하의 중국을 가리키는 표현들이 명대에 비해 변화를 보였다. 예컨대 조선 사인들은 명나라는 멸망한 후에도 '황명(皇明)'으로 지칭하면서 청에 대해서는 '호청(胡淸)'과 같은 호칭을 사용하고, 명을 '중국'으로 부른 데 반해 청은 '북국(北國)'으로 지칭하는 일이 잦았다.[24] 또한 명대에 북경으로의 사행(使行)을 가리켜 '조천(朝天)'이라고 부르는 일이 많았는데 청대에 들어서는 주로 '연행(燕行)'이라고 부르게 된 것이나 '부경(赴京)' 대신 '부연(赴燕)', '부심(赴瀋)' 같은 표현을 사용하게 된 것도 같은 정서를 나타내준다.[25] 비슷한 경향이 청의 황제들에 대한 호칭에서도 나타났다. 예컨대 황윤석은 청의 황제들을 가리켜 "청주(淸主)"라고 불렀으며,[26] 조선 사인들에게 원한의 대상이었던 청 태종의 경우에는 황제 즉위 이전의 공식 호칭인 '황태극(皇太極)' 대신 '홍타시(弘陀始)' 또는 '홍태시(洪台時)' 등의 호칭을 사용했고 심지어는 '홍타시(紅打豕)'로 표기하기도 했다.[27] 중국

22) 정옥자, 『조선후기 조선중화사상연구』, 127-128쪽.

23) 한명기, 『정묘·병자호란과 동아시아』(푸른역사, 2009), 526-527쪽.

24) 계승범, "조선후기 중화론의 이면과 그 유산", 『韓國史學史學報』 19(2009), 39-81 중 61쪽.

25) 계승범, "조선후기 중화론의 이면과 그 유산", 56-59쪽.

26) 『頤齋遺藁』 卷4 「聞淸主將以七月東游瀋陽本國議差使价起居」(문집총간 a246_082d).

에서 보낸 사신도 명나라 때는 '천사(天使)'였지만 청의 경우에는 '청사(淸使)' 또는 '북사(北使)'로 지칭되었다.[28] 황제의 책봉을 받은 왕의 신하는 곧 황제의 신하이기도 하다는 뜻의 '배신(陪臣)'이라는 단어의 사용 빈도도 감소했다.[29] 사실 개항기에 이르기까지 대부분의 조선 사인들은 청 왕조를 '중국'이라고 부르지도 않았다.[30]

3.2 청의 예의와 풍속에 대한 부정적 평가

청을 오랑캐라고 하여 멸시하는 풍조도 조선 사인들 사이에 널리 퍼져 있었다. "오랑캐가 중국에 들어올 수 없고 짐승이 사람과 나란히 할 수 없다"는 것이 춘추대의의 첫 번째라는, 앞 2장에서도 본 송시열의 이야기가 만주족 청 왕조에 대해 조선 사인들이 지녔던 그 같은 멸시의 감정을 잘 드러내준다.[31] 명청 교체 후 사인들이 오랑캐의 말이라고 하여 중국어 백화(白話)에 대한 학습을 등한시하는 가운데에도 백화 학습의 중요성을 인식했던 영조와 홍계희(洪啓禧, 1703-1771)가 그럼에도 오랑캐의 음이 아닌 명의 『홍무정운(洪武正韻)』의 정음(正音)을 보존할 필요성을 강조했던 것도 같은 의식을 보여준다 하겠다.[32]

27) 계승범, "조선후기 중화론의 이면과 그 유산", 66-68쪽.

28) 계승범, "조선후기 중화론의 이면과 그 유산", 61쪽.

29) 계승범, "조선후기 중화론의 이면과 그 유산", 59쪽.

30) 계승범, 『정지된 시간―조선의 대보단과 근대의 문턱』(서강대학교출판부, 2011), 244쪽.

31) "鳳九日, 聞淸愼春諸先生皆以大明復讎爲大義. 而尤翁則又加一節, 以爲春秋大義, 夷狄而不得入於中國, 禽獸而不得倫於人類, 爲第一義. 爲明復讎, 爲第二義. 然否. 曰, 老先生之意正如是矣.": 『宋子大全』 附錄 卷19 「尹鳳九江上語錄」(문집총간 a115_590c).

한편 이 같은 청에 대한 멸시의 풍조는 사인들 사이에서뿐 아니라 상민(常民)들이나 노비들을 포함해서 사회 전체에 퍼져 있었다. 예컨대 박지원은 연행길에 중국 풍물의 높은 수준을 보면서 같이 간 장복(張福)이라는 노복(奴僕)에게 중국에서 새로 태어나고 싶지 않느냐고 물었더니 "중국은 오랑캐이니 소인은 싫습니다"라고 대답했다고 『열하일기』에 기록했다.[33]

연행 간 조선 사인들에게서 청을 오랑캐로 보는 태도가 두드러지게 나타났다. 그들은 거의 예외 없이 청 치하에서 중국의 문화와 예의가 타락했음을 목도하고 탄식했다.[34] 예컨대 1687년에 연행한 오도일(吳道一, 1645-1703)은 청의 입관 이후 한인들이 오랑캐의 습속에 물들어 "결국 오랑캐가 되고야 말았다"고 했으며,[35] 1712년 연행한 민진원(閔鎭遠, 1664-1736)은 청 치하의 중국이 상하 구분도 없고 남녀 구별도 없는 이적의 풍속에 오염이 되어버렸다고 개탄했다.[36] 그들은 압록강을 건넌 후에 접하게 된 세상을 "오랑캐 하늘(胡天)", "오랑캐 산(胡山)" 등으로 표현하기도 했다.[37] 그리고 이 같은 태도는 나중 북학론의 태동

32) 배우성, "조선후기 지식인의 漢語 인식과 滿洲語", 『朝鮮時代史學報』 43호(2007), 133-166 중 153쪽.
33) "顧謂張福曰, 使汝往生中國何如. 對曰, 中國胡也, 小人不願.": 『燕巖集』 卷10 別集 『熱河日記』 「渡江錄」(문집총간 a252_150c).
34) 葛兆光, 『想像異域 — 讀李朝朝鮮漢文燕行文獻札記』(北京: 中華書局, 2014), 44-47쪽.
35) "蓋入關以後, 閭閻愈往愈盛. … 局以侏離之俗, 漸染羯狨之習, 雖有高世之姿, 絶人之才, 終於夷狄而止耳." 信乎, 氣數之變, 天亦無如之何矣.: 『西坡集』 卷26 「丙寅燕行日乘」(문집총간 a152_510c).
36) "其風俗, 則專無上下之分, 男女之別. 奴主并馬而行, 不可辨識. 僕隸與內主昵坐對話. … 此固夷狄之風, 而其中所謂漢人亦皆如此. 豈習俗易染而然耶.": 『燕行錄選集』(成均館大學校 大東文化研究院, 1960), 下 328쪽.
37) 葛兆光, 『想像異域』, 69쪽.

에도 불구하고 계속 이어져, 19세기 들어서도 대부분의 연행 사신들이 청을 오랑캐라고 깔보고 배우려 들지 않는 경우가 많았다.[38]

조선 사인들은 특히 연행 중 만나게 된 청 치하 한족 사인들의 의관(衣冠)이 오랑캐의 모습임을 한탄하고 그에 비해 제대로 된 의관을 유지하고 있는 조선에 대해 자부심을 보였다.[39] 예컨대 1656년 연행한 인평대군(麟坪大君) 이요(李㴭, 1622-1658)는 자신의 연행록인 『연도기행(燕途紀行)』에 "거리의 행인들이 사행(使行)의 옷차림을 보고 한조(漢朝)의 의관을 생각하여 눈물 흘리는 사람까지 있었는데 이들은 필경 한인(漢人)일 것이니 참으로 참혹하고 불쌍했다"거나 "화인(華人)들이 조선의 의관을 보고 눈물을 머금지 않는 이가 없으니, 그 정경이 매우 측은하여 상대하기가 참혹하고 불쌍했다"고 기록했다.[40]

1765년 연행한 홍대용이 청 사인들과 교유한 내용에 대한 기록인 『간정동필담(乾淨衕筆談)』에도 그 같은 생각들이 자주 표현되었다. 예컨대 그는 청의 입관을 "대적을 멸하고 대의를 편" 것이라는, 위에서 본 엄성의 말은 인정하면서도 사인들의 두발과 복장에 대해서는 "그 달라져 무너진 참상이 금, 원 때보다도 심하니 중국을 위해 슬픈 눈물을 참지 못하겠다"고 한탄했고[41] 조선이 비록 변방에서 문물이 뒤져 있지만 두발만은 제대로 보존하고 있음을 이야기했다.

---

38) 계승범, "조선후기 중화론의 이면과 그 유산", 48쪽.

39) 葛兆光, 『想像異域』, 143-164쪽.

40) "市肆行人見使行服着, 有感於漢朝衣冠, 至有垂淚者. 此必漢人, 誠可慘憐.": 『燕途紀行』 九月 十三日 戊子; "華人見東方衣冠, 無不含淚, 其情甚戚, 相對慘憐.":『燕途紀行』十月 三日丁丑.

41) "所謂滅大賊伸大義, 乃本朝之大節拍. 惟中國之剃頭變服淪陷之慘, 甚於金元時, 爲中國不勝哀涕.": 『湛軒書』 外集 卷2 「杭傳尺牘 乾淨衕筆談」(문집총간 a248_142a).

내가 중국에 들어오니 지방의 크기와 풍물(風物)의 성(盛)함이 일마다 행복하고 건(件)마다 정묘(精妙)한데 유독 머리 깎는 법을 보니 사람의 억장이 막히게 했다. 우리들은 해외의 작은 나라에 살아서 우물에 앉아 하늘 보는 것이며 그 삶이 즐거움이 없고 그 일이 슬프지만, 다만 두발을 보존하고 있으니 크게 즐거운 일이다.[42]

홍대용은 또한 청의 사인들이 조선 사인들의 의관이 명의 제도를 따른 것임을 모르고 그에 대해 묻거나 감탄하기도 했으며, 이에 대해 자신이 "우리의 의복은 명조의 유제(遺制)"라고 말했음을 여러 차례 기록했다.[43]

조선 사인들은 청 치하의 중국 사인들에게서 대명의리의 정서를 볼 수 없음을 의아해하기도 했다.[44] 예컨대 1720년 연행한 이의현(李宜顯, 1669-1745)은 명나라 장수 상유춘(常維春)의 후손이라고 자칭하는 상옥곤(常玉琨)이라는 사람에게 "당신은 명나라 사람의 자손인데 어찌 옛일을 생각하는 마음이 없습니까?"라고 힐문했다.[45] 홍대용은 자신

---

42) "又余入中國, 地方之大, 風物之盛, 事事可喜, 件件精好. 獨剃頭之法, 看來令人抑塞. 吾輩居在海外小邦, 坐井觀天. 其生靡樂, 其事可哀. 惟保存頭髮, 爲大快樂事.": 같은 글(문집총간 a248_132c).

43) "余時以方冠着廣袖常衣. 蘭公曰. 此卽秀才常服耶. 余曰. 然. 蘭公曰. 制度古雅. 余曰. 我們衣服, 皆是明朝遺制.": 같은 글(문집총간 a248_131d-132a); "中國衣冠之變, 已百餘年矣. 今天下惟吾東方, 略存舊制. 而其入中國也, 無識之輩莫不笑之. 嗚呼. 其忘本也, 見帽帶則謂之類場戱, 見頭髮則謂之類婦人, 見大袖衣則謂之類和尙, 豈不痛惜乎.": 같은 글(문집총간 a248_151d); "起潛曰. 兄衣四面俱開, 亦是前明制耶. 余曰. 此乃戎服, 似是明制而不敢質言. 官者朝服及士子道袍大抵襲明制耳.": 『湛軒書』外集 卷3 「杭傳尺牘 乾淨衕筆談續」(문집총간 a248_159c); "周曰. 貴處衣冠可是箕子遺制否. 余曰. 帽子世傳箕子遺制無明徵, 衣服專遵明朝舊制而間有未變俗者.": 『湛軒書』外集 卷7 燕記 「蔣周問答」(문집총간 a248_246a).

44) 葛兆光, 『想像異域』, 40쪽.

이 육비(陸飛), 반정균 등 청 사인들에게 청나라 초의 일을 거론하자 그들이 자신들은 잘 모른다고 하면서 오히려 홍대용 자신이 명나라를 그리워하는 기색을 지닌 것을 보고는 난감해했다고 이야기했으며,[46] 2장에서 보았듯이 조선의 '재조지은'에 대한 보은의 정서에 대해 알지 못하고 있는 그들 청 사인들에게 자신이 설명해주었을 때에도 두 사람이 모두 답이 없었다고 했다.[47]

　조선 사인들은 청의 각종 의례(儀禮)가 타락해서 오랑캐 모습을 보이는 것도 지적했다. 그들의 눈에는 특히 상중(喪中)에 불경을 읽고 음악을 울리며 고기를 먹는 등 청 치하 중국 한인들의 상례(喪禮)의 타락이 심각하게 비쳤다.[48] 예컨대 1669년 연행한 민정중(閔鼎重, 1628-1692)은 자신의 연행기에 "일찍이 중국의 상제(喪制)가 크게 무너졌다고 들었는데, 이제 와 보니 모두 변해 오랑캐 풍속이 되어버렸다"고 하면서 특히 길가에 버려진 관(棺)이 무수히 있었다고 적었다.[49] 홍대용

---

45) "到永安橋軍人常玉琨家. 橋之左右, 設石欄兩頭, 作獅子對蹲狀, 刻鏤頗工. 常也自言明朝國公維春之裔. 余問維春與鄰國公遇春爲何人. 答兄弟也. 問你是明朝人子孫. 獨無思舊之心耶. 你是明朝人子孫, 獨無思舊之心耶."『庚子燕行雜識』七月八日:『燕行錄選集』, 下 480쪽.

46) "余問九王及龍馬二將事, 皆全然不知曰. 距京絶遠, 國初事皆不得知. 余笑曰. 反不如吾輩也. 此時亦多酬酢而隨書隨裂, 故不能記. 蓋見余之眷眷明朝氣色, 頗以爲難便. 此則其勢亦然矣.":『湛軒書』外集 卷3「杭傳尺牘 乾淨衕筆談續」(문집총간 a248_167d).

47) "我國於前明, 有再造之恩. 兄輩曾聞之否, 皆曰何故. 余曰. 萬曆年間, 倭賊大入東國, 八道靡爛. 神宗皇帝動天下之兵, 費天下之財, 七年然後定. 到今二百年生民之樂利, 皆神皇之賜也. 且末年流賊之變, 未必不由於此. 故我國以爲由我而亡, 沒世哀慕, 至于今不已. 兩人皆無答.":『湛軒書』外集 卷2「杭傳尺牘 乾淨衕筆談」(문집총간 a248_142a). 2장 주 12를 볼 것.

48) 葛兆光,『想像異域』, 41-44쪽.

49) "曾聞中國喪制大壞, 今則盡化胡俗, 尤不足言, 而最是沿路棄棺無數.":『老峯先生文集』卷10「聞見別錄」(문집총간 a129_239d).

은 반정균과의 대화에서 상가에서 죽은 사람을 즐겁게 해주기 위해 음악을 하는 일을 여러 차례 지적하며 "지극히 놀랍고 해괴하다"거나 "가장 나쁘다"고 이야기했으며,[50] 중국인들이 혼례(婚禮) 중 천지(天地)에 절하는 것에 대해서도 "주자(朱子)의 예가 아니다"라고 하여 비판했다.[51]

조선 사인들은 서양 예수회사들이 역법을 담당하고 있고 예수회사들의 저서들에 많은 청 사인들이 칭찬하는 서문들을 쓴 사실로부터 천주교가 중국에 널리 퍼져 있는 것으로 생각하고 그에 대해서도 비판했다.[52] 홍대용은 조정이 천주교를 금하고 있다고 반정균이 말하자, 조정이 금지한다고 하는데 어떻게 도성에 천주당을 지을 수 있는지를 힐문하면서, 북경에 천주교 성당이 네 개나 있고 그중 두 개는 자신이 직접 보았다고 말하기도 했다.[53] 조선 사인들은 이 같은 청의 상황에 비해 천주교를 배척하는 조선을 두고 우월감을 표시하기도 했다.[54] 예컨대 이헌경(李獻慶, 1719-1791)은 연행길에 오르는 홍양호(洪良浩. 1724-1802)에게 준 글에서 중국에 천주교가 성행하고 있음을 언급하

---

50) "中國於喪家, 動樂娛尸, 極可驚駭.":『湛軒書』外集 卷2「杭傳尺牘 乾淨衕筆談」 (문집총간 a248_132b); "喪家用樂最可惡.": 같은 글(문집총간 a248_143b).

51) "蘭公曰. 今天下皆遵朱子. 余問婚禮拜法. 蘭公曰. 漢人四拜. 又曰. 此拜非夫婦相拜, 乃同拜天地祖先耳. 余曰. 拜天地, 恐非朱子之禮.": 같은 글(문집총간 a248_132a).

52) 도날드 베이커 저, 김세윤 역,『朝鮮後期 儒敎와 天主敎의 대립』(一潮閣, 1997), 150쪽.

53) "[蘭公曰.] 西洋利瑪竇入中國, 其敎始行. 有所謂十字架者, 敎中人必禮拜之, 以爲西主受此刑而死, 可笑. … 力闇曰. 此有明禁. 余曰. 明禁者謂朝禁耶. 曰然. 余曰. 旣有朝禁, 京城中何以有建堂耶. 兩人皆驚曰. 在何處. 余曰. 有東西南北四堂. 其東西二堂, 弟亦見之.":『湛軒書』外集 卷2「杭傳尺牘 乾淨衕筆談」(문집총간 a248_149a).

54) 도날드 베이커 저, 김세윤 역,『朝鮮後期 儒敎와 天主敎의 대립』, 150쪽.

면서 이에 비해 조선은 맹자의 전통을 지키면서 사악한 설에 미혹되지 않고 있음을 천하에 알려야 한다고 썼다.[55] 또한 조선 사인들은 청에 불교가 만연하고 있는 것도 비판했다.[56]

3.3 청의 학문 비판

오랑캐 청에 대한 이 같은 멸시와 비판의 분위기 속에서 조선 사인들은 청 학문에 대해서도 높이 평가하지 않았다. 조선 사인들이 청의 학문에 대해 대체로 비판적 시각을 지녔음은 연행한 조선 사인들이 청의 학문적 상황을 보고 탄식하는 일이 잦았던 데에서도 알 수 있다.

조선 사인들의 비판은 주로 주자학으로부터 벗어난 중국 사인들의 학풍에 대해 가해졌다. 1712년 연행한 민진원이 이미 중국에서 학동들에게 주희의『소학(小學)』을 전혀 읽히지 않는 상황을 지적한 바 있었고,[57] 1801년 연행한 유득공(柳得恭. 1748-1807)도 자신이 주자의 서적들을 구입하려고 연행에 따라왔는데 선본(善本)을 구할 수가 없었다고 하면서 청의 사인들이 "정주(程朱)의 학문은 강론하지 않은 지가 이미 오래인 것 같다. 중국 학술이 이와 같으니 정말로 가탄스럽다"고 이야기했다.[58]

---

55) "今聞爲天主之學者, 盛行於中國. … 使天下之人, 咸知我國有賢大夫獨守孟氏之傳, 而不惑於邪說.":『艮翁先生文集』卷19「送洪侍郞良浩燕槎之行序」(문집총간 a234_407d-408c).

56) 葛兆光,『想像異域』, 51-52쪽.

57)『燕行錄』:『燕行錄選集』(成均館大學校 大東文化硏究院, 1960), 下 342쪽: 葛兆光,『想像異域』, 48쪽.

조선 사인들은 특히 중국 사인들이 양명학풍에 빠지는 경향에 대해 비판적 시각을 지녔다. 송시열이 양명학이 유행하던 명 학풍에 대해 강한 불만을 표시하고 명의 예학(禮學)도 주자의 본의에서 벗어났다고 하여 비판한 바 있었는데,[59] 나중 홍대용도 주자학에 경도되지 않은 청의 개방적 학문 풍토를 주자학 일변도의 조선과 비교하여 평가하면서도, 청의 사인들이 양명학풍에 빠지는 일이 많은 데 대한 비판적 시각을 견지했다.[60] 정조는 연행을 다녀온 서형수(徐瀅修, 1749-1824), 한치응(韓致應, 1760-1824) 등으로부터 주자의 책을 구하기 힘들었다는 보고를 듣고 "주자의 책들이 이토록 지극히 희귀해진 것은 필시 세상에서 육학(陸學)을 떠받들고 있기 때문일 것이다. 어찌 개탄하지 않을 수 있겠는가"라고 했다.[61]

조선 사인들은 청 학계에서 유행하던 고증학에 대해서도 비판적이었다. 홍대용은 연행 시 청 사인들과 여러 학문적 주제들에 대해 필담을 나누면서도 고증학에 대해서는 언급하지 않았으며, 주자학의 고루함에 비판적이었던 박지원도 주자학에 대항해서 유행한 청의 고증학에 대해서는 언급만 할 뿐 적극적으로 받아들이지 않았다.[62] 고증학에

---

58) "此行爲購朱子書, 書肆中旣未見善本. … 程朱之學不講, 似已久矣. 中國學術之如此, 良可嘆也.":『燕臺再遊錄』4월 15일(한국고전종합DB).

59) 우경섭,『조선중화주의의 성립과 동아시아』, 94쪽.

60) 예컨대 陸王에 호의적인 반정균, 육비 등에게 왕양명에 대한 비판적 견해를 이야기하는 다음 구절들을 볼 것.『湛軒書』外集 卷2 杭傳尺牘「乾淨衕筆談」2월 3일(문집총간 a248_130a-130b), 2월 23일(문집총간 a248_157c, 160d-161a); 2월 26일(문집총간 a248_165d-166a). 홍대용은 귀국 후 그들에게 보낸 편지에서도 그들이 지닌 왕양명류의 경향을 경계했다.『湛軒書』外集 卷1 杭傳尺牘「與篠飲書」(문집총간 a248_104d);「與鐵橋書」(문집총간 a248_105c-105d).

61) "朱書如是絶貴, 必因俗尙之宗陸而然. 豈不可慨乎.":『正祖實錄』23년(1799) 11월 17일.

62) 노대환,『동도서기론 형성과정 연구』(일지사, 2005), 93-94쪽.

대한 조선 사인들의 이 같은 비판적 태도는 모기령(毛奇齡, 1623-1716),
기윤(紀昀, 1724-1805), 옹방강(翁方綱, 1733-1818) 등 당대 유수의 청 고
증학자들에 대한 부정적 평가로도 나타났다.[63]

　19세기에 들어선 후에도, 비록 개인적으로 청의 고증학을 수용하
는 예가 나타나기도 했지만 고증학풍에 대한 조선 사인들의 대체적으
로 비판적인 태도는 이어졌다.[64] 예컨대 홍석주(洪奭周, 1774-1842)는
송학(宋學)의 폐단에 대해 비판적이었으면서도 고증학의 폐단 또한 지
적하면서 고증학이 만연한 중국 학계의 상황을 비판했으며,[65] 고증학
에 긍정적 측면도 있음을 인식하고 그에 대해 홍석주와 논쟁을 벌였
던 성해응(成海應, 1760-1839)도 고증학자들이 흔히 지엽말단의 문제
들에 몰두하는 것을 지적하면서 그 같은 고증의 작업은 "비록 동인
(東人)이 미칠 수 있는 바는 아니지만 역시 급하지 않은 일"이라고 말
했다.[66] 성해응은 육경(六經)에 대한 이해에 기여한 한학(漢學)을 고증
학에서 분리함으로써 고증학에 대한 비판으로부터 차단하려 들기도
했는데, 서유본(徐有本, 1762-1822), 김조순(金祖淳, 1765-1832) 등도 같
은 태도를 보였다.[67] 그 후 고증학에 대한 이 같은 비판적 태도는 박
규수(朴珪壽, 1807-1876)에까지 이어졌다.[68]

　조선 사인들은 청 고증학의 주된 성과인 『사고전서(四庫全書)』에 대

---

63)　김문식, 『조선후기 지식인의 대외인식』, 101-105쪽.
64)　노대환, 『동도서기론 형성과정 연구』, 102-106쪽.
65)　최식, "19세기 '實事求是'의 다양한 층위와 학적 지향", 『韓國實學研究』 19호(2010),
　　255-286 중 262쪽.
66)　"… 是雖東人之所不能及, 亦不急之務也.": 『硏經齋全集』 卷13 「送趙雲石遊燕序」
　　(문집총간 a273_293c).
67)　노대환, 『동도서기론 형성과정 연구』, 115-116쪽.
68)　노대환, 『동도서기론 형성과정 연구』, 103쪽.

해서도 비판적 태도를 보였다. 박지원은『사고전서』편찬 작업이 선비들을 통제하는 데 있음을 간파하고 이를 진시황의 "분서갱유(焚書坑儒)"에 비교하기까지 했다.

 진나라처럼 [선비들을] 파묻어 죽인 것은 아니지만 교정 작업으로 착취하고, 진나라처럼 [책을] 불태우지는 않았지만 [사고전서를] 취진판(聚珍版)으로 펴내는 과정에서 갈갈이 찢었다. 오호라. 천하를 우롱하는 술법이 가히 교묘하고도 깊다고 할 만하다. 책을 사들이는 폐해가 책을 불태우는 것보다 심하다고 하는 것은 바로 이를 가리키는 것이다.[69]

이덕무도 건륭제의『사고전서』편찬 사업을 명 영락제 때의『영락대전(永樂大全)』이나 강희제 때의 박학홍사과(博學鴻詞科)처럼 사상적 회유와 통제를 목적으로 한 것으로 보았다.

 건륭 갑오년[1774년]에 처음으로 천하의 책을 수집하여 "사고전서"라 명명했는데, 대개 이 또한 명 성조(明成祖)가 천하의 문인들을 불러들여

---

69) "非秦之坑殺, 而乾沒於校讐之役. 非秦之燔燒, 而離裂於聚珍之局. 嗚呼. 其愚天下之術, 可謂巧且深矣. 所謂購書之禍甚於焚書者, 正指此也.":『燕巖集』卷14 別集『熱河日記』「審勢編」(문집총간 a252_259b). 이에 뒤이어 박지원은 청의 황제가 주자를 떠받드는 것처럼 보이지만 이는 사실은 사인들의 반감을 막으려는 수단이었을 뿐으로 중국 사인들은 이를 간파하고 격분하고 오히려 수치스러워한다고 이야기했으며, 중국 사인들이 이에 대한 반감으로 주자의 오류를 지적하는 일이 많은데, 조선 사인들이 이를 모르고 그들을 "陸象山의 도당"이라고 배척한다고 덧붙였다("朱子之道, 如日中天, 四方萬國, 咸所瞻睹, 皇帝私尊何累朱子. 而中州之士如此其恥之者, 蓋有所激於陽尊而爲禦世之資耳. 故時借一二集註之誤, 以洩百年煩冤之氣, 則可徵今之駁朱者, 果異乎昔之爲陸耳. 然而吾東之人不識此意, 乍接中州之士, 其草草立談, 微涉朱子則瞠然駁聽, 輒斥以象山之徒, 歸語國人曰, 中原陸學大盛, 邪說不熄.": 문집총간 a252_259b~259c).

『영락대전』을 편집하여 정난(靖難) 후의 불평의 기운을 막은 것이나 강희제가 박학홍사과를 설치하고 명말의 유로(遺老)들을 모집하여 과명(科名)으로 감추어 은연중 반발하는 자들의 횡의(橫議)를 막은 것과 그 뜻이 같다. 근년에 명나라("勝國")의 고집 센 유민들이 비록 늙어 죽었다고는 하지만 그들의 글은 아직 많은즉, 그 글 사이에 헐뜯는 내용이 담겨 있을까 염려하여 겉으로는 책을 구입한다는 성대한 뜻을 보이면서 널리 찾아 남김없이 모아들이라는 조칙을 내렸다. 그리하여 불사를 것과 도말(塗抹)할 것을 영갑(令甲)에 명시하였으니 그 계략이 또한 교묘하다고 하겠다.[70]

고증학에 대한 조선 사인들의 이 같은 비판적 태도는 주로 고증학의 반(反)주자학적 경향에 대한 반감 때문이었다.[71] 그러나 고증학이 지엽적 세부 사항의 천착에 몰두해서 그 학문적 결과가 지리멸렬하다는 인식도 조선 사인들의 비판적 태도에 크게 기여했다. 예컨대 정조는 명물(名物)과 훈고(訓詁)의 학풍이 자질구레한 지엽적 지식에 빠져들게 됨으로써 "근세의 고증학에 이르러서는 그 자질구레함이 더욱 심해졌고 [진정한] 격물(格物), 치지(致知)와의 거리는 더욱 멀어졌다"고 지적했고,[72] 1799년에 연행한 한치응도 정조에게 올린 보고에서 "학술

---

70) "乾隆甲午, 始蒐輯天下之書, 名曰四庫全書. 蓋亦成祖召天下文人, 編輯永樂大典, 以鎮靖難後不平之氣, 康熙設博學鴻詞科, 勒集明末遺老, 蒙之以科名, 陰杜橫議之口, 同其意也. 近年以來, 勝國之頑民, 雖曰老死, 其書尙多, 則或慮其寓譏于文字之間, 外示購書之盛意, 優詔博訪,畢集無遺. 於是燒者抹者, 懸爲令甲. 蓋其爲計, 亦云巧矣.": 『靑莊館全書』卷56『盎葉記』三「四庫全書」(문집총간 a258_540c-540d).

71) 이 같은 조선 사인들의 비판적 태도와는 달리 청의 한족 사인들은 고증학도 순수한 중화 문화의 복원이라는 관점에서 받아들인 면이 있었다. 趙成山, "조선후기 소론계의 古代史 연구와 中華主義의 변용", 『歷史學報』 202집(2009), 49-90 중 54쪽.

72) "天下之無眞正格致也舊矣. 名物之家, 訓詁之流, 紛然弊精於識小之工. 以至近世

98

의 경우는 풍속이 날로 달라지면서 지리멸렬함이 더욱 심해지고, 그 말인즉 정주(程朱)를 함께 존숭하지만 실제로는 그 대체적인 내용조차 엿보지 못하고 있다"고 지적했다.[73]

조선 사인들이 고증학에 비판적이었던 또 다른 이유는 고증학이 경세(經世)적 관심과 유리된 채 실용성이 결여되었다는 것인데, 사실 위에서 본 홍석주의 고증학 비판의 주된 이유가 고증학이 명물과 훈고에 치중할 뿐 군신과 부자의 인륜을 탐구하지 않으며, 청 고증학자의 글이 금석(金石), 서화(書畵)를 변정(辨訂)하는 것뿐으로 학문이나 경제는 한마디도 논하지 않아 실용적이지 않다는 것이었다.[74] 홍길주(洪吉周, 1786-1841)는 "근세 고증학은 정력을 헛되이 낭비하고 심신에는 무익하니 학자로서 마땅히 경계해야 하는 바"라고 말했으며,[75] 홍직필(洪直弼, 1776-1852)은 완원(阮元, 1764-1849)의 글을 읽고 청이 망할 것을 점칠 수 있다고 말하기까지 했다.[76]

조선 사인들은 이처럼 고증학자들을 비판하는 가운데에서도 명에 대한 의리를 지키면서 경세의 성격을 띤 고염무(顧炎武, 1613-1682)의 학문은 높이 평가했다. 예컨대 이덕무는 1778년 연행 중 서장관

考證之學, 其小愈甚, 而其去格致也愈遠.": 『弘齋全書』 卷107 經史講義 四十四 「大學」(문집총간 a265_173c).

73) "學術則習尙日渝, 滅裂益甚. 其言則共尊程朱, 而實未嘗窺見門墻.": 『正祖實錄』 23년(1799) 11월 17일.

74) 노대환, 『동도서기론 형성과정 연구』, 103-104쪽; 최식, "19세기 '實事求是'의 다양한 층위", 262쪽.

75) "近世考證之學, 徒費精力, 無益於身心. 爲學者, 所宜深戒.": 『孰遂念』 15款: 최식, "19세기 '實事求是'의 다양한 층위", 263쪽에서 재인용.

76) "淸人阮元著書, 造妖捏怪, 靡所不至. 至以爲君臣夫婦朋友, 非天屬之親, 不當入五倫中, 一掃經傳成訓. 其言殆近鳴吠, 靡足爲辨, 而其心之無所忌憚, 至於斯極. 淸人之亡, 可占於此矣.": 『梅山先生文集』 卷52 「雜錄」(문집총간 a296_601d-602a).

심염조(沈念祖, 1734-1783)와의 대화에서 "정림(亭林)은 비록 포의(布衣)
였으나, 본조(本朝, 명나라)를 잊지 않고 강희 기미년(1679)에 실시된 박
학굉사과(博學宏詞科)에 나아가지 않았으니 이는 참으로 큰 신하(大臣)
이며, 그가 지은 『일지록(日知錄)』은 경(經)과 사(史)를 보완할 만하니,
그의 학식이 넓음을 알 수 있"다고 이야기했고,[77] "독고정림유서(讀顧
亭林遺書)"라는 제목의 시를 짓기도 했다.[78] 김매순(金邁淳, 1776-1840)
도 「고정림선생전(顧亭林先生傳)」을 지었으며,[79] 홍석주는 고염무의 의
리와 인품을 칭찬한 후 "만약 고증학자들이 모두 이와 같다면 나 또
한 어찌 고증을 비난하겠는가"라고 말했다.[80]

3.4 청의 멸망 가능성

이런 가운데, 청이 오래가지 못하고 멸망할 것이라는 생각이 제기
되고 널리 퍼졌다. 이적의 왕조는 100년을 넘지 못한다는 생각은 조
선 사인들 사이에서는 일종의 상식이었는데,[81] 이에 근거해서 청이 오
래가지 못할 것이라는 생각, 나아가 머지않은 시기에 청나라가 망할 것
을 희망하는 분위기가 자라났다.[82] 2장에서 보았듯이, 송시열은 맹자

---

77) "亭林跡雖布衣, 不忘本朝, 不赴康熙己未博學宏詞科, 此眞大臣也. 其所著日知錄,
可以羽經翼史, 可見其淹博也.": 『靑莊館全書』 卷67 「入燕記」 正祖 2년 6월 21일
(문집총간 a259_231c-231d).
78) 『靑莊館全書』 卷11 「讀顧亭林遺書」(문집총간 a257_196a).
79) 『臺山集』 卷9 「顧亭林先生傳」(문집총간 a294_454a-455d).
80) "使考證之家, 皆若是者, 吾亦何病夫考證哉.": 『鶴岡散筆』 卷1: 노대환, 『동도서기론
형성과정 연구』, 117쪽에서 재인용.
81) 이 같은 생각은 "匈奴百年之運"이라는 『漢書』 「匈奴傳」(북경 중화서국 교점본,
3832쪽)에 나오는 표현에서 유래한 것으로 보인다.

의 '일치일란(一治一亂)'설에 바탕해서 오랑캐 청이 중원을 지배하는 '일란(一亂)'의 시기가 가면 청이 멸망하고 '일치(一治)'의 시기가 도래할 것을 기다리려 했다.[83] 민정중도 1654년 송준길(宋浚吉, 1606-1672)에게 보낸 편지에서 청이 러시아 정벌을 위해 조선에 파병을 요구했다는 소식에 대해 이야기하면서, "중국에는 반드시 펼쳐지는 리(理)가 있어서 이적은 백년의 명(命)이 없는즉 오랑캐가 망하고 한(漢)[왕조]이 회복될 조짐"이라고 해석했다.[84] 한원진은 청이 반드시 멸망할 것이라고 하면서 그 세 가지 이유 중 하나로 "백년의 운"이 이미 다했음을 들었고,[85] 이익도 1758년 안정복에게 보낸 편지에서 요와 금의 예를 보면 이제 청이 중국을 통일한 지 백여 년이 됐으니 청도 끝날 때가 가까워진 것 같다고 썼다.[86] 1712년 연행한 최덕중(崔德中)은 청이 한어(漢語)와 함께 만주어와 글자를 계속 유지하는 것이 후일 패하여 만주로 돌아갈 가능성을 대비해서라고까지 생각하기도 했다.[87] 1730년 북경에 큰 지진이 있어 도성과 궁궐의 피해가 컸다는 소식을 듣고 영조는 "오랑캐는 백년의 국운이 없다 하더니, 재이(災異)가 이와 같았구나"라고 이야기했다.[88]

---

82) 허태용, 『조선후기 중화론과 역사인식』, 114-115쪽.

83) 우경섭, 『조선중화주의의 성립과 동아시아』, 68-71쪽.

84) "中國有必伸之理, 夷狄無百年之命, 則亡胡復漢之運.": 『老峯先生文集』 卷6 「上同春宋先生」(문집총간 a129_124b).

85) "北虜必亡, 其形有三. … 無功而有天下一也, 百年之運已窮二也, 雍正狂暴, 兄弟猜嫌三也.": 『南塘先生文集』 拾遺 卷2 「擬上時務封事」(문집총간 a202_338c).

86) "若遼若金, 一轍皆同也. 今天下一統百有餘年, 以其時考之, 或者近之乎.": 『星湖先生全集』 卷26 「與安百順」(문집총간 a198_533d).

87) 『燕行錄』 「日記」, 1713년 2월 9일: 林基中 編, 『燕行錄全集』(東國大學校 出版部, 2001), 卷40, 85쪽.

88) "承旨鄭羽良曰. 自政院招問, 則以爲渠親見地震. 北京皆用沙器, 自相撞破, 渠出來後, 地震尤甚云矣. 上曰. 皇城外亦然云耶? 羽良曰. 城外亦然. 圓明敞春等宮闕,

백년을 훨씬 넘고도 청이 멸망할 기미가 보이지 않게 되자 조선 사인들 사이에 이에 대한 설명이 시도되기도 했다. 예컨대 안정복은 "이적난화(夷狄亂華)"라는 제목의 글에서 금과 원은 백여 년을 넘지 못했는데 여진 오랑캐인 청이 백수십 년을 넘겨 지속되는 것은 "양의 기운이 점점 쇠하고 음의 기운이 이를 타서, 하늘도 어떻게 할 수가 없어서 그렇게 된 것"이라고 설명했다.[89] 그러나 청이 멸망할 것을 기대하는 분위기는 계속 이어졌다. 영조대에 연행한 사신들은 청의 건륭제의 실덕(失德)과 한인들의 비참한 상황을 들어 청의 멸망을 예견하기도 했다.[90] 예컨대 1770년 연행을 하고 돌아온 서명응은 건륭제의 실덕이 심해 오래 지탱하지 못할 것 같다고 보고했고,[91] 그에 앞서 연행한 홍대용은 중국인들의 망건(網巾)과 전족(纏足)에서 중국 액운의 징조를 읽기도 했다.[92] 그 외에도 청의 멸망을 염두에 둔 언급들을 찾아볼 수 있다. 정범조(鄭範祖, 1723-1801)는 기수(氣數)의 변화에 따라 '화'와 '이'가 중국을 번갈아 지배할 수 있음을 이야기하면서 청이 망한 후 화인(華人)이 아닌 또 다른 오랑캐가 청을 대체하거나 화인이 대체하더라도 다시 오랑캐가 지배하게 될 가능성을 제기하기도 했고,[93]

無數頹壓, 且關東大雨, 陷沒數千里. 上曰. 胡無百年之運, 災異如此. …": 『英祖實錄』 6년(1730) 11월 17일.(여기서 "敞春"은 "暢春"의 잘못으로 보인다.)

89) "金據中原之半, 元又混一, 能至百餘年. 今之淸人, 亦女眞餘落, 我國所謂野人, 而無足可稱能享國百數十年而不已. 豈非陽運漸衰而陰運乘之, 天亦莫可奈何而然耶. 凶奴無百年之語, 是漢書所記而今不可論.": 『順菴先生文集』 卷12 「橡軒隨筆 上」(문집총간 a230_035a).

90) 구범진, "조선의 청 황제 성절 축하와 건륭 칠순 '진하외교'", 『한국문화』 68(2014), 215-248 중 245쪽.

91) "乾隆之失德滋甚, 殆難久支矣.": 『承政院日記』 영조 46년(1770) 4월 2일.

92) "余曰. 此亦甚不好. 余嘗云網頭纏足, 乃中國厄運之先見者. 力闇頷之.": 『湛軒書』 外集 卷2 「杭傳尺牘 乾淨衕筆談」(문집총간 a248_141c).

93) "自今繼淸而興者, 未必是華人也. 設是華人, 而幾何其不復爲夷也. 嚮也華夷之於

이종휘(李種徽, 1731-1797)는 기자(箕子)와 고구려의 고토의 회복을 주장하면서 청을 "바야흐로 망하려고 하는 오랑캐(垂亡之虜)"라고 지칭했다.[94]

청의 멸망에 대비해서 중원 대륙의 형세에 대해 연구해두고 그때에 대비해서 국방을 강화해야 한다는 생각도 제기되었다. 특히 1680년 대에는 멸망한 청이 자신들의 본거지인 영고탑(寧古塔)으로 돌아가는 경로에서 조선을 침탈할 가능성을 염려하는 이른바 "영고탑회귀설"이 퍼지고, 이에 대비하는 무비(武備)와 자강의 대책이 조정에서 논의되기도 했다.[95] 실제로 1691년 청이 백두산 지도를 그리기 위해 답사를 하겠다고 알려왔을 때 조선 측은 청이 영고탑으로의 퇴로를 확인하려는 것이라고 의심했다.[96] 이익도 청이 그 운이 다하면 결국 그 본거지로 돌아갈 것이고 조선도 침탈을 받을 것이라고 지적했고,[97] 영조도 유사시에 대비해 청의 정세에 대해 잘 알고 있어야 하는데 그렇지 못함을 걱정하기도 했다.[98] 청의 문물을 받아들여 배우자고 주장한 북학론자 박지원도 청이 중원에 거한 지 백여 년이 되었지만 중원을 본토로 생각하지 않고 있어 결국은 본거지로 돌아가게 되면 병자호란

中國, 華爲主而夷爲客, 故客或乘主, 而主卒勝客矣. 今則華爲客而夷爲主, 主恒勝客, 理勢之固然也. 此則氣數之大變, 而非人事所得以回斡也.": 『海左先生文集』 卷37「氣數論」(문집총간 a240_173a).

94) "我以數千里封疆, 百許萬民衆, 獨不能驅垂亡之虜, 而還我箕高之靑氈乎.": 『修山集』卷6 策 二「取遼瀋」(문집총간 a247_414a).

95) 배우성, 『조선후기 국토관과 천하관의 변화』(일지사, 1998), 64-77쪽; 허태용, 『조선후기 중화론과 역사인식』, 153-155쪽.

96) 『肅宗實錄』17년(1691) 11월 16일.

97) "… 一朝運訖, 卒歸其本, 豈可堪之耶. 其勢恐不止侵責而已也.": 『星湖僿說類選』卷8下「豫備外敵」(景文社, 1976), 下237쪽.

98) 『承政院日記』영조 13년(1737) 7월 4일.

때처럼 조선을 괴롭힐 것이라고 생각했다.[99]

이 같은 생각은 19세기에 들어선 후에도 계속 표명되었다. 1828년에 연행한 박사호(朴思浩)는 영고탑회귀설을 제기했고,[100] 1829년 홍직필은 청이 한인들과 몽골의 공격을 받는 틈을 타서 복수하고 천하의 대의를 드러내자고 주장하기도 했다.[101] 유신환(兪莘煥, 1801-1859)은 1831년 스승 홍석주의 연행길에 부치는 글에서 청 황제가 늙고 아들은 병든 데다가 변경에 분쟁이 있어 청나라가 위태로운 지경임을 지적했다.[102] 아편전쟁 시기에는 서양이 청을 복속시키면 청이 원래 본거지로 가서 조선에 위협이 될 것이라는 생각이 다시 나타났다.[103] 유신환은 1840년 만약 서양인이 승리하면 청이 본거지로 돌아가려 해서 조선에 위협이 될 것이고 승리하지 못하면 서양인들이 오히려 조선을 위협할 것이라고 걱정했다.[104] 1860년 서양 세력에 의한 북경 함락 때도 조선 사인들 사이에 그 같은 걱정이 제기되었다.[105]

---

99) "彼寄居中國, 百有餘年. 未嘗不視中土爲逆旅也, 未嘗不視吾東爲鄰比也. … 他日歸巢, 壓境而坐, 責之以舊君臣之禮. 饑療焉求其周, 軍旅焉望其助.":『燕巖集』卷13「熱河日記 行在雜錄」(문집총간 a252_243a).

100) 『燕薊紀程, 地』: 林基中 編,『燕行錄全集』(東國大學校 出版部, 2001), 98책, 418쪽.

101) "行將見中國之師臨之於前, 蒙古之兵壓之於後, 面背受敵, 進退不得. 詎有餘力可及借道, 是固事理之所必無者也. 縱使然者, 我之所以勵志復雪, 章大義於天下者.":『梅山先生文集』卷27「警俗」(문집총간 a296_005a-005b).

102) "… 淸主年老而太子有奇疾, 其不死而生, 一二於千萬. 而回回韃靼之屬, 并與煽亂, 干戈日尋, 海內騷擾. 內而儲位將空, 外而敵國迭侵, 則是淸人之存亡, 未可知也.":『鳳棲集』卷3「送淵泉洪公如燕序」(문집총간 a312_037c).

103) 노대환,『동도서기론 형성과정 연구』, 153-155쪽.

104) "每中國有難, 我國輒受其害. 使洋人而勝耶, 席卷而北, 逐有遼薊, 我國安得晏然而已乎, 此我之所不可不慮也. 不勝耶, 無所逞欲, 其勢或旋艫而向我.":『鳳棲集』卷3「送人如燕序」(문집총간 a312_039a).

105) 李憲柱, "병인양요 직전 姜瑋의 禦洋策",『한국사연구』124(2004), 109-142 중 130-131쪽.

이들 19세기 조선 사인 대부분은 청이 패퇴하면 그 대신 들어서게 될 한인의 새 황조에 귀의해야 할 것이라는 생각을 지녔다. 유신환은 1831년 홍석주 연행길에 부친 글 중 위에서 인용한 부분에 뒤이어 청이 망하면 고려가 '황명(皇明)'으로 귀의했듯이 하면 될 것이라고 썼다.[106] 이항로(李恒老, 1792-1868)는 태평천국(太平天國)의 난의 결과 한인이 청 오랑캐를 소탕해준다면 조선은 청을 등지고 그들 한인 "진주(眞主)"에 게 귀의해야 할 것이라고 주장했다.[107] 신기선(申箕善, 1851-1909)은 청 이 쇠퇴한 지금 "의리에 바탕해서 [청에 대한] 노예 관계를 끊고 때를 기다려 일어나 십만의 군사를 이끌어서 화하(華夏)를 회복하고 두목의 머리를 효수해 천하에 게시하고 대명의 후예를 구해 끊어진 종사를 다시 이어 하늘이 다시 밝음을 보기"를 바란다는 생각을 표명했다.[108]

---

106) "夫淸亡則天必命眞人起爲中華之主, 髮天下而右衽矣. 當是時也, 我之去就, 如高麗之歸于皇明, 可也.": 『鳳棲集』 卷3 「送淵泉洪公如燕序」(문집총간 a312_037c). 이에 뒤이어 유신환은 청이 망하고 다른 오랑캐가 들어선다고 해서 반드시 우리의 불행은 아닐 것이라고 덧붙였다: "借曰陽一而陰二, 夷狄如回回韃靼, 復汚中國, 而加我無禮. 其視曩歲南漢之事, 爻象不侔, 我則以小事大而已矣. 女眞韃靼, 又何選焉. 由前而言, 則我之幸也. 由後而言, 亦非我之不幸也."(문집총간 a312_037c-037d) 한편 이 글의 시작에서 유신환은 "崇禎甲申後一百八十有七年" 이라는 표현을 사용했다.

107) "吾聞漢人起兵長髮, 衣冠文物使服華制. 貨色不犯, 所過安堵, 苟其信也. 可以掃北虜闢洋氛而得志於天下矣. 又曰. 使斯人掃淸夷狄, 君長天下, 則我國當用圖隱之義, 背北胡而嚮眞主可也.": 『華西先生文集』附錄 卷3 「語錄-金平默錄三」(문집총간 a305_383a-383b).

108) "亦安得據義絕虜, 待時而發, 牽十萬之師, 計復華夏而梟僞酋之首, 揭示天下, 求大明之裔, 更繼絕宗, 更見天日之復明也.": 『陽園遺集』 卷17 「彙言」(문집총간 a348_359a).

4장
주자 정통론의 심화

　북벌이 현실적으로 불가능하다는 인식이 퍼지고 북벌론이 수그러 들면서 조선 사인들의 '대명의리'의 대상으로서 명이 '관념화', '이상화' 되었음을 2장에서 보았는데, 이와 함께 중화에 대한 그들의 존중, 숭배의 대상이 명으로부터 중국 문화 전통 전반으로 확대되었다. 우선 조선 사인들이 이상적 시기로 생각했던 주(周)나라의 문화를 존숭하는 '존주론(尊周論)'이 널리 퍼지게 되었다.[1] 17세기 후반에 등장하기 시작한 존주론은 영조대에 고조되었고 정조대에 이르러 『존주휘편(尊周彙編)』으로 정리되기에 이르렀다.[2] 존주론과 함께 조선 후기 사인들 사이에 두드러졌던 또 다른 한 가지 조류는 주자(朱子)를 유학의

---

1)　정옥자, 『조선후기 조선중화사상연구』(일지사, 1998), 103-108쪽; 허태용, 『조선후기 중화론과 역사인식』(아카넷, 2009), 121-129쪽. "尊周攘夷"의 경전적 근거로는 『論語』 「憲問」편(14.18)의 "一匡天下"라는 구절에 대한 주희의 다음과 같은 주해를 들 수 있다: "匡, 正也. 尊周室, 攘夷狄, 皆所以正天下也.": 『四書集注』(四部備要本), 卷7, 11b.
2)　정옥자, 『조선후기 조선중화사상연구』, 128-155쪽.

정통으로 존숭하는 '주자 정통론'이었다. 북쪽의 이적 왕조 금(金)의 위협을 느끼면서 중화 문화를 수호하려고 진력했던 주자의 학문과 사상이 비슷한 처지의 조선 후기 사인들에게 참된 중화의 핵심적 가치를 나타내는 또 다른 요소로 여겨졌던 것이다.

주자에 대한 태도를 두고서는 중국 사인들과 조선 사인들 사이에 흥미로운 차이를 볼 수 있다. 명이 멸망하고 이적 왕조 청의 지배를 받게 되면서 겪은 수모와 그에 따른 각성과 반성의 분위기가 17세기 중국 사인들 사이에 중국의 전통과 유가 경전에 대한 비판적 재검토와 정통 정주(程朱) 학풍으로부터 점차적인 이탈을 낳은 데 반해,[3] 조선에서는 정통 주자학에의 집착이 적어도 얼마간은 오히려 더 심화되는 경향을 보였던 것이다. 이 장에서는 조선 후기 사인들 사이에서 이같은 주자 정통론이 형성되고 주자에 대한 존숭이 심화되어가는 과정에 대해 살펴볼 것이다.

4.1 주자에 대한 존숭과 주자 정통론의 심화

조선에서의 주자 존숭의 분위기는 16세기 이황(李滉, 1501-1570)과 이이(李珥, 1536-1584)를 거치면서 자리잡았는데, 그 후 청으로부터

---

3) William Theodore de Bary, ed., *The Unfolding of Neo-Confucianism*(New York: Columbia University Press, 1975). 이미 명말에도 중국 사인들 사이에는 주자학의 불교적 요소를 비판하는 등 주희 일변도에서 벗어나려는 더 자유로운 지적 풍토가 있었다: Willard J. Peterson, "Confucian Learning in Late Ming Thought," in Denis Twitchett and Frederick W. Mote, eds., *The Cambridge History of China*, volume 8(Cambridge: Cambridge University Press, 1998), pp. 708-788 중 p. 745.

받은 치욕을 씻고 복수해야 하는 상황에 처하게 되면서 조선 사인들은 금의 침략을 겪은 남송대에 살면서 오랑캐에 대항해 중화 전통의 재정립을 내세운 주희(朱熹, 1130-1200)의 시대관과 역사관은 물론 그의 사상과 학문 전반에 깊은 공감을 지니게 되었다.[4] 예컨대 송시열은 "오늘날은 바로 송이 남도(南渡)했을 때와 같다. 주자가 남도한 뒤에 조정의 부름에 응한 것은 뜻이 복수에 있어 그런 것이었다. 오늘날 조정의 부름에 응하는 자들은 주자의 뜻을 자신의 뜻으로 해야만 가할 것이다"라고 해서 자신들과 비슷한 상황에서 복수를 염원하던 주희의 뜻에 공감을 표했다.[5]

송시열은 주자에 대한 존숭의 뜻을 되풀이해서 표현했다. 예컨대 그는 "내 생각으로는 하늘이 공자를 이어 주자를 낳아 실로 만세의 도통(道統)을 이루었다. 주자 이후에는 드러나지 않은 리(理)가 하나도 없으며 밝혀지지 않은 책이 하나도 없다"고 했는데,[6] 다음의 이야기에서는 그의 주자에 대한 존숭이 어느 정도였는지를 볼 수 있다.

주자의 분명한 정설(定說)이 없었다면 감히 말하지 못하겠지만 이미 정설을 얻었은즉 비록 온 세상이 그것을 옳지 않다고 하더라도 구애받지 않을 것이므로, 나는 늘 외람되게 말하기를, "나를 알아줄 분도 오직 주자이고 나를 죄 줄 분도 오직 주자이다"라고 했는데 "나를 죄 준다"고 말한 것

<hr />

4) 우경섭, "송시열의 화이론(華夷論)과 조선중화주의의 성립", 『진단학보』 101(2006), 257-289 중 269-275쪽.
5) "今日卽宋朝之南渡也. 朱子應擧於南渡之後者, 志在復讎而爲也. 今日之應擧者, 志朱子之志而爲之, 則似乎可矣.": 『宋子大全』 附錄 卷14 「語錄-李箕洪錄」(문집총간 a115_477a).
6) "大槩愚以爲, 天之繼孔子而生朱子, 實爲萬世之道統也. 自朱子以後, 無一理不顯, 無一書不明.": 「答韓汝碩」: 『宋子大全』 卷78 「答韓汝碩」(문집총간 a110_550a).

은, [내가] 그만한 덕도 없으면서 망녕되이 주자를 본받고자 하기 때문이다.[7]

또한 그는 "중국인들이 육학(陸學)에 빠져 있다고 들었는데 우리 동국만이 주자학을 종주로 삼으니 가히 '주례(周禮)가 노(魯)나라에 있다'고 말할 수 있다"고 하여 이같이 주자학에만 전념하는 조선의 상황을 자랑스러워하기도 했다.[8]

이 같은 주자 존숭의 태도는 송시열과 그의 제자들이나 서인-노론계 사인들만이 아니라 소론-남인계를 포함한 조선 사상계 전체에 퍼져 있었다. 심지어 주자에서 벗어나 독자적인 해석을 가하였다고 하여 '사문난적(斯文亂賊)'이라는 비판을 받은 윤휴(尹鑴, 1617-1680)마저도 주자가 여러 학설들을 모아 절충하고 토론하여 수정하기를 그치지 않았기에 "나 또한 본받아 생각하고 힘쓰고자 하는 바"라고 말했다.[9]

주자 존숭의 분위기 속에서 주자를 유학의 정통으로 보는 주자 정통론이 확고히 자리잡게 되었다. 이에 따라 조선 사인들 사이에『주자대전(朱子大全)』,『주자어류(朱子語類)』같은 주희의 문집과 어록이 중요시되고 이것들에 대한 대규모의 주석서들이 집필되고 간행되었는데 송시열의『주자대전차의(朱子大全箚義)』, 김창협(金昌協, 1651-1708)의

---

7) "弟之議論, 不有朱子分明定說, 則不敢爲說. 旣得定說, 則雖擧世非之而不顧. 故弟每僭爲之說曰, 知我者, 其惟朱子乎. 罪我者, 其惟朱子乎. 所謂罪我者, 無其德而妄欲效之也.":『宋子大全』卷28「與李士深」(문집총간 a109_033c-033d).

8) "粤自麗末, 圃隱鄭先生出而當路, 蔚然出幽遷喬, 一以禮義變其舊俗, 而又得朱子書於中州, 以敎於國中. 自後道學漸明, 以至於晦退栗則道學大明於世矣. 竊聞中州人皆宗陸學, 而我東獨宗朱子之學. 可謂周禮在魯矣.":『宋子大全』卷131「雜錄」(문집총간 a112_438d-439a).

9) "晦翁之譯諸經書也, 旣集衆說而折衷之, 有成說矣. … 又必爲之討論更定, 不住修改. … 其取善求是, 不憚遷徙, 又如此. 此又余之所以效而思勉焉者也.":『白湖全書』卷36「讀書記 中庸序」(慶北大學校 出版部, 1974) 下, 1447쪽.

『주자대전차의문목(朱子大全箚義問目)』, 한원진의『주자언론동이고(朱子言論同異考)』등이 그 대표적인 예들이다. 또한 조선 사인들의 의례(儀禮)의 준거로서『주자가례(朱子家禮)』가 받아들여져 확산되고 이를 토대로 한 많은 예서(禮書)들이 간행되었다.[10]

조선 후기 주자 정통론의 영향이 구체적으로 드러나는 한 가지 예는 명나라의 문묘(文廟)에 육구연(陸九淵, 1139-1193)과 왕양명(王陽明, 1472-1528) 등이 배향된 데 반해 조선의 문묘에는 오직 주자학 계열의 학자들만이 배향된 사실이었다.[11] 심지어 1682년의 문묘 개혁 작업에서는 마융(馬融, 79-166), 왕필(王弼, 226-249), 두예(杜預, 222-284), 오징(吳澄, 1249-1333) 등 주자와 맞지 않는 학자들을 문묘에서 축출하고 주자와 연결된 양시(楊時, 1053-1135), 나종언(羅從彦, 1072-1135), 이동(李侗, 1093-1163), 황간(黃榦, 1152-1221) 등 송대 학자들과 이이, 성혼(成渾, 1535-1598) 등을 정전(正殿)으로 옮기는 일도 볼 수 있었다.[12]

조선 사인들은 더 나아가 조선 유학의 학통을 송시열, 이이를 거쳐 거슬러 올라가 직접 주자에 연결시키기도 했다. 예컨대 한원진은 1726년 경연에서 '정학(正學)'과 '정통'에 관해 논의하면서 다음과 같이 이야기했다.

무릇 공자가 있은즉 주자가 없을 수 없고 주자가 있은즉 이이가 없을 수 없으며 이이가 있은즉 송시열이 없을 수 없습니다. 하늘이 이 사람들을 낳은 것은 우연이 아닙니다. 지금 신이 이이, 송시열을 직접 공자와 주자

---

10) 정옥자,『조선후기 조선중화사상연구』, 155쪽.
11) 박종배, "조선시대 문묘 향사 위차의 특징과 그 교육적 시사—명, 청 시기 중국과의 비교를 중심으로",『한국교육사학』34권 3호(2012), 1-21쪽.
12) 『肅宗實錄』8년(1682) 5월 20일.

의 도통으로 연결시킨 것은 그 말이 과장된 듯하지만 실은 과장된 것이 아닙니다. … 기자(箕子)가 우리나라로 동래(東來)하여 우리 [조선]조에 이르러 문명의 다스림을 크게 떨치고 진유(眞儒)가 배출되었는데 이이, 송시열은 특히 그중 훌륭한 사람들인즉 그들이 주자의 도통을 직접 이었다는 것은 진실로 헛된 말이 아닙니다.[13]

정조도 세손 시절 송시열과 주희를 "양현(兩賢)"이라고 부르며 두 사람의 공통된 견해들을 모은 『양현전심록(兩賢傳心錄)』을 펴내어 송시열을 직접 주희와 연결시켰다.[14]

이 시기 조선의 역사 서술에서도 주자의 정통론에 바탕한 역사관이 주를 이루게 되었다. 조선 사인들은 조조(曹操, 155-220)를 높이 평가하고 제갈량(諸葛亮, 181-234)을 도적으로 간주한 사마광(司馬光, 1019-1086)의 『자치통감(資治通鑑)』을 비판하고 그 대신 주자가 『통감강목(通鑑綱目)』에서 채택한 촉한(蜀漢) 정통론을 받아들였으며, 더 나아가 원과 청을 인정하지 않고 촉한(蜀漢)과 남명(南明)을 정통에 포함시킨 역사 인식을 보여주기도 했다.[15] 예컨대 송시열은 북벌을 주장한 「기축봉사(己丑封事)」에서 다음과 같이 말했다.

---

13) "盖有孔子, 則不可無朱子. 有朱子, 則不可無李珥. 有李珥, 則不可無宋時烈. 而天之生是人, 皆不偶然矣. 今臣以李珥, 宋時烈, 直接孔朱之統, 其言似誇大, 而實不誇大. … 箕子東來我國, 而至我朝, 大興文明之治, 眞儒輩出, 而李珥, 宋時烈尤其著者, 則其接朱子之統, 實非誣也.": 『南塘先生文集』卷6 「經筵說 下」10월 8일 (문집총간 a201_152a-152b).

14) "兩賢心法之無不同也. 如讀己丑封事, 則知先正之受心法於戊申封事也. 如讀垂拱奏箚, 則知朱子之授心法於進修奏箚也.": 『弘齋全書』卷9 「兩賢傳心錄序」(문집총간 a262_149a).

15) 허태용, 『조선후기 중화론과 역사인식』(아카넷, 2009), 207-208쪽.

112

이 학설을 깨뜨리지 않으면 난신적자(亂臣賊子)가 후세에 자취를 이을 것인데 주자가 『강목』에서 대서특필하여 이를 바로잡은 연후 군신의 대의 (大義)가 해와 별처럼 밝아졌고 난신적자가 두려워하게 되었으니 이 한가 지 일만으로도 충분히 세 성인(聖人)의 공(功)을 계승할 수 있습니다. 이 의리가 밝혀졌으므로 오랑캐 원(元)이 중국에 들어와 주인이 된 지 거의 백여 년이었지만 사필(史筆)을 잡은 사람들이 주자의 뜻을 계승하고 조금의 관용도 베풀지 않아 오징(吳澄), 허형(許衡) 같은 무리가 모두 "실신(失身)"의 죄를 받았습니다. 주자가 아니었다면 우리는 이미 "피발좌임(被髮左袵)" [의 오랑캐]이 되어버렸을 것입니다.[16]

이 같은 역사인식에 따라 『통감강목』을 요약한 역사서들, 그리고 '강 목'체를 원용하거나 『강목』의 정통론에 입각한 자국사 저술이 이어져 나왔는데,[17] 안정복의 『동사강목(東史綱目)』이 그 완성된 형태를 보여 준다고 할 수 있겠다.[18]

---

16) "夫曹操, 漢之簒賊, 人人得以誅之, 而司馬光於通鑑, 卽以帝之, 而反以光明正大亘 宇宙貫古今 精忠大節之諸葛武侯, 爲之寇焉. 是何識見之陋至此耶. 此說不破, 亂 臣賊子接跡於後世矣. 朱子於綱目, 大書特書以正之, 然後君臣大義昭如日星, 而亂 臣賊子懼. 只此一事, 亦足以承三聖之功矣. 此義已明, 故胡元入主中國幾百餘年, 而主續筆者承朱子之旨, 不少假借. 如吳澄, 許衡之徒, 皆坐失身之律. 微朱子, 吾其 被髮左袵矣.": 『宋子大全』 卷5 「己丑封事」(문집총간 a108_192b).
17) 허태용, 『조선후기 중화론과 역사인식』, 92-102쪽.
18) 허태용, 『조선후기 중화론과 역사인식』, 209쪽.

4.2 주자 절대화

이 같은 주자 정통론이 심화되는 가운데 이미 17세기 말부터는 조선 사인들의 경전 해석이 거의 전적으로 주희의 해석에 의존하게 되었다. 예컨대 송시열은 자신의 문인 최신(崔愼, 1642-1708)이 주자의 『시경(詩經)』 소주(小註)와 다른 이황의 말을 거론하며 "퇴계(退溪)의 말씀은 스스로 만들어낸 것이 아니고 선유(先儒)로부터 내려온 말이니 따르지 않을 수 없을까 합니다"라고 하자 "선유의 설(說)이라도 주자의 주석이 아니면 어찌 잘못이 없겠느냐. 그러므로 사계(沙溪)[김장생(金長生, 1548-1631)]가 언제나 '주자의 주석이 아니면 반드시 신경 쓸 것 없다' 하였으니, 그것들이 잘못된 점이 많기 때문이다. 제유(諸儒)의 설이라고 어찌 다 믿을 수 있겠느냐"라고 답하여 경전에 대한 주자의 주(註)에 대한 절대적 선호의 태도를 보였다.[19] 이 같은 생각은 더욱 심화되어 주희와 조금이라도 어긋나면 '사문난적'으로 매도되는 상황으로 진행되었다. 그 같은 경향은 특히 노론 사인들에게서 심했는데, 이들은 주희와 얼마간 차이를 보이는 윤휴, 박세당(朴世堂, 1629-1703) 등 남인, 소론 사인들을 격렬하게 비판했다.[20] 이런 분위기에서 『주자대전』, 『주자어류』에 밀려 『성리대전(性理大全)』이 조선 사인들 사이에서 그다지 중요시되지 않는 경향까지 나타났다. 예컨대 김창협은 『성리대전』이 주자의 문인들을 너무 소홀히 다루고 경중

---

19) "愼見詩傳小註, 先儒所解, 正如退溪所解, 以問于先生曰, 退溪之說非自創, 來自先儒, 恐不可不從. 先生曰, 雖先儒說, 非朱子之註, 則豈無誤者乎. 故沙溪每以爲非朱子註則不必致工者, 以其多謬誤故也. 諸儒說何足信也.":『宋子大全』附錄 卷17 語錄「崔愼錄」(문집총간 a115_547c-547d).

20) 유봉학,『燕巖一派 北學思想 硏究』(一志社, 1995), 87쪽.

(輕重)의 균형도 갖추지 못했다고 비판했다.[21]

물론 이 같은 주자 절대화의 흐름에 대해 비판을 제기하는 사인들도 있었다. 일찍이 장유(張維, 1587-1638)는 중국에는 여러 학풍이 있는데 반해 조선에는 오로지 정주(程朱)만을 칭송하는 풍조를 가리켜 이는 조선의 사습(士習)이 중국보다 나아서가 아니라 "중국에는 학자가 있지만 조선에는 학자가 없어서" 그러하다고 비판했다.[22] 이익도 조선에서의 주자학 일변도의 학문 풍토에 대해 비판적인 생각을 보였고 이 같은 생각은 그의 문인들도 공유했다.[23] 예컨대 그는 『맹자질서(孟子疾書)』의 서(序)에서 당시 조선의 학풍에 대해 "주자는 맹자를 존숭하고 후인들은 주자를 존숭했는데, 후인들이 주자를 존숭한 것이 주자가 맹자를 존숭한 것보다 심한 바가 있을 정도"라고 지적했는데,[24] 「중용질서후설(中庸疾書後說)」에서는 주희의 『장구(章句)』를 "일월과 사시(四時)처럼 존숭하고 골육과 같이 아끼고 형벌처럼 두려워하는" 당시 조선의 상황을 비판하면서, "학문을 함에는 반드시 의심을 가져야 하고, 의심을 가지지 않으면 [지식을] 얻더라도 확실하지 못하다"고 했고,[25] "만일 『[중용]장구』 외에는 한 글자라도 [더하는 것은] 모두 외람

---

21) "性理大全朱子門人類, 所載門人極草略, 而其取捨輕重全無權衡. … 亦有當載而不載者, 所載又非緊重語. 凡此皆草率苟簡, 絕不堪點檢.": 『農巖集』卷31「雜識 內篇一」(문집총간 a162_329a-329b).

22) "中國學術多岐, 有正學焉, 有禪學焉, 有丹學焉, 有學程朱者, 學陸氏, 門徑不一. 而我國則無論有識無識, 挾筴讀書者, 皆稱誦程朱, 未聞有他學焉. 豈我國士習果賢於中國耶. 曰非然也. 中國有學者, 我國無學者.": 『谿谷先生漫筆』卷1「我國學風硬直」(문집총간 a092_573c-573d).

23) 원재린, "星湖 學派의 '致疑' 學風과 經傳 學習法", 한국사연구회 편, 『韓國 實學의 새로운 摸索』(경인문화사, 2001), 411-438쪽.

24) "朱子尊孟子也, 後人尊朱子也. 後人之尊朱子, 殆有甚於朱子之尊孟子.": 『星湖先生全集』卷49「孟子疾書序」(문집총간 a199_397d).

25) "自章句之行於世, 人尊之如日月, 信之如四時, 愛之如骨肉, 畏之如鈇鉞. …

된 일이라고 한다면, 이는 나의 생각하는 바를 모르는 것일 뿐만 아니라 주자를 아는 바도 아니다"라는 말로 끝맺었다.[26)]

홍대용도 연행 중 반정균, 엄성, 육비 등 중국 사인들과 교류하면서 주자학 이외의 학문도 인정하는 중국의 풍토에 접하고 이에 반해 주자 일변도로 편협한 조선의 폐단을 지적했다.[27)] 그는 중국 사인 용주(蓉洲) 손유의(孫有義)가 조선의 학문도 모두 주희를 따르느냐고 묻자 "경전과 예에 있어 한결같이 주자를 따라 조금의 차이도 감히 범하지 않는다"고 이야기했고[28)] 육비에게는 조선에서는 "주자의 주석이 있는 것만을 아는 데 그치고, 그 외의 것은 알지 못한다"고 하였는데,[29)] 엄성에게 보낸 편지에서는 그 같은 조선 사인들의 태도를 중국의 너그럽고 활달한 태도와 비교하면서 조선의 "속유(俗儒)들이 이름만을 좇아 마음과 입이 서로 어긋나며, 그중 주자의 문하에 비위를 맞추지 않는 사람이 드물다"고 지적했다.[30)] 귀국 후 중국 사인들과의 필담을 정리하며 쓴 「간정록후어(乾淨錄後語)」에서 홍대용은 조선 유학자들은 주자를 받들기만 하고 "그저 부화뇌동하여 한결같이 엄호하기만 하고

學必要致疑. 不致疑, 得亦不固.": 『星湖先生全集』 卷54 「中庸疾書後說」(문집총간 a199_501d–502a).

26) "若日章句之外一字皆濫云爾, 則是不但不識愚之所存, 亦非所以知朱子也乎.": 같은 글(문집총간 a199_502c).

27) 유봉학, 『燕巖一派 北學思想 研究』, 102–103쪽; 김영식, 『정약용의 문제들』(혜안, 2014), 274–275쪽.

28) "[蓉洲]又日, 貴邦文字, 亦遵朱子乎. 余日, 經與禮, 一遵朱子, 無敢少差.": 『湛軒書』 外集 卷7 「燕記 孫蓉洲」(문집총간 a248_265d).

29) "東國, 知止有朱註, 未知其他.": 『湛軒書』 外集 卷3 「杭傳尺牘 乾淨衕筆談 續」(문집총간 a248_167c).

30) "我東尊尙朱子, 路門醇正, 不若中國之寬轉達觀, 或不免於汎濫駁雜也. … 俗儒殉名, 心口相違. 其不歸於朱門容悅之臣者鮮矣.": 『湛軒書』 內集, 卷1 「四書問辨 寄書杭士嚴鐵橋誠 又問庸義」(문집총간 a248_017b).

사람의 입을 막으려고만 하여" 병통으로 여겼는데 이들 중국 사인이 조선 사인들의 고루(固陋)한 습성을 씻어버렸기에 가슴이 시원했다고 토로했다.[31]

박제가도 『북학의(北學議)』에서 "중국에는 확실히 육왕(陸王)의 학(學)이 있지만 주자의 적전(嫡傳)이 그대로 있다. 우리나라는 사람들이 정주(程朱)[만]를 이야기하고 나라에 이단이 없으며 사대부들이 감히 강서(江西)[육구연], 여요(餘姚)[왕양명]의 설을 말하지 않는데 이것이 어찌 그 도(道)가 하나에서 나와서 그런 것이겠는가?"라고 반문했다.[32] 중인(中人) 역관(譯官) 이언진(李彦瑱, 1740-1766)이 1763년 일본에 여행 중 주자학에 대한 의견을 묻는 큐이칸(宮維漢)에게 조선에서는 "송유(宋儒)에 의거하지 않고 경전을 이야기하는 자는 엄중히 처벌된다. 이런 문제들에 대해서는 감히 더 말하지 않겠으니 문장에 대해서 논의하자"고 이야기한 것도 주자 일변도인 조선의 학문 풍토에 대한 반감을 보여준다.[33]

그러나 전반적으로 볼 때 조선 사인들의 주자에 대한 절대적 존숭의 경향은 지속되었다. 예컨대 위에서 보았듯이 주자에 지나치게 편중된 조선의 학풍에 대해 비판적 견해를 보였던 이익도 그 자신의 학문에 있어 어디까지나 주자학을 기본으로 했고, 결코 주자 존숭의 기본

---

31) "東儒之崇奉朱子, 實非中國之所及. 雖然, 惟知崇奉之爲貴, 而其於經義之可疑可議, 望風雷同, 一味掩護, 思以箝一世之口焉. … 余竊嘗病之, 及聞折人之論, 亦其過則過矣, 惟一洗東人之陋習, 則令人胸次灑然也.": 『湛軒書』外集 卷3 「杭傳尺牘 乾淨錄後語」(문집총간 a248_174b).

32) "中國固有陸王之學, 而朱子之嫡傳自在也. 我國, 人說程朱, 國無異端, 士大夫不敢爲江西餘姚之說者, 豈其道出於一而然歟." 『北學議』 「北學辨」.

33) "國法外宋儒而說經者重繩之. 不敢言說此等事. 請論文章.": 宮維漢, 『東槎餘談』: 후마 스스무(夫馬進) 지음, 하정식 등 옮김, 『연행사와 통신사』(신서원, 2008), 249쪽에서 재인용.

틀을 벗어난 것은 아니었고, 이는 이익이 "일생 주자를 존신(尊信)하면서 … 항상 주자의 전(傳)과 주(註)를 취해 그것을 발휘(發揮)하고 천양(闡揚)했다"는 정약용(丁若鏞, 1762-1836)의 평가로부터 알 수 있다.[34]

홍대용 또한 비록 연행을 통해 개방적 학문 풍토에 대한 깨달음을 얻은 것은 사실이지만 그렇다고 해서 그가 연행 이전 깊이 젖어 있던 주자학의 틀을 벗어난 것은 아니었다. 그는 중국 사인들과의 필담에서 조선 사인들이 지나치게 주자를 본뜨려 하는 풍조에 대해서는 비판적인 생각을 토로하면서도 "주자는 후일의 공자이다. 주자가 아니면 누구에게 귀의할 것인가?"라고 했고,[35] "육구연의 문집을 보지 못했기에 그 학문의 깊이는 알지 못하여 감히 함부로 논의하지 못하겠지만, 내 생각으로는 주자의 학문만이 중정무편(中正無偏)하여 진실로 공맹(孔孟)의 정맥(正脉)이므로, 육구연이 참으로 [주자와] 차이가 있다면 후학의 공론이 그것을 공격해도 이상할 것이 없다"고 이야기하기도 했다.[36] 특히 청 고증학자들이『시경(詩經)』소서(小序)에 대한 주희의 비판을 받아들이지 않는 풍조를 두고 중국 사인들과 벌였던 여러 차례 논의에서 홍대용은 끈질기게 주희의 편을 들었다.[37] 예컨대 그는

---

34) "蓋星翁之學, 一生尊信朱子. 故諸經疾書, 皆就朱子傳註, 發揮而闡揚之.":『與猶堂全書』第1集 詩文集 卷19「答李文達」(문집총간 a281_409a).

35) "朱子後孔子也. 微夫子, 吾誰與歸. 雖然, 依樣苟同者佞也. 强意立異者賊也.":『湛軒書』外集 卷3「杭傳尺牘 乾淨衕筆談 續」(문집총간 a248_158a).

36) "愚未見陸集, 未知其學之淺深, 不敢妄論. 惟朱子之學則窃以爲中正無偏, 眞是孔孟正脉. 子靜如眞有差異, 則後學之公論, 無恠其擯斥.":『湛軒書』外集 卷3「杭傳尺牘 乾淨衕筆談 續」(문집총간 a248_160d-161a). 다만 홍대용은 이에 이어서 "但名爲宗朱者, 多偏於問學, 終歸於訓詁末學, 反不如宗陸之用功於內, 猶有所得也. 此最可畏耳."라고 덧붙여서 주자학이 훈고로 흘러 象山學의 내면적 성찰의 소득에 미치지 못하게 되는 데 대한 우려를 표시했다.

37) 『湛軒書』外集 卷2「杭傳尺牘 乾淨衕筆談」, 卷3「杭傳尺牘 乾淨衕筆談 續」(문집총간 a248_138a, 140c, 159c, 160a 등). 주희의『詩經』小序 비판에 대한 이들의

주자의 『시경』 소서 비판을 옹호하는 긴 변론을 써서 육비, 반정균에게 읽도록 했는데 그 글을 "내가 생각하기에 주자의 경전 해석이 훌륭하지 않은 것이 없지만, 역을 점서(占筮)의 글로 단정한 것과 『시(경)』에서 소서를 제거한 것은 그 가장 득의(得意)한 곳으로 성문(聖門)에 큰 공(功)이 되었다"는 말로 끝맺었다.[38] 박지원도 『열하일기』에서 청조(淸朝)가 통치의 목적으로 주자를 떠받드는 것임을 지적하면서도, "주자의 도(道)는 해가 중천에 있는 것 같아서 사방 만국이 함께 모두 우러러 쳐다보는 바"라고 했으며[39] 그의 아들 박종채(朴宗采, 1780-1835)는 박지원이 관아에서 공무를 보는 틈틈이 주자의 편지글을 읽었다고 회고했다.[40] 심지어 천주교의 깊은 영향을 받고 주희에 대해 이론을 제기했던 권철신(權哲身, 1736-1801)도 "평생 주자를 애모하여 그 글을 암송하고 그 뜻을 설명"하기에 열중했으며, "진심으로 주자를 숭모한 사람 중 아무도 나와 같지 못하다"고 이야기했다고 정약용이 권철신의 묘지명(墓誌銘)에 썼다.[41]

결국 정조 말년에 이르면 주자학은 국왕에 의해 공인된 정통으로 굳건히 자리잡았다. 정조는 주자학을 "정학(正學)"으로 규정하고 주희

논의에 대해서는 川原秀城, 『朝鮮數學史―朱子學的な展開とその終焉』(東京: 東京大學出版會, 2010), 158-160쪽을 볼 것.

38) "以爲朱子之釋經, 何莫非善. 而惟易之斷以筮占, 詩之掃去小序, 爲其最得意處, 而大有功於聖門矣.": 『湛軒書』 外集 卷3 「杭傳尺牘 乾淨錄後語」(문집총간 a248_167a).

39) "朱子之道, 如日中天, 四方萬國, 咸所瞻睹.": 『燕巖集』 卷14 別集 『熱河日記』 審勢編(문집총간 a252_259b-259c).

40) 박종채, 박희병 옮김, 『나의 아버지 박지원』(돌베개, 1998), 143쪽.

41) "… 凡此諸說, 雖與朱子所論不無異同, 生平愛慕朱子, 誦其文, 述其義, 津津淫淫, 不知眉毛之跳動. 嘗曰. 眞心慕朱子者, 莫我若也.": 丁若鏞, 『與猶堂全書』 第一集 詩文集 卷15 「鹿菴權哲身墓誌銘」(문집총간 a281_334d).

의 모든 저술을 집대성하여 보급하고 연구하도록 했을 뿐 아니라,[42] 그 자신 평생을 통해 주희의 책을 읽고 공부했으며 주희의 어록과 저술을 정리, 편찬했는데, 1798년의 경연에서 "나의 평생의 공부가 주자의 책 한 부(部)에 있다"고까지 말한 후 다음과 같이 이어갔다.

나는 20세 때에 『주서회선(朱書會選)』을 편집하고 또 춘방(春坊)·계방(桂坊)과 협력하여 주해(註解)를 초정(抄定)했고, 또 『어류』에 구두점을 찍었다. 30세 때에는 『주자회통(朱子會統)』을 편집하고, 또 고(故) 유신(儒臣) 한억증(韓億增)이 편집한 주서(朱書)를 정정(証定)했으며, 또 『자양회영(紫陽會英)』 및 『주서각체(朱書各體)』를 편집했다. 40세 이후에는 주자의 책을 읽은 것이 많았는데 근년에 또 『주서백선(朱書百選)』을 편집했고, 작년 여름과 가을에는 『주자전서(朱子全書)』 및 『대전』, 『어류』를 취해 구절을 발췌하여 또 한 책을 만들어서 『주자서절약(朱子書節約)』이라 이름지었다. 근래에는 또 『주자대전』 및 『어류』와 그 밖에 주부자(朱夫子)의 손에서 나온 한 마디 한 글자를 집대성하여 한 부의 전서(全書)로 편집하고자 한다. 편집이 이루어지면 장차 주합루(宙合樓) 옆에 방 하나를 별도로 마련하여 주부자의 진상(眞像)을 봉안하고, 아울러 그 안에 전서의 판본(板本)을 저장할 것이다. 나는 진실로 주부자에게 사사(師事)하는 정성이 있는 까닭에 이같이 하고자 하는 것이다.[43]

---

42) 김문식, 『정조의 경학과 주자학』(문헌과해석사, 2000), 제5부.
43) "夫子嘗曰, 述而不作. 予之平生工夫, 在於一部朱書. 予年二十時, 輯朱書會選, 又與春, 桂坊, 抄定註解, 又點寫句讀於語類. 三十時, 編朱子會統, 又証定故儒臣韓億增所編朱書, 又編紫陽會英及朱書各體. 四十後, 閱朱書者多, 而近年又輯朱書百選, 而昨年夏秋, 取朱子全書及大全語類, 節略句語, 又成一書, 名曰朱子書節約. 近又留意於朱子大全及語類, 與其外片言隻字之出於夫子之手者, 欲爲集大成, 編爲一部全書. 待其編成, 將別構一室于宙合樓傍奉安朱子眞像, 竝藏

정조는 주자가 『춘추(春秋)』를 이어 『강목』을 편찬한 이후 각 왕조에 대해 강목체 사서(史書)가 나왔는데 명나라의 사실(事實)을 다룬 강목체 사서는 나오지 않고 있어서 자신이 세손 시절인 1772년에 "황명 정사[인 『명사』]를 취하여 강(綱)과 목(目)을 정하고 연월별로 사실을 적었는데, 한결같이 주자의 『강목』의 예를 따랐다"고 하고, 『춘추』 이후에 나온 역사책으로서 제대로 된 것은 주자의 『강목』뿐인데 자신이 『자치통감강목신편(資治通鑑綱目新編)』을 편찬한 것은 공자와 주자의 "대지(大旨)"를 취한 것이라고 했다.[44] 또한 정조는 존주대의가 쇠퇴해가는 상황에서 『존주록(尊周錄)』을 편찬하도록 한 사실을 언급하면서 금의 침입으로 송이 남쪽으로 쫓겨 내려온 일을 복수해야 한다는 이른바 「주부자팔자훈어(朱夫子八字訓語)」를 잊지 말아야 한다고 강조했고,[45] 사학(邪學)인 천주교의 폐단에 대한 대책을 두고서도, 정학(正學)인 주자학을 확고히 세우면 사학이 발을 붙이지 못할 것이라는 입장을 견지했다.[46] 관서(關西) 지방에 주자학을 진흥시키도록 명한 후에는 "우리 서쪽 지방의 사람들로 하여금 주자를 존중하는 것이 왕을 존중하는 것임을 알게 하라"고 이야기하기까지 했다.[47]

全書板本於其中. 予於朱夫子, 實有師事之誠, 所以欲如是也.": 『正祖實錄』 22년 (1798) 4월 19일.

44) "自朱子續麟之後, 一代有一代之綱目. 惟皇明二十朝事實, 久無綱目. 壬辰, 予在春邸, 取皇明正史, 提綱立目, 紀年繫月, 一倣朱子綱目之例. … 後春秋而爲悖史, 朱夫子之綱目是耳. … 其義則竊取於兩夫子之大旨.": 『弘齋全書』 卷179 「羣書標記 資治通鑑綱目新編二十卷」(문집총간 a267_488d-489a).

45) "人情久而狃安, 大義日益湮晦. 并與朱夫子八箇字訓語而漠. 然若相忘, 則君君臣臣之所謂天經地義, 幾乎熄矣. 此尊周錄之所以編輯也.": 『正祖實錄』 22년(1798) 7월 21일. "八字訓語"란 "忍痛含怨迫不得已"라는 말을 가리킨다.

46) "今也正學不明也, 故其爲弊害, 甚於邪說, 浮於猛獸. 爲今日捄弊之道, 莫過於益明 正學.": 『弘齋全書』 卷34 「斥邪學敎」(문집총간 a262_580d).

47) "朱子書節要, 朱子書百選各一帙, 令內閣安寶賜給. 與兩儒所對講義, 令本道刊印,

조선 사인들의 주자에 대한 절대적 존숭의 분위기는 19세기로도 이어졌다. 이는 19세기에 들어서자마자 시작된 강진 유배의 시기를 통해 유가 경전 전체에 대한 재해석 작업을 수행한 정약용에게서 잘 드러난다.[48] 물론 정약용이 당시 조선 학문을 지배하던 주자학의 폐단을 비판하고 원시(原始)유학으로 돌아가려는 경향을 보였고 그에 따라 몇 가지 중요한 철학적 논점들에 관해서 주희와는 다른 견해들을 보여주었으며, 이에 따라 수많은 선행연구자들이 그의 "탈(脫)주자학적" 성격을 지적하기도 했다.[49] 그러나 그렇다고 해서 그가 주자학의 체계를 버리거나 주자학 체계로부터 벗어난 것은 아니었다.

실제로 주희에 대한 정약용의 깊은 존경심은 일생 동안 흔들리지 않았다. 그는 항상 주희에게 최대의 찬사를 보냈다. 예를 들어 그는 북송 학자들의 업적을 "주자가 집대성하여 천년간 전해지지 않았던 실마리를 처음으로 얻게 되고 '약정복성(約情復性)'으로 성학(聖學)의 토대를 이루고 '궁리격물'로 '치국평천하(治國平天下)'의 본(本)을 이루었다"고 말했고 "그(주희의) 재능이 그같이 높고 그 마음이 이같이 공정하므로 그 말의 단서(端緒)를 믿을 수 있음이 다른 사람이 미칠 바가 아니다"라고 덧붙였다.[50] 또한 정약용은 주희가 육구연과 펼친 논쟁

爲關西之勸. 俾我西士之人, 知尊朱子, 所以尊王也.": 『弘齋全書』 卷36 「命刊關西賓興錄敎」(문집총간 a263_037a).

48) 김영식, 『정약용의 문제들』, 55-89쪽.

49) 예를 들어 한형조, 『주희에서 정약용으로―조선 유학의 철학적 패러다임 연구』(세계사, 1996); 정일균, 『다산 사서경학 연구』(일지사, 2000); 금장태, "다산경학의 탈주자학적 세계관", 『茶山學』 제1호(2000), 20-57쪽; 좌담, "다산, 주자학, 그리고 서학", 『茶山學』 제2호(2001), 210-271쪽; 백민정, 『정약용의 철학―주희와 마테오 리치를 넘어 새로운 체계로』(이학사, 2007)』, 1부 2장.

50) "至濂洛諸賢先後繼作, 而朱夫子集其大成. 始得千載不傳之緒, 以約情復性爲聖學之基, 以窮理格物爲治平之本. … 其才如彼其高, 而其心如此其公, 所以其言之端

에 대해 언급하면서 "그(주희의) 마음이 과연 순수하게 한결같이 천리(天理)의 공(公)에서 나왔으며 티끌만큼도 인욕(人欲)의 사(私)가 없었다"고 말했다.[51]

특히 주희의 경전 해석에 대한 정약용의 존경심은 지극했다. 그는 많은 점에서 주희와 다른 견해를 지녔음에도 불구하고 되풀이해서 주희의 경전 해석에 최고의 찬사를 보냈다. 예컨대 「오학론(五學論)」에서 그는 주희가 "6경을 연마하여 진위를 변별하고 4서를 드러내어 밝혀서 심오한 뜻을 열어 보여주었"으며,[52] "한(漢), 위(魏) 대의 훈고 이외에 별도로 바른 뜻을 구해 '집전(集傳)', '본의(本義)', '집주(集註)', '장구(章句)' 등을 저술하여 우리 [유가의] 도를 중흥시켰다"고 평가했다.[53] 「십삼경책(十三經策)」에서는 주희가 송대 제유(諸儒)의 도(道)에 대한 새로운 논의를 "집대성하고 회통하여 크게 통일하고 거듭 창건"했음을 이야기한 후 주희가 "한대(漢代)에 책들을 구하던 초기에 [세상에] 나오지 않은 까닭에 공[안국(孔安國)], 정[현(鄭玄)], 유[향(劉向)], 동[중서(董仲舒)]의 무리들로 하여금 그의 학술을 받아들이도록 할 수 없었음"을 아쉬워하기까지 했다.[54] 정약용은 주희가 경전 해석에서 고문(古文)

的可信, 非餘人所及也.": 『與猶堂全書』 第1集 詩文集 卷20 「與金德庾又書」(문집총간 a281_447d).

51) "斯朱子不計自己利害, 不顧旁人是非, 不念朋舊之誼情好之篤, 而極口觝排, 務障狂瀾. 是其心未嘗不純然一出於天理之公. 而無一毫人欲之私也.": 『與猶堂全書』 第1集 詩文集 卷18 「與金旨翰東」(문집총간 a281_398a).

52) "研磨六經, 辨別眞僞, 表章四書, 開示蘊奧.": 『與猶堂全書』 第1集 詩文集 卷11 「五學論一」(문집총간 a281_241c).

53) "朱子爲是憂之. 於是就漢魏詁訓之外, 別求正義, 以爲集傳本義集注章句之等, 以中興斯道.": 『與猶堂全書』 第1集 詩文集 卷11 「五學論二」(문집총간 a281_241d).

54) "逮夫有宋諸君子出, 又可以一變其道. 至朱夫子集大成而會通之, 大一統而重挧之, 將以駕軼千古, 範圍八紘. … 惜乎. 其不出於漢代求書之初, 而使孔鄭劉董之倫, 莫得以容其術也.": 『與猶堂全書』 第1集 詩文集 卷8 「十三經策」(문집총간 a281_171d).

을 받아들이지 않고 배척한 것에 대해서도 "참으로 큰 안목으로 비추어냈다"고 말했다.[55] 그렇다면 정약용은 주자학의 틀을 벗어나려고 하기보다는 그것을 변형, 개선, 보완하려고 시도했다고 볼 수 있다. 그는 주희의 전체 틀을 깨지 않고 그 일부분만을 바꾸었고 주자학의 전체 체계와 전반적 지향을 유지하고 받아들였던 것이다.[56]

4.3 주자 존숭의 다양한 모습들

조선 사인들 사이에서는 앞 절에서 본 주자 절대화 경향의 심화와 함께 조선만이 주자를 제대로 숭상하고 있다는 생각이 생겨났고, 더 나아가 내용 면에서도 자신들만이 주자학을 제대로 이해하고 있다는 생각이 퍼져나갔다. 이런 상황에서 자연히 당대 청의 사인들 사이에 유행하던 주희 비판에 대해서는 불만이 표출되었다. 앞 장에서 본 것처럼, 많은 조선 후기 사인들이 고증학을 받아들이지 않고 그에 대해 비판적이었던 것도 고증학의 반주자학적 경향 때문이었다.

주희를 비판한 청 사인들 중에서 조선 사인들은 특히 모기령(毛奇齡,

---

55) "朱子疑古文斥古文, 眞是大眼目照破.": 『與猶堂全書』第1集 詩文集 卷20 「上仲氏」 (문집총간 a281_436c).

56) 사실 누구도 새로운 틀을 완성하지 않은 상태에서 전통의 틀을 깨기만 하지는 않으며, 정약용 또한 전통의 틀을 깨지 않았다. 그는 그 일부분만을 바꾸었고 주자학의 전체 체계와 전반적 지향을 유지하고 받아들였던 것이다. 더구나 주희의 틀이 지극히 폭넓었고 또한 신축성을 지녔기 때문에 그 틀을 유지한 채 그 속에서 수정, 보완을 추진하는 것이 얼마든지 가능했다. 그 같은 작업을 추진함으로써 정약용은 변화된 지적 풍토 속에서 지탱할 수 있는, 보다 더 완전한 주자학 체계를 세우려고 노력했던 것이다. 이에 대한 더 자세한 논의는 김영식, 『정약용의 문제들』, 77-89쪽을 볼 것.

1623-1716)에 대해 강하게 비판했다. 사실 모기령의 주희 비판에 대한 비판은 조선 사인들 사이에 널리 퍼진 경향이었다. 예컨대 박제가는 주희가 고주(古注)의 문제점을 비판하기는 했지만 반대로 고주를 따르는 경우가 많았음에도 후인들이 이를 잘못 알고 논쟁에만 몰두했다고 지적하고 그 대표적인 예로 모기령을 들면서 그가 "명변(明辨)은 있으나 독행(篤行)은 없는 자"라고 했다.[57] 서형수(徐瀅修, 1749-1824)는 모기령이 주희의 의리(義理)는 제대로 살피지 않고 인명, 지명, 도수(度數) 등에서의 사소한 잘못을 크게 문제 삼는 것을 비판하면서 그가 "어찌 '사문지적(斯文之賊)'[이 됨]을 면할 수 있겠는가"라고 말하기까지 했다.[58] 정약용도 모기령이 "옛사람들의 남은 이야기 찌꺼기들을 주워 모아 주자의 큰 공(功)을 가리었다"고 비판했으며,[59] 자신이 모기령의 잘못을 인식한 후에 "더욱 주자가 천지(天地)나 사시(四時)[와 같이 변함없는 진리]임을 믿게 되었다"고 이야기하기도 했다.[60] 『규장총목(奎章

---

57) "朱子之爲說也, 必以古注爲不足, 而有反之者矣. 後人因朱子說, 而又超而過之, 安知不反與古注合也, 所以爲訟也. 然聽訟者, 亦有是古者, 亦有是今者, 則聽訟者又訟矣. 故論經者, 不患說之不明, 患黨心之未祛. 若其可東可西者, 則不必論其有大關係者, 亦必異以辨之, 務歸至當, 稍涉矜己, 便不足觀. 故曰, 如毛西河. 有明辨而無篤行者也.": 『貞蕤閣文集』 卷4 「答問 又」(문집총간 a261_677b).

58) "近日儒名者讀程朱書, 其於義理精純處, 曾未窺其藩蘺, 而如得人名地名度數文爲之一二傳訛者, 則狂叫大呼, 累幅不休, 欲以是對壘於朱子, 其不自量甚矣. 而究其, 皆西河之所作俑也. 推勘到底, 西河其能免於斯文之賊乎.": 『明皐全集』 卷10 「題毛西河集卷」(문집총간 a261_196b-196c).

59) "毛奇齡者, 掇拾古人之零言 以掩朱子之大功.": 『與猶堂全書』 第1集 詩文集 卷14 「題毛大可子母易卦圖說」(문집총간 a281_315a).

60) "世稱毛奇齡詆斥朱子之說, 語雖乖悖, 理或明的, 鏞亦嘗比觀而照勘矣. 蓋其學術專襲於漢儒纖緯之餘, 而雜引其贋書荒怪之談. 人見其考據之博, 驚怯喪膽而云然也. 細細查櫛則枘鑿相戾, 瘡疣百出. … 知此而後, 益信朱子爲天地四時.": 『與猶堂全書』 第1集 詩文集 卷19 「答李羅州」(문집총간 a281_407c~407d).

總目)』은 심지어 모기령의 "평생의 저술이 단지 주자를 배격하는 것을 임무로 했으니 … 성문(聖門)에서 죽이지 않을 수 없는 자이다"라고까지 했다.[61]

반면에 강력한 주자학 진흥 정책을 추진한 강희제와 청 정권에 대한 호의적 평가가 나타나기도 했다. 서호수(徐浩修, 1736-1799)는 강희제가 율력(律曆)을 공부했을 뿐 아니라『주자전서(朱子全書)』를 편찬하고 어려운 내용은 웅사리(熊賜履, 1635-1709), 이광지(李光地, 1642-1718) 등에게 물었다고 하여 강희제를 긍정적으로 평가했으며,[62] 홍양호(洪良浩, 1724-1802)는 연행 시 청 사인들 수십인의 글을 보니 학문이 순수하고 문장이 정결해서 송유(宋儒)의 풍모를 지녔고 명말의 어지러움에 비할 바가 아니었다고 평가했다.[63] 홍직필(洪直弼, 1776-1852)은 청나라가 주자를 존숭하는 것을 통치의 제일 원칙으로 하고 주자학을 철저히 지켜 모기령처럼 주자를 비방하는 것을 벌하였음을 지적하면서 청이 수백 년간 번성할 수 있었던 것은 "바로 정학을 존숭하고 장려한 공"이라고 이야기하기까지 했다.[64] 한편 박지원은 위에서 본 것처럼 청의 사인들이 주자학을 비판한 것을 이 같은 청조의 주자

---

61) "平生著述, 唯以排擊朱子爲務. 其眞詖淫邪遁之尤 聖門之所不容不誅絶者也.":『奎章總目』卷4「西河集」.

62) "聖祖居是, 幾務多暇, 日召儒臣魏廷珍王蘭生等, 講究律曆. 又手編朱子全書, 馳驛問難於熊賜履李光地.":『燕行記』卷1, 7월 15일:『燕行錄選集』(成均館大學校 大東文化研究院, 1960), 上 454쪽.

63) "余於曩歲, 西遊中國, 求見淸人之文十數名家. 皆學粹而辭潔, 有宋人之風, 不比明季之靡詞短節. 信乎文章與時盛衰也."『耳溪集』卷11「送尹侍郎渭老尙東赴燕序」(문집총간 a241_198b).

64) "淸人入主中國, 以尊信朱子, 爲治法之第一義諦, 用此爲賺得英雄之術, 以毛奇齡之工訶朱子, 罪其人而毀其書. 厥享國數百年, 卽是崇獎正學之功也.":『梅山先生文集』卷52「雜錄」(문집총간 a296_578b).

126

학 진흥 정책의 반작용으로 보고, 이들은 황제가 겉으로 주자를 떠받드는 척함으로써 다스림의 수단으로 삼으려 하는 것을 알고 이를 비판한 것이라고 옹호하기도 했다.[65]

　이런 상황에서 주희는 조선 후기 사인들 사이에 이상적 사인의 전형으로서 일종의 전범(典範)의 역할을 했다. 조선 사인들은 자신의 주장을 뒷받침하기 위해 흔히 주자에 의존했다. 예컨대 조선 사인들은 명의 연호를 쓰는 일을 중단하고 청의 연호를 쓸 것을 주장하면서 주희의 『통감강목』의 예를 들어 합리화했는데, 박세당(朴世堂, 1629-1703)은 멸망한 나라의 연호를 쓰지 않는다는 주희의 『강목』의 전례를 들고, "숭정 몇 년"이라는 연호를 쓰는 것은 주자의 의(義)를 가볍게 보고 "대뜸 이를 무시하고 뛰어넘으려 하니, 그 미혹함을 매우 드러내는 것이다"라고 말했다.[66] 이현석(李玄錫, 1647-1703)도 『명사강목』을 주희의 예에 따라 숭정에 그치고 남명 정권 황제들은 부록으로 돌렸다.[67] 정조도 『존주휘편』 편찬에 앞서 연호가 문제가 되었을 때 숭정 이후는 간지만 쓰는 것이 무방하다고 하면서 주희의 『통감강목』을 근거로 들었다.[68] 그 외에 홍계희는 1747년 양역(良役), 과거, 인사에 관한 「삼사

---

65) "皇帝私尊何累朱子, 而中州之士如此其恥之者, 蓋有所敷於陽尊而爲禦世之資耳. 故時借一二集註之誤, 以洩百年煩冤之氣. 則可徵今之駁朱者, 果異乎昔之爲陸耳.": 『燕巖集』卷14 別集 『熱河日記』 審勢編(문집총간 a252_259c)(위의 주 39에 인용한 구절에 바로 이어지는 내용임): 김문식, 『조선후기 지식인의 대외인식』, 102쪽.

66) "… 尤見綱目之於已絶之統, 未嘗强引而續之, 如今之云者也. … 今之欲自爲者, 苟可以如淵明, 則斯已矣. 欲立法者, 苟可以如朱子, 則斯已矣. 今乃薄晦菴淵明之義, 遽欲掩而過之. 多見其惑也.": 『西溪先生集』卷7 「辨和叔論紀年示兒姪」(문집총간 a134_132c, 133c-133d).

67) 이에 대해서는 南有容이 비판하고 있다. "近世李氏綱目, 又自附紫陽義例, 而紀年止於崇禎, 弘光以降, 附見編外, 下同僭國. 雖其載事之詳, 用心之勤, 大綱不正.": 『雷淵集』卷20 「明書正綱序」(문집총간 a217_275a).

68) 정옥자, 『조선후기 조선중화사상연구』, 133쪽.

사의(三事私議)를 올리면서 주희가 과거 개혁에 관한 글 「학교공거사의(學校貢擧私議)」를 올린 전례를 들기도 했다.[69]

조선 사인들은 '서학중국기원론'에 대한 논의에도 주희를 끌어들였다.[70] 나중 13장에서 볼 것처럼, 조선 사인들은 '오랑캐' 서양인들의 과학 지식이 고대 중국의 성인들에서 기원했다는 서학중국기원론을 받아들였는데, 주희가 그 같은 고대 성인들의 생각을 서양인들에 앞서 인용했음을 지적했던 것이다. 예컨대 이가환(李家煥, 1742-1801)은 서양의 중천설(重天說)의 기원을 고대 굴원(屈原)의 구천설(九天說)에서 찾으면서 주희가 이를 구중천으로 해석했음을 지적했으며,[71] 정약용은 대지가 둥글다는 생각이 증자(曾子)의 『대대례(大戴禮)』와 주자에 이미 나온 것으로 이야기했다.[72] 서유본(徐有本, 1762-1822)도 서양인들이 지구(地球)설이나 중천설을 자신들의 독특한 생각으로 자랑하고 중국은 이에 미치지 못했다고 하지만, "'지구'설은 『주비산경(周髀算經)』에

---

69) "啓禧日, 臣於出身後, 在鄕之日, 閑居無事, 每念今日良役科擧用人, 三弊之固有記極, 以爲凡事窮則變. 敢效朱子貢擧私議之例, 作一冊子, 名以三事私議.": 『承政院日記』 영조 23년(1747) 8월 5일.

70) '서학중국기원론'에 대해서는 김영식, "서학(西學) 중국기원론의 출현과 전개", 『동아시아 과학의 차이—서양 과학, 동양 과학, 그리고 한국 과학』(사이언스북스, 2013), 113-134쪽을 볼 것.

71) "臣聞自古言天者, 只知其爲渾元一物而已. 至楚辭, 始有圓則九重. … 至朱子始曰, 天非九處, 其旋有九, 而下面較濁上面至淸之訓, 則是豈知天之有各重矣.", 『錦帶殿策』(영인본 『近畿實學淵源諸賢集』 二)(성균관대학교 대동문화연구원, 2002), 542쪽. 주희의 언급("世說天九重分九處爲號, 非也. 只是旋有九重, 上轉較急, 下面氣濁較暗. 上面至高處, 至淸且明. …")은 『朱子語類』 卷45(北京: 中華書局 交點本, 1986), 1156쪽에 나온다.

72) "曾子曰, 若天圓而地方, 是四角之不掩也. 朱子於二儀之說, 皆從沈括之義. 地體之圓而毬, 聖賢之所共言也.": 『與猶堂全書』 第1集 詩文集 卷10 「地毬圖說」(문집총간 a281_216a). 그러나 실제 주희의 『어류』나 『문집』에는 땅이 둥글다는 생각은 보이지 않는다. 김영식, 『주희의 자연철학』(예문서원, 2005), 240-243쪽을 볼 것.

서 이미 그 리(理)를 밝혔고, '중천'의 설은 주자가 이미 그 실마리를 열었다"고 지적했다.[73]

조선 사인들은 주희의 학문, 사상의 내용뿐 아니라 그의 공부 및 사고(思考) 방식과 행동까지도 본받고 따르려 했는데, 이처럼 주희를 전범으로 삼아 본받고 따르려는 모습 역시 흔히 '탈주자학자'로 거론되는 정약용에게서도 잘 드러난다.[74] 우선 정약용의 방대한 유가 경전 해석 작업은 주희의 평생에 걸친 작업을 토대로 했고 항상 주희의 견해를 기준으로 하고 그것을 참고하면서 진행했으며, 그 같은 작업을 통해 그는 6경과 4서에 대해 주희를 능가하는 업적을 내려고 했던 것으로 보인다. 그뿐 아니라 정약용은 여러 일들에 대해 생각하거나 이야기하면서 주희를 항상 염두에 두었다. 예를 들어 그는 아들에게 보낸 편지에서 한 글자 한 글자를 철저히 이해해가며 독서하도록 권한 후, "주자의 격물의 공부가 역시 그와 같다"고 말했고,[75] 과거시험 공부의 폐단에 대해 논의한 후에는 "이 같은 노력을 학문에 옮길 수 있다면 [그것이 바로] 주자인 것이다"라고 했다.[76] 또한 당시 조선의 학문에서 볼 수 있는 여러 폐단들을 이야기하면서 정약용은 되풀이해서

---

73) "今夫西人所自詑以爲獨得之見, 而力詆中士之未達者, 卽地球之說也, 七政各行一重天之說也. 然地圓之說, 周髀筭經已著其理. 各重天之說, 朱夫子已發其端. 彼努目張拳, 著書數萬言, 自以爲發千古未發之蘊, 不知古人言之已悉也.": 『左蘠山人文集』 卷4 「與河生慶禹書」(문집총간 b106_077b).

74) 김영식, 『정약용의 문제들』, 73-75쪽.

75) "如是則, 汝前爲不識一物之人, 自是日儻然爲通知祖祭來歷之人. 雖鴻工鉅儒, 於祖祭一事, 爭不得汝. 豈不大樂. 朱子格物之工, 也只如此.": 『與猶堂全書』 第1集 詩文集 卷21 「寄游兒」(문집총간 a281_459b).

76) "至於科擧之學, 靜思其毒, 雖洪猛不足爲喩也. 詩賦至數千首, 疑義至五千首者有之. 苟能移此功於學問, 朱子而已.": 『與猶堂全書』 第1集 詩文集 卷17 「爲盤山丁修七贈言」(문집총간 a281_379b).

주희는 그 같은 폐단에 젖지 않았다고 하거나, 그 같은 폐단들을 주희가 고쳐주었다고 지적했다.[77] 심지어 그는 늙어 쇠약해져 가는 자신의 상황을 두고서도 주희를 떠올렸는데, 그의 연보(年譜)는 정약용이 말년에 "정신이 혼미해질 때에도 깨우쳐 일어나 우러른즉 이는 주자의 유법(遺法)이었다"고 기록하고 있다.[78]

---

77) 예를 들어 위에서 보았듯이 정약용은 훈고의 폐단에 대해서 논의한 후에 "주자가 이를 걱정하여 … '집전', '본의', '집주', '장구' 등을 저술하여 우리 [유가의] 도를 중흥시켰다"고 평가했고(위의 주 53을 볼 것), 실무를 등한시하는 당시의 학자들이 흔히 주희를 내세워 자신들을 합리화하지만 사실 주희는 그러지 않았다고 주장하고 실제로 주희가 실무를 게을리하지 않고 열심히 일한 예들을 들기도 했다 (『與猶堂全書』第1集 詩文集 卷11「五學論一」: 문집총간 a281_241b-241c).

78) "及昏迷時, 喚醒仰, 則朱子之遺法.": 丁奎英, 『俟菴先生年譜』(正文社, 1984), 243쪽.

5장
'소중화', '조선중화'

앞 장들에서 조선 후기 사인들의 의식을 지배한 중화 사상이 직접적으로 표출된 형태들인 대명의리, 반청의식, 주자 정통론 등에 대해 살펴보았는데, 시간이 가면서 이 같은 직접적인 형태의 중국 중심적 중화 사상으로부터 다양한 변형과 반작용들이 나타났다. 그중 두드러진 것이 중국의 문화를 조선이 받아들여 중화의 수준을 성취했고, 따라서 조선은 이적이 아니라 '소중화'라고 부를 수 있다는 관념, 그리고 이에서 더 나아가 명이 멸망하여 중국에 중화 왕조가 존재하지 않는 상황에서 중화 문화를 계승, 보존하고 있는 조선만이 이제 유일한 중화라는 이른바 '조선중화' 관념이었다. 이 장에서는 이 같은 '소중화', '조선중화' 관념이 조선 사인들 사이에 형성되어 퍼져나간 과정과 그 같은 관념들에 바탕하여 나타난 명과 중화 문화의 계승 의식에 대해 살펴볼 것이다.

5.1 '소중화'

조선이 중화의 수준에 이르렀고 '소중화(小中華)'로 부를 수 있다
는 생각은 조선 전기부터 있었다. 여기에는 중국인들이 조선을 '소중
화'로 인정해주었다는 인식도 영향을 미쳤다. 일찍이 서긍(徐兢, 1091-
1153)의『고려도경(高麗圖經)』에서 고려가 다른 이적들과는 달리 "종묘
와 사직을 세우고 고을에 집을 짓고 마을에 높이 성을 둘러쌓아서 중
화를 본보기로 했는데, 아마 기자의 옛 봉토(封土)여서 중화의 유풍
이 아직 남아 있는 것이 아닐까 한다"고 한 구절이 관심을 끌었으며,[1]
조선 안에서도 뒤에 볼 것처럼 '기자동래(箕子東來)'설이나 공자가 '구이
(九夷)'들 사이에 살고 싶다고 한『논어』의 구절("子欲居九夷": 「子罕」편,
9.13) 등이 고대에 조선이 중화 문화를 받아들여 중화가 되었음을 뒷
받침해주는 것으로 해석되어왔다.[2] 예컨대 양성지(梁誠之, 1415-1482)
는 1456년 세조(世祖, 재위 1455-1468)에게 올린 주의(奏議)에서 우리나
라는 "기자가 봉작(封爵)을 받은 이후 홍범(洪範)의 가르침이 오랫동안
무너지지 않았기에, 당은 [우리나라를] '군자(君子)의 나라'라고 했고 송
은 '예의의 나라'라고 불렀으며, 문헌의 아름다움이 중화를 본뜨고 있"
다고 했으며,[3] 1481년 성종(成宗, 재위 1469-1494)에게는 우리나라가 단
군 이래 기자, 신라, 고려를 거치면서 "서민(庶民)은 남녀가 농사의 일

---

1) "若高麗則不然. 立宗廟社稷治邑屋州閭高堞周屏, 模範中華. 抑箕子舊封而中華遺
   風餘習尚有存者.":『宣和奉使高麗圖經』卷3「城邑」(文淵閣四庫全書, 593책), 3.1a-
   1b.
2) 김문용, "동국의식과 세계 인식—조선시대 집단적 자아의식의 한 단면",『국학
   연구』제14집(2009), 121-150 중 127쪽.
3) "盖東方自箕子受封以後, 洪範遺敎, 久而不墜. 唐爲君子之國, 宋稱禮義之邦. 文獻
   之美, 侔擬中華.":『訥齋集』卷2「便宜二十四事」(문집총간 a09_300d-301a).

에 부지런하고 사대부는 문무가 내외의 일에 힘써서 집집마다 봉군(封君)의 즐거움이 있고 대대로 사대(事大)의 체제가 있어서, 별도의 세상('乾坤')을 이루어 '소중화'라고 부르면서 3900년이나 되었"다고 말했다.[4]

조선이 소중화라는 생각은 조선 후기 들어서서 더 자주 표현되었다. 예컨대 장현광(張顯光, 1554-1637)은 「청구도설(靑邱圖說)」에서 "지기(地氣)와 토맥(土脈)과 산수의 정영(精英)이 멀리 중국과 바다를 격하여 서로 통하고 구역은 달리하면서 함께 부합하니, 참으로 '소중원(小中原)'이라고 할 바"라고 했으며,[5] 중국에서 태어날 수 없다면 조선에서 태어난 것도 다행이라고 이야기했다.

여기서 태어난 사람들은 형모(形貌)가 단정하고 곧으며 성정이 화평하고 순하며 자질은 강유(剛柔)를 겸하고 덕(德)은 중화(中和)를 갖추었다. 군자가 많고 소인이 따르며 남자가 선창하면 부인이 화답하여, 풍속이 예의와 겸양을 숭상하고 선비들이 학문을 독실히 한다. 머리에는 관을 쓰고 발에는 신을 신으며 위에는 저고리를 입고 아래에는 치마를 입는다. 입는 옷감은 실과 삼과 비단과 목면이고, 먹는 것은 콩과 곡식과 어물과 육류이다. 내가 만약 중국에 태어나지 못한다면 우리 동방에 태어난 것도 또한 다행이다. 더구나 사람이 중국에서 나지 않았으나 [중국인과] 같이 천지의 리(理)를 받았고, 나라가 큰 나라가 아니나 [중국과] 같이 통행(通行)의

---

4) "惟我大東, 居遼水之東長白之南, 三方負海, 一隅連陸, 幅員之廣幾於萬里. 自檀君與堯竝立, 歷箕子新羅皆享千年, 前朝王氏亦享五百. 庶民則男女勤耕桑之務, 士夫則文武供內外之事, 家家有封君之樂, 世世存事大之體, 作別乾坤, 稱小中華, 凡三千九百年于玆矣.": 『成宗實錄』 12년(1481) 10월 17일.

5) "惟其地氣土脈, 山精水英, 遠與中國, 隔海相通, 異區同符, 則眞所謂小中原也.": 『旅軒先生續集』 卷4 「靑邱圖說」(문집총간 a060_339b).

도(道)가 있으니, 땅은 비록 해외이나 [중국과] 같이 이 하늘의 아래에 있다.[6]

정호(鄭澔, 1648-1736)도 우리나라가 "예악문물을 중화를 본받아 예로부터 '소중화'의 칭호가 있었고 우리 부자(夫子)[공자]를 제사하는 전례(典禮)가 나라 전체에 퍼져 있음에 이르러서는 중화와 일체이다"라고 이야기했다.[7] 김창업(金昌業, 1658-1721)은 1712년 연행길에 접하게 된 15세 어린아이가 이적과 중국의 구분을 아는 것을 기특히 여기면서, "고려는 비록 동이(東夷)라고 불리고 있지만 의관과 문물이 모두 중국을 모방하였으므로 '소중화'라는 칭호가 있다"고 일러주었다.[8] 이익도 「삼한정통론(三韓正統論)」이라는 글에서 "[조선과 중국이] 비록 크고 작음의 차이는 있을지라도 기수(氣數)의 교묘함이 서로 이처럼 들어맞으니 그 까닭은 무엇인가? 동쪽 땅[조선]이 예의인현(禮義仁賢)이 있다고 칭한 지 오래이다. 이야기하는 사람마다 반드시 '소중화'라고 부르는데, 이는 열국(列國)이 [조선과] 견줄 수 없는 바이다"라고 이야기했다.[9]

조선 사인들이 자신들의 나라 조선을 '동주(東周)'라고 칭하는 데에

---

6) "於是乎出而爲人者, 形貌端直, 性情平順, 質兼剛柔, 德備中和. 君子多而小人從, 男子唱而婦人和, 俗尚禮讓, 士篤學問. 頭冠而足履, 上衣而下裳. 所服者絲麻帛綿也, 所食者菽粟魚肉也. 吾人若不得生於中國, 則生於我東亦幸矣. 而況人非華產, 而同受天地之理, 邦非大國, 而同有通行之道, 地雖海外, 同在此天之下.": 같은 글 (문집총간 a060_339d).

7) "東雖僻在海隅, 禮樂文物慕倣中華, 自昔已有小中華之稱. 至於吾夫子饗祀之典遍于一國, 與中華一體.": 『丈巖先生集』 卷24 「孔夫子眞像祠宇記」(문집총간 a157_538b).

8) "你年少能知夷狄中國有別, 可貴可悲. 高麗雖曰東夷, 衣冠文物皆倣中國, 故有小中華之稱矣.": 『老稼齋燕行日記』 壬辰 十二月 十二日 辛酉. 林基中 編, 『燕行錄全集』 (東國大學校 出版部, 2001) 卷32, 434쪽.

9) "大小雖別, 氣數之巧與相符如此, 其故何也. 東土稱爲禮義仁賢久矣. 說者必曰小中華, 此列國之所不得與抗.": 『星湖先生全集』 卷47 「三韓正統論」(문집총간 a199_364a-364b).

서도 조선이 '소중화'라는 생각이 나타났다.[10] 예컨대 이유태(李惟泰, 1607-1684)는 1670년 현종(顯宗, 재위 1659-1674)에게 "신이 우리 조선조의 문물이 빛남을 보건대 참으로 동방의 주나라입니다"라고 하면서 큰 뜻을 세워 선왕의 업(業)을 잇고 인심을 얻을 것을 권했다.[11] 송시열도 1683년 효종의 묘당(廟堂)을 세실(世室)로 정할 것을 청하는 상소에서 "하늘이 바다 모퉁이[우리나라]를 아껴서 기자가 동쪽으로 와서 홍범의 도(道)에 의해 팔조(八條)의 교훈을 펴즉 오랑캐가 변하여 중화가 되었으니, 우리가 '동주'입니다"라고 주장했다.[12] 송시열의 제자 정호는 위에 언급한 "'구이(九夷)'에 살고 싶다"는 구절 이외에 "도가 행해지지 않아서 뗏목을 타고 바다로 떠 가겠다"거나 "나를 쓰는 사람이 있으면 나는 그 나라를 동주로 만들 것이다"라는 『논어』 구절들도 인용하면서 동방이 기자가 8조의 가르침을 전한 이래 중화의 풍습을 갖췄으니 공자가 가서 살고 싶다고 한 것이며, "그런즉 우리 동국의 '동주'라는 칭호는 그 흐름이 오래이다"라고 하였다.[13] 이익도 「동주(東周)」라는 제목의 글에서 순(舜), 기자, 공자 등의 예를 들며 다음과 같이 이야기했다.

---

10) 허태용, 『조선후기 중화론과 역사인식』(아카넷, 2009), 117-119쪽.

11) "臣觀我朝文物彬彬, 實東方之周也. 然文之弊至於委靡, 而式至今日, 禮義之實亦掃地. 爲今之計, 殿下莫如先立大志, 期以先王之業, 務得人心.": 『草廬先生文集』 卷6 「庚戌三月承別諭赴春宮冠禮十五日登對」(문집총간 a118_151d).

12) "天眷海隅, 箕子東來, 以洪範之道, 陳八條之敎, 則夷變爲夏. 吾爲東周.": 『宋子大全』 卷17 「請以孝宗大王廟爲世室疏」(문집총간 a108_421d).

13) "夫子嘗曰. 如有用我者, 吾其爲東周乎. 又曰. 道不行, 乘桴浮于海. 又曰. 欲居九夷. 昔吾東方雖僻在海隅, 自被殷師八條之敎, 變推髻之陋, 成衣冠之俗. 夫子所欲居者, 無亦指吾東而言歟. 然則吾東東周之稱, 其漸蓋久矣.": 『丈巖先生集』 卷24 「山仰祠東周堂記」(문집총간 a157_538d). "道不行, 乘桴浮于海"라는 구절은 『論語』「公冶長」편(5.6)에, "如有用我者, 吾其爲東周乎.": 『論語』「陽貨」편(17.5)에 나온다.

공자가 "구이(九夷)에 살고 싶다"거나 "뗏목을 타고 바다로 떠 가겠다"고 했으니, "바다"란 동해이고, 뗏목을 타고 떠 가서 멈출 곳이 조선이 아니고 어디였겠는가? 순(舜)도 본래 동이(東夷) 사람이었으니 조선이 반드시 그 교화를 먼저 받았을 것이며, 기자도 가르침을 돈독히 함으로써 "인의(仁義)의 나라"라고 불리게 된 것이다.[14]

조선이 '소중화'라는 생각은 그 후로 계속 이어졌다. 홍대용은 연행중 조선의 풍속에 대해 묻는 엄성에게 "산천이 험애(險隘)하고 인민이 많이 빈곤하지만 예속(禮俗)을 얼마간 따르기 때문에 예로부터 중국도 소중화라고 인정했다"고 답했는데[15] 박지원도 연행 중 만난 중국 사인에게 "우리나라는 오로지 유교를 숭상하고 예악문물이 모두 중화를 본받아서, 예로부터 '소중화'라는 칭호가 있었고, 나라의 규모와 사대부의 입신(立身)과 행동이 완전히 송나라와 같다"고 이야기했다.[16] 성대중(成大中, 1732-1809)도 서호수(徐浩修, 1736-1799)의 연행길에 부치는 글에서 조선이 원래 문명의 고장이라고 말하면서 기자 8조와 "구이에서 살고 싶다"는 공자의 말을 언급했고 "마침내 주자가 죽고 우리의 도(道)가 동으로 와서 이제 천하의 문물은 단지 우리에게만 있다"고 썼으며,[17] 서형수(徐瀅修, 1749-1824)는 연행 중 청의 사인 유송풍

---

14) "子嘗欲居九夷, 有乘桴浮海之語. 海是東海, 乘桴所止非朝鮮而何. 舜固東夷之人, 朝鮮必先被其化, 而箕子因以敦敎, 號稱仁義之邦.": 『星湖僿說』 卷23 經史門 「東周」.

15) "山川險隘, 人民多貧, 只以稍遵禮俗, 自古中國亦許之以小中華.": 『湛軒書』 外集 卷2 「杭傳尺牘 乾淨衕筆談」(문집총간 a248_131a). 外集 卷7 「燕記 孫蓉洲」에도 비슷한 내용이 실려 있다. "弊邦慕尙中國, 衣冠文物, 彷彿華制, 自古中國或見稱以小中華. 惟言語尙不免夷風爲可愧."(문집총간 a248_265d)

16) "邦專尙儒敎, 禮樂文物皆效中華. 古有小中華之號. 立國規模, 士大夫立身行己, 全似趙宋.": 『燕巖集』 卷12 別集 『熱河日記』 「太學留舘錄」(문집총간 a252_211b).

(劉松嵐)과의 대화에서 삼년상(三年喪)제나 부인이 개가(改嫁)하지 않는 등 중국이 미치지 못하는 조선의 미풍을 언급하고 학술 면에서도 중국에 비해서 별로 뒤지지 않는다고 이야기했다.[18]

한편 '소중화'로서의 조선의 위치에 대한 지리적 설명이 제시되기도 했다. 이형상(李衡祥, 1653-1733)은 중국의 산천을 셋으로 나누어 그중 북쪽 대간(大幹)이 한쪽은 갈석(碣石)으로 이어져 바다로 들어갔고, 다른 한쪽이 백두산으로 이어져서 조선이 되었다고 하여 조선이 중국의 산천과 이어졌다는 설명을 제시했다.[19] 그러나 더 일반적인 설명은 음양(陰陽), 오행(五行)설에 바탕한 것이었다. 예컨대 한원진은 동쪽 모퉁이에 있는 조선이 중국에 비해 나라의 크기는 작지만 왕업(王業), 풍속, 인재, 예악문물, 도학(道學), 유술(儒術)에 있어 중국과 비슷하고 그 점에서 서, 남, 북쪽의 나라들과 다른 이유에 대해 다음과 같은 설명을 제시했다.

우리나라는 동쪽 모퉁이에 치우쳐 있고 땅의 넓이가 겨우 중국의 한 주(州)의 크기에 비교되지만 풍기(風氣)의 한열(寒熱), 토지의 소산(所産)은

---

17) "夫吾東固文明之鄉也. 始則箕子之八條也. 中焉孔子之九夷也. 卒之朱子沒而吾道東矣. 今則天下之文物獨在我矣.":『靑城集』卷5「送徐侍郞浩修以副价之燕序」(문집총간 a248_429d).

18) "弊邦, 自箕聖以來幾千載. 中土之所不能及者有二大端, 親喪之必三年也, 婦人之不再醮也. … 而如學術之宗程朱絀陸王, 文辭之主八家賓六朝, 詩敎之尙盛唐耻建安. 雖比之鄒魯文獻, 亦不多讓耳.":『明臯全集』卷14「劉松嵐傳」(문집총간 a261_304b).

19) "中華之山川分爲三條. 則長江與南海夾南條, 大幹盡於東南海. 黃河與大江夾中條, 大幹盡於東海. 黃河與鴨綠江夾北條, 大幹一窮於碣石, 今入爲海, 一窮於白頭山, 今爲朝鮮.":「井蛙談叢」; 허태용,『조선후기 중화론과 역사인식』, 119-120쪽에서 재인용.

모두 사방의 구별을 갖추었고. 이를 중국과 비교하면 대체를 갖추었으되 [그 규모가] 미미하다. 왕업(王業)의 흥(興)함도 북으로부터 남으로 중국과 같고, 풍속의 아름다움, 인재의 배출, 예악문물의 성함, 도학(道學)과 유술(儒術)의 흥함도 중국과 비슷하니, 서, 남, 북 여러 나라가 견줄 수 있는 바가 아니다. 어째서인가. 나는 다음과 같이 생각한다. 원(元)은 사덕(四德)의 으뜸이므로 하나로써 넷을 포함하고, 목(木)은 오행의 으뜸이므로 일기(一氣)로써 오기(五氣)를 포괄한다. 동(東)은 사방의 으뜸으로 그 덕(德)은 원에 속하고 행(行)은 목(木)에 속하므로 또한 일방(一方)으로서 사방(四方)의 기(氣)를 겸하는 것이다. 그런즉 하늘이 낳는 바와 땅이 기르는 바가 특히 동방에 두텁고 사람이 성현이 되고 다스림이 태평하기가 모두 어렵지 않다. 성인 기자가 동쪽으로 온 것 역시 이에서 볼 수 있다고 생각한다.[20]

또한 한원진은 사방을 양인 동남과 음인 서북으로 나누어 중국의 문명의 기운이 서북에서는 움츠러들고 동남으로 펼쳐지며, 중국 주변의 이적들 중에서는 양인 동과 남에 속하는 민(閩), 월(越), 조선은 변하여 예악문물의 나라가 될 수 있지만 음인 서와 북에 속하는 이적들은 변할 수 없다고 보았다.[21]

---

20) "我國僻在東隅, 地方僅比中國一州之大, 而風氣之寒熱, 土地之所産, 皆兼有四方之異, 比之中國, 具體而微. 王業之興, 自北而南, 亦與中國同. 風俗之美, 人才之出, 禮樂文物之盛, 道學儒術之興, 又與中國相埒. 非西南北諸國所可得而方者. 何哉. 竊嘗思之. 元爲四德之首, 故以一事而包四事. 木爲五行之首, 故以一氣而包五氣. 東爲四方之首, 而於德屬元, 於行屬木, 故亦以一方而兼四方之氣耶. 然則天之所生, 地之所養, 可謂獨厚於東方, 而人之作聖賢, 治之做雍熙, 皆不難矣. 箕聖之東來, 想亦有見於此.": 『南塘先生文集』 卷38 「雜識 外篇 下」(문집총간 a202_311a-311b).

21) "天之四時, 春夏爲陽, 秋冬爲陰. 地之四方, 東南爲陽, 西北爲陰. 故中國文明之運, 常縮於西北而展於東南. 是以在東南則閩越朝鮮, 皆變而爲禮樂文物之邦, 在西北

이와 함께 조선의 풍토가 중국과 동일하고 규모만 다를 뿐이라는 생각이 나타났다.[22] 조선의 각 지역을 중국에 비교하는 데에서 그 같은 생각을 엿볼 수 있는데, 조선을 "소중원(小中原)"이라고 했던 장현광은 양남(兩南)을 중국의 강남, 서울을 중국의 낙양(洛陽), 관서(關西)를 중국의 함양(咸陽), 관동(關東)을 중국의 농우(隴右)에 비교하고, 모두가 낙토이며 가지(嘉地)로서 풍속의 좋고 아름다움이 중국에 비해 뒤지지 않는다고 하면서 "원초(元初)의 혼륜(渾淪)하고 방박(磅礴)한 기의 융후(隆厚)하고 순명(純明)함이 쌓인 것이 중국을 만들고, 중국을 만드는 데 다하지 않고 남은 기가 더 만들어내어 우리 동국이 되었다"고 덧붙였다.[23] 장현광은 또한 중국의 '오악(五嶽)', '사독(四瀆)'에 대응하는 조선의 '오악', '사독'을 찾기도 했다.[24] 오광운(吳光運, 1689-1745)과 이광사(李匡師, 1705-1777)가 대동강을 '황하(黃河)'라고 지칭한 것도 같은 생각을 보여준다.[25] 우하영(禹夏永, 1741-1812)도 조선이 소중화라고 불린 것이 예악문물 때문만이 아니라 "산천과 풍기"의 비슷한 점 때문이기도 하다고 주장하면서 여러 예들을 제시했는데,[26] 곤륜산에서 기원한 중국의 산천이 서북에서 일어나 우전(右轉)하여 동남에서

<hr />

則不但夷狄之不能變而從夏也.": 『南塘先生文集』 拾遺 卷6 「拙修齋說辨」(문집총간 a202_453d).

22) 배우성, "조선후기 中華 인식의 지리적 맥락", 『韓國史研究』 158호(2012), 159-195 중 170쪽.

23) "兩南 … 與中國之江南比焉. … 京都 … 與中國之洛陽比焉. 關西 … 卽我東之咸陽也. 關東 … 卽我東之隴右也. 蓋無適而非樂土, 無入而非嘉地, 鄕鄕好風, 邑邑美俗, 則其所以讓於中國者無多矣. 其豈非元初渾淪磅礴之氣, 其隆厚純明之積者, 乃做之而爲中國. 其做中國, 未盡之餘氣, 又做之而爲我東者哉.": 『旅軒先生』 續集 卷4 「靑邱圖說」(문집총간 a060_339b-060_339c).

24) 배우성, 『조선과 중화』, 168쪽.

25) 허태용, 『조선후기 중화론과 역사인식』, 179쪽.

26) 배우성, 『조선과 중화』, 170쪽.

멈추는 것은 '선천(先天)'의 상(象)이며 백두산에서 기원한 조선의 산천이 동북으로부터 좌전(左轉)하여 서남에서 멈추는 것은 '후천(後天)'의 상이라고 하여 『주역』의 이론들까지 끌어들여 설명했다.[27] 이 같은 생각은 홍대용이 연행 중 엄성, 반정균에게 조선을 소개하기 위해 쓴 「동국기략(東國記略)」에서 조선이 비록 넓은 나라는 아니지만 "삼면이 바다에 잇닿아 물고기와 소금이 매우 풍부하고 토지가 크게 비옥하고 농상(農桑)의 업이 있으니 좌해(左海)의 한 낙토라고 부를 만하다"고 한 것에서도 찾아볼 수 있다.[28]

사실 소중화 의식은 조선 시대에만 나타난 것이 아니라 그 이전의 왕조들에서도 그와 비슷한 생각을 찾아볼 수 있었다. 고구려, 백제, 신라가 모두 중국 황제가 중심인 '대천하(大天下)'를 인정하면서도 각각 자기를 중심으로 한 '소천하(小天下)'를 상정하고 자신들이 지배하는 집단들을 자신들의 조공국(朝貢國)으로 간주하고 있었고, 고려는 스스로 천자를 칭하기도 했다.[29] 그리고 조선뿐 아니라, 일본, 베트남 등도 비슷한 경향을 보였는데, 베트남은 자신들을 "중국(中國)", "화민(華民)" 등으로 칭하면서 주변 소국들에 조공을 강요하기도 했고, 일본

---

27) "中國山川, 皆自崑崙山發跡, 而自西北起, 大幹右轉, 止於東南. … 此是先天山鎮西北澤瀉東南之象也. 我東山川, 皆自白頭山發跡, 而自東北, 大幹左轉, 止于西南. … 此是後天艮山居東北兌澤居西之象也.": 『天日錄』 總論: 배우성, 『조선과 중화』, 170-171쪽에서 재인용.

28) "大抵無百里之野, 鮮萬金之富. 但三面瀕海, 魚鹽甚饒, 土地多沃, 農桑有業. 亦可謂左海之一樂土也." 『湛軒書』 外集 卷2 「杭傳尺牘 乾淨衕筆談」(문집총간 a248_145c).

29) 李成珪, "中華思想과 民族主義", 『철학』 37집(1992), 31-67 중 50-51쪽; 노태돈, "5세기 금석문에 보이는 고구려인의 천하관", 『한국사론』 19권(1988), 31-66쪽; 盧明鎬, "高麗時代의 多元的 天下觀과 海東天子", 『한국사연구』 105호(1999), 3-40쪽.

또한 '천황(天皇)'을 칭하고 신라를 번국(藩國)으로 설정하여 진공(進貢)을 요구하는 등 중화로서의 자신을 내세우는 데 조선보다 더 적극적인 면이 있었다.[30]

5.2 '조선중화'

시간이 가면서 중화인 명이 멸망한 상황에서 이제 조선만이 유일한 중화라는 생각이 나타났다. 중화 문화를 계승 보존하고 있는 조선이 바로 중화일 뿐 아니라, 오랑캐 만주가 중원을 장악하여 중화가 없어졌으니 이제 조선이 유일한 중화라는 것이다. 이 같은 생각을 '소중화'와 구분하여 흔히 '조선중화'라는 표현으로 지칭한다.[31] 조선 후기 대부분의 사인들을 지배하는 정서가 된 '조선중화' 의식은 송시열이 잘 보여주는데, 그는 중국이 오랑캐 땅이 되었으니 이제 조선이 중화라는 생각을 다음과 같이 표현했다.

안타깝도다. 이토록 넓은 땅과 많은 인구를 지니고도 [명] 황조가 갑신년[1644년] 3월의 변(變)을 겪은 것은 어째서일까? … 그 이후, [세월이]

---

30) 李成珪, "中華思想과 民族主義", 51-52, 57쪽.

31) '조선중화'라는 표현은 처음 崔完秀가 조선 시대 서예 및 회화의 사상적 배경을 논의하면서 18세기 조선 고유 문화에 대한 자존의식을 지칭하여 사용했는데, 이후 정옥자가 조선 후기 사상 전반을 관통하는 이념으로 제시하였다. 崔完秀, "秋史書派考", 『澗松文華』19호(韓國民族美術研究所, 1980); 정옥자, "大報壇 創設에 관한 硏究", 邊太燮博士 華甲紀念 史學論叢刊行委員會 編, 『邊太燮博士華甲紀念史學論叢』(三英社, 1985), 527-550쪽. 정옥자의 논의들은 종합, 정리되어 나중 단행본으로 출간되었다. 『조선후기 조선중화사상연구』(일지사, 1998).

돌고 바뀌어 오늘에 이른즉 순(舜), 우(禹)가 순수(巡狩)하던 나라와 공자와 주자가 도를 가르치던 곳이 모두 과거의 옛 모습이 아니고 썩어 못쓰게 되고 누린내 나게 되었다. 어찌 은하수의 물을 끌어 이를 한 번에 씻어낼 수 있겠는가? 오직 우리 동방은 한쪽 구석에 치우쳐 있고, 그 때문에 홀로 관대(冠帶)의 나라가 될 수 있었으니 가히 "주(周)나라의 예가 노(魯)나라에 있다"고 할 만하다. 성인이 다시 나더라도 반드시 뗏목을 타고 동쪽으로 올 것이다.[32]

그는 또한 주자의 복건(福建) 지역이 중화 예악문물의 근거지가 된 예를 들어 중원에서 멀리 떨어진 동방의 조선 땅이 중화 문명의 계승지가 될 수 있음을 다음과 같이 설명했다.

　　중원 사람들이 우리 동국을 가리켜 '동이(東夷)'라고 하는데, 그 명칭이 비록 아름답지는 않지만, 어떻게 진작(振作), 흥기(興起)시키느냐에 달려 있을 뿐이다. 맹자가 "순(舜)은 동이이고 문왕(文王)은 서이(西夷)이다"라고 하였으나 [그들이] 진실로 성인과 현인이 되었은즉 우리 동방이 [공맹의 나라] 추로(鄒魯)가 되지 못할 것을 걱정할 것이 없다. 지난날 칠민(七閩)은 실로 남이(南夷)의 구역이었지만 주자가 그 땅에서 난 뒤로는, 중화의 예악과 문물의 지역들이 도리어 [그곳에] 못 미치게 되었다. 그러므로 땅이

---

32) "惜乎. 以如此幅員之大, 而皇朝乃有甲申三月之變何也. … 自是以來, 輾轉推遷, 以至於今日, 則虞夏巡狩之國, 孔朱講道之處, 皆非疇昔之舊, 而臭敗腥羶矣. 安得挽天河之水而一洗之也. 惟我東方僻在一隅, 故獨能爲冠帶之國. 可謂周禮在魯矣. 使聖人而復起, 想必乘桴而東來矣.": 『宋子大全』 卷138 「皇輿考實序」(문집총간 a112_551c). 여기서 마지막 문장은 공자가 "구이(九夷)"에 살고 싶다(欲居九夷)"거나 "뗏목을 타고 바다로 떠 가겠다(乘桴浮於海)"고 했다는, 위에서 언급한 『논어』의 구절들을 인용한 것이다.

과거에 오랑캐였다가 지금은 중화가 되는 것은 오직 변화하기에 달려 있을 뿐이다.[33]

천하가 오랑캐가 되고 조선만이 중화의 전통을 유지하고 있다는 이 같은 '조선중화' 의식은 18세기 들어 조선 사인들 사이에 더욱 퍼져 나갔다. 1717년 송시열의 제자 권상하(權尙夏, 1641-1721)는 숙종에게 '춘추(春秋)'와 '존왕(尊王)'의 의리에 대해 이야기하면서 "이 의리가 없으면 사람이 사람이 되지 못하여 짐승의 지경에 들어갈 것입니다. 지금 사해(四海)가 누린내가 나는데 오직 우리 동방만이 예의를 잃지 않고 있는 것은 효종(孝宗)의 공이 아닌 바가 없습니다"라고 말하여 대명의리와 연결지었다.[34] 얼마 후 1725년 조문명(趙文命, 1680-1732)은 영조에게 연행사들의 복식을 제대로 갖추어야 한다고 건의하면서 "이제 천하에 중화의 제도는 우리나라에만 남아 있고, 저들이 우리를 존경하는 것은 우리에게 중화의 제도가 있기 때문"이라고 이야기했다.[35]

이후 이 같은 생각은 더욱 널리 퍼져서 대부분의 조선 사인들이 공유하게 되었다. 예컨대 한원진(1682-1751)은 2장에서 보았듯이 천하가 누린내가 나는 가운데 한 구석의 외딴 나라 조선이 "홀로 문명을 보존하고 있다"거나 "홀로 천하의 다스림을 보존하고 있다"고 하여 같

---

33) "中原人指我東爲東夷, 號名雖不雅, 亦在作興之如何耳. 孟子曰, 舜東夷之人也, 文王西夷之人也. 苟爲聖人賢人, 則我東不患不爲鄒魯矣. 昔七閩實南夷區藪, 而自朱子崛起於此地之後, 中華禮樂文物之地, 或反遜焉. 土地之昔夷而今夏, 惟在變化而已.": 『宋子大全』卷131「雜錄」(문집총간 a112_438c-438d).

34) "聖人之功, 固莫大於春秋. 春秋之義, 又莫大於尊王. 苟無此義, 則人不爲人而入於禽獸之域矣. 當今四海腥膻, 而我東獨不失禮義者, 莫非孝廟之功也.": 『肅宗實錄』43년(1717), 3월 25일.

35) "今天下, 中華制度獨存於我國. 彼人之尊敬我, 以有華制也.": 『英祖實錄』1년(1725) 4월 25일.

은 생각을 표현했는데,[36] 위에서 보았듯이 조선이 왕업, 풍속, 인재, 예악문물, 도학, 유술 등에서 중국과 대등하다고 주장했으며,[37] 이제 중국보다 우월해졌다고 말하기까지 했다

우리 동방은 태사(太師)[기자]가 동래(東來)하여 팔조(八條)의 가르침을 펼친 이후 민속이 크게 변하고 이미 '소중화'의 칭호가 있었는데, 우리 조선에 이르러서는 열성(列聖)이 서로 잇고 어진 재상이 대대로 나와서 수기치인(修己治人)하는 것이 반드시 요, 순, 문왕, 무왕의 도를 본받았다. 따라서 예학, 형정과 의관, 문물이 모두 중국의 제도를 뒤따르고 부녀가 재가(再嫁)하지 않고 상(喪)을 반드시 삼년으로 하는 것은 그 풍속의 아름다움과 예의의 실행에 있어 실로 삼대 이후의 중국이 미칠 수 없는 바가 있다.[38]

신유한(申維翰, 1681-1752)도 연행길의 이주태(李柱泰, 1674-1730)에게 써준 글에서 "우리가 태어난 곳은 중국에서 만여 리 떨어졌으나 … 우리가 반드시 육경과 사서를 취하고 주공이 우리의 스승이며 공자와

---

36) "四海腥膻百年之久, 而一隅偏邦, 獨保文明.": 『南塘先生文集』 卷38 雜識 「外篇 下」 (문집총간 a202_316b); "海內腥膻之時, 乃以一隅偏邦, 獨能保中華之治.": 『南塘先生文集』 拾遺 卷6 「拙修齋說辨」(문집총간 a202_453c). 四海가 누린내가 나는데 조선만이 중화를 유지하고 있다는 표현은 그 후 여러 사인들에 의해 되풀이되었다. 예컨대 尹鳳九(1683-1767)의 "嗚呼, 四海腥膻, 我獨小華. 而又此華陽一洞, 能保崇禎日月."이라는 표현을 볼 것. 『屛溪先生集』 卷43 「華陽尊周錄序」(문집총간 a204_365c)

37) 위 주 20을 볼 것.

38) "惟我東方自太師東來, 八條敷敎, 以後民俗丕變, 已有少中華之稱矣. 至于我朝, 列聖相承, 賢相代出, 其所以修己治人者, 必法堯舜文武之道. 故禮樂刑政, 衣冠文物, 悉襲中國之制. 而婦女不再嫁, 喪必三年者, 其風俗之美, 禮義之行, 實有三代以後中國之所不能及者矣."『南塘先生文集』 拾遺 卷6 「拙修齋說辨」(문집총간 a202_453b~453c).

144

맹자가 우리의 본보기이며 정자와 주자가 우리의 선도(先導)이니 우리 또한 중국인이다"라고 했으며, 조선 사인들이 고대의 의관과 예악의 제도를 유지하고 있어서 중국인일 뿐 아니라 "수사인(洙泗人)"이라고도 할 수 있는 데 반해 청 치하 중국인들은 육경, 사서를 읽지 않고 오랑캐 복장을 하였으니 "저들은 중국인이 아니다"라고 했다.[39] 또한 그는 1737년 동지사행(冬至使行) 부사(副使)로 연행하는 김용경(金龍慶, 1678-1738)에게 준 글에서는 여진이 명을 찬탈한 후 지금까지 94년간 중국에 천자가 없고, 따라서 정삭(正朔)이 없어졌는데 이제 "정삭이 중국에 있지 않고 동방에 있다"고 하면서 "은(殷)나라의 정삭이 기자조선에 있었다"고 이야기하기까지 했다.[40]

이익은 주로 의관(衣冠)에 주목하면서 여러 차례 같은 생각을 표현했다. 그는 『의례(儀禮)』에 관한 글에서 "이제 천하가 어지러워지고 예악의 성명(聲名)을 찾을 수 있는 곳이 없는데, 오직 동쪽 우리나라 한구석이 오히려 관대(冠帶)의 유풍이 쇠퇴하지 않고 있다. 여기에서 행해지지 않는다면 또한 영영 행해지지 않고 말 것이다"라고 했다.[41] 이황(李滉)의 언행을 수집하여 편찬한 『이자수어(李子粹語)』에 부친 서문에서 주나라의 전례(典禮)가 노나라, 주자를 거쳐 이황에 이어진 것

---

39) "吾生也, 去中國萬有餘里, … 我必取六經四書, 周公我師, 孔孟我儀, 洛閩我先導, 是我亦中國人也. 巾吾章甫, 服吾逢掖, 絃用二南, 舞用九韶, 夫子步與步, 顔之趨與趨, 是不唯中國, 而殆洙泗人也. 中國之人以億計, 其不讀六經四書, 纓蔓胡服, 短衣瞋目而事刃, 彼乃非中國人也.": 『靑泉集』 卷4 「送李東望之燕序」(문집총간 a200_297a-297b).

40) "後崇禎甲申而書正朔者, 其不在中國, 而在東方乎. 彼必有服公言而慷慨彷徨者曰, 洪範稱祀不稱年. 殷之正朔在箕子朝鮮矣.": 『靑泉集』 卷4 「奉送冬至副使金參判龍慶 赴燕序」(문집총간 a200_303a).

41) "今天下亂矣, 禮樂聲名無地可覓. 獨東韓一隅, 猶不替冠帶遺風. 於此不行則亦不行而已矣." 『星湖先生全集』 卷54 「跋儀禮」(문집총간 a199_486b-486c).

을 논한 후 "지금 천하가 어두워지고 예악이 자취도 없이 사라졌으나, 오히려 우리나라는 선왕의 옛 의관을 간직하고 있으니, 아마도 하늘의 뜻일 것이다"라고 쓰기도 했다.[42] 『택리지(擇里志)』에 부친 서문에서는 공자가 "구이(九夷)에 살고 싶다"거나 "뗏목을 타고 바다로 떠 가겠다"고 했다는, 위에서 언급한 『논어』 구절들을 언급하면서 "온 천하가 관면(冠冕)을 망쳐 없앴으나 홀로 이 한 조각 땅에서 아직도 선왕의 제도를 지키고 있으니, 아, 다행이다. 만약 공자가 다시 살아난다면 반드시 뗏목을 타겠다는 탄식만 하고 그만두지는 않을 것이다"라고 했다.[43]

홍대용도 중국의 의관이 변했고 사인들이 변발을 하고 있으나 조선은 명의 유제를 유지하고 있음을 자주 지적했다.[44] 한편 홍대용과 김종후(金鍾厚, 1721-1780)의 논쟁을 지켜본 김이안(金履安, 1722-1791)은 「화이변(華夷辨)」이라는 글을 지어 과거에는 조선이 '예의의 나라(禮義之邦)'라고 일컬어지면서도 이적이었지만 지금은 조선이 중화라고 하면서 다음과 같이 설명했다.

---

42) "今天下貿貿, 禮樂掃地, 猶我邦保守先王衣冠之舊. 或者天意歟.": 『星湖先生全集』 卷50 「李子粹語序」(문집총간 a199_413a-413b).

43) "薄海內外, 毁裂冠冕. 獨此一片土, 尙守先王之制. 吁幸矣. 使孔子復生, 必不但有乘桴之歎而已也.": 『星湖先生全集』 卷49 「擇里誌序」(문집총간 a199_407b). 이익은 또한 『擇里誌』 跋文에서 같은 『논어』 구절들을 인용했다. 배우성, 『독서와 지식의 풍경―조선 후기 지식인들의 읽기와 쓰기』(돌베개, 2015), 208-209쪽.

44) "我們衣服皆是明朝遺制.": 『湛軒書』 外集 卷2 「杭傳尺牘 乾淨衕筆談」(문집총간 a248_132a); "吾輩居在海外小邦, 坐井觀天. 其生靡樂, 其事可哀. 惟保存頭髮, 爲大快樂事.": 같은 글(문집총간 a248_132c); "中國衣冠之變, 已百餘年矣. 今天下惟吾東方, 略存舊制.": 같은 글(문집총간 a248_151c-151d).

옛날에는 지역으로 화이를 구분했다. 그 땅의 동쪽은 '동이(東夷)'라고 하고 그 땅의 서쪽은 '서이(西夷)'라고 하고 그 땅의 남북쪽은 '남북이(南北夷)'라고 하고 가운데는 중국이라고 하여 각각 경계가 있고 서로 넘어가지 않았다. 그 때문에 우리가 동이가 되었던 것이다. 지금은 오랑캐가 중국에 들어가 중국의 백성이 그 [오랑캐의] 군주를 군주로 하고 그 습속을 습속으로 하고 그들과 서로 혼인하여 종족이 서로 변화하니 이에 지역으로는 사람들을 구분하여 논할 수 없게 되었다. 그런즉 지금의 세상에서 우리에게 중화를 돌리지 않으면 누가[중화일 것인가]? 이것이 [상황이] 달라졌다고 하는 것이다. 그런데도 우리 쪽에서 굳이 스스로 이적이라고 여기고 그들을 중국이라 이름한다. 오호라 나는 그렇지 않다고 말하리라.[45]

홍양호도 1784년 연행하는 이정운(李鼎運, 1743-1800)에게 써준 글에서 조선이 비록 작은 나라이나 예의를 유지하고 문교(文敎)를 숭상하며 "지금 세상에 관상(冠裳)과 읍양(揖讓)을 하는 것은 오직 우리 동국뿐"이라고 하고 중국에 가면 이를 확인할 수 있을 것이라고 다음과 같이 덧붙였다.

그대의 여행에서 주나라의 예가 오직 동방에만 있음을 볼 수 있을 것이다. 무릇 주나라 사람들의 예에서 미리 [태자를] 세우는 것보다 더 큰 것이 없는데 나라의 근본을 중시하기 때문이다. … 우리는 지금 이를 실행하고

---

45) "古者以地辨華夷. 其某地之東曰東夷, 某地之西曰西夷, 某地之南北曰南北夷, 中曰中國. 各有界限, 無相踰也, 故我得爲夷也. 今也戎狄入中國, 中國之民, 君其君, 俗其俗, 婚嫁相媾, 種類相化, 於是地不足辨之而論其人也. 然則當今之世, 不歸我中華而誰也. 此所謂異者也. 然吾方僕僕然自以爲夷, 而名彼中國. 嗚呼, 吾言非邪.": 『三山齋集』卷10「華夷辨 下」(문집총간 a238_503c-503d).

있지만 저들 중국은 이 예를 행한 적이 없다. … 중국 사람들은 그대가 온 것을 보고 반드시 "훌륭하도다, 동국이 고례(古禮)를 행함이여"라고 말하고 또 "크도다, 동국 사람들의 나라의 근본을 중시함이여"라고 말할 것이다.[46]

5.3 '소중화'와 '조선중화'

앞의 두 절에서 살펴본 '소중화' 및 '조선중화' 의식의 밑바탕에는 중화 문화가 오랑캐를 교화(敎化)시켜 변하게 할 수 있다는 '용하변이(用夏變夷)' 관념을 찾아볼 수 있다.[47] 이적인 조선이 중화 문화를 받아들여 '용하변이'를 통해 중화의 수준이 되었다는 생각인 것이다. 앞 절에서 보았듯이 대표적 조선중화론자인 송시열은 과거 오랑캐의 근거지였다가 주희가 나온 후 중화 예악문물의 땅이 되어 오히려 다른 지역에서 본받게 된 복건 지역을 예로 들면서 조선이 예악, 문물의 변화를 통해 중국이 될 수 있음을 주장했고, 청의 문물을 배워 받아들일 것을 주장한 북학론자 박제가도 『북학의』 서문에서 조선이 중국의 좋은 점을 본받아 우리의 풍속을 변화시켜서 중국이 되려고 노력한 예로 최치원(崔致遠, 857-?)과 조헌(趙憲, 1544-1592)을 들면서 이들

---

46) "東方之於中國, 裔也. 國小而壤褊, 廑比一大郡. 而猶能秉禮義崇文敎. 中國之人以是重之. 今天下冠裳揖讓者, 獨我東耳. … 於子之行, 可見周禮之獨在東矣. 夫周人之禮, 莫大於豫建儲, 所以重國本也. … 我今行之矣, 彼中國未嘗講是禮. … 中國之人, 見子之來, 必曰, 懿哉, 東國之行古禮也. 又曰, 大哉. 東人之重國本也.": 『耳溪集』 卷11 「送李學士鼎運赴燕序」(문집총간 a241_197d-198a).

47) '用夏變夷'라는 표현은 『孟子』에 나온다. "吾聞用夏變夷者, 未聞變於夷者也." 「滕文公章句 上」(3上4).

의 "용하변이의 고심(苦心)"을 칭송했다.[48] 정약용 또한 조선이 "산을 등지고 바다로 둘러싸여 지리에 험하고 굳건함이 있으며 '용하변이'를 통해 문물이 반짝이는 아름다움에 이르렀으니 '소화(小華)'라는 이름이 진실로 마땅하다"고 말했다.[49]

'조선중화'와 '소중화' 관념은 서로 엄격히 구분되는 것은 아니다. 이 두 가지 관념들이 서로 상반되거나 둘 중 한 가지 관념이 다른 관념을 완전히 배제하는 것은 아니어서 같은 사람들에게 두 가지가 함께 나타나는 경우가 많았다. 그리고 대체로 '소중화' 관념으로부터 '조선중화' 관념이 발전되어 나온 것으로 볼 수가 있으며, 따라서 '조선중화' 관념을 지닌 사람이 '소중화' 관념을 그대로 지닌 경우가 많았다. 이종휘(李種徽, 1731-1797)가 '소중화' 의식과 '조선중화' 의식이 한 개인에게 혼재되어 있으면서 전자로부터 후자가 생겨나는 모습을 잘 보여준다.

이종휘는 「혁구속(革舊俗)」이라는 글에서 조선이 비록 작지만 기자 이래 "예의지방(禮義之邦)", "인현지국(仁賢之國)"이라는 칭호가 있었고 청이 중국을 지배하게 되면서는 해동(海東) 한 구석에서 중화의 예와 의관을 유지해서 "동주", "선국(善國)"이라고 불리었으며 "천하와 후세로 하여금 '소중화'가 있음을 참으로 알게 했다"고 썼고,[50] 연행을 떠

---

48) "孤雲爲唐進士, 東還本國, 思有以革新羅之俗而進乎中國, 遭時不競, 隱居伽倻山, 不知所終. 重峯以質正官入燕, 其東還封事, 勤勤懇懇, 因彼而悟己, 見善而思齊, 無非用夏變夷之苦心. 鴨水以東千有餘年之間, 有以區區一隅, 欲一變而至中國者, 惟此兩人而已.": 『貞蕤閣文集』 卷1 「北學議自序」(문집총간 a261_602d).

49) "我東方負山環海, 地利有險阻之固. 用夏變夷, 文物致煥爛之美. 小華之號, 洵其宜矣.": 『與猶堂全書』 第1集 詩文集 卷8 「地理策」(문집총간 a281_162b).

50) "我東雖小, 亦秉禮之魯也. 自箕氏以來, 天下號爲禮義之邦, 仁賢之國. … 及夫滿人帝中國, 而海東一隅, 冠裳揖讓於天下薙髮之世, 亦可謂盛矣. … 盖所謂爲東周爲善國. … 而至於制度文爲之間, 一新其面目, 震耀於天下, 使天下後世, 眞知有小

나는 한 사람에게 준 글에서는 조선을 오랑캐로 생각하는 중국인들에게 조선의 높은 문화에 대해 이야기해서 바다 건너에 "추로의 고장(鄒魯地響)"이 존재함을 알려야 한다고 이야기하기도 했다.[51] 「제동국여지승람후(題東國輿地勝覽後)」에서 이종휘는 청이 중원을 차지한 후중국이 오랑캐 풍속에 빠진 상황에서 조선이 바로 중국이라고 주장했는데 이제 조선이, 그리고 당연히 조선만이, 중화라는 생각을 읽을 수있다.

지금 온 천하가 오랑캐에 빠지고 의관, 조두(俎豆)와 문물, 예악이 맨머리에 좌임(左袵)으로 가득찼는데, 이 나라는 기자가 봉함을 받은 곳이고, 그 인민은 반만년 은나라 사람들의 후예이고, 천하에서 불리는 바가 옛 군자의 나라이다. 지금 세상에 있는 것은 추로(鄒魯)의 의관과 이락(伊洛)의 예의이며 그 땅의 형세가 또한 [중국의] 오악(五嶽)과 사독에 비해 손색이 없다. 그런즉, 지금 중국을 구한다면 마땅히 이곳[조선]에 있지 저곳[중국]에 있지 않을 것이다.[52]

中華.": 『修山集』 卷6 「革舊俗」(문집총간 a247_404c~404d).

51) "中國之人, 常卑而夷之. 自魏晉以來, 至于皇明諸史及輿地之誌, 其言東國風俗, 皆失其眞. … 嗟夫, 我殷人也. 自箕聖東來, 爲禮樂之治, 而尙素之風, 猶至於今. … 今某令膺, 上簡攝价, 而赴之燕. 君以宏詞登上第, 敦詩說禮, 有古君子之風, 其摩通薊而西也. 觀於人士, 有漢唐之遺焉, 揖讓而與之言, 使天下知復有鄒魯於海岱之外, 非君而誰.": 『修山集』 卷1 「送某令之燕序」(문집총간 a247_300b~300d).

52) "今有擧天下甌脫, 而衣冠俎豆, 文物禮樂於髡首左袵之間. 而其國箕子所封也, 其人民半萬殷人之裔也. 其號於天下者, 古君子國也. 其在今世, 鄒魯而衣冠也, 伊洛而禮義也. 彼窿如窪如者, 又不讓於五岳而四瀆也. 則今之求中國者, 宜在此而不在彼.": 『修山集』 卷10 「題東國輿地勝覽後」(문집총간 a247_499d).

150

그는 "내가 그 나라를 동주로 만들겠다"라는 『논어』 구절("吾其爲東
周乎.": 「陽貨」편, 17.5)을 언급하면서 『동국여지승람(東國輿地勝覽)』을
"동주직방지(東周職方志)"라고 부르는 것도 가하고 "소중화광여기(小中
華廣輿記)"라고 부르는 것이 좋겠다는 말로 이 글을 끝맺고 "동국여지
승람"이란 명나라가 아직 있을 때 황조(皇朝)의 배신(陪臣)들이나 부를
수 있는 이름이라는 설명을 덧붙였다.[53]

　이종휘는 이제 유일한 중화가 된 조선이 '소중화'에 머물지 않고
'중화'가 될 수 있다는 설명도 제시했다.[54] 「혁구속」에서 그는 우선 조
선의 크기에 대해서 이야기하면서 조선의 주위의 총거리가 1만 리이
므로 중국의 주위 3만 리의 3분의 1에 해당되고 중국 13성(省)의 몇
개 성에 해당됨을 지적했다.[55] 그는 이어서 조선이 인구도 백여만 호
로 중국의 10분의 1에 지나지 않지만 그 안에서 생산되는 곡식과 옷
감 등 물자로 수요를 충족함을 지적한 후,[56] 조선은 천문상으로도 기

---

53) "論語曰. 吾其爲東周乎. 然則是書也, 謂之東周職方志, 可也. 謂之小中華廣輿
記, 亦可也. 其云東國輿地勝覽者, 當皇朝世陪臣等之言也." 같은 글(문집총간
a247_500a).

54) 배우성, 『조선과 중화』, 174-175쪽.

55) "我東幅員, 西起楊下至于石門, 石門至于長白鴨江之源, 以至于土門, 土門至于赤
島, 爲三千餘里. 自慶興至于莧山, 爲三千里. 莧山至于珍島, 爲千里. 珍島至于楊
下, 又數千里. 此所謂幅員爲萬里也. 中國幅員三萬里, 我有其一矣. … 中國十三
省, 我又可當其數省矣.": 『修山集』卷6 「革舊俗」(문집총간 a247_404d~405a). 안정
복은 조선의 함경, 평안, 강원도가 중국 순천부와 동일한 위도이고 제주도는 복
건성에 해당한다는 식으로 조선팔도의 위도를 중국 각 성과 대비시키면서 "조선
의 위도를 중원 대륙 대부분의 위도와 맞먹는" 것으로 과장하기도 했다. 배우성,
『조선과 중화』, 374쪽.

56) "又民戶百餘萬, … 大率我東地方民戶當中國十分之一. 而所處山海之間, 上有北土
之産, 下有南州之毛, 雖無珍奇寶怪之利, 偉麗非常之物, 而粟米布帛生養死葬之
需, 取諸區內而無不足矣.": 『修山集』卷6 「革舊俗」(문집총간 a247_405a~405b).

(箕), 두(斗)의 분(分)에 해당하고, 지리적으로도 중국과 비슷한 모양임을 지적했으며, 비록 한 구석에 위치하지만 예악문물을 갖춘 데다가 음양과 풍기까지 중정(中正)하다고 설명했다.

> 남북이 고르고 음양이 서로 짝하며 풍기가 쌓인 곳이며 사람과 사물이 모두 갖추었다. 비록 한 구석에 있지만 사방의 중정(中正)한 기운을 받은 것은 천하의 외국 중에서 하나일 뿐이다. … 선비가 지금 세상에 나서 '동주'가 되고 '선국(善國)'이 되고자 하면 조선이 아니고서는 가능하지 않다. 하물며 예악문물을 원래부터 갖추고 있음에서랴.[57]

조선은 지리적으로도 규모가 상당히 크고 자연적 조건과 문화적 측면 양쪽 모두를 겸비하여 소중화에 머물지 않고 중화가 되었을 뿐 아니라 이제 유일한 중화라고 생각하게 된 것이다.

한편 이익의 문인 윤기(尹愭, 1741-1826)는 단지 조선만이 "숭정후일월(崇禎後日月)"을 보존하고 있고 산천이 수려하고 풍속이 아름다워 전혀 흠결이 없어서 "대명천지의 기상"을 지니고 있으므로 "오늘날의 천하에서 오직 동방의 강역이 가장 넓다"는 주장까지 내어놓았으며,[58] 이어서 과거에는 '대중화(大中華)'가 있어 조선을 '소중화'라 했지만 이제

---

57) "其在天文, 爲箕斗之分, 朝鮮則箕也, 三韓則斗也. 其在地利也. … 南北適均, 陰陽相配, 風氣所蓄, 人物全備. 雖居一隅, 而得四方中正之候者, 天下外國一而已矣. … 士生今世, 欲爲東周爲善國, 則非朝鮮不可也. 況其禮樂文物之素具者乎.": 『修山集』 卷6「革舊俗」(문집총간 a247_405b-405c).

58) "東方之人, 常恨東方疆域之小. 愚則以爲今天下, 惟東方疆域最大. 何則, … 惟此環東土數千里疆域, 獨保崇禎後日月, 則其山川之秀麗, 風俗之美好, 殆同金甌之無一次缺, 宛然有大明天地之氣象矣. 此豈非宇宙間好箇大疆域耶.": 『無名子集』 文稿 冊8「東方疆域」(문집총간 a256_334b).

는 '대중화'가 없어졌으니 조선이 더 이상 '소중화'가 아니라고 하면서 다음과 같이 주장했다.

> 과거 우리 동방을 '소중화'라고 부른 것은 '대중화'가 있었기 때문이다. 그러나 지금은 '대[중화]'라는 것이 과거의 강역을 되찾은 것이 아니다. 땅은 쇠하여 무너지고 산천은 바뀌어 『춘추』를 읽는 땅이 한 조각도 없다. 그런데 우리 동방 360주(州)의 강역은 중화의 의관과 풍속이 아님이 없는 즉, 아 크도다. 어찌 '소[중화]'라고 일컬을 수 있겠는가.[59]

물론 윤기가 '조선중화'라는 표현은 사용하지는 않았지만, 그의 이 말이 '소중화'와 '조선중화' 두 관념의 관계에 대한 당시 사인들의 생각한 갈래를 보여준다고 할 수 있다. 한편 오희상(吳熙常, 1763-1833)은 기자의 동래 이후 동방에 대해 '소중화'라는 칭호가 전해왔고 조선에 이르러 이 칭호에 손색이 없게 되었는데, 이제 중국이 오랑캐에 점거당해서 선왕의 유풍이 사라지고 오랑캐 풍속에 빠져버렸음에도 조선은 중화를 보존하고 있는 상황에서 조선에 대해 '소중화'라는 칭호는 아주 큰 의미를 지닌다고 주장했다.[60]

---

59) "昔日東方之稱以小中華者, 以其有大中華也. 而今其大者, 非復舊時疆域矣. 地維淪陷, 山川變易, 曾無一片讀春秋之地. 而吾東方三百六十州之疆域, 盖無非中華之衣冠謠俗, 則優優乎大哉. 奚可以小云乎哉.": 『無名子集』 文稿 冊8 「東方疆域」 (문집총간 a256_334c).

60) "吾東方小中華之稱, 非東人自好之言, 亦多出於傳記. … 本朝嗣興, 服事皇明, 無異內服, 典章, 冠裳, 盡述中國, 一洗前代之陋, 又丕闡儒化, 彬彬有鄒魯之風, 於是始可無愧於小中華之稱, 而顧今神州陸沉, 先王遺黎, 盡淪爲左袵, 則是稱也, 亦可爲上九之碩果矣.": 『老洲集』 卷23 「雜識 一」(문집총간 a280_500a).

5.4 명과 중화의 계승

시간이 흐름에 따라, 명이 망하고 없는 상황에서 이제 조선만이 중화라는 '조선중화' 관념은 차츰 명이 망하면서 중국에서 사라진 중화 문명을 조선이 계승했다는 생각으로 이어졌다. 허태용은 이 같은 상황이 북벌론과 대명의리에서 볼 수 있었던 '중화회복' 의식으로부터 명나라의 회복을 포기하고 조선만이 중화의 유일한 계승자로 자부하는 '중화계승'의식으로의 변화를 보여주는 것이라는 해석을 제시한 바 있다.[61]

조선이 명을 계승했다는 생각은 조선의 국왕들에게서 두드러지게 나타났다. 이는 우선 2장에서 본 바와 같이 멸망한 명 황실의 제사를 조선이 지내주겠다는 생각으로 1704년 대보단을 건립한 숙종에게서 드러났는데, 대보단 설치를 논의하면서 맞게 된 숭정제의 60주 기일에 지낸 친제(親祭)의 제문(祭文)에서 숙종은 "생각건대 황제께서 척강(陟降)하시어 하토(下土)에 임하여 바라보신들 고국(故國)이 오랑캐가 되었으니, 누가 제사를 받들겠습니까? 우리나라가 비록 누추하지만 우리의 정성은 지극하오니, 오히려 감격(監格)을 바라면서 이 제물을 바칩니다"라고 고했다.[62] 사실 조선 국왕의 대보단 제례에서 천자가 하늘에 제사할 때의 제의(祭儀)인 설단(設壇) 제례를 택한 것은 조선이 명을 계승해 중화가 되었다는 생각을 드러내준다고 할 수 있다.[63]

---

61) 허태용, 『조선후기 중화론과 역사인식』, 113-134쪽.

62) "想帝陟降, 臨眂下土, 故國爲戎, 誰奉籩豆. 我邦雖陋, 我誠則至, 尙冀監格, 右此大糦.": 『肅宗實錄』 30년(1704) 3월 19일. 이 제문은 藝文提學 金鎭圭(1658-1716)의 글이다.

63) 정옥자, 『조선후기 조선중화사상연구』, 18-19쪽.

영조도 조선이 명을 계승했음을 자주 강조했다. 그는 예컨대 1730년 『동국통감』을 강(講)하는 자리에서 "한 모퉁이 청구(靑丘)가 홀로 대명 (大明)의 일월(日月)을 보존하고 있음은 진실로 [효종, 숙종] 두 선조 (先朝)의 덕이다"라고 했고,[64] 매년 3월 19일 숭정제 기일에 황단(皇壇) 에서 망배례(望拜禮)를 행했는데 1751년 기일에는 "해동의 한 모퉁이 에 명나라가 아직 존재하고 있다"고 했으며[65] 1764년에는 "황조의 일 월, 우리 동국이 대명이다(皇朝日月, 我東大明)"라고 써서 내린 후 인쇄 하여 신하들에게 나누어주라고 하기도 했다.[66] 사실 1749년 홍무제의 대보단 합향(合享) 논의 과정에서 영조가 제후인 조선 국왕으로서 황 제에게 제사 지내는 것을 정당화하면서 명나라 황제를 위한 향화(香火) 가 끊겨졌기 때문이라는 논리를 내세운 데서 영조 자신이 명 황제들 을 계승했다는 생각을 읽을 수 있다.[67]

정조도 세손 시절인 1773년 서명응에게 명하여 편찬한 『자치통감 강목신편』서문에서 "황조(皇朝)에 대한 우리 동국의 관계는 주(周)나 라에 대한 노(魯)나라의 관계와 같다"고 해서[68] 조선이 명 문화를 계 승했음을 주장했고, 즉위한 직후에는 만동묘에서 만력제에게 제사 지낸 송시열을 두둔하면서 재조지은으로 조선 전토의 "미미한 풀 한

---

64) "惟我孝廟曁聖考尊周之義, 昭揭日星. 一隅靑丘獨保大明日月, 實兩廟之德也.": 『英祖實錄』6년(1730) 1월 12일.

65) "嗚呼, 一隅海東, 大明猶在.": 『英祖實錄』27년(1751) 3월 19일.

66) "書下皇朝日月我東大明八字, 印頒陪祭諸臣.": 『英祖實錄』40년(1764) 3월 19일.

67) "皇朝香火已絶, 故壇祀三皇. 如或中興, 則我國豈可復祀乎. 香火不絶而祀三皇, 則果是瀆也.": 『英祖實錄』25년(1749) 3월 23일. 洪武帝 合享 논의 과정에 대해 서는 계승범, 『정지된 시간—조선의 대보단과 근대의 문턱』(서강대학교출판부, 2011), 111-121쪽을 볼 것.

68) "我東之於皇朝, 若魯之於周.": 『弘齋全書』卷4「題資治通鑑綱目新編二十卷之首」 (문집총간 a262_065b).

포기 나무 한 그루라도 황제의 은덕을 입지 않은 것이 없으니, 비록 집집마다 제사하더라도 불가할 바가 없다. … 하물며 오늘날 중국은 누린내가 나는 [땅이] 되어버렸고 한 모퉁이 청구(靑丘)가 홀로 깨끗함을 보존하고 있으니, 화양동에서 황제에게 제사를 지낸 이 일은 예(禮)에 없으면서도 예에 맞는 것이다"라고 말하기도 했다.[69]

사인들 사이에도 조선이 명을 계승했다는 생각은 널리 퍼져 있었다. 8장에서 볼 것처럼 청의 문물을 중화의 유제(遺制)라고 하여 배우고 받아들일 것을 주장한 이른바 '북학파' 사인들까지 이 같은 생각을 공유했다. 성대중(成大中, 1732-1809)은 「명은기(明隱記)」에서 "우리에 대한 명의 관계는 노나라에 대한 주나라의 관계와 같다"고 하고 조선이 명에 대한 의리를 지켜 오랑캐의 의관을 따르지 않았음을 지적하면서 "명이 비록 망했지만 우리에 힘입어 오히려 망하지 않은 것이다"라고 이야기했으며,[70] 1776년 서호수의 연행 때 준 글에서는 "지금 천하의 문물이 홀로 우리에게 있다. … 하늘이 화하(華夏) 문명의 단서를 우리 동국에 돌려서 … 우리 왕의 다스림이 [명에] 대신해서 중화의 정통을 지닌다"고 이야기했다.[71] 박지원은 『열하일기』의 첫머리 「도강록(渡江錄)」의 서(序)에서 "숭정" 연호를 계속 사용하는 것을 설명하면

---

69) "自壬辰再造之後, 環東土數千里, 雖一草一木之微, 莫非皇恩所被, 則雖家祭而戶祀之, 無所不可矣. … 況今日之中州, 化爲腥羶, 一隅青丘, 獨保乾淨, 則華陽之祀皇帝, 此是無於禮而合於禮者也.":『正祖實錄』즉위년(1776), 4월 18일.

70) "明之於我, 卽周之於魯也. … 我之恩明, 卽我義也. 不然, 何其感人心而立人紀, 若是之久耶. 故上焉而皇壇崇其報, 下焉而華陽闡其義, 使我東免爲夷貊之歸而煥乎其冠冕. 如日月之輝, 黃河再清, 必來取法. 禮所謂廣魯於天下者, 不其在斯耶. 明雖亡, 賴我而猶不亡也.":『青城集』卷7「明隱記」(문집총간 a248_477c-477d).

71) "今則天下之文物, 獨在我矣. … 盖天以華夏文明之瑞, 歸之於吾東. 聖賢積累之運, 畀之於吾君. 俾盡一王之治, 代有中華之統也.":『青城集』卷5「送徐侍郎以副价之燕序」(문집총간 a248_429d-430a).

서 청의 입관 후 중국은 선왕의 제도를 변화시켜 오랑캐가 되었으나 조선만이 "홀로 선왕의 제도를 지키니, 이는 명실(明室)이 아직 압록 강 동쪽에 남아 있음을 나타내준다"고 말했다.[72] 정약용도 정조가 대 보단에서 제사 지내는 것을 찬양하는 시에서 "[우리] 아래 나라에 홀 로 은나라의 일월이 떠 있는데, 중원에서는 누가 한나라의 옷과 망건 을 보존했는가"라거나 "[우리] 동국 사람들은 아직도 존왕(尊王)의 필 법을 보존하고 있는데, 중국에는 지금 머리를 싸맬 망건이 없다"라고 읊었고,[73] 1799년 한치응(韓致應, 1760-1824)의 연행길에 준 글에서는 성인의 정치와 학문은 이미 조선이 옮겨 가지고 있으므로 중국을 다 른 곳에서 찾을 것이 없다고 하여 조선이 이미 중국이 되었음을 이야 기했다.[74]

이 같은 생각은 19세기 이후로도 이어졌다. 1847년 "기봉강역, 홍 무의관(箕封疆域, 洪武衣冠)"(기자가 봉한 강역에 [명] 홍무제의 의관이 [남아] 있다)이라는 여덟 글자를 써서 집에 소장하고 있었다는 이항로(李恒 老, 1792-1868)가 이를 대표적으로 보여준다.[75] 조선이 명을 계승했다 는 인식은 일본과 서구의 침략에 대항하여 중화 문화의 가치를 주장

---

72) "淸人入主中國, 而先王之制度變而爲胡, 環東土數千里, 畫江而爲國, 獨守先王之 制度, 是明明室猶存於鴨水以東也. 雖力不足以攘除戎狄肅淸中原, 以光復先王 之舊, 然皆能尊崇禎, 以存中國也.":『燕巖集』卷11 別集『熱河日記』「渡江錄」(문집 총간 a252_146a-146b).

73) "下國獨懸殷日月 中原誰保漢衣巾. … 東人尙有尊王筆, 中國今無斂髮巾.":『與猶 堂全書』第1集 詩文集 卷2「奉和聖製親享大報壇韻」(문집총간 a281_044a).

74) "卽所謂中國者, 何以稱焉. 有堯舜禹湯之治之謂中國, 有孔顔思孟之學之謂中國. 今所謂中國者, 何存焉. 若聖人之治, 聖人之學, 東國旣得而移之矣. 復何必求諸遠 哉.":『與猶堂全書』第1集 詩文集 卷13「送韓校理使燕序」(문집총간 a281_280b).

75) "先生嘗手書, 箕封疆域洪武衣冠八大字, 藏于家.":『華西先生文集』附錄 卷9「年譜」 (문집총간 a305_523c).

한 19세기 후반 이후의 존화론(尊華論)으로 이어지기도 했다.[76] 이항로의 제자인 최익현(崔益鉉, 1833-1906), 유인석(柳麟錫, 1842-1915) 등이 스승의 뜻을 받들어 50년의 작업 끝에 1906년 『송원화동사합편강목(宋元華東史合編綱目)』을 완성, 편찬했는데, 최익현은 발문에서 "본조에 이르러 소중화를 다시 회복할 수 있었고, 숭정 이후에는 천하에서 중국 문물을 찾고자 하는 자는 우리 동국을 제외하고는 갈 곳이 없으니, 참으로 주례가 노나라에 있다고 말하는 바이다"라고 썼다.[77] 송시열의 10대손인 송병직(宋秉稷, 1836-1905)이 1900년 편찬한 『존화록(尊華錄)』도 명 멸망 후 조선이 보존해온 중화 문화를 선양시켜야 할 필요성을 역설했다.[78]

조선이 명을 계승한 중화라는 생각은 조선 사인들 사이에 명과 중화 문화를 계승하려는 여러 형태의 구체적 움직임들을 빚어냈다. 그 중 대표적인 예로, 2장에서 보았듯이, 오랑캐 청이 편찬한 『명사』에서 문제점을 인식하고 이를 조선에서 다시 편찬하려는 노력들을 들수 있다. 조선 사인들은 특히 『명사』가 숭정제에서 끝나고 남명의 황제들을 제외시킨 데 대해 불만을 표현하면서 이를 다시 쓰려는 노력을 기울였는데,[79] 『명사』의 결함을 지적하고 이를 바로잡겠다는 조선

---

76) 정옥자, 『조선후기 조선중화사상연구』, 184-233쪽.
77) "至於本朝, 則得復小中華, 而崇禎以後, 則天下之欲尋中國文物者, 捨吾東無可往. 實所謂周禮在魯也.":『勉菴先生文集』卷24「華東史合編跋」(문집총간 a325_566b). 최익현은 흑산도에 유배 중이던 1878년 스승 이항로를 본받아 "箕封江山, 洪武日月" 여덟자를 석벽에 깊이 새겨놓은 바 있다. "… 述先師平日遺意, 以箕封江山洪武日月八字, 弁于其上. 並大書而深刻焉.":『勉菴先生文集』卷20「指掌嵒記」(문집총간 a325_479c).
78) 정옥자, 『조선후기 조선중화사상연구』, 184-208쪽.
79) 허태용, 『조선후기 중화론과 역사인식』, 194-202쪽; 우경섭, 『조선중화주의의 성립과 동아시아』(유니스토리, 2013), 140-146쪽.

사인들의 시도는 그 후 더욱 활발히 지속되었다. 예컨대 황윤석(黃胤錫, 1729-1791)은 『명사』「천문지(天文志)」가 편찬자 장정옥(張廷玉, 1672-1755)이 "사학(史學)의 실력이 모자랐고(短於史學)" 자료가 유실되어 잘못이 많으므로 이를 자신이 『칠정산내외편(七政算內外篇)』을 취해서 바로잡고 싶었다고 술회하고 이것이 바로 "예가 사라지면 이적에게서 구한다(禮失而求諸野)"는 공자의 말이 뜻하는 바라고 덧붙였다.[80] 정조 또한 『명사』의 전기(傳記)가 번잡하고 진위(眞僞)가 혼재함이 심하여 신하들로 하여금 새로 편찬하게 하면서 자신이 강목체로 『자치통감강목신편』을, 그리고 편년사로 『명기제설(明紀提挈)』을 편찬했다고 했다.[81] 이런 가운데 명을 계승한 조선만이 명의 역사를 제대로 쓸 수 있다는 생각도 생겨나서, 예컨대 정조의 명을 받아 『자치통감강목신편』을 편찬한 서명응은 명 멸망 후 조선만이 황명(皇明)의 의관과 문물을 보존하고 있는 상황에서, "황명의 『강목』을 편찬하지 않는다고 한다면 그만이지만 편찬한다고 한다면 반드시 [우리] 동토(東土)이어야 한다"고 하여 명나라의 『강목』을 반드시 조선에서 편찬해야 한다는 인식을 보였다.[82]

---

80) "大統回回, 今雖并列明史, 而淸人張廷玉短於史學, 闕訛甚多. 亦緣明季大亂之後, 載籍散佚故耳. 以視我朝鄭麟趾所編高麗史曆志, 可謂同病也. 余嘗欲取七政內外篇, 以正明史誤處. 庶幾禮失求野之意耳.": 『頤齋遺藁』 卷12 「書觀象監月食單子後」(문집총간 a246_263c). "禮失而求諸野"라는 공자의 말은 『漢書』 卷30 藝文志 (北京: 中華書局 交點本), 1746쪽에 나온다.

81) "傳記之繁亂, 莫如明史. 眞僞之錯互, 亦莫如明史. 始予之撰次明紀也, 每一編成, 輒令賓僚輪校, 則所据各異, 有見無隱, 格頭之籤, 不勝其紛. 如予旣爲之親加折衷, 編成綱目新編. 復采其書法之可備一義者, 事實之別有依據者, 另作一部編年之史, 此提挈之所由作也.": 『弘齋全書』 卷179 「羣書標記 明紀提挈二十卷」(문집총간 a267_489b).

82) "嗟夫, 神州陸沉, 今已百餘年矣. … 而惟我東土尙保皇明之衣冠文物. 說者以爲皇明綱目不作則已, 作之則其必在於東土.": 『保晩齋集』 卷7 「綱目新編序」(문집총간 a233_200c).

마찬가지로 오랑캐 왕조인 원이 펴낸 『송사(宋史)』를 바로잡으려는 움직임도 자라났다.[83] 특히 정조가 세손 시절부터 주도하여 시작한 후 1791년 완성을 본 『송사전(宋史筌)』 편찬 작업에는 서명응을 비롯한 많은 학자들이 참여했는데, 주자, 정이(程頤) 등 송대 오유(五儒)들과 원 치하에서 절의를 지킨 인물들의 행적을 다룬 「오현세가(五賢世家)」, 「유민전(遺民傳)」 등을 두었으며, 남송 말의 두 황제를 본기(本紀)로 추가하고 요, 금, 원을 "외국열전(外國列傳)"에 포함시킴으로써 송이 정통임을 분명히 했다.[84] 1784년부터 원고 수정 작업에 참여했던 이덕무는 이 같은 『송사전』 편찬이 송의 역사뿐 아니라 중국의 역사를 바로잡는 것임을 밝혔다.

몽고는 단지 송을 멸망시키고 중국을 멸망시킨 것뿐 아니라 송의 역사와 중국의 역사를 망쳐놓았다. 『송사전』을 지은 것은 두 황제를 기(紀)에 넣고, 세 오랑캐의 전(傳)을 두고 간신(姦臣)[傳]을 더하고 유민(遺民)[의 행적]을 모은 것, 이것이 그 대강이다. [장차] 왕자(王者)가 나오면 반드시 본받을 것이 있을 것이다. 이것이 어찌 단지 송의 역사만을 보존하는 것이겠는가. 또한 중국의 역사를 보존하는 것이기도 하다.[85]

---

83) 허태용, 『조선후기 중화론과 역사인식』, 202-206쪽.

84) 李成珪, "『宋史筌』의 編纂背景과 그 特色―朝鮮學人의 中國史編纂에 關한 一研究", 『震檀學報』 49호(1980), 85-114쪽.

85) "蒙古匪惟亡宋亡中國而已. 宗亡宋史與中國之史也. 史筌之作, 紀二帝, 傳三虜, 添姦臣, 蒐遺民, 此其大綱. 王者之起, 必有取法者矣. 是奚但存宋史, 抑亦存中國之史也.": 『靑莊館全書』 卷21 「編書雜稿一 宋史筌編撰議」(문집총간 a257_297d-298a).

이는 나아가 송과 명을 거쳐 조선으로 이어지는 중화 역사의 정통을 바로잡는다는 자신감으로 이어졌다.[86] 4장에서 본 것처럼 주자학 계열의 송대 학자 위주로 문묘 개혁 작업이 추진된 것도 그 같은 자신감의 표현이었다고 할 수 있다.

---

86) 김문식, "『송사전』에 나타난 이덕무의 역사인식", 『한국학논집』 33집(1999), 29-51 중 48-49쪽.

6장
기자, 단군과 고구려, 발해:
고대사의 재인식

앞 장에서 조선 후기 사인들 사이에 퍼져 있던 '소중화'와 '조선중화' 의식에 대해 살펴보면서 그 밑바탕에 '용하변이(用夏變夷)' 관념이 있었음을 지적했는데, 이적인 조선이 중화 문화를 받아들여 '용하변이'를 통해 중화가 되었다는 인식의 근거 한 가지는 중국 은(殷)나라의 기자(箕子)가 동쪽으로 와서 중화 문화를 전해주었다는 생각이었다. 실제로 '소중화'나 '조선중화'를 주장한 많은 사인들이 이 같은 '기자동래(箕子東來)'설을 이야기했으며 기자에서 조선중화 문화의 기원을 찾았음을 앞 장에서 본 바 있다. 그런데 이처럼 고대 조선중화 문화의 시조를 찾는 일은 중국으로부터 건너온 기자에서 그치지 않고 그 이전의 단군으로까지 거슬러 올라가서, 많은 사인들이 기자보다 앞선 단군의 시기에서 조선 문화의 기원을 찾기도 했다. 이는 조선의 고대 역사에 대한 조선 사인들의 재인식으로 이어졌는데, 더 나아가 고구려 및 발해와 그들이 웅거했던 북방영토에 대한 관심으로 나타나기도 했다. 이 장에서는 조선 후기 사인들이 조선 문화의 시조로서 기자와 단군에 대해, 그리고 고구려, 발해에 대해 지녔던 인식과 태도를 살펴볼 것이다.

6.1 기자

많은 조선 사인들이 기자가 동쪽으로 와서 중화 문화를 전래해주었다는 '기자동래'설에 바탕해서 조선이 고대부터 이미 중화적 정체성을 지니고 그것을 지속해왔다고 믿었다.[1] 사실 주나라의 무왕(武王)이 기자를 조선에 봉했다는 내용은 『사기(史記)』에 처음 나온 후 『한서(漢書)』, 『후한서(後漢書)』 등에도 실렸는데,[2] 우리나라에서도 이미 고려 시대부터 언급되고 있었다. 예컨대 김부식(金富軾, 1075-1151)이 『삼국사기(三國史記)』에서 기자가 주무왕에 의해 봉함을 받은 후 백성을 교화하여 높은 예와 문화의 수준을 유지했기에 공자가 뗏목을 타고 가서 살기를 원했던 곳이 우리나라였다고 했으며,[3] 이규보(李奎報, 1168-1241)는 「백운소설(白雲小說)」을 "우리 동방은 은(殷)의 태사(太師) [기자]가 동쪽에 봉해졌을 때부터 문헌이 생기기 시작했다"는 말로 시작했다.[4]

---

1) 박광용, "箕子朝鮮에 대한 認識의 변천", 『韓國史論』 6(1980), 251-296쪽; 허태용, 『조선후기 중화론과 역사인식』, 145쪽.
2) "武王乃封箕子於朝鮮而不臣也. 其後箕子朝周. 過故殷虛, 感宮室毁壞, 生禾黍, 箕子傷之." 『史記』 卷 38 「宋微子世家第八」(北京 中華書局 交點本), 1620쪽; 최소자, 『淸과 朝鮮―근세 동아시아의 상호인식』(혜안, 2005), 178쪽.
3) "論日. 玄菟樂浪本朝鮮之地, 箕子所封. 箕子教其民, 以禮義田蠶織作, 設禁八條. 是以其民不相盜, 無門戸之閉, 婦人貞信不淫, 飮食以籩豆, 此仁賢之化也. 而又天性柔順, 異於三方. 故孔子悼道不行, 欲浮桴於海以居之, 有以也夫.": 『三國史記』 卷22 高句麗本紀 10 寶臧王 27년.

조선 건국 후에는 조선의 문화가 중화라고 부를 수 있는 수준이라는 것을 주장하면서 기자가 언급되었다.[5] 정도전(鄭道傳, 1342-1398)은 태조에게 올린 글에서 단군조선, 위만(衛滿)조선, 신라, 백제, 후백제, 고구려, 후고구려, 고려가 모두 천자의 명이 없이 나라를 세웠지만 기자만이 주무왕의 명을 받아 "조선후(朝鮮侯)"에 봉해진 것을 지적하면서 홍무제로부터 "조선"이라는 국호를 받은 일을 그에 비교해서 이야기했다.

지금 천자가 명하여 "생각건대 조선이란 칭호가 아름답고 또한 그 유래가 오래되었다. 이 이름을 본으로 하여 본받고 하늘을 기반하여 백성을 보살피면, 후손이 길이 번창할 것이다"라고 말했는데, 이는 주무왕이 기자에게 명한 바로써 [천자가] 전하(殿下)께 명하신 것이니, 이름이 이미 바르고 말이 이미 순조롭습니다. … 이제 "조선"이라는 아름다운 국호를 받았으니, 기자의 선정(善政) 또한 당연히 꾀해야 할 것입니다. 아! 천자의 덕은 주무왕에게 부끄러울 것이 없으니, 전하의 덕 또한 어찌 기자에게 부끄러울 것이 있겠습니까. 홍범(洪範)의 학문과 팔조(八條)의 가르침이 오늘에 다시 시행되는 것을 보게 될 것입니다.[6]

---

4) "我東方, 自殷太師東封, 文獻所起.": 『東國李相國集後集』 卷終 附錄「白雲小說」.
5) 배우성, 『조선과 중화—조선이 꿈꾸고 상상한 세계와 문명』(돌베개, 2014), 102-109쪽. 사실 주무왕이 기자를 조선에 봉함으로써 중국의 선진 문화가 조선에 전해졌다는 이 같은 인식은 조선이 중국의 문화적 후예임을 보이고자 하는 明 朝廷의 의도와도 부합되었기에 조선 건국 초 명과의 관계를 중요시하던 조선에서 더 널리 퍼졌다. 최소자, 『淸과 朝鮮』, 179쪽.
6) "… 惟箕子受周武之命, 封朝鮮侯. 今天子命曰, 惟朝鮮之稱美, 且其來遠矣, 可以本其名而祖之, 體天牧民, 永昌後嗣. 蓋以武王之命箕子者命殿下. 名旣正矣, 言旣順矣. … 今旣襲朝鮮之美號, 則箕子之善政亦在所當講焉. 嗚呼, 天子之德無愧於周武, 殿下之德亦豈有愧於箕子哉. 將見洪範之學, 八條之敎, 復行於今日也.": 『三峯集』

변계량(卞季良, 1369-1430)은 조선 태종(太宗, 재위 1400-1418)이 명에 대해 정성껏 사대한 것을 평가해서 1420년 명 영락제(永樂帝, 재위 1403-1425)가 시호를 내리면서 파견한 사신을 환송하는 글에서 "조선이 비록 해외에 있으나 기자의 교화를 받아 사람들은 충효를 알고 풍속은 예의를 숭상하며 중국을 존중하고 섬김을 다하기를 대대로 변함없이 지켜왔다"고 했다.[7] 세종은 1428년 변계량에게 기자의 묘비명(墓碑銘)을 쓰라고 명하면서 은이 망한 후 기자가 주무왕의 신하가 되지 않고 외번(外藩)인 조선으로 와서 제후(諸侯)로 봉함을 받았음을 언급하기도 했다.[8]

기자에 대한 언급은 그 후 얼마간 수그러들다가 16세기 후반에 다시 잦아졌는데,[9] 1580년 무렵에 나온 윤두수(尹斗壽, 1533-1601)의 『기자지(箕子志)』와 그 책의 잡다한 내용을 정리하면서 동방의 성현으로서의 기자의 위치를 더욱 강조한 이이(李珥, 1536-1584)의 『기자실기(箕子實記)』가 대표적이었다.[10] 그 후 조선 사인들 사이에 기자에 대한 믿음은 점점 더 깊어져 갔다. 예컨대 한백겸(韓百謙, 1552-1615)은 1607년 평양에 갔다가 질서정연한 논두렁의 흔적을 보고 이것이 바로 기자가

卷7「國號」(문집총간 a005_414c-414d).

7) "朝鮮雖在海外徼, 得蒙箕子彝訓, 人知忠孝, 俗尙禮義, 尊中國, 效臣順, 世守無替. 矧我國王天性忠敬, 臣事盛朝, 出於至誠, 時節貢獻, 常恐不稱, 撫字之厚, 奉職愈謹. 天子洞見至情, 綏懷彌篤, 永樂十八年春, 天子念我先國王恭謹事大, 追錫美諡, 曰恭靖. 仍致祀禮, 特加愍諭.":『春亭先生文集』卷5「送行人易公還京序」(문집총간 a008_077b).

8) "昔周武王克殷, 封殷太師于我邦, 遂其不臣之志也. 吾東方文物禮樂, 侔擬中國, 迨今二千餘祀, 惟箕子之敎是賴.":『世宗實錄』10년(1428) 4월 29일.

9) 趙成山, "조선후기 소론계의 古代史 연구와 中華主義의 변용", 『歷史學報』202집 (2009), 49-90 중 59-60쪽.

10) 韓永愚, 『朝鮮前期 史學史 硏究』(서울대학교출판부, 1981), 267-270쪽.

전한 은나라의 정전(井田)의 흔적이라고 생각하고 이를 "용하변이"와 "예실구저야(禮失求諸野)"의 증거로 들었고,[11] 주희(朱熹) 등 송유(宋儒)들이 조선에 남아 있는 기자 정전의 유제(遺制)를 보았다면 정전제에 대해 정확하게 이해했었을 텐데 보지 못해서 제대로 알지 못했음을 안타까워하기까지 했다.[12] 이수광(李睟光, 1563-1628)은 조선 사람이 흰 옷을 좋아하는 것이나 조선의 부녀자들이 정절이 곧은 것까지도 모두 기자의 "유풍(遺風)"이자 "유화(遺化)"라고 이야기했다.[13]

기자에 대한 관심은 17세기 후반 들어 더욱 고조되었다.[14] 특히 기자가 조선만이 중화가 될 수 있음을 뒷받침해주었기에, 명의 회복이 불가능함을 인식하면서 이제 조선만이 중화라는 '조선중화' 의식을 지니게 된 조선 사인들에 의해 자주 거론되었다.[15] 실제로 대표적 조선중화론자였던 송시열은 조선이 '용하변이'를 통해 중국이 될 수 있다는 위에 든 언급에 앞서 "우리 동국은 본래 기자의 나라이다. 기자

---

11) 실제로 한백겸이 사용한 표현은 "오랑캐가 변하여 중화가 된다(變夷爲夏)"는 것과 "중국이 예를 잃으면 四夷에서 구한다(中國失禮, 徵在四夷)"는 것이었다: "丁未秋, 舍弟柳川公觀察關西. 余奉晨昏到平壤, 始得見箕田遺制, 阡陌皆存, 整然不亂, 古聖人經理疇畫. 變夷爲夏之意, 猶可想見於千載之下. 語曰, 中國失禮, 徵在四夷, 其不信然歟.": 『久菴遺稿』上「箕田遺制說」(문집총간 a059_158a-158b).

12) "嗚呼. 關閩諸賢, 俱以王佐之才, 生丁叔季之時, 慨然以挽回三代爲己任, 收拾殘經, 討論遺制, 殆無所不用其至, 而猶有懸空之歎, 未得歸一之論. 倘使當時足此地目此制, 則其說先王制作之意, 想必如指諸掌矣, 而惜乎其不得也.": 같은 글(문집총간 a059_159b-159c).

13) "禮記曰, 殷人尚白. 詩曰, 有客有客, 亦白其馬是也. 然則東方人好著白衣, 豈亦殷太師之遺風歟. … 舊稱我國婦女貞信不淫, 蓋箕子之遺化歟.": 『芝峯類說』卷2 諸國部「風俗」.

14) 박광용, "箕子朝鮮에 대한 認識의 변천", 270-276쪽.

15) 허태용, "조선후기 東國意識의 系譜 검토와 역사적 이해"(서울대 역사연구소 발표문, 2014. 12. 6.), 9-10쪽.

가 시행한 팔조는 모두 홍범(洪範)에 근본한 것인즉, [이] 큰 법이 시행된 것이 실로 주나라와 같은 때인 것이다. 공자가 살고 싶어 한 것이 어찌 이 때문이 아니겠는가"라고 말했다.[16] 허목(許穆, 1595-1682)도 『동사(東事)』에서 "동국이 기자의 교화를 입어 밤에 문을 잠그지 않고 부인들은 정숙하고 신의가 있어 음란하지 않았으며 다스림과 가르침이 오래 지속되어 나라의 운명이 천여 년을 끊이지 않았으니, 이것은 삼대(三代)에도 없던 일이다"라고 말해 기자의 교화를 통해 조선의 문화가 중국 삼대보다 높은 수준이 되었다고까지 주장했다.[17] 유형원(柳馨遠, 1622-1673)은 『반계수록(磻溪隨錄)』에서 정전 제도에 대한 중국 역대의 논의를 다룬 후에 위에서 본 것처럼 평양에서 정전제의 흔적을 찾은 한백겸의 주장을 소개하고 이것이 기자에 의해 전해진 은나라의 정전의 모습이라고 결론지었다.[18] 박세채(朴世采, 1631-1695)는 1684년 편찬한 『범학전편(範學全編)』 범례의 첫 항목을 "기자는 [우리] 해동에 있어서는 진실로 생성(生成)의 망극한 은혜가 있다. 그렇지 않았더라면 장차 남, 서, 북 세 방향의 오랑캐들의 무리와 다름이 없었을 것이다"라고 시작했고,[19] 1691년의 편지에서 『범학전편』에 대해 이야기하면서 기자가 은나라와 주나라의 대성인으로 주무왕의 스승이었고 공자의 칭찬을 받았음을 지적했다.[20]

---

16) "我東本箕子之國. 箕子所行八條, 皆本於洪範, 則大法之行, 實與周家同時矣. 孔子之欲居, 亦豈以是耶.": 『宋子大全』 卷131 「雜錄」(문집총간 a112_438c).

17) "東國被箕子之化, 門不夜扃, 婦人貞信不淫, 治敎長久, 國祚不絕千有餘年. 此三代之所未有也.": 『記言』 卷32 外篇 東事 「箕子世家」(문집총간 a098_182a).

18) 『磻溪隨錄』 卷5 「秦漢以後井田議論」. 이에 대한 자세한 논의는 배우성, 『독서와 지식의 풍경—조선 후기 지식인들의 읽기와 쓰기』(돌베개, 2015), 221-227쪽을 볼 것.

19) "箕子之於海東, 眞有生成罔極之恩. 不然是將無異於南西北三方戎狄之屬矣.": 허태용, 『조선후기 중화론과 역사인식』, 146-147쪽에서 재인용.

조선의 역사가 기자에서 시작되었다는 생각은 18세기를 통해서도 계속 이어졌다.[21] 예컨대 이익은 기자에 대해 자주 이야기했는데,[22] 『성호사설(星湖僿說)』의 첫 번째 글이 "'기(箕)'는 우리 동방을 가리킨다(箕指我東)"라는 제목으로, 이 글에서 그는 분야(分野)설까지 동원해서 조선이 28수(宿) 중 '기(箕)'에 해당함을 들어 기자와 조선의 관계를 주장했다—"'기'라는 나라는 우리 동국을 가리킨다. 분야로 따져보면 우리 동국은 바로 '기(箕)'와 '미(尾)'의 자리에 해당하고 서도(西道)가 '기'인즉, 생각건대 기자가 단군[조선] 말기에 '기'의 영역을 다니다가 마침내 여기서 봉함을 받은 것 같다."[23] 그가 82세인 1762년 제자 안정복이 집필을 완성한 『동사강목(東史綱目)』에 서문을 부탁받고서 「홍범설(洪範說)」을 지은 일도 기자의 "홍범(洪範)"을 조선 역사의 근본으로 삼아야 한다는 그의 생각을 잘 보여준다.[24]

특히 이익은 기자가 은나라 사람임을 들어 기자가 전한 은나라의 풍속이 조선에 남아 있음을 지적하면서 백색을 숭상하는 일이나 정전, 내외종간 결혼 등을 예로 들었고, 자신과 조선인을 "은나라의 유민(遺民)"이라고 부르기도 했다.

---

20) "自少竊謂, 箕子卽殷周古一大聖, 武王之所師, 孔子之所稱. 又能來涖於朝鮮, 其任東方君師之責者, 宜無踰於箕子也.": 『南溪先生文正集』 卷34 「答李子文」 別紙(문집총간 a139_188a).

21) 박광용, "箕子朝鮮에 대한 認識의 변천", 276-281쪽.

22) 김문식, "星湖 李瀷의 箕子 인식", 『退溪學과 韓國文化』 33호(경북대학교 퇴계연구소, 2003), 65-90.

23) "箕之爲國, 指我東也. 以分野驗之, 我東正當箕尾之躔, 而西道爲箕, 則意者, 箕子於檀君之末遊行箕躔之分, 而卒乃受封於此也.": 『星湖僿說』 卷1 天地門 「箕指我東」.

24) 배우성, 『독서와 지식의 풍경』, 70쪽.

[우리] 동방은 은나라 태사가 토대를 처음 세운 나라로, 그 유풍이 아직 없어지지 않았다. 흰색을 숭상하고 [정전의] 강계(疆界)를 구획한 것에서 왕왕 증거를 찾을 수가 있어서 단지 건곤(乾坤)의 일단(一端)에 비할 바는 아닌즉, 지역이 하나같이 어질고 슬기로운 풍속을 갖추었고 은나라 유민이 아닌 자가 없다.[25]

[내외종간의] 중표혼인(中表婚姻)은 선왕의 제도가 아닌 듯하다. 은나라 이전에는 5대가 지난 후에는 서로 혼인하였는데 주나라 사람들이 종법(宗法)을 세운 까닭에 백 대가 되어도 통혼하지 않았다. … 우리 동국은 이성(異姓)의 친척도 4대 이내에는 서로 혼인하는 것을 부끄럽게 여기니 이는 아름다운 풍속이다. 우리 동국이 기자의 유교(遺敎)를 존숭하여 가지가지 증거가 있다. 이 또한 은나라의 제도가 전해 내려와서 없어지지 않아서인 듯하다.[26]

심지어 그는 "기자가 봉해진 이후 문교(文敎)가 끊이지 않아 모두 '예의지방(禮義之邦)'이라 일컫는데, 문교가 성행하면 무비(武備)가 허술한 것은 역시 그 형세이다"라고 하여 조선이 문약(文弱)한 것도 기자의 가르침의 영향인 것으로 말하기도 했다.[27]

---

25) "東方乃殷太師肇基之邦, 遺風未泯. 尙白 畫疆, 往往足徵, 不比坤乾之一端. 則一區仁賢之俗, 莫非殷之遺民也.":『星湖先生全集』卷50「李子粹語序」(문집총간 a199_413a). 또한 다음 구절을 볼 것. "禮不忘本, 因其失而正之. 我東亦殷之遺民, 尙白之風, 至今不變. 說禮者所當攷.":『星湖僿說』卷25 經世門「喪用殷禮」.

26) "中表婚姻恐非先王之制. 自殷以前五世以後相與婚姻, 周人立宗, 故百世而婚姻不通. … 我東異姓之親四世之內羞與爲婚, 此美俗也. 我東遵尙箕子遺敎, 種種可徵, 此亦恐殷制之流傳不泯歟.":『星湖僿說』卷10 人事門「中表婚」. 또한 "東方是箕子肇基之鄕, 白衣田疆及婚媾乘翰, 尙守殷制, 百代不泯."라는 구절을 볼 것:『星湖僿說』卷13 人事門「母族爲婚」.

이익의 이 같은 생각은 서명응(徐命膺, 1716-1787), 안정복(安鼎福, 1712-1791), 이종휘(李種徽, 1731-1797) 등으로 이어졌다. 서명응은 『기자외기(箕子外記)』와 『주사(疇史)』를 지어 기자의 유풍이 조선에서 이어져 왔음을 논의했는데, 『기자외기』의 서문에서는 "기자의 나라에 거처하면서 기자의 풍을 숭모하면서도 기자의 도(道)와 법(法)을 알지 못하는 것은 어째서일까"라고 탄식했다.[28] 안정복은 특히 조선에 남아 있는 기자의 유제들을 자주 언급했다.[29] 예컨대 그는 『동사강목』을 주무왕 13년(B.C. 1122)에서 시작하면서 이를 "조선 기자 원년"이라고 지칭하고 "은나라의 태사 기자가 동쪽으로 왔고 주나라 천자가 이어서 그를 봉했다"라는 말로 첫 기사를 삼았고,[30] 기자 40년(B.C. 1083)의 기사에서는 다음과 같이 썼다.

하늘이 우리나라를 돌보아 태사[기자]가 동방으로 와서, 이륜(彛倫)으로 우리를 독실하게 하고 예악으로 우리를 가르쳐서 사람으로 하여금 살에 잠기고 뼈에 사무쳐서 큰 교화 속에 길러지게 하였다. 그 자취가 이미 멀어지고 그 말이 이미 사라졌으나, 백성이 가르침을 받아서 따라 익히는 것은 천년이 지나도 없어지지 않더니, 사군(四郡), 이부(二府) 때에 기울고, 삼국(三國) 때에 오랑캐가 되고, 신라, 고려 때에 불교에 휩쓸렸지만, 마음

---

27) "我國天下之最弱者也. 不但地偏民貧, 自箕封以後文敎不絶, 共稱禮義之邦, 文敎行則武備歇亦其勢也.": 『星湖僿說』卷26 經史門 「東國内地」.

28) "命膺歎曰, 處箕子之邦, 慕箕子之風, 而不知箕子之道與法, 何哉." 『箕子外記』序: 趙成山, "조선후기 소론계의 古代史 연구와 中華主義의 변용", 『歷史學報』 202집 (2009), 49-90 중 60쪽에서 재인용.

29) 김문식, "18세기 후반 順菴 安鼎福의 箕子 인식", 『한국실학연구』 2호(2000), 25-53쪽.

30) "殷太師箕子東來, 周天子因以封之.": 『東史綱目』 1上 己卯年.

에 뿌리 박힌 예의는 오래도록 바뀌지 않았다. … 그때의 제작(制作)이 비록 전해진 것은 없으나, 지금 우리나라 사람의 큰 갓과 흰 옷, 부녀자의 머리장식이 은의 유제라고 말하는 사람이 있는데 혹 믿을 만하기도 하다.[31]

또한 안정복은 혼인한 사위가 백마를 타는 풍속에 대해 이야기하면서도 "우리 동국에는 기자가 남긴 풍속이 아직도 남아 있는데, 백마의 예는 은나라의 풍속이다"라고 했으며,[32] 고려 말 전쟁 중 삼년상을 단축한 조치에 의해 기자의 동래 이후 지켜오던 삼년상 제도가 문란해진 것을 비판하면서 그에 비해 조선에 들어서서는 "예교(禮敎)가 찬연히 크게 밝아서 비록 천한 노예라도 반드시 삼년상을 행했다"고 했다.[33] 안정복은 『동사강목』의 부록에 별도로 「기자유제(箕子遺制)」라는 항목을 만들어 기자의 유제들을 열거해가며 논의하기도 했고,[34] 조선이 문약한 것도 기자의 교화의 영향이라는 위에서 본 이익의 언급을 인용하기도 했다.

이종휘도 "나는 은나라 사람이다. 성인 기자가 동방으로 온 이래 예악의 다스림과 흰색을 숭상하는 풍습이 지금에까지 이르렀다"라고 하면서 조선에서의 은 문화의 흔적을 찾으려 했고,[35] 중국은 진한(秦漢)

---

31) "皇天眷佑我邦, 太師東來, 篤我以彝倫, 敎我以禮樂. 使人淪肥浹骨, 涵育於大化之中. 雖其迹已遠, 其言已湮, 而民之受敎而服習者, 千祀而不泯. 傾覆于四郡二府之際, 夷于三國, 佛于羅麗. 而其禮義之根於心者, 則愈久不替. … 當時制作, 雖無傳者, 而今我人, 大冠白衣, 婦女之首飾, 說者謂殷之遺制, 其或信然也.": 『東史綱目』 1上 戊午년(B.C. 1083).

32) "… 壻乘白馬. … 我東箕子遺俗, 至今尙存. 白馬之禮, 盖殷俗也.": 『順菴先生文集』 卷14 「婚禮酌宜」(문집총간 a230_077b).

33) "至聖朝, 禮敎粲然大明, 雖奴隷之賤, 必行三年矣.": 『東史綱目』 14下 庚子 恭愍王 9년(1360) 8월.

34) 『東史綱目』 附錄 上卷 下 「箕子遺制」.

이후 타락했으나 '방외별국(方外別國)'인 우리나라는 진나라의 폐해가
미치지 않아 삼대의 유풍이 남아 있었음을 주장했다.[36] 특히 그는 우
리나라가 기자조선 후 오랑캐로 전락했다가 조선 건국 이후 다시 중
화가 되었음을 강조했는데, 기자가 온 이래 조선이 "예의지방", "인현
지국"이라 불리게 되었다는 5장에서 본 언급에 이어, "신라와 고려에
이르러 풍속이 비루해져서 거의 오랑캐와 다름없었는데, 성조(聖祖)
[이성계]가 어지러움을 바로잡아 오랑캐가 변해 화하(華夏)가 되었고
예악문물이 한당(漢唐)[의 수준]에 드나들었다"라고 했다.[37] 이종휘는
심지어 오랑캐 신라가 삼국을 통일한 것을 오랑캐 풍속을 동방 전
체에 퍼뜨린 것으로 비판하고 뒤를 이은 고려에서도 기자의 예악은
찾아볼 수 없었다고 지적했다.[38] 윤광소(尹光紹, 1708-1786)도 1744년
입직(入直) 시 영조와의 대화에서 같은 생각을 표현하면서 고려의
'홍황벽루(鴻荒僻陋)'함을 떨치고 중화의 정치를 시작한 조선을 송나라
에 비교하고, 심지어 "규모 또한 송나라와 비슷하니, 이것이 어찌 인
력이 미칠 바이겠습니까. 아마도 하늘이 내리신 것일 것입니다"라고
까지 이야기했다.[39]

---

35) "嗟夫, 我殷人也. 自箕聖東來, 爲禮樂之治, 而尙素之風, 猶至於今.":『修山集』卷1
「送某令之燕序」(문집총간 a247_300b-300c).

36) "天下六國而一於秦, 盖後世德衰而兼幷之患滋也. 至於方外別國, 秦之害未至,
而隆古之風猶存.":『修山集』卷12「東史表—三韓之際七十八國分屬表」(문집총간
a247_536a-536b).

37) "我東雖小, 亦秉禮之魯也. 自箕氏以來, 天下號爲禮義之邦, 仁賢之國. 然至於羅麗
之際, 而風俗鄙陋, 幾純乎夷. 聖祖撥亂, 變夷爲夏. 禮樂文物, 出入漢唐.":『修山
集』卷6「革舊俗」(문집총간 a247_404c). 5장 주 51을 볼 것.

38) "及新羅之統麗濟, 而自布其國俗於東方, 其民貿貿不聞先王之政, 禮樂文物之懿.
… 至于制度規模之間, 大抵不離於蠻夷. … 高麗王氏起而承新羅, 其爲國, 或矯或
遵, 而出入於兄弟之間. 蓋至於是而朝鮮箕氏之禮樂, 其存無幾耳.":『修山集』卷6
「古史高麗儒林傳論」(문집총간 a247_403c).

기자의 동래에 의해 우리나라가 중화가 되었다는 인식은 개항 이후까지 계속 이어져서, 최익현(崔益鉉, 1833-1906)은 1906년에 간행된 『송원화동사합편강목(宋元華東史合編綱目)』의 발문(跋文)에서 우리나라 역시 오랑캐인데도 우리나라의 역사를 중국의 정사(正史)와 합하여 편찬하는 것에 대해 "오랑캐라도 중국에 나아가면 중국으로 간주하는 것이 『춘추』의 뜻이다. 하물며 우리 동국은 기자가 나라를 세워 오랑캐의 누습을 고치고 '소중화'가 되었다"는 말로 설명했다.[40]

기자의 유제(遺制) 중에서도 특히 정전(井田) 제도가 조선 사인들의 관심을 끌었다. 한백겸, 유형원 등이 평양 지역에서 정전제의 흔적을 찾고 이를 기자에 의해 전해진 것이라고 생각했음을 앞에서 보았는데, 이익, 안정복, 서명응 등도 조선에서 찾아볼 수 있는 기자의 유제의 중요한 예로 정전을 들었다.[41] 홍대용도 연행 중 청의 사인들에게 조선을 소개하기 위해 작성한 「동국기략(東國記略)」이란 글에서 "평양에 기자릉이 있고 정전의 유제가 있어 수백, 수천 무(畝)가 되는데, 천맥(阡陌)이 비록 황폐하지만 구로(溝路)가 정방(正方)이어서 아직도 제도의 남은 흔적을 고찰할 만한 바가 있다"고 했고,[42] 박지원은 정전

---

39) "我國號稱小中華, 而勝國以前, 鴻荒僻陋, 中華之治, 實自我朝始. 聖朝龍興, 啓千萬年文治之運, 得國與宋祖頗相類. 規模亦與之相似. 此豈人力所及, 殆天啓也.": 『素谷先生遺稿』卷17「孤舟錄 上」甲子 7월 25일(문집총간 a223_412b).

40) "或曰. 吾東亦夷也. 以夷事合於中國之正史, 有例乎. 曰. 夷而進於中國則中國之, 春秋之意也. 況吾東箕子立國, 革夷陋而爲小中華.": 『勉菴先生文集』卷24「華東史合編跋」(문집총간 a325_566a).

41) 김문식, "星湖 李漢의 箕子 인식", 73-76쪽; "18세기 후반 順菴 安鼎福의 箕子 인식", 34-36쪽; 金文植, "18세기 후반 徐命膺의 箕子 認識", 『韓國史學史研究』(나남출판사, 1997), 325-356 중 339-344쪽.

42) "故蹟則平壤有箕子陵. 有井田遺制, 可數百千畝. 阡陌雖堙廢而溝路正方, 尙有餘制之可考.": 『湛軒書』外集 卷2「杭傳尺牘 乾淨衕筆談」(문집총간 a248_146b).

제가 무너진 후 천하에 다시 찾아볼 수 없는데 오직 평양성 밖에서만 볼 수 있다고 하면서 「기자전기(箕子田記)」라는 글을 짓기도 했다.[43] 조선에 남은 정전제의 흔적에 관한 학술적 저술들도 나와서, 이의준(李義駿, 1738-1798)과 이가환(李家煥, 1742-1801)은 기자 정전 관련 저술들을 모아 『기전고(箕田考)』를 편찬했고, 성해응(成海應, 1760-1839)은 그 책의 내용에 이익, 서명응, 안정복 등의 저술 내용을 보충하여 「기전설(箕田說)」을 집필했으며, 서유구(徐有榘, 1764-1845)도 『임원경제지(林園經濟志)』 본간지(本利志)에 「기자정전(箕子井田)」이라는 항목을 포함했다.[44]

기자 이후 중화 문화가 우리나라에서 계승되는 과정에 대한 논의도 제기되었는데, 기자의 후손인 기준(箕準)이 위만에 쫓겨 남하하여 건국한 마한(馬韓)을 우리나라 역사의 정통에 포함시키는 이른바 '마한정통론'이 그것이다. 예컨대 홍여하(洪汝河, 1621-1678)는 1672년 편찬한 『동국통감제강(東國通鑑提綱)』에서 우리나라 정통 역사를 기자에서 시작하는 것으로 보았으며, 단군조선, 위만조선을 제외하고 기자-마한-신라로 이어지는 정통의 계보를 설정했다.[45] 그 후 홍만종(洪萬宗, 1643-1725)은 이를 조선 현종까지 연장함으로써 마한정통론을 통해 조선의 역사에 기자로부터 지속적으로 이어지는 정통성의 계보와

---

43) "臣嘗遊平壤外城, 爲作箕子田記. 曰. 自夫井田一壞, 而天下耒耜之所入古先王均地畫野之制, 無處可見, 獨我國平壤城外方田. 乃是父師之遺畫.": 『燕巖集』 卷16 別集 『課農小抄』 「田制」(문집총간 a252_359d).

44) 趙成山, "조선후기 소론계의 古代史 연구와 中華主義의 변용", 『歷史學報』 202집 (2009), 49-90 중 60쪽.

45) 鄭在薰, "조선후기 史書에 나타난 中華主義와 民族主義", 『韓國實學研究』 8(2004), 299-323 중 305, 309쪽; 韓永愚, 『朝鮮後期史學史研究』(一志社, 1989), 145-147쪽.

그에 바탕한 중화의 유일한 계승자로서의 지위를 부여했으며, 이익, 안정복 등도 마한을 조선 역사의 정통에 포함시켰다.[46] 또한 단순히 기자에 대한 숭배에서 그치지 않고 기자 이후의 혈연적 계보를 찾으려는 움직임도 나타나서, 허목, 송시열 등은 왕위에 오른 기부(箕否)와 기준 등 기(箕) 씨를 비롯해서 한(韓) 씨, 선우(鮮于) 씨 등을 기자의 후손으로 인정했으며, 1679년 숙종은 기자의 후손 중에 등용할 만한 자를 찾으라는 명을 내리기도 했다.[47]

기자에 대한 조선 사인들의 태도에 있어서는 당색(黨色)에 따른 차이를 볼 수 있다. 기자에 대한 존숭은 특히 소론과 남인 계열에서 두드러졌던 데 반해 주자학 위주의 중화주의에 젖었던 노론 사인들은 주자학과 괴리가 있는 고대사에 대한 관심이 적었고, 그에 따라 기자를 강조하지 않는 경향도 있었다.[48] 송시열이 서문을 써서 노론 사인들 사이에 권위가 있었던 『여사제강(麗史提綱)』의 저자 유계(俞棨, 1607-1664)는 삼국 시대의 역사는 "국정 연혁과 인물 출처를 고신(考信)할 수가 없어서" 자신의 역사서에 포함시키지 않는다고 밝혔다.[49] 반면

---

46) 허태용, 『조선후기 중화론과 역사인식』, 149-151쪽. 이에 반해 이종휘는 마한 이후 조선 건국까지를 "無統"의 시기로 보았다고 할 수 있다. 장유승, "이종휘(李種徽)의 자국사(自國史) 인식과 소중화주의(小中華主義)", 『민족문학사연구』 35(2007), 40-82 중 64쪽을 볼 것.

47) 허태용, 『조선후기 중화론과 역사인식』, 148-149쪽. 나중에 가서는 기자만이 아니라 다른 고대 중국 성인들의 후예들도 조선에 뿌리를 내렸다는 생각이 나타나서 18세기 후반에는 昌原 孔氏, 幸州 奇氏, 幸主 殷氏 등이 각각 공자, 기자, 契(黃帝의 맏아들)의 후예라는 생각까지 나왔다. 같은 책, 179쪽.

48) 趙成山, "조선후기 소론계의 古代史 연구와 中華主義의 변용", 61-62, 71-72쪽.

49) 趙成山, "조선후기 소론계의 古代史 연구와 中華主義의 변용", 71쪽. 조성산은 洪翰周(1798-1868)와 金邁淳(1776-1840)으로 이어진 이 같은 노론 사인들의 상고사 인식은 상고사를 삭제하거나 外紀로 편집한 김부식, 徐居正으로부터 유래한 관행으로 볼 수 있음을 지적했다: 같은 글, 71-72쪽.

에 이종휘의 예에서 볼 수 있듯이 소론은 중화의 근원을 주자학이 아니라 고대 유학에서 찾는 경향을 지녔고 그에 따라 고대사 연구도 활발했다.[50] 조선의 고대사를 두고 보이는 노론과 소론 사이의 이 같은 차이는 조성산이 지적하듯이 결국 "상고의 중화를 따를 것인지 송대의 중화를 따를 것인지"의 차이로 볼 수 있겠다.[51] 한편 조선이 기자의 후예라는 생각은 중국인들에게도 어느 정도 퍼져 있어서 연행 중인 홍대용에게 반정균이 "동국은 본래 기자의 나라여서 성인이 사는 곳에 가까우니 두 분의 식견이 응당 고원(高遠)하여 일체 문인(文人)의 비할 바가 아닐 것이다"라고 하기도 하고, 조선이 기자의 후예이어서 백색을 숭상하여 흰 옷을 입는 것이 아닌가 묻기도 했다.[52]

6.2 단군

조선 사인들이 기자에서 조선중화 문화의 기원을 찾고 고대 조선 문화의 시조를 찾는 일은 중국으로부터 건너온 기자에서 그치지 않고 그 이전의 단군으로까지 거슬러 올라갔다. 물론 단군에 대한 언급이 이때 처음 나타난 것은 아니어서, 이미 삼국 시기부터 단군이 언급되

---

50) 趙成山, "조선후기 소론계의 古代史 연구와 中華主義의 변용", 61-62쪽.

51) 趙成山, "조선후기 소론계의 古代史 연구와 中華主義의 변용", 64쪽. 조성산은 더 나아가 소론은 "조선의 역사를 중국의 역사 발전과 동등한 맥락에서 설명할 수 있다"는 관점에 서서 "조선이 명나라의 계승자일 뿐만 아니라 이미 오래전부터 상고의 중화가 온전히 내면화되어 있었음"을 주장하는 것으로 보았다: 같은 글, 73쪽.

52) "[蘭公]又曰. 東國本箕子國, 乃近聖人之居者. 宜二公之識見高遠, 非一切文人可比.": 『湛軒書』 外集 卷2 「杭傳尺牘 乾淨衕筆談」(문집총간 a248_130c); "蘭公曰, 朝鮮箕子之後也. 殷人尙白, 無乃以此耶.": 같은 글(문집총간 a248_138c).

었으며 고려 시기에는 언급이 더욱 잦아졌다. 그러나 14세기 이전에는 단군은 평양 지방의 시조신(始祖神)이거나 황해도 지방에서의 민간 신앙 대상으로서의 성격이 강했다.[53] 그러다가 몽골 지배 시기에 이르러 단군을 국가의 시조로 보는 인식이 생겨났는데, 이 시기에 편찬된 『삼국유사(三國遺事)』와 『제왕운기(帝王韻記)』는 단군을 민족의 시조로 하고 우리나라 역사의 시작을 단군조선으로 함으로써 기자로부터 역사를 시작한 『삼국사기』와는 다른 입장을 보였다.[54] 고려 말, 조선 초에 이르러서는 단군을 민족의 시조로 보는 인식이 더욱 강화되었다. 예컨대 이색(李穡, 1328-1396)은 고려 말 명 사신을 전송하면서 지은 시에 부친 글에서 "단군("朝鮮氏")이 나라를 세운 것은 실로 당요(唐堯) 무진(戊辰)년의 일이었는데, 비록 대대로 중국과 교류했지만 중국이 일찍이 신하로 대한 적이 없었다. 이 때문에, [주나라] 무왕이 은나라 태사[기자]를 봉하면서도 신하로 삼지 않았던 것"이라고 지적했다.[55]

조선 건국 후에는 새 왕조 건국의 상징으로서의 정치적 필요성에 따라 단군이 언급되었다.[56] 예컨대 1394년 도평의사사(都評議使司)가 한양으로 도읍을 정하자고 상신(上申)하면서 "우리 동방은 단군 이래

53) 崔炳憲, "고려 시대 단군신화 전승문헌의 검토", 윤이흠 등, 『檀君: 그 이해와 자료』 (서울대출판부, 1994), 139-157 중 153-156쪽.

54) 하현강, "고려시대의 역사계승의식", 『이화사학연구』 8(1975), 12-20 중 18-20쪽; 閔賢九, "高麗中期 三國復興運動의 역사적 의미", 『한국사시민강좌』 제5집(1989), 82-108 중 102쪽; 鄭在薰, "조선후기 史書에 나타난 中華主義와 民族主義", 307쪽; 허태용, "전근대 동국의식의 역사적 성격 재검토", 『역사비평』 111호(역사비평사, 2015년 여름), 443-470 중 449-450쪽.

55) "子惟朝鮮氏立國, 實唐堯之戊辰歲也. 雖世通中國, 而中國未嘗臣之. 是以武王封 殷太師而不之臣.": 『牧隱文藁』卷9 「送偰符寶使還詩序」(문집총간 a005_075c).

56) 허태용, "朝鮮王朝의 건국과 國號 문제", 『韓國史學報』 61(2015), 145-172 중 161-163쪽.

혹은 합하고 혹은 나누어져서 각각 도읍을 정한 바가 있다"고 하여 나라의 기원이 단군이라는 생각을 드러냈으며,[57] 1425년 정척(鄭陟, 1390-1475)은 기자 사당에 단군 신위를 배치할 것이 아니라 기자 사당과 별도로 단군 사당을 지어야 한다고 주장하면서 단군이 기자보다 1230여 년 앞서 나라를 세웠음을 언급했다.[58] 이와 함께 국가적인 차원에서 단군의 유적을 찾거나 단군에 제사 지내는 일도 있었는데, 1429년에는 평양에 단군의 사당이 건립되고 1456년에는 단군의 위패를 조선 시조로 정하기도 했다.[59] 단군이 처음으로 나라를 세웠다는 언급은 그 후로도 이어져서 성종(成宗, 재위 1469-1494)대에는 "단군이 먼저 조짐을 열고 기자가 뒤에 봉(封)함을 받았다"거나 "단군이 나라를 처음 세우고 기자가 봉함을 받았다"는 표현 등을 찾아볼 수 있다.[60]

그 후 16세기 사림(士林) 주도기에 들어서는 기자가 강조되면서 단군과 단군조선에 대한 관심이 주춤했다가, 임진왜란과 병자호란이라는 국가적 위기를 겪은 17세기 중반 이후 조선의 역사를 중국에서 건너온 기자로부터 더 거슬러 올라가서 단군을 시조로 보고 재평가하는 경향이 나타났다.[61] 예컨대 허목은 『동사(東事)』의 서문에서 "신시(神市)와 단군의 시대는 제곡(帝嚳), 당요(唐堯), 우순(虞舜)의 시대에 해당한다"고 하여 단군 이전의 신시까지를 언급하면서 단군의 시기

57) "惟我東方, 檀君以來, 或合或分, 各有所都.":『太祖實錄』3년(1394) 8월 24일.
58) "臣愚因竊謂檀君與唐堯竝立, 而自號朝鮮者也, 箕子受武王之命, 而封朝鮮者也. 以帝王歷年之數, 自帝堯至武王凡千二百三十餘年矣.":『世宗實錄』7년(1425) 9월 25일.
59) 鄭在薰, "조선후기 史書에 나타난 中華主義와 民族主義", 308쪽.
60) "檀君啓祚於前, 箕子受封於後.":『新增東國輿地勝覽』「進東國輿地勝覽箋」; "念我東方自檀君肇國, 箕子受封.":『新增東國輿地勝覽』「東國輿地勝覽序」; 허태용, "전근대 동국의식의 역사적 성격 재검토", 453쪽(주 39).
61) 鄭在薰, "조선후기 史書에 나타난 中華主義와 民族主義", 308-309쪽.

를 중국의 요순(堯舜) 시기로 설정했으며,[62] 김수홍(金壽弘, 1601-1681)
은 1673년 펴낸「조선팔도고금총람도(朝鮮八道古今總覽圖)」를 설명하는
글에 "단군은 태백산 단목(檀木) 아래에서 나왔는데 요임금과 시기를
나란히 했다. 평양에서 왕이 되고 국호를 조선이라고 했다"는 내용을
포함시켰다.[63] 나중 홍대용도 1766년 연행 중 청의 사인들에게 조선
을 소개하기 위해 작성한「동국기략(東國記略)」에서 단군이라는 신인
(神人)이 태백산 단목 아래에서 나서 임금으로 추대된 것이 당요(唐堯)
무진(戊辰)년에 해당한다고 했으며,[64] 『동사(東史)』에서 처음으로 기자
에 앞서「단군본기(檀君本紀)」를 설정한 이종휘는 동방에서는 단군이
처음 나온 성인으로 중국으로 치면 복희(伏羲)와 신농(神農)에 해당한
다는 말로「단군본기」를 마무리했다.[65]

한편 단군에 대한 이 같은 생각은 기자에서 조선에서의 중화 문화
의 기원을 찾는 생각과 마찰을 빚게 되었고, 그에 따라 조선 사인들
은 조선의 역사와 문화의 기원으로서 기자와 단군의 역할의 차이에
대해 생각하게 되었다.[66] 물론 단군을 시조로 보는 것과 기자를 시조
로 보는 생각들이 반드시 서로 상반되는 것은 아니어서, 단군과 기자
의 시조로서의 의미를 두고 역할을 구분하는 방식의 생각이 가능했다.
예컨대 조선 건국 직후 예조 전서(禮曹典書) 조박(趙璞, 1356-1408)은

---

62) "神市檀君之世, 當帝嚳唐虞之際.":『記言』卷32 外篇「記言東事序」(문집총간
a098_178a).
63) "檀君出自太白山檀木之下, 堯時竝立. 作君於平壤, 國號朝鮮.": 배우성, 『조선과
중화』, 70쪽에서 재인용.
64) "東方初無君長, 有神人降于太白山檀木下, 推以爲君, 號曰檀君, 其元年乃唐堯戊
辰也.":『湛軒書』外集 卷2「杭傳尺牘 乾淨衕筆談」(문집총간 a248_145a-145b).
65) "盖檀君首出聖人. 在中國, 其伏羲神農之君乎.":『修山集』卷11 東史「檀君本紀」
(문집총간 a247_508c).
66) 허태용, "전근대 동국의식의 역사적 성격 재검토", 455-462쪽.

역대의 사전(祀典)을 상고하고 평양부(平壤府)로 하여금 때에 따라 단군과 기자에게 제사를 지내도록 명령할 것을 상소하면서 "조선의 단군은 동방에서 처음으로 천명(天命)을 받은 임금이고, 기자는 처음으로 교화(敎化)를 일으킨 임금이다"[67]라고 하여 이들의 역할을 구분했다. 단군과 기자의 역할을 이처럼 구분하는 생각은 이후 조선 사인들이 대부분 공유했으며 조선 후기로도 이어졌다. 예컨대 송시열은 "우리 동국이 단군과 기자로부터 시작"했다고 하여 양쪽을 모두 언급했지만, 위에서 보았듯이 조선에서의 중화 문화는 기자가 전래해서 시작한 것으로 보았다.[68] 홍만종은 1705년 펴낸 『동국역대총목(東國歷代總目)』에서 단군을 최초의 군왕("首出之君")으로 그리고 기자를 교화를 세운 '성후(聖侯)'("立敎之聖侯")로 지칭하면서 이들을 동국 계보의 시조로 기술했고, 단군과 기자의 기록이 미미하다는 이유로 이들을 외기(外紀)에서 기술한 『동국통감』을 비판했다.[69]

한편 단군과 기자의 차이에 대한 이 같은 인식에는 단군의 시기에는 아직 문화의 수준이 낮았다는 생각이 담겨 있었다. 정도전은 기자만이 천자의 명을 받아 제후에 봉해졌고 단군, 위만, 신라, 고려 등 다른 나라들은 "모두 한쪽 모퉁이를 점거하여 중국의 명을 받지 않고 스스로 명호(名號)를 세우고 서로를 침탈"했다고 하여 단군의 시기에 대한 부정적 인식을 보여주었는데,[70] 변계량도 1416년 제천의례를

---

67) "朝鮮檀君, 東方始受命之主. 箕子, 始興敎化之君. 令平壤府以時致祭." 『太祖實錄』 1년(1392) 8월 11일.

68) "我東肇自檀箕, 上下數千年間 …": 『宋子大全』 卷154 「大司成尹先生神道碑銘」 (문집총간 a113_309d).

69) "檀君箕子, 東國通鑑以外紀載之, 蓋緣世代事蹟不能祥也. 硏檀君乃首出之君, 箕子卽位立敎之聖侯, 歷年始終, 猶可考信. 故尊而書之於東國統系之首.": 『東國歷代總目』 「凡例」.

주장하는 상소에서 단군이 우리나라의 시조로서 요임금 때에 하늘에서 내려왔고 천자가 분봉(分封)한 나라가 아니라는 것을 지적하면서, 이 같은 그의 의견에 대해 "단군은 해외에 나라를 세워 질박, 소략하고 글이 적어 중국과 통하지 못하였으므로 일찍이 군신의 예를 이루지 못했다"고 하여 반대하는 사람들이 있음을 이야기했다.[71] 윤상(尹祥, 1373-1455)도 기자 사당에 비(碑)를 세울 것을 논의하면서 기자 이전의 문화 수준이 낮았음을 이야기했다.

조선이 나라를 세운 것은 단군이 영토를 개척하면서부터였는데, 땅이 먼 변방의 바깥이어서 사람들이 도(道)를 가르치는 법에 어두웠다. 그러니 중고(中古) 이전에 누가 이륜(彝倫)의 차례를 알았겠는가. 이에 성인 기자가 있어서 마침 은나라의 멸망을 당하여 주나라의 신하가 되지 않고 우리 동국에 봉(封)함을 받아 8조의 교화를 떳떳하게 가르치고 홍범 구주(九疇)의 근원을 널리 폈으며, 예속(禮俗)에 따라 백성을 가르치기를 선왕의 제도를 본받아 하고, 나라를 구획하고 영토를 경영하기를 모두 중하(中夏)의 규범에 의거했다.[72]

---

70) "海東之國, 不一其號. 爲朝鮮者三, 曰檀君, 曰箕子, 曰衛滿, 若朴氏昔氏金氏相繼稱新羅, 溫祚稱百濟於前, 甄萱稱百濟於後. 又高朱蒙稱高句麗, 弓裔稱後高麗, 王氏代弓裔, 仍襲高麗之號. 皆竊據一隅, 不受中國之命, 自立名號. 互相侵奪, 雖有所稱, 何足取哉. 惟箕子受周武之命, 封朝鮮侯.":『三峯集』卷7 朝鮮經國典 上「國號」(문집총간 a005_414c~414d).

71) "吾東方, 檀君始祖也. 蓋自天而降焉, 非天子分封之也. 檀君之降, 在唐堯之戊辰歲, 迄今三千餘撰矣. … 或曰: "檀君國於海外, 朴略少文, 不與中國通焉, 未嘗爲君臣之禮矣. 至周武王, 不臣殷太師, 而封于朝鮮, 意可見矣. …":『太宗實錄』16년 (1416) 6월 1일. 변계량의 제천례 주장을 둘러싼 논쟁에 대해서는 문중양, "15세기의 '風土不同論'과 조선의 고유성",『韓國史研究』162호(2013), 45-83 중 64-66쪽을 볼 것.

72) "朝鮮之樹邦, 蓋自檀君而啓土. 地居荒裔之外, 人昧教道之方. 其在中古以前, 孰知

단군에 대한 이 같은 부정적 인식은 더 심화되어서 15세기 말 편찬된 『동국통감』에서는 홍만종이 비판하였듯이 단군 및 단군조선 관련 기록이 부정되기까지에 이르렀다. 그 후 이이는 『기자실기』에서 단군은 문헌이 없어 헤아릴 수 없고 기자가 왕이 된 후에야 비로소 조선이 오랑캐가 아닌 중화가 되었다고 했으며,[73] 허목도 단군을 민족의 시조로 보면서도 단군의 시기에 "임금과 신하의 관계가 비로소 생겼으나 백성이 적은 데다 질박하고 몽매하였고 기록할 수 있는 문자가 없었다. 기자가 조선을 다스림에 이르러 비로소 제사와 예속의 다스림이 있었다"고 이야기했다.[74] 이 같은 인식은 이후로도 이어져 유형원은 단군이 "동방의 첫 임금"이고 신성한 덕을 지녔음을 인정하였지만 단군신화와 같은 내용은 근거가 없다고 하여 사서(史書)에 수록하지 않아야 한다고 주장했고,[75] 위에서 보았듯이 기자에서 마한으로 이어지는 정통론을 주장한 홍여하는 단군-기자-위만 조선의 삼조선(三朝鮮) 체계를 부정하고 단군조선은 동이족의 4개 계열 가운데 하나의 흐름일 뿐이라고 주장하기까지 했다.[76]

그러나 시간이 가면서 단군 시기의 문화 수준에 대한 더 긍정적인 평가도 나오게 되었다. 이익은 단군과 관련된 기록의 신화적 내용은 비판했지만, 단군이 민족의 시조일 뿐 아니라 단군 시기에 이미 조선

彝倫之敍. 爰有箕子之聖, 適遭殷室之淪, 不臣周家, 封我東國. 施彝敎八條之化, 演洪範九疇之源, 因俗訓民, 式遵先王之制, 體國經野, 咸依中夏之規.": 『別洞先生集』 卷1 「禮曹請建箕子祠堂碑箋」(문집총간 a008_273b-273c).

73) 鄭在薰, "조선후기 史書에 나타난 中華主義와 民族主義", 308-309쪽.

74) "神市檀君之世, 當帝譽唐虞之際, 君臣肇有, 人民希少, 朴蒙睢盱, 無文字可述. 至箕子治朝鮮, 始有俎豆禮俗之治.": 『記言』 卷32 外篇 「記言東事序」(문집총간 a098_178a).

75) 배우성, 『독서와 지식의 풍경』, 226-227쪽.

76) 韓永愚, 『朝鮮後期史學史研究』(一志社, 1989), 145-147쪽.

이 중화 문화의 수준을 이루었다는 인식을 지녔는데,[77] 「단기강역
(檀箕疆域)」이라는 글에서 단군이 요임금과 같은 때에 나라를 세웠고
우리 민족이 단군 치하에서 이미 오랑캐에서 변하여 화하(華夏)가 되
었음을 지적했다.

　　단군은 요임금과 병립했으며 [중국에] 12주(州)가 자리잡았을 때에는 이
　미 백년이 되었다. 비록 영토의 거리는 알지는 못하지만 기자가 뒤이어 나
　라를 세웠다. … 그런즉 단군 역시 반드시 순(舜)임금의 영향권("虞廷風化")
　안에 있었을 것이며 [우리] 동방이 오랑캐에서 변하여 화하가 된 지 이미
　오래였다. 순임금은 본래 동이 사람이었고 저풍(諸馮)과 부하(負夏) 역시
　반드시 구이(九夷) 중에 들어 있었을 것이다. 기자가 비록 평양을 도읍으
　로 했으나 연(燕)과 국경을 접했고, 고죽(孤竹)의 유허도 그 안에 있었을
　것이다. 요순 시대부터 중국 내지로서 다루어왔고 단군, 기자, 백이(伯夷),
　숙제(叔齊)의 교화가 미친 바가 이만한 곳이 없었다.[78]

이를 두고 배우성은 "이익은 조선이 중화 문화를 계승해온 출발점을
기자의 시대에서 단군의 시대로 앞당겼다. 자국사의 유구성이 중국사
에 뒤지지 않으며 그 출발 단계에서 이미 중화가 되었다는 주장이다"
라고 했으며,[79] 조성산은 "기자조선이 갖는 중화적 정체성을 기자조

---

77) 韓永愚, 『朝鮮後期史學史硏究』, 207~211쪽.
78) "檀君與堯並立, 至十二州時已百年矣. 雖未知疆土遠近, 而箕子繼立. … 然則檀
　　君亦必在虞廷風化之內, 而東邦之變夷為夏乆矣. 舜本東夷之人, 則諸馮負夏亦必
　　九夷之中也. 箕子雖都平壤, 而與燕接界, 而孤竹之墟又在其中. 自堯舜之世, 視作
　　內服閈, 檀箕夷齊之風化聲教所迄, 莫有此若也.": 『星湖僿說』 卷1 天地門 「檀箕
　　疆域」.
79) 배우성, 『조선과 중화』, 177쪽.

184

선의 전후 시대, 즉 단군과 그 아래 시대로 확대하고자 하는 시도였다"고 보았는데, 그는 나아가 조선의 역사를 중국의 역사 발전과 동일시하여 인식하려는 "일종의 보편사관"을 볼 수 있음을 지적했다.[80] 실제로 이익은 「삼한정통론(三韓正統論)」이라는 글을 "동국의 역대 흥망은 대략 중국과 함께 시작하고 끝난다. 단군은 요임금과 나란히 일어났으며, 무왕이 천명을 받게 되자 기자의 봉함이 이루어졌다"는 구절로 시작한 후, 단군의 전통이 기자, 마한을 거쳐 조선으로 이어지면서 우리나라의 정통이 그 후 끊어지지 않고 지속되었다고 주장했다.[81]

단군과 단군조선에 대한 이 같은 관심과 평가는 그 후로도 이어졌다. 안정복은 『동사강목』에서 단군이 종족은 구이(九夷)에 속했을 것임을 인정하면서도 "단군이 요임금과 병립하여 압록강 안팎을 차지해서 성인의 교화로부터 멀지 않았고, 이 때문에 그들의 관변(冠弁), 조두(俎豆)에 중화의 풍이 있었는데, 기자가 동으로 와서 또 인현(仁賢)의 교화를 베풀었다"[82]고 하여 기자 이전 단군 시대에 이미 중화 문화를 받아들였다고 보았다. 홍양호(洪良浩, 1724-1802)도 1775년 채제공(蔡濟恭, 1720-1799)의 연행길에 부친 글에서 단군이 요임금과 같은 때

---

80) 趙成山, "조선후기 소론계의 古代史 연구", 67쪽. 반면 허태용은 이 같은 경향에 대해 "단군과 기자를 의미상 동질화"한 것으로 보았다: "전근대 동국의식의 역사적 성격 재검토", 458쪽.

81) "東國之歷代興廢, 略與中華相終始. 檀君與堯並興, 至武王受命而箕子定封. … 東方之正統不絶.": 『星湖先生全集』卷47「三韓正統論」(문집총간 a199_363c). 이익이 중국의 堯舜, 三代의 전통이 漢代 이후로 계승되지 못했다고 생각한 것으로 미루어보면 그는 우리나라에서 중국의 정통보다 더 지속적인 정통의 계승이 있었다고 평가한 것이라 할 수 있다. 韓永愚, 『朝鮮後期史學史研究』, 203-204쪽.

82) "檀氏亦安知非九夷之一乎. … 檀君與堯並立, 跨居鴨綠內外, 去聖人之化不遠. 是以其冠弁俎豆有中華之風, 而箕子東來, 又施仁賢之化.": 『東史綱目』1上 己卯年 箕子 元年(B.C. 1122)(한국고전종합DB).

에 다스렸으며 단군의 시대에 백성들이 순박했고 당요(唐堯)의 풍이 있었다고 썼고,[83] 이종휘 또한 단군의 시기에는 "동하(東夏)에 군왕이 없어 백성들이 금수와 더불어 야만적인 상태였는데 단군이 백성에게 편발(編髮)과 개수(盖首)를 가르쳐서 비로소 군신, 남녀의 구분과 음식 및 거처의 절도가 생겼다"고 하고 단군의 개국이 중국 요임금의 건국과 시기가 같았다고 덧붙였다.[84] 이들이 이처럼 단군 시대의 문화 수준을 높이 평가하는 데서 기자 이전의 조선이 야만적이었던 것이 아니라 충분히 기자의 교화를 수용할 수 있었음을 보이려는 생각을 읽을 수 있다.[85]

6.3 고구려, 발해

앞 절들에서 기자와 단군에 대한 조선 사인들의 인식에 대해서 살펴보았는데, 이는 조선의 고대 역사에 대해 조선 사인들이 재인식하는 데에 중요한 요소가 되었으며 조선과 중국 및 중화 문화의 관계에 대한 그들의 인식에도 영향을 미쳤다. 한편 조선 후기 사인들 사이에는 고구려, 발해에 대한, 그리고 그들이 웅거했던 북방영토에 대한

---

83) "檀君並堯而治. … 檀君之世, 其民淳如也, 有陶唐氏之風焉.":『耳溪集』卷11 「送關西伯蔡伯規濟恭序」(문집총간 a241_192a).

84) "檀君之時, 東夏無君長, 百姓蚩蒙, 禽獸與羣. 於是檀君乃敎民編髮盖首, 始有君臣男女之分, 飮食居處之節. 時陶唐氏立於中國, 而始檀君開國, 盖在戊辰歲云.":『修山集』卷11 東史「檀君本紀」(문집총간 a247_508a). 이처럼 이종휘가 단군 시기의 우리나라를 "東夏"라고 지칭한 것을 주목할 만하다.

85) 趙成山, "조선후기 소론계의 古代史 연구", 69쪽. 그런 면에서 정재훈은 이종휘가 "기자와 단군을 통합시켜 이해할 수 있는 관점"을 지닌 것으로 평가했다. 鄭在薰, "조선후기 史書에 나타난 中華主義와 民族主義", 319쪽.

관심도 나타났는데, 이 역시 조선 고대사에 대한 그들의 재인식으로 이어졌으며 조선과 중국 및 중화 문화의 관계에 대한 그들의 인식을 보여주기도 한다.

조선 사인들 사이에서 처음에는 고구려와 발해에 대한 부정적 인식이 많았다. 특히 그 영토가 대부분 한반도 밖에 위치했던 발해에 대해서는 조선의 역사의 일부로 보지 않는 경향도 있었는데, 조선 초기의 역사서들은 발해를 동국의 계보에서 제외시키기까지 했고, 계보에 포함시킨 고구려의 경우에도 그 주요 지역이 한반도 안에 속하는 것으로 비정(比定)하기도 했다.[86] 또한 중화질서에 안주하지 않았던 고구려를 비판적으로 보는 경향이 있어서, 권근(權近, 1352-1409)은 『동국사략(東國史略)』에서 고구려가 "하늘을 두려워하고 큰 나라를 섬기지 못하고 중국에 교만하게 굴"다가 정벌을 당하고 멸망을 자초했다고 지적했으며,[87] 조선 초기의 많은 역사서들이 그 같은 입장을 취하면서 고구려와 중국의 전쟁에 대한 서술에서 이 전쟁이 중국 중심의 질서에 저항하는 세력을 응징하는 정벌 전쟁이라는 시각을 보이기도 했다.[88] 고구려에 대한 이 같은 부정적 언급은 그 후로도 지속되었다. 예컨대 최립(崔岦, 1539-1612)은 1595년 명의 일본 국왕 책봉사(册封使)에게 준 문서에서 그 같은 고구려를 정성을 다해 중국을 섬긴 조선과 대비하기도 했고,[89] 아래에서 볼 것처럼 고구려 중심의 삼국사 인식을 보여주었던 이종휘도 고구려가 "소중화의 땅에 위치하면서도

---

86) 허태용, "조선후기 '남북국론(南北國論)' 형성의 논리적 과정 검토", 『東方學志』 125집(연세대학교 국학연구원, 2010년 10월), 127-162 중 130-138쪽.

87) "權近曰, 高句麗 … 不能畏天事大, 侮慢中國, 以致隋唐之兵, 再擧伐之, 君臣被虜, 宗社不祀, 其非自取之也.": 『東國通鑑』 三國紀 三國 戊辰年(668): 卷8, 24a-24b.

88) 허태용, 『조선후기 중화론과 역사인식』, 42-47쪽.

89) 허태용, 『조선후기 중화론과 역사인식』, 59쪽.

스스로 중국의 다스림을 받지 않고 무기를 들어 전쟁을 일으키고 큰 나라를 업신여겨 스스로 멸망을 취한즉, 고구려의 성대함이 [오히려] 화를 재촉한 까닭이었다"고 평가했다.[90]

그러나 시간이 가면서 점점 고구려를 조선이 본받아야 할 과거로 재인식하는 경향이 생겨났다. 여기에는 임진왜란 시기에 자라난 고구려의 강한 무력에 대한 동경심도 영향을 미쳤다.[91] 예컨대 임진왜란 중인 1593년 선조에게 올린 장계에서 병조참판 심충겸(沈忠謙, 1545-1594)은 "우리나라가 비록 땅이 좁다고 해도 옛날에는 3분의 1을 가지고도 천하의 모든 군사를 막아냈었는데, 하물며 이 섬 오랑캐들은 바다를 건너 멀리 온 자들이 아닙니까"라고 했고,[92] 1596년 한 재야(在野) 사인은 상소문에서 고구려 시기에 "우리나라의 활쏘기와 말달리기 기량은 오히려 수나라와 당나라의 위력도 감당해낼 수 있었다"고 이야기했다.[93]

17세기 중엽 이후 북벌론이 제기되면서는 고구려의 강한 무력에 더해서 수나라와 당나라의 부당한 침입을 격퇴한 고구려 장수들의 충성과 의리에 대해서도 긍정적으로 평가하게 되었다.[94] 송시열은 1649년 효종 즉위 직후 올린 「기축봉사(己丑封事)」에서 대명의리와 청에 대한

---

90) "居小中華之地, 不以中國自治, 而引司强戰, 慢大邦, 自取其亡, 則高勾麗之盛大, 乃所以速禍也.": 『修山集』 卷12 「高勾麗地理志」(문집총간 a247_547c).

91) 허태용, 『조선후기 중화론과 역사인식』, 55-61쪽.

92) "兵曹參判沈忠謙啓曰. … 我國雖褊小, 昔以三分之一, 拒天下之全師. 況此島夷渡海遠來者乎.": 『宣祖實錄』 26년(1593) 11월 20일.

93) "幼學河應益上疏, 略曰. … 我國弓馬之技, 尚支隋唐之威.": 『宣祖實錄』 29년(1596) 8월 13일. 물론 허태용이 지적하듯이 이 같은 생각은 주로 대내적으로만 표출되었고 명나라에 보내는 문서에는 여전히 "중국의 역대 왕조에 충순하게 복종하던 역사를 부각할 수밖에 없었다"다: 『조선후기 중화론과 역사인식』, 60쪽.

94) 허태용, 『조선후기 중화론과 역사인식』, 102-112쪽.

복수를 주장하면서 "오늘날 논자들은 모두 병력의 약함을 들어 해볼 수가 없다고 하지만, 고구려는 우리나라 3분의 1[의 땅]으로 수, 당의 백만의 무리를 물리쳤고, 또 당 태종의 영웅됨으로도 안시성(安市城)에서 곤욕을 당하였"음을 상기시켰는데,[95] 나중 1668년 을지문덕(乙支文德)의 사우(祠宇) 건립 시 작성한 기문(記文)에서는 자신의 아버지를 죽이고 그 후궁을 간음하는 등 용납할 수 없는 만행을 저지른 수양제(隋煬帝, 재위 604-618)가 침입해왔을 때 을지문덕이 "작은 나라의 힘없는 군사로 능히 흉악한 칼날을 크게 꺾음으로써 끝내 헛된 죽음의 한 곡조가 천하에 어지럽게 퍼지게 하고 수양제의 종사(宗嗣)가 남지 못하도록 했은즉 가히 사람들의 마음을 크게 통쾌하게 했다고 할 만하다"고 하여 을지문덕의 무공(武功)만이 아니라 그 도덕적 의미까지도 평가했다.[96] 윤휴도 1674년 현종에게 올린 「갑인봉사(甲寅封事)」에서 "의리로 보든 형세로 보든 이기든 지든" 청에 대한 복수를 중단해서는 안 된다고 주장하면서 "앞서는 수나라와 당나라가 [고구려로부터] 곤욕을 당했고 뒤로는 요나라와 금나라도 [고려에] 꺾였"음을 지적했고, 이듬해 새로 즉위한 숙종에 대한 경연에서도 수양제가 백만대군으로 고구려를 정벌하려 했으나 을지문덕에게 패퇴했고 당태종도 친정(親征)에 나섰으나 안시성(安市城)을 공략하지 못하고 돌아갔다는 내용을 되풀이했다.[97] 고구려의 강한 무력에 대해서는 이후

---

95) "今日議者, 皆以兵力之弱, 爲不可有爲. 然高句麗以我國三分之一, 摧却隋唐百萬之衆, 且以唐太宗之英雄, 困於安市.": 『宋子大全』 卷5 「己丑封事」(문집총간 a108_202a).

96) "彼楊廣者, 弑父烝母, 不容於覆載之間者也. … 況廣自送其死於我境歟. 公能以小邦羸卒, 大衄兇鋒, 終使浪死一曲, 發天下亂, 而廣之宗無遺類焉, 則可謂大快人心. 而公之功不徒禦大蕾捍大患於一小邦而已也.": 『宋子大全』 卷142 「平壤府乙支公祠宇記」(문집총간 a113_056c).

경연의 논의나 조정 관료와 지방 유학들 사이에 계속해서 자주 언급되었다.[98]

고구려에 대한 이 같은 긍정적 재평가의 분위기에서 고구려를 기자의 후예로 보는 인식도 나타났다. 예컨대 허목은 고구려의 풍속에 오랑캐의 풍속이 섞여 있음을 지적하면서도 "그 국경이 「우공(禹貢)」에 나오는 중국 땅 기주(冀州)에 접해 있어 실로 기자의 나라이고 백성이 질박하고 진실되며 대국의 유풍(遺風)이 있었다"고 이야기했다.[99] 고구려가 기자의 제도를 이어받았다는 생각이 본격적으로 개진된 것은 이종휘의 『동사』에서였는데,[100] 이종휘는 고구려가 "단군의 혈통과 기자의 문화를 동시에 계승한" 것으로 보았고, 따라서 3국 가운데 고구려의 문물 제도가 기자의 유제에 가장 근접한 것으로 생각했다.[101] 예컨대 그는 고구려의 경우에는 왕비의 성(姓)이 서로 같은 예가 없었으며 "그 외의 정령(政令)의 일들 중에서도 그 문물 예속(禮俗)을 미루

---

97) "隋唐因於前, 遼金折於後. 縱彼能來, 我豈無待之之道乎哉. 故臣愚以爲今日之事, 以義以勢若勝若否, 俱不可已也. 大易之道, 利以和義, 春秋之義, 雖敗亦榮.": 『白湖先生文集』卷5「甲寅封事疏」(문집총간 a123_079d); "隋煬帝嘗以百萬之師伐高麗, 爲乙支文德所敗而歸. 唐太宗旣定天下之後, 親自東征, 逕至遼東, 攻安市城, 不能克而歸. 遼伐高麗, 爲姜邯贊所敗, 金伐高麗, 爲趙冲金就礪所敗. … 至今日之事, 以義以勢, 若勝若負. 臣曰, 卽今義理形勢, 固無不可勝之理. 不幸而敗, 亦足以見我之忠義.": 『白湖先生文集』卷12「經筵講說」乙卯 1월 10일(문집총간 a123_209b).

98) 허태용, 『조선후기 중화론과 역사인식』, 104쪽.

99) "其俗雜肅愼鮮卑靺鞨, 引弓強戰, 以攻伐興, 以攻伐亡. 然其壤界接於禹貢冀州中國之地, 而實箕子之國. 其民質實, 有大國之遺風.": 『記言』卷34 外篇「東事」三「高句麗世家下」(문집총간 a098_200d).

100) 허태용, 『조선후기 중화론과 역사인식』, 235-237쪽.

101) 鄭在薰, "조선후기 史書에 나타난 中華主義와 民族主義", 316쪽; 장유승, "이종휘(李種徽)의 자국사(自國史) 인식과 소중화주의(小中華主義)", 『민족문학사연구』35(2007), 40-82 중 60-62쪽.

어 볼 수 있었고, 신라의 거칠고 비루함과는 거리가 멀었으며, 이 때문에 기(箕) 씨의 유민들이 고구려와 발해가 되었음을 더욱 믿게 된다"고 말했다.[102] 그 외에도 그는 고구려의 형법이 기자의 팔조(八條)법을 계승해서 참혹함이 없다거나 기자 이후 조선조 이전에는 고구려만이 '사(士)'라고 부를 수 있는 사람들이 있었음을 예로 들었다.[103] 이런 생각을 지녔던 이종휘가 고구려 중심의 삼국사 인식을 보여준 것은 자연스러운 일로 이종휘의 『동사』열전(列傳)에는 고구려 인물이 많고 '지(志)'의 상당수가 고구려 문물 제도에 관한 것이었다.[104] 그는 고구려가 단군, 기자 이래의 도읍이었던 평양을 도읍으로 삼아 조선의 옛 영토를 이어받았음에 비해 신라, 백제는 조선의 변방에 불과해서 신라, 백제에 대한 지(志)는 대강만을 기록한다고 설명했으며, 신라와 백제가 삼한의 지역에서 일어났고 신라가 비록 삼국을 통일했다고 하나 그 영토가 끝내 패수(浿水)를 넘지 못했음을 지적하기도 했다.[105]

고구려에 대한 이 같은 인식은 고구려의 후계(後繼) 국가로서 발

---

102) "嘗觀高勾麗史, 后妃可紀者頗有之, 然無一同姓, 其他政令事爲之間, 可以推見其文物禮俗者, 盖與新羅之荒陋, 相去遠矣. 由是而益信箕氏遺民爲高勾麗渤海.": 『修山集』卷6 史論「麗德王論」(문집총간 a247_399c-399d).

103) "箕氏之世, 雖八條之法, 未必盡用也, 豈非仁聖之國哉. 高勾麗繼之而刑無慘酷.": 『修山集』卷12 東史志「高勾麗刑法志」(문집총간 a247_553c); "嘗觀北史, 言勾麗之俗. 每鄉有局堂, 聚子弟敎授其中, 而智爲詩書禮樂之事. 由此觀之, 箕氏以後, 我朝以前, 雖勾麗荒沌之世, 亦有所謂士者焉. 非獨我朝乃有也.": 『修山集』卷6「矯弱勢」(문집총간 a247_406c).

104) 金英心, 鄭在薰, "朝鮮後期 正統論의 受容과 그 變化―修山 李種徽의 『東史』를 중심으로", 『한국문화』26(2000), 171-200 중 191-193쪽; 장유승, "이종휘의 자국사 인식과 소중화주의", 61쪽.

105) "新羅百濟, 本係朝鮮外徼, 而勾麗得朝鮮. 故其志亦及二方之大槩云.": 『修山集』卷12 東史志「高勾麗地理志(附新羅百濟)」(문집총간 a247_553a); "新羅百濟起三韓地, 羅雖統合三國, 而其地竟不能過浿水." 같은 글(문집총간 a247_547b).

해에 대한 재인식으로 이어지고 발해를 동국의 역사 계보에 편입하는 움직임을 빚기도 했다.[106] "기 씨의 유민들이 고구려와 발해가 되었다"는 위에 인용한 이종휘의 언급은 기자의 후예로서 고구려에 대한 인식이 발해로까지 이어졌음을 보여준다. 이종휘는 고구려가 단군과 기자의 영토를 모두 회복하지 못한 데 반해 발해는 모두 회복했다는 점에서 고구려보다 발해를 더 높이 평가하기도 했는데,[107] 그는 대조영(大祚榮, 재위 699-719)에 대해서 "고구려의 한 굶주린 종으로 때를 틈타 일어나서 … 활 쏘는 백성들에게 의관과 예악을 갖추게 하여 수백년의 소중화의 나라가 되게 한 것은 기자 이래 단 한 사람뿐이었다"고까지 말했다.[108] 그 외에도 강재항(姜在恒, 1689-1756), 신경준(申景濬, 1712-1781), 황윤석, 유득공(柳得恭, 1748-1807) 등이 대(大) 씨를 고구려의 성(姓)으로 규정하기도 하고 대조영이 건국한 발해가 고구려의 후계 국가로서 우리나라 역사의 일부라는 인식을 보였다.[109] 특히 유득공은 『발해고(渤海考)』의 서문에서 신라와 발해를 "남북국(南北國)"이라고 부르면서 고려가 남북국사를 편찬하지 않은 것을 비판하기까지 했다.

　　부여(扶餘) 씨가 망하고 고(高) 씨가 망했다. 김 씨가 그중 남쪽을 차지

106) 허태용, 『조선후기 중화론과 역사인식』, 237-243쪽.
107) "蓋朝鮮起自檀君, 箕氏據之以傳於衛滿, 漢取諸衛滿, 以歸於高勾麗, 勾麗不能合其全地. … 及唐取高句麗, 而復歸於渤海大氏, 始完檀箕之幅.": 『修山集』 卷6 「古史三國職方考論」(문집총간 a247_401c-401d).
108) "大祚榮以高麗一餓隸, 乘時鵲起, 奄有東北諸夷五千里地, 折獷詭兇獷之心, 而衣冠禮樂於椎髻引弓之民, 爲餘屢百年小中華之國. 盖太師以來, 一人而已.": 『修山集』 卷11 東史世家 「渤海世家」(문집총간 a247_519d).
109) 허태용, 『조선후기 중화론과 역사인식』, 238-240쪽.

하고 대(大) 씨가 그중 북쪽을 차지해서 발해라 하였는데 이를 남북국이라 부른다. 마땅히 남북국사가 있어야 함에도 고려가 그것을 편찬하지 않은 것은 잘못이다. 대[조영] 씨가 어떤 사람인가? 바로 고구려 사람이다. 그가 소유한 땅은 어떤 땅인가? 바로 고구려의 땅인데 그 동, 서, 북쪽을 개척하여 더 크게 한 것이다.[110]

유득공의 이 같은 인식은 그와 동시대인 박제가, 성해응(成海應, 1760-1839) 등은 물론 그 후 홍경모(洪敬謨, 1774-1851), 김정호(金正浩, 1804-1866) 등도 공유했다.[111]

고구려와 발해에 대한 이 같은 재인식은 고조선의 고토로서 고구려와 발해가 웅거했던 만주 지역을 회복하자는 실지회복 의식으로도 나타났다. 고대 북방영토를 회복하고자 하는 생각은 조선 초 정도전과 남은(南誾, 1354-1398) 등에게서도 찾아볼 수 있었지만,[112] 조선 후기 들어 고구려, 발해에 대한 재인식과 함께 더 심화되었다. 예컨대 안정복은 고구려 구토(舊土)인 요동(遼東), 심양(瀋陽) 지역이 지니는 지리적 이점을 지적하고 고려 말 기회가 있었음에도 그 지역을 회복하지 못한 것을 아쉬워했으며, 신라가 수도를 옮기지 않고 그대로 두어 고구려 구토를 잃은 것을 아쉬워하는 한백겸을 인용하기도 했다.[113] 역시 이종휘의 『동사』에 이 같은 실지회복 의식이 가장 적극적으로

---

110) "扶餘氏亡高氏亡, 金氏有其南, 大氏有其北曰渤海, 是謂南北國. 宜其有南北國史, 而高麗不修之非矣. 夫大氏何人也. 乃高句麗之人也. 其所有之地何地也, 乃高句麗之地也, 而斥其東斥其西斥其北而大之耳.": 『泠齋集』 卷7 「渤海考序」(문집총간 a260_113b).

111) 허태용, 『조선후기 중화론과 역사인식』, 242쪽.

112) 허태용, 『조선후기 중화론과 역사인식』, 43쪽.

113) 허태용, 『조선후기 중화론과 역사인식』, 211쪽.

드러나 있는데, 그는 당시의 조선의 영토를 단군, 기자의 시기와 비교할 때 삼한 지역은 모두 포함하지만 단군, 기자조선 영토는 5분의 2만을 차지하고 있고 삼한(三韓)의 경우와 비교해도 대마도를 상실하였음을 지적하고 "중국에 비유하면 산동(山東), 하북(河北), 삭방(朔方), 하서(河西), 안남(安南) 등지를 잃은 것과 같으니 이는 매우 애석해할 일"이라고 했다.[114] 이종휘는 요동에 역사상 처음으로 국가를 세운 것은 고조선이므로 고조선을 계승한 조선이 고조선의 고토인 요동을 회복해야 한다는 생각을 지녔고 그 지역의 경우 단군, 기자만이 아니라 고구려의 옛 땅이자 윤관(尹瓘, ?-1111)이 9성(九城)을 쌓고 김종서(金宗瑞, 1383-1453)가 6진(六鎭)을 개척한 곳이었음을 지적했다.[115] 그의 생각으로는 이들 지역이 군사적 중요성도 지니고 있어서 이들 지역을 차지하지 않으면 "[조선의] 양계(兩界) 지역을 보존할 수가 없고, 양계를 보존하지 않으면 동국 역시 뒤따라 이적이 될 것"이었다.[116] 이종휘의 이 같은 생각은 박지원, 홍양호 등 동시대 사인들에 의해서도 공유되었다.[117]

한편 고구려, 발해 등 북방영토와 고대사에 대한 관심에서도 조선 사인들의 당색에 따른 차이를 볼 수 있다. 위에서 언급했듯이 노론에 비해 소론-남인이 대체로 고대사에 많은 관심을 지녔는데, 그 세부에서 소론과 남인 사이의 차이를 볼 수 있다.[118] 위의 이종휘, 유득공의

---

114) "然視檀箕舊國, 全據者三韓也. 於朝鮮故境, 才得其五之二. 又於三韓, 失其對馬一域, 而還得耽羅. 譬之中國, 無山東河北朔方河西安南等地耳. 此甚可惜者也.": 『修山集』卷6「革舊俗」(문집총간 a247_405b-405c).

115) 배우성, "조선후기 中華 인식의 지리적 맥락", 『韓國史研究』 158호(2012), 159-195 중 188쪽; 허태용, 『조선후기 중화론과 역사인식』, 233-235쪽.

116) "愚以爲天下有變, 則事勢自有不可不取者. 何也. 不取遼瀋, 則無以保兩界. 兩界不保, 則東國亦隨之而夷狄矣.": 『修山集』卷6 策二.(문집총간 a247_413d-414a).

117) 허태용, 『조선후기 중화론과 역사인식』, 232쪽.

118) 이하의 논의는 趙成山, "조선후기 소론계의 古代史 연구와 中華主義의 변용",

예에서 보듯, 소론 사인들이 고구려와 발해사 등 북방사에 많은 관심을 보인 것은 잘 알려져 있는데, 이에 비해 남인 계열 사인들은 신라, 마한 중심으로 한반도 내에 관심을 지녔고, 고구려, 발해의 옛 영토 회복에 별 관심이 없어서 북방 지역에는 소극적이었다. 이익은 압록강 북쪽 지역을 회복하지 않았기 때문에 오히려 "일부 지역을 온전히 보존하고 있어 의관과 옛 풍속을 잃지 않고 있으니, 또한 천지간에 하나의 즐거움이라 할 것이다"라고 이야기하기도 했다.[119] 안정복 또한 구토 회복에 소극적이어서 "지금의 병력으로는 기자와 고구려의 옛 땅을 회복하고 목조(穆祖), 익조(翼祖)의 구거(舊居)를 회복하는 것을 논할 수 없다. 옛 일을 많이 알아 국경에 대해 밝혀 자강(自彊)의 도(道)로 할 뿐이다"라고 했다.[120] 더 나아가 정약용은 중국과 여러 오랑캐들에게 모두 요충지가 되는 요동을 조선이 차지했다면 평화 시에는 사신 접대에 시달리고 전시에는 사방에서 적을 마주해야 하는 어려움을 겪게 되었을 것이라는 이유를 들어 고구려의 고토를 회복하지 않은 것이 다행인 점도 있다고까지 이야기했다.[121]

특히 73-77쪽에 바탕한 것이다.

119) "今也鴨綠以外, 地勢人風有不可以更合, 退以江流爲界, 金甌全缺, 保全一方, 不失衣冠舊俗. 亦天地間一樂爾.": 『星湖僿說』 卷1 天地門「檀箕疆域」. 조성산은 이익이 남방을 기자와 주나라에 그리고 북방을 위만에 연결시키는 등 "중화적 정체성을 남방에 두고자 하는 의식"이 강했음을 지적했다: "조선후기 소론계의 古代史 연구와 中華主義의 변용", 75쪽.

120) "以今兵力, 無論於復箕高之故域, 恢穆翼之舊居. 當多識舊事, 明其界限, 爲自彊之道而已.": 『順菴先生文集』 卷19「東國地界說」(문집총간 a230_199d-200a).

121) "臣謂遼東之不復國之幸也. 遼東者, 華夷往來之衝也. … 苟以愿順不武之邦而擁有遼東, 其害可勝言哉. 和附則使价供億之費, 兵丁調助之役, 竭一國之力而不能支也. 失和則四面受敵而兵革無已時, 竭一國之力而不能支也.": 『與猶堂全書』 第1集 詩文集 卷12「遼東論」(문집총간 a281_251a-251b). 이어서 그는 "得荒鹵無益之地, 而增敵於天下者. 英主不爲也."라고 덧붙였다.

7장
조선인으로서의
자의식과 자부심

앞의 두 장에서 조선 후기 사인들의 '소중화' 및 '조선중화' 의식과 그들이 자신들의 고대 문화의 기원으로서 기자와 단군에 대해, 그리고 고구려, 발해와 이 고대 국가들이 웅거했던 북방영토에 대해 재인식하게 된 과정에 대해 살펴보았다. 조선 후기 사인들의 이 같은 인식과 재인식은 그들의 중국에 대한 인식과 태도가 지니는 다양하고 복합적인 측면을 보여주며, 실제로 중국과 중화 문화에 대한 그들의 인식과 태도에 다양하고 복합적인 영향을 미쳤다. 그러한 영향이 나타난 한 가지 예로 조선 후기 사인들이 지녔던 조선인으로서의 자의식(自意識)과 조선 문화와 학문에 대한 자부심을 들 수 있다. 이제 조선이 중화가 되었다는 인식에 따라 조선 사인들이 한편으로는 중화 문화와의 일체감을 느끼게 되었고 그와 함께 중화 문화를 성취한 조선 문화와 학문의 우수성에 대한 자부심을 지니면서, 다른 한편으로는 이렇게 우수한 문화를 성취한 조선이 중국과는 다르다는 깨달음이 생겨나기도 했고, 그에 따라 조선의 독자적 문화와 역사에 관심을 가지고 연구해야 할 필요성을 인식하고 주장하게 되었던 것이다. 이 장에서는 조선 후기 사인들에게서 볼 수 있는 이 같은 조선인으로서의 자의식, 그리고 그와 함께 나타난 조선의 문화와 역사에 대한 관심과 조선의 문화와 학문의 우수성에 대한 자부심을 다룰 것이다.

7.1 조선인으로서의 자의식

이제는 조선이 중화가 되었다는 생각은 많은 조선 사인들로 하여금 중화 문명과 중국 유가 전통을 '중국'이라는 '타자(他者)'의 것이 아니라 자신들의 것으로 생각하게 했다. 중국이 아닌 조선의 역사와 문화에 관심을 보인 것으로 평가받는 안정복 같은 사람도 천주교 교리 비판을 내용으로 하는 『천학문답(天學問答)』에서는 "우리 중국(我中國)", "우리 중국의 성인(我中國聖人)" 같은 표현을 사용했다는 것이 이를 보여준다.[1] 또한 많은 조선 사인들이 송, 원, 명대의 중국 사인들을 인용하고 논의함에 있어 굳이 그들이 조선이 아닌 중국의 사인임을 드러내지 않고 앞 시대의 조선 사인들을 인용하고 논의하는 것과 다르지 않게 언급했으며, 당대 조선의 문화와 학문의 상황이 과거의 높은 수준에 이르지 못하고 쇠퇴했다는 식의 불만을 토로하면서 과거의 예로 조선이 아닌 중국의 상황을 들어 현재의 조선의 상황과 비교하는 경우도 많았다. 문중양은 이 같은 점에 대해 "조선의 지식인들에게 '중국'은 타자이면서도 그것을 전유해서 자기의 것으로 계승하고자 했던 보편이기도 했"으며 "조선의 지식인들은 그것을 '중화'라고 부르며

---

[1] 예를 들어 『順菴先生文集』 卷17 「天學問答」(문집총간 a230_147a).

추구하고 내면화했었다”고 표현했다.[2]

이처럼 자신들을 중화 문명과 ‘일체화’시키고 중화 문명을 자신들의 전통으로 인식하는 경향이 단적으로 드러나는 것이 한문(漢文)을 외국어가 아니라 조선의 ‘문어(文語)’로 보는 조선 사인들의 생각이었다. 실제로 조선 후기의 사인들은 학문적인 저술에서는 물론 편지를 주고받거나 일기를 쓰는 등 일상적인 생활에서도 전적으로 한문을 사용했으며, 그들에게 한문은 사실상 자국의 문어였던 것이다. 그 같은 생각은 자신들이 중국 사인들과 같은 한자를 사용하며 하나의 문화권에 함께 살고 있다는 ‘동문(同文)’ 의식, ‘병세(並世)’ 의식으로 나타났다.[3] 한자문화권의 사인들 사이에 그 이전부터 존재해오던 이 같은 동문, 병세 의식은 18세기 후반 들어 청 사인들과 조선 사인들의 교류가 본격화되면서 더욱 깊어졌다. 청의『사고전서』편찬 과정에서 조선과 일본의 문헌까지 조사, 검토한 일이나,[4] 서양 종교인 천주교가 야기한 중화 문명에 대한 위기감 등도 이에 기여했다.[5]

이 같은 분위기에서 중국과 조선 학자들 사이에 한자를 매개로 한 다양한 공동작업이 이루어졌는데, 특히 조선과 중국 사인들의 시문(詩文)을 함께 엮은 시문집들이 많이 출간되었다. 예컨대 윤광심(尹光心, 1751-1817)의『병세집(並世集)』은 조선 문인들의 시문과 함께 당대

---

2) 문중양, “15세기의 ‘風土不同論’과 조선의 고유성”,『韓國史研究』162호(2013), 45-83 중 46쪽.

3) 정민, “18, 19세기 조선 지식인의 병세의식(并世意識)”,『한국문화』54(2011), 183-204쪽; 조성산, “19세기 조선의 동문의식과 한문근대”, 미야지마 히로시 엮음,『동아시아는 몇 시인가?』(너머북스, 2015), 204-233쪽.

4) 조성산, “19세기 조선의 동문의식과 한문근대”, 212-219쪽.

5) 조성산, “18세기 후반~19세기 중반 朝鮮 세시풍속서 서술의 특징과 의의―‘中國’ 인식의 문제를 중심으로”,『朝鮮時代史學報』60집(2012), 183-221 중 210쪽.

청과 일본의 유명한 문인들의 시문을 함께 실었으며,[6] 자신을 비롯해 조선 사인들과 교유한 중국 문인들의 시문을 중심으로 엮은 『병세집』의 서문에서 유득공(柳得恭, 1748-1807)은 당대 중국 문인만이 아니라 해외의 문인들의 시문까지 모아 실은 중국의 진계숭(陳繼崧, 1625-1682)의 『금시협연집(今詩篋衍集)』과 심덕잠(沈德潛, 1673-1769)의 『국조시별재집(國朝詩別裁集)』의 예를 언급하기도 했다.[7] 나중 김정희(金正喜, 1786-1856)의 『동고문존(東古文存)』도 조선 문인들의 글과 함께 조선에 남아 있는 한(漢)에서 수(隋) 시기까지의 중국 문인들의 고문(古文)을 실었다.[8] 비학(碑學)도 중국과 조선, 일본에 산재된 고비(古碑)에 대한 연구를 통해 조선과 중국 사인들을 동문, 병세 의식으로 "연결시켜주는 중요한 학술적 매개"로 작용했다.[9] 조선 사인들은 이 같은 작업을 통해서 중국 문화와의 일체감과 함께 중화 세계의 일원으로서 자신들의 문화적 위상을 확인하고 있었고, 그 과정에서 결과적으로 한문은 더욱더 널리 사용되게 되었다.

이렇듯 한문이 사인들 사이에 조선의 문어로 인식된 반면에 중국어 구어(口語)인 백화(白話)를 습득하려는 관심은 줄어들어서, 17세기까지만 해도 어느 정도 있었던 백화를 구사하는 조선 사인들은 18세기에 들면서 현저히 줄어들었다.[10] 홍대용은 연행에 앞서 몇 년간 백화

---

6) 정민, "18, 19세기 조선 지식인의 병세의식", 190-191쪽.

7) 정민, "18, 19세기 조선 지식인의 병세의식", 192-193쪽.

8) 朴現圭, "조선 金正喜의 《東古文存》에 대한 再論", 『동아인문학』 3집(2003), 357-380 중 371-377쪽.

9) 조성산, "18세기 후반-19세기 전반 조선의 碑學 유행과 그 의미", 『정신문화연구』 33권(2010), 129-161. 인용구는 130쪽.

10) 배우성, "조선후기 지식인의 漢語 인식과 滿洲語", 『朝鮮時代史學報』 43호(2007), 133-166쪽.

를 학습하여 조선 사인들 중 예외적인 경우였는데, 그 역시 처음 중국에 들어갔을 때 중국인들의 말을 거의 알아듣지 못했고, 그 후 중국 체재 중에도 중국인 차부(車夫)였던 왕문거(王文舉)와 종일 백화를 사용하는 등 열심히 연습했으나 결국 실제 중국 사인들과의 대화는 거의 전적으로 한문 필담(筆談)에 의존했다.[11] 필담으로 큰 불편을 느끼지 않는 상황에서 백화 학습의 필요성이 더욱 낮아졌고, 이런 상황에서 백화는 차츰 역관(譯官)들의 전유물이 되어갔다.[12]

한편 조선 후기의 사인들은 자신들이 중화 수준의 문화를 이루었다는 인식에서 이렇듯 중화와의 일체감을 느끼면서도 동시에 그 같은 수준의 문화를 지닌 자신들이 중국과는 다르다는 조선의 독자성에 대한 자의식을 지니게 되었다. 물론 조선이 중국과 별개의 독자적 구역이라는 생각은 일찍부터 있었다. 예컨대 1388년 조선 건국 직전 권근(權近, 1352-1409)이 우리나라가 외딴 곳의 소국으로 영토가 협소하고 메마르다고 하면서도 "그러나 조상으로부터 전해 내려왔고 구역이 정해져 있음"을 지적한 바 있었다.[13] 나중 이중환(李重煥, 1690-1756)도 1장에서 보았듯이 조선의 지세가 중국에 읍하는 형상이라고 하여

---

11) "余宿有一遊之志, 略見譯語諸書, 習其語有年矣. 及入柵, 雖尋常行語, 全未解聽, 則不勝慌悶. 自此以後, 在車則與王文舉終日講話. … 語無不到而不用筆舌. 其在北京則周行街巷, 隨事應酬, 音韵益熟, 惟至文字奧語及南邊士人, 則茫然如聾啞也.":『湛軒書』外集 卷8「沿路記略」(문집총간 a248_278c-278d).

12) 사실 조선 전기부터 문신들이 백화를 낮게 취급해서 백화 학습이 주로 서얼에게 국한되어갔는데 17세기가 되면 백화가 서얼의 전담 영역으로 인식되게까지 되었다: 배우성,『조선과 중화—조선이 꿈꾸고 상상한 세계와 문명』(돌베개, 2014), 132-134쪽.

13) "敝邦, 僻在遐壤, 褊小實同於墨誌, 嶢嶢何異於石田. 況從東隅, 以至北鄙, 介辺山海, 形勢甚偏. 傳自祖宗, 區域有定.":『陽村先生文集』卷24 事大表箋類(문집총간 a007_237a).

중국에 사대하는 것을 당연시했으면서도 '멀리 해외에 위치한 하나의 특별한 구역'임을 강조했다.[14] 국왕 영조도 1733년 "우리나라는 중국과 달라서 한(漢), 당(唐)의 위세로도 땅을 빼앗고 나라를 바꿀 수 없었으며, 조선 안에서 스스로 대를 바꿔 이어가며 오늘에 이르렀다"고 이야기했다.[15]

조선 사인들은 이에서 더 나아가 이같이 중국과는 별개의 독자적 구역인 조선이 언어, 풍속, 문화 등 여러 면에서 중국과 구별된다는 인식을 뚜렷이 보이기도 했다. 예컨대 이익은 우리나라가 "언어와 복식이 중국과 절연하게 달라서 사명(使命)의 왕래 이외에는 서로 통하지 못하게 하니, 압록의 한 강물이 바로 천참(天塹)을 이루고 본토의 주현(州縣)과 구별된다"고 단언했으며,[16] 조선에서 『주자가례(朱子家禮)』를 그대로 따를 수 없음을 주장하면서는 "하물며 동국 백성들은 토지가 척박하고 가난한 데다 세력과 지위가 날로 낮아졌다. 재력이 부족하면 예를 갖출 수가 없는데, 억지로 시키면 반드시 일이 궁색해지고 정(情)이 위축되어 행할 수 없는 점이 있을 것"이라고 지적했다.[17]

사실 '기자동래'설을 받아들이는 과정에서도 조선이 기자를 통해 중화 문화를 받아들였지만 중국으로부터의 독자성을 유지했다는 인식이 나타났다. 6장에서 보았듯이 이미 고려 말 이색이 무왕이 기자를

---

14) 『擇里志』「山水」; 김문용, "동국의식과 세계 인식―조선시대 집단적 자아의식의 한 단면", 『국학연구』 제14집(2009), 121-150 중 127쪽.

15) "我國異於中國, 雖以漢唐之威, 不能奪地易國, 朝鮮之內, 自相革代, 以至于今日矣.": 『英祖實錄』 9년(1733) 12월 19일.

16) "言語服飾絕異中華, 使命往來之外不使相通, 鴨綠一水便成天塹, 而別於內屬之州縣.": 『星湖僿說』 卷13 人事門 「鴨綠天塹」.

17) "況東民土瘠民貧, 勢位益下. 財不足則禮不備. 強與周旋, 必有事屈情蹙, 有不得行者矣.": 『星湖全集』 卷49 「家禮喪祭圖說序」(문집총간 a199_404c).

봉하면서 신하로 삼지는 않았음을 지적했었는데, "무왕이 기자를 조선에 봉하였으나 신하로 삼지 않았다"는 『사기(史記)』의 구절[18]에 바탕한 이른바 '기자불신(箕子不臣)'론은 그 후 계속해서 제기되었다. 조선후기에 들어서는 정온(鄭蘊, 1569-1641), 홍여하(洪汝河, 1620-1674) 등 기자가 무왕의 봉함을 받은 사실 자체를 부정하는 사람들이 나타났는데,[19] 정온은 무왕이 기자를 봉한 것이 아니라 하늘이 봉한 것이라는 주장을 폈고,[20] 홍여하는 기자가 무왕의 봉함을 받은 것이 아니라 조선으로 온 후 동인(東人)들에 의해 왕으로 추대되었고 이를 무왕이 받아들여 군신이 아니라 빈주(賓主)의 예로 대한 것으로 보았다.[21] 한편 홍만종과 안정복은 기자가 조선에 간 후에 무왕이 그를 조선에 봉했으나 신하로 대하지는 않은 것으로 보았다.[22] 이 같은 기자불신론은 서명응, 이종휘 등 18세기 중반 이후의 사인들로도 계속 이어졌다.[23]

---

18) "於是武王乃封箕子於朝鮮而不臣也.":『史記』卷38(北京: 中華書局 交點本), 1620쪽.
19) 허태용, "전근대 동국의식의 역사적 성격 재검토",『역사비평』111호(2015년 여름), 443-470 중 457쪽.
20) 정온은 이어서 하늘이 봉한 것도 기자 개인이 아니라 "道"라고 주장했다. "封之也, 非武王封之也, 天封之也. 受之也, 非箕子受之也, 天受之也. 封之以天, 受之以天, 則其封之也, 非封箕子也. 封其道也. 而其受之也, 非受武王之封也, 受其道之封也.":『桐溪先生文集』卷2「箕子受封朝鮮論」(문집총간 a075_194a).
21) "太師既至, 東人尊而君之. … 武王亦許之, 已定不臣, 用賓主之禮.":『東國通鑑提綱』卷1「朝鮮記 上 殷太師」; 鄭在薰, "조선후기 史書에 나타난 中華主義와 民族主義",『韓國實學研究』8(2004), 299-323 중 306-307쪽.
22) 洪萬宗,『東國歷代總目』「箕子朝鮮」; 安鼎福,『東史綱目』附卷上「箕子僻地朝鮮與受封朝鮮之別」; 허태용, "전근대 동국의식의 역사적 성격 재검토", 469쪽(주 53).
23) 金文植, "18세기 후반 徐命膺의 箕子 認識",『韓國史學史研究』(나남출판사, 1997), 325-356 중 336쪽; 鄭在薰, "조선후기 史書에 나타난 中華主義와 民族主義", 316쪽.

7.2 조선의 문화와 역사에 대한 관심: '조선풍'

조선이 중국과 구분된다는 이 같은 조선 후기 사인들의 자의식은 그들에게 중국에만 관심을 가질 것이 아니라 조선의 상황과 현실에 관심을 가지고 조선의 역사, 지리, 언어, 문학 등 자국 문화를 탐구해야 한다는, '조선풍(朝鮮風)'[24]이라고 부를 수 있는 경향을 빚어냈다. 예컨대 이익은 1755년『동사강목』을 집필 중인 제자 안정복에게 보낸 편지에서 조선의 상황이 중국과 차이가 있음에도 불구하고 조선 사인들이 조선의 일에 대해 자세히 살피지 않는 것을 비판했다.

　지금 사람들은 동방에서 태어났으면서도 유독 동방의 일에 대해서는 전혀 살펴 알지 못한다. 심지어 "『동국통감』을 누가 읽겠는가"라고 말하니, 사리에 어긋남이 이와 같다. 동국은 본래 동국이어서 그 규정과 제도, 체제와 형세가 자연히 중국의 역사와는 차이가 있다. 사대(事大)하고 교린(交隣)하는 가운데 옛일에서 증험하고 지금에 견주어보면 진실로 헤아려보지 않을 수 없는 바가 있지만, 동인(東人)들은 대체로 [그에 대해] 어둡다.[25]

나아가 이익은 조선 사람들이 중국의 자료에만 의존하고 조선의 것으로는『고려사(高麗史)』만 있을 뿐 조선 시대에 대한 문헌은 모두 없어져 버려서 득실(得失)을 고찰할 수가 없게 되었음을 지적하고 각 부서

---

24)　沈慶昊, "18세기 후반, 19세기 전반의 한국문학에 나타난 실학적 특성에 관한 일고찰",『韓國實學研究』, 5호(2003), 247-291 중 251쪽.

25)　"今人生乎東邦, 惟東事全不省覺, 至曰東國通鑑有誰讀之, 其乖戾如此. 東國自東國, 其規制體勢自與中史有別. 其事大交鄰之間, 驗古準今, 誠有不可不商量者. 東人蓋昧昧然也.":『星湖全集』卷25「答安百順 乙亥」(문집총간 a198_512a).

의 자료들을 부문을 나눠 절록(節錄)하여 간행할 것을 주장했다.[26]

안정복도 고조선부터 고려 말까지의 역사 『동사강목』과 조선 초부터 영조대까지에 대한 『열조통기(列朝通紀)』를 저술하여 자국의 역사의 중요성에 대한 인식을 보였다. 그는 1756년 역시 이익의 문하인 윤동규(尹東奎, 1695-1773)에게 보낸 편지에서 "동사(東史)는 비록 몇 종류가 있지만 편년(編年)으로 된 것은 전혀 의례(義例)가 없고, 정사(正史) 또한 심히 소홀하며 고금을 통해 그것을 언급한 자가 한 사람도 없는데, 만약 이대로 두고 만다면 후인들 또한 반드시 그 뜻이 당연하다고 말할 것이니, 우리 동방의 몇천백 년 사적(事蹟)이 후세의 웃음거리가 되고 말 것"이라고 이야기했다.[27] 안정복은 1758년 스승 이익에게 쓴 편지에서는 "동인(東人)은 매번 동사(東事)를 소홀히 하여 알지 못합니다. 그가 이룩한 바가 아무리 크다 해도 필경 동인일 뿐인데 몸은 이 땅에 살면서 그 일을 모르니 진실로 안타까워할 일입니다"라고 말했고,[28] 나중 1781년에도 "동인은 비록 '경천위지(經天緯地)'의 재주를 지녔어도 필경 동인에 지나지 않는데, 동인이 동사를 익히지 않아서 되겠는가"라고 했다.[29]

---

26) "識時務, 我東之所短也. 今古議論雖備, 土風絶異時宜不同, 若非卽事審情如何曲中其疵. 高麗史一書猶有可撿處, 聖朝三百有餘年文獻一皆蕩失, 後世何從而考其得失乎. … 愚謂今擇通明重臣及郎僚數人主之, 悉出備局及諸司文字, 分門節錄如唐順之右編之例, 旣奏九重刊行流布, 以爲永久補治之具不可已也.": 『星湖僿說』卷8 人事門「東人奏議」.

27) "東史雖有數種, 而編年全無義例, 正史亦甚疎忽, 古今來無一人言及者. 若止此而已, 則後人亦必曰其義當然, 吾東方數千百年事蹟, 只爲後世取笑之資耳.": 『順菴先生文集』卷3「答邵南尹丈書 丙子」(문집총간 a229_389c).

28) "東人每忽東事不知. 渠所樹立雖大, 畢竟終是東人. 身居此土, 不知其事, 誠可憫歎.": 『順菴先生文集』권2「上星湖先生書 戊寅」(문집총간 a229_373b).

29) "東人雖有經緯天地之才, 畢竟是東人而止, 則東人而不習東事可乎.": 『順菴先生文集』卷9「答鄭子尙書」(문집총간 a229_527a). 조성산은 이익과 안정복의 이 같은

18세기 후반에 들어서서 이 같은 '조선풍'은 더욱 널리 퍼졌다. 홍대용은 중국 사인 반정균에게 보낸 편지에서 중국의 문헌에만 매달려 자국의 역사와 문헌을 소홀히 하는 조선의 풍조를 한탄했다.

동방의 풍속이 유학을 숭상하고 믿어 저술이 다양하나, 다만 선비들이 늙어 죽도록 일삼아 한 것은 오직 중국의 문헌에만 매달리고 동방의 역사와 전고(典故)는 대개 빼어놓고 논의하지 않습니다. 먼 것에 힘쓰고 가까운 것을 소홀히 하니 자못 괴이한 일입니다. 이 때문에 신라와 고려 시대는 고증할 만한 전적(典籍)이 없고, 특히 본조(本朝) 4백 년 동안은 좋은 법과 아름다운 정치, 이름난 신하와 큰 선비가 대를 이어 떨어지지 않았으나, 서적이 매우 적어 고증하기 어렵습니다.[30]

정조도 "근래 사대부들 간에 풍습이 매우 괴상하여 반드시 우리나라의 틀에서 벗어나 멀리 중국인들이 하는 것을 배우려 한다"고 지적하고 "우리 동방에 태어났다면 마땅히 우리 동방의 본색을 지켜야 하지 어찌하여 반드시 중국 사람을 본받으려 사력을 다해 애쓰는가"라고 말했다.[31]

주장에서 중국의 침략에 대항해서 정치적 독립을 유지하고자 하는 생각을 볼 수 있다고 지적했는데, 여기에는 또한 주자학과 중화 전통에만 경도되고 조선 자체의 현실을 소홀히 하는 노론 지배층에 대한 반감도 작용했다: 조성산, "조선후기 성호학의 '지역성' 담론", 『민족문화연구』 60(2013), 25-56 중 35-38쪽.

30) "東俗崇信儒學, 著述多門, 但士子沒齒從事, 惟矻矻於中華文獻, 而東史典故, 多闕不講. 鶩遠忽近, 殊爲詫异. 以是羅麗之際, 典籍無徵. 惟本國四百年間, 良法美政, 名臣鉅儒, 代不乏人, 而書籍甚寡, 有難考證.": 『湛軒書』 外集 卷1 「杭傳尺牘 與秋庫書」(문집총간 a248_116d).

31) "近來士夫間, 習尙甚恠, 必欲脫却我國規模, 遠學唐人所爲. … 此輩旣生於我東, 當守我東本色. 豈必竭死力, 效嚬唐人耶.": 『弘齋全書』 卷175 日得錄十五

청의 학문과 문화를 배우자고 주장하던 '북학파' 사인들도 같은 경향을 보였다. 예컨대 박지원은 서유본(徐有本, 1762-1822)에게 준 시에서 우리나라 사람들이 한, 당의 시문을 본뜨지만 "비슷하다고 말하는 것 자체가 이미 참이 아님"을 뜻한다고 하면서, 조선의 풍요(風謠)가 중국과 다르고 "눈앞의 일에 참된 흥취가 있는 것"이니 한, 당을 모방만 하려 들 것이 아니라고 읊었고,[32] 이덕무의 시를 칭찬하면서는 조선의 시가 중국의 시와 달라야 함을 다음과 같이 이야기했다.

무관(懋官)[이덕무]은 조선 사람이다. 산천, 풍기(風氣)와 땅이 중국과 다르고 언어, 풍속과 세상이 한, 당의 것이 아니다. 만약 작법을 중화에서 본뜨고 문체를 한, 당에서 답습한다면, 우리는 단지 작법이 고상할수록 그 뜻이 실로 낮고, 문체가 비슷할수록 그 말이 더욱 거짓됨을 볼 뿐이다. 좌해(左海)[의 우리나라]가 비록 외딴 나라이지만 역시 천승(千乘)[의 나라]이고 신라와 고려가 비록 검박(儉薄)했지만 백성들은 아름다운 풍속이 많았다. 그 방언(方言)을 문자로 적고 그 민요에 운(韻)을 달면 자연히 문장을 이루어 '참 기틀(眞機)'이 나타날 것이다. 답습을 일삼지 않고 빌려 가져옴이 없으며 차분히 현재에 살며 삼라만상을 마주 대하니, 오직 이 시가 바로 그러하다.[33]

「訓語 二」(문집총간 a267_414b-414c).

32) "我見世之人 譽人文章者 文必擬兩漢 詩則盛唐也 日似已非眞 漢唐豈有且 … 卽事有眞趣 何必遠古拁 漢唐非今世 風謠異諸夏 …": 『燕巖集』卷4 映帶亭雜咏「贈左蘇山人」(문집총간 a252_089c).

33) "今懋官朝鮮人也. 山川風氣地異中華, 言語謠俗世非漢唐. 若乃效法於中華, 襲體於漢唐, 則吾徒見其法益高而意實卑, 體益似而言益僞耳. 左海雖僻國, 亦千乘, 羅麗雖儉, 民多美俗, 則字其方言, 韻其民謠, 自然成章, 眞機發現. 不事沿襲, 無相假貸, 從容現在, 卽事森羅, 惟此詩爲然": 『燕巖集』卷7 別集 鍾北小選「嬰處稿序」(문집총간 a252_110c-110d).

박지원은 이 글을 이덕무의 시가 "'조선지풍(朝鮮之風)'이라고 해도 가하다"고 하면서 끝맺었다.[34] 박지원은 또한 도읍을 '장안(長安)'이라 칭하고 삼공(三公)을 모두 '승상(丞相)'이라 칭하는 등 중국의 지명과 관호(官號)를 그대로 가져다 쓰는 것을 "나무를 지고 다니면서 소금을 사라고 외치"는 것에 비유하여 비판했다.[35]

　　조선인으로서의 자의식이나 중국과 다른 조선의 독자성에 대한 인식은 위에서 보았듯이 그 시가 '조선지풍'이라 하여 박지원의 칭찬을 받은 이덕무에게서 특히 두드러졌다.[36] 이덕무는 조선 사인들이 본국의 일에 대해 잘 알지 못하는 것을 비판하며 다음과 같이 말했다 ―"유자(儒者)의 일은 본래 범위가 넓은데, 특히 동국의 유자는 본국의 일에 통해야 하며, 중국의 유자들에 비해 마땅히 백배의 힘을 써야 할 것이라고 나는 생각한다. 그러나 세상의 유자들이 동방의 일에 몽매한 자가 많으니, 나는 [이를] 개탄스러워한다."[37] 이덕무는 사상이나 학문보다도 특히 생활 현실과 습속에 있어 조선의 것에 대한 관심을 보여서 조선인들은 생각과 도량(度量)은 중국으로부터 배우면 되지만 언어, 의복, 풍속, 법제 등 구체적 풍속과 생활 방식은 조선의 것을 따라야 한다고 주장하고 중국만을 좇아 조선의 풍속을 어기려는 사람은 망령되다고 비판했다.[38] 이렇듯 조선의 생활 현실을 중요시

---

34)　"雖謂朝鮮之風, 可也.": 같은 글.

35)　"官號地名, 不可相借. 擔柴而唱鹽, 雖終日行道, 不販一薪. 苟使皇居帝都, 皆稱長安, 歷代三公, 盡號丞相, 名實混淆, 還爲俚穢.":『燕巖集』卷5「答蒼厓」(문집총간 a252_096b-096c).

36)　김대중, "내부 ≒ 외부에 대한 두 개의 시선―이덕무와 박제가",『韓國史硏究』 162(2013), 165-209 중 192-196쪽.

37)　"儒者事, 素廣博. 尤東國儒, 可通本朝事, 僕以爲比諸中州儒者, 用力當百之矣. 然世儒於東方事, 則昧茫者多, 僕慨然也.":『靑莊館全書』卷16 雅亭遺稿 8「尹曾若可基」(문집총간 a257_244a).

여긴 이덕무는 서민이 일상 쓰는 말을 한자로 번역하지 않고 한글로 기록했으며, 초목, 조수(鳥獸), 충어(蟲魚)의 명칭을 한자로 쓰지 않고 한글로 번역해서 기록하기도 했다.[39]

이 같은 인식은 정약용에게서도 잘 드러났다. 예컨대 그는 아들에게 보낸 편지에서 당시 조선의 학자들이 조선의 문헌들을 읽지 않는 풍조에 대해 비판하고 조선의 다양한 글들을 널리 읽을 것을 당부했다.

> 수십 년 이래 이상하게도 일종의 의론이 있어 [우리] 동방의 문학을 배척하는 일이 성행하고 있다. 무릇 옛 문헌과 문집은 눈도 주지 않으려 하기에 이르렀으니 이는 큰 병통이다. 사대부 자제들이 나라의 옛일을 알지 못하고 선배의 의론을 보지 않으면 비록 그 학문이 고금을 꿰뚫는다고 해도 거칠고 조잡한 것일 뿐이다. 시집은 서둘러 볼 필요가 없으나, 상소문, 차자(箚子), 묘문(墓文), 편지 같은 것들은 반드시 [읽어] 안목을 넓혀야 할 것이다.[40]

그는 『아주잡록(鵝洲雜錄)』, 『반지만록(盤池漫錄)』, 『청야만집(淸野謾輯)』 등 야사(野史)류의 책들도 "널리 찾아 광범위하게 읽어야 한다"고 덧붙이기도 했다.[41] 정약용은 또한 당시 문인들이 시에 중국의 사실들

---

38) "大抵吾輩, 朝鮮國人也. 語音衣服, 風俗法制, 一從我國. 若欲超脫違俗, 非妄人則狂夫也. 然其意思度量, 則中原不可舍也. 何必跼到中原然後可也. 今經籍莫非中原人所爲, 若善讀則吾之意思度量, 始不局縛耳.": 『靑莊館全書』卷48「耳目口心書」(문집총간 a258_369b).

39) 김대중, "내부 ≒ 외부에 대한 두 개의 시선", 194쪽.

40) "數十年來, 怪有一種議論, 盛斥東方文學. 凡先獻文集, 至不欲寓目. 此大病痛. 士大夫子弟, 不識國朝故事, 不見先輩議論, 雖其學貫穿今古. 自是鹵莽. 但詩集不須急看. 而疏箚墓文書牘之屬, 須廣其眼目.": 『與猶堂全書』第1集 詩文集 卷21「寄二兒」(문집총간 a281_450d).

만 인용하는 것을 비판하고 "모름지기『삼국사기』,『고려사』,『국조보감
(國朝寶鑑)』,『여지승람(輿地勝覽)』,『징비록(懲毖錄)』,『연려실기술(燃藜
室記述)』및 그 외의 동방 문헌들을 취해 사실들을 뽑고 그 지방을 고
찰하여야" 한다고 말했으며,[42] 그 자신이 우리나라의 여러 지역과 지
명의 역사를 정리한『아방강역교(我邦疆域考)』, 중국과의 경계를 논한
『강계고(疆界考)』를 짓고 하천에 관한 지지(地誌)인『대동수경(大東水
經)』을 간행했다.[43] 또한 정약용은 서울을 가리켜 중국의 옛 수도명인
"낙양(洛陽)"이나 "장안(長安)"이라고 부르는 것을 비판했고,[44] "조선인
이기에 기꺼이 조선 시를 쓴다"는 시 구절을 남기기도 했다.[45]

조선 사인들의 조선의 문화와 역사에 대한 이 같은 관심은 조선
의 문헌과 서적을 수집 정리하는 작업들로도 나타났다. 완성을 보지
는 못하였지만 박지원의『삼한총서(三韓叢書)』와 서유구(徐有榘, 1764-
1845)의『소화총서(小華叢書)』가 대표적인 예들인데, 전자는 역대 중국
과의 교류를 비롯해서 우리나라의 특산, 지지(地誌) 등의 서적을 정리
했고 후자는 서형수(徐瀅修, 1749-1824), 성대중(成大中, 1732-1809) 등이

---

41) "又如鵝洲雜錄, 盤池漫錄, 靑野謾輯等書, 不可不廣搜博觀也.": 같은 글.
42) "我邦之人, 動用中國之事, 亦是陋品. 須取三國史, 高麗史, 國朝寶鑑, 輿地勝
    覽, 懲毖錄, 燃藜述李道甫所輯, 及他東方文字. 採其事實, 考其地方, 入於詩用,
    然後方可以名世而傳後.":『與猶堂全書』第1集 詩文集 卷21「寄淵兒」(문집총간
    a281_453c).
43) 오상학, "다산 정약용의 지리사상地理思想",『茶山學』10(2007), 105-131, 특히
    111-119쪽.
44) "長安洛陽, 中國兩京之名. 東人取之爲京邑之通名, 詩文書牘, 用之不疑. 蓋昔高句
    麗始都平陽, 厥有二城. 東北曰東黃城, 西南曰長安城. 長安冒稱, 疑自此始. 洛陽
    之稱益無可據. 至京曰戾洛, 還京曰歸洛, 洛下親朋, 洛中學者, 皆習焉而弗察.":『與
    猶堂全書』第1集 卷24 雜纂集 2『雅言覺非』卷1「長安洛陽」(문집총간 a281_510a).
45) "我是朝鮮人, 甘作朝鮮詩.":『與猶堂全書』第1集 詩文集 卷6「老人一快事六首,
    其五」(문집총간 a281_124c).

주도하여 시작한 후 박지원, 이덕무 등이 함께 참여하여 신라부터 당대까지의 주요 서적을 경사자집(經史子集)으로 분류하여 집대성했다.[46]

이와 함께 조선의 문집들과 시문들을 수집 정리하는 작업들도 활발해졌는데, 남공철(南公轍, 1760-1840)의『사군자문초(四君子文鈔)』와 홍길주(洪吉周, 1786-1841)의『대동문준(大東文雋)』과『해동제명가문선(海東諸名家文選)』을 예로 들 수 있고, 유득공은 고려의 문집으로 간행된 71종의 목록을 시대순으로 정리해서『고려문집(高麗文集)』을 편찬했으며,[47]『삼한시기(三韓詩紀)』를 통해 조선 시의 고유한 연원을 밝히려 하고「동시연기(東詩緣起)」라는 글을 남기기도 했다.[48] 안정복의『열조통기(列朝通記)』, 정약용의『대동수경(大東水經)』등의 편찬도 같은 성격의 작업이었다.

7.3 조선의 문화와 학문에 대한 자부심

앞 절에서 본 조선의 학문과 문헌의 정리 작업의 과정에서 조선의 사인들 사이에서 조선의 독자성에 대한 자의식과 함께 조선 문화와 학문이 중국과 대등한 수준이라는 자부심이 자라났다. 예컨대 한치윤(韓致奫, 1765-1814)은『해동역사(海東繹史)』예문지(藝文志)「총론(總論)」

---

46) 김영진, "조선 후기 실학파의 총서 편찬과 그 의미―「삼한총서(三韓叢書)」, 「소화총서(小華叢書)」를 중심으로", 이혜순 등,『한국 한문학 연구의 새 지평』(소명출판, 2005), 949-981쪽.

47) 김철범, "이조 후기의 동문선집과 산문비평의 전개",『韓國 古文의 理論과 展開: 靑嵐 金都鍊先生 停年紀念論叢』(태학사, 1998), 251-305쪽.

48) 조성산, "18세기 후반~19세기 전반 '朝鮮學' 형성의 전제와 가능성",『東方學志』148(2009), 179-240 중 224쪽.

에서 조선에 다녀온 중국의 유현자(劉玄子)라는 사람의 말을 빌려, "조선에 있는 서책은 중국에 없는 책들이 많으며, 또한 각본(刻本)이 정교하고 좋아서 한 글자도 잘못된 것이 없다"고 했다.[49] 이 같은 자부심은 조선 문화와 학문이 중국의 수준을 이루었음을 보이려는 생각, 나아가 자신들이 중화 문화의 형성에 참여한다는 생각으로 자라났다.[50]

그 같은 생각은 조선의 학문을 정리하고 체계화하려는 작업으로 나타났는데, 정조 시기 국왕 주도의 역사서 편찬, 경학 및 주자학 체계 수립 등의 노력은 그 같은 작업들의 예였다.[51] 이들 작업에서 정조는 조선의 문화와 학문의 여러 영역에서 중국과 같은 수준의 성취를 얻어내려고 노력했다. 사실 정조는 즉위 초부터 『사고전서』를 구입해 오려고 했고 여의치 않자 『고금도서집성(古今圖書集成)』을 들여오는 등 중국 학문의 수준과 성과에 대해 관심을 기울였는데, 조선이 그 같은 중국의 학문적 성과와 수준을 이루어내 보이려는 욕구를 지니고 있던 것이다.

정조의 이 같은 시도는 주자학이나 역사, 문학 등 사인들이 일반적으로 관심을 가지는 분야들에만 한정되지 않고 광범위에 걸쳐 추진되었다. 예컨대 정조는 1788년 서호수의 주도하에 『해동여지통재(海東輿地通載)』라는 새로운 전국 지리지의 편찬을 추진했는데, 비록 완성되지 못했으나 60권 정도의 편찬이 이루어졌던 것으로 보인다.[52] 1795년에

49) "劉玄子從朝鮮還, 言彼中書集多中國所無者, 且刻本精良, 無一字不倣.": 『海東繹史』 卷42 藝文志 「總論」.

50) 趙成山, "18세기 후반～19세기 전반 對淸認識의 변화와 새로운 中華 관념의 형성", 106쪽.

51) 김문식, 『정조의 경학과 주자학』(문헌과해석사, 2000); 『정조의 제왕학』(태학사, 2007).

52) 배우성, 『조선후기 국토관과 천하관의 변화』(일지사, 1998), 245-260쪽.

는 청의 술수서(術數書)『협기변방서(協紀辨方書)』와『상길통서(象吉通書)』를 종합하는 "술수학의 대전(大全)"으로서 조선의 실정에도 부합하는『협길통의(協吉通義)』가 편찬되었고,[53] 1798년에는 농업 분야에서도 중국의『농정전서(農政全書)』와『수시통고(授時通考)』에 버금가는 "농가(農家)의 대전"을 편찬하기 위해「권농정구농서윤음(勸農政求農書綸音)」이 내려지고 전국의 사인들이 농서를 지어 바치는 일로 이어졌다.[54] 1799년에는 중국의『율력연원(律曆淵源)』에 버금가는 "율력학(律曆學)의 대전"을 편찬하겠다는 더 야심적인 계획이 나왔지만, 명을 받은 이가환(李家煥, 1742-1801)이 당시의 강한 반(反)서학 정서를 걱정하여 주저하고 얼마 후 정조가 사망함으로써 실행에 옮겨지지 못했다.[55]

18세기 말과 19세기 초에는 정부에서 편찬한 것들 이외에 사인들의 저작 중에도 중국의 학문 성과와 수준을 의식한 것들이 많이 있었다. 예컨대 안정복의『열조통기(列朝通紀)』는 명나라 황실기록인『황명통기(皇明通紀)』를, 그리고 한치윤의『해동역사(海東繹史)』는 마숙(馬驌, 1621-1673)의『역사(繹史)』를 의식한 것이었으며, 정약용의『대동수경(大東水經)』도『수경(水經)』을 의식해서 저술된 것이었다.[56] 홍길주(洪吉周, 1786-1841)는『성리대전(性理大全)』,『근사록(近思錄)』 등의 책들의 원 항목들에 조선의 사례들을 모아 넣어 편찬하고자 하는 희망을 피력

53) 전용훈, "정조대의 曆法과 術數學 지식", 328-334쪽.

54) 문중양,『조선후기 水利學과 水利 담론』(집문당, 2000), 134-144쪽.

55) 문중양, "'鄕曆'에서 '東曆'으로: 조선후기 自國曆을 갖고자 하는 열망",『歷史學報』 218집(2013), 237-270 중 258쪽.

56) 사실『英祖實錄』에 따르면 1770년 완성된『東國文獻備考』도 馬端臨(1254?-1323) 의『文獻通考』의 편목을 따라 편찬되었다: "設編輯廳, 纂文獻備考. … 於是王令纂是書, 篇目一惟馬端臨之文獻通考, 而稍加隱括. 自是國有事, 据考多賴是書."『英祖實錄』卷127 附錄「英祖大王行狀」46년 1월.

하기도 했다.[57]

이 같은 일은 19세기 후반으로도 이어져서 권상신(權常慎, 1759-1825)이 시작한 후 홍직필(洪直弼, 1776-1852), 정원용(鄭元容, 1783-1873) 등에 의해 완성되어 1865년에 간행된 『국조대학연의(國朝大學衍義)』와 1874년 간행된 송병선(宋秉璿, 1836-1905)의 『근사속록(近思續錄)』을 예로 들 수 있는데, 이들은 조선의 사례를 인용해서 진덕수(眞德秀, 1178-1235)의 『대학연의(大學衍義)』와 주희, 여조겸(呂祖謙, 1137-1181)의 『근사록(近思錄)』의 내용을 재편찬 간행한 것이었다.[58]

분야에 따라서 때로는 중국의 수준보다 한 차원 더 높은 단계로 나아가려는 시도들이 나타나기도 했다. 예를 들어 『주역』 괘(卦)들과 도상(圖象)들에 바탕해서 중국에서 이루어진 어떤 우주론 체계보다 더 원대하고 야심적으로 우주의 모든 것을 다 포괄하고자 한 김석문(金錫文, 1658-1735)과 서명응(徐命膺, 1716-1787)의 '역학적(易學的)' 우주론 체계들,[59] 그리고 회전하는 기(氣) 개념에 바탕해서 우주의 모든 것을 설명해내고자 한 홍대용, 최한기(崔漢綺, 1803-1877) 등의 때로는

---

57) "如性理大全近思錄世說事文類聚等書, 倂以原書問目蒐取東國前言故事, 各成一部甚好.": 『孰遂念』六 第十三觀 任居業念 仲: 조성산, "18세기 말~19세기 전반 조선의 自國文獻에 대한 관심확대와 그 의의", 『중화문물과 조선의 정체성』(한국사연구회 · 템플턴 「동아시아의 과학과 종교」 프로젝트 연합학술회의 자료집, 2013. 4. 19.-4. 20), 73-94 중 84쪽(주 37)에서 재인용.

58) 정재훈, "19세기 조선의 출판문화─관찬서(官撰書)의 간행을 중심으로", 『한국문화』 54(2111), 131-152 중 145-149쪽.

59) 具萬玉, 『朝鮮 後期 科學思想史 研究 I. 朱子學的 宇宙論의 變動』(혜안, 2004), 224-253쪽; 박권수, "徐命膺의 易學的 天文觀", 『한국과학사학회지』 20(1998), 57-101쪽; 문중양, "18세기 조선 실학자의 자연지식의 성격─象數學的 宇宙論을 중심으로", 『한국과학사학회지』 21(1999), 27-57쪽; 김영식, "서양 과학, 우주론적 관념, 그리고 17-18세기 조선의 역학(易學)", 『동아시아 과학의 차이─서양 과학, 동양 과학, 그리고 한국 과학』(사이언스북스, 2013), 135-156쪽.

황당한 우주론 체계들[60]에 중국의 수준을 초월하려는 그 같은 자부심이 깔려 있었다. 특히 서명응은 서양 천문학 지식의 기원을 황제(黃帝)의 『주비산경(周牌算經)』으로 본 매문정(梅文鼎, 1633-1721)보다 더 나아가 복희(伏羲)의 선천역(先天易)으로까지 거슬러 올라갔으며,[61] 최한기는 수학적 계산에서만 탁월한 서양의 천문학과 달리 자신의 '기륜(氣輪)'이 우주 현상 전체에 대한 궁극적 원인을 규명해준다고 주장했다.[62] 유가 경학(經學) 전체에 걸쳐 주자보다도 더 완벽한 체계를 이루고자 했던 정약용의 야심찬 작업도 사실은 같은 성격의 자부심에 바탕한 것이었다고 할 수 있겠다.[63]

중국과 대등한 수준에 이른 조선의 문화와 학문에 대한 자부심과 중국의 수준을 능가할 수 있다는 자신감은 동음(東音), 즉 조선의 한자음이 고음(古音)에 더 가깝다는 인식으로도 나타났다.[64] 오랑캐에 의해 변질된 중국의 한자음에 비해 조선이 고음을 잘 보존하고 있다는 주장은 이미 유몽인(柳夢寅, 1559-1623), 남구만(南九萬, 1629-1711) 등이 제기한 바 있었는데 18세기 후반 이후 더욱 자주 그 같은 생각이 표현되었다. 이익은 1759년 안정복에게 보낸 서신에서 "근세에 연

60) 朴星來, "洪大容의 科學思想", 『한국학보』 23(1981), 159-180쪽; 임종태, "무한우주의 우화—홍대용의 과학과 문명론", 『역사비평』(2005, 여름), 261-285쪽; 박권수, "최한기의 천문학 저술과 기륜설", 『과학사상』 30(1999), 89-115쪽; 문중양, "崔漢綺의 기론적 서양과학 읽기와 기륜설", 『大東文化研究』 43집(2003), 273-311쪽.

61) 임종태, 『17, 18세기 중국과 조선의 서구 지리학 이해—지구와 다섯 대륙의 우화』 (창비, 2012), 195-198쪽.

62) 박권수, "최한기의 천문학 저술과 기륜설", 101-102쪽.

63) 김영식, 『정약용의 문제들』, 244쪽.

64) 조성산, "조선후기 소론계의 東音 인식과 訓民正音 연구", 『韓國史學報』 36호 (2009), 87-118. 특히 90-99쪽.

행한 사람으로 적거(謫居) 중인 임본요(林本堯)를 만난 사람이 있는데 [임본요는] 오삼계(吳三桂, 1612-1678)의 종사관(從事官)을 자칭하며 '귀 국의 방음(方音)은 기자의 가르침이 남은 것이어서 저절로 정음(正音) 이다'라고 말했다고 한다. 그 뜻이 일리가 있는 듯하다"라고 썼고,[65] 이광사(李匡師, 1705-1777)는 지난 400년 동안 중국 북방 지역이 제국 의 수도가 되어 중국 학자들이 입성(入聲)이 없는 북방 지역의 음을 주 로 하게 되어 어긋남이 심함을 지적하고, 세종이 창제한 훈민정음은 중국의 절운(切韻)법과도 완전히 부합하는 "동방 만세(萬歲)의 법"이라 고 칭찬했다.[66] 이종휘도 조선이 은(殷)나라의 후예이므로 오히려 정 음을 보존하고 있다고 지적하면서, 그렇다고 해서 조선만이 진한 (秦漢)의 정음을 보존하고 있다는 선배들의 주장이 지나친 듯하기는 하지만 중국에서 한 글자의 음이 서너 차례 바뀐 것에 비하면 동음 (東音)이 훨씬 나은 것은 사실이라고 말했다.[67] 유득공은 "동방이 고음 을 지닌다(東方有古音)", "동음이 중국 음보다 낫다(東音勝華音)" 같은 제목의 글을 지었으며, 그 이유로 조선인들은 입성(入聲)과 합구성 (合口聲)이 있음을 들었다.[68] 한편 '동음'에 대한 논의에서도 역시 당파

---

65) "近世有赴燕者, 遇謫居林本堯者, 自稱吳三桂從事官, 乃曰爾國方音乃箕子餘 敎, 自是正音. 其意或有理也.":『星湖先生全集』卷27「答安百順 己卯」(문집총간 a198_541c).

66) "北方則自燕趙來本無入聲, 是邊鄙之陋, 失正音之尤甚者. 四百年來, 因爲帝都, 爲 天下所宗. 故中國之學者, 亦多主其音, 所纂中原雅音之類, 乖戾極矣.":『圓嶠集選』 卷8「五音正序」(문집총간 a221_540d); "我朝莊憲大王, 以天縱之聖, 定字音而製 諺書. … 今取考之, 與切韻及華人韻書之正者, 無所不合. 是豈非我聖祖聲音之敎, 可爲東方萬歲法乎.": 같은 글(a221_541a-541b).

67) "至於東方, 則漢北有殷人, 漢南有周人. 詩所謂韓侯遺民, 來爲三韓, 馬韓又復箕 氏餘氓, 而其先土人亦自柔順貞信, 異於三裔者也. 又無胡人之來介其間, 故其字音 一定而不雜. 先輩至謂之, 東音獨保秦漢正音者, 雖或太過. 而譬諸今所謂華音一字 三四轉, 則大有間矣.":『修山集』卷2「選東詩序」(문집총간 a247_312a).

적 상황의 영향을 볼 수 있어서, 소론계 사인들이 동음을 중시한 데 반해 집권층으로서 중국의 현실을 존중할 필요가 있었을 노론 사인들은 중국의 음을 존중하는 경향을 보였다.[69]

'동음'이 고음에 가깝다는 이 같은 자부심은 동음을 표기하는 훈민정음(訓民正音)과 그것을 창제한 세종에 대한 높은 평가로도 이어졌다.[70] 홍양호는 연행 후 중국의 문물에 대해 정조에게 올린 상소문에서 중국에서 한자의 음이 오랑캐의 말과 방언이 섞여들어 계속 변화해온 데 반해, 우리나라의 음은 가장 정음에 가깝게 유지되어오기는 했으나 그것을 표기하는 방법이 없어 어려움이 있었는데, 세종대왕이 훈민정음을 창제하였다고 하면서 그 우수함을 지적했다.

우리 세종대왕께서 하늘이 낸 예지(睿智)로 혼자서 신기(神機)를 운용(運用)하여 창조(創造)하신 훈민정음은 화인(華人)들에게 물어보더라도 곡진하고 미묘하다[고 할 것입니다]. 무릇 사방의 언어와 온갖 구멍의 소리들을 모두 붓끝으로 그려낼 수 있고, 비록 길거리의 아이들이나 항간의 아낙네들이라 하더라도 또한 능히 통하여 깨우치게 될 것이니, 개물성무(開物成務)의 공(功)이 전대(前代)의 성인들도 해내지 못한 것을 해내고 천지의 조화(造化)와 함께한 것이라 할 수 있습니다.[71]

---

68) 조성산, "조선후기 소론계의 東音 인식", 93쪽.

69) 조성산, "조선후기 소론계의 東音 인식", 95-98쪽.

70) 이상혁, "조선 후기 훈민정음의 유통과 담론의 양상", 『韓國實學研究』 29호(2015), 7-44.

71) "夫漢人之語, 卽中華之正音也. 一自晉代以後, 五胡交亂, 方言屢變, 字音亦謁, 而猶可因其似而求其眞矣. 我國之音, 最近於中國, 而羅麗以來, 旣無翻解之方, 每患通習之難矣. 惟我世宗大王, 睿智出天, 獨運神機, 剙造訓民正音. 質諸華人, 曲盡微妙. 凡四方之言語, 萬竅之聲籟, 皆可形容於筆端. 雖街童巷婦, 亦能通曉. 開物成務之功, 可謂發前聖之未發, 而參天地之造化矣.": 『耳溪集』 卷19 「陳六條疏

황윤석도 훈민정음에 대해 "비록 뒤늦게 나왔다고는 하지만, 글자의 모양이 간결하고 날로 쓰기에 편하다. [우리] 동방이 나라의 글자를 가지게 된 것은 이로부터 시작했다"고 했고,[72] 신경준(申景濬, 1712-1781)은 훈민정음이 적은 수의 글자로 수많은 말들을 정확히 표기하고 쓰기에 편하고 배우기가 쉬움을 지적한 후 "이는 옛 성인도 궁리해서 얻지 못했던 것이고 온 천하에 없는 일이다"라고 찬탄했다.[73] 정동유(鄭東愈, 1744-1808)는 "훈민정음은 천하의 큰 문헌이니 어찌 조선 한 지역의 언어만을 써서 전하기 위한 자원일 뿐이겠는가?"라고 이야기하면서 세종의 총명과 예지를 칭송하고 그 같은 훈민정음을 "언문(諺文)"이라고 부르는 것을 비판했다.[74]

癸卯.(문집총간 a241_352a-352b). 이 상소문은 『正祖實錄』 7년(1783) 7월 18일자에도 실려 있다. 홍양호는 한자의 음만이 아니라 서체에 있어서도 조선에 중국의 금석문이 전해져 중국의 고서체가 보존되어 있음을 지적했다. 김문식, 『조선후기 지식인의 대외인식』(새문사, 2009), 91-92쪽.

72) "本國正音, 雖曰後出, 而字樣簡潔, 便於日用. 東方之有國字, 自是始焉.": 『理藪新編』 卷20 「韻學本源」; 이상혁, "조선 후기 훈민정음의 유통과 담론의 양상", 22쪽에서 재인용.

73) "其爲字不多, 而其爲用至周, 書之甚便, 而學之甚易. 千言萬語, 纖悉形容. 雖婦孺童騃, 皆得以用之, 以達其辭, 以通其情. 此古聖人之未及究得, 而通天下所無者也.": 『旅菴遺稿』 卷3 「韻解序」(문집총간 a231_035c).

74) "訓民正音, 卽天下之大文獻, 豈直爲朝鮮一區言語傳寫之資而已哉.": 『晝永編』; 이상혁, "조선 후기 훈민정음의 유통과 담론의 양상", 23쪽에서 재인용.

8장
'북학'

앞 장들에서 조선 후기 사인들에게 대전제처럼 받아들여졌던 중화 사상이 그들의 의식 속에 빚은 여러 경향들을 살펴보았다. 우선 당시 조선이 처한 역사적 상황 속에서 중화 사상은 조선 후기 사인들 사이에 대명의리, 청에 대한 부정적 태도, 주자 정통론의 심화 등의 경향을 빚었음을 보았다. 그리고 이 같은 경향들로부터 더 나아가 전통적인 중화 사상과는 다른 방향을 향하는 경향들도 생겨나서 조선이 이적이 아니고 중화의 문물을 받아들여 이미 중화가 되었다는, 그리고 중원을 오랑캐 청이 차지한 상황에서 이제 조선만이 유일한 중화라고 내세우는, '소중화'와 '조선중화' 의식이 나타났고, 그와 함께 중국이 아닌 조선인으로서의 자의식, 조선의 문화에 대한 자부심 등이 나타났음도 보았다.

그런데 이런 흐름들이 진행되면서 다른 한편으로는 이적 왕조 지배하의 청 문화에 대한 생각에 있어서의 변화의 흐름도 나타났다. '이상화'된, '이념화'된 중국인 명에 대한 의리, 그리고 명으로 상징되는

중화의 계승을 표방하는 '조선중화' 의식이 퍼지는 일방, '현실'로서의
중국인 청 치하의 중국 땅에 옛 중화의 유풍(遺風)이 남아 있음을 인
식하여 청의 문화 수준을 높이 평가하고 그것을 배우려는 경향이 자
라난 것이다. 이 장에서는 이에 대해 다룰 것이다.

8.1 청 문화의 높은 수준에 대한 인식

중국이 오랑캐 청의 지배하에 들어감에 따라 오랑캐 세상이 되어
버렸지만 그럼에도 불구하고 중국 땅과 중국 사인들에게 옛 중화의
유풍이 남아 있다는 인식은 이미 17세기 말부터 조선 사인들 사이에
서 찾아볼 수 있었다. 예컨대 허목(許穆, 1595-1682)은 1676년 연행길
을 떠나는 오정위(吳挺緯, 1616-1692)에게 중국이 오랑캐의 지배하에
들어갔으나 아직 "성교(聲教)와 예악의 유풍이 있으니" 풍속을 널리
살피고 오라고 당부했다.[1] 18세기 중반 이후 이런 생각은 점차 퍼져
나갔는데, 특히 연행을 다녀온 사인들 간에 그 같은 생각이 두드러졌
다. 1765년 연행을 다녀온 홍대용은 이적이 중국에서 오래 삶에 따라
예의를 숭상하고 충효를 본받게 되었으며 살벌한 성품과 금수(禽獸)
의 행실이 줄어들었음을 인정했으며,[2] 연행 중 교유한 중국 한족 사
인들에게도 청조가 "입관(入關) 후에 유적(流賊)을 없애고 평정하여 오

---

1) "今中原陸沈爲夷奴, 然碣石衡漳, 經紀冀北之地, 禹貢岐梁之墟, 有聲教禮樂遺風,
   … 至此言使事, 良爲慨然, 博覽風俗土着, 行國山川道里遐遠, 皆使者職也.": 『記言』
   卷47「送吳判書使燕京序」(문집총간 a098_328a-328b).
2) "若今時之夷狄也, 以其久居中國, 務其遠圖, 稍尙禮義, 畧倣忠孝, 殺伐之性, 禽獸
   之行, 不若其初起之甚.": 『湛軒書』內集 卷3「又答直齋書」(문집총간 a248_66c).

늘에 이르기까지 백여 년간 백성이 안도하니 치도(治道)가 가히 성하다고 할 수 있다"고 말했다.[3]

홍대용의 이 같은 생각은 박지원, 박제가, 홍양호 등 다른 사인들에게 이어져서 비록 중국이 오랑캐의 통치하에 놓이기는 했지만 청의 제도와 문물이 고대 중국 문명을 이어받은 중화의 '유제(遺制)'라는 생각으로 자리잡았다. 1778년 연행한 박제가는 『북학의』의 「존주론(尊周論)」에서 청이 중화의 유제인 중국의 문물을 수용하였기에 백여 년간 천하를 다스려올 수 있었다고 주장했다.

청이 이미 백여 년 동안 천하를 차지하고 있다. 그 자녀들의 옥백(玉帛)의 소출(所出), 궁실(宮室), 주거(舟車), 경종(耕種)의 법과, 최(崔), 노(盧), 왕(王), 사(謝) 등 사대부의 씨족이 그대로 있다. 덮어놓고 그 사람들이 이적이라 하여 그 법마저 함께 버리는 것은 크게 불가하다. 진실로 백성에게 이로우면 그 법이 비록 이적으로부터 나왔다 하더라도 성인(聖人)은 장차취할 것이다. 하물며 중국의 본래의 것임에랴. 지금 청은 분명히 오랑캐이다. 오랑캐가 중국[의 문물]이 이롭다는 것을 알았기에 빼앗아 차지하기까지 했는데도, 우리나라는 그것을 빼앗은 것이 오랑캐라는 것만을 알 뿐 빼앗긴 것이 중국이라는 것은 알지 못한다.[4]

---

3) "本朝入關以後, 削平流賊, 到今百有餘年, 生民按堵, 其治道可謂盛矣.": 『湛軒書』外集 卷3 「杭傳尺牘 乾淨衕筆談 續」(문집총간 a248_164d). 그 외에도 국문 『을병연행록』에는 청나라가 비록 오랑캐이지만 중국에 오랜 기간 태평을 유지했음을 이야기하는 구절이 여러 차례 나온다. 홍대용 지음, 김태준, 박성순 옮김, 『산해관 잠긴 문을 한 손으로 밀치도다』(돌베개, 2001), 21쪽("제 비록 더러운 오랑캐라 하더라도 중국에 웅거하여 100여 년 태평을 누리니 그 규모와 기상이 어찌 한번 볼 만하지 않겠는가?"), 303쪽("청조가 중국을 馭車하여 명조의 가혹한 정사를 덜고, 백성을 편안히 머무르게 하여 백여 년 태평을 이루었으니 천하의 공덕이 어찌 적다하겠는가?") 등을 볼 것.

박제가와 함께 연행한 이덕무도 "연경(燕京)의 길은 흙이 모두 검고, 인가(人家)의 번성함과 시사(市肆)의 사치스러움이 참으로 천부(天府)라 할 만하다. 수륙에서 생산되는 물건은 말로는 그 대략도 설명할 수 없고, 붓으로는 그 일부도 기록할 수 없다"고 말했다.[5] 그 후 1780년에 연행한 박지원은 그 기행문인 『열하일기』에서 다음과 같이 박제가와 같은 이야기를 되풀이했다.

저 오랑캐들은 중국[의 문물]이 이롭고 오래 향유할 만한 것임을 알게 된즉 빼앗아서 마치 [자신들이] 본래 가지고 있었던 것처럼 그에 의존하기까지 했다. 천하를 위하는 자는 백성에게 이롭고 나라에 도움이 된다면 비록 그 법이 이적에게서 나왔더라도 마땅히 취해서 본받아야 하는데 하물며 삼대 이래 성명(聖明)한 제왕들과 한당송명이 본디 지녔던 상도(常道)들임에랴?[6]

1782년 연행한 홍양호도 정조에게 올린 상소에서 연행을 통해 접한 이용후생의 도구가 모두 법도가 있고 『주례(周禮)』의 구제(舊制)를

---

4) "淸旣有天下百餘年. 其子女玉帛之所出, 宮室舟車耕種之法, 崔盧王謝士大夫之氏族, 自在也. 冒其人而夷之, 倂其法而棄之, 則大不可也. 苟利於民, 雖其法之或出於夷, 聖人將取之, 而況中國之故哉. 今淸固胡矣, 胡知中國之可利, 故至於奪而有之. 我國以其奪之胡也, 而不知所奪之爲中國.":『北學議』外編「尊周論」.

5) "燕京大道, 皆黑壤. 閭閻之繁盛, 市肆之華侈, 眞天府. 而陸海, 舌旣不能說其大略, 筆亦不能記其一隅.":『靑莊館全書』卷67『入燕記』正祖 2년 5월 15일(문집총간 a259_219c).

6) "彼胡虜者, 誠知中國之可利而足以久享, 則至於奪而據之若固有之. 爲天下者, 苟利於民而厚於國, 雖其法之或出於夷狄, 固將取而則之. 而況三代以降聖帝明王漢唐宋明固有之故常哉.":『燕巖集』卷12 別集『熱河日記』「馹汛隨筆」(문집총간 a252_177a).

이어받은 것이었다고 보고했으며,⁷⁾ 나중 연행길에 오르는 이정운(李鼎運, 1744-1800)에게 준 글에서 중국의 변화한 풍속과 괴이한 의관에 서글픈 마음이 들었지만 그 거대한 규모와 엄밀한 법도 및 이용후생의 도구들에 아직 선왕의 유제가 남아 있다고 썼다.⁸⁾ 청의 학문도 긍정적으로 평가했던 홍양호는 자신이 연행 중 청인 수십 명의 글을 구해 보았는데 "모두 학문이 순수하고 글이 깨끗해서 송인(宋人)의 풍(風)을 지녔고 명말의 사치스러운 글과 단절(短節)들에 비할 바가 아니었다"고 이야기하기도 했다.⁹⁾ 홍양호의 아들 홍희준(洪羲俊, 1761-1841)은 "선비가 세상에 태어나지 않는다면 그만이지만 태어난다면 마땅히 중국에서 태어나야 한다"고까지 하면서 중국은 고금의 인물이 모두 모이고 경(經), 사(史), 자(子), 집(集)이 수장되어 있다고 덧붙였다.¹⁰⁾ 청의 문물의 높은 수준을 인정하는 것은 이들 북학파 사인만이 아니어서 이헌경(李獻慶, 1719-1791)도 북위(北魏), 금, 원 같은 오랑캐 나라들도 중국을 차지한 후에는 "중국의 교화(敎化), 예법, 성곽, 실려(室廬), 전농(田農), 시사(市肆) 등을 도용했기 때문에 상하를 유지하고 그 토대를 공고히 해서 중국과 다르지 않게 되었고, 이것이 그들이 오랫동

---

7) "至於利用厚生之具, 皆有法度. 蓋是周官舊制, 百代相傳, 雖有金火之屢嬗, 華夷之迭入, 而民國之大用, 亘古不易, 終非外國之所可及者."『耳溪集』卷19「陳六條疏」(문집총간 a241_345d).

8) "往歲余使於燕. 入其境, 見其風俗之變遷, 衣章之詭異, 不覺黯然而傷, 懍然永懷也. 然徐察其規模之大, 法度之嚴, 與夫利用厚生之具, 猶有先王之遺制焉.":『耳溪集』卷11,「送李學士鼎運赴燕序」(문집총간, a241_197d).

9) "余於曩歲, 西遊中國, 求見淸人之文十數名家, 皆學粹而辭潔, 有宋人之風, 不比明季之靡詞短節.":『耳溪集』卷11「送尹侍郞渭老赴燕序」(문집총간 a241_198b).

10) "士不生于世則已. 生則當於中國. 夫中國, 古今人物所咸萃也, 經史子集所藏修也."『傳舊』四: 趙成山, "18세기 후반~19세기 전반 對淸認識의 변화와 새로운 中華 관념의 형성",『韓國史研究』145(2009), 67-113 중 105쪽에서 재인용.

안 망하지 않은 이유이다"라고 하여 청도 이와 마찬가지로 중국의 문물과 제도를 도용해서 높은 수준의 문물 제도를 유지하게 되었음을 설명했다.[11]

청 문화의 높은 수준에 대해 이 같은 인식을 지니게 된 사람들은 여전히 많은 조선 사인들이 청을 오랑캐라 하여 깔보고 조선 문화에 대해 지나친 자부심을 지니는 데 대해 비판했다. 청이 비록 오랑캐이지만 강희 이후 높은 문화적, 학문적 수준을 성취했음을 들어 청의 문물을 높이 평가하면서, 그럼에도 불구하고 이를 인식하지 못하고 청을 얕보고 스스로를 뽐내는 조선 사인들에 대한 비판이 생겨났던 것이다. 이미 김창협(金昌協, 1651-1708)이 1705년 연행하는 황흠(黃欽, 1639-1730)을 배웅하는 글에서 조선이 한쪽 모퉁이에서 '소중화'라고 자처하면서 공맹과 정주(程朱)의 가르침이 남아 있는 중원의 땅과 백성들을 모두 오랑캐라고 깔보고 문헌이 없다고 탓하는 것은 잘못이라고 지적한 바 있었다.[12] 홍대용은 자신도 연행 이전에는 그 같은 태도를 지녀왔음을 인정하면서 "반평생을 돌아볼 때 우물 속에 앉아 그래도 잘난 체 눈을 크게 뜨고 가슴을 활짝 펴서 함부로 천하 일을 논하려 했으니, 스스로를 헤아리지 못함이 심했다"고 이야기했다.[13]

박지원에게서는 이 같은 태도가 더욱 두드러졌다.[14] 박제가의『북

---

11) "晉宋以降, 拓拔金元, 其興也旣暴. 而及其據有中國也, 并與其中國之敎化禮法城郭室廬田農市肆而盜之. 故上下維持, 鞏固其基業, 與中國無異.":『艮翁先生文集』卷22「夷狄論上」(문집총간 a234_459a).

12) "我東僻在一隅, 獨不改衣冠禮樂之舊, 遂儼然以小中華自居. 而視古赤縣神州堯舜三王之所治, 孔孟程朱之所敎之地與民, 槩以爲湩酪腥羶之聚, 而無復有文獻之可徵, 則過矣.":『農巖集』卷22「贈黃敬之欽赴燕序」(문집총간 a162_157d).

13) "顧半生坐井, 蠢然若肖翹, 乃欲明目張膽妄談天下事, 甚矣不自量也.":『湛軒書』外集 卷9「燕記 望海亭」(문집총간 a248_284b).

14) 박희병,『범애와 평등—홍대용의 사회사상』(돌베개, 2013), 278-280쪽.

학의』를 위해 쓴 서문에서 박지원은 청나라의 실제 모습을 모른 채 대명의리나 춘추의리를 내세우면서 오만하게 구는 조선 선비들을 신랄하게 비판했다.

> [우리] 동국의 선비들은 한쪽 구석 땅에서 편벽된 기운을 타고나서, 발은 중국 땅을 밟아보지 못하고 눈은 중국의 사람들을 보지 못한 채, 태어나고 늙고 병들고 죽을 때까지 [조선의] 강역을 떠나지 않은즉, 학의 다리가 길고 까마귀의 빛이 검듯이 각기 그 천성을 지키고, 우물의 개구리나 밭의 두더지처럼 제 땅만 [제일이라고] 믿었다. 예(禮)는 차라리 소박한 것이 낫다고 말하고 누추한 것을 검소하다고 여겨왔으며, 이른바 사민(四民)이라는 것도 겨우 명목만 남아 있고 이용후생의 도구는 날이 갈수록 곤궁해지기에 이르렀다. … 우리를 저들과 비교해본다면 참으로 한 치의 나은 점도 없는데도 단지 상투를 튼 것만 가지고 스스로 천하에 가장 어진 체하면서 "지금의 중국은 옛날의 중국이 아니다"라고 말한다.[15]

『열하일기』에서는 조선 사대부들이 "건성으로 춘추를 논하고 존왕양이(尊王攘夷)를 공담(空談)한 지가 백년이 넘었"음에도 중국의 상황도 제대로 모른 채 "오랑캐는 100년[을 지탱할] 운이 없다"고 하면서 비분강개하는 것을 들어 "그 허망함이 심하다"고 비꼬았다.[16]

---

15) "吾東之士, 得偏氣於一隅之士, 足不蹈幽夏之地, 目未見中州之人, 生老病死, 不離疆域. 則鶴長烏黑, 各守其天, 蛙井蚡田, 獨信其地. 謂禮寧野, 認陋爲儉, 所謂四民, 僅存名目, 而至於利用厚生之具, 日趨困窮. … 以我較彼固無寸長, 而獨以一撮之結, 自賢於天下曰, 今之中國, 非古之中國也.": 『燕巖集』 卷7 別集 「北學議序」.

16) "我國士大夫, 自地春秋, 空談尊攘, 百有餘年. 中州人士, 亦豈無此心乎. … 使臣全不理會, 掀髯拊簟曰, 胡無百年之運, 慨然有中流擊檝之想. 其虛妄甚矣.": 『燕巖集』 卷14 『熱河日記』 「口外異聞—羅約國書」 (문집총간 a252_297a–297b).

8.2 조선의 낙후

이 같은 인식은 자연히 청의 높은 수준에 비했을 때 조선의 문화 수준이 낙후되었다는 자각을 낳게 되었다. 특히 박제가가 그 같은 생각을 분명히 표현했는데 그의『북학의』는 청의 각종 기술과 문물의 우수함과 효용에 대비하여 조선의 해당 기술과 문물의 낙후함과 비효율성을 지적하는 내용들로 거의 채워져 있다.[17] 예컨대 그는『북학의』의 「농잠총론(農蠶總論)」을 "우리나라는 모든 일에서 중국에 못 미친다. 다른 것은 굳이 말할 필요도 없고 그 의식(衣食)의 풍족함에서 가장 당할 수가 없다"는 말로 시작하고[18] 의식의 여러 면에서 풍족한 중국의 상황과 궁핍한 조선의 상황을 비교했고, 이어서 중국은 서울과 지방의 차이가 없는데 조선에서는 차이가 극심함을 이야기했다.

중국은 서울과 지방의 구별이 없다. 강남(江南), 오(吳), 촉(蜀), 민(閩), 월(粵)같이 멀리 떨어진 도회지들도 그 번화함과 문물은 오히려 황성(皇城)보다 더 뛰어나다. 우리나라는 도성 몇 리 밖에서 풍속이 이미 시골 티가 나서 대개 그 입을 것과 먹을 것이 부족하고 물자가 유통되지 않으며 학문은 과거(科擧)에 빼앗기고 풍기(風氣)는 나라 땅 안에만 한정되어, 견문이 넓어질 길이 없고 재능과 지식이 열릴 길이 없다. 이와 같은즉, 인문

---

17) 임종태는『북학의』에서 박제가가 "청나라의 사례에 대한 이상화된 서술을 통해 그 효율성과 세련됨을 부각하고는 그에 이어 조선 사회의 해당 기술 및 기물에 대한 부정적인 서술을 통해 그 비효율성, 어리석음과 구차함을 강조한다"고 최근의 발표에서 지적했다. "정조대 북학론과 그 기술 정책"(『한국과학문명사』 프로젝트 전통팀 2017년 11월 세미나 발표문), 6쪽.
18) "我國既事事不及中國. 他姑不必言, 其衣食之豊足, 最不可當.":『北學議』外編 「農蠶總論」.

은 어둡고 제도가 무너졌으며, 백성은 날로 늘어도 나라살림은 날로 비어
간다.[19]

이덕무는『천애지기서(天涯知己書)』에서 홍대용이 조선에서 비단옷을
입지 않느냐고 묻는 중국 사인 엄성, 반정균 등에게 "겨울 먼 여행길
이기 때문에 이런 명주옷을 입은 것입니다. 집에 있을 때는 토산인 무
명옷을 입을 따름입니다"라고 답한 데 대해 "동국에서는 검소함을 숭
상해서가 아니라 오로지 가난하기 때문에 그런 것"이라고 지적했다.[20]
　박지원은 조선의 학문도 청에 비해 낙후되었음을 지적했는데, "몽
롱춘추(朦朧春秋)"라는 속어 표현이 있듯이 조선 사람들이『춘추(春秋)』
에 대해 말하기는 좋아하지만 제대로 알지 못하고 몽롱하다고 하기도
했고,[21] 고려 때는 활발하던 중국 남방과 바닷길 유통이 끊겨 중국의
문화와 학문적 성취에 대해 제대로 알고 있지 못하다고 지적하기도
했다.[22] 이덕무도 조선이 중국과 바닷길로 통하지 않게 되면서 문헌이

---

19)　"中國無京外之別, 其大都會如江南吳蜀閩粤之遠, 而其繁華文物反勝於皇城. 我國
　　都城數里之外, 風俗已有郶意. 蓋其衣食不足, 貨財不通, 學問喪於科擧, 風氣限於
　　疆域, 見聞無由而博, 才識無由而開也. 若是而已, 則人文晦而制度壞, 民日衆而國
　　日空.": 같은 글.

20)　"力闇蘭公曰, 貴國不着錦衣耶. 湛軒指所着紬衣曰, 冬天遠行, 故亦着此紬衣. 在家
　　則不過着土産綿布而已. 炯菴曰, 東國非尙儉, 全係貧耳."『青莊館全書』卷63『天涯
　　知己書』(문집총간 a259_132d). 중국 사인과 홍대용 사이의 관련 대화는『湛軒書』
　　外集 卷2 杭傳尺牘『乾淨衕筆談』(문집총간 a248_136c)에 나온다. 이덕무는 위의
　　이야기에 뒤이어 신라 때에는 지금은 보이지 않는 여러 이름의 비단이 있었던 것
　　을 보면 오히려 부유한 백성이 더 많았음을 알 수 있다고 덧붙였다. "新羅時土産,
　　有大小花魚牙錦朝霞錦白氈布等名, 今皆不見. 當時國富民庶, 可知也.": 卷63
　　『天涯知己書』(문집총간 a259_132d).

21)　"吾東諺, 凡事物之亂昧者, 稱朦朧春秋. 東人喜談春秋而朦朧若是類者多, 豈不爲
　　滿人之所笑也."『燕巖集』卷14 別集『熱河日記』「避暑錄」(문집총간 a252_285c).

희귀해졌고 일본은 물론 고려 때보다도 못한 상황이 되었다고 한탄했다.

　우리나라는 바닷길로 통화(通貨)하지 않기 때문에 문헌이 더욱 흐트러졌다. 서적이 미비하고 삼왕(三王)의 일도 모르는 것은 오로지 이 때문이다. 일본 사람들은 강남과 통상했기 때문에 명말의 고기(古器), 서화, 서적, 약재 등이 나가사키(長崎)에 폭주했다. 일본의 겸가당(兼葭堂) 주인 목세숙(木世肅)은 서적 3만 권을 비장(秘藏)하고 또 중국의 명사들과 많이 교류하였고 문사(文事)가 우아하고 바야흐로 성대하여 우리나라에 견줄 바가 아니다. 또한 고려 때는 송나라의 상선이 해마다 왔었는데 고려 왕이 후한 예로 공궤(供饋)했고 문물이 매우 갖추어져 있었다.[23]

박제가도 북경 유리창(琉璃廠)에 서적 매매가 활발한 데 비해서 조선에서는 책장수(書儈)가 "책 한 권을 가지고 사대부 집을 두루 돌아다녀도 왕왕 몇 달씩 팔지 못하는" 상황을 이야기하기도 했다.[24]
　이들은 이처럼 조선이 낙후된 상황에 대해 이야기하면서 조선을 두고 '오랑캐'라는 표현을 쓰기도 했다. 예컨대 박제가는 그대로 가다가

---

22) "高麗時, 宋商舶頻年來泊於禮成江, 百貨湊集, 麗王待之以禮. 故當時書籍大備, 中國器物無不來者. 我國不以水道通南貨, 故文獻尤貿貿.":『燕巖集』卷15 別集『熱河日記』「銅蘭涉筆」(문집총간 a252_323d).

23) "我國不以水路通貨, 故文獻尤貿貿. 書籍之不備, 與不識三王事者, 全由此也. 日本人通江南, 故明末古器及書畫書籍藥材, 輻湊于長碕. 日本兼葭堂主人木世肅, 藏秘書三萬卷, 且多交中國名士. 文雅方盛, 非我國之可比也. 且高麗時, 宋商之舶, 年年來泊, 麗王厚禮供饋, 文物甚備也.":『靑莊館全書』卷63『天涯知己書』(문집총간 a259_131c-131d).

24) "我國之書儈, 挾一書遍歷士大夫家, 往往數月而不售. 吾於是知中國之爲文明之藪也.":『北學議』內編「古董書畫」.

는 "중국의 오랑캐를 물리칠 겨를도 없이 동국의 오랑캐됨을 모두 고치지 못할 것이 걱정된다"고 하여 조선이 오랑캐의 모습("東國之夷")이 있음을 지적했다.[25] 홍대용은 중국 사인들에게 보낸 편지에서 스스로를 "동이의 비천한 사람(東夷鄙人)"이라고 지칭했으며, 중국 사인이 자신과의 대화 중 자신의 물음에 답하지 않고 주저하자 조선인인 자신이 비천한 오랑캐로 보여 그러느냐고 묻기도 했는데,[26] 박지원에게 자신의 연행 중 중국 사인들과의 교유에 대해 이야기하면서는 다음과 같이 토로했다.

> 그 사람들이 살고 있는 땅이 어찌 요, 순, 우, 탕, 문왕, 무왕, 주공, 공자가 밟던 땅이 아니겠으며, 그 사람들이 사귀는 선비들이 어찌 제(齊), 노(魯), 연(燕), 조(趙), 오(吳), 초(楚), 민(閩), 촉(蜀)의 널리 보고 멀리 노닌 선비들이 아니겠으며, … 그런즉 저들 세 사람이 나를 볼 때 또한 어찌 화이의 구별이 없었고 형적(形跡)과 등위(等威)의 [차이에 따른] 거리낌이 없었겠는가.[27]

이 같은 생각을 하게 된 조선 사인들은 조선에 존재하는 중화 문화의 유풍이라 믿었던 것들이 사실은 주변 이민족의 풍속과 다를 바 없음을 지적하기도 했다. 예컨대 조선의 의관 제도 중에 중국화되지

---

25) "吾恐中國之夷未暇攘, 而東國之夷未盡變也.": 『北學議』外編「尊周論」.

26) "某東夷鄙人也.": 『湛軒書』外集 卷7 『燕記』「吳彭問答」(문집총간 a248_244d); "有問而不肯答, 豈以鄙夷而不足教耶.": 『湛軒書』外集 卷8 『燕記』「周學究」(문집총간 a248_270d).

27) "其人所處之地, 豈非堯舜禹湯文武周公孔子所履之土乎. 其人所交之士, 豈非齊魯燕趙吳楚閩蜀博見遠遊之士乎. … 然則彼三人者之視吾, 亦豈無華夷之別而形跡等威之嫌乎.": 『燕巖集』卷1「會友錄序」(문집총간 a252_013d-014a).

못한 오랑캐의 모습이 있다는 인식을 지녔던 박지원은 「허생전(許生傳)」
에서 조선의 사대부들이 예법을 지키고 머리를 깎고 오랑캐 옷을 입
지 않는다고 뽐내는 선비에게 "소위 사대부라는 것이 무엇들인가?
이맥(彝貊)족의 땅에 나서 자칭 사대부라 하니 어찌 어리석지 않은가?
저고리와 바지는 순백색이니 이는 상복이 아닌가? [머리털을] 한데 모
아 뾰쪽하게 묶었으니 이는 남만의 상투이다. 무엇을 예법이라 하는
가?"라고 질타했다.[28] 성대중(成大中, 1732-1809)도 1776년 연행길에 오
르는 서호수에게 조선의 제도가 신라, 고려의 옛것을 많이 답습하여
의관, 문장이 순수한 중화의 제도가 못 되고, 학술, 예의, 전제(田制),
융정(戎政), 성상(星象), 성률(聲律) 등이 중화라고 하기에는 미흡함을
지적했다.[29] 서유구(徐有榘, 1764-1845)는 조선의 토지 제도가 중국을
따르지 않고 고려 말의 천박한 풍습을 따르고 있음을 지적하면서 "지
금 '결(結)', '부(負)', '파(把)', '속(束)'이라고 이르는 것들은 고금 역대에
들어본 적이 없는 것들로 온 세상 어느 곳에도 없는 것들"이라고 말
하고, 중국 고대의 법에 따라 토지 제도를 개혁하여 "천년 인습의 폐
를 씻고 삼대의 바른 법도를 따를" 것을 주장했다.[30]

---

28) "李公憮然曰. 士大夫皆謹守禮法誰肯薙髮胡服乎. 許生大吒曰. 所謂士大夫, 是何
  等也. 産於彝貊之地, 自稱曰士大夫, 豈非駿乎. 衣袴純素, 是有喪之服. 會撮如錐,
  是南蠻之椎結也. 何謂禮法.": 『燕巖集』卷14 別集 『熱河日記』「玉匣夜話」(문집총간
  a252_305b).
29) "我國制度, 多襲羅麗之故. 衣冠固飾矣, 而猶未純於華制. 文章固盛矣, 而猶未復於
  古道. 學術或精於派而疏於源, 禮儀或綜於細而略於大. 田制雜乎貊道, 戎政泥乎戚
  法. 以言乎星象則測候未精, 以言乎聲律則樂器未備. 此豈非列聖之未遑, 而有待於
  今王者歟.": 『靑城集』卷5, 「送徐侍郞浩修以副价之燕序」(문집총간 a248_430a).
30) "我東事事摸擬中華, 而獨於田制, 因襲麗季之陋. 今所謂結負把束者, 古今歷代
  之所未聞, 寰宇八埏之所未有.": 『金華知非集』卷11 「擬上經界策」上(문집총간
  a288_506b); "洗千載因襲之陋, 遵三代惟正之典." 같은 글(문집총간 a288_512d).
  정명현, "서유구(徐有榘, 1764~1845)의 선진 농법 제도화를 통한 국부창출론:

사실 조선의 풍속인 '동속(東俗)'을 교정해야 할 대상으로 생각하는 경향은 일찍부터 있었다.[31] 예컨대 이이는 「절서책(節序策)」에서 한식(寒食)의 그네타기는 군심(君心)을 방탕하게 하고 국사를 문란케 하는 것으로 이적의 습속을 닮은 것이고, 단오(端午)도 중국 형초(荊楚) 지역의 습속으로 오늘의 도라고 할 수 없다는 등 '동속'의 문제점을 지적하면서 이 같은 습속들을 선왕의 제도로 고쳐서 인심을 바로잡아야 한다고 주장했다.[32] 특히 조선의 변발(辮髮)이 오랑캐 습속이라는 생각이 많았는데, 조헌(趙憲, 1544-1592)도 중국에 다녀온 후 올린 「동환봉사(東還封事)」에서 조선의 어린아이나 여인의 두발의 모습이 길에서 본 오랑캐의 두발과 비슷했다고 하면서 국왕에게 이를 고치도록 하라고 청했다.[33]

17세기 후반에는 '동속'을 비판하는 경향이 집권층인 서인, 노론들 사이에서는 더욱 심화되었다.[34] 예컨대 송시열은 조선에서 모족(母族), 처족(妻族)을 중시하는 것을 "오랑캐풍"이니 따르지 말아야 한다고 했고, 부모의 신주(神主)에 "현고(顯考)", "현비(顯妣)"라고 표기하는 것도

「의상경계책(擬上經界策)」의 해제 및 역주"(서울대학교 박사학위논문, 2014), 173-180쪽.

31) 조성산, "조선후기 西人·老論의 풍속인식과 그 기원", 『史學研究』 102호(2011), 39-77 중 52-55쪽.

32) 『栗谷先生全書』 拾遺 卷5 「節序策」(문집총간 a045_555b-559a). 조성산, "조선후기 西人·老論의 풍속인식과 그 기원", 52-53쪽.

33) "臣路見向化達子之婦, 又見其進貢廻還之輩, 我國童男及女人斂髮之容, 不幸而近之. 是雖習俗流傳之久, 而於聖主一變至道之機.": 『重峯先生東還封事』「先上八條疏 貴賤衣冠」. 조헌은 이 상소에서 "大抵中原衣冠之制, 不惟簡約易備, 而如今天下同文之日, 如雲南貴州距京師萬餘里, 曾是椎髻儒離之域, 而大小男女一遵華制. 況我箕邦, 距京師不滿四千, 實與五服諸侯無異, 而男女衣冠多有可羞者."라고 하여 중국에 비해 볼 때 조선의 의관 제도가 부끄러운 상황임을 지적했다.

34) 조성산, "조선후기 西人·老論의 풍속인식과 그 기원", 56-64쪽.

원나라에서 비롯한 오랑캐 제도라고 하여 비판했으며,[35] 조선의 변발 역시 이적의 습속이니 화제(華制)로 바꾸어야 한다는 생각을 지니고 자신의 집안에서 이를 시행했다.[36] 한원진(韓元震, 1682-1751)은 조선의 변발 풍습은 이적의 것이니 화제로 바꾸어 오랑캐의 누습을 씻는 것이 좋겠는데 이미 오래 행해져 와서 사람들이 익숙해져 바꾸기 힘들 것이므로 임금이 명령을 내려 변화시켜야 한다고 주장했고,[37] 윤봉구(尹鳳九, 1681-1767)도 조선의 변발 상계(上髻)의 습속이 오랑캐의 것과 같으니 화제를 시행하자는 조헌의 「동환봉사」에서의 주장이 시행되지 않았고 송시열 집안에서 화제가 시행되었지만 정치적 화를 당해 중단된 것을 언급하며 화제의 시행을 주장했다.[38]

조선 사인들은 또한 조선의 언어가 낙후되고 오랑캐의 모습을 보인다고 주장하기도 했다. 그들이 '오랑캐풍'으로 자주 지적한 것은 조선

---

35) "先生曰. 國有夷風, 重母族妻族. 故有是言也, 夷俗何必從也.": 『宋子大全』附錄 卷17 語錄「崔愼錄 上」(문집총간 a115_539c); "加顯字於考妣上者, 胡元制也. 故吾家避胡之制, 於神主粉面不書顯字, 只書考妣字. 祝文依此禮, 加故字於考妣上矣.": 같은 글(문집총간 a115_539c-539d).

36) "國內婦人及童子未冠者之辮髮, 皆胡俗也. 先生家童子之雙紒(卽雙髻)而不辮髮者, 業已久矣. 晚來又令婦人皆從華制而作髻爲首飾, 不以駭俗爲嫌. 蓋純用華夏, 盡變夷風, 馴致比屋可封之俗者, 實先生志也.": 『宋子大全』附錄 卷17 語錄「崔愼錄 下」(문집총간 a115_574d).

37) "國俗, 婦人冠編髮戴之者, 盖夷制也. 誠能易編髮爲髻, 以從華制, 一洗夷陋之舊, 則豈不爲美 哉. 然編髮之制, 本出東俗, 行之屢千百年, 人情已安, 難於猝變也. 若欲變之, 必須以君相之尊令之, 然後方可以變.": 『南塘先生文集』卷24「家禮疏義付籤附說 婦人髻」(문집총간 a202_022c).

38) "我東婦女辮髮上髻, 本稱胡俗. 重峯先生東還封事, 已言其韃胡之俗, 道逢韃女, 則辮髻之制, 一如我東云, 而請改辮髮, 以從華髻, 言不施矣. 其後尤菴先生得崇禎宮女之隨孝廟東還而在宮邸者屈氏之所傳髻制, 行之於門內. … 尤翁家行之未久, 而因値遷謫之禍, 不復行云. … 聞尊家欲行華髻, 極可喜.": 『屛溪先生集』卷14「與權亨叔」(문집총간 a203_307c-308c).

232

의 음(音)이 중국의 음과 다르다는 것이었다. 이익, 이종휘, 유득공, 홍양호 등이 조선의 한자음인 '동음(東音)'이 중국 고대의 한자음을 잘 보존하고 있어 '정음'에 가깝다고 한 것을 7장에서 보았는데, 다른 사인들은 그 같은 조선의 한자음에서 오히려 '오랑캐풍'을 보았던 것이다. 사실은 이미 유형원이 "선왕의 뜻을 좇아 오랑캐가 변하여 중화가 되고자 한다면 민간의 언어를 비록 어렵더라도 일변시켜 문자는 모두 화음(華音)을 따르고 사인들이 배우는 경서(經書)의 언해(諺解)를 한결같이 홍무역음(洪武譯音)으로 하여 이를 강송(講誦)하게 한다. 이렇게 하면 말은 달라도 글자와 음은 같게 될 것이다"라고 하여 조선의 어음(語音)이 오랑캐풍을 면치 못함을 지적한 바 있었고,[39] 조선의 어음이 오랑캐의 풍속에서 벗어나서 중화의 정음을 따르게 하기 위해 최세진(崔世珍, 1468-1542)의 『사성통해(四聲通解)』를 간추려 『정음지남(正音指南)』을 펴내기도 했다.[40] 홍대용은 연행 중 손유의(孫有義)라는 중국 사인에게 "우리나라는 중국을 사모하고 존숭하며, 의관과 문물이 중화의 제도와 비슷하여 예로부터 중국에서 혹 이를 보고 '소중화'라고 일컫기도 했는데, 오직 언어만은 아직 오랑캐풍을 면하지 못하니 부끄러운 일"이라고 털어놓았다.[41] 박지원은 중국의 문화가 조선, 일본, 월남 등 "외지로 퍼져나간 지 수천 년이 되었지만 그들의 글이

---

39) "如欲追先王之志而變夷爲夏, 卽民間言語, 縱難一變, 凡諸文字, 皆從華音. 士子所習經書諺解, 一以洪武譯音, 使之講誦. 如此則言語雖異, 字音則同也.": 『磻溪隨錄』 卷25 續篇上 「言語」.

40) "先生常嘆東方語音未變夷俗, 欲追中華正音, 就中宗朝崔世珍所撰四聲通解, 刊去注解, 專明音韻, 使便於考覽, 名之曰正音指南.": 『磻溪先生年譜』: 배우성, 『독서와 지식의 풍경─조선 후기 지식인들의 읽기와 쓰기』(돌베개, 2015), 219쪽에서 재인용.

41) "弊邦慕尚中國, 衣冠文物, 彷彿華制, 自古中國或見稱以小中華. 惟言語尚不免夷風爲可愧.": 『湛軒書』 外集 卷7 『燕記』 「孫蓉洲」(문집총간 a248_265d).

모두 오랑캐의 풍을 면하지 못하고 궁색하고 비루하여 성인의 가르침을 계승하기에 부족한데, 이는 그 성음(聲音)이 같지 않기 때문"이라고 했다.[42]

조선 사인들은 조선에서의 언문(言文)불일치의 문제도 자주 지적했는데, 박지원은 이에 대해 다음과 같이 이야기했다.

> 중국은 글자로 인해서 말을 배우고 우리 동국은 말로 인해서 글자를 배운다. 따라서 중화와 이적의 구별이 여기에 있다. 왜냐하면 말로 인하여 글자를 배우게 되면 말은 말대로 글자는 글자대로 되어 가령 "천(天)"이라는 글자를 읽을 때 "하늘 천"이라고 하면 이는 글자 이외에 다시 한 겹의 난해한 속(俗)말이 있게 된다. 어린아이가 이미 "하늘"이 무슨 말인지 모르는데 또한 어찌 "천"이라는 글자를 알 것인가? … 실상 중국의 부인과 어린아이들은 모두 문자로 말을 삼고 있으므로 비록 눈으로 "정(丁)"자(字)도 모르지만 입으로는 능히 봉황을 읊조리고, 경(經), 사(史), 자(子), 집(集)이 [그들에게는] 입에 젖은 보통 말이다.[43]

박제가도 중국의 언문일치에 비해 그렇지 못한 조선의 언어의 낙후함을 비판하면서 심지어 조선의 언어를 버려야 한다고 주장하기까지 했다.

---

42) "自中國流衍外夷, 數千年間, 其文皆不免於夷狄之風, 窘竭鄙陋, 不足以續聖教者. 蓋其聲音不同.":『燕巖集』卷15 別集『熱河日記』「銅蘭涉筆」(문집총간 a252_324d).

43) "中國因字入語, 我東因語入字. 故華彝之別在此. 何則, 因語入字則語自語書自書, 如讀天字曰漢捺天, 是字外更有一重難解之諺. 小兒旣不識漢捺爲何語, 則又安能知天乎. … 其實中國婦人孺子, 皆以文字爲語. 故雖目不識丁, 而口能吐鳳, 經史子集, 乃其牙頰間恒談也.":『燕巖集』卷14『熱河日記』「避暑錄」(문집총간 a252_289b).

한어(漢語)는 문자의 근본이다. 예컨대 하늘을 바로 "천(天)"이라고 부르고 언해(諺解)라는 또 한 겹의 장애가 없다. … 우리나라는 땅이 중국에 가깝고 음성이 대략 같다. 따라서 온 나라 사람이 모두 원래의 말을 버려도 안 될 리가 없다. 그렇게 한 후에야 "오랑캐"라는 글자를 면하고 동국 땅 수천 리에서 스스로 주(周), 한(漢), 당(唐), 송(宋)의 풍기(風氣)를 열 것이다. 어찌 크게 통쾌하지 않겠는가?[44]

박제가는 이어서 "조종조(祖宗朝)에 한어를 가르치고 조회(朝會)에서 우리말을 금하는 패(牌)를 설치했으며 백성들에게 한어(漢語)로 소송(訴訟)하게 하였으니 어찌 단지 [중국과의] 교빙에서의 통화에 쓰기 위한 것일 뿐이었겠는가? 장차 크게 이루어보려 했는데 미처 제대로 변화시키지 못했다"고 하여 전대(前代)의 국왕이 실제로 백성들에게 한어를 사용하게 하려고 했었음을 언급하기도 했다.[45] 이희경(李喜經, 1745-?)도 박지원, 박제가처럼 조선의 언문불일치의 폐단을 지적하고 중국의 음을 배워야 함을 역설했는데, 훈민정음이 배우기 쉽다고 하여 널리 사용되는 것이 '천하동문(天下同文)'의 뜻에 어긋난다고 주장하기까지 했다.[46] 이 같은 생각은 19세기 중반 이후로도 이어져서,

---

44) "漢語爲文字之根本. 如天直呼天, 更無一重諺解之隔, 故名物尤易辨. … 我國地近中華, 音聲略同, 擧國人而盡棄本話, 無不合之理. 夫然後夷之一字可免, 而環東土數千里, 自開一周漢唐宋之風氣矣. 豈非大快.": 『北學議』 內篇 「漢語」.

45) "祖宗朝敎習漢語, 朝會設禁鄕話牌, 令民以漢語入訟. 豈但爲交聘通話之用而已哉. 蓋將大有爲而未盡變也.": 같은 곳. 유형원은 세종이 중국과 같은 언문일치를 이루기 위해 한어 학습과 사용을 독려했음을 지적한 바 있다. "中國之地, 四方之人, 亦奚必均齊哉. 唯其同其音, 而一其語話之而無不通. 是則天下之人, 無有所異也. 昔我莊憲大王一新百度, 有意於是. 旣設承文院, 令文官始出身者, 必習漢語吏文. 又撰四聲通攷, 以卞其音. 又令凡百名物, 皆稱以漢語.": 『磻溪遺錄』 卷25 續篇上 「言語」.

최한기(崔漢綺, 1803-1877)는 "한문 중심의 세계 문자체계"를 구상하기까지 했고 박규수(朴珪壽, 1807-1876)도 서양이 한문을 공부하고 유교 문명을 받아들여서 오랑캐에서 중화로 변할 것이라는 희망을 표명하기도 했다.[47]

8.3 '북학'

이렇듯 청이 높은 수준의 문물을 지니고 있는 데 비해 조선은 뒤져 있다는 것을 인식하게 되고, 특히 그 같은 높은 수준의 청의 문물이 중화의 유제(遺制)라고 인식하게 된 조선 사인들 사이에서 자연스럽게 청의 문물을 배우고 도입해야 한다는 이른바 '북학(北學)'의 주장이 제기되었다.[48] 이 같은 생각의 단초는 위에서 인용한 홍대용의 언급들에서 찾아볼 수 있다. 1765년 연행한 홍대용이 청의 문물에 여러 가지 우수한 면이 있음을 보고 오랑캐 청이 입관(入關) 후 100년이 지나면서 예의를 숭상하고 충효를 본받는 등 중화의 면모를 갖추게 되었다고 인식한 것이다. 그러나 홍대용은 청의 제도와 문물의 좋은 점을

---

46) 조성산, "18세기 후반~19세기 전반 조선 지식인의 語文 인식 경향", 『한국문화』 47(2009), 177-202 중 189쪽; "조선후기 소론계의 東音 인식과 訓民正音 연구", 『韓國史學報』 36호(2009), 87-118 중 110-111쪽.
47) 조성산, "18세기 후반~19세기 전반 조선 지식인의 語文 인식 경향", 190쪽.
48) 북학에 대해서는 그간 수많은 연구가 이루어져 왔다. 그중 조선 후기 사인들의 북학에 대한 사유와 태도, 그리고 그 역사적 의의 등을 검토한 근래의 글들로는 김문용, "18세기 北學論의 문명론적 함의에 대한 검토", 『태동고전연구』 19집 (2003), 79-104쪽; 허태용, "'북학사상'을 연구하는 시각의 전개와 재검토", 『오늘의 동양사상』 14(예문동양사상연구원, 2006), 315-354쪽; 박희병, 『범애와 평등』, 제4장 "홍대용의 사회사상과 북학론의 관련" 등을 참고할 만하다.

지적하면서도 다른 일방 좋지 않은 점들을 지적하기도 했으며, 명시적으로 청의 문물을 배우자는 주장을 한 것은 아니었다.[49] 예컨대 그는 『연기(燕記)』에서 북경의 유리창에 관한 글을 그 건물들과 서적, 기물 등에 황홀해하고 감탄하면서도 다음과 같은 부정적 언급으로 끝맺었다.

길을 끼고 좌우로 있는 점포만도 몇천 몇백인지 알 수 없고 그 물건 만드는 데 소요된 비용도 몇만의 거액인지 알 수 없지만, 민생이나 양생(養生), 송사(送死)에 없어서는 안 될 것을 찾으면 하나도 없었다. 단지 이상한 재주에 음탕하고 사치스럽고 화려한 물건들로 사람의 뜻을 해치는 것들이 늘어놓여 있을 뿐이다. 이상한 물건들이 날로 불어나며 사풍(士風)이 날로 방탕해지니 중국이 그 때문에 떨쳐 일어나지 못하는 것을 개탄할 만하다.[50]

조선이 청의 문물을 배워야 한다는 생각을 뚜렷하게 찾아볼 수 있는 것은, 박희병이 지적하듯이, 성대중이 1776년 연행하는 신사운(申思運, 1721-1801)과 서호수에게 준 글들에서였다.[51] 성대중은 다음과

---

49) 박희병, 『범애와 평등』, 203-215쪽.

50) "入其中若有千百分身, 從壁牖而窺望, 怳怳惚惚, 良久不能定也. 盖此夾道諸舖, 不知其幾千百廛, 其貨物工費, 不知其幾巨萬財. 而求諸民生養生送死之不可闕者, 無一焉. 只是奇伎淫巧奢華喪志之具而已. 奇物滋多, 士風日蕩, 中國所以不振, 可旣也已.": 『湛軒書』外集 卷9 『燕記』「琉璃廠」(문집총간 a248_294c).

51) 북학론의 형성 과정과 관련해서 박희병은, 홍대용이 "시종 학자적 태도로 냉정하게, 그리고 균형 잡힌 태도로, 중국의 문물을 관찰하면서 그 취할 만한 점을 적시하거나, 그 문제점을 거론하거나, 우리것과 그 장단점을 비교하고 있을 따름"인데 비해(박희병, 『범애와 평등』, 203-204쪽), 성대중이 "비록 '북학'이라는 말을 사용하지는 않았지만 담론 전개에 있어 '북학론'의 논리구조를 최초로 제기"했다고 지적한 바 있다(박희병, 『범애와 평등』, 218쪽).

같이 말했다.

 이번에 공이 [연행을] 감에 있어, 산과 바다의 웅장함과 들판의 광활함, 성곽의 준엄함, 백성과 물산(物産)의 번성함을 둘러보고 우리나라를 되돌아보아 그 취약함을 떨치고 그 편소(偏小)함을 넓히려고 생각한다면 뜻이 더욱 세워질 것이다. 우임금의 자취를 밟아 연경에 가서 개연(慨然)히 중국의 문물과 전인(前人)들의 사업을 생각해본다면 마음이 더욱 넓어질 것이다. 삼대의 유서(遺書)들과 백왕(百王)의 유제(遺制)를 구해 돌아와서 [우리] 조정에 강론한다면 학문이 더욱 깊어질 것이다.[52]

서호수에게 준 글에서는, 위에서 보았듯이 우리나라의 문물과 제도가 중화라고 하기에는 미흡함을 지적한 후에[53] 청의 문물을 배울 필요에 대해 다음과 같이 이야기했다.

 저 중국 땅은 실로 삼대(三代) 예악의 땅이 아닌가. 옛 기물(器物)의 유제를 아직도 징험할 수 있고, 서적은 송명의 옛것이며 측후는 샬(Johann Adam Schall von Bell: 湯若望, 1591-1666)과 리치(Matteo Ricci: 利瑪竇, 1552-1610)가 남긴 것이다. 그 병제(兵制), 형법(刑法), 토지, 성곽의 제도는 간결하고 굳세서 지키기 쉽다. [이것이 바로] 청이 중국을 차지할 수 있었던 까닭이다. 저들의 장점을 취해 우리의 단점을 고친다면 자강(自強)의

---

52) "今公之往也, 覽觀山海之雄放, 原野之衍豁, 城郭之峻壯, 民物之蕃庶, 而反顧吾邦, 思振其削弱而拓其偏小, 則志益立矣. 履禹跡抵燕京, 慨然想中朝之文物前人之事業, 則心益廣矣. 購求三代之遺書百王之遺制, 歸而講之朝廷, 則學益深矣.": 『靑城集』卷5「送冬至書狀官申應敎思運序」(문집총간 a248_431b).
53) 위의 주 29를 볼 것.

방책으로 해가 되지 않을 것이다. [문제는] 우리가 널리 취하고 신중하게 선택함에 있을 따름이다.[54]

그러나 "북학"이라는 표현을 사용해서 높은 수준의 청의 문물과 제도를 배우고 도입해야 한다는 주장을 본격적으로 제기한 것은 박제가였다.[55] "북학"이라는 말은 『맹자』「등문공(滕文公)」편[56]에 나온 이래 중국 주변의 외이(外夷)가 중국으로부터 배워 자신들을 문명화하는 노력을 지칭해서 사용되어왔는데,[57] 박제가가 1778년 연행을 하고 돌아와 청나라의 여러 문물과 제도를 소개하면서 이를 거울 삼아 조선의 뒤처진 상황을 개선하자는 주장을 담은 책을 짓고 "북학의"라는 제목을 붙였던 것이다. 박제가는 그 서문에서 다음과 같이 이야기했다.

금년 여름 진주(陳奏)의 사행(使行)이 있어 내가 청장관(靑莊館) 이덕무와 함께 따라가서 연(燕), 계(薊)의 땅을 돌아보고 오(吳), 촉(蜀)의 선비들

---

54) "況彼中土實三代禮樂之墟也. 故器遺制, 猶有可徵. 書籍則宋明之舊也. 測候則湯利之餘也. 若其兵刑田郭之制, 簡勁易守, 建酋之所以幷諸夏也. 取彼之長攻吾之短, 不害爲自强之術也. 在吾人博采而愼擇之耳.": 『靑城集』, 卷5, 「送徐侍郎浩修以副价之燕序」(문집총간 a248_430b).

55) 위의 주 51에서 지적했듯이 성대중이 "'북학론'의 논리구조를 최초로 제기"했다고 본 박희병은, 박제가가 "성대중의 논의를 '북학'으로 개념화하면서 논의를 한층 구체화시키는 작업을 했다고 할 만하다"고(박희병, 『범애와 평등』, 218쪽) 지적했다. 김문용도 박제가의 『北學議』가 "논의의 분량이나 범위, 심도 등 모든 면에서 북학론을 대표하는 저작이라 할 수 있"다고 평가했다. 김문용, "18세기 北學論의 문명론적 함의에 대한 검토", 82쪽.

56) "吾聞用夏變夷者, 未聞變於夷者也. 陳良楚産也, 悅周公仲尼之道, 北學於中國. 北方之學者, 未能或之先也.": 『孟子』「滕文公章句上」(5上4).

57) 예컨대 許遠(1671-1729)은 1711년의 『細草類彙』 서문에서 1655년 金尙范이 북경에 파견되어 시헌력을 배운 것을 두고 '북학'이라는 표현을 사용했다: 임종태, "정조대 북학론과 그 기술 정책", 3쪽.

과 어울릴 수 있었다. 계속해서 몇 달을 머물면서 그간 듣지 못하던 것을 많이 들었으며, 옛 습속이 아직 남아 있고 옛사람들이 나를 속이지 않았음을 [알게 되어] 감탄했다. 그 습속 중 우리나라에서 행하여 일용에 편리할 것들을 그때마다 글로 쓰고 그것을 행했을 때의 이로움과 행하지 않았을 때의 폐단을 덧붙여 해설로 하였고 『맹자』의 진량(陳良)에 대한 말을 취해 "북학의"라고 이름지었다.[58]

박제가는 이 서문을 중국에 갔다가 돌아온 후 중국의 문물을 배워 우리나라를 변화시키려 했던 최치원(崔致遠, 857-?)과 조헌을 자신이 어려서부터 흠모했다는 이야기로 시작했으며, "이것이 또한 고운(孤雲, 최치원)과 중봉(重峯, 조헌)의 뜻이다"라는 말로 끝냈다. 위에서 인용한 바 있는 "진실로 백성에게 이로우면 그 법이 비록 이적으로부터 나왔다 하더라도 성인은 장차 취할 것이다. 하물며 중국의 본래의 것임에랴"라는 「존주론」의 구절 또한 청의 문물과 제도를 배워야 한다는 박제가의 생각을 분명히 보여준다.[59] 박제가는 유리창의 호화로운 물건들이 실제 백성들의 생활에 도움이 되지 않는다는, 위에서 본 홍대용식의 비판에 대해서도 "어떤 사람은 '부(富)하기는 부하지만 백성에게는 무익하니 다 태워버린들 무슨 손해이겠는가?'라고 이야기한다.

---

58) "今年夏, 有陳奏之使, 余與靑莊李君從焉. 得以縱觀乎燕薊之野, 周旋于吳蜀之士. 留連數月, 益聞其所不聞. 歎其古俗之猶存而前人之不余欺也. 輒隨其俗之可以行於本國便於日用者, 筆之於書, 並附其爲之之利與不爲之弊, 而爲說也. 取孟子陳良之語, 命之曰北學議."

59) 앞의 주 4를 볼 것. 「궁실(宮室)」이라는 글에서 중국에 비해 한심한 수준인 조선의 집짓는 방법에 대해 한탄한 후에는 "그런즉 장차 이를 어찌해야 하는가?"라고 묻고 "'중국을 배우는 것이다'라고 말할 수밖에 없다"고 단언하기까지 했다("然則將若之何. 不過曰, 學中國而已.": 『北學議』 內編 「宮室」).

그 말이 맞는 것 같지만 사실은 그렇지 않다. 푸른 산과 흰 구름이 반드시 먹고 입는 것은 아니지만 사람들은 좋아하지 않는가?"라고 반박하기도 했다.[60]

『북학의』는 저술된 후 가까운 사람들 사이에서 읽혔다. 1780년 연행하고 돌아온 박지원은 청 문화의 우수성을 깊이 인식하고 이를 본받고 도입할 것을 주장했는데, 1781년에『북학의』를 읽은 후 쓴 서(序)에서 "장차 학문을 하려고 한다면 중국을 제외하고 어떻게 할 것인가?"라고 하여 중국을 배워야 함을 강조한 후 박제가의 주장을 되풀이했다.

저들이 진실로 변발(辮髮)을 하고 좌임(左衽)을 하고 있지만, 그들이 살고 있는 땅이 삼대 이래 한, 당, 송, 명의 중국이 어찌 아니겠으며, 그 땅 안에서 살고 있는 사람들이 삼대 이래 한, 당, 송, 명의 유민(遺民)이 어찌 아니겠는가. 진실로 법이 훌륭하고 제도가 아름답다면 반드시 장차 오랑캐에게라도 나아가 배워야 하는데, 하물며 그 규모의 광대함과 심법(心法)의 정미(精微)함과 제작(制作)의 굉원(宏遠)함과 문장(文章)의 찬란함이 아직도 삼대 이래 한, 당, 송, 명의 고유한 옛법을 보존하고 있음에랴.[61]

서문의 뒷부분에서 박지원은 박제가가 자신보다 앞서 연행해서 "농잠

---

60) "或云, 富則富矣, 而無益於生民, 盡焚之, 有何虧闕. 其言似確而實未然. 夫靑山白雲, 未必皆喫着, 而人愛之也.": 『北學議』 內編 「古董書畵」.

61) "如將學問, 舍中國而何. 然其言曰, 今之主中國者夷狄也, 恥學焉, 并與中國之故常而鄙夷之. 彼誠薙髮左衽. 然其所據之地, 豈非三代以來漢唐宋明之幽夏乎. 其生乎此土之中者, 豈非三代以來漢唐宋明之遺黎乎. 苟使法良而制美, 則固將進夷狄而師之. 況其規模之廣大, 心法之精微, 制作之宏遠, 文章之煥燦, 猶存三代以來漢唐宋明固有之故常哉.": 『燕巖集』 卷7 別集, 「北學議序」(문집총간 a252_109b).

(農蠶), 목축, 성곽, 궁실(宮室), 배와 수레로부터 기와, 대자리, 붓, 자
(尺) 등의 제조법에 이르기까지 눈으로 헤아리고 마음으로 비교하지
않은 것이 없었으며, 눈으로 보지 못하면 반드시 물어보았고, 마음으
로 이해하지 못하면 반드시 배워"왔으며, 자신의 『열하일기』와 조금도
어긋남이 없이 마치 한 사람이 쓴 것처럼 들어맞았다고 이야기했다.[62]
박지원은 위에서 보았듯이 『열하일기』에서도 청 치하에 삼대 이래 중
화의 문물이 남아 있는 것은 오랑캐가 중국 문물의 유익함을 알고 마
치 원래부터 자신들의 것이었던 것처럼 간직하고 있는 것임을 지적
한 후, "천하를 위하는 자는 만약 백성에게 이롭고 나라에 도움이 된
다면 비록 그 법이 혹 이적에게서 나왔어도 취해서 본받아야 하는데"
… 이적이 중화를 어지럽히는 것이 분하다고 해서 그들이 지닌 중화
의 훌륭한 결실마저 배척하는 것은 옳지 않다고 주장했다.[63] 서명응도
1782년에 『북학의』를 읽고 쓴 서문에서 박제가가 연행하여 중국의 성
곽, 실려(室廬), 차여(車輿), 기용(器用)을 두루 보고서 그것이 『주례』의
제도임을 인식하고 "우리나라에서 가히 통행할 수 있는 것을 만나면
자세히 보고 몰래 기록했고, 혹 이해하지 못하는 것이 있으면 다시 널
리 찾아 의심 나는 바를 풀었고" 돌아와 『북학의』를 썼는데 "이 책
을 한번 참고하면 가히 미루어 시행할 수 있을 것"이라고 하면서 마침

---

62) "余自燕還, 在先爲示其北學議內外二編. 盖在先先余入燕者也. 自農蚕畜牧城郭
宮室舟車, 以至瓦簟筆尺之制, 莫不目數而心較. 目有所未至, 則必問焉. 心有所
未諦, 則必學焉. 試一開卷, 與余日錄, 無所齟齬, 如出一手.": 같은 글(문집총간
a252_109c).

63) "中華之城郭宮室人, 固自在也. 正德利用厚生之具, 固自如也. … 彼胡虜者, 誠知中
國之可利而足以久享, 則至於奪而據之, 若固有之. 爲天下者, 苟利於民而厚於國,
雖其法之或出於夷狄, 固將取而則之. … 未聞憤夷狄之猾夏, 並與中華可尊之實而
攘之也.": 『燕巖集』 권12 別集 『熱河日記』 「馹汛隨筆」(문집총간 a252_177a).

242

정조가 여러 법제에 관한 서적을 편찬하려고 하는데, 이 책이 채용될 수 있겠다고 이야기했다.[64]

이들 '북학론자'들은 주로 청의 문물이 이용후생에 유용함을 강조했다. 박제가의 '북학' 주장의 주된 근거는 백성의 생활에 유익하다는 것이었음은 위에서 되풀이하여 인용한 「존주론」의 "진실로 백성에게 이로우면 그 법이 비록 이적으로부터 나왔다 하더라도 성인은 장차 취할 것이다. 하물며 중국의 본래의 것임에랴"라는 말이 보여주는데, 위에 인용한 『북학의』 서문에서 북학의 필요성을 주장한 후에는 이용후생이 '정덕(正德)'의 기본임을 지적하면서 민생과 재정 등 조선이 당면한 어려운 현실을 개선하기 위해 이용후생을 중시해야 한다고 이야기했다.

> 무릇 이용후생은 하나라도 힘쓰지 않음이 있으면 위로 정덕(正德)을 해치게 된다. 그 때문에 공자는 "[백성이] 이미 많아졌으면 [부유하게 해야 하고 이미 부유해졌으면] 가르쳐야 한다"고 말했고, 관중(管仲)은 "의식이 족해야 예절을 안다"고 말했다. 지금 민생이 날로 곤란해지고 재용이 날로 궁핍해지는데, 사대부들은 소매 속에 손을 꽂은 채 이를 구제하려 하지 않으려는 것인가. 아니면 옛 법에만 의존하여 편안함을 즐기면서 이를 모르는 것인가.[65]

---

64) "朴齊家次修, 奇士也. 歲戊戌, 隨陳奏使入燕, 縱觀其城郭室廬車輿器用, 歎曰. 此皇明之制度也, 皇明之制度又周禮之制度也. 凡遇可以通行於我國者, 熟視而竊識之. 或有未解, 復博訪以釋其疑. 歸而筆之於書, 爲北學議內外篇. 其紀數詳密, 布法明暢, 且附以同志之論, 一按卷可推行. … 方今聖上欲編輯一部法書, 以金聲玉振於國典. … 無乃是書爲伊時之所採用乎.":『保晚齋集』卷7「北學議序」(문집총간 a233_208d).

65) "夫利用厚生一有不脩, 則上侵於正德. 故子曰旣庶矣而敎之, 管仲曰衣食足而知

실제로『북학의』의 목차를 보면 우선 내편(內編)은 수레, 배(船), 성(城), 벽돌, 기와, 자기(瓷), 대광주리(簞) 등으로 시작해서 궁실, 창호(窓戶), 계체(階砌), 도로, 교량 등으로 이어지고 목축, 소, 말, 나귀, 안장, 구유 등을 다룬 후 저자(市井), 장사(商賈)에 이어 은(銀), 돈(錢), 쇠(鐵), 재목(材木) 등과 여복(女服), 장희(場戲) 등을 다루고, 그 후 한어(漢語)와 통역, 그리고 약(藥), 간장(醬), 도장(印), 담요, 종이, 활, 총과 화살(銃矢), 자(尺), 문방구에 이어 골동서화로 끝나며, 외편(外編)도 밭, 거름, 잠상(蠶桑)과 원예 등 농잠(農蠶) 관련 내용과 과거(科擧), 관제, 녹제(祿制) 등에 대한 논의에 이어 재부론(財富論), 병론(兵論), 장론(葬論) 등의 논설들로 이루어져 있어서, 소개하고 있는 청의 문물이 대부분 일상생활을 위한 기물이나 풍습, 그리고 국가 실무를 위한 제도 등이었음을 알 수 있다.

다른 '북학론자'들의 '북학' 주장도 위에서 보았듯이 대부분 이용후생을 목적으로 한 것이었으며, 청으로부터 배워야 한다고 제시한 예들도 벽돌, 수레, 선박, 수차, 화폐, 골동, 서화, 일상 생활용구 및 농업, 수리(水利), 양잠, 목축, 건축, 관제(官制), 병기(兵器), 축성(築城), 의술 등 거의 모든 부문에 걸쳐 주로 실용적인 것들이었다. 그중에서도 홍문관(弘文館), 예문관(藝文館)의 대제학을 겸임하는 고위관료로서 연행하고 돌아온 홍양호는 청의 예악과 문물에는 대체로 부정적이었으면서도, 위에서 보았듯이 연행 후 올린「진육조소(陳六條疏)」와 연행 길에 오르는 사람들에게 준 글들에서 청의 이용후생의 도구들에 선왕

禮節. 今民生日困, 財用日窮, 士大夫其將袖手而不之救歟, 抑因循故常, 宴安而莫之知歟." 여기서 공자의 말은『논어』子路편(13.9)의 "子曰. 庶矣哉. 冉有曰. 旣庶矣, 又何加焉. 曰. 富之. 曰. 旣富矣, 又何加焉. 曰. 敎之."를 가리키는 것으로 보인다.

의 유제가 남아 있다고 지적했는데, 특히 그는 청과의 전쟁에 대비해 병기(兵器), 병마(兵馬), 차제(車制), 축성법 등 청 문물을 도입할 것을 주장했다.[66]

청의 문물을 배워 받아들이자는 북학론자들의 이 같은 생각이 처음부터 받아들여진 것은 아니었다. 처음에는 오히려 오랑캐 청으로부터 배우자는 이 같은 생각에 대해 많은 저항이 있었다. 예를 들어 박제가는 자신이 북경에서 돌아와서 청나라 문물의 여러 가지 좋은 예들을 이야기하니, "모두 망연히 믿지 않았고 실색하고 돌아가면서 내가 오랑캐의 편을 드는 것으로 여겼다"고 하면서 "이 사람들이 모두 앞으로 이 [나라의] 도를 밝히고 이 백성들을 다스릴 사람들인데 그 고루함이 이 같으니 오늘날 [우리나라의] 습속이 떨치지 못하는 것은 당연하다"고 탄식했으며,[67] "시험 삼아 사람들에게 '중국의 학문에 퇴계와 같은 자가 있고 문장에 간이(簡易)[최립(崔岦, 1539-1612)] 같은 자가 있으며 명필로는 한호(韓濩, 1543-1605)보다 나은 사람이 있다'고 말하면 반드시 발끈하여 안색을 바꾸고 곧바로 '어찌 그럴 리가 있냐'고 말하며, 심한 자는 그 [말을 한] 사람에게 죄를 주려고 한다"고 탄식했다.[68] 실제로 1778년 박제가와 함께 연행했던 이덕무마저도 박제가가 "동방 예의의 나라에서 태어나 자랐으면서도 오히려 중원 천리의 [우리와] 같지 않은 풍속을 사모하는" 것을 탓하면서 그러기에 그가 "당벽(唐癖)", "당학(唐學)", "당한(唐漢)", "당괴(唐魁)" 같은 말을 듣는

---

66) 김문식, 『조선후기 지식인의 대외인식』(새문사, 2009), 131-132쪽.
67) "余自燕還, 國之人士踵門而請曰, 願聞其俗. 余作而曰. … 皆茫然不信, 失所望而去, 以爲右袒於胡也. 嗚呼, 夫此人者, 皆將與明此道治此民者也. 其固如此, 宜今俗之不振也.":『北學議』外編「北學辨」.
68) "試言於人曰, 中國之學問有如退溪者, 文章有如簡易者, 名筆有勝於韓濩者. 必怫然變色, 直曰, 豈有此理, 甚者至欲罪其人焉."『北學議』外編「北學辨二」.

것이라고 지적했다.[69] 다섯 차례나 연행한 이희경도 주위로부터 청의 문화를 숭모하는 이유에 대해 질문을 받고 "선왕의 유풍"이 남아서라고 답했다가 이미 오랑캐가 된 지 오래돼서 예의가 없어지고 윤리가 무너졌는데 어떻게 선왕의 유풍이 남아 있을 수 있느냐는 비웃음을 받기도 했다.[70]

사실 청의 문물을 배우자는 이 같은 북학의 관념이 대명의리와 반청의식이 지배하던 조선 사인들 사이에 생겨나게 된 사실 자체가 설명을 필요로 하는 일이었다. 당연히 생각할 수 있는 것은 조선의 사인들이 연행을 통해 높은 수준의 청 문물을 목도하고 그에 비해 낙후된 조선의 상황에서 북학의 필요성을 느끼지 않을 수 없었다는 점이고 이에 대해서는 위에서 많은 예를 보았다. 한편 북학 관념의 철학적 배경과 관련해서 유봉학은 홍대용, 박지원 등이 노론(老論) 낙론(洛論) 계의 인물성동론(人物性同論)을 토대로 인물성론을 전개하는 과정에서 물(物)에 대한 새로운 설명이 시도되고 이용후생의 중요성이 제고되었다고 보았는데,[71] 1980년대 초에 제기된 유봉학의 이 같은 견해에 대해서는 그 후 찬반의 다양한 의견이 개진되었다.[72] 그리고 임종태는 1778년부터 북학의 저술과 정책 제안이 활발히 표출된 것에 주목

---

69) "每恨吾兄爲人性癖突兀, 生長東方禮義之鄕, 而反慕中原千里不同之俗, … 世俗所云唐癖唐學唐漢唐魁之目擧集於兄身.":『雅亭遺稿』권7「與朴在先齊家書」. 김대중, "내부 ≒ 외부에 대한 두 개의 시선―이덕무와 박제가", 『韓國史硏究』 162(2013. 9), 165-209 중 201-202쪽에서 재인용. 사실 이덕무는 주자 정통론과 대명의리에 젖어 있었고 이것이 그로 하여금 청의 현실에 대해 더 냉정하게 볼 수 있도록 했을 것이다. 김대중, "내부 ≒ 외부에 대한 두 개의 시선", 175쪽.

70) 노대환, 『동도서기론 형성과정 연구』(일지사, 2005), 59쪽.

71) 유봉학, "北學思想의 形成과 그 性格―湛軒 洪大容과 燕巖 朴趾源을 중심으로", 『韓國史論』 8(1982), 183-246 중 194-206쪽.

72) 허태용, "'북학사상'을 연구하는 시각의 전개와 재검토", 특히 341-344쪽.

하고 이는 숭명반청의 이념을 강력히 표방하던 영조가 사망하고 뒤를 이은 정조가 청과의 외교관계에 더 전향적이고 현실적인 태도를 보인 것과 관계가 있었을 가능성을 제기했다.[73]

처음 주로 연행을 다녀온 서울의 일부 사인들 사이에만 공유되고 있었던 북학 사상은 얼마가 지난 후에 조선 사인들 사이에 퍼져나가기 시작하고, 청의 문화를 본받고 받아들이는 풍조가 유행하게 되었다. 19세기에 들어선 후에는 청의 문물이 널리 퍼지고 중국의 것이면 덮어놓고 좋다고 받아들이는 풍조까지 만연하여 그에 대한 비판이 자주 나오는 상황에까지 이르게 되었다.[74] 예컨대 홍길주(洪吉周, 1786-1841)는 박제가가 지나치게 중국을 좋아하는 것을 비꼬면서 이덕무가 썼던 "당괴"라는 표현을 써서 박제가의 그 같은 태도를 비판하면서 조선의 사인들이 중국의 학문을 무분별하게 수용하려는 태도가 있음을 지적한 후 "우리나라 선비들 중에 새로운 것을 좋아하고 기이한 것을 사모하는 자들은 때로는 [제] 살과 피부처럼 애호하니 이는 모두 동인(東人)의 고루한 병이다"라고 하여 그 같은 풍조를 비판했다.[75]

이 같은 북학의 분위기 속에서 조선 사인들은 3장에서 보았듯이

---

73) 임종태, "정조대 북학론과 그 기술 정책", 4쪽. 구범진도 "조선의 청 황제 성절 축하와 건륭 칠순 '진하외교'", 『한국문화』 68(2014), 215-248 중 245-246쪽에서 비슷한 지적을 한 바 있다.

74) 노대환, 『동도서기론 형성과정 연구』, 98-99쪽. 물론 북학을 주장하는 이들은 어디까지나 서울과 근기 지역의 일부에 한정되어 있었고, 이들이 연행한 조선 사인들 중에서도 다수를 점한 것도 아니었다. 정옥자, 『조선후기 조선중화사상연구』, 242쪽; 계승범, "조선후기 중화론의 이면과 그 유산", 『韓國史學史學報』 19(2009), 39-81 중 48-49쪽.

75) 趙成山, "18세기 후반~19세기 전반 對淸認識의 변화와 새로운 中華 관념의 형성", 『韓國史研究』 145(2009), 67-113 중 100-101쪽. 인용문("吾邦之士好新慕奇者, 反或愛護如肌膚, 是皆東人固陋之兵.": 『沆瀣丙函』 卷9 「睡餘瀾筆續 下」)은 100쪽에서 재인용.

그때까지 대체로 비판적이었던 고증학도 차츰 받아들이게 되었다.[76] 그 같은 고증학 수용의 경향은 처음에는 '경화사족(京華士族)'들 사이에서 찾아볼 수 있었지만『사고전서』등 청대 고증학의 성과들이 조선에 알려짐에 따라 주자학 일변도의 조선 학문을 반성하는 분위기가 형성되면서 차츰 조선 사인들 사이에 널리 퍼져나갔고, 나중에는 사인들이 "신학(新學)"에 치중하여 성리학이 부진하다는 정조의 지적이 나올 정도에 이르렀다.[77] 고증학에 대한 수용의 분위기는 19세기에 들어선 후 더 퍼져서 오희상(吳熙常, 1763-1833), 김매순(金邁淳, 1776-1840) 등 정통 주자학자들의 반감을 불러일으킬 정도가 되었다.[78]

그리고 이와 함께 주자학에 대한 비판도 활발해졌다. 예컨대 홍길주는 주자의『집주(集註)』를 비판하기도 했고 사서(四書) 위주의 공부에 대해서도 비판적이었으며, 홍한주(洪翰周, 1798-1868) 또한 한유(漢儒)에 대한 이해가 부족한 상태에서 사서에만 집중하는 경학(經學) 공부의 상황을 한탄했다.[79] 송학(宋學)과 한학(漢學)이 각각 지니고 있는 장점을 함께 취해야 한다는 한송절충론도 유행하게 되었다.[80] 예컨대 남공철(南公轍, 1760-1840)은 중국에서는 정주(程朱)를 종(宗)으로 하면서도 한학이 점점 성하고 있는데 송학과 한학을 "합하여 하나로 하지 못하는 것이 유자의 폐단"이라고 지적하고, "마땅히 정주의 의리

---

76) 노대환, 『동도서기론 형성과정 연구』, 93-95쪽.
77) 노대환, 『동도서기론 형성과정 연구』, 95쪽.
78) 노대환, 『동도서기론 형성과정 연구』, 95쪽.
79) 趙成山, "18세기 후반~19세기 전반 對淸認識의 변화", 99-100쪽.
80) 노대환, 『동도서기론 형성과정 연구』, 95-96쪽. 조성산은 이와 함께 그간 학문의 전부라고 믿었던 주자학이 "송학"으로 불리게 된 것을 "중국을 객관화하는 동시에 조선을 객관화하는 과정"이라고 지적했다. 趙成山, "18세기 후반~19세기 전반 對淸認識의 변화", 98-99쪽.

와 한유(漢儒)의 훈고(訓詁)를 합하여 읽음으로써 그 뜻이 안정되기를 구해야 할 것"이라고 주장했다.[81]

81) "顧今中州之學, 大抵皆宗程朱, 而間有主漢儒者出, 其學漸盛. 主宋者斥古註爲穿鑿而棄之, 主漢者指宋儒爲腐, 各主己見, 又不能合而一之. 其不能一之, 則儒者之蔽也. … 士之生於今世者, 當以程朱之義理, 漢儒之訓詁, 合而讀之, 以求其旨之所安而已.":『金陵集』卷11「送沈大學士象奎李侍讀光文赴燕序」(문집총간 a272_199b-199c).

9장
청 중심의 질서 수용

조선 사인들이 청의 높은 문화 수준을 인식하게 되고 '북학'의 풍조가 유행하면서 대명의리의 정서와 반청 사조가 차츰 수그러들었다. 그리고 그와 함께 조선 사인들은 청이 천하를 지배하는 현실과 청 중심의 질서를 차츰 수용하게 되었다. 이 장에서는 이 과정에 대해 살펴볼 것이다.

9.1 대명의리 정서와 반청 사조의 퇴조

우선 2장에서 보았듯이 조선 사인들이 더 이상 명을 회복하거나 중국에서 오랑캐를 물리치는 것이 불가능함을 인식하게 되면서 북벌론이 잦아들었고, 그와 함께 차츰 대명의리 정서도 시들어갔다. 송시열 등이 명의 역서(曆書)에 접하고 감격한 것을 2장에서 보았는데, 이제 대명의리는 그처럼 국왕이나 사인들이 명 황제의 어보(御寶)가 찍힌

문서나 글씨 탁본 서첩을 보고 감회에 젖는 일 같은 감상적 회고 수준에서 표현되었다.[1]

물론 조선 사인들 사이에는 여전히 대명의리를 지키는 것이 대의(大義)라는 생각이 주조를 이루었으며 그 같은 생각은 대명의리가 사라지는 세태에 대한 한탄들로 자주 표현되었다. 이미 1657년 「정유봉사(丁酉封事)」에서 송시열이 대명의리를 잊고 청에 대한 사대에 안주하는 조선의 현실에 대해 "우리나라는 병자, 정축년 이후 인심이 점점 혼미하여 위(僞)를 진(眞)이라 하고 참(僭)을 정(正)이라 하는 자가 많아서 [이대로] 십수 년 후가 되면 정통의 설을 지체 높은 사람들 사이에서 듣지 못할 것"이라고 걱정했는데, 송시열은 이 같은 일이 원 치하에서 송나라에 대한 의리를 지키지 못하고 금을 정통으로 인정한 허형에서 비롯된 것으로 보고 1장에서 보았듯이 허형의 문묘 출향의 주장을 내놓기도 했다.[2] 허적(許積, 1610-1680)은 1668년 홍익한(洪翼漢, 1586-1637), 오달제(吳達濟, 1609-1637), 윤집(尹集, 1606-1637) 등 척화파 삼학사(三學士)의 사당 건립을 주장하는 상소를 받은 현종과 대화하면서 "그 당시의 명류(名流)들이 척화(斥和)를 논함에 있어서 오히려 못 미치게 될 것을 걱정했으며, 세 신하의 경우에는 명분이 있는 일에 대해 자제하지 못하고 분위기에 휩쓸린 과격한 논의에 힘썼습니다"라고 삼학사에 대해 비판적으로 이야기하기도 했다.[3] 3년 후인 1671년

1) 허태용, 『조선후기 중화론과 역사인식』(아카넷, 2009), 174쪽.
2) "我國自丙丁以後, 人心漸晦, 以僞爲眞, 以僭爲正者多矣. 若復十數年後, 則正統之說, 當不聞於搢紳間. 此蓋由許衡, 以近世儒者失身胡元, 乃以帝堯大統接之女眞, 且於遼金稱大, 而以列國待宋, 正猶入鮑肆而不聞臭. 遂以醜差之論倡於天下, 而後人藉此爲重, 甚可羞也. … 伏願殿下, 黜去許衡從祀之位, 以承孔子朱子之功焉.": 『宋子大全』 卷5「丁酉封事」(문집총간 a108_208d-209a).
3) "其時名流, 於斥和之論, 猶恐不及, 而三臣則名之所在, 不能自抑, 務爲望風過激之

송시열이 삼학사를 찬양하는 「삼학사전(三學士傳)」을 집필한 것도 삼학사에 대한 이 같은 허적의 태도에서 보듯 대명의리가 시들해져 가는 당시의 분위기를 경계하기 위한 것이었다.[4] 그리고 이 같은 송시열의 허형 출향론에 대해서 여러 사인들의 비판이 제기되었다.[5]

한편 사인들이 당파로 갈린 당시 조선의 상황이 대명의리에 대한 그들의 태도에 차이를 빚기도 했다. 지배층인 노론 사인들은 청의 권위와 원조를 통해 자신들의 권력을 강화할 수 있었을 것임에도 오히려 대명의리론에 더 집착하였는데, 이는 외부의 위협과 불안에 대한 강경 대응을 통해 내부 결속을 꾀하는 지배층의 전형적 태도로 볼 수 있겠다.[6] 이에 반해 남인 및 소론은 노론의 지나친 대명의리론에 대해 비판적이었다.[7] 그들은 이미 멸망한 명나라에 대한 지나친 존숭은 말에 그칠 뿐 실이 없는 것으로, 이는 노론의 기득권 확보를 위한 것이라고 보았던 것이다. 정제두(鄭齊斗, 1649-1736)는 청나라에 힘으로 굴복하고 그 연호를 받으면서도 청 사신에게 궤배(跪拜)하지 않는 관료들을 비판하기까지 했다.[8] 이런 상황에서 소론은 대보단 건립에 대해서도 소극적이었다.[9]

論矣.": 『顯宗改修實錄』 9년(1668) 7월 27일.

4) 우경섭, 『조선중화주의의 성립과 동아시아』(유니스토리, 2013), 71-73쪽.

5) 우경섭, 『조선중화주의의 성립과 동아시아』, 183-185쪽.

6) 우경섭, "朝鮮中華主義에 대한 학설사적 검토", 247쪽; 계승범, 『정지된 시간』, 62-63, 67-68쪽.

7) 趙成山, "조선후기 소론계의 古代史 연구와 中華主義의 변용", 『歷史學報』 202집 (2009), 49-90 중 56-59쪽.

8) "蓋盛意以年號與稱陪禮拜, 爲分虛實. 然以某觀之, 年號若虛則稱陪禮拜亦虛矣, 稱陪禮拜若實則年號亦實矣. 身承其年號而不名曰陪臣, 自古未之有也. 何則, 力屈畏服不得已而承年號, 與力屈畏服不得已而行禮拜者, 其義則同." 『霞谷集』 卷2 「答閔彦暉書」(문집총간 a160_037b-037c).

9) 정옥자, 『조선후기 조선중화사상연구』(일지사, 1998), 82-84쪽.

시간이 흐르면서 청의 중원 지배가 오히려 공고해짐에 따라 북벌론과 대명의리는 더욱 퇴조했다. 3장에서 보았듯이 1730년 북경의 지진 소식을 들은 영조는 "오랑캐는 백년의 운이 없다 하더니, 재이가 이렇게 일어났다"고 했는데, 그러면서도 "우리나라가 비록 설치(雪恥)할 마음이야 있더라도, 입술이 없어지면 이가 시리게 될 것을 어찌 [걱정하지] 않겠는가? [게다가] 청 황제가 매양 우리나라를 보살펴주니 우리나라는 빈들거리며 지내고 있다"고 하여 북벌의 의지가 시들어가고 있는 상황을 실토했다.[10] 영조는 나중 1758년에는 신하들에게 병자호란 후 2주갑(二週甲)이 지났는데 "황하가 다시 맑아지지 않았으니 내가 결국 불충불효한 사람이다"라고 한탄하기도 했고,[11] 1763년 동지정사(冬至正使)로 연행하고 돌아온 신하들을 만난 자리에서 "황하가 맑아진다는 소식은 무망해졌다"고 하여 청 지배의 질서를 현실로 받아들였다.[12] 황경원(黃景源, 1709-1787)은 1749년 윤급(尹汲, 1697-1770)에게 보낸 편지에서 처음 청이 중원을 차지했을 때 조선 사인들 중 비분강개하지 않는 사람이 없었는데 채 100년이 되지 않아서 풍속이 크게 무너져 내려 조정의 문무대신 중 마음으로 명을 잊지 않고 있는 자가 적어진 상황을 한탄했다.[13] 이덕무는 「천애지기서(天涯知己書)」에서

---

10) "上曰, 胡無百年之運, 災異如此. 我國雖有雪恥之心, 唇亡則齒豈不寒乎. 清皇每顧護我國, 我國玩愒以度矣.": 『英祖實錄』6년(1730) 11월 17일.

11) "丙子之亂, 彼實畏我而來, 非侮我而來也. 惜乎, 自我無策, 使彼如入無人境, 豈不痛恨. 今則二甲 已過, 黃河不復清, 予終爲不忠不孝之人矣."『英祖實錄』34년 (1758) 2월 12일.

12) "冬至正使咸溪君㮎, 副使李奎采, 自清國還, 上召見勞慰, 仍問中國事, 顧謂筵臣曰, 河清消息無望矣.": 『英祖實錄』39년(1763) 4월 12일.

13) "奴兒始有天下, 士大夫無不悲憤, 不忍爲戎狄之臣, 中夜涕泗, 未嘗不思毅宗也. 不百年, 風俗大壞, 見左衽不以爲恥, 又焉知毅宗之義哉. 今諸公朝服搢笏, 而立於殿陛之上, 其心不忘明室者, 蓋寡矣.": 『江漢集』卷6「答尹副學汲書」(문집총간

홍대용이 중국 사인들에게 재조지은을 이야기한 데 대해 논평하면서 "지금 세상에 명나라를 슬피 사모하는 자가 몇 사람이나 되겠는가? 내가 일찍이 남에게 보내는 편지에 명(明)이란 글자를 쓸 때 한 자 높여 썼더니, 어떤 부박한 사람이 크게 웃으면서 '명나라는 이미 망했으니 구태여 높일 것이 뭐 있는가?'라고 했다"고 말했다.[14]

정조도 시간이 흐르면서 존명(尊明)의 의리가 시들해지고 대보단 제례가 형식적으로 흐르는 것을 자주 지적했는데, 1794년 3월의 황단례(皇壇禮)에 많은 신하들이 불참한 것을 한탄하고 불참한 충신의 후손과 조관(朝官)들을 처벌하도록 명했으며,[15] 1798년 7월 황단례에서는 대명의리가 잊혀가는 상황에 대해서 다음과 같이 이야기했다.

사람들의 마음이 시간이 갈수록 은혜를 대수롭지 않게 여기고 대의(大義)가 날이 갈수록 어두워져 가고 있다. 또한 주부자(朱夫子)의 훈어(訓語) 여덟 자에 대해서도 막연히 잊고 있으니 임금은 임금의 도리를 다하고 신하는 신하의 도리를 다해야 한다는 이른바 "천경지의(天經地義)"가 거의 사라졌다. 이것이 『존주록(尊周錄)』을 편집하도록 한 까닭이다.[16]

---

a224_120c).

14) "湛軒曰. 我國於前朝, 有再造之恩. … 炯菴曰. 今世哀慕者幾人矣. 余嘗與人書, 書明字於極行. 有一浮薄輩, 大笑以爲明旣亡矣, 何必尊之.":『靑莊館全書』卷63 「天涯知己書」(문집총간 a259_135d). 재조지은에 대한 홍대용과 엄성, 반정균 등 중국 사인들과의 대화는 『湛軒書』 外集 卷2 杭傳尺牘 『乾淨衚筆談』(문집총간 a248_142a)에 실려 있다("余曰. 我國於前明, 有造之恩. 兄輩曾聞之否. 皆曰. 何故. 余曰. 萬曆年間, 倭賊大入東國, 八道靡爛, 神宗皇帝動天下之兵, 費天下之財, 七年然後定. 到今二百年生民之樂利, 皆 神皇之賜也.").

15) "命皇壇行禮時忠臣遺裔朝官之不參班者, 竝拿處. 仍飭無端不參者, 吏兵曹斜察, 政府草記論勘.":『正祖實錄』18년(1794) 3월 19일.

16) "人情久而狃安, 大義日益湮晦, 并與朱夫子八箇字訓語而漠然若相忘, 則君君臣臣之所謂天經地義, 幾乎熄矣. 此尊周錄之所以編輯也."『正祖實錄』22년(1798) 7월 21일.

사실 이처럼 대명의리가 시들어가는 데 대한 한탄이 국왕과 사인들에 의해 자주 표현되었다는 사실 자체가 숭명 사조와 대명의리가 퇴조하던 당시의 상황을 보여준다고 할 수 있겠다.

이런 가운데 대명의리나 재조지은 자체에 대한 부정적 평가도 나타나기 시작했다. 예컨대 이익은 "지금 사람들은 입만 열면 임진년 재조지은을 말하지만 이 말은 허명(虛名)이고 실심(實心)이 아니"며 실제로는 명 신종(神宗)에게 출병을 주장한 석성(石星, 1538-1599) 한 사람에게만 해당되는 말이라고 단언했다.[17] 안석경(安錫儆, 1718-1774)은 영조에게 제출한 대책(對策)에서 명이 원군을 보낸 것은 조선을 위해서가 아니라 자기 자신들을 위해서였다는 생각이 널리 유행하고 있어서 자신이 이에 대해 반론을 펴지 않을 수 없다고 하면서 그런 "사론(邪論)"을 펴는 사람들은 다음과 같이 생각한다고 지적했다.

대명 만력 황제가 동국을 구원한 일은 이른바 "초(楚)나라(명)를 위한 것이지 조(趙)나라(조선)를 위한 것이 아닌 것"이다. 만약 왜구로 하여금 조선을 차지하도록 했다면 육로 2천 리인 연경(燕京)이 위험해졌을 것이다. 대명을 위하여 계책을 세우는 자가 조선을 구하려 하지 않을 수 있었겠는가? 존망생사(存亡生死)의 은혜가 확실히 크지만 그 은혜의 이유를 생각해보면 비록 우리가 보답하지 못하더라도 또한 유감이 없을 것이다.[18]

---

17) "今人開口便說壬辰再造之恩. 此說爲虛名非實心也. 壬辰兵出其功專在石星一人, 再造之恩星實當之.": 『星湖僿說』 卷23 經史門 「石星」.

18) "雖有一種邪論, 行於世間, 有不可不辨者. 蓋其論云 … 大明萬曆東救之擧, 則所謂 爲楚非爲趙者也. 若使倭寇仍據朝鮮, 則陸行二千里燕京危矣. 爲大明計者, 欲無救 朝鮮得乎. 存亡生死之恩固大矣, 顧以其恩之所由, 則我雖不能報, 亦無憾焉. 蓋其 言者非一人, 流傳非一時. 故千變萬化, 不可窮極. 然其大要如此, 嗚乎何其悖也. 此而不辨, 臣則有罪.": 『雪橋遺集』 「擬大庭對策」(문집총간 a233_571a-571c).

안석경은 이 같은 주장을 하는 사람들은 가혹하게 공물을 거두어가서 조선을 거의 망할 지경에 이르게 했던 명에 비해 관대하게 조선의 부담을 완화시켜준 청에 대해 "실로 오래 길러준 은혜가 있다"고 긍정적으로 평가하면서 그러기에 심지어 정묘와 병자호란의 원한도 잊어줄 수 있다고 생각한다고 이야기하기도 했다.[19] 한중유(韓仲由)라는 사인은 홍대용에게 보낸 편지에서 대명의리를 지킨 삼학사들의 행동이 "해(害)만 있고 이익은 없었고" 그들의 척화론이 "원망을 사고 화를 부른 시초가 되었다"고 지적했다가 홍대용의 질책을 받기도 했다.[20] 박지원도 앞 장에서 보았듯이 "우리나라 사대부들이 건성으로 춘추를 논하고 존왕양이를 공담한 지가 백년이 넘었다"라고 하여 대명의리와 북벌이라는 것이 현실적이지 못한 허황된 생각임을 지적했다.[21] 홍길주(洪吉周, 1786-1841)는 큰 나라를 오랑캐라고 배척하고 업신여기고 "숭정(崇禎) 몇 번째 회갑"이라고 하면서 높은 절개를 지닌 것처럼 뽐내는 일은 숙종조 이전에는 그럴 수 있었지만 이제 의미가 없다고 말했다.[22]

---

19) "大明之於朝鮮, 苛刻多責而貢斂繁重, 國爲之懸竭而幾於亡矣. 賴淸帝之寬大簡易, 廉於納貢, 而朝鮮少完, 百年庇藉, 實有長育之恩, 而朝鮮少完, 百年庇藉, 實有長育之恩. 若丁卯之寇, 丁丑之難, 則以此而爲可忘也.": 같은 글(문집총간 a233_571b: 앞의 인용문에서 생략된 부분에 실려 있음). 실제로 毛文龍의 주둔이 재정적인 측면에서 조선에 큰 부담을 주었던 것은 사실이다: 허태구, "丙子胡亂 이해의 새로운 시각과 전망—胡亂期 斥和論의 성격과 그에 대한 맥락적 이해", 『奎章閣』 47(2015), 163-200 중 168쪽.

20) "苟令當日朝廷皆能舍生仗義, 以三學士之心爲心, 則縱不必掃蕩北庭以殿天子, 其閉關絕約堅壁自强, 則恢恢乎有餘地矣. 今盛論乃以爲有害無益而歸之於欠缺也, 不亦誤乎. 謀國不臧, 媚虜偸生, 當時執政之罪, 死有餘責. 盛論不此之非而乃以斥和爲挑怨速禍之端, 嗚呼不思甚矣.": 『湛軒書』 內集 卷3 「答韓仲由書」(문집총간 a248_063d-064a).

21) "我國士大夫, 白地春秋, 空談尊攘, 百有餘年.": 『燕巖集』 卷14 別集 『熱河日記』 「口外異聞-羅約國書」(문집총간 a252_297a-297b).

9.2 청 지배 질서의 수용

이런 상황에서 조선 사인들은 청이 천하를 지배하는 현실과 청 중심의 질서를 차츰 수용하게 되었다. 이미 1667년 제주도에 남명(南明)의 유민들이 표류해왔을 때 이들을 송환하라는 청의 압력이 없었음에도 대명의리를 내세운 일각의 격렬한 반대를 무릅쓰고 굳이 조선 조정이 이들을 청으로 강제 압송한 것은 적어도 조선 조정은 청 지배의 현실을 받아들이고 있었음을 보여준다.[23] 그리고 비록 사인들 사이에서는 대명의리 정서가 쉽게 사라지지 않았지만, 중국에 청의 지배가 점점 확고하게 자리잡으면서 그들 역시 청 지배의 질서를 현실로 인식하지 않을 수 없게 되었다. 예컨대 홍대용은 청이 중국의 주인이 되어 명나라의 옛 땅을 전부 차지하고 나아가 서북쪽으로 감숙(甘肅), 서남쪽으로는 미얀마(緬甸), 그리고 동쪽으로는 청의 발상지인 올라선창(兀喇船廠)까지 차지하여 "넓이가 역대의 왕조 중 으뜸"이며 주위의 여러 번이(藩夷)들이 조공을 바침을 지적했다.[24]

사실 이미 청 치하의 한족(漢族) 사인들도 청의 중원 지배를 돌이킬 수 없는 현실로 받아들이고 있었다. 1662년 18년간 명맥을 유지하던 남명 왕조의 멸망을 계기로 많은 중국의 한족 사인들도 반청항쟁을 포기하고 청조에 순응해갔는데[25] 이 같은 청 사인들의 태도는 연행을

---

22) "至於斥大邦爲胡虜, 士大夫言語文字恣意慢罵, 私刻書籍猶稱崇禎幾回甲, 以是而自標爲高節, 在肅廟以前則可, 今時則恐沒義諦." 『沆瀣丙函』 卷9 「睡餘瀾筆續 下」.

23) 우경섭, 『조선중화주의의 성립과 동아시아』, 111-114쪽.

24) "淸主中國, 盡有明朝舊地. 西北至甘肅, 西南至緬甸, 東有兀喇船廠, 又其發跡之地, 而在明朝一統之外, 則幅員之廣, 甲於歷朝. 藩夷之服貢者, 如琉球 …": 『湛軒書』 外集 卷7 燕記 「藩夷殊俗」(문집총간 a248_262c).

25) 우경섭, 『조선중화주의의 성립과 동아시아』, 136-137쪽.

통해 그에 접한 조선 사인들에게 영향을 미쳤다. 예컨대 홍대용은 중국의 한족 사인 엄성이 자신과의 대화에서 "본조의 입국은 매우 정당하며 대적(大賊)을 멸하고 대의를 편 것이며 중원에 주인이 없는 때[를 탄 짓]이지 천하를 탐한 것이 아니다"[26]라거나, "지금은 태평극성한 때로 소추(小醜)가 있어 무료하게 몰래 발동한다 해도 모두 즉시 소멸된다"라고 한 것을 기록했으며,[27] 앞 장에서도 보았듯이 나중 홍대용 스스로 반정균에게 청조가 "입관(入關) 후에 유적(流賊)을 없애고 평정하여 오늘에 이르기까지 백여 년 백성이 안도하니 치도(治道)가 가히 성하다고 할 수 있다"고 말하기도 했다.[28]

중국 사인들과의 대화를 기록한 홍대용의 「간정동필담」은 바로 이런 내용 때문에 물의와 우려를 빚은 것으로 보이는데, 이덕무가 「간정동필담」에 대한 자신의 견해를 제시하는 「천애지기서(天涯知己書)」에서 "틈적(闖賊) 이자성(李自成, 1606-1645)이 중원에 독을 흘렸고 오랑캐가 관외(關外)에서 왕호(王號)를 참칭했으니, 가히 난형난제(難兄難弟)라고 하겠다. 처지를 바꾸면 이자성도 순치(順治)[황제]가 한 일을 했을 것이니, 대의를 폈다는 말은 구차함이 심하지 않은가. 역암(力闇, 엄성)도 어찌 이를 몰랐을까마는 그냥 따라 한 말이다"라고 엄성의 말을 정면으로 반박한 것은 이 같은 우려를 잘 보여준다 하겠다.[29] 박지원도

---

26) "力闇曰. 本朝立國甚正, 滅大賊伸大義, 際中原無主, 非利天下.": 『湛軒書』外集 卷2 杭傳尺牘「乾淨衕筆談」(문집총간 a248_141d).

27) "力闇曰, 此時太平極盛之世, 卽有小醜無聊竊發, 皆是卽時勦滅." 같은 글(문집총간 a248_144c).

28) "本朝入關以後, 削平流賊, 到今百有餘年, 生民按堵. 其治道可謂盛矣.": 『湛軒書』外集 卷3 「杭傳尺牘 乾淨衕筆談 續」(문집총간 a248_164d).

29) "力闇曰. 本朝立國甚正, 滅大賊, 伸大義, 際中原無主, 非利天下. … 炯菴曰. 闖賊流毒於中原, 虜賊僭號於關外, 可謂難兄難弟. 易地而處, 自成亦或爲順治之事. 伸大義一言, 豈非苟且之甚. 力闇亦豈不知之, 但從而爲之詞也.": 『靑莊館全書』卷63

『열하일기』에서 중국 사인 왕민호(王民皥)가 자신에게 해준 이야기를
다음과 같이 기록했다.

　　본조가 나라를 얻은 일의 올바름은 천지를 두고 모자람이 없었다. 창업
　하는 자가 혁명의 때에 원수가 되지 않는 일이 없지만 국조(國朝)는 수립
　초기에 오히려 큰 은혜가 있어 전조(前朝)[명나라]를 위해 원수를 갚아주었
　는데, 단지 우리[청]조만이 이와 같았다. 8세 어린아이가 [천하를] 한 구역
　으로 통일한 것은 사람이 생긴 이래 없었던 일이다. 우리 세조(世祖) 장(章)
　황제는 처음에는 천하를 얻으려는 마음이 없고 단지 천하를 위해 대의를
　밝히고 큰 원수를 갚아 백성들을 피바다와 뼈의 산속에서 구하려 했다. 하
　늘이 베풀어주고 백성이 따른 것이다.[30]

물론 이에 앞서서도 조선 사인들은 중국 사인들의 그 같은 정서에 대
해 인식하고 있었다. 예컨대 오랑캐는 100년을 넘기지 못하는데 청
이 지속되고 있다는, 위에서 본 영조의 이야기에 대해 영의정 홍치중
(洪致中, 1667-1732)은 "명나라는 엄하고 모질어서 인심을 모으지 못했
는데, 그 때문에 백성들이 한(漢)나라를 생각하는 마음이 없는 것"이
라고 하여 중국인들이 명을 기리고 청을 배척하는 마음이 없는 이유
를 설명했다.[31]

　「天涯知己書」(문집총간 a259_135b-135c).

30)　"鵠汀遽曰. 本朝得國之正, 無憾於天地. 剏業者, 莫不爲仇於革命之際. 國朝還有大
　　恩於定鼎之初, 爲前朝報讎, 惟我朝是已. 八歲小兒, 渾壹區夏, 自生民以來, 未之
　　或有也. 我世祖章皇帝, 初非有利天下之心, 只爲天下明大義復大仇, 拯救斯民於
　　血海骨山之中, 天與之, 民歸之.":『燕巖集』卷14 別集『熱河日記』「鵠汀筆談」(문집
　　총간 a252_266d).
31)　"致中曰, 大明嚴刻, 未能固結人心, 故民無思漢之心矣.":『英祖實錄』6년(1730)

명의 멸망이 애초부터 명 자신의 탓이지 청의 탓으로 할 수 없다는 생각도 표현되었다.[32] 홍양호는 명나라가 망한 것은 청이 아니라 이 자성 때문이고 청이 중국에 들어온 것은 오삼계(吳三桂, 1612-1678) 때 문이라고 했고 "명을 멸망시킨 것은 유적일 뿐인데 어찌 여진에게 죄를 묻는가" 하고 반문하기도 했다.[33] 이헌경(李獻慶, 1719-1791)도 명의 멸망에 대해 오삼계가 이자성을 공격하기 위해 금나라 병사를 끌어들여서 중국이 망한 것이니 중국이 자초한 것이므로 이적이 중국을 침입했다고 하여 청을 탓할 것이 아니라고 했다.[34] 이복휴(李福休, 1729-1800)는 더 나아가 역대로 중국과 이적의 충돌이 많았던 이유가, 중국이 먼저 과다한 요구를 하거나 정벌을 자행하여 이적으로서는 어쩔 수 없이 저항하고 반격해야 했던 것으로 "이는 융적(戎狄)의 허물이 아니라 중국이 유도한 것"이라고 하면서 청이 산해관(山海關)을 넘은 것도 중국의 책임이라고 주장했다.[35]

청나라가 명말의 충신열사를 현양(顯揚)하고 전겸익(錢謙益, 1582-1664)처럼 실절(失節)한 인물을 폄하한 것도 조선 사인들 사이에 반청 감정이 누그러지도록 하는 영향을 미쳤다. 예컨대 이덕무는 그의

11월 17일.

32) 허태용, "17,18세기 北伐論의 추이와 北學論의 대두", 『大東文化研究』 69집(2010), 373-418 중 405쪽.

33) "噫嘻, 皇明之亡, 由於李自成也. 淸人之人, 由於吳三桂也.": 『耳溪集』 卷13 「山海關記」(문집총간 a241_231a); "明之亡, 流賊耳. 何罪乎女眞.": 『耳溪集』 卷11 「送舍弟明浩赴燕序」(문집총간 a241_196c).

34) "吳三桂欲攻李自成, 引入金兵, 遂亡中國. 此非夷狄之能冠中國, 皆中國之自招而自冠也. 何异於毁垣墻而媚盜, 決柴援而引虎者哉.": 『民翁先生文集』 卷22 「夷狄論上」(문집총간 a234_459d).

35) "… 此非戎狄之過, 實中國之導也.": 『漢南集』 권10 「戎狄論」. 허태용, "17,18세기 北伐論의 추이와 北學論의 대두", 405쪽.

『입연기(入燕記)』에 수록된 심덕잠(沈德潛, 1673-1769)의 『국조시별재집(國朝詩別裁集)』에 부친 건륭제의 서문에서 건륭제가 전겸익에 대해 "본조에 살면서 망령되이 전조(前朝)인 명나라를 생각하는 자는 난민(亂民)이니 국법이 있다. 그러나 몸이 명나라의 달관(達官)이었으면서 기쁜 마음으로 다시 본조(本朝)를 섬긴 자를, 비록 일시의 권도(權道)의 편의상 건국 초창기에 끌어당겨 버리지 않았으나, 요컨대 그 사람이 사람답지 않음을 안다"고 비판하면서 그의 시를 빼버리도록 했음을 기록했으며,[36] 『앙엽기(盎葉記)』에 수록된 「갑신경사순절(甲申京師殉節)」이라는 글에서는 1652년 순치제가 갑신년(1644)의 순절자들을 현양(顯揚)한 것을 자세히 기록하면서 청에 대한 우호적 태도를 드러내기도 했다.[37] 박지원이 인용한 중국 사인 왕민호의 위에서 본 언급도 청 황제들을 칭송하는 내용을 포함하고 있었다.

처음 [청 세조가] 난을 당해 [숭정제를 따라] 순사(殉死)한 범경문(范景文, 1587-1644) 등 20명을 표창했고 지난해에는 [건륭제가] 숭정제의 죽음에 관련된 제신들을 추가로 조사하여 1600여 명에게 "충민(忠愍)", "민절(愍節)" 등의 시호를 내렸다. [이처럼] 크고 지극한 공정함으로 강상(綱常)을 붙들어 세운 일은 3황5제 이래 들어보지 못했다.[38]

---

36) "夫居本朝而妄思前明者, 亂民也, 有國法存. 至身爲明朝達官, 而甘心復事本朝者, 雖一時權宜草昧締搆所不廢, 要知其人, 則非人類也. 其詩自在, 聽之可也, 選以冠本朝諸人則不可, 在德潛則尤不可.": 『靑莊館全書』 卷67 『入燕記 下』 5월 22일 (문집총간 a259_221c). 錢謙益의 글들을 수록한 『虞初新志』에 대해서도 같은 조치가 취해졌다. 김대중, "내부⇌외부에 대한 두 개의 시선―이덕무와 박제가", 『韓國史硏究』 162(2013), 165-209 중 176쪽.

37) 『靑莊館全書』 卷56 『盎葉記』 「甲申京師殉節」(문집총간 a258_544c-545d). 김대중, "내부 ⇌ 외부에 대한 두 개의 시선", 176쪽.

38) "首褒殉難之臣范景文等二十人. 往歲, 皇上追查崇禎死事諸臣, 通與忠愍愍節等謚

이와 함께 조선이 청의 지배를 받아들이는 것이 당연하다는 현실주의적 생각이 나타났다. 예컨대 이익은 만력 황제의 재조지은을 이야기하는 글에서 "작은 나라로서 큰 나라를 섬기는 것은 하늘을 두려워하는 것"이어서 당연하다는 『맹자』의 구절을 인용하면서 종묘사직을 보존하기 위해서는 오랑캐를 섬기는 일도 해야 한다고 주장했다.

대저 교린(交隣)은 오직 친목을 중히 여긴다. 유감을 풀고 정성을 기울여서 종묘와 사직을 보존하고 백성들을 안식(安息)시키는 것 또한 때에 따라 할 뿐이다. 맹자가 "작은 것으로서 큰 것을 섬김은 하늘을 두려워하는 것이다"라고 하였다. 억지로 융적(戎狄)을 섬기는 것은 세력에 부득이해서 그런 것인데 하늘을 두려워하는 것이라 말한 것은 어째서일까? 하늘은 바로 리(理)이고 하늘을 두려워함은 리에 순응하는 것이다. 만약 강약을 헤아리지 않고 함부로 힘센 적과 부딪쳐서 백성들이 도탄에 빠지고 국가가 멸망하기에까지 이른다면, 이것이 어찌 리이겠는가?[39]

안석경도 위에서 인용한 대책에서 당시 많은 사람들이 다음과 같이

一千六百餘人. 大公至正, 扶綱植常, 自三五以還, 未之或聞也.": 『燕巖集』 卷14 別集 『熱河日記』 「鵠汀筆談」(문집총간 a252_266d).

39) "大抵交隣惟以親睦爲重 釋憾輸誠庶 其保乂宗社安息黎元亦時焉耳. 孟子曰, 以小事大畏天者也. 勉事戎狄, 勢力之不得已也, 而謂之畏天何也. 天只是理也, 畏天順理也. 若不度强弱妄攖勍敵, 至于生靈塗炭國家滅亾, 豈理也哉.": 『星湖僿說』 卷12 人事門 「萬曆恩」. "以小事大者, 畏天者也"라는 『孟子』의 구절은 「梁惠王章句 下」(1下3)에 나온다. 당 고조와 송 태조의 정통을 인정하지 않는 『통감강목』에 대해 의문을 표시하는 안정복의 질문에 대해 이익이 송 태조가 선하다고 할 수 없음을 인정하면서도 천하를 통일하여 황제를 칭했던 만큼 그의 선함 여부와 상관없이 정통으로 받아들여야 한다고 한 데에서도 정통론에 대한 그의 현실주의적인 태도를 볼 수 있다: "褒善自褒善, 與正統何干. 皆當以帝號爲斷. 宋祖之始, 與善背馳. …": 『星湖先生全集』 卷25 「答安百順問目」(문집총간 a198_507a).

생각하고 있음을 지적했다.

천하를 전부 차지할 수 있으면 모두 천자이고 천하의 주인이며, 혹
화하(華夏)에서 일어나거나 혹 이적 중에서 일어나기도 하지만 모두 하늘
이 부여한 것이다. 사람들이 신복(臣服)하여 따름에 있어 또한 어찌 선택함
이 있겠는가? 대명(大明)은 확실히 하늘이 부여한 것인데 지금 청만 유독
하늘이 부여한 것이 아니란 것인가? 만약 하늘이 부여한 것이 아니라면
능히 백년간 완전하고 아직 무너지거나 모자람이 없을 수 있는가? 더구나
조선은 비록 '소중화'라 칭하지만 아직 오랑캐의 음(音)을 지니고 있으니
역시 오랑캐인데 오랑캐 신하로서 오랑캐 황제에게 신복하는 것이 무슨
해가 되는가? 조선이 대명에 대해서는 당연히 신복하여 섬겼는데 이제 청
에 대해서 유독 신복하여 섬기지 않아야 하는 것인가? 삼백년의 옛 천자는
반드시 천자였는데, 백년의 새 천자는 유독 천자가 아니라는 것인가?[40]

박지원도 연행 중 조선 황제의 연호가 무엇이냐고 묻는 누일왕(屢一旺)
이라는 중국 사인에게 "우리나라는 중국의 정삭을 받들고 그로부터
연호를 얻으니 지금은 건륭 45년"이라고 답하고 그가 다시 "귀국은
어찌 중국과 대등한 천자가 없는 것인가?"를 묻자 "모든 나라가 함께

---

40) "雖有一種邪論, 行於世間, 有不可不辨者. 蓋其論云, 苟能全有天下者, 皆天子也,
天下之主也. 或起華夏, 或起夷狄, 皆天之所與也. 人之臣附者, 亦何擇之有哉. 大
明固天之所與也, 今淸獨非天之所與乎. 若非天與, 則能百年完全, 尙無敗缺也哉.
且朝鮮雖稱小中華, 而尙有夷音則是亦夷也, 以夷臣於夷皇, 抑何害乎. 朝鮮之於
大明, 固臣事之矣, 今於淸獨不臣事之乎. 三百年之舊君固君也, 百年之新君獨非
君乎.": 『雪橋遺集』「擬大庭對策」(문집총간 a233_571a-571b). 물론 청 사인들과
의 대화에서이기는 하지만 청 황제가 지배하는 천하의 질서를 박지원이 적어도
겉으로는 받아들이고 있었음을 볼 수 있다.

한 황제를 존숭하니 천지는 대청(大淸)의 천지이고 일월은 건륭의 일월이다"라고 답했다.[41] 조선중화론자인 이종휘마저도 기자가 은나라에 대한 의리를 지켜 주나라를 떠났지만, 주나라에 사대의 예를 행했음을 지적하면서 "소국이 사대를 하는 것은 천지의 상경(常經)이며 고금의 통의(通義)이다"라고 주장했다.[42] 장유승이 지적하듯이, 이종휘는 기자가 새로 천하를 지배하게 된 주나라에 신복하지 않았음을 들어 대명의리 정서를 뒷받침했던 "기자불신론" 대신 기자가 주나라에 신하의 의리가 없었음에도 사대의 예를 실천했음을 주장함으로써, 대명의리론을 벗어나서 "실질적인 중원의 지배세력인 청의 존재를 현실로서 인정하고 새로운 국제질서에 순응하는 방향"을 지향했던 것이다.[43] 이들 사인뿐 아니라 국왕 정조 또한 청을 사대의 대상이 되는 대국으로 현실적으로 인정하고 인식하고 있었던 것으로 보인다.[44]

이 같은 생각은 더 나아가 청의 중원 장악을 천명(天命)으로 보고 받아들이는 생각으로까지 이어졌다. 이미 1720년에 김창흡(金昌翕, 1653-1722)은 천하를 통일하고 제후가 모두 복속하면 바로 정통이라는 주희의 말을 인용하면서 "선하거나 악하거나 화(華)이거나 이(夷)이

---

41) "[屢]又曰. 貴國皇上元號云何. 余問甚麼話. 屢曰. 元年紀號. 余曰. 小邦奉中國正朔, 那得紀元. 當今是乾隆四十五年. 屢曰. 貴國豈非中國對頭的天子麼. 余曰. 萬方共尊一帝, 天地是大淸, 日月是乾隆.": 『燕巖集』卷12 別集 『熱河日記』 「太學留舘錄」 8月 14日(문집총간 a252_221b).

42) "當殷周之際, 惟箕子與比干微子嘗論其志曰, 商其淪喪, 我罔爲臣僕. 至於周興, 而箕子遂東之朝鮮, 可謂踐其言矣. … 小國之有事大, 天地之常經, 而古今之通義也.": 『修山集』卷6 「前朝鮮論 上」(문집총간 a247_394b-394c).

43) 장유승, "이종휘(李種徽)의 자국사(自國史) 인식과 소중화주의(小中華主義)", 『민족문학사연구』 35(2007), 40-82 중 55-59쪽.

44) 구범진, "조선의 청 황제 성절 축하와 건륭 칠순 '진하외교'", 『한국문화』 68(2014), 215-248 중 245-246쪽.

거나 단지 천하를 통일한 자가 바로 정통이라는 데에 이의를 인정할 수 없다"고 해서 그 같은 현실주의적 정통 관념을 보여주었다.[45] 홍대용은 위에서 보았듯이 연행 중 중국 사인들과의 대화에서이긴 하지만 청이 비록 오랑캐라 하나 "천시(天時)를 받들고 백성을 편안하게 하면 이는 천하의 의주(義主)인데 본조(本朝)가 입관 이후 유적(流賊)을 깨끗이 평정하고 지금까지 백여 년간 백성들이 안정하게 살고 있으니 그 다스림의 도가 성(盛)하다고 말할 수 있다"고 인정했고,[46] 김종후(金鍾厚, 1721-1780)가 홍대용 자신이 연행 중 위와 같은 생각을 지닌 엄성, 반정균 등과 교류한 것을 비난한다는 이야기를 듣고 그에게 보낸 편지에서는 청의 지배를 받아들이는 한족 사인들의 태도를 다음과 같이 옹호했다.

강희 이후로는 백성과 더불어 쉬었고 치도(治道)를 간단하고 검소하게 함으로써 한 시대를 진압하여 복종시킬 수 있었고, 듣고 보는 것이 익숙해져서 옛날처럼 편하게 여긴 지가 백여 년이 된즉, 화인(華人)이 의리를 지켜 스스로 물러나지 못하고 높은 벼슬로 초빙하면 달려간 것 또한 심하게 꾸짖을 필요는 없다. … 그들이 명조(明朝)를 생각지 않음을 들어 충성과 의리가 아니라고 할지라도 천하의 대(代)가 바뀜은 예로부터 그러했고,

---

45) "語類中, … 只天下爲一, 諸侯朝覲獄訟皆歸, 便是得正統. 此是雅言. … 秦晉隋之類. 安得齒於其間乎. 然則無善無惡, 無華無夷, 只天下爲一者, 便是正統, 無容異議.": 『三淵集』卷36「漫錄 庚子」(문집총간 a166_181c-181d). "只天下爲一, 諸侯朝覲獄訟皆歸, 便是得正統"이라는 주자의 언급은 『朱子語類』卷105(北京 中華書局 交點本, 2636쪽)에 나온다.
46) "舜, 東夷之人也. 文王, 西夷之人也. 王侯將相, 寧有種乎. 苟可以奉天時而安斯民, 此天下之義主也. 本朝入關以後, 削平流賊, 到今百有餘年, 生民按堵. 其治道可謂盛矣.": 『湛軒書』外集 卷3 杭傳尺牘「乾淨衕筆談 續」(문집총간 a248_164d).

군자의 은택도 또한 다섯 세대를 지나면 다했다. 멸망한 세상에 대한 생각이 백년 후에도 쇠하지 않기를 바란다면 이는 인정(人情)이 결코 할 수 없고 천리(天理)도 결코 그렇지 않은 것이다.[47]

박지원도 청 치세하에 "백년간 나라가 태평하고 사해(四海)가 평안하니 이는 한, 당 때도 없던 바"이며, 청의 황제들이 "역시 하늘이 내려준 명(命)을 받은 지위"라고 말하기까지 했다.[48] 박지원이 옹정제(雍正帝, 재위 1722-1735) 당시 연갱요(年羹堯), 사사정(査嗣庭), 증정(曾靜) 등 한족 사인들에 대해 오히려 이들이 "상서로운 일을 가리켜 재앙이라고 하고 치적(治績)을 무함(誣陷)하여 자정(疵政)이라고 하면서 온 세상을 선동하고 문자로 베껴 퍼뜨려 위망(危亡)함이 조석으로 긴박한 것 같은 모습이 있는 것"처럼 했다고 비판한 것도 이미 청의 지배를 받아들이고 있는 그의 그 같은 인식을 드러내준다.[49] 정범조(丁範祖, 1723-

---

47) "康熙以後, 與民休息, 治道簡儉, 有足以鎮服一時. 其耳目習熟, 安若故常, 百有餘年, 則華人之不能引義自廢, 奔馳於車弓之招者, 亦不必深責也. … 若以其不思明朝爲非忠且義, 則天下之革代, 自古然矣. 君子之澤, 亦五世而斬矣. 欲其沒世之思不衰於百年之後, 則此人情之必不能, 而天理之必不然也." 『湛軒書』 內集 卷3 「與金直齋鍾厚書」(문집총간 a248_064d). 김종후는 답신에서 이에 대해 "來書直寫出康熙以後, 與民休息鎮服一時云云語, 則惜乎駟不及筆也."라고 반박했다: 『本庵集』卷3 「答洪德保」(문집총간 a237_381c).

48) "今淸之御宇纉四世, 而莫不文武壽考, 昇平百年, 四海寧謐. 此漢唐之所無也. 觀其全安扶植之意, 殆亦上天所置之命吏也.": 『燕巖集』 卷12 別集 『熱河日記』 「關內程史 虎叱」(문집총간 a252_198a). 물론 박희병이 지적하듯이 이렇듯 청을 정통으로 인정했다고 해서 박지원이 청을 중화라고 인정한 것은 아니다. 박희병, 『범애와 평등―홍대용의 사회사상』(돌베개, 2013), 281, 284쪽.

49) "所以年羹堯查嗣庭曾靜輩, 指祥瑞爲災眚, 誣治績爲疵政, 鼓扇四海, 播騰文字, 有若危亡之象迫在朝夕.": 『燕巖集』 卷14 『熱河日記』 「口外異聞―羅約國書」(문집총간 a252_297b: 8장 주 16에 인용한 구절에서 생략된 부분에 나옴). 김홍백, "『大義覺迷錄』과 조선 후기 華夷論", 『한국문화』 56집(2011), 47-77 중 68-71쪽.

1801)는 "지금의 오랑캐 청을 일러 '이적 중의 중화(夷狄中華夏)'라고 하는 것은 가하다"고 하여 청을 중화가 되었다고 할 수 있다는 생각을 보이기도 했다.[50]

19세기에 들어서는 이 같은 경향이 더 널리 퍼졌다.[51] 예컨대 남공철(南公轍, 1760-1840)은 청이 번성하는 것은 선대(先代)가 "적선(積善)하고 순진하고 진실되어 큰 순박함이 흐트러지지 않는 뜻이 있어 하늘이 취한 것"이며 이렇듯 "중국의 운이 쇠하고 외이(外夷)의 운(運)이 성한 것은 역시 순환의 리(理)"라고 했다.[52] 홍희준(洪羲俊, 1761-1841)도 청의 중국 지배를 하늘의 뜻으로 보면서 다음과 같이 이야기했다.

송명 이래 인문이 지나치게 성하고 예절이 번쇄(繁瑣)해져서 인심을 잃게 되었는데, 사물이 극에 이르면 반드시 되돌아가는 것이 하늘의 도(道)이기에 [하늘이] 청인으로 하여금 중국에 들어와 천하를 다스려서 그 예절을 간략하게 하고 그 문물을 간소하게 하였고 천하가 다시 홍황(鴻荒)의 세상으로 들어가게 했다.[53]

이어서 그는 청의 넓은 영토와 서양까지를 포함한 광범위한 조공과

---

50) "今之胡淸, 謂之夷狄中華夏, 可也.":『海左先生文集』卷19「洪侍郎君擇燕行錄序」(문집총간 a239_382d).

51) 趙成山, "18세기 후반~19세기 전반 對淸認識의 변화와 새로운 中華 관념의 형성",『韓國史硏究』145(2009), 67-113.

52) "金陵南相漫筆曰. … 北虜則其祖先多積善質實, 有大樸未散之意, 上天之所取者在此. … 中國運衰, 外夷運旺, 亦循環之理.": 洪直弼,『梅山雜識』권1: 趙成山, "18세기 후반~19세기 전반 對淸認識의 변화", 71쪽.

53) "自宋明以來, 人文太盛, 繁禮瑣節, 牷喪人心. 物極必反, 天之道也. 乃使淸人入中國御天下, 略其禮節, 簡其文物, 使天下復入鴻荒之世.":『傳舊』4.「淸國創業君臣論」: 趙成山, "18세기 후반~19세기 전반 對淸認識의 변화", 87쪽.

왕래를 들어 "이제 천하에 일월이 비치는 곳과 상로(霜露)가 내리는 곳이 모두 소강(小康)의 시대에 들어가서 그렇다는 것을 알게 되었다"고 이야기했다.[54] 따라서 홍희준의 생각으로는 청인이 중국에 들어온 것은 우연이 아니며 "위로 하늘의 뜻을 보고 아래로 사람의 일을 고찰하면 청인이 중국에 들어온 것은 반드시 중국의 비운(否運)으로 볼 수는 없는 것"이었다.[55] 박지원이 『열하일기』에서 청의 연호를 사용했다 하여 비판을 받았던 것을 3장에서 보았는데, 한 세대 후 정약용이 주도해 편찬한 『사대고례(事大考例)』의 경우에는 내놓고 청의 연호를 사용하고 있는 것도 이처럼 달라진 19세기 초의 분위기를 반영한다고 할 수 있겠다.[56]

그 후로도 같은 생각은 이어져서 홍경모(洪敬謨, 1774-1851) 또한 중원 장악 후의 청의 덕치(德治)를 높이 평가했다. 그는 연행 이전에는 청의 문물이 보잘것없다고 생각했으나 1830년과 1834년 두 차례의 연행 이후에는 생각이 바뀌어서 청나라에서 '문명의 기(氣)'를 보고 "진정으로 중화 세계"라고 했으며, 자신은 동해의 촌사람이라고 느낄 정도였다.[57] 홍경모는 8세 어린아이가 중국을 통일하고 이에 백성들이 따른 것이라는, 왕민호가 박지원에게 한 위에서 본 언급에 대해서 이는 "하늘이 명한 바가 아닐 수 없다"고 했고[58] 청의 태평치세를 한,

54) "始知今天下日月所照, 霜露所隆, 皆入小康之時而然也.": 같은 글.

55) "清人之入中國, 夫豈偶然乎哉. 上觀天意, 下考人事, 固不可以清人之入中國爲中國之否運也.": 같은 글. 趙成山, "18세기 후반~19세기 전반 對淸認識의 변화", 71쪽.

56) 林熒澤, "『사대고례事大考例』와 정약용의 대청관계對淸關係 인식", 『茶山學』 12호 (2008), 25-47 중 42쪽.

57) "過鳳凰店撫寧昌黎諸山, 入望文明之氣, 眞是中華世界.": 『耘石外史』 「槎上韻語」; 강석화, "관암 홍경모의 학문과 사상", 이종묵 편, 『관암 홍경모와 19세기 학술사』 (景仁文化社, 2011), 3-40 중 31쪽에서 재인용.

당 시대에도 없던 일이라고 하면서 청의 황제들이 "'역시 하늘이 내려준 명(命)을 받은 지위"라는 박지원의 말을 되풀이하기도 했는데,[59] 그런 홍경모에게 조선이 청을 섬기는 일은 "작은 것으로서 큰 것을 섬기는, 나라들 사이의 상도(常道)"였다.[60] 그 외에, 이헌명(李憲明, 1797-1861)은 "오랑캐라도 중국에 나아가면 중국으로 인정해야 하는데 청이 바로 이에 해당한다"고 했으며[61] 홍한주(洪翰周, 1798-1868)는 공자와 맹자도 지금 태어났으면 출사(出仕)했을 것이라고 하면서 아직도 존양론(尊攘論)을 주장하는 자들은 중용(中庸)의 도(道)를 모르는 자들이라고 이야기했다.[62]

이 같은 생각은 더 진전되어 심지어 조선이 이미 청에 복속했으니 청이 망해도 신의를 지켜야 한다는 주장까지 나올 정도였던 것으로 보이는데 그 같은 주장에 대한 오희상(吳熙常, 1763-1833)의 비판이 이를 말해준다.[63] 나중 김평묵(金平黙, 1819-1891)도 같은 생각에서 청이

---

58) "此八歲小兒之混一區宇, 自生民以來未之或有. 殆若天與之, 民歸之. 斯豈非天乎. 凡此數事之示於人者, 罔非天之所命.": 『冠巖存藁』 제10책 「淸開國記」; 강석화, "관암 홍경모의 학문과 사상", 36-37쪽. 박지원이 인용한 王民暭의 언급은 위 주 30을 볼 것.

59) "淸之御宇, 今爲六世而休養昇平, 四海寧謐. 此漢唐之所未有者. 觀其全安扶植之意, 殆亦上天所置之命吏也.": 『冠巖存藁』 제7책 「皇都記」; 趙成山, "18세기 후반~19세기 전반 對淸認識의 변화", 71-72쪽.

60) "夫以小事大, 有國之常也.": 『冠巖全書』 册12 「燕槎彙苑總叙」(문집총간 b113_337b).

61) "夷而進於中國則中國之者, 淸其當之矣.": 『淸史提要』 卷3 南明 永曆 7년: 趙成山, "18세기 후반~19세기 전반 對淸認識의 변화", 72쪽.

62) "雖使孔孟在今日, 必出而仕矣. 此眞素夷狄行乎夷狄. 今日反爲尊攘之論者, 不識中庸之道也.": 『智水拈筆』 卷4: 趙成山, "18세기 후반~19세기 전반 對淸認識의 변화", 74쪽.

63) "近有一種議論, 謂彼雖夷狄, 我旣服事則君臣之分素定, 其亡也盡節而不可背之. 噫噫此何言也.": 『老洲集』 卷21 「警世」(문집총간 a280_452c).

진정으로 중화가 되었다면 천하의 의주(義主)가 될 수 있고 그럴 경우 조선이 반드시 명을 위해 복수할 것을 고집할 필요가 없다고 주장하기도 했다.[64]

9.3 청과의 일체감

조선 사인들에게서 나타난 이 같은 청 중심의 현실 수용의 정서는 더욱 진전되어 청의 쇠퇴를 오히려 우려해야 할 일로 보는 경우까지 나타났다. 사실 이미 18세기 초에 이하곤(李夏坤, 1677-1724) 같은 사람은 청이 멸망하면 몽고족이 흥기하는 등 조선을 둘러싼 상황이 불안해지거나 한족(漢族)이 부흥하여 조선이 청을 섬긴 것을 벌하려 할 가능성을 걱정하는 일이 있었는데,[65] 19세기 들어서는 그 같은 생각이 자주 표현되어, 예컨대 김경선(金景善, 1788-1853)은 1832년 연행 시 청의 성(城)이 퇴락한 것을 보고 청나라의 입장에서 걱정했고,[66] 홍석모

---

64) "或問. 淸虜入主中國之後, 卽能用夏變夷, 治安之盛, 文物之懿, 名敎之實, 幾與兩漢比隆, 則如何我國猶且講討復之義乎. 曰. 是則不然也. 淸虜果能如此, 則天下之義主也. 所謂爲皇明復讐者, 與殷頑, 無以相遠, 而天下之心不與也. 當是時, 豈可執一也.": 『重菴先生文集』卷39「鷺江隨錄」(문집총간 a320_097c). 김평묵은 명이 망한 지 이미 수백 년이 되어 중국인들도 명조를 회복하겠다는 생각은 없으며, 만약 명의 회복을 위해 조선이 거사한다면 오히려 중국인들의 냉소를 받을 것이라고 생각했다. 王元周, "조선 후기 북벌대의론의 변화와 영향: '조선중화주의'에 대한 시론", 『社會科學論集』40집(2009), 1-36 중 19쪽.

65) "淸今日亡, 明日其害必中於我, 何也. 假令淸亡, 蒙古方强, 其勢必將入主中國, 蒙人得志, 而侵暴我凌辱我奴隸我. …": 『頭陀草』冊18「送徐平甫命均赴燕序」(문집총간 a191_555c-556a); 趙成山, "조선후기 소론계의 古代史 연구와 中華主義의 변용", 82쪽.

66) 『燕轅直指』卷6「留館別錄 城郭市肆」; 趙成山, "조선후기 소론계의 古代史 연구와

(洪錫謨, 1781-1850)는 청이 백여 년이 지나면서 향연과 사치에 젖어 재용(財用)이 소모되고 민력(民力)이 궁핍해지는 등 쇠퇴하는 상황을 지적하면서 "이는 천하의 걱정거리일 뿐 아니라 진실로 우리나라의 걱정이 깊고 또한 절실하다"고 이야기하기도 했다.[67]

이 같은 생각을 하는 조선 사인들 사이에서는 청과 조선의 명운(命運)이 함께한다는 청과의 일체감 같은 것까지 생겨난 듯하다.[68] 김정희(金正喜, 1786-1856)의 숙부 김노겸(金魯謙, 1781-1853)이 김정희의 동생이자 자신의 조카인 김명희(金命喜, 1788-1857)의 1822년 연행에 부친 글에서 남들에게 보이지 말라고 하면서 한 다음과 같은 이야기에서 그 같은 인식을 볼 수가 있다.

지금 우리나라의 백성은 궁핍하고 재정은 고갈되어 오래 자립할 수가 없다. 만약 [중국] 동남방에 변이 있어 천하에 여러 사태가 생기게 되면 우리나라의 오늘의 모양으로 어찌 하루를 지탱할 것인가. … 연경(燕京)이 무사한 연후에 우리나라도 평안할 것을 바랄 수 있다. 세상에서 『춘추』를 이야기하는 자는 또한 이 뜻을 알지 않으면 안 된다.[69]

中華主義의 변용", 72-73쪽.

67) "淸人之享國, 已過百餘年, 狃於宴安, 病於奢靡, 財用漸耗, 民力必窮, 斯非但爲天下之慮也, 誠爲我國之慮深且切矣.": 『陶厓詩文選』 土(六) 「拜送外舅丹山公使燕序」; 趙成山, "18세기 후반~19세기 전반 對淸認識의 변화", 94쪽. 홍석모는 강희에서 건륭의 100년에 이르는 盛世는 3대 이후 일찍이 없던 것이라고 평가하고 청을 유교 문명을 지키는 수호자로 보는 인식을 지니고 있었다. 趙成山, "18세기 후반~19세기 전반 對淸認識의 변화", 72쪽; 조성산, "18세기 후반~19세기 중반 朝鮮 세시풍속서 서술의 특징과 의의―'中國' 인식의 문제를 중심으로", 『朝鮮時代史學報』 60輯(2012), 183-221 중 189쪽.

68) 유봉학, 『燕巖一派 北學思想 硏究』(一志社, 1995), 72-75쪽.

69) "目下, 本國之民窮財竭, 不能自立久矣. 假使東南有變天下多事, 則以本國今日貌樣, 其安能一日支乎. … 燕京無事, 然後吾國亦庶乎幾安矣. 世之談春秋者, 亦不可

신유사옥(1801)때부터 깊어진 서학에 대한 경계심도 이에 영향을 미쳤을 것인데, 아편전쟁 후 서양의 위협이 커지면서는 청과 조선의 명운이 연결되어 있다는 이런 인식이 더욱 깊어진 것으로 보인다.[70] 예컨대 홍길주는 천주교는 왕을 왕으로 섬기지 않고 천주를 섬기며 아버지를 아버지로 섬기지 않고 "신부(神父)"라는 명칭을 세우는 등 윤상(倫常)과 기강을 무너뜨려서 백성들을 오랑캐로 만드는 정도가 양주(楊朱)나 묵적(墨翟)보다도 더하다고 비판했다.[71] 유신환(俞莘煥, 1801-1859)도 안산농(顏山農, 1504-1596), 하심은(何心隱, 1517-1579), 왕양명(王陽明, 1472-1528) 등은 비록 이단의 설을 제창했지만 성인을 부정하지는 않았고 바른 도(道)와 학문을 견지했는데, 그에 반해 서양의 설은 "고금에 들어본 바가 없이" 사람을 속이고 미혹시킨다고 그 위험성을 지적했는데,[72] 2장에서 보았듯이 청이 망하면 한인(漢人)의 새 왕조에 귀의해야 한다고 말한 것은 사실이지만 현실로서는 청의 안위와 조선의 명운과 연결되어 있다는 인식을 뚜렷이 지녔던 유신환은 연행

以不知此義.":『性庵集』卷2「送從姪性原隨家大人入燕并序」. 유봉학, 『燕巖一派 北學思想 研究』, 73쪽.

70) 노대환, 『동도서기론 형성과정 연구』(일지사, 2005), 154-155쪽; 趙成山, "18세기 후반~19세기 전반 對淸認識의 변화", 92-95쪽.

71) 趙成山, "18세기 후반~19세기 전반 對淸認識의 변화", 92-93쪽.

72) "歐羅巴之說, 古今之所未聞也. 矯誣迷惑, 爲貊爲禽, 此而不剿殄滅之無遺育, 幾何不淪胥以亡也. 夫顏山農以欲爲道也. 何心隱以殺爲道也, 王氏之禍仁義若是其烈也, 然猶不敢以聖人爲非也. 以道則曰良知, 以學則曰尊德性, 何至如歐羅巴之道其所道也.":『鳳棲集』卷3「送尹侍讀穉沃靖如燕序」(문집총간 a312_040c-040d). 유신환은 자신의 아버지 俞星柱의 연보 후기에서 유성주가 "금일 폐해가 심한 것으로 서양의 설보다 더한 것이 없다"고 했다고 기록했다("嘗曰, 吾儒之闢異端, 亦須知所當先, 其能爲害於當世者, 是也. 是以孟子之所距, 在楊墨. 朱子之所觝, 在陸氏. 今日爲害之甚者, 其有過於西洋之說者乎.":『鳳棲集』卷8「先考復元齋年譜後記」(문집총간 a312_150d)).

길의 지인들에게 준 글들에 "중국이 평안해야 동방도 평안하고 중국이 불안하면 동방도 불안하다"거나 "청인이 망해도 우리의 걱정이고 망하지 않아도 우리의 걱정이다"라고 적었다.[73] 사실 이는 청말 만주족 구축을 내걸었던 태평천국(太平天國)의 난에 청 황실이 위험에 처했을 때 '명교체제(名敎體制)'의 수호를 내걸고 진압에 나섰던 증국번(曾國藩, 1811-1872) 등 한족 사인들의 생각과도 같은 것이었다.[74]

물론 그렇다고 해서 대명의리론이 사라진 것은 아니었다. 19세기 중반에도 조선 사인들 사이에 대명의리의 정서는 지속되었다.[75] 예컨대 이규경(李圭景, 1788-1856)은 조선에서 대보단과 만동묘(萬東廟)를 세우고 숭정 연호를 쓰는 것을 가리켜 역대를 통해 "이 같은 참되고 정성스러움을 보지 못했다"고 하여 자부심을 표현했다.[76] 박규수(朴珪壽, 1807-1876) 또한 존주(尊周)와 대명의리의 정서를 평가했으며 1865년 대원군이 만동묘를 철폐하려고 하자 반대 상소를 올리기도 했다.[77] 그러나 이들도 결국은 서양 세력의 위협에 대항해서 나라를 지키기 위해 조선과 주종관계에 있으면서 중화 문명의 현실적 수호자

---

73) "使中國而安也, 東方亦安也. 使中國而不安也, 東方亦不安也. 淸人之治亂興廢, 吾邦之所不可知也.": 『鳳棲集』卷3 「送尹侍讀穉沃埅如燕序」(문집총간 a312_040d); "使淸人而亡, 亦我憂也, 不亡亦我憂也.": 『鳳棲集』卷3 「送淵泉洪公如燕序」(문집총간 a312_037d).

74) 李成珪, "中華思想과 民族主義", 『철학』37집(1992), 31-67 중 55쪽.

75) 노대환, 『동도서기론 형성과정 연구』, 109쪽.

76) "皇明統絶. 有大報之壇萬東之廟, 以委巷編氓言之. 尊崇已亡之明, 凡有年號之記, 必書以崇禎紀元後第幾年, 則二十三代史策, 未見若是之忠懇也. 烏呼, 是所謂草上之風者乎.": 『五洲衍文長箋散稿』經史篇/論史類 「元末明初明末淸初辨證說」(한국고전종합DB, 1107쪽).

77) 노대환, 『동도서기론 형성과정 연구』, 109쪽. 박규수는 나중 1874년 만동묘 복설시에는 『萬東廟儀節講定議』를 지었다: 『瓛齋先生集』卷6(문집총간 a312_401d-402c); 李完宰, 『朴珪壽 硏究』(集文堂, 1999), 79쪽.

인 청조를 받아들이고 그에 기대하지 않을 수 없음을 인식하게 되었다.[78] 1898년 창간한 『황성신문(皇城新聞)』도 중국의 개혁, 자강 운동을 조선을 위한 모델로 인식하여 "한국의 독립을 위한 연대의 대상으로 중국을 명시했다."[79]

이러한 태도는 조선 말 강력한 위정척사론자(衛政斥邪論者)인 유인석(柳麟錫, 1842-1915)에게서도 나타났다. 중화 문화의 부활, 특히 유교적 중화제국의 부활을 염원한 유인석은 예약과 윤리의 유교 문명과 이익과 싸움의 서양 문명의 차별성을 지적하면서 혁명 후 중국이 왕정, 유교, 윤상(倫常), 의발(衣髮)을 회복, 강화, 복고하여 세계가 결국은 중화질서로 되돌아갈 것으로 믿었지만,[80] 그 같은 중화 문화의 부활이나 조선의 국권의 수호를 위해서는 결국 청에 기대는 수밖에 없다는 인식을 분명히 지니고 있었다.[81] 유인석은 심지어 청조의 멸망과 함께 '중화 국가'가 세워지리라 기대했다가 공화제 정부가 들어서자 낙담하기까지 했다.[82]

---

78) 김명호, 『환재 박규수 연구』(창비, 2008), 421-437쪽; 趙成山, "18세기 후반~19세기 전반 對淸認識의 변화", 93-94쪽. 박규수는 조선에서 존주론과 대명의리론이 지나쳐 문헌과 제도에 부족하고 지나친 점이 많았다고 지적하기도 했다: 노대환, 『동도서기론 형성과정 연구』, 109쪽.

79) 노관범, "대한제국기 『황성신문(皇城新聞)』의 중국 인식", 『韓國思想史學』 45집 (2013), 35-63 중 60쪽.

80) 노관범, "1910년대 한국 유교지식인의 중국 인식—柳麟錫, 朴殷植, 李炳憲을 중심으로", 『民族文化』 40집(2012), 7-39 중 15-19쪽.

81) 노관범, "1910년대 한국 유교지식인의 중국 인식", 18쪽. 그 같은 인식에서 유인석은 1895년 擧兵 후 두 차례 遼東으로 건너가서 청나라 관리들에게 원병을 청하기도 했다. 계승범, 『정지된 시간—조선의 대보단과 근대의 문턱』(서강대학교출판부, 2011), 231쪽 주 23.

82) 배우성, 『조선과 중화—조선이 꿈꾸고 상상한 세계와 문명』(돌베개, 2014), 569-570쪽.

2

중화 사상의 재조명

10장
문화로서의 중화와
'중화' 관념의 상대화

1부의 여러 장들에서 중국과 중국 문화에 대한, 그리고 조선의 중국과의 관계에 대한 조선 후기 사인들의 인식과 태도가 다양했고 계속 변화했음을 보았다. 2부의 두 장에서는 '소중화', '조선중화' 의식이나 조선인으로서의 자의식과 자주적, 독자적 경향, '북학' 사조 등 서로 관련되고 서로 영향을 주고받으며 때로는 서로 상충되기도 하는 이들 다양한 인식과 태도를 다시 검토해볼 것인데, 특히 조선 후기 사인들의 인식의 저변에 굳게 자리하면서 중국과 중국 문화에 대한 그들의 다양한 태도에 지속적인 영향을 미친 '중화' 관념과 중화 사상을 주된 검토 대상으로 하여 그것들의 복잡한 성격에 대해 재조명할 것이다.

조선 후기 사인들이 중국과 중국 문화에 대해 지녔던 다양한 태도는 당대의 중국, 또는 역사적으로 존재했던 중국의 상황을 두고, 그리고 조선 자체의 상황을 두고, 그것이 과연 '중화'에 해당하는가, 또는 그것이 얼마만큼 '중화'인가에 대한 그들의 다양한 생각을 반영했다.

그리고 '중화'란 것이 한 가지 기준으로 규정될 수 있는 것이 아니라 여러 기준들을 지니고 있었기에 그 같은 다양함은 피할 수 없는 것이 었다. 이 장에서는 먼저 조선 후기 사인들이 중화의 여러 기준들 중 문화를 중시하게 되고 그 과정에서 중화 관념이 상대화하는 경향이 나타났음을 보일 것이다.

10.1 문화로서의 '중화'

'중화'라는 관념은 지역, 종족, 문화의 세 가지 기준을 지닌다고 볼 수 있는데, 우경섭은 이를 다음과 같이 정리한 바 있다.

> 이적과 대비되는 중화의 실체란 대체로 다음과 같은 세 가지 관점에서 설명되었다. 첫째는 지역적 개념으로, 중국의 고대 문명이 탄생하였던 황 하 유역의 화북(華北) 지역을 세계의 중심으로 인식하는 것이었다. 둘째 는 종족적·혈통적 개념으로, 동이(東夷)·서융(西戎)·남만(南蠻)·북적 (北狄)이라 지칭되는 새외민족(塞外民族)과 구별되는 집단으로서 한족 (漢族)의 우월성을 과시하려는 관점이었다. 셋째는 문화적 개념으로, 주나 라의 왕도정치(王道政治)와 예악문물(禮樂文物)로 대표되는 유교 문화를 담지한 집단이 천하 문명의 보편적 준거이자 근원이라는 인식이었다.[1]

그렇다면 이상적인 '중화'란 당연히 이들 세 가지 기준을 모두 만족해 야 할 것이었는데 실제로는 그렇지 못했으며, 실제 상황에 적용했을

---

[1] 우경섭, 『조선중화주의의 성립과 동아시아』(유니스토리, 2013), 43쪽.

때 이들 기준 사이에 상호 충돌이나 어긋남이 존재했다.[2]

특히 조선의 상황이 '중화'에 해당되는가 여부를 평가할 때 어려움이 있었다. 조선은 위의 세 가지 기준들 중 종족과 지역의 측면에서는 중화가 될 수 없는 상황이었기 때문이다. 따라서 중국의 외부에 있고 한족(漢族)이 아닌 민족으로 이루어진 조선이 어디까지나 이적, 즉 '동이(東夷)'일 따름이라는 생각은 피할 수 없었다. 예컨대 이중환(李重煥, 1690-1752)은 『택리지(擇里志)』의 첫 부분에서 "우리나라에 어찌 사대부가 있겠는가? 중원의 사람들은 오호(五胡)의 후예들을 제외하면 모두 제왕과 성현의 후예들로서 요, 순, 문왕, 무왕, 주공, 공자의 법제를 닦았고 이들이 진정한 사대부이다. 그러니 우리나라에서 사대부라고 일컬을 수 있는 사람들은 모두 본국인[즉 중국인]의 후예이다"라고 말했다.[3] 홍대용도 김종후(金鍾厚, 1721-1780)와 주고받은 편지에 "우리 동국이 오랑캐가 된 것은 지계(地界)가 그러해서인데, 또한 어찌 꼭 꺼릴 것입니까? … 우리 동국이 중국을 숭모하고 본받아서 오랑캐임을 잊게 된 것이 오래이지만 중국과 비교하여 견주어보면 그 등분이 스스로 있는 것입니다"라고 썼다.[4] 8장에서 보았듯이 중국 사인

---

2) 위의 세 가지 기준과 별도로 김호는 "의리화이론"과 "지역화이론"을, 그리고 김대중은 "가치로서의 중국"과 "현실로서의 중국"을 구분해서 언급했다. 김호, "조선후기 華夷論 再考―'域外春秋'論을 중심으로", 『韓國史研究』 162(2013), 123-163 중 126-128쪽; 김대중, "내부 ≒ 외부에 대한 두 개의 시선―이덕무와 박제가", 『韓國史研究』 162(2013), 165-209 중 97쪽을 참조할 것. 물론 이들이 "의리", "가치"라고 하는 것들과 "문화"가 꼭 일치하는 것은 아니며, 때로는 "의리", "가치", "문화"라고 부를 수 있는 이들 기준 사이의 모순, 긴장, 갈등도 볼 수 있다.

3) "我國寧有士大夫. 中原人, 除五胡裔, 皆以帝王聖賢之後, 修堯舜文武周孔之法制, 此爲眞正士大夫. 乃我國之所謂士大夫, 皆本國人苗裔.": 『擇里志』 「四民總論」. 18-19세기에 통용되던 필사본들과 규장각본에 실려 있는 이 구절은 나중 활자본들에서는 삭제되었다: 배우성, 『독서와 지식의 풍경―조선 후기 지식인들의 읽기와 쓰기』(돌베개, 2015), 170-171쪽.

들이 자신을 대할 때 "어찌 중화와 이적의 구별이 없었겠는가"라고 홍대용이 박지원에게 토로한 것도 종족과 지역 때문에 조선이 중화일 수 없다는 그의 인식을 보여준 것이었다고 할 수 있다.[5]

그러나 그렇다고 해서 자신들이 이적이라고 인정할 수도 없었던 조선 사인들은 여러 방식으로 이에 대처했다. 분명한 것은, 오랑캐 청이 중원을 장악하고 있는 상황에서 중화를 두고 지리적 기준을 사용할 수는 없다는 것이었고, 따라서 조선 사인들은 중화의 조건으로 지리적인 요소는 당연히 제외하게 되었다. 예컨대 안정복은 1758년 이익에게 보낸 편지에서 "자고로 유자(儒者)들은 매번 중화와 이적을 엄격하게 구분하여 중국 땅에서 태어나지 않았으면 모두 오랑캐라고 이야기하는데, 그것은 통하지 않는 이야기입니다. 하늘의 뜻에 어찌 계한(界限)이 있겠습니까?"라고 했다.[6] 이종휘는 "지금 중국을 구한다면 마땅히 이곳[조선]에 있지 저곳[중국]에 있지 않다"는, 5장에서 본 「제동국여지승람후(題東國輿地勝覽後)」에서의 언급 뒤에 천하의 중앙은 정해진 위치가 없다고 하면서 "중국이 중국인 까닭은 사람에 있지 땅에 있지 않다"고 말했고,[7] 김이안도 이제 조선이 중화라는 주장을 내세우면서 "지역으로는 사람들을 구분하여 논할 수 없게 되었다"고

---

4) "我東之爲夷, 地界然矣, 亦何必諱哉. … 我東之慕效中國. 忘其爲夷也久矣. 雖然, 比中國而方之, 其分自在也.": 『湛軒書』 內集 卷3 「又答直齋書」(문집총간 a248_067a).

5) 『燕巖集』 卷1 「會友錄序」(문집총간 a252_013d-014a).

6) "自古儒者每嚴華夷之分. 若不生于中土, 則盡謂之夷, 此不通之論也. 天意何嘗有界限.": 『順菴先生文集』 卷2 「答上星湖先生書」(문집총간 a229_375d).

7) "… 今之求中國者, 宜在此而不在彼. 又何必終南渭水河嵩濟岱之間哉. 欲知天下之中央, 燕之北越之南, 是也. 燕亦有都, 粤亦有都, 是中無定處也. 秦無廬胡無弓車, 是物無定物也, 夫人而能爲此也. 夫人而能爲此也, 則中國所以爲中國, 蓋亦在人而不在地也.": 『修山集』 卷10 「題東國輿地勝覽後」(문집총간 a247_499d-500a). 5장 주 53을 볼 것.

지적했음을 역시 5장에서 보았다.[8]

이런 상황에서 많은 수의 조선 사인들은 중화의 핵심적 기준으로 문화를 택하는 쪽으로 기울었다. 중화와 이적을 구분하는 요소들 중 지역이나 종족이 아니라 '예(禮)'와 '도(道)', '정(政)' 등 문화가 중심이 된다는 것이었다. 이 같은 상황을 우경섭은 "조선 지식인들이 믿고자 했던 중화란 혈통과 왕조를 초월해 존재하는 문화적 진리, 즉 도(道)의 담지자를 의미했다"거나 "그것은 지난 수천 년간 동아시아 사회가 이룩해온 보편문명의 정수인 유교 문화 자체를 의미했다"고 표현했고,[9] 김호는 "중화는 단지 문화와 지역, 그리고 종족이 똑같은 비율로 합산된 개념이 아니라, '왕도(王道)'라는 문화 가치를 최우선으로 하면서 지역과 종족의 측면이 가미된 것"이라고 지적했다.[10]

사실 중화의 기준으로 문화를 중시하는 생각은 고대 경전 구절들에서부터 그 근거를 찾을 수 있는데, 이들 구절은 주로 이적들이 의식주, 예의, 정치 등 여러 측면에서 중국과 다른 모습을 보이고 중화의 문화적 요소들을 결여함을 지적하는 내용을 담고 있다. 예컨대『논어』에는 "이적이 임금이 있어도 중화가 망한 것만 같지 못하다"는 구절이 있고[11]『예기(禮記)』왕제(王制)편은 이적들이 피발(被髮) 문신(文身)을 하거나 가죽옷을 입고 날음식을 먹고 곡식을 먹지 않으며 혈거(穴居)

---

8) 5장 주 46을 볼 것.

9) 우경섭, "朝鮮中華主義에 대한 학설사적 검토",『韓國史硏究』159호(2012), 237-263 중 253, 258쪽. 우경섭의 이 같은 생각에 대해 비판하면서 김영민은 중화란 "정통성에 기반하고자 하는 계보적 사유 일반에서 흔히 발견될 수 있는 일종의 플레이스 홀더(place-holder)로서의 픽션(fiction)"이라고 규정했다. 김영민, "조선중화주의의 재검토—이론적 접근",『한국사연구』162(2013), 211-252, 224-226쪽.

10) 김호, "조선후기의 중화론(中華論)을 어떻게 이해할 것인가?: 대보단(大報壇)의 역사적 의의를 중심으로",『정치와 평론』9(2011), 201-213 중 207쪽.

11) "夷狄之有君, 不如諸夏之亡也.":『論語』「八佾」편(3.5).

를 하는 등 중국과 다른 모습을 보이는 것을 지적했다.[12] 『사기(史記)』
에서는 이적의 중국과 다른 모습에 대해 더 자세히 기술했다.

> 이적은 풍속이 다른 나라이며 멀리 떨어진 다른 무리들의 땅이다. 배와
> 수레가 통하지 않고 사람의 발길이 잘 닿지 않으며 정교(政敎)가 미치지
> 않았고 유풍(流風)이 아직 미미하다. 안으로 받아들이면 변경에서 예(禮)를
> 범하고 밖으로 내치면 사악한 행동을 하며 윗사람을 죽이고 임금과 신하
> 의 자리가 바뀌고 존비(尊卑)의 질서를 잃는다.[13]

후세 중국의 사인들은 이렇듯 오랑캐들에게 결여된 예의, 정치 등
문화적 요소들이 중화의 핵심 구성요소이고 그것을 지니면 이적을 중
화로 볼 수 있다는 생각을 표현했다. 예컨대 한유(韓愈, 768-824)는 공
자가 『춘추』를 지었는데 "[중국의] 제후가 이적의 예(禮)를 사용하면 이
적으로 보고 이적이 중국[의 예]으로 나아가면 중국으로 봤다"고 이야
기했다.[14] 이 같은 생각은 요, 금 등 유목민족들과 갈등을 겪던 송대
에는 더 심화되어 호안국(胡安國, 1074-1138)은 "중국이 중국인 까닭은
예의(禮義) 때문이다. 그것을 한번 잃으면 이적이 되고 다시 잃으면

---

12) "中國戎夷, 五方之民, 皆有性也. … 東方曰夷, 被髮文身, 有不火食者矣. 南方曰
   蠻, 雕題交趾, 有不火食者矣. … 西方曰戎, 被髮衣皮, 有不粒食者矣. 北方曰狄,
   衣羽毛穴居, 有不粒食者矣.": 『禮記』 「王制」편.
13) "夷狄殊俗之國, 遼絕異黨之地. 舟輿不通, 人迹罕至, 政教未加, 流風猶微. 内
   之則犯義侵禮於邊境, 外之則邪行橫作, 放弒其上, 君臣易位, 尊卑失序." 『史記』
   卷117(北京: 中華書局 交點本, 3051쪽). 『漢書』에도 비슷한 구절이 나온다. "夷狄
   之人, 貪而好利, 被髮左衽, 人各其心. 其與中國, 殊章服, 異習俗, 飲食不同, 言語
   不通. 辟居北垂寒露之野, 逐草隨畜射獵為生, 隔以山谷, 雍以沙幕, 天地所以絕外
   內也.": 『前漢書』 卷94下 「匈奴傳」(北京: 中華書局 交點本, 3834쪽).
14) "孔子之作春秋也, 諸侯用夷禮則夷之, 夷而進於中國則中國之.": 「原道」.

284

금수가 되어 인류는 멸망한다"거나 "사람이 금수와 다르고 중국이 이적보다 귀한 까닭은 '부자지친(父子之親)'과 '군신지의(君臣之義)'를 지녔다는 점뿐이다"라고 했다.[15] 주희는 "이적이 임금이 있어도 중화가 망한 것만 같지 못하다"라는, 위에서 언급한 『논어』 구절에 대한 주석에서 같은 생각을 더 극단적으로 표현했다.

> 천지에 정해진 위치가 있어 임금과 신하가 있다. 군신 사이에서 귀하게 여기는 바는 상하가 있어 예의가 실천되기 때문이다. 이적은 비록 임금이 있어도 예의가 없으므로 중화가 망한 것만 같지 못하다. 무릇 예(禮)가 아니면 나라가 될 수 없으니, 나라가 있으나 예가 없으면 망하는 것이 더 낫다. 중화이면서 예가 없으면 이적만 같지 못하다.[16]

조선 사인들도 중화의 기준이 지역이나 종족이 아니라 문화라는 이 같은 생각을 공유했다. 실제로 조선이 중화가 되었다고 믿고 '소중화'나 '조선중화'를 주장하던 여러 사인들에게 그 같은 생각이 있었음을 5장에서 본 바 있다. 그러나 중화의 기준이 종족이 아니라 문화—도(道), 정치, 예의—라는 생각을 나타내는 더 두드러진 예를 들자면, 이익은 원나라 황제 중 유교를 폄하하고 불교를 정도(正道)로 삼은

---

15) "中國之所以爲中國, 以禮義也. 一失則爲夷狄, 再失則爲禽獸, 人類滅矣.": 『春秋胡氏傳』卷12 僖公 23년 11월; "人之所以異於禽獸, 中國之所以貴於夷狄, 以其有父子之親君臣之義爾.": 『春秋胡氏傳』卷23 襄公 30년 10월. 그 외에도 "中國之爲中國, 以有禮父子君臣之大倫也, 一失則爲夷狄矣.": 『春秋胡氏傳』卷11 僖公 5년 8월을 볼 것.

16) "天地定位, 而有君臣. 所貴乎君臣者, 有上下而禮義有所措也. 夷狄, 雖有君而無禮無義, 故不如諸夏之亡. 夫非禮無以爲國, 有國而無禮, 則亡爲愈, 若諸夏而無禮, 則又夷狄之不如也.": 『論語精義』卷2上 八佾第三 「子曰夷狄之有君不如諸夏之亡也」章.

세조(世祖, 쿠빌라이, 1215-1294)를 비판하면서 그에 반해 유교의 성인을 존숭한 성종(成宗, 테무르, 재위 1294-1307)을 높이 평가하여 "성종의 '중화를 내면화(內華)'한 공은 중국에 일찍이 없었던 바"라고 극찬했는데,[17] 이익에게 중요한 것은 종족이 아니라 중화문물을 내면화했는가 하는 것이었고 성종이 "내면화"한 중화란 바로 유가 전통이었음을 알 수 있다. 정약용 또한 같은 생각을 표현하여 "성인의 법은, 중국이면서 오랑캐처럼 하면 오랑캐로 보고 오랑캐이면서 중국처럼 하면 중국으로 본다. 중국과 오랑캐의 구분은 도(道)와 정(政)에 있지 강역(疆域)에 있지 않다"고 했으며[18] "요, 순, 우(禹), 탕(湯)의 정치가 있으면 '중국'이라 부르고, 공자, 안자(顏子), 자사(子思), 맹자의 학문이 있으면 '중국'이라 부른다"고 주장했다.[19] 그는 위의 『논어』 구절에 대한 주석에서도 "이적이란 이적의 도를 사용하는 것을 말하고 중화(諸夏)란 중화의 법을 사용하는 것을 말한다"고 했다.[20]

이처럼 종족이 아니라 문화를 중화의 기준으로 보는 조선 사인들은 한족의 왕조나 그 황제들을 무작정 옹호하지 않았다. 그들은 같은 한족 정통 왕조의 황제임에도 도덕적 평가에 따라 명의 숭정제는 중화의 계승자로 인식하고 수(隋)의 양제(煬帝, 재위 604-618)는 정벌의

---

17) "人謂, 尊聖人之至, 莫如元成宗. … 元世祖惑扵桑門, 盡焚中國道藏, 闢儒道二敎爲外學, 貶孔子爲中賢, 尊桑門爲正道. … 盖世祖之惡, 浮於始皇. … 成宗內華之功, 曾中土之所未有也夫.": 『星湖僿說』 卷9 人事門 「雍正帝」.

18) "聖人之法, 以中國而夷狄則夷狄之, 以夷狄而中國則中國之. 中國與夷狄, 在其道與政, 不在乎疆域也.": 『與猶堂全書』 第1集 詩文集 卷12 「拓跋魏論」(문집총간 a281_253a).

19) "所謂中國者, 何以稱焉. 有堯舜禹湯之治之謂中國, 有孔顏思孟之學之謂中國.": 『與猶堂全書』 第1集 詩文集 卷13 「送韓校理致應使燕序」(문집총간 a281_280b).

20) "夷狄, 謂用夷狄之道也. 諸夏, 謂用諸夏之法也.": 『與猶堂全書』 第2集 卷17 『論語古今注』 卷1 「八佾 中」(문집총간 a282_176c).

대상으로 간주했다.[21] 예컨대 송시열은 을지문덕(乙支文德)의 공을 기리는 글에서 아버지를 죽이고 그 후궁과 간통한 수양제를 "천지 사이에 용납할 수 없다"고 비판했으며,[22] 황제들의 독재, 환관의 전횡, 양명학의 유행, 퇴폐한 음악과 풍속 등 명의 멸망의 원인이 된 정치적, 사회적, 학문적 상황을 들어 명을 비판했다.[23] 조선 사인들은 더 이상특정 국가인 명을 중화로 여겨 그 모든 측면을 받아들이는 것이 아니라 문화로서의 중화의 기준에 바탕해서 명 문화의 여러 측면들을 평가하고 비판하게 된 것이다.[24]

중화 문화의 여러 측면들 중 조선 사인들은 예의(禮義)를 그 핵심적 요소로 보았다. 예컨대 황경원(黃景源, 1709-1787)은 "무릇 중화라 이른 것은 무엇인가? 예의일 따름이다. 예의가 밝으면 오랑캐도 중국이 될 수 있고 예의가 밝지 않으면 중국도 오랑캐가 될 수 있다. 한 사람의 몸이 때로는 중국이었다가 때로는 오랑캐인 것은 바로 예의가 밝은가 밝지 않은가에 달려 있다"[25]고 하여 위에서 본 한유의 생각을 그대로 표현했으며, 강재항(姜再恒, 1689-1756)은 "중화란 예악, 법도가 그로부터 나오는 곳"이라고 단정해서 이야기하기도 했다.[26]

---

21) 우경섭, "朝鮮中華主義에 대한 학설사적 검토", 『韓國史研究』 159호(2012), 237-263 중 254-255쪽.

22) 『宋子大全』 卷142 「平壤府乙支公祠宇記」(문집총간 a113_056b-056c). 우경섭은 송시열에게 있어 "'존주론' 가운데 '周'라는 글자로 표현되는 중화란 중원의 한족 왕조를 의미하지 않았다"고 지적했다: 『조선중화주의의 성립과 동아시아』, 76쪽.

23) 우경섭, 『조선중화주의의 성립과 동아시아』, 93-94쪽.

24) 허태구, "丙子胡亂 이해의 새로운 시각과 전망—胡亂期 斥和論의 성격과 그에 대한 맥락적 이해", 『奎章閣』 47(2015), 163-200 중 191-192쪽.

25) "夫所謂中國者, 何也. 禮義而已矣. 禮義明則戎狄可以爲中國, 禮義不明則中國可以爲戎狄. 一人之身, 有時乎中國, 有時乎戎狄, 固在於禮義之明與不明也.": 『江漢集』 卷5 「與金元博茂澤書」(문집총간 a224_113b).

조선 사인들은 특히 의관을 예(禮)의 상징으로 여기고 중화의 의관이 조선에서만 제대로 유지되고 있음을 지적했다.[27] 이에 대해서는 이미 5장에서 여러 예를 보았지만, 그 외에도 김창업(金昌業, 1658-1721)은 1712년 연행 중 앞서의 연행에서 청 황제가 조선 사신들의 의관에 관심을 가졌던 것을 자랑스럽게 기록했다.

내가 "우리들의 관(冠)과 의복은 황제께서 전에 가져다 구경하신 일이 있다"고 썼다. 이것은 지난해 소재(疎齋) [이이명(李頤命, 1658-1722)] 재상이 연경에 들어갔을 때, 사모(紗帽), 품대(品帶), 단령(團領) 등을 황제가 모두 가지고 들어갔다가 며칠 지나서야 돌려주었기에 그렇게 말한 것이다. 여러 사람들이 그 말을 듣더니, 모두들 '아 그랬군요' 하면서 한참 동안 감탄했다.[28]

신치운(申致運, 1700-1755)도 1729년 경연에서 영조에게 "우리 동방이 홀로 '의관지국(衣冠之國)'"이라고 이야기했으며[29] 서종억(徐宗億)은

---

26) "中華者, 禮樂法度之所自出.": 『立齋先生遺稿』 卷11 「雜識」(문집총간 a210_191c).

27) 계승범, "조선후기 조선중화주의와 그 해석 문제", 『韓國史研究』 159호 (2012), 265-294 중 284-285쪽. 사실 경전에서도 화이 구분의 기본으로 의관과 변발을 중시했으며, 특히 '左衽'을 오랑캐의 상징으로 여겼다. 예컨대 『尚書』 「畢命」에는 "도를 베풀어 정치를 하여 백성들을 윤택하게 하면 左衽의 [풍습을 지닌] 四夷마저도 복종하지 않는 일이 없을 것"이라는 구절("道洽政治, 澤潤生民, 四夷左衽, 罔不咸賴.")이 있으며, 『논어』 「憲問」편에도 천하를 통일하는 데 있어 管仲의 공을 이야기한 후 관중이 없었으면 공자 자신이 被髮左衽의 오랑캐 모습일 것이라는 구절("微管仲, 吾其被髮左衽矣.": 14.18)이 있다.

28) "余書曰, 我們冠服, 皇帝曾拿去看. 蓋頃年疏齋相入燕時, 紗帽品帶團領, 皇帝幷取入, 過數日始歸, 故言也. 諸人聞之, 皆曰, 好好, 因咨嗟良久.": 『老稼齋燕行日記』 卷8 「癸巳 二月 二十二日 庚午」.

29) "吾東方, 獨爲衣冠之國.": 『承政院日記』 英祖 5년(1729) 閏7월 6일.

288

1741년 영조에게 올린 상소에서 우리나라가 "비록 주자(朱子)가 지나면서 감화한 땅은 아니지만 중국이 멸망하여 의관과 문물이 오직 우리 동방에만 있으니, 주나라의 예(禮)가 노(魯)나라에 있고 '사문(斯文)'이 이곳에 있다고 말할 만"하다고 썼다.[30] 이복휴(李福休, 1729-1800)는 "이적이라도 의상(衣裳)이 있으면 중국이라고 불러도 가하고, 중국이라도 인의(仁義)가 없으면 이적이라고 불러도 가하다"고 이야기했다.[31] 홍대용도 5장에서 보았듯이 중국의 의관이 변했고 사인들이 변발을 하고 있음을 안타까운 마음으로 지적하면서 조선의 의복은 명의 유제(遺制)를 유지하고 있음을 자주 이야기했다.[32] 정약용도 정조가 내린 시제(詩題)에 대한 응제시(應製詩)에서 "[우리] 아래 나라는 홀로 은(殷)나라의 일월을 드리우는데, 중원에는 누가 한(漢)나라의 옷과 머리띠를 보전했나?"라거나 "동국 사람들은 아직 존왕(尊王)의 붓이 있는데 중국에는 오늘날 머리를 쌀 망건이 없네"라고 하여 의복과 두발의 경우 조선만이 중화를 유지하고 있다는 인식을 드러냈다.[33] 서유문(徐有聞, 1762-1822)도 조선의 의관이 중국의 예를 따른 것으로 "몸에 입은 것이 대명 제도가 아닌 것이 없고" 갓은 "송(宋)나라 사임천(謝臨川)이

---

30) "海東一隅, 雖非朱子過化之地, 而中州陸沈, 衣冠文物獨在於我東, 則可謂周禮在魯, 斯文在玆矣.":『英祖實錄』17년(1741) 6월 12일.

31) "夷狄而有衣裳者, 謂之中國可也. 中國而無仁義者, 謂之夷狄可也.":『漢南集』卷10「戎狄論」; 허태용,『조선후기 중화론과 역사인식』(아카넷, 2009), 191쪽에서 재인용.

32) "我們衣服皆是明朝遺制.":『湛軒書』外集 卷2「杭傳尺牘 乾淨衕筆談」(문집총간 a248_132a); "吾輩居在海外小邦, 坐井觀天. 其生靡樂, 其事可哀. 惟保存頭髮, 爲大快樂事.": 같은 글(문집총간 a248_132c); "中國衣冠之變, 已百餘年矣. 今天下惟吾東方, 略存舊制.": 같은 글(문집총간 a248_151c-151d).

33) "下國獨懸殷日月, 中原誰保漢衣巾."; "東人尙有尊王筆, 中國今無斂髮巾.":『與猶堂全書』第1集 詩文集 卷2「奉和聖製親享大報壇韻」(문집총간 a281_044a).

항상 쓰던 것"이고 복제(服制)는 "오로지 주문공(朱文公)의 가례(家禮)를 좇"는다고 했다.[34]

　문화를 중화의 기준으로 인식하고 그중에서도 예의를 중시한 것은 조선중화론자들만이 아니었다. 위의 예들에서 보듯 북학론자들도 중화의 기준이 문화라는 생각을 지녔다. 중화의 기준이 문화라고 하게 되면 청이 비록 오랑캐일망정 그들이 지닌 높은 수준의 문화는 중화 문화라고 할 수 있고, 따라서 그들로부터 배우는 '북학'은 그 같은 중화 문화를 배우는 것이 되었던 것이다. 그 같은 측면에 주목해서 허태용은 북학론이 "문화적 화이론을 비판적으로 계승"했다고 보았다.[35] 한편 계승범은 조선중화론자들이 문화의 기준을 중시하면서 중화의 관념으로부터 종족과 지역을 분리한 데 반해 북학론자들은 중국 지역을 현실적으로 지배하는 청 문화의 높은 수준을 인정함으로써 지역의 기준을 다시 복구시킨 것으로 보았다.[36] 더 나아가 김문용은 "[조선중화론자들의] 논의에서는 중화의 문화를 그 지역·인종으로부터 분리하는 경향을 보였던 반면, 박지원에게서는 그것들이 다시 하나로 통일되"었다고 지적하고, 박지원뿐 아니라 홍대용, 홍양호, 박지원, 박제가 등이 "지역, 인종, 문화의 통일체로서의 중화 관념"에 착안하고 "청조 지배하의 중국의 문화, 문물이 중화의 고상(故常), 고(故), 유법

---

34)　『무오연행록』(규장각한글본) 제5권 기미년(1799) 2월 3일.

35)　허태용, 『조선후기 중화론과 역사인식』, 193-194쪽.

36)　계승범은 고려 시기에 지역과 문화의 기준만을 적용시키던 중화 관념이 명 왕조의 출현에 따라 종족의 기준까지 합쳐져 내려오다가 조선 후기 조선중화주의자들에 이르러 지역과 종족의 기준을 분리시켰던 것인데, 북학론이 다시 지역의 기준을 합쳐서 고려 시대의 상황으로 되돌아간 것으로 보고, 그런 면에서 조선중화 사조를 예외적인 것으로 보았다: 계승범, "조선후기 조선중화주의와 그 해석 문제", 276-280쪽.

(遺法), 유제(遺制)라는 점을 강조하였다"고 주장했다.[37]

그러나 북학론자들이 중화의 기준으로서 지역과 문화를 통합한 데
더해 종족까지 통합할 수는 없었다. 실제로 북학론자들은 문화로서
의 중화라는 관념에 입각해서 청에 대한 긍정적 평가를 하면서도 청
나라를 지배하는 오랑캐 만주족과 청나라가 보유하고 있는 중화의
유제인 중국의 문화를 분리하여 생각한 측면이 있었다.[38] 사실 계승범
이 지적하듯이 조선 후기 사인들 중에는 조선이 중화임을 강조할 때
는 '문화'를 중시하면서 청이 중화임을 배격할 때는 종족을 중시하는
"이중 잣대"를 사용하는 경우가 많았다.[39]

한편 문화를 중화의 기준으로 하는 생각은 옹정제의 『대의각미록
(大義覺迷錄)』에도 나타났고 이것이 북학론자들에게 영향을 미쳤을 수
도 있다.[40] 청 문화에 대한 자신감이 넘쳤던 옹정제는 한족의 사인,
관료들 사이에 잠재한 한족 중심의 화이 사상과 대결하기 위해 펴낸
이 책에서 『논어』, 『맹자』, 『중용』 등 고대 유가 경전들에 근거하여 화
이의 구별은 지역이 아니라 인륜, 예의, 덕 등을 핵심으로 하는 문
화이어야 함을 주장했다.[41] 예컨대 옹정제는 "순(舜)임금은 동이(東夷)

---

37) 김문용, 『홍대용의 실학과 18세기 북학사상』(예문서원, 2005), 214-215쪽.

38) 허태용, 『조선후기 중화론과 역사인식』, 191-192쪽. 박희병은 홍대용이 "처음으
로 청 왕조와 중화의 문화를 분리해서 파악하지 않으면 안 된다는 논리를 명확히
정초(定礎)했다"고 주장했다: 박희병, 『범애와 평등―홍대용의 사회사상』(돌베개,
2013), 212쪽.

39) 계승범, "조선후기 중화론의 이면과 그 유산", 『韓國史學史學報』 19(2009), 39-81
중 63-64쪽. 김순자는 원명 교체기 이후 중화의 의미를 단순히 형세나 문화 차원
만이 아니라 漢族 중심의 종족을 기준으로 보는 이런 경향이 나타났다고 보았다.
김순자, "고려말 정치상황과 신흥유신 고려말 대중국관계의 변화와 신흥유신의
사대론", 『역사와현실』 15(1995), 105-136 중 131쪽.

40) 김홍백, "『大義覺迷錄』과 조선 후기 華夷論", 『한국문화』 56집(2011), 47-77쪽.

41) 김홍백, "『大義覺迷錄』과 조선 후기 華夷論", 51-53쪽.

사람이었고 문왕(文王)은 서이(西夷) 사람이었다"는 『맹자』 구절[42]을 인용하면서 청이 만주 출신인 것은 중국에 관적(貫籍)이 있어 원래의 출신지가 있는 것과 같으므로 그 때문에 성덕(聖德)이 훼손될 바가 없으며,[43] 삼대(三代)에는 호남(湖南), 호북(湖北), 산서(山西)도 이적의 땅이었지만 한참 전에 이미 중화가 되었음을 지적하고 그렇다면 청이 건국한 후 강역을 넓혔으니 그 출신지를 두고 화이, 중외(中外)의 구분을 논할 수 없다고 주장했다.[44] 이는 문화를 중화의 기준으로 생각하던 많은 조선 사인들의 생각과 비슷했으며 자연히 『대의각미록』은 조선 사인들, 특히 북학론자들의 관심을 끌게 되었다.[45]

문화를 중화의 중요한 요소로 생각하면서 높은 수준에 달한 일본의 문화를 중화의 수준에 달한 것으로 높이 평가하는 경우도 나타났다. 예컨대 이익은 낙후된 조선의 기술 수준에 비한 일본 기술의 우수성을 자주 지적했는데,[46] 일본의 풍습과 문화에 대해서는 "그 풍속이 무비(武備)를 숭상하고 문예(文藝)를 뒤로 한다"고 하는 등 부정적으로 보면서도, 일본인들이 "절실히 중국을 사모하여, 서적을 많이 발간했고 약간의 시문(詩文)도 전해온다"고 했다.[47] 또한 그는 성(性)은 하늘에서 부여받은 것이니 내외에 따라 차이가 없다고 하면서 일본인의 "충효와 의열(義烈)이 중화에서 전해진 것이니, 선(善)을 좋아하는 한

---

42) "舜 … 東夷之人也, 文王 … 西夷之人也.": 『孟子』 「離婁章句 下」(4下1).

43) "不知本朝之爲滿洲, 猶中國之有貫籍. 舜爲東夷之人, 文王爲西夷之人. 曾何損於聖德乎.": 『大義覺迷錄』 卷1: 김홍백, "『大義覺迷錄』과 조선 후기 華夷論", 52쪽.

44) 조성산, "18세기 후반~19세기 전반 '朝鮮學' 형성의 전제와 가능성", 『東方學志』 148(2009), 179-240 중 194-195쪽.

45) 김홍백, "『大義覺迷錄』과 조선 후기 華夷論", 54-72쪽.

46) 河宇鳳, 『朝鮮後期實學者의 日本觀研究』(一志社, 1992), 65-67쪽.

47) "其俗崇武備而後文藝.": 『星湖僿說』 卷26 經史門 「日本刀歌」; "其民功功慕華, 多刊書籍, 稍傳詩文.": 『星湖僿說』 卷9 人事門 「倭僧玄方」.

가지 단서"라고 이야기하기도 했다.[48]

　조선 사인들 사이에 일본의 문화와 기술에 대한 관심이 커진 데에
는 일본 통신사행의 경험이 영향을 미쳤는데, 특히 통신사들은 조선
이 중국에 예속된 나라임을 지적하면서 자신들은 중국과 대등한 나
라로 자부하는 일본인들에게서 충격을 받아 일본을 다시 보게 된 측
면이 있었을 것이다.[49] 예컨대 홍대용은 원중거(元重擧, 1719-1790)의
통신사행 기록인『일동조아(日東藻雅)』의 발문(跋文)에서 일본의 학문,
시, 서화, 풍치(風致) 등에 대해 "우리나라는 물론 제(齊)나라, 노(魯)나
라와 강좌(江左)의 사이에서 구한다 하더라도 또한 쉽게 얻을 수 없을
것이다. 하물며 이 사람들을 꼭 골라서 뽑은 것이 아니었을 터인즉 그
나머지도 가히 상상할 수 있다. 어찌 좌해(左海)에 멀리 떨어진 지역이
라 해서 깔볼 수 있겠는가?"라고 하면서 그들이 무(武)보다 문(文)을
숭상하게 되면 조선에도 도움이 될 것이라고 덧붙였다.[50] 이덕무도 조
선이 풍속이 협루(狹陋)한 데 비해 일본 사람들은 협루함이 없음을 지
적하고 "일본에는 예로부터 총명하고 영수(英秀)한 사람들이 많아 진
정을 토로하고 심금을 밝게 내보이며 시문과 필어(筆語)가 모두 귀히

---

48) "倭書之異聞, 竊願一聞. 性稟於天, 豈有內外豐嗇之別. 其忠孝義烈, 傳諸中華,
　　卽好善之一端.":『星湖先生全集』卷26「答安百順 丁丑」(문집총간 a198_528c)..

49) 심경호, "실학 시대의 여행",『韓國實學研究』12호(2006), 47-89 중 75-77쪽;
　　김호, "조선후기 華夷論 再考─'域外春秋'論을 중심으로",『韓國史硏究』162
　　(2013), 123-163 중 150-158쪽. 조선 통신사의 일본 인식에 대해서는 후마 스스무
　　(夫馬進), 하정식 등 옮김,『연행사와 통신사』(신서원, 2008), 5-7장을 볼 것.

50) "斗南之才, 鶴臺之學, 蕉中之文, 新川之詩, 兼葭羽山之畫, 淵大麓承明之筆, 南宮
　　太室四明秋江魯堂之種種風致, 卽無論我邦, 求之齊魯江左間, 亦未易得也. 況諸人
　　者未必爲極選, 則其餘足可想也, 寧可以左海絶域而少之乎. 雖然, 文風競而武力不
　　振, 技巧日盪, 鐵劍日鈍, 則西隣之并受其福, 厥利博哉.":『湛軒書』內集 卷3「日東
　　藻雅跋」(문집총간 a248_074d-075a).

여길 만하고 버릴 수 없는 것이다. [그런데도] 우리나라 사람들은 오랑캐라고 무시하고 매양 언뜻 보고 나무라고 헐뜯기를 좋아한다"는 원중거의 말을 옳은 말이라고 하면서 인용했다.[51] 나중 서유구(徐有榘, 1764-1845)의 『임원경제지(林園經濟志)』에서는 일본의 발달한 물질문명을 받아들여야 한다는 생각이 더욱 두드러졌다.[52]

10.2 '중화' 관념의 상대화

조선 사인들이 중화라는 관념에 포함된 지역, 종족, 문화의 기준 중에서 문화의 기준을 중요시하고, 특히 예의와 의관을 그 핵심 상징으로 들면서 조선이 중화임을 주장했음을 앞 절에서 보았다. 그런데 이처럼 문화가 중화의 기준이 되면 중화와 이적의 구분이 유동적이 되어버릴 수 있게 된다. 이적도 예와 문화를 통해 중화가 될 수 있게 되겠기 때문이다.[53]

---

51) "朝鮮之俗狹陋而多忌諱. 文明之化, 可謂久矣, 而風流文雅, 反遜於日本. 無挾自驕, 凌侮異國, 余甚悲之. 善乎, 元玄川之言曰. 日本之人, 故多聰明英秀, 傾倒心肝, 烟照襟懷, 詩文筆語, 皆可貴而不可棄也. 我國之人, 夷而忽之, 每驟看而好訛毀. 余嘗有感於斯言.": 『靑莊館全書』 卷32 『淸脾錄』 「兼葭堂」(문집총간 a258_010c-010d).

52) 안대회, "임원경제지(林園經濟志)를 통해 본 서유구의 이용후생학(利用厚生學)", 『韓國實學硏究』 11호(2006), 47-72 중 67쪽.

53) 우경섭은 이것이 "근대의 인종주의나 민족주의와는 다른, 화이론의 가장 중요한 특징이라 할 수 있다"고 주장하고, 공자가 九夷에 살고 싶다고 한 후 "군자가 거기에 사는데 어찌 비루함이 있겠는가"라고 한 것("子欲居九夷, … 君子居之, 何陋之有." 『論語』 「子罕」편: 9.13)도 군자가 이적의 비루함을 교화할 수 있다는 가능성을 열어놓은 것이라고 지적했다: 우경섭, 『조선중화주의의 성립과 동아시아』, 46쪽.

물론 이적이 변해 중화가 된다는 생각이 쉽게 받아들여진 것은 아니었다. 사실 중국에서도 문화와 예가 중화의 기준이라는 생각이 이적이 중화가 될 수 있다는 생각으로 이어지고 본격적으로 자리잡게 된 것은 송대에 이르러서였는데, 사람은 누구나 본연의 성(性)으로 되돌아갈 수 있어 성인이 될 가능성이 있다는 유학, 특히 주자학의 기본 믿음이 이에 작용했을 것으로 볼 수 있다. 조선에서도, 이적이 문화를 통해 중화가 될 수 있다는 생각은 주자학이 지배하게 되면서 널리 퍼지게 되었고, 조선 후기에 와서는 조선이 중화가 된 것으로, 심지어 중원이 오랑캐 지배하에 놓인 당시로서는 조선이 유일한 중화라고까지 생각하게 되었다.

그러나 문화를 중화의 기준으로 보는 '문화적 화이관'[54]을 받아들이게 되면 이적이 변하여 중화가 될 수 있는 것은 비단 조선에만 해당되는 것이 아니었고, 다른 이적도 중화가 될 수 있게 되었다. 중화에 대한 문화의 기준은 조선만이 아니라 다른 종족들에게도 적용시킬 수 있게 되기 때문이었다. 예컨대 이익은 안정복에게 보낸 편지에서 "지금 만리장성 밖은 그 크기가 중국보다 훨씬 광활한데, 그중에 어찌 '이적의 처지에서 이적[으로서의 도리]을 행하는' 것을 성인이 지적한 것처럼 하는 자가 없겠는가? 만일 '[중국] 구주(九州)의 밖에는 우주의 끝까지 그런 사람이 없을 것이다'라고 말한다면 옳지 않을 것 같다"라고 하여 중국 바깥의 이적이 중화의 문명을 이룰 수 있는 가능성을 이야기했는데,[55] 그는 실제로 서양 선비들의 지업(志業)과 역량이 중국

---

54) 허태용, 『조선후기 중화론과 역사인식』, 185쪽.
55) "今長城以外, 其大不啻中國. 其中豈無素夷狄行夷狄者, 如聖人所指者耶. 若曰九州之外終宇宙無其人, 則抑恐不然矣.": 『星湖先生全集』 卷27 「答安百順 己卯」(문집총간 a198_539c-539d).

선비들이 미치지 못할 정도로 훌륭함을 지적하기도 했다.[56] 김이안은 중국의 예법과 인륜을 받아들이고 선왕의 가르침을 따르는 이적이 중국에 들어와 주인이 된다면 받아들이겠는가를 묻는 사람에게 "이적이면서 그 이적됨을 버리면 어질게 되고, 어질게 되면 반드시 감히 중국을 배반하지 않을 것"이라고 말했다.[57] 홍대용도 공자가 실제로 구이(九夷)들 사이에 들어가 살았다면 중화 문화로 오랑캐를 변화시켜 주나라의 도를 역외(域外)에 일으켜 '역외춘추(域外春秋)'를 이루었을 것이라고 하면서 『의산문답(毉山問答)』을 끝맺었다.[58]

이처럼 이적이 예와 문화를 통해 중화가 될 수 있다고 생각한 조선 사인들은 반대로 예와 문화를 잃을 경우 중국도 이적으로 전락할 수 있다고 생각하게 되었다. 중화와 이적 사이에 서로 변화가 가능하다는 것이었다. "예의가 밝으면 오랑캐도 중국이 될 수 있고 예의가 밝지 않으면 중국도 오랑캐가 될 수 있다"는, 위에서 본 황경원의 말은 그 같은 가능성을 보여주었는데,[59] 한원진(韓元震, 1682-1751)은 더 직접적으로 다음과 같이 이야기했다.

56) "中國之士, 比諸洋外列邦, 固宜大有秀異者. 而今於西士之志業力量, 反有望洋向若之歎. 何如其愧哉.": 『星湖先生全集』卷55 「跋職方外紀」(문집총간 a199_515c).

57) "客有稱洪子之言者曰, 有夷於此, 棄其虯結, 襲我冠帶, 服禮義, 崇人倫, 順先王之敎, 而進主乎中國, 君子其子之哉. 余曰, 洪子爲設疑耳也. 夫夷而去其夷則賢也. 賢必不敢奸中國, 苟其奸焉, 其賢則亡矣. 又何子焉.": 『三山齋集』卷10 「華夷辨 上」(문집총간 a238_502d).

58) "使孔子浮于海, 居九夷, 用夏變夷, 興周道於域外. 則內外之分, 尊攘之義, 自當有域外春秋. 此孔子之所以爲聖人也.": 『湛軒書』內集 卷4 『毉山問答』(문집총간 a248_100a). 홍대용의 중화 사상과 '域外春秋'論에 대한 더 자세한 논의를 위해서는 박희병, 『범애와 평등』, 161-189쪽; 김호, "조선후기 華夷論 再考─'域外春秋'論을 중심으로", 『韓國史研究』162(2013), 123-163쪽을 볼 것.

59) 위의 주 25를 볼 것.

비록 이적의 사람이라도 능히 그 이적의 행실을 버리고 중국의 도를 흠모하여 중국의 옷을 입고 중국의 말을 하고 중국의 행실을 한다면 이 역시 중국일 따름이고 사람들도 또한 중국으로 대할 것이다. 어찌 당초에 이적이었는지를 다시 묻겠는가? … 예전에 중국이라고 부르던 것이 혹 반대로 이적의 소굴이 되고 오랑캐 나라라고 부르던 것이 혹 반대로 화하(華夏)의 지역이 되니, 땅에 내외가 없고 사람에 화이가 없음이 무릇 이와 같다.[60]

홍낙순(洪樂純, 1723-?)도 "중국이 이적의 행실을 하면 이적으로 간주하고 이적이 중국의 행실을 하면 중국으로 간주한다"고 이야기한 후 "중국이 이적이 된다면 이적이 중국이 됨을 어찌 막을 수 있겠는가?"라고 반문하거나 "나는 이적이 중국이 된 것을 슬퍼하는 것이 아니라 중국이 이적이 된 것을 슬퍼하는 것이다"라고 이야기했으며, 금, 원, 청을 이적이 중국이 된 예로, 그리고 휘종(徽宗, 재위 1100-1125)대의 북송, 천계(天啓, 1621-1628), 숭정(崇禎, 1628-1644) 연간의 명을 중국이 이적이 된 예로 들기도 했다.[61] 이복휴는 중국과 이적이 번갈아 천하를 다스리는 일이 계속되는 것을 당연하다고 이야기하기까지 했다.[62]

　　실제 중국의 이적 왕조들에 대한 재평가도 나타났다. 예컨대 성대중(成大中, 1732-1809)은 초(楚), 진(秦), 오(吳), 월(越) 네 나라가 이적이기는 하지만 중국에 포함시킬 수도 있는데도 배척함을 비판하면

---

60)　"雖以夷狄之人, 而能棄夷狄之行, 慕中國之道, 服中國之服, 言中國之言, 行中國之行, 則是亦中國而已, 人亦將以中國待之, 豈可復問其初之爲夷狄也. … 昔之所謂中國者, 或反爲夷狄之藪. 所謂蠻邦者, 或反爲華夏之區, 則地之無內外, 人之無華夷, 盖如是也.": 『南塘先生文集』 拾遺 卷6 「拙修齋說辨」(문집총간 a202_453a-453b).
61)　『大陵雜書』 권1 「送人之燕書」; 박희병, 『범애와 평등』, 264-265쪽.
62)　"宜乎, 一中原而一夷狄, 如是而不已也.": 『漢南集』 권10 「戎狄論」; 『近畿實學淵源諸賢集』(성균관대학교 대동문화연구원, 2002), 5권 218쪽.

서 "중국의 제후 중에는 참람한 짓을 하거나 시역(弑逆)을 하여 이적의 축에도 끼지 못할 자가 많다"고 지적했는데,[63] 그는 심지어 초, 오, 월나라가 돌아가며 중국을 지배하고 송나라와 명나라 이후에는 중국 전역이 오랑캐에게 복속된 것에 대해 "오랑캐가 본래 강하기는 하지만 중국이 또한 바로 그들의 보복을 초래한 것"이라고 하여 이적 왕조의 중국 지배를 중국의 탓으로 돌리기도 했다.[64] 정약용도 이적 출신인 주나라가 예악과 문물을 통해 중화가 되었듯이 북위, 금, 청 같은 나라도 예악문물을 통해 중화 국가가 될 수 있었음을 지적했으며,[65] "중국이면서 오랑캐처럼 하면 오랑캐로 보고 오랑캐이면서 중국처럼 하면 중국으로 본다"는 말로 시작한 「탁발위론(拓跋魏論)」에서는 조선 사인들이 북위를 중국으로 인정하지 않는 것을 비판했다.[66] 나중 홍길주도 중국의 영역이 넓어지면서 삼황오제 때에 중화가 아니었던 형초(荊楚)와 오촉(吳蜀)의 땅이 중화가 되었음을 지적했다.[67]

---

63) "其爲夷狄也, 亦非後世匈奴靺鞨之比也. 苟可進於中國, 則進之可也. 中國諸侯, 僭越弑逆, 夷狄之所不齒者多矣, 顧猶以中國待之, 而四國則擯之, 四國獨不冤哉.": 『靑城雜記』 卷3 『醒言』 「춘추(春秋)의 존화양이(尊華攘夷)」(한국고전종합DB).

64) "楚與吳越, 迭主夏盟, 秦並天下, 五胡亂華, 宋明以後遂以全局付之. 夷固强也, 中國正亦招其報也.": 『靑城雜記』 卷3 『醒言』 「중화와 오랑캐 구분은 하늘의 뜻이 아니다」. 趙成山, "18세기 후반~19세기 전반 對淸認識의 변화와 새로운 中華 관념의 형성", 『韓國史硏究』 145(2009), 67-113 중 79-81쪽. 홍희준도 "만리장성이 비록 작지만 중화와 이적의 경계를 이미 나누어놓았으니 이적이 중국의 풍속에 교화되지 못한 것은 장성의 탓"이라고 했다: 『傳舊』 「長城論」: 趙成山, "18세기 후반~19세기 전반 對淸認識의 변화와 새로운 中華 관념의 형성", 81쪽에서 재인용.

65) 『與猶堂全書』 第1集 詩文集 卷12 「東胡論」(문집총간 a281_253b-253c).

66) 『與猶堂全書』 第1集 詩文集 卷12 「拓跋魏論」(문집총간 a281_253a-253b).

67) 『沆瀣內函』 卷1 「釋夢」: 趙成山, "18세기 후반~19세기 전반 對淸認識의 변화와 새로운 中華 관념의 형성", 80쪽.

이 같은 생각은 중화의 성격과 기준이 역사상 변해왔다는 인식으로 이어졌다. 그리고 이에는 중화의 기준인 예의가 고정적인 것이 아니라 역사적으로 형성된 것으로서 유동적이며 시대에 따라 변해왔다는 인식이 영향을 미쳤고, 또한 중화가 하나의 일정한 모습이 아니라 복수의 서로 다른 모습으로 존재한다는 생각도 있었다. 예컨대 박지원은 중국 사인 윤가전(尹嘉銓, 1711-1781)과의 필담에서 "오제(五帝)는 음악이 달랐고, 삼왕(三王)은 예가 달랐으니 예를 들자면 하(夏)나라는 충(忠)을 숭상하고 은(殷)나라는 질(質)을 숭상하고 주(周)나라는 문(文)을 숭상했다"고 이야기했다.[68] 홍대용은 "주공의 제도는 주나라에 맞는 것을 따른 것이고, 주자의 예는 송나라의 풍속에 따른 것이다. 맞는 것을 따르고 풍속을 따라 줄이고 보태어 고정된 법이 없다. 이 때문에 행해도 별로 옳지 않고 행하지 않더라도 별로 그르지 않은 것이 열에 두세 개이다"라고 했으며,[69] 『의산문답』에서는 심지어 사람의 예의인 "오륜오사(五倫五事)"뿐 아니라 "무리지어 다니고 서로 불러 먹이는" 금수(禽獸)의 예의, "떨기로 나서 무성하게 뻗는" 초목의 예의에 대해 이야기하기까지 했다.[70]

이 같은 태도는 화이 구분을 절대적, 고정적이 아닌 것으로 보는 태도로 이어졌다. "땅에는 내외의 구별이 없고 사람에게는 화이의 구별이 없다"는 한원진의 언급은 위에서 보았는데, 성대중은 『성언(醒言)』

---

68) "五帝不同樂, 三王不同禮. 卽如夏尙忠, 殷尙質, 周尙文.":『燕巖集』卷14 別集『熱河日記』「鵠汀筆談」(문집총간 a252_269d-270a).

69) "周公之制, 因周之宜也. 朱子之禮, 因宋之俗也. 因宜因俗, 損益無定法. 是以行之無甚是, 不行無甚非者, 十居二三.":『湛軒書』內集 卷3「與人書 二首」(문집총간 a248_069d).

70) "五倫五事, 人之禮義也. 羣行呴哺, 禽獸之禮義也. 叢苞條暢, 草木之禮義也.":『湛軒書』內集 卷4「毉山問答」(문집총간 a248_090d).

에 수록된 글들에서 그 같은 태도를 되풀이해서 보여주었다. 그는 「중화와 오랑캐 구분은 하늘의 뜻이 아니다」라는 제목의 글에서 남북조 시기에 남조와 북조가 서로를 이적이라고 욕했고 명말에도 남쪽과 북쪽 사람들이 서로를 "달자(獺子)"나 "만자(蠻子)"라고 매도했음을 지적한 후 "화이의 구분은 사람이[한 것이고] 하늘은 똑같이 아들로 여긴다"고 했으며,[71] 「다른 것과 같은 것」에서는 다음과 같이 설명했다.

하늘은 같지만 땅이 다르고, 땅은 같지만 사람이 다르고, 사람은 같지만 때가 다르다. 무엇을 "하늘은 같지만 땅이 다르다"고 하는가? 하늘이 감싸는 것으로 중국과 외지가 균등하다. 그러나 … 모습이 다르고 언어가 다르고 복식이 다르고 습성이 달라 중국의 오행(五行)으로 다스릴 수 없고 오성(五性)으로 거느릴 수 없고, 오례(五禮)로 가르칠 수 없고 오륜(五倫)으로 바르게 할 수가 없음이 분명하다. 어찌 하늘이 이를 다르게 하였겠는가. 지기(地氣)가 나누어놓은 것이다. 무엇을 "땅은 같지만 사람이 다르다"고 하는가? 땅은 [만물을] 생성할 뿐이니 해와 달이 비춰주고 서리와 이슬이 내려 초목과 곤충을 기르지 않는 것이 없는데 하물며 사람이겠는가. 오랑캐니 중국이니 하는 것은 사람이 다르게 여기는 것이지 땅이 어찌 구별하겠는가. 무엇을 "사람은 같지만 때가 다르다"고 하는가. 장자(莊子)는 "때에서 벗어나 그 풍속을 거역하는 자를 가리켜 남을 해치는 사람이라 하고, 때에 맞추어 그 풍속에 순응하는 자를 가리켜 의로운 무리라고 한다"고 하였는데, 사람의 도(道)가 다른 것이 아니라 때의 의(義)가 다른 것이다.[72]

---

71) "南北朝之時, 南嗔北以索虜, 北嗔南以鱗介, 然猶以正朔處晉也. 明之季也, 南北之交罵, 指南曰獺子, 指南曰蠻子, 是擧天下而盡爲夷也. 夫華夷之別, 人也. 天則等是子也.": 『靑城雜記』卷3 『醒言』「중화와 오랑캐 구분은 하늘의 뜻이 아니다」 (한국고전종합DB).

「중국에 대한 오랑캐의 보복」에서 성대중은 "이적이 비록 우리와 같은 부류는 아니지만 또한 사람이다. 하늘이 보면 중화와 이적에 어찌 구별이 있겠는가. 성인이 함께 기르고 싶어 하지 않은 것은 아니었지만 다만 지역이 멀어서 [중국과] 함께 공평하게 베풀지 못한 것일 뿐"이라고 말하면서 이적을 포용하지 못하고 무력으로 배척하고 섬멸하려 한 중국 왕조들을 비판하고 이적들이 중국에 보복하려 하는 것은 당연하다고 말하기도 했다.[73]

이는 결국 오랑캐의 문화와 풍속도 중화와 우열을 가리기 힘들다는 생각으로 이어졌다. 이덕무는 연행길의 박감료(朴憨寮)라는 사람에게 준 시에서 조선과 중국이 각각 그 나름의 장점을 지니고 있다는 입장을 다음과 같이 읊었다.

중원을 헐뜯은들 무엇이 손해이며/ 중원을 칭송한들 무엇이 높아지는가./ 우리 동인의 안목은 콩알 같고/ 중원은 스스로 중원이다./ 조선도 또한 좋은 점이 있으며/ 중원만 어찌 모두 좋을 것인가./ 도시와 시골의 구분이야 있을망정/ 모름지기 모두 평등으로 보아야 한다.[74]

---

72) "天同而地異, 地同而人異, 人同而時異. 何謂天同地異. 天之所包, 中外均爾. 然 … 狀貌異, 言語異, 服食異, 習性異. 其不可以中國之五行治也, 五性率也, 五禮敎也, 五倫齊也. 明矣, 天豈使之異哉, 地氣判之也. 何謂地同而人異. 地則生之而已, 日月所照, 霜露所墜, 草木昆蟲無不並育, 則況其人乎. 曰夷, 曰夏, 人則異之, 地豈嘗分別也. 何謂人同而時異. 莊生曰, 差其時逆其俗者, 謂之簒夫. 當其時順其俗者, 謂之義之徒. 非人道之異. 時義之異也.":『靑城雜記』卷3『醒言』「다른 것과 같은 것」(한국고전종합DB).

73) "夷狄縱非我類, 然亦人也. 天之視之, 華夷豈有別哉. 聖人非不欲並育也, 特以疆域之遐, 未及與之陳常也. 周猶以名義斥也, 兩漢專以武力加之, 奴虜待之, 禽獸視之, 必欲勦絶而後已. 彼亦仇視中國, 世世磨牙, 必欲一報. … ":『靑城雜記』卷3『醒言』「중국에 대한 오랑캐의 보복」(한국고전종합DB).

74) "中原毀何損 中原譽何尊 東人眼如荳 中原自中原 朝鮮亦自好 中原豈盡善 縱有

박지원도 「호질(虎叱)」에서 "사람의 처한 바로 보면 중화와 이적은 진실로 구분이 되지만 하늘이 명한 바로 보면 은나라의 우관(旴冠)이나 주나라의 면류관(冕旒冠)은 각각 그때의 제도에 따른 것이다. 하필 청나라 사람들의 홍모(紅帽)에만 의심을 두는가?"라고 했다.[75] 홍희준은 청이 건국하면서 정삭(正朔)과 복색을 바꾼 것은 당연한 일임을 지적하고, "하(夏)나라의 변관(弁冠), 은나라의 면류관이 세상에 따라 줄이고 더하는 것과 좌임(左衽)이 어째서 다른 것인가?"라고 묻기도 했다.[76]

10.3 서양 지리 지식의 영향

한편 17세기부터 조선에 들어온 서양의 지도와 지리 지식, 특히 지구(地球)설이 화이의 구분과 그에 바탕한 중화 사상에 문제를 빚었다.[77] 물론 서양 지도와 지리 지식은 중국 사인들에게도 비슷한 긴장을 빚었다. 지구설을 받아들이게 되면 둥근 지구 표면에서 중심이라는 것이 있을 수 없어서 중국이 세계의 중심이라는 생각이 더는 의미를 지

都鄙別 須俱平等見": 『靑莊館全書』 卷12 雅亭遺稿 「奉贈朴憨寮李莊菴建永之燕 十三首」(문집총간 a257_214a).

75) "自人所處而視之, 則華夏夷狄, 誠有分焉. 自天所命而視之, 則殷旴周冕, 各從時制, 何必獨疑於淸人之紅帽哉.": 『燕巖集』 卷12 別集 『熱河日記』 「關內程史―虎叱」 (문집총간 a252_198a).

76) "淸帝當創業之時, 宜乎其改正朔而異服色, 則左衽何以異於夏之弁殷之冕隨世而損益也.": 『傳舊』 4 「淸人不復衣冠論」: 趙成山, "18세기 후반~19세기 전반 對淸認識의 변화와 새로운 中華 관념의 형성", 78-79쪽에서 재인용.

77) 김문용, "동국의식과 세계 인식―조선시대 집단적 자아의식의 한 단면", 『국학연구』 제14집(2009), 121-150 중 139-144쪽; 임종태, 『17, 18세기 중국과 조선의 서구 지리학 이해―지구와 다섯 대륙의 우화』(창비, 2012), 6장.

닐 수 없게 되었고, 그에 따라 중화의 기준으로서 지리적 위치가 지니는 의미도 퇴색될 수밖에 없어진 것이다. 마테오 리치(Matteo Ricci: 利瑪竇, 1552-1610)의 세계지도를 비롯해서 당시 중국에서 널리 유통된 서양의 세계지도들이 이 같은 문제를 부각시켰다. 이 지도들은 원래 유럽이 중간에 오고 중국이 동쪽 귀퉁이에 그려진 기존 서양 세계지도들의 대륙 배치를 리치의 묘책을 따라 바꾸어 중국을 중간에 오도록 그렸지만, 그럼에도 불구하고 중국은 북반구의 한쪽 일부를 점하는 나라일 뿐이었기에 이를 중국 사인들이 받아들이기는 힘들었던 것이다. 예컨대 위준(魏濬, 1604 進士)은 리치가 천주교로 사람들을 현혹시킨다고 비판하면서 그의 지도도 허황된 것으로 그 속에 중국이 "약간 서쪽으로 치우치고 북쪽에 가깝게 배치되어 있다"고 지적했다.[78]

조선 사인들도 대부분 이 같은 문제를 인식했고, 그런 이유에서 지구설을 배격했다. 예컨대 유몽인(柳夢寅, 1559-1623)은 중국을 동쪽 귀퉁이의 작은 나라로 묘사한 서양 지도를 망녕되다고 비판했다.[79] 그러나 그럼에도 불구하고 서양 지도를 완전히 무시할 수는 없다는 생각이 나타났다. 최석정(崔錫鼎, 1646-1715)은 비록 서양 지도에서 중국이 약간 북쪽인 아시아 지역에 위치하는 등 허황되지만 그것이 학문적인 근거도 있으므로 완전히 버릴 수는 없음을 지적했다.[80] 시간이

---

78) "中國于全圖地中居稍偏西而近于北.": 「利說荒唐惑世」: 徐昌治 輯, 『明朝破邪集』(四庫未收書 輯刊) 10輯 4册(北京: 北京出版社, 1998), 卷3, 37a.

79) "觀輿圖洋海諸國, 中國在東隅一偏, 小如掌, 我國大如柳葉, 西域爲天下之中, 以胸虛無服, 於國爲傳者妄.": 朴明姬, 玄惠卿, 金忠實, 申仙姬 역주, 『於于野談』(傳統文化硏究會, 2003), 卷1, 196쪽: 구만옥, "16~17세기 조선 지식인의 서양 이해와 세계관의 변화", 『동방학지』 122집(2003), 1-51 중 38쪽에서 재인용.

80) "中國九州, 在近北界亞細亞地面. 其說宏闊矯誕, 涉於無稽不經. 然其學術傳授有自, 有不可率爾卞破者, 姑當存之, 以廣異聞.": 『明谷集』 卷8 「西洋乾象坤輿圖二屛總序」(문집총간 a153_585b).

가면서 차츰 이 같은 태도를 보이는 사람이 늘어났고, 결국은 중국이 반드시 세계의 지리적 중앙일 필요는 없다는 인식이 자라났다. 이익은 "각 지방에서 사는 데 있어 반드시 해가 뜨는 곳을 동쪽, 해가 지는 곳을 서쪽이라 한다. 사방이 고정되지 않은 듯하다"고 말했으며,[81] 이종휘 같은 사람마저 위에서 본 "중국이 중국인 것은 사람에 있지 땅에 있지 않다"는 주장을 하기에 앞서 천하의 중앙은 북쪽 연(燕)나라보다도 북쪽이 될 수도 있고 남쪽 월(越)나라보다도 남쪽이 될 수도 있어 중심이란 정해진 곳이 없는 것이라고 주장하기에 이르렀다.[82] 정약용도 중국과 조선의 위치를 상대화하여 어느 쪽을 '중(中)', 어느 쪽을 '동(東)'이라고 할 수 없음을 다음과 같이 지적했다.

> 장성(長城)의 남쪽, 오령(五嶺)의 북쪽에 있는 나라를 일러 중국이라 하고 요하(遼河)의 동쪽에 있는 나라를 일러 동국이라 한다. … 소위 '중국'이라는 것에 대해 그것이 '중국' 됨을 나는 알지 못하고 소위 '동국'이라는 것에 대해 그것이 '동국' 됨을 나는 알지 못한다. 무릇 해가 정상(頂上)에 있는 것을 오시(午時)로 하고 오시로부터 해가 뜨고 질 때까지 시간이 같게 되면 내가 동서의 가운데에 서게 되었음을 아는 것이다.[83]

---

81) "各方所住, 必以日出爲東, 日入爲西. 疑若四方之不之.": 『星湖僿說』 卷2 天地門 「分野」.

82) "欲知天下之中央, 燕之北越之南是也. 燕亦有都, 粤亦有都, 是中無定處也.": 『修山集』 卷10 「題東國輿地勝覽後」(문집총간 a247_499d).

83) "國於長城之南五嶺之北, 謂之中國. 而國於遼河之東, 謂之東國 …. 其所謂中國者, 吾不知其爲中. 而所謂東國者, 吾不知其爲東也. 夫以日在頂上爲午, 而午之距日出入, 其時刻同焉, 則知吾所立得東西之中矣."『與猶堂全書』 第1集 詩文集 卷13 「送韓校理致應使燕序」(문집총간 a281_280a-280b).

정약용이 1804년에 지은 「견우십이장(遣憂十二章)」이라는 시는 조선이 반드시 치우친 것도 아니고 중국이 반드시 가운데인 것도 아니라고 시작한 후 "둥그런 한 덩어리 땅은 원래 서쪽 동쪽이 없다"고 읊었다.[84]

그러나 그렇다고 해서 조선 사인들이 중국이 천하의 중심이라는 생각을 완전히 버릴 수는 없었고 그들은 다양한 형태로 중국이 여전히 세계의 중심임을 설명했다. 흔한 설명은, 지리적 중심이 아니라 문화적 중심이 중요하다는 주장이었다. 물론 중국 사인들도 서양의 지구설을 받아들이면서도 여전히 중국이 세계의 문화적 중심이라는 주장을 견지하여 지구 표면에서의 중국의 상대적 위치를 가지고 중국 문화의 우수함을 설명하는 일이 잦았다.[85] 예컨대 웅명우(熊明遇, 1579-1649)는 중국이 적도 북쪽 20도와 44도 사이에 위치하여 태양이 항상 남쪽에서 비추고 태양으로부터 아주 멀지도 않아서 온난하고 품기(稟氣)가 중화(中和)로우며, 따라서 "수레, 서적, 예악, 성현, 호걸이 사예(四裔)의 조종(朝宗)"이라고 이야기했다.[86] 특히 이광지(李光地, 1642-1718)는 1672년 페르비스트(Ferdinand Verbiest: 南懷仁, 1623-1688)와의 문답에서 그가 중국이 세계의 중심이라는 생각을 비판하자 "이른바 중국이라는 것은 예(禮), 악(樂), 정(政), 교(敎)가 천지의 바른 리(正理)를 얻은 것을 말하는 것이지 어찌 꼭 형체상의 가운데이겠는가? 비유하자면 심장이 사람의 중심인 것은 배꼽이 중심인 것만 같지 못한데도 끝내 심장으로 중심을 삼는 것과 같은데, [이것이] 어찌 형체에 따

---

84) "鳧吏未必偏, 震朝未必中. 團團一丸土, 本自無西東."『與猶堂全書』第1集 詩文集 卷5「遣憂十二章」(문집총간 a281_088c).

85) 임종태,『17, 18세기 중국과 조선의 서구 지리학 이해』, 316-319쪽.

86) "中國處于赤道北二十度起, 至四十四度止. 日具在南, 旣不受其亢燥. 距日亦不甚遠, 又復資其溫煖. 稟氣中和, 所以車書禮樂聖賢豪傑, 爲四裔 朝宗.":『格致草』「原理演說」.

른 것이겠는가?"라고 하여 중국이 형체상으로 지구의 중심이 아니라 문화적으로 세계의 중심임을 지적했다.[87] 이 문답에 덧붙인 자신의 생각에서 이광지는 이에 대해 더욱 분명히 설명했다.

오직 중국 땅만이 해그림자 시각의 영축(贏縮)이 사계절의 진퇴, 동지하지의 상제(相除)와 조금도 차이가 없이 맞아떨어지는데, 낙양은 그중에서도 가운데이니 이를 "중토(中土)"라 부르는 것이 마땅하고 허황되지 않다. 이로써 경전(經典)에서 말하는바 "천지와 사계절이 교합하는 곳이고, 음양과 풍우가 조화롭게 만나는 곳"임을 알 수 있으니, 그것이 지극한 리(理)이고 헛된 말이 아님을 믿을 만하다.[88]

18세기에 접어든 이후 이 같은 우주론적 논의는 중국에서 점점 시들어져 갔는데, 오히려 조선 사인들 사이에서 나타났다. 그중에서도 이익이 가장 정교한 설명을 제시했다. 그는 『성호사설』에서 지구와 같은 위도에 속하는 지역들 중 중국이 양에 속하여 음에 속하는 서양에 비해 우수함을 둥근 참외를 땅 위에 놓고 세로로 잘랐을 때 위와 아래가 다르다는 점과 지구 주위로 자침(磁針)이 가리키는 방향이 변화

---

87) "所謂中國者, 謂其禮樂政敎得天地之正理, 豈必以形而中乎. 譬心之在人中也, 不如臍之中也, 而卒必以心爲人之中, 豈以形哉.":「記南懷仁問答」:『榕村集』卷20, 8b(文淵閣四庫全書本 제1324책, 809쪽).

88) "惟中國之地, 晷刻贏縮, 與四時進退, 二至相除, 毫無餘欠. 而洛又其中之中, 謂之中土, 理宜不誣. 以是知經所言, 天地四時之所交合, 陰陽風雨之所和會. 信乎, 其爲至理而非虛說也.", 같은 글, 卷20, 9a-9b(文淵閣四庫全書本 제1324책, 810쪽). 이광지의 『周官筆記』에도 다음과 같은 구절이 있다. "惟九州之內, 風氣和時刻平, 而洛又其中之中也. 是以天地四時之所交合, 陰陽風雨之所和會, 昔之達者, 其知之矣, 而周公豈欺我哉.":『周官筆記』「地官」:『榕村集』, 卷5, 13b(文淵閣四庫全書本 제1324책, 591쪽).

하는 현상을 들어 설명하기도 했다.[89]

　　뜻으로 추측해보면, 지구가 비록 둥글다 해도 반드시 음과 양으로 갈라진 두 부분이 합쳐지는 곳이 있을 것이다. 지금 둥근 참외가 땅에 있다고 하자. 사방이 모두 같지만 반드시 위는 양이 되고 아래는 음이 되며 합쳐진 곳은 양옆에 있다. 이 양옆을 따라 두 조각으로 쪼개 열고 보면, 쪼갠 곳만이 [씨들의] 세(勢)가 곧고 나머지 씨들은 조금씩 기울어지지 않은 것이 없다. 그 중간 둘레가 넓은 곳은 더 심해서, 양쪽 합쳐진 솔기(縫)는 서로 정반대이다. 그 서쪽 솔기는 윗조각은 반절부터 북쪽은 점점 왼쪽으로, 반절부터 남쪽은 점점 오른쪽으로 기울고, 아래쪽은 반절부터 북쪽은 점점 오른쪽으로, 반절부터 남쪽은 점점 왼쪽으로 기울어 꼭지에서 만나는데, 그 동쪽 솔기는 이와 반대이다. 이 자침은 땅의 기(氣)를 얻은 것이니 반드시 곳에 따라 다를 것이다. 대랑산(大浪山)은 생각건대 지구의 서쪽 솔기인 듯하다. 오직 대랑산만이 아니다. 이 대랑산에서 바로 두 극(極)까지 간다 하더라도 반드시 다 그럴 것이다. 중위(中圍)라는 것은 하늘의 적도(赤道)와 같은데, 중국은 적도의 북쪽, 바로 동서 두 솔기의 사이에 있는데, 윗조각의 맨 가운데이다.[90]

---

89) 임종태, 『17, 18세기 중국과 조선의 서구 지리학 이해』, 321-325쪽.
90) "以意臆之, 地毬雖圓, 必有陰陽判界之縫合處. 今圓瓜在地, 四周皆同, 然亦必上為陽下為陰, 而縫在乎兩傍也. 從兩傍判開為二片看, 則惟判開處勢直, 其餘瓜理莫不微斜, 其中間圍濶處益甚, 而二縫正相反. 其西縫上片, 自半以北漸左自半以南漸右, 下片自半以北漸右, 自半以南漸左, 會于蔕. 其東縫反. 是磁針者得地之氣者也, 必將隨處不同. 大浪山, 意者地之西縫也. 不獨大浪也. 從此直走二極必將同然矣. 中圍者如天之赤道, 中國在赤道之北, 而即東西二縫之間, 乃上片之最中也.": 『星湖僿說』卷4 「指南針」.

안정복은 『성호사설유선(星湖僿說類選)』을 편집하면서 위 구절에 이어 "'사람과 만물이 처음 생겨난 땅이고 성현이 처음 나온 곳이다'라는 말을 가히 증험할 수 있다. 그 아래쪽의 맨 가운데는 또한 구라파이니 성스러운 지식이 이어서 나온 나라이다. 이쪽이 양이고 저쪽이 음이다"[91]라는 구절을 삽입하여 이를 뒷받침했는데, 나중 자신의 「천학문답(天學問答)」에서는 서양은 천하의 중앙이지만 사람 배 속의 장부(臟腑)와 같고 중국은 천하의 동남쪽에 위치하지만 사람의 심장과 같다는 설명을 제시했다.

　천지의 대세(大勢)를 가지고 말하면, 서역(西域)은 곤륜산(崑崙山) 아래에 위치해서 천하의 중앙이고, 따라서 풍기(風氣)가 돈후하고 인물이 크며 보물들이 많다. 사람의 배 속의 장부에 혈맥이 모이고 음식이 돌아가서 생명의 근본인 것과 같다. 중국으로 말하면, 천하의 동남쪽에 위치하여 양명(陽明)이 모이고, 따라서 이 기를 받고 태어난 자는 과연 신성한 사람이니, 요, 순, 우, 탕, 문왕, 무왕, 주공, 공자 같은 분들이 이들이다. 사람의 심장이 가슴속에 있으면서 신명(神明)의 집이 되어 온갖 조화가 거기서 나오는 것과 같다. 이로부터 말하자면, 중국의 성학(聖學)은 올바른 것이며, 서국(西國)의 천학(天學)은 그들이 말하는 참된 도(道)와 성스러운 가르침일지는 몰라도 우리가 말하는 바의 성학(聖學)은 아니다.[92]

---

91) "彼云, 人物肇生之地, 聖賢首出之鄕, 可以驗矣. 其下片最中, 又是歐羅也, 聖知繼出之國. 此爲陽而彼爲陰也.": 『星湖僿說類選』 卷1上 「指南針」(경문사, 1976), 35쪽.

92) "以天地之大勢言之, 西域據崑崙之下而爲天下中, 是以風氣敦厚, 人物奇偉, 寶藏興焉. 猶人之腹臟, 血脉聚而飮食歸, 爲生人之本. 若中國, 則據天下之東南, 而陽明聚之. 是以禀是氣而生者, 果是神聖之人, 若堯舜禹湯文武周孔是也. 猶人之心臟居胸中, 而爲神明之舍, 萬化出焉. 以是言之, 則中國之聖學其正也. 西國之天學,

한편 이처럼 서양 지리 지식에 의해 중화 사상의 우주론적 근거가 흔들리는 상황에서 중국이 세계의 극히 작은 일부에 불과하다는 것을 받아들이는 사람들이 나타났다.[93] 예컨대 이익은 『성호사설』에서 분야(分野)설에 대해 논하면서 "중국이라는 것이 대지 가운데의 한 조각 땅에 불과하다"고 전제하고, 그럼에도 하늘 전체에 있는 별들을 중국에 배치하여 그중 한 나라나 한 지방에 대하여 이야기하는 것이 일리는 있지만 지구의 전체 지도를 가지고 논하는 것만 못하다고 주장했다.[94] 홍대용도 "지계(地界)는 태허(太虛)에 비교하면 미세한 티끌만큼도 안 되며, 중국은 지계와 비하면 십수 분의 1밖에 되지 않는다"고 하면서 지계의 10분의 1에도 못 미치는 중국에 억지로 모든 별을 배당하는 분야설을 비판했다.[95] 홍양호는 1780년 연행길에 오르는 조정진(趙鼎鎭, 1732-1792)에게 그 전 해에 연행한 자신의 동생 홍명호(洪明浩, 1736-1819)가 서양 신부로부터 들은 "중국은 천하에서 손바닥 위의 손금 하나와 같다"는 말을 소개했고,[96] 1797년 연행길에 오르는 홍낙유(洪樂游, 1761-?)에게 준 글에서는 세계가 워낙 넓어서 "중국의 땅으로 이를 다할 수 없으며, 중국은 구토(九土) 가운데 하나일 뿐"이라고 이야

雖其人所謂眞道聖敎, 而非吾所謂聖學也.": 『順菴先生文集』 卷17 「天學問答」(문집총간 a230_141d-142a).

93) 趙成山, "18세기 후반~19세기 전반 對淸認識의 변화와 새로운 中華 관념의 형성", 96-97쪽.

94) "今中國者, 不過大地中一片土. 就而排列渾天星文, 則又就其中一國一州而論之, 亦必有其義在也. 比如一盆水星象無不該照可以驗矣. 然不若以大地全圖論之.": 『星湖僿說』 卷2 天地門 「分野」.

95) "夫地界之於太虛, 不啻微塵爾. 中國之於地界, 十數分之一爾. 以周地之界, 分屬宿度, 猶或有說. 以九州之偏, 硬配衆界, 分合傅會, 窺覘灾瑞, 妄而又妄, 不足道也.": 『湛軒書』 內集 卷4 補遺 『毉山問答』(문집총간 a248_094c).

96) "吾弟使於燕, 歸謂余曰, 嘗聞西士之言, 中國在天下, 如掌上一紋.": 『耳溪集』 卷11 「送趙學士士受 鼎鎭赴燕序」(문집총간 a241_197a-197b).

기했다.[97] 그의 아들 홍희준도 천하로부터 중국을 보면 "흑자소현(黑子小縣)"에 불과하다고 이야기하기도 했다.[98] 서유본(徐有本, 1762-1822)도 김영(金泳, 1749-1817)에게 보낸 편지에서 하늘 전체를 중국의 각 지역에 배당하는 분야설을 비판하면서 그렇게 하면 해외 만국은 하늘에 배당할 수가 없어진다고 했으며, 나아가 "중국에서 보면 중국의 분야설이 있고 동국에서 보면 동국의 분야설이 있다"고까지 이야기했다.[99]

서양의 세계지도와 지구 관념이 빚은 세계의 중심으로서 중국에 대한 이 같은 상대화는 서양 과학 지식에 조예가 깊었던 홍대용의 『의산문답』에서 더욱더 진전되어 나타났다. 서양의 지구설을 받아들인 홍대용은 위에서 보았듯이 중국이 천하의 극히 작은 일부에 지나지 않음을 주장했을 뿐 아니라, 중국을 '정계(正界)'로 보는 중국인은 중국과 180도 반대 방향에 있는 서양을 '도계(倒界)'로 볼 것이지만 서양인들은 자신들을 '정계', 중국을 '도계'로 볼 것이라고 하면서 모든 곳이 그 자신을 기준으로 하면 모두 '정계'이지 '횡계(橫界)', '도계'일 수 없다고 하여, 땅이 둥근 이상 더 이상 '정계', '횡계', '도계'의 구분이 절대

---

97) "天下者, 普天之下也. 中國之地, 不足以盡之. 中國者, 九土之中也. 一州之疆, 不足以當之.": 『耳溪集』 卷11 「送從子樂游赴燕序」(문집총간 a241_198c).

98) "從天下而視中國, 則不過黑子小縣.": 『傳舊』 4, 「長城論」; 趙成山, "18세기 후반~19세기 전반 對淸認識의 변화와 새로운 中華 관념의 형성", 96쪽.

99) "中國星野之分, 各以其人目所見方位所向, 大槩分屬而已. … 苟如是則周天三百六十度, 盡於中國十二州, 而海外萬國, 並無與於大圜之天界也, 此豈理也哉, 故自中國而視之, 則有中國之分野, 自東國而視之, 則亦有東國之分野.": 『左蘇山人文集』 卷3 「與金生泳書」(문집총간 b106_060a). 이처럼 중국의 중화성이 상대화되어가는 과정에 대해 조성산은 "중국을 객관화하는 과정에서 조선도 함께 객관적으로 인식해 간 정황을 엿볼 수 있다"고 지적했다: 趙成山, "18세기 후반~19세기 전반 對淸認識의 변화와 새로운 中華 관념의 형성", 98쪽.

적일 수 없고 상대적임을 주장했다.[100] 사실 홍대용의 이 같은 관점은 중화 관념에 대해서만 해당되었던 것이 아니라 훨씬 근본적인 차원이었다. 예컨대 그는 금수나 초목은 지식도 깨달음도 없고 예법도 의리도 없는데 사람은 이것들 모두가 있으니 천지간에 오직 사람이 귀하다는 허자(虛子)의 말을 다음과 같이 반박하면서 사람과 사물 간의 귀천도 상대적이어서 "하늘로부터 보면 사람과 물이 균등하다"는 주장을 폈다.

오륜(五倫)과 오사(五事)는 사람의 예의이고 떼를 지어 다니면서 서로 불러 먹이는 것은 금수의 예의이며, 떨기로 나서 무성한 것은 초목의 예의이다. 사람으로서 물(物)을 보면 사람이 귀하고 물이 천하며 물로서 사람을 보면 물이 귀하고 사람이 천한데, 하늘로부터 보면 사람과 물이 균등하다. 대지 지혜가 없으므로 속이는 일이 없고 깨달음이 없으므로 하는 일도 없다. 그런즉 물이 사람보다 귀함이 역시 크다. 또 봉황은 천 길을 날아오르고 용(龍)은 날아서 하늘에 있으며, 시초(蓍草)와 울금초(鬱金草)는 신(神)을 통하고, 소나무와 잣나무는 재목으로 쓰인다. 사람의 부류와 견주어 어느 것이 귀하고 어느 것이 천한가?[101]

---

100) "中國之於西洋, 經度之差, 至于一百八十. 中國之人, 以中國爲正界, 以西洋爲倒界. 西洋之人, 以西洋爲正界, 以中國爲倒界. 其實戴天履地, 隨界皆然, 無橫無倒, 均是正界.":『湛軒書』內集 卷4『毉山問答』(문집총간 a248_092b).

101) "虛子曰. 天地之生, 惟人爲貴. 今夫禽獸也草木也, 無慧無覺, 無禮無義. 人貴於禽獸, 草木賤於禽獸. 實翁仰首而笑曰. 爾誠人也. 五倫五事, 人之禮義也. 羣行呴哺, 禽獸之禮義也. 叢苞條暢, 草木之禮義也. 以人視物, 人貴而物賤. 以物視人, 物貴而人賤. 自天而視之, 人與物均也. 夫無慧故無詐, 無覺故無爲. 然則物貴於人, 亦遠矣. 且鳳翔千仞, 龍飛在天, 蓍藑通神, 松栢需材. 比之人類, 何貴何賤.":『湛軒書』內集 卷4『毉山問答』(문집총간 a248_090d). 홍대용의 이 같은 '人物均'과 '天視'의 관점은 흔히 老莊의 상대주의적 사유와 연관지어진다:

홍대용은 문화에 대해서도 비슷한 관점을 보여서 "장보(章甫), 위모(委貌), 문신(文身), 조제(雕題)는 똑같이 습속이다. 하늘로부터 보면 어찌 안과 밖의 구별이 있겠는가? 그러므로 각각 제 나라 사람을 친히 하고 제 임금을 높이며 제 나라를 지키고 제 풍속을 편히 여기는 것"이라고 하면서 "중화나 이적이 한가지"라고 결론지었다.[102] 따라서 홍대용에게 더 이상 명이 '화(華)'이고 청이 '이(夷)'이거나 조선이 '화'이고 청이 '이'인 것은 아니었다.

이 같은 홍대용의 생각은 중화 관념 자체의 상대화로 나타났는데, 김종후와 주고받은 편지에서 그는 "이적이라고 하더라도 이적[으로서 마땅히 행해야 할 일]을 행하면 성현이 되는 것"이라고 말하기까지 했다.[103] 중화의 기준이 따로 있어서 이적이 그 기준을 만족하면 중화가 된다는 것이 아니라 이적이 자신들이 마땅히 해야 할 일을 행하면 바로 중화가 될 수 있다는 것으로 중화의 기준을 완전히 상대화한 것이다.[104] 이런 생각에서 홍대용은 이상적 중화 문화의 상징으로 받아

송영배, "홍대용의 상대주의적 사유(思惟)와 변혁의 논리—특히 「장자(莊子)」의 상대주의적 문제의식과의 비교를 중심으로", 『한국학보』 20권1호(1994), 112-134쪽. 그러나 김호도 지적하듯이 이 같은 '상대주의적' 관점은 주자학 본연의 '理一' 관념으로부터도 나올 수 있는 것이다: 김호, "조선후기 華夷論 再考—'域外春秋'論을 중심으로", 『韓國史硏究』 162(2013), 123-163 중 159쪽.

102) "章甫委貌文身雕題, 均是習俗也. 自天視之, 豈有內外之分哉. 是以各親其人, 各尊其君, 各守其國, 各安其俗, 華夷一也.": 『湛軒書』 內集 卷4(4.36b) 『毉山問答』(문집총간 a248_099d).

103) "素夷狄, 行乎夷狄, 爲聖爲賢. 固大有事在吾. 何慊乎.": 『湛軒書』 內集 卷3 「又答直齋書」(문집총간 a248_067a).

104) 박희병은 이로부터 더 나아가서 홍대용에게 "'화'와 '이'는 어떤 기준에 의해서도 차등화되지 않는" 것으로 "근본적으로 평등"하며 그런 면에서 홍대용은 "지리적·종족적·문화적 화이론 일체를 부정해버렸다"고까지 주장한다: 박희병, 『범애와 평등—홍대용의 사회사상』, 297-298쪽.

들여 오던 주나라의 제도가 화려하고 사치함만 숭상하여 낭비했고 지나친 토목공사를 자행했다고 하여 비판하고,[105] 그 뒤의 한족 왕조들이 이를 답습하여 왕도를 잃고 패도(霸道)가 횡행함에 따라 "오랑캐의 운수가 날로 자라난 것은 곧 인사(人事)의 감응이자 천신(天時)의 필연"이라고 하여 오히려 이적 왕조를 평가하기도 했다.[106] 그리고 임종태가 지적했듯이 홍대용의 이 같은 '상대주의적' 반발은 중국 중심의 중화 사상에 깊이 빠져 있던 조선의 중화주의자들만이 아니라, "중국의 문명을 자신들의 기준으로 재단하고 중국인들의 영혼을 자기 종교의 그물로 사로잡으려 한" 서양 예수회사들에게도 향할 수 있는 것이었다.[107]

---

105) "成周之制, 專尙夸華. … 靈臺辟雍, 遊觀美矣. 九鼎天球, 寶器藏矣. 玉輅朱冕, 服御侈矣. 九嬪御妻, 好色漁矣. 洛色鎬京, 土木繁矣.":『湛軒書』內集 卷4『毉山問答』(문집총간 a248_099b).

106) "自周以來, 王道日喪, 霸術橫行 … 胡運之日長, 乃人事之感召, 天時之必然也.": 같은 글(문집총간 a248_099c-099d).

107) 임종태,『17, 18세기 중국과 조선의 서구 지리학 이해』, 356쪽.

11장

중화 사상의 폭과 유연함

　1부의 여러 장들에서 살펴본 중국과 중국 문화에 대한 조선 후기 사인들의 다양한 인식과 태도는 조선 후기 중화 사상이 전개되고 굴절되는 다양한 모습을 보여준다. 그중 '소중화', '조선중화' 의식이나 고대사의 재인식, 조선의 문화와 학문에 대한 자부심, 그리고 '북학' 사상, 중화 관념의 상대화 등은 일견 중화 사상과 반대되거나 중화 사상으로부터 벗어나는 경향으로 보일 수도 있다. 중화가 아닌 조선의 독자성, 자주성, 우수성 등을 인식하거나 이적 만주족 왕조인 청 문화의 우수성과 그것의 수용을 주장하고 있기 때문이다. 더구나 2부의 첫 장인 10장에서는 조선 후기 사인들이 '중화'라는 개념 자체를 상대적인 것으로 인식하기까지 했음을 보았다.

　그러나 자세히 살펴보면 상황이 그렇게 단순하지는 않았음을 알 수 있다. 이 같은 경향들은 모두 중화 사상의 틀로부터 벗어난 것이 아니라 그 틀 안에서 중화 사상의 기본이 되는 화이론(華夷論)의 요소들을 견지하고 있었으며, 심지어는 화이론과 중화 사상을 더 심화시키는 측면도 있었던 것이다. 이 장에서는 그 같은 측면을 염두에 두면서 앞 장들에서 다룬 여러 경향들과 중화 사상의 관계를 다시 살펴보고, 중화 사상이 위의 경향들에서 드러나는 화이론의 균열을 포용할 수 있을 만큼 넓은 폭과 유연함을 지녔음을 보일 것이다.

11.1 '소중화', '조선중화' 의식

우선, '소중화'와 '조선중화' 의식을 보인 사람들은 조선이 '중화'의 모습을 갖추었다거나, 중원이 이적에게 점유된 상태에서 이제 조선이 중화가 되었다고 볼 수 있다고 생각한 것이었을 뿐, 그렇다고 해서 그들이 '존화(尊華)'나 '모화(慕華)' 의식 자체로부터 벗어난 것은 아니었으며, 심지어 그들에게 '존화' 의식은 오히려 더욱 심화되어 나타나기도 했다. 사실 조선중화론자들이 조선이 중화인 근거로 기자가 중화 문화를 전해주었음을 내세운 것도 조선을 중화 사상의 틀 속에 포함시키는 것으로, 중화 문명을 통해 조선을 이적의 상태에서 벗어나게 해주었다는 기자에 대한 존숭 자체가 중국 중심적이자 중화주의적인 것이었다. 이종휘의 "우리는 은나라 사람이다. 성인 기자가 동쪽으로 온 이래 예악의 다스림을 행하고 소박함을 숭상하는 풍습이 지금에 이르렀으며" 신라와 고려 시기 쇠퇴했다가 조선의 개국에 이르러 이를 계승해서 "위로 기자의 정통에 접했다"고 한 이야기가 이를 잘 보여주는데,[1] 그는 이런 식으로 기자의 동래(東來)와 함께 들어온 은(殷)의 문

---

[1] "我殷人也. 自箕聖東來, 爲禮樂之治, 而尙素之風, 猶至於今, 而白衣草冠. 羅麗之間, 世變而俗稍陵夷, 此猶春秋戰國六朝五季亂極之會, 固不害於中國之爲中國. 及我朝啓運而上接箕聖之統.":『修山集』卷1「送某令之燕序」(문집총간 a247_300b-300c).

화를 조선 정통 문화의 기원으로 간주했던 것이다. 이종휘는, 기자가 주무왕이 자신을 신하로 대하지 않았음에도 주나라에 사대의 예를 행한 것을 높이 평가하여 소국이 대국을 섬기는 것을 당연한 의리를 실행하는 것으로 인식하는 중화 사상의 또 다른 측면을 보여주기도 했다.[2]

또한 조선중화론자들에게 조선이 중국을 완전히 대체했다는 생각이 있었던 것도 아니었다. 물론 '소중화' 의식은 처음부터 중화인 중국을 인정하는 바탕 위에서 생겨난 것이었지만, 중원이 이적의 지배하에 들어가 버린 상황에서 조선이 중화라거나 조선만이 유일한 중화라고까지 생각했던 조선중화론자들도 중화인 조선이 중국을 대체한다는 생각으로까지 나아가지는 않았던 것이다. 이에 대해 허태용은 조선중화 의식을 "중화계승의식"이라고 지칭하고 그것이 조선 고유의 독자적 문화가 아니라 중국의 유교 문화를 중화로 인식하고 조선이 그것을 "'계승' 내지 '보전'이라는 이름으로 자기화하여 독점하려고 하였다"고 주장했다.[3] "조선중화에서 모화적 존주의리(尊周義理) 의식을 제거한다면 조선중화의 기반 자체가 붕괴된다"고 이야기하는 계승범은 조선중화 의식에 나타나는 "문화적 자부심의 본질은 중화로부터 벗어남으로써 발생한 자존심이 아니라, 어떤 형태로든 중화와 연결을 지음으로써 생긴 자부심이었"으며,[4] "조선의 문명을 중화(중국문명)에 귀속시킴으로써, 또는 중국문명을 조선 것으로 동일시함으로써 발생

2) 장유승, "이종휘(李種徽)의 자국사(自國史) 인식과 소중화주의(小中華主義)", 『민족문학사연구』 35(2007), 40-82 중 55-59쪽.
3) 허태용, 『조선후기 중화론과 역사인식』(아카넷, 2009), 22-23쪽.
4) 계승범, "조선후기 조선중화주의와 그 해석 문제", 『韓國史硏究』 159호(2012), 265-294 중 281-282쪽.

한 자부심"이었고 "어디까지나 중화라는 타자의 권위에 의지하여 가능하였던 것"이라고 지적했다.[5] 우경섭은 조선중화 의식이 "중화 개념에 내재한 '보편'을 '해체'한 것이 아니라 그것을 내면화하여 '독점'하려 하였으며, 이는 '보편' 자체를 거부하는 상대주의적 입장 내지 중화의 가치성을 부정하고 자신의 정체성을 기반으로 한 새로운 '보편'을 제시하려는 태도는 아니었다"고 평가했다.[6] 이런 측면들을 가리켜 박희병은 조선중화 의식은 "일종의 전도된 화이론"이라고 규정하기까지 했다.[7]

따라서 오히려 대명의리 의식으로부터 '조선중화' 의식이 자라났다고 볼 수 있는 측면도 있었다. 대명의리를 구현하기 위해 북벌을 함으로써 중화를 회복한다는 것이 현실적으로 불가능함을 인식하게 되면서 중화 문화를 유지하고 있는 조선이 명을 이어서 중화의 유일한 계승자가 되었다는 생각이 북벌론 대신 생겨나게 되었다고 볼 수 있는 것이다. 실제로 조선중화 의식을 보인 사람들에게서 자신들이 명의 유민(遺民)이라거나 자신들이 은나라 사람이라는 생각이 자주 나타났음은 앞 장들에서 보았는데, 명나라 멸망 60주년을 즈음해서 북벌론을 포기하면서 대보단을 건립하고 『존주록』을 편찬하는 움직임들에도

---

5) 계승범, "조선후기 중화론의 이면과 그 유산", 『韓國史學史學報』 19(2009), 39-81 중 45쪽.
6) 우경섭, 『조선중화주의의 성립과 동아시아』(유니스토리, 2013), 31-32쪽. 계승범도 조선중화론자들에게서 그 같은 성격을 보고 그들이 "중화의 상대화·객관화를 통해서가 아니라, 중화의 주관적 내면화를 통해 자아의식을 발전시켰던 것"이라고 했는데("조선후기 중화론의 이면과 그 유산", 73쪽), 더 나아가 심지어 "'중화의 권위'에 편승함으로써 위안을 삼은 자기의식화의 일환"이라거나("조선후기 조선중화주의와 그 해석 문제", 286쪽) "중화를 상대화하거나 자기화하지 못한 채 여전히 중세의 보편적 가치와 권위에 묶여 있었"다고(같은 글, 283쪽) 주장하기도 했다.
7) 박희병, 『범애와 평등―홍대용의 사회사상』(돌베개, 2013), 180-181쪽.

조선중화 의식이 뚜렷이 배어 있었다.[8]

한편 조선 후기 사인들의 '조선중화' 의식은 그들이 당시 동아시아의 정세 속에서 처했던 실제 상황을 반영하는 현실 인식은 아니었다. 계승범은 "'조선중화' 의식은 당시 청나라가 주도하던 국제무대의 현실을 부정한 바탕 위에 형성된, 따라서 현실과 동떨어져 관념세계에서만 통용될 수밖에 없는 태생적 한계를" 지녔으며 "동아시아의 국제 현실과도 완전히 분리된 국내용 자기의식화에 지나지 않는" 것이었다고 지적했고,[9] 조선중화 의식을 통해 조선 지배층이 "삼전도 항복 이후 조선을 덮친 충격에서 벗어나 왕조의 지배질서를 유지하고 내부의 동요를 예방"했다고 보았다.[10] 조성산도 '조선중화' 의식을 "가상의 것"이라고 하면서 다음과 같이 말했다.

그들은 상고의 중화에 자신의 정체성을 의탁하는 것을 통하여 가상의 정체성을 만들어냈다. 이는 중화라는 이름으로 표현되었지만 엄격한 의미에서 보면 '가상의 것'이었다. … 그러한 점에서 이러한 가상의 중화는 그대로 '조선의 것'이 될 수도 있었다. 여기에 그들이 가졌던 중화적 정체성의 복합적 함의가 있다고 할 수 있다.[11]

우경섭은 이렇게 현실과 이상이 괴리되는 것은 보편적 도덕법칙인 천리(天理)와 현실의 괴리를 인정하는 주자학자들로서는 당연한 것임

---

8) 허태용, 『조선후기 중화론과 역사인식』, 116-118쪽.
9) 계승범, "조선후기 중화론의 이면과 그 유산", 55쪽.
10) 계승범, "조선후기 조선중화주의와 그 해석 문제", 266쪽.
11) 조성산, "조선후기 소론계의 東音 인식과 訓民正音 연구", 『韓國史學報』 36호 (2009), 87-118 중 112-113쪽.

을 지적하기도 했다.[12]

조선중화 의식이 이처럼 '관념적', '가상적' 수준에 머물렀기에 조선 중화론자들 중 장차 조선이 청을 대체해서 중원을 장악함으로써 중화의 위치에 오르는 것을 생각한 사람은 없었다. 천하가 혼란한 시기에 조선이 홀로 중화를 보존하고 옛 성현의 전통을 계승했으니 "중국에 진출하여 왕도를 행하고 천하를 소유해도 불가함이 없다"고 말한 한원진(韓元震, 1682-1751) 정도가 거의 유일한 예외였다고 할 수 있겠다.[13] 이런 점에서 김문용은 조선중화 의식이 "명 또는 한족 정권의 부재라는 상황하에서만 임시로 통용되는 것"이라고 지적했다.[14]

11.2 조선의 '독자성' 인식과 조선 문화에 대한 자부심

조선의 '독자성'을 주장하거나 조선 문화에 대한 자부심을 보인 사람들도 대체로 중국이 천하의 중심이고 '중화'이며 조선은 그 주변부임을 받아들이고 있었다. 예컨대 이덕무가 "우리는 조선국 사람이고 언어, 의복, 풍속, 법제는 모두 우리나라의 것을 따라야 한다"고 주장하면서 "생각과 도량은 중국의 것을 버릴 수 없다"고 한 것을 7장에서

---

12) 우경섭, "朝鮮中華主義에 대한 학설사적 검토", 『韓國史研究』 159호(2012), 237-263 중 258-259쪽.

13) "當此天地不塞, 海內腥膻之時, 乃以一隅偏邦, 獨能保中華之治, 承前聖之統, 而殆與昔之閩越, 無相遜讓, 則雖由此進於中國, 行王道而有天下, 亦無不可矣. 信乎其行中國則中國, 而無所繫於其地也.": 『南塘先生文集』 拾遺 卷6 「拙修齋說辨」(문집총간 a202_453c-453d).

14) 김문용, "동국의식과 세계 인식―조선시대 집단적 자아의식의 한 단면", 『국학연구』 제14집(2009), 121-150 중 131쪽.

보았는데, 그가 이어서 "지금 경적(經籍)은 중원 사람이 짓지 않은 것이 없으니 잘 읽으면 비로소 우리의 생각과 도량이 국한되고 속박되지 않을 것이다"라고 한 것을 보면 그 또한 학문과 사상 면에서는 근본적으로 중국에 의존해야 한다고 생각했음을 알 수 있다.[15] 따라서 조선의 독자성을 중시하고 조선에 고유한 것을 찾는 노력을 기울였던 조선 사인들도 그 같은 작업의 결과가 중국에서 인정받았을 때 보람을 느꼈다.[16] 예컨대 정약용은 7장에서 보았듯이 "우리나라의 문헌들을 취하여 그 사실을 모으고 그 지방을 고찰해서 시에 넣어 사용한 뒤에야 세상에 명성을 얻을 수 있고 후세에 남길 수 있을 것"이라고 주장한 후 그처럼 조선 고유의 시재(詩材)를 담은 유득공(柳得恭, 1748-1807)의 『십육국회고시(十六國懷古詩)』가 중국인에 의해 인정받아 간행된 것을 그 증험으로 들었다.[17] 조성산은 이 같은 면에 대해서 "당시 지식인들은 중국의 단순한 모방에서 벗어나고자 하는 의식이 강했"지만 "이는 조선만의 폐쇄적인 경계 속에서 그 고유성을 찾고자 하는 것이 아니라, 보편적인 중화 문명을 전제로 조선의 고유성을 찾고자 하는 노력이었다"고 지적했다.[18]

---

15) "大抵吾輩, 朝鮮國人也. 語音衣服, 風俗法制, 一從我國. 若欲超脫違俗, 非妄人則狂夫也. 然其意思度量, 則中原不可舍也, 何必矻到中原然後可也. 今經籍莫非中原人所爲, 若善讀則吾之意思度量, 始不局縛耳.": 『靑莊館全書』卷48「耳目口心書」(문집총간 a258_369b).

16) 당시 조선 사인들이 조선의 학문적, 문학적 작업에 대한 중국의 평가에 대해 보인 관심에 대해서는 아래 12.4절을 볼 것.

17) "須取三國史高麗史國朝寶鑑輿地勝覽懲毖錄燃藜述李道甫所輯及他東方文字, 採其事實, 考其地方, 入於詩用. 然後方可以名世而傳後. 柳惠風十六國懷古詩, 爲中國人所刻, 此可驗也.": 『與猶堂全書』第一集 詩文集 卷21「寄淵兒戊辰冬」(문집총간 a281_453c).

18) 조성산, "18세기 후반~19세기 전반 '朝鮮學' 형성의 전제와 가능성", 『東方學志』148(2009), 179-240 중 224쪽. 조성산은 이를 "조선의 고유성을 중화적 보편성

조선의 독자적, 자주적 정서의 표현으로 흔히 해석되는 여러 가지 학문적, 문화적 작업들도 자세히 살펴보면 중화 사상을 벗어난 것이기보다는 중화 사상의 틀 안에서 중국을 본받으려 하고 중국과 같은 '중화'의 수준에 이르려는 욕구를 보여주는 경우가 많았다. 그 같은 욕구는 특히 역사서 편찬, 주자학 체계 수립 등의 노력에서 보듯이 문화와 학문의 여러 영역에서 중국과 같은 수준의 성취를 꾀했던 정조 시기의 다양한 작업들에서 드러났다. 사실 정조는 일찍부터 청이 수행한 국가 주도의 대규모 학술사업의 업적들을 의식하고 관심을 기울였으며 조선에서 그에 필적할 만한 성과를 이룰 수 있는 사업들을 추진했다.[19] 그리고 이 같은 작업은 주자학이나 역사 분야에만 국한된 것이 아니어서 그 외에도 천문역법, 농업, 술수(術數) 등 다른 분야들에서도 중국과 같은 수준의 성과를 얻어내려는 비슷한 시도들이 있었으며, 정부에서 편찬한 것들 이외에도 18세기 말과 19세기 초 개인 사인의 저작들 중에도 중국의 학문 성과와 수준을 의식한 것들이 있었음은 7장에서 언급한 바 있다. 조선 후기를 통해 지속적으로 경주되었던 역법(曆法) 개선을 위한 노력에서도 같은 성격을 볼 수 있는데, 나중 15장에서 자세히 살펴보겠지만 정조 시기 역서(曆書) 편찬 작업에 기울인 노력은 조선의 독자적 역서인 '자국력(自國曆)'을 위한 것이기보다는 중국의 역서를 본받고 궁극적으로 중국과 같은 수준의 역서

속에서 사유해야 하는 과제"라고 표현하기도 했고(같은 글, 227쪽), "조선의 고유 문화를 중화라는 틀 속에서 정리하는 수동적인 작업처럼 보이"는 측면도 있으나 "중화와의 연결을 통해서 조선 문화가 활발하게 '발견되고' 있었"으며 "중화주의와 조선적인 것의 공존이 가능했던 생성구조"였다고 말하기도 했다: 趙成山, "조선후기 소론계의 古代史 연구와 中華主義의 변용", 『歷史學報』 202집(2009), 49-90 중 83-84쪽.

19) 위 7.3절을 볼 것.

를 편찬해내려는 염원에서 나온 것이었다.

사실 비슷한 욕구를 이미 세종 시대에 문화와 학문의 여러 영역에서 추진되었던 노력들에서도 찾아볼 수 있다. 문중양이 잘 보여주었듯이 흔히 세종의 주도로 이루어진 조선의 학문과 문화 작업들의 '자주적'인 성격을 보여주는 것으로 해석되는 이 같은 작업들은 사실은 중국을 본받아 진정하게 중국 수준의 학문과 문화에 도달하려는 노력이었던 것이다.[20] 그 같은 '자주적' 노력의 예로 자주 거론되는 『칠정산(七政算)』 확립을 위한 작업에 대해서는 15장에서 자세히 살펴볼 것이지만, 다른 것은 모두 '중화의 제도'를 갖추었으나 천문관측 기구만은 빠졌다는 세종의 언급이 중국 수준의 천문역법에 도달하려는 그의 욕구를 단적으로 보여준다.[21]

조선 문화의 기원으로서 중국에서 동래(東來)한 기자에 주어지던 관심이 단군(檀君)으로 거슬러 올라가는 움직임도 6장에서 보았듯이 조선의 독자적인 유래를 찾는 자주적 의식의 표현으로 볼 수 있는 면이 있기는 하지만, 다른 한편으로는 단군이 중국 문화의 기원인 요(堯)임금과 같은 시기에 나라를 개국했다고 함으로써 조선의 문화가 중국과 같은 수준의 오랜 기원을 가진 것을 보이려는 생각의 표현이었다. 6장에서 보았듯이 허목, 홍만종 등이 그 같은 생각을 표현했는

---

20) 문중양, "세종대 과학기술의 '자주성' 다시보기", 『歷史學報』 189(2006), 39-72.

21) "我東方邈在海外, 凡所施爲, 一遵華制, 獨觀天之器有闕.": 『世宗實錄』 19년(1437)
4월 15일. 그리고 역법 이외에 雅樂, 농법, 의약학, 훈민정음 등 분야에서의 작업들도 중국을 본받아 진정하게 중국의 수준이 되려는 노력이었던 것이다. 문중양, "15세기의 '風土不同論'과 조선의 고유성", 『韓國史研究』 162호(2013), 45-83 중 71-81쪽. 문중양은 이를 "조선의 농업, 의약학, 언어, 음악 등을 중국이라는 더 넓은 지역의 당시 보편적이라고 여겨지던 것들과 관계지우는 지적 작업"이라고 표현하기도 했다(같은 글, 82쪽).

데, 특히 홍만종은 단군의 건국 시기를 요임금 25년으로 규정하고 그 때부터 군신, 남녀, 음식, 거처의 제도가 시작되었다고 했다.[22] 그리고 그 후 조선 사인들이 대부분 그 같은 생각을 받아들였다.[23]

한편 이처럼 조선의 문화가 요임금의 중화 문화와 같은 시기에 시작되었다고 하게 되면 단군으로부터 조선에서의 중화 문화의 독자적 기원을 찾을 수도 있었을 것임에도 조선 사인들은 조선이 중국으로부터 중화 문화를 받아들였다는 생각을 고수하였는데, 이는 그들에게 각인된 중화 사상의 깊이를 보여주는 것이라고 할 수 있다. 조선 사인들에게 여전히 조선에서의 중화 문화의 기원은 기자에서 비롯했던 것이다. 예컨대 단군이 요와 같은 시기 건국했음을 주장했던 이종휘가 단군이 자발적으로 물러나고 그 후손들이 기자조선에 신속(臣屬)하였다고 말한 것[24]은 이 같은 생각을 뒷받침한다. 반면에 이들 조선 사인이 단군에 대해 이야기하면서도 그렇게 함으로써 자신들이 조선 문화의 기원을 중국의 성현인 기자로부터 조선 사람인 단군으로 거슬러 올라가고 있는 것이라는 사실의 의미에 대해서 깊게 의식했던 것으로 보이지 않는다.

조선 후기 사인들이 고구려나 발해 같은 우리나라 고대사에 대해 보인 관심도 조선의 고유한 역사를 규명하는 데 관심을 가진 것이라기보다는 청을 쳐서 중화를 회복하려는 의도를 뒷받침하는 것이었다.[25] 그리고 이에 대해서도 고대 조선의 영토를 회복하려고 하는

---

22) "元年, 唐堯二十五年, 敎民編髮盖首, 君臣男女飮食居處之制, 亦自此始云.": 『東國歷代總目』; 趙成山, "조선후기 소론계의 古代史 연구와 中華主義의 변용", 『歷史學報』 202집(2009), 49-90 중 70쪽(주 63)에서 재인용.

23) 趙成山, "조선후기 소론계의 古代史 연구와 中華主義의 변용", 68-70쪽.

24) 장유승, "이종휘의 자국사 인식과 소중화주의", 55쪽.

25) 허태용, 『조선후기 중화론과 역사인식』, 245-251쪽.

민족주의적, 자주적 의식으로 보는 해석이 많지만, 그보다는 중화 문화를 계승하겠다는 의식의 소산으로 보아야 한다는 주장이 더 설득력이 있다.[26] 사실 조선의 고지(故地)를 회복해야 한다는 이종휘의 주장도 중국으로부터 탈환하자는 것이 아니라 현재 이를 점유하고 있는 오랑캐 여진으로부터 탈환하자는 것이었다.[27] 그리고 삼국의 역사를 다루면서 이종휘가 고구려에 대해 주된 관심을 보인 것도 삼국 가운데 고구려의 문물 제도가 중국 고대 문화를 계승한 기자의 유제에 가장 근접했다는 그의 생각에 바탕했던 것으로 보인다.[28]

11.3 북학

'북학'을 주장한 사인들 또한 중화 사상을 저버리거나 중화 사상으로부터 벗어난 것이 아니었다. 물론 오랑캐 청이 중화 문명을 받아들여 높은 수준의 문화를 이룬 것을 인정하는 북학론에는 이적이 중화의 문화를 받아들임으로써 변화할 수 있고 나아가 중화가 될 수 있다는 믿음이 깔려 있었다. 그리고 이와 관련해서 이적이 중화 문명을 통해 변할 수 있음을 의미하는 '용하변이'라는 말이 나오는 『맹자』의 구절에 바로 "북학"이라는 표현이 나온다는 점을 주목할 만하다.[29] 실제

---

26) 허태용, 『조선후기 중화론과 역사인식』, 233쪽.

27) "或曰, 是中國之舊地, 我取之則中國豈能無索耶. 曰, 我取諸女眞耳, 我與女眞, 何親疎於中國哉.": 『修山集』 卷6 策 「取遼瀋」(문집총간 a247_414b).

28) 장유승, "이종휘의 자국사 인식과 소중화주의", 61-62쪽. 이종휘의 이 같은 측면은 고구려가 "큰 나라를 업신여겨 스스로 멸망을 취했다"는 그의 언급에서도 찾아볼 수 있다: 같은 글, 63쪽.

29) "吾聞用夏變夷者, 未聞變於夷者也. 陳良楚產也, 悅周公仲尼之道, 北學於中國.

로 박제가는『북학의』서문에서 자신이 연행 후『북학의』를 저술한 뜻을 이야기하면서 "중국에서 진사(進士)가 된 후 돌아와 신라의 풍속을 혁신하고 중국의 수준으로 올리려고 한" 최치원과 중국에 다녀온 후 "용하변이(用夏變夷)에 고심한" 조헌(趙憲)에 대해 "압록강 동쪽에서 천여 년 동안 조그만 모퉁이[나라]를 한번 변화시켜 중국에 이르고자 한 사람은 이 두 사람뿐이었다"고 말했다.[30] 홍대용도 "공자로 하여금 바다에 떠서 구이(九夷) 사이에 살고 '용하변이'하여 주 나라의 도(道)를 역외(域外)에 일으키게 했다면, 내외의 구별과 존양(尊攘)의 의리가 저절로 마땅히 '역외춘추(域外春秋)'를 있게 했을 것이다. 이것이 공자가 성인된 까닭이다"라는 말로『의산문답』을 끝맺었다.[31] 8장에서 보았듯이 성대중이 연행길에 오르는 서호수에게 준 글에서 중국은 삼대(三代)의 문명이 남아 있는 땅이기에 그 후 이적들이 중국의 군사, 행형, 전제(田制), 성곽의 제도를 취해서 중국을 차지할 수 있었음을 지적하고 우리도 "저들의 장점을 취해 우리의 단점을 고치면 자강(自强)의 방책으로 해가 되지 않을 것"이라고 한 것도 같은 취지를 드러내준다.[32]

北方之學者, 未能或之先也.":『孟子』「滕文公章句上」(5上4).

30) "孤雲爲唐進士, 東還本國, 思有以革新羅之俗而進乎中國. … 重峯以質正官入燕, 其東還封事, 勤勤懇懇, 因彼而悟己, 見善而思齊, 無非用夏變夷之苦心. 鴨水以東千有餘年之間, 有以區區一隅, 欲一變而至中國者, 惟此兩人而已.":『北學議』內編「自序」.

31) "使孔子浮于海, 居九夷, 用夏變夷, 興周道於域外, 則內外之分尊攘之義, 自當有域外春秋, 此孔子之所以爲聖人也.":『湛軒書』內集 卷4『豎山問答』(문집총간 a248_100a).

32) "彼中土, 實三代禮樂之墟也. 故器遺制, 猶有可徵, 書籍則宋明之舊也, 測候則湯利之餘也. 若其兵刑田郭之制, 簡勁易守, 建酋之所以并諸夏也. 取彼之長, 攻吾之短, 不害爲自强之術也. 在吾人博采而愼擇之耳.":『靑城集』卷5「送徐侍郎浩修以副价之燕序」(문집총간 a248_430b).

이처럼 북학론에 깔려 있는 '용하변이'의 관념, 나아가 이적이 중화의 문화를 받아들임으로써 중화가 될 수 있다는 믿음에는 중화와 이적의 구분이 절대적이거나 고정불변인 것은 아니고 서로 변화할 수 있다는 생각이 담겨 있는 것이 사실이지만, 그럼에도 불구하고 그 같은 믿음은 기본적으로는 중화와 이적을 구분하는 화이론과 중화 사상에 근거한 것이었다. 무엇보다도, 북학론자들에게는 조선은 어디까지나 이적이며 중화는 아니라는 생각이 존재했다. 그들은, 8장에서 보았듯이 조선의 풍속과 제도, 언어 등에서 보이는 오랑캐의 모습을 자주 지적했으며, 특히 자신을 비천한 '동이'라고 지칭했던 홍대용은 자신이 "아래 나라에서 생장하여 보고 들은 것이 편벽되고 비루하며 성품이 또한 꼿꼿하여 삼가거나 화합하지 못한다"고 했으며,[33] 청의 한족 사인들이 중화의 후예이고 자신은 오랑캐라고 단언하기도 했다.

세 사람은 비록 머리를 깎고 호복(胡服)을 입어 만주 사람과 구별되지 않으나, 실은 중화의 오랜 가문의 후예들이다. 우리들이 비록 넓은 소매 옷을 입고 큰 갓을 쓰고 경박하게 스스로 뽐내지만, 실은 해상(海上)의 이적이다. 그 귀천의 차이를 말하자면 어찌 척촌(尺寸)으로 헤아릴 수 있겠는가?[34]

---

33) "大容生長下國, 見聞偏陋, 性又骯髒, 不能苟合.":『湛軒書』外集 卷1『杭傳尺牘』「答朱朗齋文藻書」(문집총간 a248_123a).
34) "三人者, 雖斷髮胡服與滿洲無別, 乃中華故家之裔也. 吾輩雖濶袖大冠沾沾然自喜, 乃海上之夷人也. 其貴賤之相距也, 何可以尺寸計哉.":『湛軒書』外集 卷3『杭傳尺牘』「乾淨錄後語」(문집총간 a248_174a).

나중 정약용에게서도 청의 중국이 중화이고 조선은 변방의 제후국이라는 생각을 볼 수 있는데, 예컨대 제도 개혁을 논하는 『경세유표(經世遺表)』의 서두에서 그는 "『주례』는 천자의 예이고 우리나라는 번국(藩國)이다. 제도가 작아야 하는 것이 마땅하다"는 말을 전제로 내세우기도 했다.[35]

물론 그렇다고 해서 북학론자들이 자신들이 완전히 '이(夷)'임을 받아들일 수는 없었고, 따라서 그들은 조선이 이적들 중에서는 그 문화의 수준이 높고 중화에 더 가까웠다고 주장했다.[36] 그 같은 생각은 이덕무가 이서구(李書九, 1754-1825)에게 쓴 편지의 다음과 같은 구절에 잘 나타나 있다.

> 우리 조선은 성인 기자가 피난 온 땅으로 요동 1천여 리에 떨어져 있고 전장(典章)과 예악이 사이(四夷)의 으뜸이다. 저 교지(交趾), 유구(琉球)와 비교해서 그 문명됨을 돌아보면 어떠한가? 따라서 과거 역사책의 외이열전(外夷列傳)을 두루 읽어보면 조선이 제일이고 그 다음은 안남(安南)이고, 또 그 다음은 유구이니 이는 그 강한 세력을 이름이 아니라 그 문명의 순서를 말한 것이다.[37]

---

35) "周禮, 天子之禮. 我國家, 藩國也. 制度宜小.": 『與猶堂全書』 第5集 政法集 卷1 『經世遺表』 卷1 天官吏曹 第一 「前言」(문집총간 a285_006a).

36) 이 같은 생각은 조선이 변방국 중에서는 독특하게 높은 위치라는 조선 사인들의 '內服' 의식과도 부합된다. 조성산, "18세기 후반~19세기 전반 '朝鮮學' 형성의 전제와 가능성", 210-217쪽.

37) "惟我朝鮮, 箕聖之所避地, 而踞遼東千有餘里, 典章禮樂爲四夷首. 較彼交趾琉球, 其爲文明, 顧何如哉. 故歷讀前史外夷列傳, 朝鮮爲第一, 其次安南, 又其次琉球. 匪爲其強圉, 列序其文明也.": 『국역청장관전서』 附 간본 雅亭遺稿 제6권(한국고전종합DB 원문이미지) 「與李洛瑞書九書」.

정약용도 같은 생각을 보였는데, 그는 오랑캐인 조선이 그렇듯 높은 문화 수준을 지니는 데 대한 설명도 제시했다. 「동호론(東胡論)」에서 그는 조선이 중국의 동쪽, 그것도 '정동(正東)'에 위치한다는 사실을 들어 이를 설명하면서 흉노(匈奴), 돌궐(突厥), 몽골 등 북쪽 사람들은 사납고 잔악하고 서쪽 강(羌)족은 간사한 데 반해 선비(鮮卑), 거란 (契丹), 여진족 등 동쪽 사람들은 중국 땅을 차지하면서도 예와 학문을 숭상하고 잔혹스럽지도 않았음을 들어 "유독 이적 중 동쪽에 있는 자들은 모두 인후(仁厚)하고 성실, 공손하여 족히 칭찬할 만하다. … 역사에서 '동이(東夷)'들이 인선(仁善)하다고 칭찬함은 진실로 까닭이 있다"고 했으며, 이어서 '동이'들 중에서도 특히 "조선은 [중국의] 정동 쪽 땅에 위치해서 그 풍속이 예를 좋아하고 무(武)를 낮게 여기며 차라리 약할망정 포악하지 않으니 군자의 나라"라고 했고, 이 글을 "어차피 중국에서 태어날 수 없을 바에야 오직 '동이'[가 되는 길이 있을]뿐이다"라는 탄식으로 끝맺었다.[38]

결국 북학의 주장도 화이론과 중화 사상의 틀 속에서 전개되고 있었던 것이며, 북학론의 이 같은 측면에 대해서는 여러 학자들이 다양

---

38) "北方之人, 大抵強悍. 故匈奴突厥蒙古之屬, 莫不嗜殺戮習殘暴, 而西羌亦詐薄多變. 獨夷狄之在東方者, 皆仁厚愿謹. 有足稱者. … 史稱東夷爲仁善, 眞有以哉. 況朝鮮處正東之地, 故其俗好禮而賤武, 寧弱而不暴. 君子之邦也. 嗟乎. 旣不能生乎中國, 其唯東夷哉.": 『與猶堂全書』第1集 詩文集 卷12 「東胡論」(문집총간 a281_253c). 한원진도 조선이 사방의 으뜸인 동쪽에 위치하기 때문에 "하늘이 낳고 땅이 길러주는 것이 동방에 특히 두텁고 사람이 성현이 되고 다스림이 빛나는 것이 모두 어렵지 않다"고 하여 같은 생각을 표현한 바 있다("元爲四德之首, 故以一事而包四事. 木爲五行之首, 故以一氣而包五氣. 東爲四方之首, 而於德屬元, 於行屬木, 故亦以一方而兼四方之氣耶. 然則天之所生, 地之所養, 可謂獨厚於東方, 而人之作聖賢, 治之做雍熙, 皆不難矣. 箕聖之東來, 想亦有見於此.": 『南塘先生文集』卷38 雜識 外篇: 문집총간 a202_311a-311b).

한 형태로 지적한 바 있다. 예컨대 김문용은 "북학론은 대체로 화이론 자체를 문제삼고 그것을 부정하거나 변형하기보다는 화이론의 적용을 변화시키는 선"에 머물렀으며, "아직 중화를 대체하는 문명 유형에 대한 구체적 상이 자리잡지 못하고 있었"던 상황에서 "홍대용에게서 화이론을 부정하는 화이무분론이 … 화이론의 응용논리인 중화유제론과 오랜 동안 병존·교착되어 있을 수밖에 없었다"고 지적했다.[39] 박희병은 "북학론은 비록 청 문물의 발전을 인정하는 현실주의에서 출발하고 있기는 하나, 그럼에도 '화/이'의 인식틀을 탈피한 것은 아니"며 "조선은 어디까지나 이(夷)이며 중화는 따로 있다는 쪽으로 인식의 방향을 수정했을 뿐"이라고 주장했다.[40] 계승범은 "북학론자들은 대개 기존의 화이론과 새로운 중화유제론(中華遺制論)에 각각 한 발씩 걸치고 있었"다고 지적했고,[41] 허태용은 "요컨대 북학론은 중화 계승의식이 문화적 화이관의 성립 등으로 강화되면서 초래된 하나의 논리적 귀결"로서 "더 나아가면 화이관 자체를 무의미하게 만들 수 있는 가능성을 그 안에 포함하고 있었다고 할 수 있 … 지만 이런 움직임은 당시까지는 소수에 불과했"다고 보았다.[42]

또한 북학론자들 중 누구도 내놓고 청이 '중화'가 되었다고 하지 않았다. 이적 왕조인 청의 문화적 융성에 대한 인식이 조선 사인들의 전통적 모화(慕華) 의식에 기반한 중화 사상에 금이 가게 한 것은 사실이지만 그렇다고 아직 그들이 청 문화가 중화를 대체할 문화, 아니면

---

39) 김문용, 『홍대용의 실학과 18세기 북학사상』(예문서원, 2005), 213-214, 218쪽.
40) 박희병, 『범애와 평등』, 222-223쪽.
41) 계승범, 『정지된 시간—조선의 대보단과 근대의 문턱』(서강대학교출판부, 2011), 25쪽.
42) 허태용, 『조선후기 중화론과 역사인식』, 194쪽.

적어도 중화에 대등한 문화라고 인정할 정도에 이르지는 않았던 것이다. 그 같은 생각은 청의 문물이 중화의 '유제(遺制)'라고 한 데에서도 볼 수 있다. 북학론자들은 옛 중화 문화의 본거지인 청 치하의 중국 땅에 당연히 중화 문화가 남아 있는 것이라고 주장했지만 그것은 옛 중화 문화의 유산일 뿐 청 자신의 문화인 것은 아니고, 그런 면에서 청이 중화가 된 것은 아니라고 보았다. 이들은 청이 지닌 높은 수준의 문물을 배워 와야 한다고 주장하면서도 청나라와 청의 문화를 분리해서 청이 단지 중화의 문화를 수용하고 계승하고 간직하고 있다고 보았을 뿐이었던 것이다.

결국 청 문화를 배우자고 주장한 북학론자들에게도 청이 중화가 아니라 이적이라는 사실은 어쩔 수 없었다. 예컨대 박지원은 청 문화의 높은 수준을 평가하면서도 한 번도 청을 '화(華)'로 간주하지 않았으며, 8장에서 보았듯이 "저 오랑캐들이 중국[의 문물]이 이롭고 오래 향유할 만한 것임을 알아서 빼앗아서 마치 [자신들이] 본래 가지고 있었던 것처럼 그에 의존하기에 이르렀다"고 하여 청을 '오랑캐(胡虜)'로 지칭했다.[43] 『열하일기』「행재잡록(行在雜錄)」의 서두에서 박지원은 중화인 명은 조선의 선왕들이 그로부터 명(命)을 받은 나라이고 왜의 침입 시 은혜를 입은 나라여서 '상국(上國)'이라고 부르는 데 반해, 청은 중화가 아니고 조선을 힘으로 굴복시킨 '대국(大國)'일 뿐 조선이 그로부터 명을 받은 것은 아니어서 '상국'이라고 부르지 않는다고 말했다.[44]

---

43) "彼胡虜者, 誠知中國之可利而足以久享, 則至於奪而據之若固有之.": 『燕巖集』卷12 別集 『熱河日記』「馹汛隨筆」(문집총간 a252_177a).

44) "皇明, 吾上國也. … 何爲上國, 曰中華也, 吾先王列朝之所受命也. … 昔倭人覆我疆域, 我神宗皇帝提天下之師東援之, … 皆吾上國之恩也. 今淸按明之舊, 臣一四海. … 然而不謂之上國者, 何也. 非中華也. 我力屈而服彼, 則大國也. 大國能以力而屈之, 非吾所初受命之天子也. … ": 『燕巖集』卷13 別集 『熱河日記』「行在

박제가도 『북학의』에서 "지금 청은 분명히 오랑캐"라고 단언하고 박지원과 비슷한 생각을 피력했다.[45]

북학론자들이 대명의리론이나 북벌론을 단념한 것도 아니었다. 2장에서 보았듯이 북학론자들도 대명의리와 반청의식을 지니고 있었다. 예컨대 박지원은 명나라가 망한 후 천하가 모두 오랑캐 머리를 하게 되었지만 동쪽 모퉁이 조선 땅이 그 같은 수치를 면했음을 이야기한 후 "중국을 위해 복수설치(復讎雪恥)하려는 마음을 어찌 하루인들 잊겠는가?"라고 이야기했고[46] 명말의 충신열사를 현양하면서 실절(失節)한 전겸익(錢謙益) 등을 "스스로 청류(淸流)라고 큰소리치다가 부끄러움도 없는 얼굴로 항복을 해왔으니 … 마음을 잃고 수치를 모르는 자들"이라고 폄하한 1775년 건륭제의 칙유(勅諭)를 인용하면서 조선의 삼학사(三學士)와 김상헌(金尙憲, 1570-1652)의 충절이 당연히 청 『태종실록(太宗實錄)』에 실렸어야 하는데 그렇지 못했음을 지적했다.[47] 박지원은 명의 원수를 갚기 위해서라도 먼저 오랑캐 청의 문물을 배워야 한다는 주장을 내어놓는 등 북벌을 위해서라도 북학을 해야 한다는 생각을 보이기도 했다.[48] 그는 "복수설치하려는 마음"을 언급한,

---

雜錄』(문집총간 a252_242b-242c). 임형택은 『열하일기』가 청의 연호를 쓴 데 대한 당시의 비판을 의식해서 박지원이 반청숭명의 내용을 실었을 수도 있음을 지적했다: 林熒澤, "17~19세기 동아시아 상황과 燕行·燕行錄", 『韓國實學硏究』20호 (2010), 7-28 중 20쪽.

45) "今淸固胡矣, 胡知中國之可利, 故至於奪而有之.": 『北學議』「尊周論」.

46) "及四海値天崩地坼之運, 薙天下之髮而盡胡之, 一隅海東雖免斯恥, 其爲中國復讐刷恥之心, 豈可一日而忘之哉.": 『燕巖集』卷12 別集 『熱河日記』「馹汛隨筆」(문집총간 a252_177a).

47) "凡明季完節諸臣, 旣能爲國抒忠, 優奬實同一視. 至若錢謙益之自詡淸流, 靦顔降附, 金堡屈大均輩, 偸生畏死, 詭托緇徒, 均屬喪心無恥. … 我國三學士及淸陰事蹟, 當載淸太宗實錄, 而漠然無聞, 何也.": 『燕巖集』卷15 別集 『熱河日記』「銅蘭涉筆」(문집총간 a252_328c).

332

위에서 인용한 구절의 바로 뒤에 "지금 사람들이 진실로 오랑캐를 물리치려 한다면 중화의 유법(遺法)을 모두 배워 먼저 우리 풍속의 어리석고 둔함을 고치는 것만 같지 못할 것이다. 경작과 양잠, 도자기와 야금(冶金)으로부터 기술을 통하게 하고 상업에 도움을 주는 일에 이르기까지 배우지 않을 것이 없다"고 이야기했고,[49] 「허생전(許生傳)」에서도 "나라 안의 자제들을 뽑아 머리를 깎고 호복(胡服)을 입혀 [중국에 보내] 그중 선비들은 과거를 보게 하고 상민들은 멀리 강남에서까지 장사를 하게 하여 그 허실(虛失)을 엿보고 중국의 호걸들과 연결짓게 하면, 천하를 도모할 수 있고 국치(國恥)를 설분할 수 있을 것"이라고 주장했다.[50] 사실 박지원은 3장에서 본 것처럼 청이 오래가지 못하고 멸망할 가능성을 생각하고 있었다. 박제가도 「존주론」을 같은 주장으로 끝맺었다.

지금 사람들이 오랑캐를 물리치려 한다면 먼저 오랑캐가 누구인지를 알아야 하며, 중국을 존숭하려 한다면 그 법의 더욱 존숭되는 바를 모두 행해야만 한다. 전조(前朝) 명나라를 위해 복수설치하는 일을 다시 하려

---

48) 이런 면에서 김명호는 북학론을 "북벌론의 비판적 계승"이라고 보았다: 金明昊, 『熱河日記 研究』(창작과비평사, 1990), 125, 132쪽.

49) "今之人誠欲攘夷也, 莫如盡學中華之遺法, 先變我俗之椎魯, 自耕蠶陶冶, 以至通工惠商, 莫不學焉.": 『燕巖集』 卷12 別集 『熱河日記』 「馹汛隨筆」(문집총간 a252_177a-177b).

50) "抄選國中之子弟, 薙髮胡服, 其君子往赴賓擧, 其小人遠商江南, 覘其虛實, 結其豪傑, 天下可圖而國恥可雪.": 『燕巖集』 卷14 『熱河日記』 「玉匣夜話」(문집총간 a252_305b). 박지원은 이어서 조선의 사대부들이 명의 복수를 한다면서도 실제 준비보다는 헛된 예의나 차리는 것을 힐난했다. "乃今欲爲大明復讎, 而猶惜其一髮. 乃今將馳馬擊釼刺鎗弮弓飛石, 而不變其廣袖自以爲禮法乎.": 같은 글(문집총간 a252_305b-305c).

한다면, 중국을 20년간 힘써 배운 후 함께 의논해도 늦지 않을 것이다.[51]

그러나 북학의 주장이 나오던 시기에는 이미 북벌이 현실적으로 힘들다는 인식이 자리잡고 있었고, 그런 상황에서 북학론자들은 내수외양(內修外攘)론으로 기울어 북벌 대신 청의 침입에 대비해서 국방을 강화해야 하고 이를 위해 오히려 청의 문물을 도입해야 한다는 주장을 제기하는 경우가 많았다.[52] 예컨대 박제가는 중국의 호미와 말의 우수함을 이야기한 뒤 중국 사람들이 그 호미를 들고 말을 타고 조선을 침공한다면 막기 힘들다고 주장하고, 이에 대비해서 시급히 청나라처럼 수레를 사용하고 벽돌을 만들고 목축을 개선하고 백공(百工) 기예(技藝)를 진흥해서 국방에 대비해야 한다고 주장했다.[53] 박지원도 화물 운송과 함께 국방에 대비하기 위해 중국에서 좋은 말 종자를 들여와 사육할 것을 주장했다.[54] 현직 고위관료였던 홍양호는 청 문물

---

51) "今之人欲攘夷也, 莫如先知夷之爲誰. 欲尊中國也, 莫如盡行其法之爲逾尊也. 若復爲前明復仇雪恥之事, 力學中國二十年後, 共議之未晩也.": 『北學議』 外編 「尊周論」.

52) 계승범, "조선후기 조선중화주의와 그 해석 문제", 278-279쪽; 김문식, 『조선후기 지식인의 대외인식』(새문사, 2009), 130-132쪽.

53) 『北學議』 外編 「兵論」.

54) "不欲任重致遠則已, 如將任重致遠, 則土馬如此不可一日爲家也. 不屑武備軍容則已, 如將講武修戎, 則土馬如此不可一日爲軍也. 及兩國昇平之日, 誠求牝牡數十匹, 大國必無愛此數十匹, 若以外國求馬, 私養爲嫌, 則歲价潛購, 豈無其便. 擇郊甸水草之地, 十年取字, 漸移之耽羅及諸監牧, 以易其種.": 『燕巖集』 卷12 別集 『熱河日記』 「太學留舘錄」 8월 14일(문집총간 a252_220c-220d). 사실 박지원은 청 태종이 조선인에게 변발을 강요하지 않은 것을, 청의 풍속을 따르게 하면 조선인들이 말타고 활쏘기하는 데 편리할 것을 인식하고 오히려 조선인들을 조선의 풍속에 따라 禮義로 가두어서 文弱한 상태로 유지하기 위함이었다고 이야기하기도 했다("淸人多勸汗淸太宗, 令剃我國. 汗默然不應, 密謂諸貝勒曰. 朝鮮素號禮義, 愛其髮甚於其頭. 今若强拂其情, 則軍還之後, 必相反覆. 不如因其俗,

을 도입하여 청의 침략에 대비하자는 주장을 가장 적극적으로 제기했는데, 연행 후 1783년 정조에게 올린 상소에서 청으로부터 방어하기 위해 청나라 말, 당나귀, 양, 차제(車制), 벽돌 등과 함께 중국의 이재(理財) 방법까지도 도입하자고 주장했다.[55]

11.4 중화 관념의 상대화

앞 절들에서 조선 후기 사인들이 지녔던 '소중화' 의식, '조선중화' 의식, 조선의 독자성 인식과 조선 문화에 대한 자부심, '북학' 등의 다양한 태도들이 결국은 중화 사상의 틀을 벗어나지 않았고 여전히 중화 사상과 화이관의 요소들을 견지하고 있었으며 때로는 심화시키기도 했었음을 보았는데, 그것은 앞 장에서 보았듯이 이들 조선 사인에게서 나타났던 중화 관념의 상대화 경향을 두고도 마찬가지였다. 이는 조선 사인들 중 그 같은 경향을 가장 뚜렷하게 보인 홍대용에게서 잘 드러난다. 사실 홍대용이 그 같은 '상대주의적' 경향을 드러내 보인 것은 주로 『의산문답』에서였는데, 그는 그에 앞서 쓴 다른 글들에서는 여전히 전통적 중화 사상의 틀에 안주하고 있었음을 볼 수 있다.[56]

以禮義拘之, 彼若反習吾俗, 便於騎射, 非吾之利也. 遂止. 自我論之, 幸莫大矣. 由彼之計, 則特狃我以文弱矣.": 『燕巖集』卷15 別集 『熱河日記』「銅蘭涉筆」: 문집총간 a252_335c-335d).

55) 『耳溪集』卷19 「陳六條疏」(문집총간 a241_345d-352d). 김문식, 『조선후기 지식인의 대외인식』, 131-132쪽.

56) 임종태가 지적하듯이 자유분방한 '寓話'的 공상의 성격을 띤 『毉山問答』의 구절들을 홍대용의 정론으로 보는 것 자체도 무리가 있다고 하겠다. 임종태, "무한우주의 우화 ─ 홍대용의 과학과 문명론", 『역사비평』(2005, 여름), 261-285쪽.

자신이 연행 중 중국 사인들과 교류한 내용을 기록한 『간정동필담(乾淨衕筆談)』에 부친 「후어(後語)」에서 홍대용이 중국인은 여전히 "중화의 오랜 가문의 후예"이고 조선인은 여전히 "해상의 이적"이라고 말했던 것은 앞에서 보았는데,[57] 연행 후 김종후에게 보낸 편지에서는 "우리 동방이 중국을 숭모하고 본받아서 오랑캐됨을 잊은 지는 오래되었지만, 중국과 비교하면 그 등분이 스스로 있는 것"인데도 이를 받아들이지 않는 것을 "동방의 풍속의 편협함" 때문이라고 비판하고 지금 중국이 비록 멸망해서 오랑캐의 지배를 받고 있지만 "그 내외의 구분과 세류(世類)의 구별은 진실로 하늘이 규정"한 바이니 마땅히 높이고 귀히 여겨야 한다고 하면서 "중국이란 천하의 종국(宗國)이요 화인(華人)이란 천하의 종인(宗人)"이라고 단언했다.[58] 청은 오랑캐이고 조선이 중화라고 주장하는 김종후를 반박하는 이 편지에서 홍대용은 중국이 변란을 맞아 "삼대의 유민(遺民)과 성현의 후예로 하여금 머리를 깎고 함께 만달(滿獺)에게 귀의하도록 했으니, 당세의 지사(志士)는 슬퍼하고 탄식할 때"이며 "마땅히 애통하고 상심하기에 겨를이 없어야 할 것임에도 오히려 우물 밑에 있는 그들에게 돌을 던지듯이 정위(正位)가 비어 있는 틈을 타 은연중에 중화를 차지하려 한다"고 비판하기까지 했다.[59]

---

57) 위 주 34를 볼 것.
58) "我東之慕效中國, 忘其爲夷也久矣. 雖然, 比中國而方之, 其分自在也. 惟其沾沾自喜, 局於小知者. 驟聞此等語, 類多怫然包羞, 不欲以甘心焉, 則乃東俗之偏也. … 今以我東而視彼中, 雖不幸淪沒臣僕胡戎, 其內外之分, 世類之別, 固天之有限矣. 雖高仰之以爲貴, 亦何妨哉. 嗚呼. 中國者, 天下之宗國也. 華人者, 天下之宗人也.": 『湛軒書』內集 卷3 「又答直齋書」(문집총간 a248_067a).
59) "今上帝疾威, 時運乖舛, 使三代遺民聖賢後裔, 剃頭辮髮同歸於滿獺. 則當世志士悲歡之秋, 而神州厄運, 十倍於金元矣. 況是幾年服事之餘, 宜其哀痛傷愍之不暇. 而乃因其下井, 反投之石焉, 欲乘虛正位, 隱然以中華自居.": 같은 글(문집총간

그렇다면 결국 홍대용도 중화 사상의 틀을 완전히 벗어나지는 못했던 것이라고 할 수 있을까? 이에 대해 김호는 홍대용의 관점은 "편협한 주자학자들에게 '융통성 있는 열림의 태도'를 요구하려던 레토릭이지 … 완전한 상대주의를 자처한 것"이 아니었고, "모두가 중화가 될 수 있다는 화이변태의 가능성을 인정하라는 것이었지 아무것이나 중화라고 허여하는 논리"가 아니었다고 지적했다.[60] 배우성도 "홍대용의 논점은 내외를 구분하지 말아야 한다는 것이 아니다. … 내(內)가 지향하는 가치와 외(外)가 지향하는 가치를 다른 이름으로 부를 필요가 없다는 것이다"라고 지적했다.[61] 홍대용뿐 아니라 중화 관념을 상대화하는 경향을 보였던 다른 조선 사인들도 중화 사상으로부터 벗어나지는 못했다. 예컨대 "화이의 구분은 사람이 한 것이고, 하늘은 똑같이 아들로 여긴다"는, 앞 장에서 본 성대중의 주장[62]은 김호가 강조하듯이 "화가 이로 이가 화로 변태할 수 있으니 용하변이의 가능성을 인정하고 이적을 너무 편협하게 배척하지 말라는 '포용의 태도'를 요구하기 위한 주장이지, 모든 것의 가치는 상대적일 뿐이라는 가치상대주의를 옹호하기 위한 언설이 아니"었다.[63] 박희병은 정약용의 경우를 예로 들어 그에게서 보이는 '상대주의적' 경향도 "전래(傳來)의 화이론의 프레임 자체를 부정하거나 극복함으로써 획득된 것이 아니라 어디까지나 화이론의 프레임 내에서 구축된 논리"라고 주장했다.[64]

---

　　a248_067a-067b).

60)　김호, "조선후기 華夷論 再考―'域外春秋論'을 중심으로", 『韓國史研究』 162(2013), 123-163 중 127, 157쪽.

61)　배우성, 『조선과 중화―조선이 꿈꾸고 상상한 세계와 문명』(돌베개, 2014), 163쪽.

62)　위 10장 주 71을 볼 것.

63)　김호, "조선후기 華夷論 再考", 148쪽.

64)　박희병, 『범애와 평등』, 292쪽.

물론 홍대용의 '상대주의적' 경향에 그 같은 한계가 있기는 했지만 중화 사상에 깊이 젖어 있던 조선 사인들 대부분을 두고 볼 때 그에게서 볼 수 있는 그나마의 제한된 '상대주의적' 경향마저도 오히려 예외에 속했고 당연히 이 같은 경향에 반대하는 움직임도 견고했다. 예컨대 안정복은 "사람의 입장에서 보면 비록 화, 이의 구분이 있으나, 하늘의 입장에서 보면 어찌 피, 차의 구별이 있겠는가?"라는 입장에 대하여 "하늘이 만물을 낼 때, 중국의 사람을 위로 하고 이적은 그 다음으로 하며 금수를 그 다음으로 한다. 이적은 절반은 사람 절반은 금수의 중간에 있으니, [이것이] 천리(天理)이다"라고 반박했고, "이적이 중국에 들어와서 주인 노릇하는 것이 하늘의 뜻이 아님을 어떻게 아는가?"라는 물음에 대해서는 "성인은 곧 하늘이다. 나는 성인을 통하여 알았다. 『서경(書經)』은 오랑캐가 중국을 어지럽힘을 경계하였고, 『춘추』는 화이의 구분을 엄격히 했다. 이로 미루어 말하자면 하늘은 이적에 대해 본디 허용하지 않았다"라고 반박했다.[65] 10장에서 보았듯이 중화에 대해 문화적 기준을 받아들인 조선 사인들이 중화 관념을 상대화한 것은 사실이었지만 그렇다고 해서 그들이 화이론의 틀 자체로부터 벗어나게 되는 것은 아니었던 것이다.[66]

---

(65) "說者曰, 以人觀之, 雖有華夷之分, 自天視之, 豈有彼此之別乎. … 此亦有不然者, 夫天之生物, 中夏人物爲首, 夷狄次之, 禽獸次之. 夷狄在半人半獸之間, 天理也. … 說者又曰, 子曷知夫夷狄之入主中夏非天意也. 曰, 聖人卽天也. 吾以聖人而知之. 書戒蠻夷猾夏, 春秋謹華夷之分. 推此言之, 天之於夷狄, 固有不許者矣.": 『順菴先生文集』卷12『橡軒隨筆』「華夷正統」(문집총간 a230_035b-035c).

(66) 허태용은 "문화적 화이관은 애초부터 가장 보수적인 화이론자들에게서 도출된 논리"로 "명청교체로 인해 기존의 화이관의 형식과 내용을 그대로 유지하기 어려워진 배경에서 형식은 바꾸더라도 화이관 본래의 의미만은 유지하고자 했던 인물들이 시대에 맞게 화이관을 변형, 수정하는 과정에서 도출된 산물"이었다고 지적했다: 허태용, 『조선후기 중화론과 역사인식』, 184쪽.

실제로 대부분의 조선 사인들에게 중화의 기준으로서의 '문화'라는 척도 자체가 보편적, 중립적인 것은 아니었다. 한원진, 김이안 등의 예에서 보듯이 많은 경우 그들은 조선에 대해서만 '용하변이'의 가능성을 상정하고 조선 이외의 종족들이 중화가 될 가능성은 배제하는 태도를 보이기도 했다.[67] 계승범이 지적하듯이 사실 주희도 문화를 강조하면서도 속으로는 중화에 대한 종족의 기준을 더 강조하는 경향이 있었다.[68] 또한 조선 사인들이 조선이 중화가 될 수 있거나 이미 되었다고 믿은 것은 사실이지만 그렇다고 해서 그들이 중국 중심의 유가 전통의 중화관(中華觀)에서 완전히 벗어나서 조선 중심의 중화관으로 나아가지도 못했다. 이런 점에서 조선의 경우는, 자신들의 문화의 가치를 중시하여 그것을 중화로 보고 중국을 포함하여 그 외의 다른 문화를 모두 이적으로 멸시하는 "자문화 중심"의 "일본형 화이론"을 형성시킨 일본인들의 경우와 대비된다.[69] 물론 일찍부터 유교문화를 받아들여 자신들의 것으로 체화(體化)하고 있었던 조선의 상황이 중국과 상대적으로 멀리 떨어져 있었고 청나라와 정식 책봉 관계를 맺지 않은 일본과 같을 수 없었던 것은 당연했다 하겠다.[70]

---

67) 허태용, 『조선후기 중화론과 역사인식』, 185쪽.
68) 계승범, "조선후기 중화론의 이면과 그 유산", 275쪽.
69) 김호, "조선후기 華夷論 再考", 152-154쪽.
70) 趙成山, "조선후기 소론계의 古代史 연구와 中華主義의 변용", 54쪽.

11.5 화이관의 균열과 중화 사상의 유연함

앞 절들에서 조선 후기 중화 사상이 그것과 마찰을 빚을 수 있는 여러 경향들의 출현에도 불구하고 여전히 그 틀을 지탱했고 그 과정에서 조선 후기 사인들의 중국 인식이 복잡한 양상을 띠게 되었음을 보았다. 이 같은 복잡한 상황을 다른 각도에서 보면, '화(華)'는 주(主)이자 중심이고 '이(夷)'는 '종(從)'으로 주변부이며 '화'는 문명이어서 우수하고 '이'는 야만이어서 저열하다는 전통적인 화-이의 양분법에 대한 믿음과 그 같은 양분법에 적용시킬 현실적 실체로서 중국-조선, 명-청, 조선-청의 대립쌍들이 제대로 들어맞지 않으며 그들 사이에 불합치 또는 모순이 있다는 인식이 존재했음을 볼 수 있다.

중국 사인들에게는 그 같은 불일치와 모순의 느낌이 덜했다. 그들에게는 중국이 '화'였으며 그 외의 모두—서양, 조선을 포함해서—는 '이'였다. 이적 황제의 지배하에 있더라도 중국인 자신들은 '화'였던 것이다. 조선에서도 청의 문화 수준을 야만이라고 치부할 수 있는 동안은 상황이 덜 복잡했다. 비록 청 제국의 조공 체제에서는 자신들이 '이'로 분류되지만 이적 왕조인 청은 어디까지나 '이'였고 조선은 명(明)과 함께 '화'라고 생각할 수 있었기 때문이다. 실제로 대부분의 경우 조선 학자들은 자신들을 '화'의 편에, 즉 청이 아니라 명의 편에 두고 생각했으며, '화'가 하나밖에 있을 수 없음을 인정해야 할 경우에는 명이 중화이고 조선은 '소중화'라고 생각할 수 있었다.

그러나 만주족 청 문화의 높은 수준을 인식하게 되면서 상황이 복잡해졌다. 위에서 본 지역, 종족, 문화 등의 기준들 사이의 긴장, 모순의 양상이 더욱 복잡해진 것이다. 조선이 화-이 양분법에서 '화'에 속한다는 이상(理想)과 조선이 중심인 중국에 비해 지리적으로 주변부에 위치한다는 현실, 그리고 청의 문화적 우월성과 조선의 상대적 낙후라는 현실 사이의 불합치, 모순 등에 대한 인식과 그에 따른 긴장의 상황이 생겨난 것이다. 그리고 화-이 양분법이 도(道)-기(器), 체(體)-용(用) 등 양분법과 연결되어서 '화'는 '도'와 '체'에, '이'는 '기'와 '용'에 해당된다는 믿음이 있었기에, 화-이 구분을 둘러싼 위에서 본 것과 같은 상황의 복잡함, 그리고 그 같은 복잡함에 대한 인식은 조선 학자들의 머리 속에 도(체)와 기(용) 사이의 관계에 대한 생각의 변화, 그리고 그에 따른 긴장과 혼동을 불러일으켰다. 예컨대 그 같은 긴장은 '도'와 '기'가 분리 가능한가 하는 철학적 문제와 복잡하게 뒤엉키기도 했다.[71] 한때 조선 사상계를 뒤흔든 '인물성동이(人物性同異)' 논쟁도 화-이 구분 문제와 연관되었으며,『의산문답』에서 홍대용의 무한우주, 사람과 금수, 초목의 관계에 관한 논의도 이 문제와 관련된 것이었다.[72]

'조선중화' 관념과 '북학'의 주장 양쪽 모두가 이 같은 긴장 상황에 대한 대응으로 생겨났다고 볼 수 있는데, 앞 절들에서 보았듯이 조선중화론자들과 북학론자들 양쪽 모두가 중화 사상의 주된 요소들에 바탕해서 자신들의 견해를 옹호했다. 사실 청이 '이(夷)'이지만 중원을 지배함으로써 중원에 상존하는 중화의 유제를 통해 중화 문화를 유지하고 있다는 북학론자들의 생각과 원래 '이'인 조선이 중화 문화를 받아들여 중화가 되었다는 소중화론자, 조선중화론자들의 생각은 서로 통하는 면이 있는 것이며, 조선이 중화의 유일한 계승자라는 조선중화론적 입장을 견지하면서도 한편으로는 중화문물의 유제인

---

71) 김문용,『홍대용의 실학과 18세기 북학사상』(예문서원, 2005), 218-222쪽.

72) 임종태,『17, 18세기 중국과 조선의 서구 지리학 이해—지구와 다섯 대륙의 우화』(창비, 2012), 351-352쪽.

청 문물을 받아들여야 한다는 주장이 얼마든지 가능했던 것이다. 이에 따라 박지원, 성대중 등 북학론자들이 다양한 수준의 조선중화 의식을 지녔고 이에 대해서는 5장에서 자세히 본 바 있다. 또한 북학론자들에게서 조선의 독자성이나 조선 문화에 대한 자부심 등이 함께 나타나는 경우가 많았다. 특히 많은 북학론자들이 높은 수준의 청 문화에 대한 동경과 함께 조선적인 것에 대한 관심을 보였는데, 이는 높은 수준의 청(중국) 문화가 조선인으로서의 자의식을 자극하는 역할이 있었음을 보여주는 것일 수 있다.[73]

이상에서 본 것과 같은 복잡한 상황을 빚은 다양한 태도들은 한 개인에게서 함께 나타나기도 했다. 박지원이 그 같은 복잡한 태도를 잘 보여주는데, 위에서 보았듯이 그는 청의 높은 수준의 문화를 배우자고 하면서도 청을 결코 '화(華)'가 아닌 오랑캐로 보았으며 대명의리나 북벌의 희망마저 단념하지 않았다. 그는 조선에 대해서도 한편으로는 중화의 문화가 이제 조선에만 남아 있다고 하면서도 다른 한편으로는 조선에서 볼 수 있는 중국화되지 못한 오랑캐의 모습들을 자주 지적했다. 박지원은 특히 의관 제도에서 조선에 남아 있는 오랑캐풍을 개혁하여 중화의 모습을 되찾을 것을 주장했다.[74] 또한 박지원은 7장에서 보았듯이 조선의 시가 '조선풍(朝鮮風)'을 지녀야 함을 주장하면서도 다른 한편으로는 8장에서 본 것처럼 조선의 언어가 오랑캐풍임을 지적하고 중국어를 통한 어문일치를 주장하기도 했다. 물론 이 같은 박지원의 태도는 일견 '이중적'이거나 '모순'되는 것으로 보이기도 하지만 그 자신이 그 같은 모순을 느끼고 있었던 것으로는 보이지 않는다.[75]

---

73) 조성산, "18세기 후반~19세기 전반 조선의 碑學 유행과 그 의미", 『정신문화연구』 33권(2010), 129-161 중 154쪽.

74) 金明昊, 『熱河日記 硏究』, 129-130쪽.

한편 이런 복잡한 상황에 서양의 과학기술이 이를 먼저 받아들인 청으로부터 조선에 들어오게 되면서 상황을 더욱 복잡하게 만들었다. 우선 '중(中)-서(西)' 양분법에서 조선은 '중'의 편에 계속 서 있었는데 중국인 청이 서양의 문명을 받아들이면서 문제를 빚었다. 오랑캐인 만주족이 지배하고 있지만 이미 중화가 되었다고 볼 수 있게 된 청, 그리고 어쨌든 청 제국 체제 속의 조선으로서는 새로운 중화로서 받아들이지 않을 수 없는 청이 서양 문물을 받아들였다는 사실이 조선에서의 상황을 복잡하게 했을 수 있는 것이다. 이에 따라 위에서 본 긴장, 모순 등이 더욱 심화되고 복잡해졌다. 이것을 골수 중화주의의 관점에서 보면, 오랑캐인 청이 오랑캐인 서양의 문물을 받아들인 것이고, 따라서 단호하게 배격하면 되었다.[76] 그러나 서양 과학기술의 유용성, 우수성이 점차 드러나고 조선 사인들이 이것을 받아들일 필요성을 인식하게 되자 문제가 생기게 되었다. 결국 조선 사인들은 서양 역시 '이(夷)'이지만 그 문물은 '화(華)'에서 기원한 것이라는 논리인 서학중원론(西學中源論) 및 그에 영향받은 동도서기론(東道西器論) 등을 통해 이런 상황에 대처하게 되었고 이에 대해서는 13장에서 더 자세히 보게 될 것이다.[77]

그렇다면 조선 사인들은 위에서 본 많은 긴장과 모순 때문에 중화

---

75) 이 같은 박지원의 태도에 대하여 박희병은 "박지원에게 문화적 기준의 화이론만 있었던 게 아니라, 인종적·지리적 기준의 화이론도 완전히 청산되지 않은 채 잔존해 있었던 것"이라고 지적하고 "그의 대명의리론과 북학론이 적어도 자신의 논리구조, 자신의 사유구조 내부에서는 모순 없이 일관성을 갖는다고 말할 수 있게 된다"고 보았다: 박희병, 『범애와 평등』, 284, 286쪽.

76) 실제로 19세기 전반에 가서는 오히려 그 같은 경향이 강하게 나타나기도 했다. 趙成山, "18세기 후반~19세기 전반 對淸認識의 변화와 새로운 中華 관념의 형성", 92-95쪽.

사상을 포기한 것이 아니라 오히려 중화 사상을 통해 그 같은 긴장과 모순에 대응한 것이었다고 할 수 있다. 그 같은 긴장과 모순을 빚은 다양한 생각과 태도들이 폭넓고 유연한 중화 사상의 틀 속에 포괄될 수 있었던 것이다. 그리고 이는 조선 후기를 통해 중화 사상이 조선 사인들의 생각을 지배한 정도를 보여줄 뿐 아니라 그에 대해 조선 사인들이 지녔던 태도의 다양성과 중층성을 보여준다고 할 수 있겠다.

---

77) 김영식, "서학(西學) 중국기원론의 출현과 전개", 『동아시아 과학의 차이―서양 과학, 동양 과학, 그리고 한국 과학』(사이언스북스, 2013), 113-134쪽; 노대환, 『동도서기론 형성과정 연구』(일지사, 2005).

3

구체적 사례들

12장
'주변부' 조선 사인들과
'중심' 중국 사인들

    1. 2부의 여러 장들에서 조선 후기 사인들이 중국과 중국 문화에 대해 지녔던 인식과 태도의 여러 측면들 및 그것들의 변화에 대해 논의하면서 그 같은 측면들과 변화가 복잡하고 다층적이었음을 보았다. 3부에서는 그 같은 다양한 측면들을 다른 각도들에서 다시 조망해볼 수 있는 몇 가지 구체적 주제들을 다룰 것이다. 먼저 12장에서는 조선 후기 사인들이 중국 학계와 사인들에 대해 지닌 태도를 살펴볼 것인데, 그들 사이의 관계를 '중심'인 중국과 '주변부' 조선이라는 관점에서 봄으로써 앞 장들에서의 논의에 배경으로 깔려 있던 중화 사상이라는 동아시아의 특수한 관점에서 벗어나서 이를 더 일반화시켜 조명할 것이다.

12.1 '중심' 중국과 '주변부' 조선

'중심-주변부'의 틀을 조선과 중국에 적용시키게 되면 조선과 중국의 관계는 단순히 동아시아에 있었던 특수한 상황이 아니라 일반적으로 문화적 중심과 주변부 사이에서 찾아볼 수 있는 관계의 한 사례가 된다. 세계 각 지역들의 여러 문화권이 중심과 주변부들의 관계를 이루고 있으며, 중국과 조선의 관계는 그중 한 예로서 동아시아 내에 중심인 중국 주위에 여러 주변부가 있고 조선은 그중 한 주변부로 볼 수 있는 것이다.

물론 이 관점에는 여러 문제점들이 포함되어 있고 그 때문에 '중심-주변부'의 틀을 한국과 중국의 관계에 그대로 적용시키는 데는 문제가 따를 수 있다. 가장 두드러진 문제는 '중심'이라고 부르기에는 중국이 지리적으로 너무나 크다는 사실이다. 실제로, 중국 전체가 하나의 중심이 아니라 그 안에 얼마든지 중심과 주변부들이 있다고 볼 수 있고, 따라서 주변부 한국과 중심 중국의 관계가 중국 내의 여러 주변부들과 중심과의 관계와 같은 성격의 것인지 아니면 질적으로 다른 성격의 것인지의 문제도 당연히 생기게 된다. 예컨대 주변부 조선과 중심 북경(北京)의 관계는 사천(四川), 복건(福建) 등 중국의 지방과 북경의 관계와 비교해서 어떻게 다른 것인가, 그리고 만약 이 관계들이 질적으로 다르지 않다고 한다면, 사실상 한국은 중국 내부의 여러 주변부 지역들 중의 하나와 같은 것으로 볼 수 있게 되는 것이 아닌가 하는 질문들이 생기게 된다.

더욱이 중국 안에 하나의 중심만이 있는 것이 아니었고 시기에 따라 서로 다른 지역들이 중심의 역할을 하기도 했다. 중국 왕조의 수도가 바뀜에 따라 중심이 바뀌기도 했고, 역사상 어느 시점에서 수도 이외의 지역이 문화적 중심의 역할을 한다고 볼 수 있는 경우도 있었다. 예컨대 청대의 강남 지역은 문화, 학문의 측면에서 수도인 북경보다도 사실상 더 중심의 역할을 했다고 볼 수 있다. 때로는 한 시점에 중국 안에 복수(複數)의 중심들이 존재하고 그 각각의 중심 주위에 주변부들이 있다고 볼 수 있는 경우도 있었다. 실제로 중국 내에 복수의 왕조가 존재했던 시기들 이외에 한 왕조가 중국 전역을 지배했던 시기에도 그런 경우가 있을 수 있어서, 예컨대 북경과 남경(南京)은 한 시점에 복수의 중심이었다고 볼 수 있는 예이며, 청대의 북경과 강남 지역도 문화, 학문, 경제의 측면에서 복수의 중심 역할을 했다고 볼 수 있다. 그리고 사실 이 같은 상황은 오늘날까지 이어지고 있다.

또한 한국도 동아시아 중화 문화권 내에서 중심들 중의 하나로서 역할을 했다고 볼 수 있던 때, 또는 한국인들 자신이 한국을 그런 중심으로 보았던 때가 있었다. 예컨대 15세기 초 세종(世宗, 재위 1418-1450) 시기, 18세기 후반 영조(英祖, 재위 1724-1776), 정조(正祖, 재위 1776-1800) 시기의 조선이 그런 중심의 역할을 했다고 볼 수 있는데, '소중화', '조선중화' 의식들은 그런 상황에서 나오게 되었던 것이다. 그리고 '조선중화' 의식을 지녔던 조선 후기 사인들 중 일부 극단적인 사람들의 의식 속에서는 조선이 중심이 되고 청 지배하의 중국은 주변부가 되어버린 측면도 볼 수 있었다. 더 나아가 한국 안에서도 중심들과 주변부들이 있었다고 볼 수 있는 경우도 있고, 세종 시기 서울, 특히 왕실 안이나, 18세기 서울 지역 등은 그 같은 예가 되겠다.

또한 주변부가 지니는 주변성의 정도에 차이가 있을 수 있다. 예를 들어 일본 역시 중국 중심 문화권의 주변부로 볼 수 있지만 일본의 주변부로서의 상황은 한국의 상황과 달랐다. 일본은 그 주변성이 더 컸던 반면에 중국을 중심으로 받아들이는 정도나 자신들을 주변부로 인정하는 정도가 한국에 비해 약했던 것이다. 이 같은 차이는 19세기 후반 서양 세력에 의해 중심인 중국의 위상이 흔들리게 되었을 때 두드러지게 드러났다. 9장에서 보았듯이 조선 사인들은 청을 중심으로 한 중화질서의 수호를 추구한 데 반해 일본은 오히려 서양의 문물과 과학기술을 이용해서 중심을 중국으로부터 자신들에게로 이동시켰다.[1]

한편 이 같은 '중심-주변부' 관점의 또 다른 문제점은 그것이 대부분의 한국사학자와 한국학 학자를 포함해서 많은 한국인들이 지극히 싫어하는 관점이라는 것이다. 많은 사람들이 이 같은 중심-주변부의 관점이 조선을 중국에 대해 종속적으로 보는 '사대적' 관점이라고 하여 거부감을 지닌다. 이들은 한국에서 독창적이거나 특수한 발전이 있었던 시기들에 주목하면서 위의 관점에 대해 반기를 든다. 사실 그간 한국사 연구의 많은 노력이 그 같은 독창적이거나 특수한 발전의 경우들을 대상으로 이루어지기도 했는데, 이는 특히 과학사 분야에서 두드러져서 금속활자, 측우기(測雨器), 지전설(地轉說) 등 한국에서의 독창적 성취라고 여겨지는 것들과 그에 바탕한 한국 과학의 독창성에 관한 연구들이 많이 이루어져 왔다.[2] 물론 한국 문화의 다른 여러 영역에 대한 연구에서도 그 같은 독창성을 보여주려고 하는 경향을

---

1) 물론 이런 식으로 서양 문물을 통해 자신들을 중심으로 보게 된 일본 내에서도 중앙정부와 핵심 기업들로 이루어진 중심과 지방과 소규모 기업들로 이루어진 주변부의 중심-주변부 관계가 형성되었음을 볼 수 있다. Tessa Morris-Suzuki, *The Technological Transformation of Japan: From the Seventeenth to the Twenty-first Century*(Cambridge: Cambridge University Press, 1994), pp. 5-7.

2) 이 같은 경향과 그 문제점에 대해서는 김영식, "한국 과학사 연구의 문제와 전망", 『동아시아 과학의 차이—서양 과학, 동양 과학, 그리고 한국 과학』(사이언스북스, 2013), 171-205, 특히 173-178쪽에서 지적한 바 있다.

찾아볼 수 있는데, 중국 신유학(新儒學)의 흐름과는 다른 조선 성리학의 발전과 독창성에 대한 강조가 그 같은 예라고 할 수 있다.[3] 그러나 이들이 즐겨 내세우는 그 같은 예들에 비해 역사상 훨씬 더 자주 보게 되는 것은 중국에서 먼저 나타난 관념, 기물(器物), 경향, 실행 등이 시간이 지난 후 한국에 나타나는 경우들이다. 그리고 아래 14장에서 그 몇 가지 예들을 살펴보겠지만, 이 같은 더 흔하고 일반적인 경우들에 대한 탐구가 위의 예외적인 경우들에 대한 탐구보다도 한국의 상황에 대해—그리고 중국의 상황에 대해서도—많은 흥미 있는 통찰을 가져다줄 수 있다.

이런 여러 문제점들에도 불구하고 '중심-주변부' 관점은 역사상 한국에서의 많은 문화요소들의 발전 및 전개 과정을 이해하는 데에 도움을 줄 수 있다. 동아시아의 역사상 많은 측면에서 중국이 중심이었고 한국은 주변부였던 것이 부정할 수 없는 사실이며, 조선 시대 한국인들, 특히 조선의 사인들이 중국을 중심으로 받아들였기 때문이다. 실제로 '중심-주변부' 관점은 조선 사인들에게 중국과 중화 문화가 지녔던 의미, 그리고 그들이 중국과 중화 문화에 대해 지녔던 태도를 이해하는 데 유용한 틀을 제공해준다. 1부의 논의 전체의 저변에 깔려 있었던 중화 사상은 바로 이 같은 관계를 보여주는 것이었다고 할 수 있다.

이 같은 '중심-주변부' 관계에서 보편적으로 나타나는 상황은 중심과 주변부의 문화적 관계가 비대칭적이고 일방적이라는 것이다. 주변부는 문화적으로 항상 중심에 관심을 갖고 의존하며 그 영향을 받는 데 반해 중심은 주변부들의 문화적 상황에 대해 거의 무관심하고

---

3) 尹絲淳, 『退溪哲學의 研究』(고려대학교출판부, 1980), 緒章, 특히 1-2쪽.

그 영향을 받는 일이 극히 드문 것이다. 예컨대 수많은 새로운 관념, 기물, 경향, 실행 등이 중심인 중국에서 먼저 생겨나고 한국을 포함한 주변부들로 퍼져나간 데 반해 그 반대 방향인 주변부들로부터 중국으로의 전이(轉移)는 매우 드물었다.[4] 이 같은 일방적이고 비대칭적인 관계는 조선 사인들과 중국 사인들 및 중국 학계와의 관계에서도 나타났다. 아래에서는 이에 대해서 살펴볼 것인데, 물론 아직 철저한 연구가 이루어지지 못한 상황에서 알려진 제한된 예들에 바탕한다는 한계는 있지만 이를 통해 중심인 중국과 중국 문화에 대한, 그리고 주변부에 위치한 자신들의 '주변성'에 대한, 조선 후기 사인들의 인식과 태도를 볼 수 있을 것이다.

12.2 조선의 학문과 문화에 대한 중국 사인들의 무관심

조선 후기 사인들은 당시 중국 중심의 동아시아 세계에서 자신들이 주변부에 있음을 스스로 자각하고 있었다. 앞의 여러 장들에서 보았듯이 그들이 자주 표현했던 문화적, 지적(知的) 자부심에도 불구하고 조선 사인들은 자신들이 학문과 문화의 중심에 있다고 실제로 느끼지는 않았던 것이다. 이 같은 자신들의 주변성에 대한 자각은 조선 사인들이 계속해서 중국 사인들의 저술에 관심을 가지고 읽으면서

---

4) 나카야마(中山茂, Shigeru Nakayama)는 과학의 전파를 예로 들어 이 같은 상황을 보여준 바 있다. Shigeru Nakayama, "The Spread of Chinese Science into East Asia," Yung Sik Kim and Francesca Bray, eds., *Current Perspectives in the History of Science in East Asia*(Seoul: Seoul National University Press, 1999), pp. 13-20.

도 정작 자신들의 저술의 독자로서는 거의 전적으로 조선 사인들만을 염두에 두었던 것으로 보인다는 점에서 드러난다. 물론 이는 자신들의 학문이 중국과 다른 독자적인 것이라는 조선 사인들의 '자주적' 의식을 보여주는 것일 수도 있고 자신들만이 유일한 중화이므로 청의 사인들을 의식할 필요가 없다는 자부심의 결과일 수도 있겠지만, 그보다는 자신들이 자부하는 중화로서의 조선의 학문과 문화의 수준이 중심인 중국으로부터 인정받지 못하고 있으며, 실제 중국의 사인들이 주변부인 자신들의 저술에는 별 관심을 주지 않는다는 현실을 인식하고 있었음을 보여주는 것일 수 있다.

조선 사인들의 저술에 대한 중국 사인들의 태도도 조선 사인들의 이 같은 인식이 현실과 부합되는 것이었음을 보여준다. 조선 사인들은 거의 모든 글을 한문으로 썼기에 중국 사인들이 이를 읽을 수 있었지만, 실제로 중국 사인들은 조선 사인들의 저술을 포함해서 조선의 문화나 학문적 성취에 대해 거의 관심을 보이지 않았던 것이다. 물론 연행 중의 조선 사인들과 교류했던 중국 사인들은 조선의 문화와 학문에 좀 더 관심을 갖고 평가하는 경우도 있었다. 예컨대 앞 장들에서 보았듯이 연행 중 홍대용과 교류한 반정균, 엄성 등이 조선의 문화와 학문에 대해 평가하는 언급들이 그의 연행기의 여러 곳에서 발견된다.[5] 그러나 이는 먼 변방 조선으로부터 온 손님들에 대한 예의와 배려에서 나온 것이거나, 변방의 이적으로서 그 정도의 학문과 문화 수준이라도 대단한 것이라는 '접어주기'식 평가였을 가능성이 있는 것임을 감안해야 할 것이다.

---

5) 『湛軒書』外集 卷2-3 「杭傳尺牘 乾淨衕筆談」(문집총간 a248_129a-174c). 그 외에 정혜중, "명청중국과 조선사행의 지적 교류", 『東洋史學硏究』 111집(2010), 33-61쪽을 볼 것.

그나마 시문(詩文) 분야에서는 조선인들의 작품이 중국에서 인정 받는 경우들을 어느 정도 찾아볼 수 있었다.[6] 예컨대 김상헌(金尙憲, 1570-1652)의 시가 중국 사인들에게 어느 정도 알려졌던 것으로 보이 는데, 청의 대표적 시인으로 '신운설(神韻說)'의 주창자였던 왕사정 (王士禎, 1634-1711)이 그의 시론(詩論)을 담은 『논시절구(論詩絶句)』에서 김상헌의 시를 인용했으며 높이 평가했다고 전해졌다.[7] 중국 쪽에서 조선인들이 쓴 시들을 수집, 정리하는 일도 있어 전겸익(錢謙益, 1582-1664)이 황제로부터 승려, 여성, 외국인 등 약 2,000명에 이르는 명대 사람들의 시를 골라 1652년에 펴낸 『열조시집(列朝詩集)』의 「외이(外夷)」 편에 170여 수의 조선 시를 수록했고, 그 후속으로 1705년 주이존 (朱彛尊, 1629-1709)이 명대의 시를 총정리해 100권으로 간행한 『명시종 (明詩綜)』의 「속국(屬國)」 부(部)도 130여 수의 조선 시들을 포함했다.[8] 그러나 이는 청이 중화 문화의 광범위함을 과시하는 일환으로 제후국 인 조선의 문화 수준을 점검하는 성격을 띠었던 것으로 보인다.[9]

18세기 말 『사고전서』가 편찬되면서는, 7장에서도 보았듯이 조선과 중국의 사인들이 같은 문자를 사용하며 하나의 문화권에 함께 살고 있다는 이른바 '동문(同文)', '병세(並世)' 의식이 퍼지면서 이 같은 일이 더 자주 일어났다.[10] 특히 『사고전서』에 포함시킬 선본(善本)을 얻고자

6) 李學堂, 牛林傑, "17-18세기 中·韓 文人 間의 文化交流와 相互作用 現象 一考察", 『韓國實學研究』19호(2010), 55-86.
7) 李學堂, 牛林傑, "17-18세기 中·韓 文人 間의 文化交流", 62-64쪽; 이종묵, "한시 의 보편적 가치와 조선후기 중국 문인과의 시문 교류", 『韓國詩歌研究』30(2011), 35-64 중 49-50쪽.
8) 임형택, "『列朝詩集』·『明詩綜』과 朝鮮詩部─한문 세계의 중심과 주변"(제7회 규장 각한국심포지엄 발표자료집: 규장각한국학연구원, 2014. 8. 21.-8. 22), 25-40 중 32-33쪽.
9) 이종묵, "한시의 보편적 가치와 조선후기 중국 문인과의 시문 교류", 44-45쪽.

하는 목적에서 조선과 일본 등 주변 국가에 남아 있는 중국의 고문헌에 대한 관심이 생겨나면서 그와 함께 조선, 일본 자체의 고문헌도 찾아보게 되었고, 그 과정에서 중국 측에서 조선의 역사서와 문집을 요구하는 일도 있었다.[11] 19세기에 들어서서는 조선 사인들의 시집과 문집 자체가 중국에서 간행되는 일도 나타났는데, 이덕무의 『청비록(淸脾錄)』을 비롯해서 박제가의 『정유고략(貞蕤藁略)』, 유득공의 『이십일도회고시(二十一都懷古詩)』 등이 중국에서 재간행되었다.[12] 그리고 7장에서 보았듯이 중국에서 조선과 중국 문인들의 시들을 함께 엮은 시집이 출간되기도 했다.

시문 이외에 중국에서 조선의 저술이 간행되거나 유통되는 예는 극히 드물었다. 두드러진 예외가 허준(許浚, 1539-1615)의 『동의보감(東醫寶鑑)』이었는데, 이 책은 1763년에 판각(板刻)이 되고, 1766년에는 광동본(廣東本)이 나오는 등 중국에서 널리 유통되고 있었다.[13] 그 외의 예외적인 경우로 『고려사(高麗史)』도 중국 사인들 사이에 유통되었는데, 서호수는 연행 중 기윤으로부터 "귀국 정인지의 『고려사』가 매우 체제가 잘 잡혀 있으므로 내가 서가에 한 부를 간직하고 있습니다"

---

10) 조성산, "18세기 후반~19세기 전반 조선의 碑學 유행과 그 의미", 『정신문화연구』 33권(2010), 129-161 중 151-152쪽.

11) 조성산, "18세기 말~19세기 전반 조선의 自國文獻에 대한 관심확대와 그 의의", 『중화문물과 조선의 정체성』(한국사연구회 · 템플턴 「동아시아의 과학과 종교」 프로젝트 연합학술회의 자료집, 2013. 4. 19.-4. 20), 73-94 중 75쪽; 김문식, 『조선후기 지식인의 대외인식』(새문사, 2009), 105쪽.

12) 朴現圭, "中國에서 刊行된 朝鮮後四家 著書物 總攬", 『韓國漢文學研究』 24집(1999), 273-292쪽.

13) 신동원, 『동의보감과 동아시아 의학사』(들녘, 2015), 358-359쪽. 『東醫寶鑑』은 그 후 현대까지 중국에서 25차례나 찍어냈으며(같은 책, 354쪽), 1763년 중국본이 나오기 전에는 중국 사신이 조선에 오는 길에 『東醫寶鑑』을 얻어가기도 했다(같은 책, 356쪽).

라는 말을 듣고 "그렇다면『고려사』가 이미 시중에 번각(翻刻)되었습니까?"라고 물어 관심을 표했지만 기윤으로부터 "바로 귀국에서 간행한 판본입니다"라는 대답을 들었다.[14]

그러나 중국 사인들이 이처럼 중국에서 유통되거나 간행된 조선의 저술들에 큰 관심을 갖거나 그 내용을 깊이 이해하고 있었던 것으로 보이지는 않는다. 사실 아래 12.4절에서 보듯이 조선의 시문이 중국에서 유통되고 간행되는 예들에 조선의 사인들이 큰 관심을 보였는데, 이는 오히려 그들이 그 같은 경우들을 예외적인 것으로 인식했던 것임을 말해주는 것이었다. 위에서 중국인들의 관심을 끈 예외적인 경우의 예로 든 허준의『동의보감』도 완전히 예외는 아니었다. 1747년 중국에서『동의보감』필사초본을 처음 제작한 왕여존(王如尊)은 그 저자 허준이 "중국 송대의 어의(御醫)"인 것으로 생각하기도 했다.[15]

12.3 조선 사인들의 중국 사인들과의 교류

이 같은 상황은 조선 사인들과 중국 사인들의 교류의 폭이 좁았던 데 기인한 면이 있었다. 사실 조선 사인들과 중국 사인들과의 교류는 명말 이후 오랜 기간 중단되었다. 청 초기 한참 동안은 청에 대한 반감에서 조선 사인들이 연행 시 청 측 인사들과의 교류를 꺼리는 분위기도 있었고 연행사들이 청인들의 행사에 참여했다고 하여 귀국 후 탄핵을 받는 일까지 있었다.[16] 18세기 중반 이후에야 연행 간 조선 사인

---

14) "紀曰, ⋯ 貴國鄭麟趾高麗史, 極有體段, 僕藏度一部矣. 余曰, 然則高麗史已翻刻於坊間乎. 紀曰, 卽貴國板本也.":『燕行紀』卷3「起圓明園至燕京」七月 三十日戊申.

15) 신동원,『동의보감과 동아시아 의학사』, 357쪽.

들에 의한 청 사인들과의 교류가 다시 시도되었다. 그러나 조선 사신 숙소인 회동관(會同館)은 내성(內城) 안에 있었기에 연행 중의 조선 사인들은 주로 만주족 신료들과의 접촉만이 가능했고, 한족 사인들과의 개인적인 접촉은 비공식적으로 때로는 은밀하게 이루어질 수밖에 없었다. 특히 북학파 사인들이 중국을 방문한 시기는 『사고전서』의 편찬을 전후해서 청의 언론규제가 심하여 한인 사인들이 조심하던 시기였고 방문한 조선 사인들과의 자유로운 지적 교류에 한계가 있었던 것으로 보인다.[17] 조선에 오는 청 사신들도 대부분 만주족이었기에 청 사인들의 조선 방문의 기회를 통한 조선 사인들과의 교류 기회는 거의 없었다.[18] 또한 교류가 있었던 경우에도 필담(筆談)에 의존해야 했고 언어, 문화의 차이 때문에 오해가 빚어지기도 했다.[19] 연행의 경로도 개항 이전까지는 엄격히 정해져 있어서 지역의 중국 사인들과의 접촉 기회도 드물었다.

　이런 상황에서 조선 사인들과 중국 사인들의 교류는 극히 제한적으로 이루어지고 있었고 그들 사이에 깊이 있는 지적, 학문적 논의가 이루어지는 일도 드물었다. 연행 간 조선 사인들의 주된 학문적 관심은 중국 사인들과의 직접 토론보다는 오히려 조선에서 구하기 힘든 문헌들을 구하는 일에 주어져서 많은 조선 사인들이 북경에서 주로

---

16) 김종수, "西溪 朴世堂의 燕行錄과 북경 체류 32일", 『한국실학연구』 16호(2008), 7-50 중 32-33쪽.

17) 최소자, 『淸과 朝鮮―근세 동아시아의 상호인식』(혜안, 2005), 218쪽. 홍대용의 연행 중 그와 교류한 반정균, 엄성 등 중국 사인들은 민감한 내용을 필담한 후 곧 찢어버리더라는 기록이 홍대용의 『乾淨衕筆談』 여기저기에서 발견된다.

18) 丘凡眞, "淸의 朝鮮使行 人選과 '大淸帝國體制'", 『인문논총』 59권(2008), 1-50쪽. 이것이 조선 사인들의 연행기가 수없이 많은 데 반해 청 사인들의 조선 기행문은 극히 드문 이유일 것이다.

19) 李學堂, 牛林傑, "17-18세기 中·韓 文人 間의 文化交流", 71쪽.

서적을 구입하고 서목(書目)을 입수하는 일에 노력을 기울이고 경비를 썼다. 예컨대 1778년에 연행한 이덕무는 유리창의 여러 책방들을 돌며 "우리나라에 드물거나 전혀 없는" 책들을 찾아보고 130여 종의 서목을 기록해 왔으며,[20] 며칠 후 유리창에 다시 가서 전일 보지 못한 책방 몇 곳을 더 들렀다가 "도씨(陶氏)"라는 사람의 "오류거(五柳居)"라는 책방에서 다음날 도착할 예정인 책 4,000여 권의 서목을 빌려가지고 돌아와서는 다음과 같이 썼다.

> 내가 평생 동안 구하려 하던 책이 모두 거기에 있을 뿐 아니라 천하의 기이한 책들이 매우 많아서 나는 비로소 절강(浙江)이 서적의 본고장이라는 것을 알았다. 여기에 온 뒤 먼저 절강서목(浙江書目)을 구했었는데, 근일에 간행된 것을 보니 이미 희귀한 것들이 보였다. 도씨의 서선(書船) 서목에는 또한 절강서목에 없는 것도 있었다.[21]

이덕무는 사흘 후 오류거에 다시 가서 이때 자신이 수행했던 서장관(書狀官) 심염조(沈念祖, 1734-1783)가 부탁한 수십여 종의 책을 구입했는데 "그중 주이존의 『경해(經解)』와 마숙(馬驌, 1621-1673)의 『역사(繹史)』는 드문 책들로 모두 선본(善本)이었다"고 했다.[22]

---

20) "燕市書肆, 自古而稱. 政欲繙閱. 於是余與在先及乾粮官, 往琉璃廠. 只抄我國之稀有及絶無者. 今盡錄之, 通鑑本末, 文獻續纂, 協紀辨方, …": 『靑莊館全書』卷67 『入燕記』正祖 2年 5月 19일(문집총간 a259_220a-220b).

21) "出順城門, 過琉璃廠, 又搜向日未見之書肆三四所, 而陶氏所藏, 尤爲大家, 揭額日五柳居. 自言書船從江南來, 泊于通州張家灣, 再明日當輸來, 凡四千餘卷云. 因借其書目而來, 不惟吾之一生所求者盡在此, 凡天下奇異之籍甚多, 始知江浙爲書籍之淵藪. 來此後先得浙江書目, 近日所刊者見之, 已是瓊觀. 陶氏書船之目, 亦有浙江書目所未有者.": 같은 글, 正祖 2年 5月 25일(문집총간 a259_223d-224a).

몇몇 조선 사인들이 연행 시 중국 사인들과 만나 교분을 쌓은 후 그 교분에 바탕해서 교류를 지속하기도 했다. 때로는 이 같은 중국과 조선 사인들 간의 교류의 네트워크가 후대로 이어지기도 했다. 예컨대 김상헌의 자손들은 몇 대에 걸쳐 중국의 사인들과 교류했는데, 이덕무는 『청비록』에서 명말에 처음 김상헌이 바닷길로 중국에 가는 길에 제남(濟南)에서 어사(御史) 장연등(張延登)을 만난 지 70여 년 후인 1713년 김상헌의 증손(曾孫) 김창업(金昌業, 1658-1721)이 연행하여 양징(楊澄)과 이광지(李光地, 1642-1718)를 만났고, 그 20여 년 뒤에는 현손(玄孫)인 김익겸(金益謙, 1701-1747)과 김일진(金日進)이 이개철(李鍇鐵)과 교류했음을 이야기하고 그 후 1766년에 5대손 김재행(金在行)이 연행하여 육비, 엄성, 반정균 등과 깊게 교류한 것은 "천하의 성사(盛事)"였다고 하면서 "청음 선생 이후로 140-150년 동안 김씨의 문헌이 동방의 으뜸이 된 것은 대대로 중국을 좋아하고 견문을 넓힌 데서 연유하였다고 하지 않을 수 없다. 그 유풍여운(遺風餘韻)이 오늘까지 없어지지 않고 있다"고 덧붙였다.[23]

조선 사인들과 중국 사인들 간의 대를 이은 교류 중 가장 잘 알려진 예는 홍대용의 경우였다. 홍대용이 연행 중 중국 사인들, 특히 반정균, 엄성, 육비와 심도 깊은 교류를 한 것은 앞 장들에서 보았지

<hr />

22) "往琉璃廠五柳居, 閩南船奇書, 書狀囑余沽數十種. 其中朱彝尊經解, 馬驌繹史, 稀有之書, 而皆善本也.": 같은 글, 正祖 2年 5月 28일(문집총간 a259_225a).

23) "盖淸陰先生, 水路朝京, 於濟南逢張御史延登. 後七十餘年癸巳, 曾孫稼齋入燕, 逢揚澄證交, 望見李榕村光地. 後二十有八年, 淸陰先生玄孫潛齋益謙日進入燕, 逢豸靑山人李鍇鐵君, 相與嘯咜慷慨於燕臺之側. 後二十有六年, 淸陰先生五代族孫養虛堂在行平仲, 逢浙杭名士陸飛起潛嚴誠力闇潘庭筠香祖, 握手投契, 淋漓跌宕, 爲天下盛事. 自淸陰以來百有四五十年, 金氏文獻甲於東方者, 未必不由於世好中原開拓聞見. 遺風餘音, 至今未泯也.":『靑莊館全書』卷35『淸脾錄』「農巖三淵慕中國」(문집총간 a258_053b-053c).

만 그는 귀국 후에도 이들과의 서신교류를 계속했다.[24] 홍대용은 특히 엄성과는 의형제를 맺다시피 가까워서 엄성의 부고(訃告)를 반정균으로부터 들은 홍대용이 애사(哀辭)를 보내자 이를 받은 엄성의 아들 엄앙(嚴昻)이 홍대용을 백부(伯父)로 대했다고 한다.[25] 1778년 연행한 이덕무가 반정균을 만난 것도 홍대용의 소개를 통해서였는데, 이덕무는 반정균의 소개로 육비, 엄성 이외에 이조원(李調元, 1734-1803), 이정원(李鼎元), 당낙우(唐樂宇), 기윤(紀昀, 1724-1805), 옹방강(翁方綱, 1733-1818) 등 유수한 청 학자들과도 만나 교류하게 되었다.[26] 이덕무는 홍대용과 교류가 있던 중국 사인 손유의(孫有義)를 연행 중 통주(通州)에서 만났을 때 그가 "홍공(洪公)이 전에 나에게 호주(湖州)의 선비 철교(鐵橋) 엄성(嚴誠)의 유집(遺集)과 그의 초상화를 구해달라고 부탁하기에 내가 이미 구하여 삼하(三河)에 있는 염점(鹽店) 오 씨(吳氏)에게 맡겨두었으니, 삼하를 지날 적에 찾아다가 홍공에게 전하십시오"라는 부탁을 받고 돌아오는 길에 삼하를 지날 적에 찾아오기도 했다.[27]

홍양호도 1782년 연행길에 기윤을 만난 후 시문을 교환하고 서양 문물에 대해서도 묻는 등 서로 교류하였는데 이들의 교류도 후대로 이어져서 홍양호의 아들 홍낙준(洪樂浚)과 손자 홍경모(洪敬謨, 1774-

---

24) 홍대용이 연행 후 20여 년간 이들 중국 사인 및 그들의 자손, 친지와 주고받은 서신들이 『杭傳尺牘』에 남아 있다.

25) 최소자, 『淸과 朝鮮』, 227쪽.

26) 崔博光, "李德懋의 中國體驗과 學問觀", 『大東文化研究』 27집(1992), 49-79 중 64-68쪽.

27) "孫有義字心裁, 號蓉洲, 居三河, 洪湛軒之所親也. 昨夜, 余逢蓉洲於通州. 蓉洲以爲, 洪公前托余得湖州士人嚴鐵橋誠遺集及小照, 我已得之, 寄置於三河塩店吳姓人, 君過三河, 可以索之, 歸傳洪公. 及到三河館之比隣, 孫嘉衍, 卽蓉洲之從弟也. 塩店吳姓人, 已聞朝鮮人將回, 置蓉洲所托鐵橋遺集小照於嘉衍之家. 余乃索來.": 『靑莊館全書』 卷67 『入燕記』 正祖 2년 6월 17일(문집총간 a259_230d).

360

1851)가 기윤의 손자인 기수유(紀樹蕤) 등과 교류했다.[28] 유득공(柳得恭, 1748-1807)은 1790년 연행 중 박제가와 함께 기윤, 반정균, 이정원 등을 만났고 그 후 1801년『주자전서(朱子全書)』선본(善本) 도입 임무를 띤 연행길에서 그들을 다시 만나 교유하면서 여러 책들을 구하는 데 도움을 청하기도 했다.[29] 김정희(金正喜, 1786-1856)는 1810년 연행길에 옹방강, 완원(阮元, 1764-1849)을 만나 교류가 시작되었는데, 귀국 후 완원에게 조선본『산학계몽(算學啓蒙)』을 보내주었고, 이에 대한 답례로 완원도 자신의 저서 여러 권을 김정희에게 보내주기도 했다.[30]

때로는 조선 사인들이 유리창 같은 곳에서 우연히 중국 사인들을 만나 교류가 시작되는 일도 있었다. 예컨대 여러 차례 연행했던 박제가와 손성연(孫星衍, 1753-1818)의 교류가 시작된 것은 유리창에서 우연히 만난 것이 계기였으며,[31] 박제가의『정유고략』이 오성란(吳省蘭, ?-1810)의 총서『예해주진(藝海珠塵)』에 포함되었을 때 서문에서 이 책을 격찬한 진단(陳鱣, 1753-1817) 역시 유리창에서 박제가와 유득공을 만나 의기가 투합하게 되었던 사람이다.[32]

---

28) 진재교, "18세기 조선조와 청조 학인(學人)의 학술교류—홍양호와 기윤을 중심으로",『古典文學硏究』 23집(2003), 301-326쪽; 이군선, "기윤(紀昀)과 조선문인과의 교유와 그 의미",『漢文敎育硏究』 24(2005), 337-366 중 355-359쪽; 李學堂, 牛林傑, "17-18세기 中·韓 文人 間의 文化交流", 65-70쪽.

29) 이 같은 내용은 1801년 유득공의 연행기『燕臺再遊錄』 여러 곳에 기록되어 있다. 이군선, "기윤과 조선문인과의 교유와 그 의미", 350-355쪽.

30) 艾尔曼(Benjamin A. Elman), "朝鮮鴻儒金正喜與淸朝乾嘉學術",『世界漢學』 14(中國人民大學 漢學硏究中心, 2014), 35-48 중 36-37쪽.

31) Benjamin A. Elman, *From Philosophy to Philology: Intellectual and Social Aspect of Change in Late Imperial China*(Cambridge, Mass., Harvard University Press, 1984), 155-156쪽. 최소자는 유리창이 "청과 조선의 문인들이 교류하는 지역으로서 그들의 학문적 대화의 공간"이었다고 이야기했다. 최소자,『淸과 朝鮮』, 232쪽.

12.4 중국의 평가에 대한 조선 사인들의 관심

이처럼 중국 사인들과 제한적인 교류만 있었던 상황에서 조선 사인들이 중국 학계의 상황에 대해 무지한 경우가 많았고 그에 대해서는 조선 사인들 자신들이 인식하고 있기도 했다. 예컨대 이덕무는『경해(經解)』와 같은 유가 경학의 중요한 원천은 간행된 지 백년이 되었는데도 그간 수없이 다녀간 조선 사신들은 까마득히 모른 채 중국에서는 집집마다 있을 정도로 흔하고 값도 싸며 조선에서도 간행된 연의소설(演義小說)들이나『팔대가문초(八大家文抄)』,『당시품휘(唐詩品彙)』등을 매번 비싼 값에 사가는 상황을 한탄했다.[33] 나중 홍한주(洪翰周, 1798-1868)는『십팔사략(十八史略)』이나『통감절요(通鑑節要)』같은 책들이 이미 중국 사인들 사이에서 많이 읽히지도 않고『사고전서』에도 포함되지 않은 것도 모르고 조선에서는 계속 읽고 있는 상황을 비판하기도 했다.[34] 홍길주(洪吉周, 1786-1841)는 중국 사인들이 자기들 사이에서는 "얼음과 숯처럼 서로 원수처럼 공격하는데도" 조선의 사인들은 그것도 모르고 그들을 구별하지 않고 모두 함께 떠받들고, 중국에서는 고증학자들까지도 깊이 배척하는 모기령(毛奇齡, 1623-1716)을 "살과 살갗처럼 애호하는" 것을 지적하며 "이는 모두 동인(東人)의 고루한 병"

---

32) 艾尔曼, "朝鮮鴻儒金正喜與清朝乾嘉學術", 38쪽. 陳鱣의 서문("咸知崇實學尙風雅, 無間于絕域遐陬")에 대해서는 임형택,『『列朝詩集』·『明詩綜』과 朝鮮詩部』, 38쪽을 볼 것.

33) "經解者, … 眞儒家之府藏, 經學之淵藪也. 此書刊行已百年, 而東方人漠然不知, 每年使臣冠盖絡繹, 而其所車輸東來者, 只演義小說及八大家文抄唐詩品彙等書. 此二種, 雖曰宗用, 然家家有之, 亦有本國刊行, 則不必更購. 中國則此二書亦廣布, 不必珍貴, 價亦甚低. 但朝鮮使來時, 必別爲儲置, 以高價賣之. 東人之孤陋類如是.":『靑莊館全書』卷67『入燕記』正祖 2年 6月 2일(문집총간 a259_225d-226a).

34) 趙成山, "18세기 후반~19세기 전반 對淸認識의 변화", 100쪽.

이라고 했다.[35]

그런 가운데에서도 조선 사인들은 대체로 중국의 학계에 대해 깊은 관심을 지니고 선망했다. 특히 그들은 자신들이나 동료나 선배 조선 사인들에 대한 중국 학계의 평가에 큰 관심을 보였다. 위에서 본 것처럼 김상헌의 시에 대해 중국 사인들이 알고 있는 것에 대해 조선 사인들은 각별한 관심을 보였다. 그리고 조선 사인들의 이 같은 관심에 대해서는 중국 사인들도 인식하고 있었던 것으로 보인다. 홍대용의 연행 중 중국 사인들을 처음 만났을 때 반정균은 홍대용과 동행한 김재행의 성이 '김'이라는 것을 듣고 "당신은 귀국의 김상헌을 압니까?" 하고 물었고, "그대들이 팔천 리 밖에 살면서 어떻게 아는가?"라는 홍대용의 반문에 엄성은 "그의 시구가 뽑혀 중국 시집에 들어 있어 안다"고 하면서 옆방에서 왕사정의 『감구집(感舊集)』을 가져다 보여주었으며, 그날 헤어져 돌아올 때 『감구집』 전질을 선물로 주기도 했다.[36]

또한 조선 사인들은 위에서 본 『열조시집』, 『명시종』 등 시선집(詩選集)에 조선인들의 시가 포함된 것에 관심을 가지고 중국 사인들과의 교류에서도 자주 화제를 삼았다. 예컨대 홍대용은 연행 중인 1766년 반정균이 자신에게 허난설헌(許蘭雪軒, 1563-1589)의 시가 중국의 시선

---

35) "皇明文人 … 皆互相氷炭, 迭攻擊如仇敵. 而我東詞章之自謂慕中國者, 往往均推而混效之. 毛氏之悖, 專考證者亦多深斥, 而吾邦之士好新慕奇者, 反或愛護如肌膚, 是皆東人固陋之兵.": 『沈潗內函』 卷9 「睡餘灡筆續 下」; 趙成山, "18세기 후반~19세기 전반 對淸認識의 변화와 새로운 中華 관념의 형성", 『韓國史研究』 145(2009), 67-113 중 100쪽에서 재인용.

36) "潘生聞平仲之姓, 問曰, 君知貴國金尙憲乎. 余曰. 金是我國閣老而能詩能文又有道學節義, 尊輩居八千里外何由知之耶. 嚴生曰, 有詩句選入中國詩集故知之. 嚴生卽往傍炕持來一冊子示之, 題云感舊集, 盖淸初王漁洋集明淸諸詩.": 『湛軒書』 外集 卷2 「杭傳尺牘 乾淨衕筆談」(문집총간 a248_129c-129d); "出門, 兩生疾聲請少留, 嚴生持感舊集全秩而贈之.": 같은 글(문집총간 a248_131c).

집에 들어 있다고 이야기해준 것을 기록했다.[37] 이덕무도 김상헌의 시가 중국 사인들에게 알려져 있는 데 대해 큰 관심을 지니고 왕사정의 책들에 실린 김상헌의 시들을 『청음문집(淸陰文集)』과 대조하여 검토했으며, 김재행이 홍대용과 함께 연행했을 때 있었던 위의 이야기를 자신의 『청비록』에 포함시켰다.[38]

조선 사인들은 중국 사인들과 시문집을 서로 교환하거나 그들로부터 서문을 받는 일을 즐겨하기도 했다.[39] 유득공의 숙부 유금(柳琴, 1741-1788)은 1777년 연행길에 반정균, 이조원을 만나 이덕무, 유득공, 박제가, 이서구(李書九, 1754-1825) 4인의 시집 『한객건연집(韓客巾衍集)』의 서문을 받아왔고,[40] 홍양호, 홍희준(洪羲俊, 1761-1841), 서형수(徐瀅修, 1749-1824) 등은 기윤(紀昀)으로부터 자신들의 시문집의 서문을 받고 시에 대한 평가를 받기도 했는데,[41] 홍양호는 만년 병중에 평소 조선에서 높이 평가받지 못하던 자신의 시문이 기윤으로부터 인정받았던 일을 자랑스럽게 회고하기도 했다.[42] 홍희준은 『주역』 '삼도(三圖)'

---

37) "蘭公曰. 貴國景樊堂許莿之妹, 以能詩入於中國詩選.": 같은 글(문집총간 a248_136b).

38) 李學堂, 牛林傑, "17-18세기 中·韓 文人 間의 文化交流와 相互作用", 60-64쪽. 이덕무의 기록은 홍대용의 기록과는 약간 차이가 있다: "丙戌謝恩使到燕, 行中適有先生傍孫名在行, 遇錢塘潘嚴誠潘庭筠. 先問, 貴國知有金尙憲否. 遂以宗對. 潘感慨久之, 贈其篋中所携感舊集一部. 又次先生韻, 臨別相贐.": 『靑莊館全書』 卷34 『淸脾錄』「王阮亭」(문집총간: a258_048b-048c).

39) 趙成山, "18세기 후반~19세기 전반 對淸認識의 변화", 102-104쪽.

40) 趙成山, "18세기 후반~19세기 전반 對淸認識의 변화", 103쪽.

41) 이군선, "기윤과 조선문인과의 교유와 그 의미", 355-362쪽.

42) 홍양호의 아들 홍경모는 이를 기록하면서 자신의 아버지가 "海內의 知音"을 구한 것이라고 이야기했다: "府君於晚年爲文自序, 歷叙平生, 篇末屢致意於與紀公托契者曰可謂信筆. 盖世無深知者, 而慨然求海內之知音.": 『冠巖全書』 冊12「斗南神交集序」(문집총간 b113_327d).

에 대한 자신의 견해를 기윤의 손자인 기수유에게 알리는 서신에서 중국에서 인정받고 싶은 희망을 내비쳤다.

> 지금 다행히 [저의] '삼도'가 이미 세상에 발표되었으니 중화의 역학(易學) 제가(諸家)들도 또한 마땅히 그 아름다운 성취를 즐거이 여겨 요지를 간추려 후세에 전해지게 하면 작은 보탬이 없다고 말할 수 없을 것입니다. … 지금 동국에서 나온 것이라고 하여 가볍게 무시하여 역가(易家)의 책들로 전해지지 못하고 이내 사라져 없어져 버린다면 제가 그 깊은 의미를 밝힌 바는 단지 헛된 공부가 되어버리고, 그리하여 『역경(易經)』이 완전히 갖추어지지 못하게 됨을 두고서는 어찌 또한 애석하지 않을 수 있겠습니까?[43]

사실 이처럼 중국 사인들의 인정과 평가에 연연하는 일은 당시 조선 사인들 사이에 널리 유행해서 그에 대한 홍길주의 다음과 같은 비판이 나올 정도였다.

> 지금 사람들은 조금 글솜씨가 있으면 바로 베껴 써서 연행사에게 부탁하여 중국에서 평가를 구한다. 대개 우리나라에 알아주는 사람이 없음이 한스러워서일 것이다. 그러나 중국인들이 동국의 글을 칭찬하는 것은 기뻐할 것이 못 된다. 또한 우리의 문학이 비록 진실로 평가할 만한 것이 있다고 해도 반드시 중국인들이 숭상하는 바에 합치되는 것도 아니다.[44]

---

43) "今幸三圖旣闡發於世, 中華之易學諸家, 亦宜樂成其美, 簡抄要旨, 俾傳於後世, 則不可謂無小補也. … 今以東國所出輕忽之, 不得傳於易家諸書, 仍爲泯沒, 則僕之所以發其蘊奧者, 徒爲虛開工夫, 而其於易經之未盡備, 亦豈不可惜哉.": 『傳舊』 「與紀茂林樹葳書」; 趙成山, "18세기 후반~19세기 전반 對淸認識의 변화", 105-106쪽에서 재인용.

44) "今人稍有文詞, 輒銷付燕价, 求賞于中國, 蓋恨吾邦之無知者也. 然中國人獎譽

드물게 조선의 업적이 중국에서 인정받을 때 조선 사인들은 매우 만족해했다. 이런 면에서 특기할 만한 예가 앞에서 보았듯이 중국에서 여러 차례 간행되며 높은 평가를 받았던『동의보감』인데, 많은 조선 사인들이 북경의 서점들에서『동의보감』을 보고서 감격했고 나중이에 대해 자랑스럽게 이야기했다. 홍대용은 북경의 일반 사람들이 의약(醫藥)을 숭상하지 않는 상황에서도 "의자(醫者)들이『동의보감』을 매우 진귀하게 여기고 책방에서 간행한 지가 오래됐다"고 했으며,[45] 박지원은 "양평군(陽平君)[허준]이 외딴 바깥 번방(蕃邦)에서 책을 지어 중화에서 사용할 수 있게 되었으니 말씀이 족히 전할 만하면 지역에 의해 제한되지 않는다"거나 "천하의 보배는 마땅히 천하가 공유해야 한다"는 등의 말[46]로『동의보감』을 격찬한 능어(凌魚)의 1766년 중국판 서문을『열하일기』의 「구외이문(口外異聞)」에 수록하면서 "우리 동국의 서적으로 중국에서 출간된 것은 매우 드문데 홀로『동의보감』25권이 한창 유행하고 있고 판본이 정묘하다"고 했다.[47] 서유문(徐有聞, 1762-1822)은 유리창의 "가게는 다 우리나라『동의보감』을 고이 책

東文, 已不足喜. 且吾之文學, 雖眞有可賞, 未必合於中國人所尚.": 『沈潛內函』卷 5 「睡餘瀟筆續 上」; 趙成山, "18세기 후반~19세기 전반 對淸認識의 변화", 102쪽 에서 재인용.

45) "俗不尚醫藥. … 業醫者甚珍東醫寶鑑, 書舖之刊行久矣.": 『湛軒書』外集 卷8 「燕記-京城記略」(문집총간 a248_280b).

46) "今陽平君僻介外蕃, 乃能著書, 行於華夏. 言期足傳, 不以地限也.": 『燕巖集』卷14 別集 『熱河日記』「口外異聞—東醫寶鑑」(문집총간 a252_295c~295d) 번역-38; "天下之寶, 當與天下共之.": 같은 글(문집총간 a252_296a).

47) "我東書籍之入梓於中國者, 甚罕. 獨東醫寶鑑二十五卷盛行, 板本精妙.": 같은 글 (문집총간 a252_295c). 박지원은『동의보감』을 구입하고 싶었으나 은 5냥이라는 값이 비싸서 凌魚의 서문만을 베껴왔다는 말을 덧붙였다. "余家無善本, 每有憂病 則四借鄰開. 今覽此本, 甚欲買取, 而難辦五兩紋銀, 齋帳而歸. 乃謄其凌魚所撰序 文, 以資後攷."(문집총간 a252_296a-296b)

으로 꾸며서 서너 질 없는 곳이 없으니, 저들이 귀히 여기는 바인가 싶더라"고 이야기했다.[48] 사실 중국에서 높은 평가를 받는다는 사실이 『동의보감』의 조선에서의 평가 상승으로 이어졌던 것으로 보이는데, 중국과 일본에서 높은 평판을 받는다는 것이 알려지기 전에 쓴 글에서 이익은 『동의보감』이 "규모는 제대로 되었으나, 단지 늘어놓기만 많이 하고 뜻은 소략하므로 사람들이 또한 탓한다. 듣건대, 중국 사신[北使]이 와서 많이 싸 가지고 돌아간다고 하는데 상국(上國) 사람들 또한 반드시 검토해볼 것이다"고 하여 유보적 평가를 보였었다.[49]

북경을 방문한 조선 사인들은 중국 사인들을 만나는 기회에 조선의 높은 학문적 수준과 성취를 알리고 그들로부터 인정받으려고 하기도 했다. 박지원은 연행길에 중국 사인들을 만나게 되면 어떤 이야기를 해서 그들에게 깊은 인상을 줄 수 있을까를 고민했음을 털어놓았다.

내가 서울을 떠나 8일 황주(黃州)에 닿을 때까지 그대로 말 위에서 혼자 생각하기를 학식이 본디 없으면서 기회를 얻어 중국에 온 자로서 중국의 대유(大儒)를 만나게 되면 장차 무엇으로 질문을 던질까 하여 이 생각으로 번민했는데, 드디어 과거에 들은 것들 중 땅의 회전, 달 세계 등의 이야기를 생각해냈다. 매양 고삐를 잡고 안장 위에 앉아 졸면서 무려 수십만 마디 말을 연역(演繹)해서 가슴속에 글자 없는 글과 허공중에 소리 없는 글이 하루에 가히 몇 권의 책이 되었다.[50]

---

48) 『무오연행록』 제2권 12월 22일(한국고전종합 DB).
49) "近世醫官許浚作醫鑑, … 規模則得矣, 但務多而義略, 人又病之. 聞北使之至多齎以還, 上國人亦必審之矣.": 『星湖僿說』 卷28 詩文門 「武經經傳」.
50) "余離我京八日至黃州, 仍於馬上自念, 學識固無藉手入中州者, 如逢中州大儒, 將何以扣質, 以此煩寃, 遂於舊聞中, 討出地轉月世等說. 每執轡據鞍, 和睡演繹累累數十萬言, 胷中不字之書, 空裏無音之文, 日可數卷.": 『燕巖集』 卷14 別集 『熱河日記』

실제로 박지원은 연행 중 만난 중국 사인들에게 자신이 홍대용으로부터 들은 땅의 회전이나 달세계 같은 내용들을 자세히 설명하고 그들의 질문에 답하기도 했다.[51]

중국에서의 평가에 대해 이처럼 깊은 관심을 지녔던 조선 사인들은 자신들이나 동료 또는 선배 조선 사인들에 대한 중국 사인들의 평가에 크게 집착하는 태도를 보였다. 그들은 조선의 훌륭한 인물들이 중국에 잘 알려져 있지 않은 상황을 안타까워하고 이들이 중국에 더 많이 소개되어야 한다고 주장했다.[52] 예컨대 이덕무는 "퇴계, 율곡제 선생의 문집 같은 것이 어찌 한 귀퉁이에 국한되어 단지 동방 수천리 안에서만 이름이 있을 뿐 천하에 밝게 펴서 사람마다 이런 현인들이 있음을 알게 하지 않는 것인가. 이런 문집들을 만일 중국에 보내면 반드시 호사가가 있어 정교하게 판각하고 곱게 장정하여 천하에 펼 것이다"라고 했는데,[53] 반정균에게 보낸 서신에서는 특히 이이를

「鵠汀筆談」(문집총간a252_271c).

51) 박지원이 奇豊額, 王民皞(鵠汀) 등과 땅의 회전, 달세계 등 주제들에 대해 나눈 대화의 내용은『熱河日記』의「太學留舘錄」(8월 13일 己未:『燕巖集』卷12: 문집총간 a252_218c-219c)과「鵠汀筆談」(『燕巖集』卷14: 문집총간 a252_260b-261d)에 실려 있다. 그러나 이덕무의 손자 李圭景(1788-1856)은 나중 그의 조부 이덕무가 북경에 갔을 때 사실은 그 같은 관념들이 홍대용의 창안이 아니라 이미 중국 사인들 사이에 알려져 있던 것이었음을 알게 되었다고 기록하고 있다: "先輩有洪湛軒先生嘗云, 日月星辰中, 各有一世界. 與中原人士, 頗有論難. 然此非湛軒之自創也. 胡寅永寧院輪藏記, 佛氏論世界, 則謂天之上有堂, 地之下有獄, 日月之中有宮闕, 星辰之域有里數. 湛軒或未見此而自以爲創說也. 我王考入燕時, 適擧此說, 則諸名士皆以爲中原人更有此論.":『五洲衍文長箋散稿』「日月星辰各有一世界辨證說」.

52) 李學堂, 牛林傑, "17-18세기 中・韓 文人 間의 文化交流와 相互作用", 80쪽.

53) "且如退溪栗谷諸先生文集, 豈可局於一隅, 只有名於東方數千里之內, 獨不使昭布天下, 而人人知有此賢人也. 此等集, 若齎送中國, 則必有好事者, 精刻鮮裝, 布之天下矣.":『靑莊館全書』卷48「耳目口心書」12월 17일(문집총간 a258_362c-362d).

"자품(資品)은 안자(顏子)와 증자(曾子)와 같고 의리는 정자(程子)와 주자와 같아 … 동방의 성인"이라고 격찬하고 그의 학문이 중국에 알려지지 않은 것은 개탄할 일이라고 하면서, "담헌[홍대용]이 연전에 선생께 율곡이 지은 『성학집요(聖學輯要)』를 드렸다는데, 선생께서는 어찌 간행해서 널리 반포하여 유학을 빛내지 않습니까?"라고 했다.[54] 이덕무는 홍대용이 조선의 문장을 소개하면서 최치원, 이규보(李奎報, 1168-1241), 이색(李穡, 1328-1396), 박은(朴誾, 1479-1504), 노수신(盧守愼, 1515-1590), 최립(崔岦, 1539-1612), 차천로(車天輅, 1556-1615), 권필(權韠, 1569-1612) 등을 열거한 데 대해 김종직(金宗直, 1431-1492)과 김창흡(金昌翕, 1653-1722)이 빠진 것은 "결전(缺典)"이고 그 외에 김시습(金時習, 1435-1493), 서경덕(徐敬德, 1489-1546), 이순신(李舜臣, 1545-1598), 조헌(趙憲, 1544-1592) 등도 포함시켜야 했다고 지적하기도 했다.[55]

조선 사인들은 『사고전서』 편찬 작업에 조선의 문헌들이 얼마만큼 포함되었는지에 대해 큰 관심을 보였다. 이덕무는 반정균에게 "선생께서 『사고전서』를 편찬할 관원을 충원했다고 하는데 … 천하의 서책을 이미 망라하였다면 조선, 안남(安南), 일본, 유구(琉球)의 책 같은 해외 책들도 수록하였는가"를 묻고 그 목록을 보여주기를 청했으며, "조선의 책으로 중국에서 간행된 것이 『고려사』, 『동의보감』 등 외에

---

54) "我東栗谷先生李文成公珥, 資品顏曾, 義理程朱. 竊想先生已於湛軒熟聞之, 此是東方聖人. 而其學不表章於中國, 誠爲缺典, 令人慨歎. 嘗湛軒年前, 仰饋先生栗谷所著聖學輯要, 先生何不開彫廣布, 以光儒學耶.": 『靑莊館全書』 卷19 『雅亭遺稿』 (十一) 書(五) 潘秋庭筠(문집총간 a257_265c).

55) "湛軒曰. 我國文章, 新羅有崔孤雲, 高麗有李奎報李牧隱, 本國朴挹翠軒盧蘇齋崔簡易車五山權石洲, 炯菴曰. 漏佔畢齋及三淵翁, 可謂缺典. 又別立門目, 書金東峯徐文康李忠武趙文烈數人, 似好矣.": 『靑莊館全書』 卷63 「天涯知己書」(문집총간 a259_137b).

또 몇 종이 있는가"를 묻기도 했다.[56] 유득공은 기윤이 외국의 시집 중『사고전서』에 포함된 것은 서경덕의『화담집(花潭集)』뿐이라고 한데 대해『사고전서』편찬을 위해 흩어진 책들을 구하는 과정에서 "우리나라의 문헌이 중국에 전해진 것이 많을 것으로 생각되는데 단지『화담집』만 수록되었으니 이상한 일"이라고 하여 유감을 표했으며,[57] 중국에 전해진 조선의 책들도 벽지나 약봉지로 사용되는 등 제대로 전해지지 않고 있고, 그나마 전해진 것들도 중국 부녀자들의 글들과 안남, 유구, 일본인들의 글들 사이에 수록되는 등 제대로 평가받지 못함을 지적했다.[58]

또한 조선 사인들은 중국 서적에서 조선에 관한 기록이 잘못된 것을 보면 자주 지적하면서 불만스러워했다.[59] 대표적인 예가 위에서 본 것처럼『열조시집』과『명시종』에 그 시가 실려 있는 허난설헌의 경우이다. 박지원은 이덕무의『청비록』을 위해 써준 서문에서 이 시집들

---

56) "先生充編輯四庫全書之官云. … 旣包羅天下之書, 則海外之書如朝鮮安南日本琉球之書, 亦爲收入耶. 若然則略示其目錄如何. 朝鮮之書, 開彫於中國者, 如高麗史東醫寶鑑等書以外, 復有幾種耶.":『靑莊館全書』卷19『雅亭遺稿』(十一) 書(五)「潘秋庭筠」(문집총간 a257_263d).

57) "又曰. 貴國徐敬德花潭集, 已錄入四庫全書別集類中. 外國詩集入四庫者, 千載一人而已.":『熱河紀行詩註』: 李佑成 編,『雪岫外史』(亞細亞文化社, 1986), 486쪽; "四庫全書開局以來, 傍求軼書. 我國文籍流傳中國者, 想多. 獨花潭集收入爲可異.": 같은 곳. 유득공과 함께 연행한 서호수도 기윤으로부터 "貴國徐敬德花潭集, 編入四庫全書別集類, 外國詩文集之編諸四庫, 千載一人而已."라는 말을 들었음을 기록하고 있다:『燕行紀』卷3「起圓明園至燕京」七月 三十日戊申(한국고전종합DB).『花潭集』은『四庫全書總目』에는 포함되었으나『四庫全書』에는 포함되어 있지 않다.

58) "著書前後, 何與於我哉. 況東人著書, 未必傳, 店舍塗壁太半東文集, 藥舖中齎藥小囊又皆東文集. 縱使飄落於中土, 寥寥數首錄於黃冠緇流閨媛之下安南琉球日本之上. 有何榮哉.":「古芸堂筆記」「東人著書」:『雪岫外史』, 366쪽.

59) 李學堂, 牛林傑, "17-18세기 中·韓 文人 間의 文化交流와 相互作用", 71-81쪽.

에 허난설헌의 호(號)가 잘못 기재되어 있음을 자신이 밝혔는데 이덕무가 연행했을 때 이 서문을 축덕린(祝德麟), 당낙우, 반정균 세 사람이 돌려 읽고 칭찬했다고 하면서 자신이 연행해서는 중국 사인들에게 이에 대해 더 자세히 이야기해주었다고 기록했다.[60] 이덕무는 「천애지기서(天涯知己書)」에서 반정균이 홍대용에게 중국 시집들에 허난설헌이 들어 있음을 알려준 데 대한 홍대용의 기록에 대해 논평하면서 당시 홍대용이 허난설헌에 대해 잘 몰라서 잘못된 기록을 제대로 고쳐주지 못했음을 안타까워했다.[61] 이덕무는 주이존의 『명시종』에 조선의 시를 수록하면서 정작 훌륭한 것은 빠뜨리고 변변치 못한 것들을 실었음을 지적하기도 했다.[62] 박지원도 전겸익이 김안국(金安國, 1478-1543)의 시 한 수만을 보고 조선의 시의 수준을 혹평했다고 지적하면서 "그 실상은 없애버리고 다만 동인(東人)의 한 구절만을 뽑아 웃음거리로 삼고 그들과 함께 수창(酬唱)하지 말라고 경계하기까지 했으니 어찌 동국 사인의 마음을 얻을 수 있겠는가?"라고 비판했다.[63]

---

60) "蘭雪軒許氏詩, 載列朝詩集及明詩綜, 或名或號, 俱以景樊載錄. 余嘗著淸碑錄序, 詳辨之. 懋官之在燕, 以示祝翰林德麟唐郎中樂宇潘舍人庭筠三人者, 輪讀贊許云. 及余在此, 論詩綜闕謬, 因及許氏. … 余詳辨其景樊之誣. 尹奇兩人俱爲分錄收藏, 中州名士, 當又以此事, 爲一番著書之資.": 『燕巖集』卷14 別集『熱河日記』「避暑錄」(문집총간 a252_281a). 그러나 1778년 연행한 이덕무의 기록에는 박지원의 서문과 관련된 그 같은 내용은 실려 있지 않고 서문 자체도 박지원과 이덕무의 문집 어느 쪽에도 남아 있지 않다.

61) "炯菴日. 嘗聞景樊, 非自號, 廼浮薄人侵譏語也. 湛軒亦未之辨耶. 中國書, 分許景樊蘭雪軒爲二人, 且日, 其夫死節於倭亂, 許氏爲女道士以終身, 其誣亦已甚矣. 蘭公若編詩話, 載湛軒此語, 豈非不幸之甚者乎.": 『靑莊館全書』卷63「天涯知己書」(문집총간 a259_132c).

62) 『靑莊館全書』卷32『淸脾錄』「李孝則」(문집총간 a258_005c-005d). 李學堂, 牛林傑, "17-18세기 中·韓 文人 間의 文化交流와 相互作用", 73-74쪽.

63) "錢受之所云, 國內无戈坐一人, 卽金慕齋作也. 見本集, 受之跋皇華集, 擧此以

조선 사인들이 중국의 문화적 성취에 대해 잘 모른다고 비판했던
박지원은 중국 사인들이 조선의 역사와 지리에 대해 지식이 매우 부
족한 것에 대해서도 지적했다.[64] 예컨대 그는 소식(蘇軾, 1037-1101)이
『동파지림(東坡志林)』에서 고려가 요(遼), 금(金)과 화친하고 내통했다
고 하여 못마땅해한 것에 대해, 송나라 사대부들이 고려의 진정한 뜻
을 모르고 고려를 배척한 일이 "한심한" 일이고 자신이 이에 대해 왕
민호(王民皥)에게 극력 밝혔다고 했으며,[65] 조선은 고려와 달리 300년
간 한결같이 명국을 숭모했는데도 전겸익 등 중국의 동림파(東林派)
사인들이 조선을 오랑캐라고 멸시하고 조선의 시문을 말살한 데 대해
"분하고 원통함을 이길 수가 있겠는가"라고 하면서 이는 소식(蘇軾)보
다도 더 심한 것임을 보이기 위해 자신이 이를 자세히 기록한다고
했다.[66] 또한 박지원은 청의 건륭제가 1776년 명 충신들을 복권시키
는 칙령을 내리면서 3학사와 김상헌 등 조선인들을 포함시키지 않은
것도 지적하고 "건륭제가 천하 만세를 위해 스스로 공정한 의론을 붙
였으면서도 오직 우리 동국의 제현(諸賢)에 대해서는 대충만 본 바가

議之. … 受之爲鴻山跋此集也, 沒其實狀, 而獨拈東人一句, 以爲嗤笑, 至戒其勿
與酬唱. 惡能服東士之心乎.":『燕巖集』卷14 別集『熱河日記』「避暑錄」(문집총간
a252_286a).

64) Marion Eggert, "Knowledge Trans/formation and Imagination: The Case of
'Records of Records' in Yŏrha Ilgi", *Horizons: Seoul Journal of Humanities*
7(2016), 29~44 중 p. 40.

65) "當時士大夫, 殊不知高麗慕華之誠出於赤心, 爲遼金所牽制不能一心事宋, 此高麗
列朝至恨. 每得宋之士大夫文字, 則焚香敬讀. 如此悃愊, 未能見暴, 徒爲中土士大
夫所鄙外, 足爲寒心. 余與王鵠汀極言辨之.":『燕巖集』卷14 別集『熱河日記』「銅蘭
涉筆」(문집총간 a252_326c).

66) "我朝忠順皇明, 且將三百年, 一心慕華, 尤賢於勝國. 而東林一隊, 輒不悅朝鮮. 錢
牧齋爲東林黨魁, 則以鄙夷我東爲淸論, 可勝憤惋耶. 至於東國詩文, 則尤爲抹摋.
… 吾故詳錄之, 以見牧齋毀我異於東坡.": 같은 글(문집총간 a252_331a).

적지 않으며 그 일이 외국에 관계되었다고 하여 미처 정리하지 못한"
것이거나 "우리 동국과의 강화(講和)가 실제로 [청이] 관외(關外)에 있
을 때여서 중국이 [그 일에 대해] 아직 자세히 알지 못한" 것이 아닐까
하고 그 이유에 대해 추측했다.[67] 이덕무도 이조원에게 보낸 서신에서
그가 고구려 시조 주몽(朱蒙)을 국호(國號)로 잘못 알고 있는 것을 고
쳐주면서 중국의 글에 해외의 일에 대해 잘못이 많음을 지적하고, 조
선의 고적(故蹟)에 대해서 다룰 때에는 "제게 서신을 보내 질문해주시
면 종전의 잘못을 모두 바로잡을 수 있을 것이고 이는 동방에도 영
광됨이 또한 클 것이니, 선생께서는 그것을 유념하십시오"라고 당부
했다.[68] 사실 중국 사서(史書)에서 이성계의 기록이 잘못되었거나 인조
의 즉위가 찬역으로 기록되는 등 조선의 명분을 위협하는 몇 글자를
발견할 때마다 그것을 시정하기 위해 조선이 벌인 엄청난 노력도 이
렇듯 중국 쪽의 평가에 집착하는 조선의 모습을 보여주는 것이라고
할 수 있다.[69]

---

67) "乾隆爲天下萬世, 自附公正之論, 而獨於我東諸賢, 不少槪見者, 以其事系外國而
未及修擧耶. … 抑吾東講和, 實在關外之時, 則中國未之詳知歟.": 같은 글(문집
총간 a252_328c-328d).

68) "今先生詩曰, 寄語朱蒙蟬橘老. 先生應以朱蒙爲國號. 此甚疎謬, 改以朝鮮, 未知
如何. 大抵中國之書, 於海外之事, 每患紕繆. … 先生之學, 地負海涵, 著書汗牛,
搜討極博. 若及東國故蹟, 須當移書, 質問於不侫, 則可以一正從前之譌舛. 其於東
方, 榮亦大矣. 先生其圖之."『靑莊館全書』卷19『雅亭遺稿』(十一) 書(五)「李雨邨
調元」(문집총간 a257_268d).

69) 이성규, "명청 史書의 '曲筆'과 조선의 '辨誣'",『오송 이공범교수정년기념동양사
논총』(서울: 1993), 508-528쪽.

13장

중국을 통한 서양 과학 도입과
'서학중원론'

앞 장에서 조선 후기 사인들과 중국 사인들과의 관계, 그리고 조선 사인들이 중국 학계에 대해 지녔던 인식을 '중심' 중국과 '주변부' 조선이라는 관점에 바탕해서 살펴보았는데, 이 같은 '중심-주변부'의 틀은 조선의 서양 과학 도입 과정에 대해서도 적용된다. 조선이 서양 과학을 도입하는 데 있어서도 중국은 중심의 역할을 했고 조선은 중국에 의존하면서 주로 중국을 통해서 간접적으로 서양 과학을 도입했던 것이다. 그리고 이 같은 사실은 조선 사인들의 서양과 서양의 과학에 대한 인식에 뚜렷한 영향을 미쳤다. 예컨대 조선 사인들은 서양 과학을 받아들임에 있어 그것이 원래 중국에서 유래한 것이라고 하는 '서양 과학 중국기원론', 이른바 '서학중원론(西學中源論)'을 통해 그 도입을 정당화하는 중국 사인들의 생각을 그대로 받아들였다. 이 장에서는 중국을 통한 조선의 서양 과학 도입에서 볼 수 있는 몇 가지 측면들을 검토해보고, 그중 한 가지 예로 '서학중원론'에 대한 조선 사인들의 인식과 태도에 대해 살펴볼 것이다.

13.1 중국을 통한 간접적 도입

서양 과학을 받아들임에 있어 조선 사인들은 거의 전적으로 중국에 의존했다. 사실 조선 사인들은 천문, 수학, 의약, 지리 등 과학 분야뿐 아니라 유교 경전, 역사, 제도, 병(兵), 술수 등 다른 모든 분야에서 중국으로부터 들여오는 서적에 크게 의존했다. 시간이 지날수록 중국 서적들에 대한 조선 학자들의 의존은 심해졌는데, 18세기 후반 들어 중국으로부터의 서적 수입이 급격히 증가하고 중국 서적이 널리 보급되면서는 중국 서적에 대한 의존이 더욱 심화되어서 그동안 지속되어오던 조선 사인들의 저술이나 문집 간행이 줄어들기까지 할 정도였다.[1] 이런 상황에서 조선 사인들은 직접 서양인들과 접하거나 서양의 책을 읽음으로써가 아니라 중국의 서적을 통해서 서양 과학을 도입했다.

조선 사인들은 서양 과학기술에 관한 지식을 처음에는 예수회사들과 그들의 협력자 중국 사인들이 펴낸 한역(漢譯) 서학서(西學書)를 통해 접했다. 1631년 정두원(鄭斗源, 1581-?) 일행이 명에서 돌아오면서 『치력연기(治曆緣起)』, 『천문략(天文略)』, 『직방외기(職方外紀)』, 『원경설(遠鏡說)』, 『건곤체의(乾坤體義)』 등의 서양 과학 서적들을 가져온 이래 소현세자(昭顯世子, 1612-1645), 김육(金堉, 1580-1658) 등이 『서양신법역서(西洋新法曆書)』를 도입해오면서 조선 사인들은 이들 서적을 통해 차츰 서양 과학에 접하게 되었다.[2] 조선에서 처음으로 서양 과학의 다양한 주제들에 대해 논의한 이익도 이렇게 도입된 『건곤체의』, 『직방외기』

---

1) 姜明官, "조선후기 서적의 수입·유통과 장서가의 출현―18, 19세기 京華世族 문화의 한 단면," 『민족문학사연구』 9(1996), 171-194 중 187쪽.
2) 전용훈, "조선후기 서양천문학과 전통천문학의 갈등과 융화"(서울대학교 박사학위논문, 2004), 49-56쪽.

등 한역 서양 과학서들을 통해 서양 과학 지식을 받아들였던 것으로 보인다.[3] 사실 조선 사인들은 중국으로부터 이 같은 한역 서학서들이 들어오기 이전에는 서양에 대한 관심이 거의 없었다. 물론 그 이전에도 조선 사인들은 표류해온 서양인들을 직접 접할 기회가 있었지만 그 같은 외국인들에 대해 별 관심을 보이지 않았었는데, 예수회사들이나 중국 사인들이 저술한 역법, 수학 등의 한문 서적들을 접한 후에 그에 대해 관심을 지니고 구해볼 생각을 하게 되었던 것이다.

조선 사인들에게 서양 선교사들과 직접 접할 기회를 제공했던 연행(燕行)도 서양 과학의 중국을 통한 간접적 도입이라는 이 같은 기본적인 성격을 별로 바꾸지는 못했다. 사실 17세기 중반까지는 연행사들이 서양이나 서양인들에 대해 별 관심을 표하지 않았다. 물론 천문 서적, 세계지도 등이 연행사들이 북경에서 구해와서 왕에게 바치는 주요 품목이었던 것은 사실이지만 그런 것들이 조선 사인들 사이에 서양 과학 자체에 대한 관심을 크게 유발하지는 못했다. 18세기에 들어서는 연행 간 조선 사인들이 예수회사들과 직접 만나 대화하는 경우가 더 잦아졌고, 서양 과학 관련 기물이나 서적 등을 입수해서 조선으로 가져오는 일도 더 많아졌으며, 드물게는 조선 사인들이 예수회사들을 직접 만나 서양 과학에 대해 논의하는 일도 있었다. 예를 들어 1720년 연행한 이기지(李器之, 1690-1722)는 서양 선교사들을 접촉하며 천문 서적과 의기(儀器)를 얻으려고 노력했고,[4] 1765년 연행한 홍대용

---

3) 문중양, 『조선후기 과학사상사—서구 우주론과 조선 천지관의 만남』(들녘, 2016), 281쪽.

4) 임종태, "'서양의 물질문화와 조선의 衣冠': 李器之의 『一菴燕記』에 묘사된 서양 선교사와의 문화적 교류", 『韓國實學研究』 24호(2012), 367-401 중 특히 377-381쪽을 볼 것.

의 연행록에도 그가 서양 선교사 할러슈타인(August von Hallerstein: 劉松齡, 1703-1774), 고가이슬(Anton Gogeisl: 鮑友管, 1701-1771) 등과 만나 서양의 언어, 복식(服飾), 풍습 등과 아울러 천문역법, 지리, 수학, 혼천의(渾天儀), 망원경, 자명종(自鳴鐘) 등에 관해 대화한 내용이 담겨 있다.[5] 그 같은 서양의 서적이나 기물, 그리고 서양인들과의 만남에 대한 기록은 조선 사인들에게 서양 과학에 대한 흥미를 유발시키는 계기가 되었을 것이지만, 언어를 비롯해 여러 제약 때문에 조선 연행사들이 직접 예수회사들과 서양 과학에 대해 깊은 논의를 하기는 힘들었고, 결국 조선 사인들이 서양 과학을 접한 주된 통로는 한역 서양 과학서들이었다.

이후 중국 역법의 구체적 내용을 이해하고 그 계산법을 익히고자 하는 조정의 방침과 연행 간 사인 개인들의 관심에서 많은 한역 서양 과학서들이 조선에 들어오게 되었고, 18세기 중, 후반에 이르러서는 조선 사인들 사이에 서양 과학 서적들이 비교적 널리 유통되었다.[6] 물론 연행 간 사인들이 가져온 서적들은 대부분의 경우 중국의 정부나 관변 학자들이 역법의 필요 등을 위해 편찬한 책들로 이 책들은 서양 과학 자체에 대한 직접적인 관심보다는 조선의 역서(曆書) 계산을 위한 목적에서 중국의 역법을 이해하기 위해 필요한 것들이었다.[7]

---

5) 『湛軒書』外集 卷7「劉鮑問答」(문집총간 a248_247a-250a).

6) 宋日基, 尹珠英, "中國本 西學書의 韓國 傳來에 관한 文獻的 考察", 『서지학연구』 15(1998), 159-195쪽; 전용훈, "조선후기 서양천문학과 전통천문학의 갈등과 융화", 77-90쪽.

7) 예컨대 조정의 역법을 책임지고 있던 서명응은 그로서는 두 번째인 1769년의 연행 길에 『數理精蘊』, 『對數表』, 『八線表』 등 기하학 책과 『曆象考成後編』 등 수리, 천문역법 관련 500여 권을 구입해서 귀국했다. 김문식, "徐命膺의 생애와 규장각 활동", 『정신문화연구』 22(1999), 151-184.

그러나 조선 사인들은 그 같은 서적들을 통해 지구설(地球說), 천체의 운행, 일월식 등에 대해 그동안 지녀왔던 전통적 지식과는 전혀 다른 서양의 과학 지식에 접하게 되었고, 그런 식으로 접하게 된 서양 과학 지식에 대한 관심과 이해가 조선 사인들 사이에 점점 깊어지면서 나중 서호수(徐浩修, 1736-1799) 같은 사람은『기하원본(幾何原本)』,『동문산지(同文算指)』뿐 아니라『율력연원(律曆淵源)』같은 책들을 섭렵하고 거기에 담긴 서양 과학 지식을 소화하는 단계에 이르렀다.[8]

조선 사인들은 이처럼 중국의 서적을 통해 서양 과학 지식을 접했을 뿐 아니라, 실제 서양 과학에 대한 정보를 얻고 서적들을 구하는 데 있어서도 중국의 사인들을 통하는 경우가 많았다. 예컨대 홍대용은 1767년 반정균에게 보낸 편지에서 평생토록 보고 싶었지만 보지 못했다고 하면서 혹『천학초함(天學初函)』을 구할 수 있으면 보내달라는 뜻을 완곡히 표현했다.[9] 홍양호도 앞 장에서 언급했듯이 1782년, 1784년 두 차례 연행길에 알게 된 기윤에게 1797년 편지를 보내 서양의 천문계산법, 의기, 기예(技藝)는 물론 "12중천(重天)", "한(寒), 열(熱), 온(溫) 삼대(三帶)"와 해, 달, 별들의 크기와 궤도('廣輪') 등에 대한 논의가 그간 유가에서는 나온 적이 없지만 근거가 있는 것이므로 이단의 가르침이라고 해서 폐할 수가 없음을 이야기한 후, 자신은 그들의 책을 볼 수가 없으니 기윤의 고견을 듣고 싶다고 하면서 그에 대한 정보를 보내줄 것을 요청했다.[10]

---

8) 구만옥,『영조대 과학의 발전』(한국학중앙연구원출판부, 2015), 175-183쪽.
9) "邵子全書及天文類函兩書, 平生願見, 而諒其卷秩不少, 設或有見在者, 何可遠寄耶.":『湛軒書』外集 卷1『杭傳尺牘』「與秋庫書」(문집총간 a248_113c).
10) "泰西之人, 萬曆末始通中國, 步天之法, 最爲精密. … 其測象儀器, 極精且巧, 殆非人工所及, 可謂技藝之幾於神者也. … 第其十二重天, 寒熱溫三帶之語, 日月星大小廣輪, 卽是吾儒之所未言. … 其言皆有依據, 則不可以異敎而廢之, 眞是物理

시간이 가면서 중국 사인들이 직접 서양 과학에 대한 논의를 담은 책들을 내놓게 되자 조선 사인들은 차츰 이 같은 중국 사인들의 책들에 포함된 내용에 의존해서 서양 과학을 받아들였다. 예컨대 매문정(梅文鼎, 1633-1721)의 『역산전서(曆算全書)』가 조선에 유입된 후에 천문 역산에 관심을 가진 조선 사인들은 매문정의 저술에 많이 의존했다.[11] 그리고 그에 따라 조선 사인들은 서양 과학 자체가 아니라 중국 사인들에 의해 소화되고 재구성된 서양 과학을 받아들이게 되었다. 시헌력(時憲曆)을 통해 조선이 받아들인 것도 서양의 천문학 자체가 아니라 대통력(大統曆)의 틀 속에 담긴 서양 천문학 지식이었다. 더 나아가 조선 사인들은 서양의 과학 지식을 전통적인 경학(經學)의 틀 속에 받아들여 이해하기도 했다. 예컨대 정제두(鄭齊斗, 1649-1736)는 서양 천문역법 지식을 경학, 특히 역학(易學)의 틀 속에 "새롭게 짜맞추고자 하였"다.[12] 서양 천문, 우주론 지식을 선천역학(先天易學)의 틀 속에서 해석했던 서명응의 경우에 대해서는 아래에서 자세히 보게 될 것이다.

이처럼 중국을 통한 '간접적' 도입에만 의존하는 상황에서 조선 사인들이 서양 과학 지식에 접하는 데에는 제약이 있었음은 당연했고 그에 따라 그들의 서양 과학 이해의 수준에도 한계가 있을 수밖에

之無窮, 不可思議者也. 愚未嘗見其書, 則不可論其得失. 以執事高明博雅, 必有權度於中者, 願聞其說.": 『耳溪集』 卷15 「與紀尙書書」 別幅(문집총간 a241_267c-268a). 기윤은 이듬해 답신에서『四庫全書總目』의 내용을 초록해 보내주었다. "其書入中國者, 秘閣皆有. 除其算法書外, 餘皆闢駁, 而存目已列入四庫總目, 印本新出. 先生諒尙未見, 今抄錄數篇呈閱.": 『耳溪集』 卷15 「與紀尙書書」 附答書(문집총간 a241_269b).

11) 전용훈, "조선후기 서양천문학과 전통천문학의 갈등과 융화", 90-97쪽.

12) 구만옥, 『영조대 과학의 발전』, 166쪽.

없었다.[13] 예컨대 홍대용은 1776년 자신을 방문한 황윤석에게 『율력연원(律曆淵源)』을 내어 보여주면서 "이야말로 내가 평소 이야기하기를 원하던 것이지만 더불어 이야기할 수 있는 사람이 없었다"고 토로했다.[14] 사실 홍대용 자신의 경우에도 과학 지식의 수준이 높지 않아서, 그는 구면삼각법(球面三角法) 지식을 갖추지 못했던 것으로 보이며 다룰 수 있는 역산(曆算) 계산도 사분력(四分曆) 수준에 머물렀다.[15] 물론 시간이 흐르면서 서호수, 남병철(南秉哲, 1817-1863)처럼 전문적 역산 지식에 통달한 사인들이 나타났지만 이들은 예외적인 경우였다. 예컨대 황윤석이 "일생 서양 역상(曆象)의 학문을 연구했다"고 평가한 정철조(鄭喆祚, 1730-1781)도 『기하원본』이나 『수리정온(數理精蘊)』 같은 책의 성격이나 내용에 대해 제대로 알고 있지 못했던 것으로 보인다.[16]

그럼에도 불구하고 조선 사인들은 중국을 통한 서양 과학의 이 같은 '간접적' 도입에 대체로 만족하고 있었던 것으로 보이며, 이 같은 상황은 19세기 후반에도 상당 기간 지속되었다. 서양 근대 천문학 지식도 전문적 서양 천문학 서적이 아니라 여러 한역 서양 과학서 속의 단편적 지식의 형태로 유입되었다. 예컨대 최한기(崔漢綺, 1803-1877)가 다양한 서양 천문학 지식을 자신의 저술에 포함시키고 있었지

---

13) 안대옥, "18세기 正祖期 朝鮮 西學 受容의 系譜", 『東洋哲學研究』 71집(2012), 55-90 중 74쪽.

14) "以至律曆淵源, 說話縷縷, 因以出示曰, 此實平生所願講者, 而無人可與開口.": 『頤齋亂藁』 丙申(1776) 8月 6日(韓國精神文化研究院, 1998), 4책, 386쪽.

15) 川原秀城, 『朝鮮數學史—朱子學的な展開とその終焉』(東京: 東京大學出版會, 2010), 153쪽—번역: 가와하라 히데키 지음, 안대옥 옮김, 『조선수학사-주자학적 전개와 그 종언』(예문서원, 2017), 254쪽.

16) 안대옥, "18세기 正祖期 朝鮮 西學 受容의 系譜", 66-67쪽.

만 그 내용은 전적으로 중국의 서적들에 의존했다.[17] 그는 주로 홉슨 (Benjamin Hobson, 1816-1873)의 『박물신편(博物新編)』과 허셀(John Herschel, 1792-1871)의 『담천(談天)』을 통해 서양 천문학 지식에 접했 던 것으로 보이는데, 『박물신편』은 과학 전반에 대한 소개서 정도에 지 나지 못한 반면 『담천』의 경우는 그에게는 너무 어려운 전문적 내용으 로, 이 두 책을 통해 그가 서양 근대 천문학을 제대로 이해하기 힘들었 을 것이고, 이 같은 한계는 그의 저술에 그대로 반영되어 나타났다.[18]

이렇듯 지식과 문화의 도입을 중심인 중국에 의존한다는 것은 조 선 사인들의 머릿속에 당연한 것으로 깊이 각인되어 있어서 개화기에 이르러서도 서양에 관한 지식은 중국으로부터 얻을 수 있는 것으로 충분하다고 느꼈던 것으로 보인다. 온건개화파 지식인들에게도 중국 이 여전히 서양의 새 문화에 대한 관문 역할을 했고 이들 사이에는 중 국을 근대 문명의 발원지로 생각하는 경향도 있었다. 1881년 김윤식 (金允植, 1835-1922)의 인솔하에 청에 파견된 영선사행(領選使行)을 통 해 많은 한역 서양 과학서가 도입되었는데, 1883년 창간된 『한성순보 (漢城旬報)』와 1886년의 『한성주보(漢城周報)』는 주로 이러한 서적들에 바탕하여 서양 과학 지식을 소개했다.[19] 이 같은 상황은 나중 급진개 화파들 사이에서 중국에 대한 부정적 의식이 퍼지고 일본에의 의존 이 심화된 후에도 상당 기간 지속되었고 조선이 일본의 식민지가 된 1910년대 이후에야 서양 지식 도입의 주된 경로가 중국에서 일본으로

---

17) 李賢九, 『崔漢綺의 氣哲學과 西洋 科學』(대동문화연구원, 2000), 3장; 전용훈, "19세기 조선 지식인의 서양과학 읽기―최한기의 기학과 서양과학", 『역사비평』 81호(2007. 11), 247-284쪽.
18) 전용훈, 『한국 천문학사』, 320-321쪽; 문중양, 『조선후기 과학사상사』, 317-323쪽.
19) 전용훈, 『한국 천문학사』, 321-323쪽.

바뀌었다. 1898년 창간된『황성신문(皇城新聞)』의 서양 과학 및 문물 소개 기사들도 중국 신문기사들에 주로 의존하고 있었다.[20] 이런 상황에서 개화기 조선의 지식인들은 서양 언어를 배우려는 생각조차 거의 지니지 않았던 것으로 보인다.[21]

조선이 서양의 과학을 이처럼 중국을 통해 간접적으로 받아들인 과정과 관련해서 몇 가지 서로 연관된 가능성들을 상정해볼 수 있다. 우선, 중국이 이미 받아들였다는 사실 때문에 조선 사인들이 더 쉽게 서양 과학 지식을 받아들였을 가능성이 있다. 중심인 중국을 본받고 중국 사인들을 따라 하는 조선 사인들에게 중국이 서양 과학을 받아들였다는 사실은 그것이 중심인 중국에 의해 공인되었다는 의미를 지녔을 수도 있고, 또한 중국이 그것을 받아들이는 과정에서 서양 과학 지식 자체가 어느 정도 '중국화'됨으로써 조선 사인들이 서양 과학 지식의 외래성을 덜 느끼게 되었을 수도 있는 것이다. 예컨대 조선 사인들이 한역된 서양 과학 책들을 접해서, 더구나 그 서양인 저자들의 한자 이름과 책 속에 담긴 한자 전문용어들에 접해서 그것들이 중국이 아니라 서양의 것이라는 점을 항상 의식하지 않았을 수도 있다.

한편 이와 관련해서 조선이 어차피 외국인 중국으로부터 과학 지식을 도입해온 오랜 관행 때문에 서양으로부터 과학 지식을 도입하는 데에 조선 사인들이 저항감을 덜 느꼈을 가능성도 생각해볼 필요가 있다.[22] 더 일반적인 차원에서 보면, 중국을 통한 조선의 서양 과학 도입 과정은 주변부인 조선이 또 다른 주변부인 서양으로부터의 지식

---

20) 최경숙,『황성신문연구』(부산외국어대학교 출판부, 2010).

21) 1883년 영어를 배우기 시작한 尹致昊(1865-1945)가 조선 지식인으로서는 처음 서양어를 배운 것으로 보인다. 박성래,『한국사에도 과학이 있는가』(교보문고, 1998), 204-206쪽.

이나 기물을 중심인 중국을 통해 받아들이는 과정이었다. 실제로 신라 시대 이래 한국인들은 티벳 같은 중화 문화권 주변의 문화에 대한 지식도 줄곧 중심인 중국을 통해 받아들여왔고 서양에 관한 지식을 받아들인 것도 이 같은 과정의 일환이었다. 주변부 조선에게 중심 중국은 다른 모든 주변부의 문화를 받아들이는 통로였던 것이다.

이 같은 측면들은 서양 천문학에 기반한 역법인 청의 시헌력에 대한 조선 사인들의 태도에서 잘 드러난다. 시헌력이 서양의 천문학에 바탕한 것이라는 데 대한 조선 사인들의 반감은 크지 않았다. 위에서 언급했듯이 중국이 받아들임으로 인해서 조선 사인들에게 서양 역법의 외래성이 줄어들었다고 볼 수도 있으며, 어쨌든 중국이 이미 받아들였다는 사실이 그들로 하여금 더 쉽게 서양 역법을 받아들이도록 해주었을 수 있는 것이다. 실제로 조선 조정이 시헌력을 받아들이는 결정을 했을 때 그것은 서양 역법을 받아들이겠다는 것보다는 중국이 채택한 새 역법을 받아들이는 것이었고 그런 의미에서 조선의 시헌력 채택은 원, 명대 이래 중국의 새 역법을 우리나라가 채택해온 오랜 관행의 지속이었다고 할 수 있는 것이다.[23] 서학에 대한 강력한 반대자

---

22) 임종태, 『17, 18세기 중국과 조선의 서구 지리학 이해』, 199쪽.

23) Lim Jongtae, "Learning 'Western' Astronomy from 'China': Another Look at the Introduction of the *Shixian li* Calendrical System into Late Chosŏn Korea," *The Korean Journal for the History of Science* 34(2012), 205-225쪽. 조선의 시헌력 도입과 수용 과정에 대해서는 전용훈, "17-18세기 서양과학의 도입과 갈등─時憲曆 施行과 節氣配置法에 대한 논란을 중심으로", 『東方學志』 117(2002), 1-49쪽을 볼 것. 물론 時憲曆의 채택을 주장하면서 金堉이 마침 중국이 서양력으로 개력했으니 이를 따르자고 하여 시헌력이 서양 역법을 채용한 것을 언급했지만, 이는 그것이 만주족 청의 曆이 아니라는 점을 부각시키기 위해 "서양력"이라는 점을 오히려 강조했던 것으로 볼 수 있다: 문중양, 『조선후기 과학사상사』, 148-149쪽.

들마저도 서양 천문학에 바탕한 역법인 시헌력 채택을 결국 수용했다는 사실 또한 중국의 역법을 받아들여 사용할 수밖에 없었던 당시 조선의 상황을 말해준다.[24]

실제로 서호수는 『상위고(象緯考)』의 「역상연혁(曆象沿革)」에서 우리나라의 역법의 흐름을 기술하면서 시헌력이 서양 역법이라는 데에 큰 의미를 부여하지 않고 고대부터 중국 역법을 도입해온 계속된 과정의 일환으로 시헌력 도입에 대해 기술했다.[25] 그리고 시헌력 도입 이후 실제 역법의 계산법을 중국으로부터 배워오는 과정도 앞선 시기 원과 명으로부터 역법을 배워오던 때와 다를 바가 없었다.[26] 사실 조선 사인들은 서양의 천문학 서적들과 그 저자들에 대해 이야기하면서 굳이 서양임을 밝히지 않고 중국의 역법 서적이나 저자들을 지칭할 때 사용하는 "역서(曆書)"나 "역가(曆家)" 등의 표현을 그대로 사용하는 경우가 많았다. 중국이 받아들인 서양의 역서와 그 저자는 굳이 중국의 역서나 저자와 구분할 필요가 없이 중국 역법의 일부로 간주하는 인식이 있었던 것이다.

13.2 '서학중원론'

앞 절에서 조선이 서양 과학을 도입함에 있어 중국에 전적으로 의존하고 중국을 통한 그 같은 간접적 도입에 만족했음을 보았다. 이는 중화 문화권의 주변부에 위치한 조선으로서 외부로부터의 새로운

---

24) Lim, "Learning 'Western' Astronomy from 'China'," p. 220.
25) Lim, "Learning 'Western' Astronomy from 'China'," p. 211.
26) Lim, "Learning 'Western' Astronomy from 'China'," p. 216-217.

문화요소의 도입을 중심인 중국에 의존했음을 보여주는데, 조선 사인들은 외부 문화요소의 도입 과정에서도 자신들을 중심과 일체화시키는 측면이 있었다. 그들이 '서학중원론'을 받아들이는 과정이 이를 잘 보여준다. 조선 후기 사인들은 서양 과학이 외래의 것이기는 하지만 그것들의 원래 기원이 자신들의 고대에 있었다는 주장을 편 것인데, 이때 이들이 생각하는 자신들의 고대가 조선의 고대가 아니라 고대 중국이었던 것이다. 6장에서 보았듯이 그들은 자신들의 시기에 이르러 조선이 중화가 되었고, 심지어는 유일한 중화가 되었다고 생각했지만, 그들에게 그 같은 중화의 근원은 고대 중국이었던 것이다.

13.2.1 '서학중원론'

높은 수준의 서양 과학 지식에 접한 17세기 중국 사인들은 이를 받아들이면서 자신들이 처하게 된 갈등의 상황을 '서학중원(西學中源)', 즉 서양 과학이 중국에서 기원했다는 관념을 통해서 해결하려고 시도했다. 그들은 당시 중국에 들어오고 있는 서양 과학의 개념들과 중국의 것들 사이의 유사성을 찾았고 그것들이 중국 고대에 기원했다고 믿었다. 고대 중국의 황금기에 중국인들이 그 같은 지식을 가지고 있었는데 후대에 그것이 서양으로 전해졌고 그 후 중국에서는 사라진 지식을 서양인들이 발전시켜 다시 중국에 전하게 되었다는 생각을 통해 자신들이 오랑캐 서양인들의 지식을 받아들여야 하는 난감한 상황을 정당화했던 것이다.[27] 중국 사인들은 앞 장들에서 본 '용하변이

---

27) 김영식, "서학(西學) 중국기원론의 출현과 전개", 『동아시아 과학의 차이─서양 과학, 동양 과학, 그리고 한국 과학』(사이언스북스, 2013), 113-134쪽.

(用夏變夷)'의 관념을 바탕으로, 서양 오랑캐들이 고대 중국의 높은 수준의 문화와 학문을 받아들여 자신들의 문화와 학문을 더 발전시키고 높은 수준을 성취했다고 인식한 것인데, 서양 과학의 중국 기원에 대한 이 같은 믿음의 바탕에 결국 중화 문명의 탁월성과 보편성에 대한 중국인들의 확신이 존재했던 것이다.

사실 중국의 전통, 그중에서도 유가 전통의 우수성에 대한 중국 사인들의 믿음은 거의 절대적이었다. 그들은 학문, 사회제도, 도덕적 가치, 심지어는 언어에 이르기까지 중국 문명의 모든 영역이 중국을 제외한 나머지 세계의 '오랑캐들'의 그것들에 비해 우수하다고 확신했다. 중국 전통 문명의 보편성과 탁월성에 대한 이 같은 확신은 고대 중국 문명의 황금기에 대한 믿음으로 이어졌다. 특히 고대 성인들의 시기가 중국의 문명이 최고에 달한 황금기였고 성인들이 쓴 경전(經典)들에 모든 진리가 담겨 있다는 믿음이 중국 사인들 사이에 널리 퍼져 있었다. 그리고 이 같은 믿음은 이 세상에서 가치 있는 모든 것은 중국에서 기원했고 경전에 담겨 있어야 한다는 생각을 낳았다. 그렇다면 중국보다 우수한 것으로 보이는 서양의 과학 지식 또한 그 기원이 사실은 고대 중국일 수밖에 없게 되었고, 결국 서양의 과학은 이같은 문화의 황금기의 중국 과학을 받아들여 발전시킨 것이라는 생각으로 이어졌다. 많은 중국 사인들이 고대 중국에 높은 수준의 과학이 존재했고 그것이 서양 과학의 원류였다고 믿게 되었던 것이다. 예를 들어 그들은 『주비산경(周髀算經)』이 동서양의 모든 천문학 및 수학 지식의 원류였고 모든 수학 지식이 『구장산술(九章算術)』의 범주를 벗어나지 않는다고 믿었다.

중국 사인들은 서학중원론을 주로 서양 과학 지식의 수용을 옹호하는 논리로 사용했다. 비록 오랑캐 서양인들의 것이지만 원래 중국에서 기원한 것이므로 그것을 받아들이는 것이 문제가 될 수 없다는 논리였다. 그러나 서학중원론은 그 외에도 여러 맥락에서 다른 목적으로 사용되기도 했다. 예를 들어 강희제는 서학중원론을 청 왕조의 통치를 정당화하는 데에 이용했다. 중국이 잃어버린 고대 중국의 역법을 받아들여 발전시켜온 서양인들로부터 역법을 다시 받아들인 것이 바로 청 황실이라는 것이었다.[28] 이에 반해 황종희(黃宗羲, 1610-1695), 방이지(方以智, 1611-1671) 같은 명의 유신(遺臣)들은 원래 중국의 성인들로부터 유래한 것을 서양의 오랑캐들로부터 받아들인—그것도 불완전한 형태로—청 왕조를 깎아내리는 데에 서학중원론을 사용했다. 또한 서학중원론에 동조했던 사람들이 모두 서양 과학에 호의적이었던 것만도 아니었다. 예컨대 서학중원론의 초기 주창자들 중에서도 웅명우(熊明遇, 1579-1649) 같은 사람은 서양 천문학을 이해하고 받아들이고 그것과 중국 역법 사이의 종합을 이루어내려는 경향을 보였지만,[29] 방이지 같은 사람은 중국의 전통으로 돌아가서 그것을 옹호하는 쪽으로 향했다.[30] 실제로 중국의 전통 역법을 고수하고 서양 천문학의 도입을 반대했던 사람들 중 많은 수가 서학중원론에 바탕해서 서양 천문학을 깎아내렸다.

---

28) Pingyi Chu, "Remembering Our Grand Tradition: The Historical Memory of the Scientific Exchanges between China and Europe, 1600-1800," *History of Science* 41(2003), pp. 193-215 중 p. 207.

29) Yunli Shi, "The Origin and Confluence of Three Neo-Confucian Cliques in Natural Philosophy in the Seventeenth Century," *Comparative Perspectives on the Introduction of Western Science into East Asian Countries during the late Chosŏn Period*(Kyujanggak International Workshop, Seoul, 16-18 October 2007), pp. 138-162 중 p. 141.

30) 王揚宗, "「西學中源」說在明淸之際的由來及其演變", 『大陸雜誌』(臺北) 90:6(1995), 39-45 중 41쪽.

13.2.2 조선의 서학중원론 수용

만주족 청에 패해 복속하는 수모를 당한 조선 사인들 사이에서는 청에 대한 '반청' 감정이 널리 퍼져 있었음을 2장에서 보았는데, 이 같은 반오랑캐 정서의 분위기 속에서 그들은 중화 사상에 더욱 집착했다. 그들은 중국의 전통, 그중에서도 유가의 전통에 대한 깊은, 때로는 중국인들 자신보다 더 깊은 존경을 보였다. 특히 그들은 고대 중국의 지식과 제도에 대해 강한 믿음을 지녔는데, 그중에서도 중국 고대 경전에 대한 그들의 믿음은 거의 절대적이어서 그들에게 경전은 모든 지식의 궁극적인 원천이었다. 이 같은 상황에서 서양 과학을 접하게 된 조선 사인들은 서학중원론을 자연스럽게 받아들였다. 반오랑캐 정서와 중화 사상이 지배하는 상황에서 서양인들의 과학이 고대 중국에서 기원했다는 생각은 조선 사인들에게 오랑캐인 서양인들의 과학을 받아들이는 일을 합리화하는 논리를 제공해주었던 것이다. 더구나 중국 유가 전통을 자신들의 전통으로 생각하던 그들에게 서양 과학이 고대 중국에서 기원했다는 것은 그것이 바로 자신들의 전통에서 기원했다는 의미가 되는 셈이었다.

서학중원론은 비교적 늦게, 아마도 18세기 후반에야 조선에 들어온 것으로 보인다.[31] 그리고 이때쯤에는 서양 과학의 우수함이 조선 사인들 사이에 어느 정도 받아들여진 상황이 서학중원론의 수용에 기여했을 것으로 생각된다. 우선 천체의 구조와 운행에 대한 설명과

---

31) 조선에서의 서학중국기원론에 대해서는 盧大煥, "정조대의 서기수용 논의―'중국 원류설'을 중심으로", 한국학보 99(1999), 126-167쪽; "조선후기 '西學中國源流說'의 전개와 그 성격", 『歷史學報』 178(2003), 113-139쪽; 전용훈, "조선후기 서양천문학과 전통천문학의 갈등과 융화", 90-110쪽 등을 볼 것.

역법의 계산에 있어서 서양 천문학의 우수함이 널리 받아들여지고 있었고, 서양 역법에는 '역리(曆理)'가 담겨 있다는 인식도 존재했다.[32] 서양의 지도도 큰 저항 없이 조선 사인들 사이에 널리 유통되었고, 그 일부 내용에 대해서는 황당무계하고 불경스럽다는 비판이 있었지만 대체로 호기심으로 받아들여져 갔다.[33] 서양 역법, 서양 지도 이외에 서양 천문도도 일부 조선 사인들 사이에 유통되었다.[34] 이런 상황에서 조선 사인들은 여러 중국 서적 및 한역 서학서들을 통해 서학중원론을 받아들였는데, 그중 가장 중요한 영향을 미친 것은 당시 많은 조선 사인들이 열심히 공부했던 『역학의문(曆學疑問)』 등 매문정의 역산서들이었다.[35]

조선에서 처음 서학중원론을 천명한 사람은 서명응이었다는 것이 대체로 받아들여진 견해이다.[36] 물론 이익 같은 사람도 지구설이나 땅의 둘레가 9만 리라는 서양의 학설들이 과거 중국에 있었다는 생각을 표현하기는 했지만,[37] 서양 과학 지식이 중국에서 유래했음을 분명히 구체적으로 주장하고 이를 서양 과학 수용의 논리로 처음 제기한 것은 서명응이었던 것이다.

---

32) 문중양, 『조선후기 과학사상사』, 233쪽; 전용훈, 『한국 천문학사』, 255-256쪽.

33) 문중양, 『조선후기 과학사상사』, 205-209쪽.

34) 문중양, 『조선후기 과학사상사』, 197쪽.

35) 전용훈, "조선후기 서양천문학과 전통천문학의 갈등과 융화", 90-97쪽. 예를 들어 서학중원론의 가장 중요하고 영향력 있는 출전인 그의 『曆學疑問』이 18세기 전반에 조선에 들어와 1760년대에는 널리 읽히고 있었다. 같은 글, 74쪽. 한편 김문식은 조선 사인들이 당시 조선에 들어온 『明史』를 통해 서학중원론에 접하게 되었을 가능성을 제기했다. 김문식, 『조선후기 지식인의 대외인식』(새문사, 2009), 64쪽.

36) 노대환, "조선후기 西學中國源說의 전개와 그 성격", 116쪽.

37) 구만옥, 『영조대 과학의 발전』, 160-161쪽.

서명응은 서양 천문학이나 우주론의 구체적 지식이 고대 중국 문헌들의 내용과 부합됨을 주장했다. 예컨대 그는 명말에 중국에 들어온 서양 천문학이 정확하지만 "그 법은 모두 『주비(周髀[算經])』를 기초로 해서" 주야(晝夜), 절기(節氣)의 차이, 지구, 이차(里差) 이론 등이 모두 「요전(堯典)」이나 『대대례기(大戴禮記)』 등 중국 고대 문헌들의 내용과 "꼼꼼히 들어맞는다"고 이야기했다.[38] 이렇게 서양 천문학 지식의 기원을 중국 고대에서 찾은 서명응은 서양 천문학뿐 아니라 천문학 자체가 복희(伏羲)에서 유래했다고 생각했고, 선천역(先天易)의 틀 속에서 천문학 지식을 논의한 『비례준(髀禮準)』의 서문을 "천문과 상수는 복희씨로부터 시작했다"는 말로 시작했다.[39] 이어지는 그의 논의에 따르면, 복희 이후에는 요순(堯舜)과 하(夏), 상(商)을 거친 후 주나라의 주공이 구고(句股)의 법술(法術)을 논하고 『주비산경』을 지었으며 그에 근거해 천문을 관측하고 관제를 정해 『주례』를 만들었고, 이에 천문이 크게 발전했다.[40] 그러나 이 같은 수준 높은 중국 고대의 천문역법이 진나라의 분서(焚書)를 겪으면서 중국에서는 쇠퇴했고, 한나라 이후 『주례』, 『주비산경』 두 책이 세상에 다시 나왔지만 유가 핵심 경전이 된 『주례』와는 달리 『주비산경』은 술가(術家)의 책으로 간주되어 천여

---

38) "其法一以周髀爲主. 而赤道黃道之名, 密合漢臺之銅儀. 晝夜節氣之差, 密合堯典之宅四. 崇高天頂之稱, 密合水經土中之說, 地圓里差之理, 密合戴禮曾子之言." 『髀禮準』 序; 『保晚齋叢書』(서울대학교 규장각한국학연구원, 2009), 제7책, 336-337쪽.

39) "天文象數起自包犧氏.": 같은 글, 335쪽. 그는 복희가 시작했다고 하는 주역의 괘들과 그것들을 포함한 도형들을 열거했다: "包犧氏仰觀俯察, 旣作先天方圓圖. 復推演方圖, 製蓋天之儀, 創句股之數, 立周天曆度."

40) "歷唐虞夏商, 至于周公與商高論句股法術, 命史官記其問答, 以爲周髀之書. 又因周髀之書測天文定官制, 以爲周禮之書. 而天文遂大明於世.": 같은 글, 335쪽. 구만옥, 『영조대 과학의 발전』, 169-170쪽.

년 동안 인정받지 못했다는 것이다.[41] 서명응은 이런 상황에서 명말 유입된 서양 천문학이 한결같이 '주비'의 법에 기초하고 있었고 정확했음을 서학중원론을 통해 설명했다. 이는 주나라가 망하면서 외국으로 피신한 '주인(疇人)'들이 고대 중국 천문역법을 서양에 전하였기 때문이라는 것이었다.[42] 예컨대 서명응은 서양 역법에 기초한 시헌력이 주야와 절기 시각의 지역차를 표기하는 것은 요(堯)임금이 화중(和仲)을 서국(西國)에 보냈고 서국이 『주비산경』의 법을 전수받아 이어온 "희화(羲和)의 유법(遺法)"이 다시 중국에 들어온 것이라고 설명했다.[43]

이렇듯 서양 지식의 기원을 중국 고대에서 찾은 서명응은 그 같은 서양의 지식과 중국의 전통적 천문학 및 우주론 지식을 복희의 선천방원도(先天方圓圖)에 바탕한 선천역의 틀 속에 집어넣어 해석했다.[44] 그 과정에서 서명응은 중국에서 기원한 서양 천문학 지식과 선천역의 관계를 '체(體)'와 '용(用)'의 개념을 사용해서 설명했다. 서양 천문학 및 우주론 지식, 그리고 역법의 구고 계산법은 '용'이었고, 역학, 특히 복희의 선천역이 '체'였다는 것이다. 서명응의 서학중원론에 따르면,

---

41) "及漢中葉, 二書復出. 然於周禮, 則以爲周公之書 … 乃若周髀, 始爲榮方陳子之徒所亂, … 世不復知周髀爲周公之書者, 蓋千有餘年矣.": 같은 글, 336쪽. 구만옥, 『영조대 과학의 발전』, 170쪽.

42) "周衰, 疇人知中原將亂, 多逃之外國浸淫. 至秦焚書設禁, 則二書皆隱於民間. … 蓋千有餘年矣, 逮至明季, 句股數法自西國流入中國. 推測躔度錯錯相符, 以至日月交食無所差謬. 其法一以周髀爲主. … 是必疇人挾周髀之西國傳其法術無疑也.": 같은 글, 335-337쪽.

43) "幸而羲和遺法, 當明之季自西國流入中國. … 而其國得傳和仲周髀之學, 練習以迄于今. 今中國曆書, 必以北極緯差定各地之晝夜, 赤道經差定各地之節氣, 載之曆首, 不敢或厥者, 乃其遺法.":『陽谷志』序:『保晚齋四集』: 신민철, "서명응(1716-1787)의 팔도 주야, 절기 시각 표기론의 형성과 전개"(미발표 초고).

44) 박권수, "徐命膺의 易學的 天文觀",『한국과학사학회지』20(1998), 57-101, 특히 74-89쪽.

고대 중국에는 '체'와 '용'이 함께 있었다가 '용'이 중국에서 사라져 서양으로 갔고, 서양에서 발전되어 중국으로 돌아왔다. 서양에서 받아들인 '용'은 결국은 고대 중국의 '용'이었던 것이고, '체'는 계속 중국에 있었던 것이다.

　체-용을 통한 서명응의 이 같은 설명은 그가 보는 서양 천문학의 결함에 대한 설명도 가능하게 해주었다. 고대에 중국으로부터 서양으로 간 것은 역법의 '용'에 불과해서 '체'는 결여하고 있었고,[45] 따라서 서양 천문학은 '용'에 있어서는 정확하고 효율적이지만 '체'를 결여했기에 일관성 있고 체계적이고 근본적인 이론이 결여되었다는 것이다.[46] 그렇다면 서양 천문학의 이 같은 결함을 보완하기 위해 '체'를 다시 세워야 했는데, 서명응은 이를 역학(易學), 특히 선천역의 틀에서 찾았다. 어차피 원래 중국에서 기원한 서양 천문학과 우주론 지식을 중국의 '체'에 연결시킨 것이다. 실제로 그의 선천역의 틀은 서양 천문학, 우주론 지식뿐 아니라 중국 전통 천문역법 지식도 포용했다.[47] 사실 그가 일찍이 『역상고성후편』과 같은 비교적 최신 정보를 접했으면서도, 티코 브라헤(Tycho Brahe, 1546-1601)의 신도(新圖)나 지전설 같은 것은 언급하지도 않았던 것은 그의 주된 목적이 이처럼 선천역의 틀에 서양 천문학 지식을 포용하는 것이었기 때문이었다.[48]

---

45)　박권수, "徐命膺의 易學的 天文觀", 97쪽.
46)　실제로 당시 중국에 들어온 서양 천문 지식이 서로 다른, 때로는 모순되는, 이론들이 혼재해 있었기에 서양 천문학이 "체계"가 부족하다는 이 같은 평가는 당연했다고 할 수 있다.
47)　서명응은 이렇듯 '용'이 '체'로부터 분리된 서양 천문학의 상황을 象과 數가 분리되었다는 말로도 표현했으며, '天象'과 '天數'를 '融會貫通'시켜 삼대의 구법을 회복해야 한다고 주장하기도 했다. 『髀禮準』序: 『保晚齋叢書』, 제7책, 338쪽. 구만옥, 『영조대 과학의 발전』, 170-171쪽.
48)　문중양, 『조선후기 과학사상사』, 244-245쪽.

이후 서학중원론은 황윤석, 홍양호, 홍대용 등 다른 여러 조선 사인들에 의해 받아들여졌다. 황윤석은 1760년대 중반 서명응으로부터 서학중원론을 전해 듣고 이를 받아들인 것으로 보이는데,[49] 그는 서양 역산학의 정밀함을 인정하면서도 "그 역상의 범위가 또한 주비를 넘어서지 않은즉, 그 설이 비록 신기한 것 같지만, 그 리(理)는 이미 [중국의] 옛사람들이 이야기한 바가 있다"고 이야기했으며,[50] 홍대용이 연행 중 구입해온 『수리정온』이 "서양 산법의 지극히 정밀한 바를 보여준다"는 김이안(金履安, 1722-1790)의 말에 대해서 "진실로 그렇지만, 이 리(理)는 옛사람들이 이미 모두 이야기했고, 가령 옛사람들이 '수설(竪說)'했다면 서양인들은 반드시 횡설(橫說)하니 그 기이함을 좋아하고 새로운 것에 힘씀이 이와 같다. 수설과 횡설이 비록 다르지만 그 리는 하나이다"라고 응수하기도 했다.[51]

홍양호도 서양인들의 추보법이 정밀하여 청조는 그들을 흠천감(欽天監)에 배치하여 지금도 쓰고 있지만 "그 주천(周天)의 도(度)는 희(羲), 화(和)의 범위를 벗어나지 않고 추보(推步)의 기법은 전적으로

---

49) "徐令曰. … 西洋之法, 冠絕古今, 所謂出自羲和者, 恐得之. 此法出後, 始悟堯舜典立言, 維有條理 十分明白也. 且如地圓之說, 今人所共致訝, 然而大戴礼中曾子所言, 已甚明白. 而惜乎秦漢以下, 無人提說, 直至西法出後, 乃覺恍然矣.": 『頤齋亂藁』丙戌(1766) 3월 25일: (韓國精神文化研究院 編, 1998) 1책, 551-552쪽.

50) "其曆象範圍, 又不越乎周髀. 則其說雖若神奇, 而其理已有古人言之矣.": 『頤齋亂藁』戊子(1768) 9월 10일: 2책, 238쪽. 특히 황윤석은 이렇듯 중국 고대에 기원한 서양 역산학이 명나라 때 중국에 들어와 완성되었다가 오랑캐 청에 의해 빼앗긴 것임을 강조했다: "昔崇禎中, 徐光啓李天經與西儒熊三發湯若望羅雅谷諸人, 奉勅修正大統法, 是書作於其時. 新法既成, 毅宗將頒之天下, 竟爲虜中所攘. 今稱時憲者, 是爾.": 『頤齋亂藁』戊子(1768) 8월 16일「曆引跋」: 2책, 217쪽.

51) "報恩言. … 洪大容新購數理精蘊一帙於燕行, 此是西洋算法至精處耳. 余曰. 誠然. 但 此理古人已皆言之. 假如古人竪說, 則西洋必橫說. 其好奇務新如此. 竪橫雖異, 而其理一也.": 『頤齋亂藁』戊子(1768) 11월 13일: 2책, 299쪽.

394

황제(皇帝)의 구고를 사용한 것이니 이는 우리 유가(儒家)의 나머지"라고 말했고,[52] 이 말에 뒤이어 천주교의 신앙은 인도(人道)에서 벗어나고 패륜함이 불교보다 더 심한 이단이라고 비판하면서도 그것이 중국 고대의 상제(上帝)를 섬김에서 나왔기에 리가 없다고 할 수는 없다고 인정했다.[53] 홍대용도 요순 시기에는 선기옥형(璇璣玉衡)과 구고의 기법에 의지하여 천문 지식이 떨쳤는데 이후 그 법상(法象)이 전해지지 않아 쇠퇴했지만, "서양의 법이 나온 이래 기기(機器)와 술법의 오묘함이 요순이 남긴 비결을 깊이 얻었다"고 하여 서양 천문학이 요순의 법을 전해 받은 것으로 이야기했다.[54] 그 외에 이가환(李家煥, 1742-1801), 서유본(徐有本, 1762-1822), 정약용 등도 지구설이 『대대례기』나 『주비산경』 같은 중국 고대 문헌에 이미 담겨 있음을 지적했는데,[55] 정약용은 서양의 청몽기설(淸蒙氣說)을 주장하다가 탄핵을 받게 된 이가환에게 보낸 편지에서 청몽기설은 속석(束晳, 261-300경)의 글에 나올

---

52) "泰西之人, 萬曆末始通中國. 步天之法, 最爲精密, 故置諸欽天監, 至今用之. 然其周天之度, 不出羲和之範圍. 推步之術, 全用黃帝之句股. 乃是吾儒之緖餘也.": 『耳溪集』卷15「與紀尙書書-別幅」(문집총간 a241_267b).

53) "所謂奉天之, 亦本於昭事上帝之語, 則未可謂無理. 而稱以造物之主, 裁成萬物, 乃以耶穌當之. 甚矣, 其僭越不經也. 況又滅絶人道, 輕捨性命, 斁倫悖理. 非直釋氏之比, 實異端之尤者也."

54) "天有七曜, 垂象至著, 惟離地絶遠, 人視有限. 所以唐虞之神明, 猶待於璣衡之器, 勾股之術也. 惜其法象失傳, 測候無據. 代有制作, 談說紛如, 摠出臆想, 小合大差. 盖自西法之出, 而機術之妙, 深得唐虞遺訣.": 『湛軒書』外集 卷6「籠水閣儀器志 測管儀」(문집총간 a248_234a). 이 구절의 몇 줄 뒤에 홍대용은 "천자가 실관(失官)하니 학문이 사이(四夷)에 남아 있다"는 공자의 말(『左傳』昭公 17년)이 믿을 만하다고 덧붙였다: "古云天子失官學在四夷. 豈不信歟."

55) 崔相天, "李家煥과 西學", 『韓國敎會史論文集』II(1984), 41-67 중 58-59쪽; 노대환, 『동도서기론 형성과정 연구』(일지사, 2005), 83쪽; 김영식, 『정약용의 문제들』(혜안, 2014), 125쪽.

뿐 아니라 『한서(漢書)』 「경방전(京房傳)」에도 그 내용이 포함되어 있는데 그것들에 의거해서 청몽기설을 뒷받침해야 하지 않느냐고 권하기도 했다.[56] 한편 홍대용은 비록 서법(西法)이 뛰어나기는 하지만 서양의 기독교는 "우리 유가의 '상제'의 호칭을 훔치고 불가의 윤회(輪廻)의 설로 치장한 것으로 천루(淺陋)하고 가소롭다"고 말하기도 했는데,[57] 사실 서양인들의 방법이 중국 고대의 천문역법에 기반한 것이어서 정확하기는 하지만 그들의 신앙은 문제가 많다는 생각은 당시 꽤 널리 퍼져 있어서, 이헌경(李獻慶, 1719-1791)도 서양인들이 비록 추보에 능하지만 "복희, 황제, 요순의 구법(舊法)을 부연하여 설(說)로 하고 거기에 거짓되고 망녕되며 요사롭고 미혹스러운 이야기를 섞은 것에 불과하다"고 이야기했다.[58]

서학중원론은 19세기 중반 이후에도 한참 동안 조선 사인들 사이에 퍼져 있었다.[59] 예컨대 이규경(李圭景, 1788-1856)은 지구설이나 12중천설 등이 『주비산경』이나 『초사(楚辭)』에 이미 담겨 있다고 이야기했고,[60] 「서양통중국변증설(西洋通中國辨證說)」이라는 제목의 글에서

---

56) "蒙氣之說, 奚但束廣微而已. 漢書京房傳, 房上封事曰, 辛酉以來, 蒙氣衰去. 又曰, 辛巳蒙氣復乘卦, 丁亥蒙氣去, 戊子蒙氣復起. 何不據此耶.": 『與猶堂全書』第一集 詩文集 卷18 「答少陵」(문집총간 a281_394b-394c).

57) "西法甚高, 可謂發前未發. 但其學則竊吾儒上帝之號, 裝之以佛家輪廻之語. 淺陋可笑.": 『湛軒書』外集 卷2 『杭傳尺牘 乾淨衕筆談』(문집총간 a248-149a).

58) "西洋人雖善推步, 不過因羲黃堯舜之舊法, 敷衍爲說, 雜之以誕妄妖幻之辯而已.": 『艮翁先生文集』卷23 「天學問答」(문집총간 a234_493a-493b).

59) 盧大煥, "조선후기 西學中國源流說의 전개와 그 성격", 123-128쪽.

60) "天圓而地亦圓. 四方上下, 皆人物所居, 各以戴天爲上, 履地爲下也. 其說與周髀脗合. … 天有九重, 最近地者, 月天也. 稍遠則日天與金水天, 又遠則木星天, 又遠則土星天, 最遠則恒星天, 其外則宗動天也. 楚辭天問曰, 天有九重, 孰營度之. 然則九重之說舊矣.": 『五洲衍文長箋散稿』卷1 天地篇 天文類 天文總說 [0002] 「天有十二重九重七重十一重辨證說」.

"역법이 크게 발전한 것은 명대의 서양인들의 공이지만 그 유래를 찾아보면 모두 중국 땅에서 기원해서 흘러 전해진 것"이라고 주장하고, 주나라 말엽에 주인(疇人) 자제들이 관직을 잃고 사해(四海)로 흩어져 숨어지낼 때 이를 전해 받은 것이라고 설명했다.[61] 이규경은 심지어 청대에 중국에 들어온 샬(Johann Adam Schall: 湯若望, 1591-1666), 페르비스트(Ferdinand Verbiest: 南懷仁, 1623-1688), 토마(Antoine Thomas: 安多, 1644-1709) 등 서양인들에게 그들의 수준 높은 수학 지식이 어디서 나왔는지를 물으면 그들이 "모두 중국 땅에서 흘러 전해진 것이라고 말했다"고 하기도 했다.[62] 박규수(朴珪壽, 1807-1876)도 「지세의명(地勢儀銘)」이라는 글을 지구설이 이미 중국 고대의 혼천(渾天), 개천가(蓋天家)들이 이야기한 것으로 『주비산경』의 설이 가장 정밀하다는 말로 시작한 후 주비의 법이 갖추어지면 서양의 지구설은 버려도 된다거나 서양인들이 중국을 통하지 않고 스스로 역상(曆象)을 발전시킬 수 있었다고 말할 수는 없다고 주장했다.[63] '서학중원' 관념은 그 후로도 계속 이어져서, 1902년이 되어서도 김윤식(金允植, 1835-1922)은 「연암집서(燕巖集序)」에서 박지원의 논의가 서양의 학리(學理)와 정술(政術)과 부합하는 이유에 대해 "서양의 훌륭한 법은 은연중에 육경(六經)과 합치하는데 선생은 유학자이어서 그 경술(經術)과 문장이

---

61) "凡曆法大明西人之功. 而詢其所自, 皆本中土所流傳. … 周末, 疇人子弟失職外散, 遯處四海. 海外支流, 反得其傳, 而四海昧谷, 獨通中夏, 故西學有本.": 『五洲衍文長箋散稿』卷42 經史篇 論史類 論史 [1112] 「西洋通中國辨證說」.

62) "淸朝, 西人至者甚衆. 有湯若望南懷仁安多閔明我問明算學, 而度數之理, 漸加詳備. 詢其所自, 皆云本中土所流傳云.": 『五洲衍文長箋散稿』권44 人事篇 技藝類 算數 [0727] 「數原辨證說」.

63) "大地渾圓之體, 渾天蓋天家言之, 而莫詳密於周髀之說. … 夫周髀之法明, 而西夷地球之說廢之可也. … 謂亘古不通中國得平. 謂不通中國而自能明曆象利用而厚生得平."『瓛齋先生集』卷4 「地勢儀銘」(문집총간 a312_364c-365a).

모두 육경 중에서 나왔기" 때문이라는 답을 제시했다.[64]

13.2.3 서학중원론에 대한 조선 사인들의 다양한 태도

조선 사인들은 서학중원론에 대한 그들의 반응—수용, 거부, 이용
등—에서 다양한 모습을 보였다. 조선 사인들은 중국 사인들이 그랬
듯이 서학중원론을 다양한 방식으로 이용했다. 물론 가장 흔한 것은
서양 과학을 받아들이는 근거로 서학중원론을 이용하는 경우로, 위
의 서명응, 홍대용, 이가환, 정약용, 이규경 등의 경우에서 본 것처럼
서양 과학이 비록 오랑캐의 것이지만 원래 중국에서 기원한 것이므
로 받아들이는 데 문제가 없다는 것이었다. 그러나 서양 과학을 받아
들이는 사람들 중에도 서학중원론을 근거로 해서 여전히 중국 전통의
우수성을 주장하는 경우도 있었다. 예컨대 서유본은 서양 천문 역산
지식을 그 정확함 때문에 받아들이면서도 그 같은 서양 지식의 수용
논리로 서학중원론을 내세우기보다는 고대 중국의 경전에 그 같은 정
확한 지식이 담겨 있었음을 지적함으로써 중국 고대 유가 전통의 우
수함을 주장하는 편이었다.[65] 서유본은 서양의 과학 지식 중 거의 대
부분이 고대 중국에서 기원했다고 생각했고 서양 수학 지식 중 각도
(角度)와 팔선(八線)만 서양인이 만든 것이라고 주장했는데, 몇 줄 뒤
에 가서는 "삼대(三代)의 말에 도술(道術)이 흩어져 없어졌을 때

---

64) "或曰. 先生之時, 未見泰西文字, 何其言之與西人之學理政術, 一一相符乎. 曰. 泰
西善法, 未嘗不暗合於六經. 先生儒者也. 其經術文章, 皆自六經中來. 其言之相符,
曷足異也.":『雲養集』卷10之「燕巖集序」(문집총간 a328_400d). 김문용, "동도서
기론의 논리와 전개", 한국근현대사회연구회 개화파연구반 엮음,『한국근대의
개화사상과 개화운동』(신서원, 1997), 247-291 중 280-281쪽.
65) 盧大煥, "조선후기 西學中國源流說의 전개와 그 성격", 122-123쪽.

간혹 서방에서 찾아볼 수 있었다"는 매문정의 말을 인용하면서 "그렇다면 각도와 팔선도 비록 전해지는 기록에서 징험할 바는 없지만 주인(疇人)의 유법(遺法)이 서사(西土)들에게 흘러 전해진 것이 아닌지 어찌 알겠는가?"라고 덧붙였다."[66]

이 같은 서학중원론의 생각을 서양 과학을 반대하거나 비판하는 근거로 사용하는 경우도 있었다. 예컨대 위에서 보았듯이 서양인들이 추보에만 능할 뿐이고 이는 복희, 황제, 요, 순의 고법을 부연한 것에 지나지 않는다고 했던 이헌경은 "설사 서양 추보의 학이 중국보다 낫다고 해도 단지 한 부분에 밝을 뿐이니 전혀 귀하게 여길 일은 아니며, 더구나 그것이 원래 중국 역법의 밖으로 벗어난 것이 아니니, 이같은 점을 보면 그 지식과 도를 믿는 것은 그 또한 미혹됨이 심하다"고 덧붙였으며,[67] 서양 천문학의 도움 없이도 중국 역법을 계속 운용할 수 있다고 주장했다.[68] 실제로 이헌경은 「일식변(日食辨)」에서 일월식은 정치적 상황에 따라 일어날 수도 있고 일어나지 않을 수도 있는데 서양인들이 이를 기계적으로 계산해서 예측한다고 비판했다.[69]

---

66) "大抵九章之數法, 皆三代之遺敎. 而西人所立許多名目, 皆按古法而伸明之. 惟角度八線二條, 卽西人之所創設也. … 梅定九日. 四海之域, 惟昧谷與中國通道, 故三代之末道術散逸, 而西方往往有聞. 然則角度入線, 雖無徵於傳記, 亦安知非疇人之遺法流傳於西土耶.": 『左穌山人文集』 卷4 「與河生慶禹書」(문집총간 b106_77a-77c).

67) "設使西洋推步之學賢於中國, 僅明一曲, 固不足貴. 況其學本不出於中國曆法之外乎. 見其如此, 遂信其知道, 則其亦惑之甚矣.": 『艮翁先生文集』 卷23 「天學問答」(문집총간 a234_493c).

68) "西洋未通中國之前, 司馬遷壺遂等作大初曆, 唐一行立歲差法. 其後屢百年, 皆能造曆頒朔. 曾謂不通西洋則曆家更不得措手, 天子更不得頒朔乎.": 같은 글(문집총간 a234_493b).

69) "先儒謂日月之食皆有常度. 然人事得於下則或當食不食, 人事不得於下則當食必食. 惟西洋國利瑪竇之說, 以爲食有常度. 雖堯舜在上, 不能使當食不食. 所謂當食

한편 이헌경은 역가들이 두루 사용하고 있는 서양 추보의 학을 배척해야 하느냐는 질문에 대해서는 "그렇지 않다"고 이야기했는데, 서양의 추보학이 복희, 황제, 요, 순의 고법을 부연한 것에 지나지 않는다는, 위에서 본 그의 이야기는 이에 대한 근거로 그가 제시한 것이었다.[70] 이는 서양의 지식이나 개념들 중 수용해도 되는 것을 판별하는 수단으로 서학중원론을 사용한 것이었다고 할 수 있겠다. 한편 박규수는 고대의『주비산경』에 담겨 있고 과거의 유학자들은 "추리(推理)"에 의해 알아낼 수 있었던 지구 개념을 굳이 세계를 일주해보고 나서야 알아낼 수 있었던 서양인들의 우둔함을 지적하기도 했다.[71]

서양인들이 고대 중국으로부터 천문 지식을 받아들인 후 이를 제대로 발전시키지 못했다는 비판도 제기되었다. 서양인들이 관측과 계산에만 능할 뿐 근본적인 틀은 결여하고 있다는 것인데, 서양 천문학이 '용(用)'은 우수하지만 '체(體)'는 결여했다는 서명응의 생각도 그 같은 비판이었다고 할 수 있겠다. 그 외에도 윤행임(尹行恁, 1762-1801)은 정조의 천문책(天文策)에 대한 대책(對策)에서 서양의 역법에 대해 "그 수(數)를 검토해보면 들어맞지 않는 일이 없지만 그 리(理)를 검토해보면 크게 차이가 나는 일이 많음"을 지적했고,[72] "서양 역법이 스스로

不食云者, 盖推步者誤. 不知其本不當食耳.":『艮翁先生文集』卷21「日食辨」(문집총간 a234_446a). 노대환,『동도서기론 형성과정 연구』, 81-82쪽.

70) "客曰. 西洋推步之學玅, 天下曆家皆用其法, 此等處其將盡斥之乎. 主人曰. 不然. 聖智首出, 開物成務, 莫尚於羲黃堯舜. 西洋人雖善推步, 不過因羲黃堯舜之舊法敷衍爲說. …":『艮翁先生文集』卷23「天學問答」(문집총간 a234_493a-493b).

71) "大地渾圓之體, 渾天蓋天家言之, 而莫詳密於周髀之說. 先儒亦多以理推而得地. 乃西夷則紛紛然乘巨舟繞溟海一周而後知之. 不亦遲鈍乎哉.":『瓛齋先生集』卷4「地勢儀銘」(문집총간 a312_364c-365a).

72) "試以其法言之. 考其數則未始不中也, 考其理則大有逕庭何也.":『碩齋稿』卷14「天文」(문집총간 a287_258b).

상(象)과 수를 겸했다고 생각하지만 제 생각에는 상수(象數)에 파묻혀 리에 어두우며 … 그 리를 얻지 못한즉 그 상과 수라는 것도 정밀할수록 더 차이가 난다"고 하면서, 서양의 역법을 두고 "학문이 사이(四夷)에 있다고 말할 수 있을 뿐 전적으로 신뢰할 수는 없다"고 이야기했다.[73] 서양인들이 정치적 상황을 고려하지 않고 일월식을 계산한다는, 위에서 본 이헌경의 비판도 그로서는 천문 현상의 리에 주의를 기울이지 않고 계산에만 치중한다는 비판이었다고 할 수 있다.

13.2.4 서학중원론의 거부

서양 과학에 대한 이해가 깊어지면서 서양 과학과 중국 과학의 기원이 서로 다르다는 것을 인식하고 서학중원론에 대해 부정적인 태도를 보이는 사람들이 나타나게 되었다. 서학중원론자였던 홍양호가 서양 과학의 모든 것이 중국에서 기원한 것이 아니고 '12중천'설, 열대, 온대, 한대의 '삼대(三帶)'설은 중국에 없었던 것을 서양인들이 관측, 측량을 통해 밝힌 것이라고 지적한 바 있었는데,[74] 서호수, 이가환, 홍경모(洪敬謨, 1774-1851) 등은 서학중원론에 대해 부정적 태도를 보이거나 아예 언급하지도 않았다.[75] 예컨대 서호수는 한편으로는 지원설(地圓說)이 중국 고대에 있었고 서양에서 시작된 것이 아니라는 매문

---

73) "彼西法者, 自以爲兼象數, 臣則以爲泥於象數者昧於理. 得其理, 則象與數在其中矣. 不得其理, 則其所謂象數者, 愈密愈差矣. … 只可謂學在四夷, 不可以專信.": 같은 글(문집총간 a287_259b).

74) "其十二重天, 寒熱溫三帶之語, 日月星大小廣輪, 卽是吾儒之所未言. 而彼皆操器而測象, 乘舟而窮海者. 其言皆有依據, 則不可以異敎而廢之. 眞是物理之無窮, 不可思議者也.": 『耳溪集』 卷15 「與紀尙書書-別幅」(문집총간 a241_268a).

75) 노대환, 『동도서기론 형성과정 연구』, 76-78쪽.

정의 말을 인용했으면서도[76] 서학중원론에 대한 비판적 태도를 견지했고, 고대 주인(疇人)들이 흩어진 후 중국의 수학이 쇠퇴했음을 인정하면서도 중국의 수학이 서양으로 전파되었다고 말하지 않았다.[77] 서호수는 그 같은 독자적 발전을 이룬 서양 역법이 중국 전통 역법에 비해 우월하다고 주장했는데, 그 이유에 대해 "서력(西曆)이 중력(中曆)에 비해 우수한 것은 수를 말함에 있어 반드시 그 리를 밝혔기 때문"이라고 이야기했다.[78] 이가환도 서양에서 건너온 지구설이나 구중천(九重天)설은 고대 성인들이 이미 밝혀놓은 것이라고 하면서도 중국의 천문역법이 서양에 건너갔다는 주장은 내어놓지 않았다.[79] 홍경모 또한 서양의 오대설(五帶說)이나 구중천설이 『주비산경』이나 『초사』에 나오는 내용과 비슷함을 지적하면서도 그것들이 중국에서 기원해서 서양으로 전해졌다는 주장은 하지 않았다.[80]

남병철은 서학중원론에 대한 반대 의견을 더 분명하게 표현했다.[81] 그는 서양 천문학이 중국에 비해 더 우수하다고 보았고, 세차(歲差), 태양 운동속도의 최대최소에 대한 논의, 60진법(進法) 사용 등을 서양 천문학의 우수함을 보여주는 예로 들었다.[82] 그는 역법은 하늘의

---

76) 구만옥, 『영조대 과학의 발전』, 177쪽.

77) 盧大煥, "조선후기 西學中國源流說의 전개와 그 성격", 121쪽. 이 같은 서호수의 태도가 서학중원론을 받아들이고 주장한 그의 아버지 서명응이나 아들 서유본과 반대되는 것이라는 점은 주목할 만하다: 노대환, 『동도서기론 형성과정 연구』, 83쪽.

78) 『私稿』「曆象考成補解引」: 임종태, 『17, 18세기 중국과 조선의 서구 지리학 이해』, 189쪽에서 재인용.

79) 노대환, 『동도서기론 형성과정 연구』, 76쪽.

80) 盧大煥, "조선후기 西學中國源流說의 전개와 그 성격", 122쪽.

81) 盧大煥, "조선후기 '西學中國源流說'의 전개와 그 성격", 128-131쪽.

82) 전용훈, "19세기 조선에서 서양 과학과 천문학의 성격—청조 고증학의 영향을 중심으로", 『한국과학사학회지』 35(2013), 435-464 중 449-451쪽.

측험을 위주로 하는 것으로 하늘의 현상과 변화는 "중국과 서양을 가리지 않으며 오직 정밀한 관측과 정교한 계산만이 이에 합치될 수 있다. 저 해, 달, 오성이 세간에 존화양이(尊華攘夷)의 의리가 있음을 어찌 알겠는가?"라고 말하고 서법은 정확한 데 비해 중법이 정확지 않은 경우가 많은 것을 한탄하면서 "단지 하늘[의 현상]이 실제와 합치하는지 여부를 논할 뿐 사람이 중화인지 오랑캐인지를 논하지 않는 것이 가하다"고 덧붙였는데,[83] 고대 중국 '중화'의 천문역법에서 서양 천문학의 기원을 찾으려는 생각 같은 것은 받아들이지 않으려는 정서를 읽을 수 있다.

따라서 남병철은 오랑캐의 것이라 하여 서양 천문학을 무조건 거부한 위문괴(魏文魁), 양광선(楊光先, 1597-1669) 등 중국 사인들을 비판했고,[84] 왕석천(王錫闡, 1628-1682), 매문정, 완원(阮元, 1764-1849) 등 서학중원론을 주장했던 사람들에 대해서도 서양 역법의 가치를 공정하게 인정하지 않고 중국 역법을 선호했다고 하여 불만을 표시했다.[85] 그런 점에서 남병철에게는 강영(江永, 1681-1762)만이 예외였는데, 남병철은 강영이 위에서 언급한 다른 사인들과는 달리 서양 천문학이 정확함을 확신하고 그것을 훼손하지 않았기 때문에 그 공평함을 취한다고 이야기했다.[86]

---

83) "盖曆法者, 驗天爲長. … 天何言哉. 大象寥廓, 諸曜參差, 不擇中西, 惟精測巧算是合. 彼日月五星, 安知世間有尊華攘夷之義哉. 故以西法則驗者多, 以中法則不驗者多. 此豈非不可以怨尤者乎. 是以只論天之驗否, 不論人之華夷也.": 『圭齋遺藁』卷5「書推步續解後」(문집총간 a316_633a-633b).

84) 같은 글(문집총간 a316_632c). 전용훈, "19세기 조선에서 서양 과학과 천문학의 성격", 458쪽.

85) 『圭齋遺藁』卷5「書推步續解後」(문집총간 a316_634c-635a). 임종태, 『17, 18세기 중국과 조선의 서구 지리학 이해』, 193쪽; 전용훈, 『한국 천문학사』, 425쪽 주119.

86) "若王曉菴梅勿菴阮芸臺諸公, 或專門用工, 或治經傍通, 莫不造乎精奧淵微. 然余

이 같은 생각을 지녔던 남병철은 주인(疇人)들이 흩어진 후 천문역산학이 도참(圖讖)에 빠지거나 하도(河圖), 낙서(洛書)와 연결되어버렸다고 하면서도,[87] 그렇게 흩어진 주인들이 서양에 과학을 전했다고 하지는 않았다. 오히려 남병철은 중국 사인들이 서학중원을 주장하게 된 이유를 다음과 같이 설명했다.

총명하고 학식 있는 사인들이 [서양의] 방법을 헐뜯어 배척할 수 없음을 알고 교묘하게 빼앗는 일이 있었다. 그리하여 '지원(地圓)'은 『대대례(大戴禮)』에서 징험하고, '이차(里差)'는 『주비[산]경』에서 징험하였으며, … 구중천이 겹겹이 에워싸고 있다는 것에 대해서는 『초사』에서 징험하고 … 털끝만큼이라도 비슷하다고 의심되는 것이 있으면 '단장취의(斷章取義)'하고 부연하여 끌어다 합쳐 증거로 삼았다. … 그러므로 일사일물(一事一物)도 빼앗아 중국의 법으로 삼지 않은 것이 없고 또한 중국의 법의 증거로 이용하지 않은 것이 없다. 참으로 틀렸다.[88]

則謂以江愼修先生爲最. 何哉. 以其確信西法而不毁也. 信西法而不毁. 奚取焉, 以其公平也.": 『圭齋遺藁』卷5「書推步續解後」(문집총간 a316_632b). 남병철은 그 같은 강영을 지극히 존경하여 강영의 역법 계산 이론서인 『推步法解』를 모델로 하고 그것을 보완한 책을 저술한 후 『推步續解』라는 제목을 붙이기도 했다: 전용훈, 『한국 천문학사』, 290쪽.

87) "疇人之子弟分散, 羲和之法數不傳, 雜術參互, 妄作紛興. 漢魏之法, 冀合圖讖, 唐宋之術, 拘泥演撰. 河圖洛書之數, 傳者非眞. 元會運世之篇, 言之無據.": 『圭齋遺藁』卷5「書推步續解後」(문집총간 a316_632b).

88) "有聰明學識之士, 知其法之不可譏斥, 乃有巧取豪奪之事. 於是乎地圓則徵之以大戴禮, 里差則徵之以周髀經, … 九天重包則徵之以楚辭, … 苟有一毫疑似髣髴者, 則斷章取義敷演牽合, 援以爲徵. … 故一事一物, 莫不奪之爲中國之法, 而亦莫不有其爲中國法之援徵. 誠異哉.": 같은 글(문집총간 a316_632d).

404

그는 이를 조상의 훌륭한 집을 제대로 간수하지 못해 훼손한 자손이 다른 사람이 같은 구조로 지은 집을 보고 그 건축 방법이 같음을 이유로 자기 것이라고 하여 빼앗아 사는 것에 비유하기도 했다.[89] 남병철은 중국 사인들이 이렇듯 견강부회하여 서학중원을 꾸며내게 된 이유에 대해서 사람들이 서양의 기계나 기술에 끌려서 서양인들의 종교인 천주교를 믿게 될 것이 두려워서였다는 설명을 제시하기도 했다.[90]

위에서 남병철이 "총명하고 학식 있는 사인(有聰明學識之士)"이라고 지칭한 것은 아마도 매문정이나 완원 같은 사람들이었을 것이다. 그들은 남병철이 위에서 인용한 구절에 조금 앞서 언급했던 양광선보다 더 영리하게 중국기원론을 이용해 서양의 것을 중국 것으로 만들려 했던 것이다.[91] 그런데 사실은 조선의 박규수도 기독교까지를 포함해서 서양의 모든 것을 사람들이 구분하지 않고 함께 받아들이는 것을 막기 위해 중국 사인들이 서학중원론을 이용했다는 생각을 지니고 있었다. 예컨대 윤정현(尹定鉉, 1793-1874)에 따르면 박규수는 서양인의 지도의 우수함 때문에 사람들이 천주교를 받아들일까 걱정해서 그 내용이 원래 중국에 있었음을 이야기했다는 것이다.[92] 남병철은

---

89) "譬若有人厥祖先有美第宅, 其子孫不能葺修而頹圮之, 有人依其制度而築焉. 其子孫者見之曰, 鋪之以砌, 是我家之法也. 又曰, 擎之以柱, 是我家之法也, 是亦我家也已. 遂奪以居之, 則天下無是理矣.": 같은 글(문집총간 a316_632d-633a).

90) "意者彼愚不知, 見其器械之精數術之微曰, 彼之器械數術能若是, 則其所謂敎者亦必有若彼者矣. 由是之故, 染汙益衆也. 中國之士, 亦或慮乎是, 而故奪彼所以誇耀者, 使人知彼之能精利微妙者, 是實中國之所有, 而非彼所能自獲, 則豔羨之心無從而生矣.": 같은 글(문집총간 a316_633d).

91) 임종태, 『17, 18세기 중국과 조선의 서구 지리학 이해』, 193-194쪽.

92) "樗溪曰, 作地勢儀, 不得不用西夷之圖. 或恐以其推測之精, 歷覽之廣, 謂言記事事皆應如是, 不知欺天罔人, 流禍無窮, 則可憂也. 故徵引浩博, 辨析明白, 始言地圖

더 나아가 서학중원론이 서양인들의 침략에 명분을 제공했다고까지 주장했다. 서양인들이 중국에 오래 살아 중국어에 능통해지면서 중국인들이 중국기원론 같은 것까지 만들어낸 것을 알게 되었고 중국인들에게 나쁜 감정을 지니게 되어 결국은 천진(天津) 점령 사태에까지 이르게 되었다는 것이다.[93]

물론 남병철이 서양 문화와 과학의 모든 측면이 중국에 비해 우수하다고 생각한 것은 아니다. 그는 서양인들이 능한 것은 천문학 한 가지일 뿐 덕(德), 행(行), 예(藝)의 다른 측면들에서는 중국이 능하다거나,[94] 그들은 주공이나 공자를 알지 못하고 단지 윤선(輪船)이나 화포(火砲)만을 아는 자들이라고 지적했다.[95] 결국 유학자인 남병철에게는 천문학 지식이나 무기, 군함 등은 부차적인 중요성을 지닐 뿐 중요한 것은 성인(聖人)의 학문이었다.[96] 남병철은 서양의 천문학을 받아들이면서도 결코 중화 문명의 우월성을 포기하지 않았고 서양인들이 능했던 천문학과 수학이 그에게는 결코 "사인과 군자의 학"이나 "성인의 학"이 될 수는 없었다.[97] 그리고 남병철에게 성인이 되는 것은 중화 문화

之理, 大九州之名, 自古中國所有之論, 非西夷之獨得.": 『瓛齋先生集』 卷4 「地勢儀銘 幷叙」(문집총간 a312_366c).

93) "彼旣久處中國, 能通言語, 以解文字, 一一得見其說, 知其無誠心揚善之意. 是乃疑以嫉能, 認以掠美, 其所憾有甚於不知之進退無據之譏斥, 而輕易侮嫚之心, 於是乎生焉. … 旣無其寃, 則亦可無天津之猖獗皇城之衝突. 此非不能以忠信見孚於夷狄, 自侮而來侮之致哉.": 『圭齋遺藁』 卷5 「書推步續解後」(문집총간 a316_634b-634c).

94) "曆象雖爲儒者之事, 不過是一藝, 西人之所能也. 知仁聖義忠和之德, 孝友睦婣任恤之行, 禮樂射御書數之藝咸通者, 中國之士所能也.": 같은 글(문집총간 a316_633b).

95) "況與不知周公孔子, 只知輪船火砲者, 有何較短長而論善惡哉.": 같은 글(문집총간 a316_635c).

96) 전용훈, "조선후기 서양천문학과 전통천문학의 갈등과 융화", 109-110쪽.

97) "日月之行, 有其常度, 終古不變. 日食非爲災也, 余以爲其術非不精也, 其說非不

속에서만 가능했던 것이다.[98]

　　盡也. 此足爲驢人之學, 而不足爲士君子之學也.": 『圭齋遺藁』 卷6 「讀書私記 詩」
　　(문집총간 a316_647c); "君子雖有奇技異術, 不合於聖賢之學, 則不之貴也.": 같은
　　글(문집총간 a316_647d).
98)　전용훈, 『한국 천문학사』, 305쪽.

14장

중국으로부터의 전래:
시간지연, 변형 및 왜곡

앞 장들에서 언급한 '중심' 중국과 '주변부' 조선의 틀에서 살펴볼 수 있는 두드러진 현상 한 가지는 중심 중국으로부터 문화적 요소나 경향들이 주변부 조선으로 전래되는 것이다. 실제로 조선 후기에도 많은 문화요소와 경향들이 중국으로부터 전래되어 들어왔고, 많은 경우 조선은 중국의 것들을 그대로 도입하여 채택하고 사용했다. 그러나 중국에서 앞 시기에 발생했거나 유행한 문화요소나 경향이 조선에는 한참이 지난 후 훨씬 나중 시기에, 때로는 중국에서 이미 그 같은 요소나 경향이 소멸되었거나 그것들을 둘러싼 환경이 변화해버린 후에 조선에서 나타나는 경우를 역사상 자주 볼 수 있다. 그 같은 시간상의 지연은 여러 측면에서, 그리고 흔히 인식하는 것보다는 훨씬 더 깊고 광범위하게 나타났다. 그리고 이 같은 '시간지연'은 조선 사인들의 중국 인식에 뚜렷한 영향을 미쳤다.

실제로 조선 사인들 자신이 중국과 조선 사이에 이 같은 시간상의 지연이 있음을 인식하고 있었다.[1] 예컨대 유득공(柳得恭, 1748-1807)은 중국 문인들의 글이 수 세대 후에야 조선에 전래되는 상황을 지적했고,[2] 홍길주(洪吉周, 1786-1841)는 근래 조선에서 중국의 문체(文體)라고 말하는 것들은 "대개 중국에서 수백 년 전 숭상하던 것들일 뿐 지금의 중국에서는 더러운 때처럼 이미 버린" 것들이라고 이야기했다.[3]

또한 새로운 것의 도입에서만이 아니라 중국으로부터 받아들인 것이나 조선에 원래부터 있던 전통적인 것을 버리거나 수정하는 데에서도 중국에 비해 시간지연이 나타났다. 주자학과 산목(算木, counting rod)은 서로 전혀 다른 차원에서이기는 하지만 중국에 비해 조선에서 더 오래 지속된 사상과 기물(器物)의 예로 들 수 있겠다.

이 같은 시간지연은 우선 중국과 조선 사이의 사상과 기물의 이전과 교류가 즉각적이고 자동적으로 일어나지 않았음을 말해준다. 그리고 중국으로부터 전래되는 사상이나 기물이 더 새롭고 더 혁신적인 것일수록 시간지연은 더 길고 더 오래 끌었다. 예를 들어 조선인들의 삶과 사상에 깊은 영향을 준 불교, 주자학, 서학(西學) 등의 전래의 경우들에서 그 같은 시간지연이 두드러지게 나타나는데, 이 중 주자학과 서학에 대해서는 아래에서 다룰 것이다. 때로 이 같은 시간지연은 중국으로부터 전래된 요소나 경향이 조선에서 중국에서와는 다른 방향으로 발전되게 하거나 중국의 원형(原形)의 특정 측면만을 두드러지

---

1) 趙成山, "18세기 후반~19세기 전반 對淸認識의 변화와 새로운 中華 관념의 형성", 『韓國史研究』 145(2009), 67-113 중 103쪽.

2) "明一代四傑七子, 竟陵雲間, 風聲振海內. 而東土諸公側耳而無聞, 及至數世之後, 刻集東來然後始知某時有某人. 是猶通都大邑果爛漫, 而僻鄕窮村坐待晚時也.": 『泠齋集』卷7「並世集序」(문집총간 a260_110d).

3) "近世東人文詞之号爲中國體者, 槩亦中國數百年前所尙耳, 今之中國已棄之如垢穢矣.":『沆瀣丙函』卷5「睡餘瀾筆續 上」: 趙成山, "18세기 후반~19세기 전반 對淸認識의 변화", 103쪽에서 재인용.

게 심화시켜 발전시키는 현상을 빚었다. 실제로 중국으로부터 그 같은 시간지연을 겪으면서 도입된 사상이나 경향이 조선에서는 중국에서와 다른 측면이나 방향으로 전개되는 경우를 자주 찾아보게 된다. 이 장에서는 조선 후기에 나타나는 그 같은 예들을 몇 가지 살펴봄으로써 중국으로부터의 사상과 기물의 조선 전래에 있어서 나타나는 시간지연과 그 영향에 대해 다룰 것이다.

14.1 주자학

위에서 언급한 시간지연과 그에 따른 변형 및 왜곡의 흥미 있는 예로 주자학의 경우를 들 수 있다. 조선에서 주자학은 국가에 의해 공인된 정통 학문이었고 모든 사인이 공유한 기본 사상틀로서 조선 후기의 사상계를 지배했다. 주자학이 한국에 처음 도입된 것은 고려 시기였지만 조선의 사인들이 주희의 철학체계에 대한 완전한 이해에 이른 것은 비교적 늦은 시기였다. 그것은 주희 철학의 모든 범위와 측면을 이해하려는 이황(李滉, 1501-1571)의 노력이 있은 후에야 얻어지기 시작됐다고 할 수 있다.

주지하는 것처럼, 이황은 '리발(理發)'과 '사단칠정(四端七情)'에 대한 해석을 두고 주희와 다른 견해를 제시했는데, 현대의 여러 학자들이 이것을 주희를 넘어선 이황의 독창적 기여로 평가했다.[4] 이 같은 평가

---

[4] 李滉의 독창적인 기여를 인정하는 연구들로는 高橋亨, "李朝儒學史における主理主氣派の發達", 『朝鮮支那文化の研究』(東京, 1929), 141-281쪽; 尹絲淳, 『退溪哲學의 研究』(고려대학교출판부, 1980), 緖章, 특히 1-2쪽; Tu Wei-ming, "T'oegye's Creative Interpretation of Chu Hsi's Philosophy of Principle," 『退溪學報』(1982),

에는 조선 사인들이 이미 주희의 사상에 대한 이해에 도달하였고 이황
에 이르러서는 한 차원 높은 수준으로 발전되었다는 생각이 깔려 있
다. 그리고 주자학이 수백 년 앞서 고려 시기에 한국에 들어와 있었기
때문에 이같이 생각하는 것은 자연스러운 일이라고 할 수 있겠다. 그
러나 이황이 몇 가지 점들에서 주희와 다른 견해를 제시한 것을 조선
에서의 주자학의 독창적 발전이라고 보기보다는 조선 학계에 주자학
이 도입되어 이해되는 과정에 나타난 시간지연이라는 관점에서 해석
할 수도 있다. 이황이 주희의 사상에 대한 완전한 이해에 도달하고 그
에 바탕해서 그것을 주희보다 한 차원 위로 발전시켰다고 보기보다는
이황의 단계에 이르기까지는 조선 사인들이 아직 주희 사상에 대한
완전한 이해에 이르지 못하였기에 이황이 그와 같이 주희의 본지(本旨)
로부터 벗어난, 주희와 다른 생각을 했다고 볼 수도 있는 것이다.

　예컨대 이황은 리(理)와 기(氣)가 서로 별개인 측면("決是二物")과 아
울러 서로 분리 불가능한 측면("不可分開") 양쪽 모두를 주장하는 주희
의 견해에 충실하지 못했다. 이 두 측면 중 전자 쪽에 치중했던 이황
은 주희의 견해를 논의하면서 리와 기를 "분리하여 각각 다른 곳에 처
[하도록] 할 수 없다"는 점은 소홀히 하고 리와 기가 "각각 [별개의 것]
이라고 해도 해가 없다"는 점만을 강조했다.[5] 그는 리와 기가 서로 별
개라는 주희의 견해에서 더 나아가 리와 기가 각각 독자적 실재(實在)
인 것으로 주장하기까지 했다. 실제로 나중 기대승(奇大升, 1527-1572)
과 이이(李珥, 1536-1584)가 주희의 어록에 대한 더 충실한 해석을 통
해서 주희에 대한 이황의 위와 같은 해석에 결함이 있음을 지적했고,

35-57, 특히 35-36쪽 등을 볼 것.
5) 『退溪先生文集』卷41「非理氣爲一物辨證」(문집총간 a030_414d~416a).

이황은 기대승과의 일련의 서신 교환이 있은 후 결국 기대승의 지적을 받아들였다.[6]

또한 이황은 자신의 '리발' 이론을 뒷받침하기 위해 "리에 동정(動靜)이 있으므로 기에 동정이 있다(理有動靜, 故氣有動靜)"라는 주희의 언급을 인용했다.[7] 그러나 주희의 이 말은 '동정'의 리가 있기 때문에 기가 '동정'할 수 있다는 것이지, 이황이 해석하듯이 리가 '동정'하기 때문에 기가 '동정'한다는 뜻이 아니었다. 사실 그 같은 이황의 해석은 주희의 또 다른 언급―"'동정'이 있다는 것은 반드시 '동정하는 까닭이 되는 리(所以動靜之理)'가 있다[는 것을 의미한다]"[8]―과도 분명히 배치되는데, 이는 이황이 주희와는 달리 리를 기와 별개로 존재할 수 있는 독자적인 실재로 인식함에 따른 것이었다. 그 같은 인식은 이황으로 하여금 『태극도설(太極圖說)』의 "태극동이생양(太極動而生陽) …"이라는 구절에서 태극을 리와 동일시하고 이 구절을 리가 '동(動)'하여 기가 생긴다는 뜻으로,[9] 그리고 나아가서 "리가 … 스스로 양을 생기

---

6) 이 문단 및 다음 문단의 내용에 대한 더 자세한 논의는 金永植, "李滉의 理氣觀과 新儒學 傳統上에서의 그 位置", 『退溪學報』 제81집(退溪學研究院, 1994년 3월), 70-101쪽―김영식, 『유가 전통과 과학』(예문서원, 2013), 40-70쪽에 재수록―을 참조할 것.

7) "[問曰] 太極動而生陽, 靜而生陰. 朱子曰. 理無情意無造作. 旣無情意造作, 則恐不能生陰陽. 若曰能生, 則是當初本無氣, 到那太極生出陰陽然後, 其氣方有否. [李滉曰] 朱子嘗曰. 理有動靜, 故氣有動靜. 若理無動靜, 則氣何自有動靜乎. 知此則無此疑矣. 蓋無情意云云, 本然之體; 能發能生, 至妙之用也 …. 理自有用, 故自然而生陽生陰.": 『退溪先生文集』 卷39 「答李公浩養中」(문집총간 a030_383d), 『朱文公文集』, 卷56, 33b-34a에 나오는 주희의 원문은 다음과 같다. "理有動靜, 故氣有動靜. 若理無動靜, 則氣何自有動靜乎."

8) "其動靜, 則必有所以動靜之理", 『朱文公文集』, 卷45, 11b.

9) "濂溪云, 太極動而生陽, 是言理動而氣生也", 『退溪先生文集』 卷25 「答鄭子中別紙」(문집총간 a030_102a).

게 하고 음을 생기게 한다"[10]는 뜻으로 해석하도록 했으며, 이에 따라 리는 그 자체로서 '동'할 수 있고 무엇을 생기게 할 수도 있는 것이 되었다. 이것이 주희의 리 개념으로부터 크게 벗어난 것임은 굳이 말할 필요가 없다.[11]

한편 이 같은 시간지연을 겪으면서 이황, 기대승, 이이 등을 거쳐 주희의 사상에 대한 본격적인 이해가 얻어진 조선 후기에 이르러서 위 4장에서 본 것처럼 조선 사인들 사이에서의 주자학의 중요성이 심화되었다. 그리고 조선에서의 그 같은 주희에 대한 존숭은 그 정도가 중국에 비해 훨씬 깊었고 더 오래 지속되었다. 조선 사인들이 주자학의 완전한 이해에 도달하는 데 어려움이 있었고 시간지연이 있었지만, 일단 뒤늦게 그 같은 이해가 얻어진 후에는 주자학이 조선에서 긴 기간 동안 지속되었던 것이다.

그리고 이처럼 조선에서 주자학의 지배적 위치가 자리잡고 더욱 공고해져 가는 과정에서 조선 사인들 사이에서는 이른바 '사단칠정' 논쟁, '인물성동이(人物性同異)' 논쟁 등 몇 가지 철학적 논제들에 대한 격렬한 논쟁이 전개되었다.[12] 조선에서의 주자학 수용에 있어서의 시간지연이 이 같은 논쟁들의 예에서 보듯 주희 철학의 특정 주제들에 대한 더 깊은 관심과 탐구가 있도록 하는 기회를 부여했던 것이다. 그 과정에서 조선 사인들의 주자학 이해와 논의에 주희의 원래 생각이나

---

10) "理自有用, 故自然而生陽生陰也.": 『退溪先生文集』卷39「答李公浩養中」(문집총간 a030_383d-384a).

11) 이 점은 이미 선행연구들에서 지적된 바 있다. 尹絲淳, "退溪의 宇宙生成觀", 『退溪學報』 제39집(1983), 24-39쪽; 裵宗鎬, "退溪의 宇宙觀—理氣論을 중심으로", 『退溪學研究』 제1집(1987), 1-21쪽.

12) 민족과사상연구회, 『四端七情論』(曙光社, 1992); 한국사상사연구회 편, 『인성물성론』(한길사, 1994).

중국에서의 주자학의 전개와는 다른 변형과 때로는 왜곡이 있었음은
물론이다.

14.2 서양 과학과 우주론

앞 장에서 서양의 과학이 중국을 통해 조선에 간접적으로 도입되는
과정에 대해서 살펴보았는데, 사실 서양으로부터 중국에 전래된 서
양 과학이 그 후 중국으로부터 조선에 전래되는 과정에서도 시간지연
과 그에 따르는 변형, 왜곡 등이 있었다. 그리고 전래되는 서양 과학
의 지식이나 기물의 성격에 따라 시간지연이나 그에 따른 변형, 왜곡
의 정도와 양상이 당연히 달랐다.[13]

예컨대 서양의 천문학에 기반한 역법인 시헌력(時憲曆)은 즉각적인
실용적 필요 때문에 신속히 도입되었고 그 도입 과정도 비교적 단순
했으며, 그런 면에서 서양의 우주론 지식이 조선에 도입되는 복잡하
고 규명하기 힘든 과정과 대비되었다. 그러나 자세히 살펴보면 시헌
력의 도입 과정에서도 일정 정도의 시간지연은 있었다. 물론 1644년
입관(入關) 직후 청이 시헌력을 채택하자 조선 조정은 다음 해에 바로
이를 채택하기 위한 논의와 검토에 착수했다. 그러나 이는 청이 반포
한 역을 가져와 그대로 사용하면 되는 일이 아니었다. 다음 장에서 보
게 될 것처럼 청이 역서만을 반포했을 뿐 그 계산법은 공포하지 않았

---

13) 또한 시간지연에 따라 명말부터 청에 이르는 동안 중국에 전래된 서학 과학의 여
    러 차이 나는 관념, 경향 등이 18세기 조선에 한꺼번에 나타나기도 했다. 안대옥,
    "18세기 正祖期 朝鮮 西學 受容의 系譜", 『東洋哲學硏究』 71집(2012), 55-90 중
    58-59쪽.

기 때문에 조선이 독자적으로 시헌력에 바탕한 역 계산 능력을 갖추어야 했는데 그 같은 역 계산 능력을 조선이 갖추는 데에는 오랜 시간이 소요되었고, 결국 10년이 지난 1654년에야 시헌력에 바탕한 조선의 역서를 반포할 수 있었던 것이다.[14]

사실 중국 역법을 받아들이면서 어려움을 겪는 이 같은 상황은 이미 고려 때부터 나타났다. 수시력(授時曆)을 받아들인 후에도 교식(交食) 계산에 필요한 '개방(開方)'법이 전해지지 않았기 때문에 교식 계산을 두고는 여전히 선명력(宣明曆)의 방법을 적용해야 했던 것이다.[15] 조선 초기에도 수시력을 해득하고 그 추보(推步)법을 완성하기 위해서 1420년(세종 2년)부터 1444년까지 오랜 기간이 소요되었다.[16] 시헌력의 경우에는, 그것이 서양 천문학에 바탕한 역법으로 대통력(大統曆)에 이르기까지의 그동안의 중국의 전통 역법과 전혀 다른 체제였기에 어려움이 더욱 심했다. 조선이 그것을 배우는 데 오랜 시간이 걸렸고 세부적인 계산법 등에 대한 정보를 얻어내는 데 제약도 더 컸던 것이다. 게다가 시헌력을 채택한 이후에도 청은 『역상고성(曆象考成)』과 『역상고성후편(曆象考成後編)』을 채택하는 등 역 계산법에서 몇 차례 개혁을 단행했는데, 청은 그 같은 개혁이 있은 후에도 자신들이 역 계산법을 개혁한 사실을 공포하지 않았기 때문에 조선은 청이 새 계산법을 사용해 계산하여 반포한 역을 받아보고 그동안의 계산법으로 계산한 결과와 다르다는 것을 알고 난 후에야 청의 역 계산법에 개혁이 있었음

---

14) 조선이 시헌력서를 반포할 수 있게 될 때까지의 과정에 대해서는 전용훈, 『한국천문학사』(들녘, 2017), 218-224쪽을 볼 것.

15) 전용훈, "고려시대의 曆法과 曆書", 『한국중세사연구』39호(2014), 193-257 중 236쪽.

16) 한영호, 이은희, "麗末鮮初 本國曆 완성의 道程", 『동방학지』155집(연세대학교 국학연구원, 2011. 9), 31-75.

을 알게 되었고, 그 후 상당한 시간이 지나고서야 조선이 그 세부 계산법을 터득하게 되었다.[17]

이처럼 즉각적인 실용적 필요에 의해 도입이 추진되었던 역법과 달리 서양 과학과 우주론의 일반적인 관념이나 지식은 중국으로부터 도입되고 조선에서 소화되는 데 더 오랜 기간이 소요되었다. 사실 역법을 두고서도 그 기반이 되는 천문학, 수학 지식을 소화하는 데에는 더 긴 시간지연이 있어서, 청에서는 시헌력의 기초가 되는 서양 천문학, 수학 지식을 집대성한 『역상고성』, 『수리정온』을 포함한 『율력연원(律曆淵源)』 총서가 1720년대 초에 편찬이 되고 여러 사인들이 이내 그 내용에 정통해 있었는데, 조선 사인들은 그후 60, 70년이 지난 정조대 말년에 이르러서야 이를 소화하게 되었다. 이렇듯 뒤늦게 서양 역법의 천문학적, 수학적 기반을 이해한 서호수는 앞 장에서 보았듯이 "서력이 중력에 비해 우수한 것은 수를 말함에 있어 리를 밝혔기 때문"이라고 했다.[18] 서양 역법에는 리가 있어 중국 역법에 비해 우수하다는 생각은 서양 천문학에 처음 접했던 서광계(徐光啓, 1562-1633), 이지조(李之藻, 1565-1630) 등이 이미 100년도 더 전에 이야기했던 것이었는데,[19] 그 후 청의 사인들은 중국 역법의 전통을 재확인하고 새로운 고증학적 연구에 바탕해서 중국 역법의 우수함을 주장하면서 오히려

---

17) 전용훈, 『한국 천문학사』, 234-245쪽.

18) 『私稿』「曆象考成補解引」; 임종태, 『17, 18세기 중국과 조선의 서구 지리학 이해』, 189쪽에서 재인용.

19) "令彼三千年增脩漸進之業, 我歲月間拱受其成, 以光昭我聖明來遠之盛, 且傳之史册, 曰, 曆理大明, 曆法至當, 自今伊始, 夐越前古, 亦極快已.": 徐光啓, 「簡平儀說序」; 王重民 輯校 『徐光啓集』(上海: 中華書局, 1963), 74쪽; "諸臣能備論之, 不徒論其度數, 又能明所以然之理.": 李之藻, 「請譯西洋曆法等書疏」; 徐宗澤編, 『明清間耶穌會士譯著提要』(北京: 中華書局, 1949 影印本), 255쪽.

서양 역법은 계산만 치중할 뿐 리가 없다는 주장까지 하게 된 상황에서 서호수는 중국에서 100년도 전에 제기되었던 이 같은 주장을 했던 것이다. 서광계 등 명말 중국 사인들을 매료시켰던 『기하원본』의 가치에 대한 인식, 즉 그것이 '소이연(所以然)'을 보여준다거나 '허리(虛理)'가 아닌 '실리(實理)'라거나 하는 인식도 조선에서는 서호수에 이르러서야 제대로 얻어졌다고 할 수 있다.[20]

지구설도 처음 마테오 리치에 의해 중국에 소개된 후 많은 중국 사인들의 관심을 끌고 열띤 논쟁을 거치면서 17세기를 통해 여러 중국 사인들에 의해 받아들여진 데 반해, 조선에서는 중국으로부터 도입된 후 한참 동안은 거의 받아들여지지 않았다. 17세기를 통해 조선에서 지구설을 받아들이고 주장한 사람은 김만중(金萬重, 1637-1692)이거의 유일했다고 할 수 있다.[21] 정제두(鄭齊斗, 1649-1736) 이후 소론계 양명학자들이 비로소 지구설을 받아들이기 시작했지만[22] 받아들이는 사람들의 경우에도 그에 대한 의구심으로부터 완전히 벗어나지는 못했다. 최석정(崔錫鼎, 1646-1715) 같은 사람은 지구설이 황당무계한 면이 있지만 그것이 학술적 유래가 있는 것이므로 곧바로 배척할 수는 없고 "두고 살펴서 색다른 견해를 넓히도록 해야 한다"는 정도의 유보적 태도를 보였고,[23] 앞 장에서 보았듯이 지구 관념이 경전에 나와

---

20) 안대옥, "18세기 正祖期 朝鮮 西學 受容의 系譜", 82-83쪽.
21) 具萬玉, "朝鮮後期 '地球說' 受容의 思想史的 意義", 『韓國史의 構造와 展開―河炫綱敎授定年記念論叢』(혜안, 2000), 717-747쪽.
22) 具萬玉, "朝鮮後期 '地球說' 受容의 思想史的 意義", 731-733쪽; 구만옥, 『영조대 과학의 발전』, 165-167쪽.
23) "今西士之說, 以地球爲主. 其言曰, 天圓地亦圓. … 其說宏闊矯誕, 涉於無稽不經. 然其學術傳授有自, 有不可率爾卜破者. 姑當存之, 以廣異聞.": 『明谷集』卷8「西洋乾象坤輿圖二屛總序」(문집총간 a153_585a-585b).

있다고 지적하고 선천방원도를 통해 설명을 제시했던 서명응조차도 1761년 영조와의 대화에서는 그렇게 되면 지구 반대편에서는 사람이 거꾸로 서서 매달려 있어야 하게 됨을 들어 이는 "결단코 리(理) 밖의 일이니 신(臣)은 진실로 믿지 않습니다"라고 했다.[24] 조선에서 비교적 많은 사인들이 지구설을 받아들이게 된 것은 이익, 이가환, 홍대용, 박지원 등을 거친 18세기 말경이 되어서라고 할 수 있다.[25] 그리고 지전설의 경우에도, 이미 김석문(金錫文, 1658-1735), 이익, 홍대용 등이 지전 관념을 제기하기는 했지만, 지전설을 본격적으로 소개한 브누아(Michel Benoist, 蔣友仁)의 『지구도설(地球圖說)』은 중국에서 1767년에 간행된 후 한참이 지난 1850년대에야 조선에 도입된 것으로 보인다.[26]

명청 교체기 중국 사인들 사이에 유행했던 우주론적인 논의, 특히 '방이지(方以智)학파'의 사인들 사이에 활발했던 『주역』상수학(象數學) 체계에 바탕한 우주론적 논의도 한 세기 이상이 지난 18세기 후반에야 조선 사인들의 관심을 끌게 되었다.[27] 『물리소지(物理小識)』, 『고금석의(古今釋疑)』 등 방이지학파의 문헌들은 18세기 말이 되어서야 조선에 들어왔는데 처음 이덕무가 언급만 했던 것이 나중 그의 손자

---

24) "命膺曰. 所謂地圓云者, 有人凌薄虛空, 俯視地形, 則圓如一彈丸. … 則我國之人, 與西國之人, 其足相向, 然我國之人, 則不覺其爲圓矣. 以是推之, 則大地四方, 皆當如此. 至於地底倒行之說, 則此實無理之事. 表度說, 亦有此語, 而只是以此, 發明地圓之理, 非謂眞有是事也. … 以是知地圓之說, 乃是必有之理, 若地底倒行之說, 則決是理外, 臣實不信也.": 『承政院日記』英祖 37년(1761) 10월 18일.

25) 具萬玉, "朝鮮後期 '地球' 說 受容의 思想史的 意義", 738-745쪽.

26) 문중양, 『조선후기 과학사상사—서구 우주론과 조선 천지관의 만남』(들녘, 2016), 294쪽. 예컨대 1830년대에 최한기가 아직 이에 접하지 못한 것으로 보인다. 같은 책, 299-300쪽.

27) 張永堂, 『明末方氏學派研究初編—明末理學與科學關係試論』(臺北: 文鏡文化事業有限公司, 1987); 張永堂, 『明末淸初理學與科學關係再論』(臺北: 學生書局, 1994); 문중양, 『조선후기 과학사상사』, 115-127, 288, 293-294쪽.

이규경(李圭景, 1788-1856)에 의해서야 본격적으로 소개되었고,[28] 최한기(崔漢綺, 1803-1877)의 '기륜(氣輪)'에 바탕한 우주론 논의로까지 이어졌다.[29] 사실 방이지학파의 논의의 기반이 되었던 『건곤체의(乾坤體義)』나 『공제격치(空際格致)』 같은 예수회사들의 서적들도 18세기 후반이 되어서야 조선에 들어왔는데,[30] 이는 중국 사인들 사이에서는 이미 그에 대한 관심이 사라진 한참 후였다. 중국에서는 18세기 이후 점점 잊혀가고 있었던 그 같은 우주론적 논의가 100년이 훨씬 더 지난 후에 조선 사인들의 관심을 끌게 되었던 것이다.

물론 조선에서도 18세기 말이 되면 그 같은 우주론적 논의에 대한 반발의 움직임이 나타났다. 서호수, 이가환을 비롯해서, 유희(柳僖, 1773-1837), 홍길주(洪吉周, 1786-1841) 등 우주론적 논의에 몰두하는 대신 수리천문학적 지식을 갖추고 본격적인 역법, 수학 논의를 할 수 있는 사람들이 등장했던 것이다.[31] 우주론적 논의에 뛰어들었던 홍대용도 『주역』의 상수학 체계에 바탕한 우주론적 논의에 대해서는 분명하지 않고 이해할 수 없는 것으로 비판했다.[32]

우주론적 관심과 지식의 전래에 있어서의 이 같은 시간지연도 청과 조선 사인들의 우주론 논의와 그에 대한 태도에서의 차이를 수반했다. 청과 조선 사인들의 차이는 『주역』에 바탕한 상수학적 우주론 논의에 대한 태도에서 두드러졌다. 청 사인들은 그 같은 우주론 논의에

28) 문중양, 『조선후기 과학사상사』, 293-294, 306-317쪽.
29) 문중양, 『조선후기 과학사상사』, 296-306쪽.
30) 문중양, 『조선후기 과학사상사』, 289-293쪽.
31) 문중양, "18세기 후반 조선 과학의 역사 시간", 김인걸 외, 『정조와 정조 시대』(서울대출판문화원, 2011), 17-56 중 52쪽.
32) 문중양, "18세기 조선 실학자의 자연지식의 성격—象數學的 宇宙論을 중심으로", 『한국과학사학회지』 21(1999), 27-57 중 51-54쪽.

별로 관심을 갖지 않고 소옹(邵雍, 1011-1077)이나 채원정(蔡元定, 1135-1198) 같은 사람들의 과도한 상수학적, 수비학적 공론들을 배격한 데 반해, 김석문, 서명응 등 18세기 조선 사인들이 상수학적 우주론을 심화시켰던 것이다.[33]

14.3 천주교

천주교의 조선 전래에 있어서도 시간지연이 있었다. 중국에서는 리치를 비롯한 예수회사들의 활동과 저술을 통해 명말에 이미 많은 사인들이 천주교 교리에 관심을 가지고 논의했고 그들 중에는 개종하여 천주교도가 되는 사람들도 있었지만,[34] 조선에서는 18세기 말에 이르

---

33) John B. Henderson, *The Development and Decline of Chinese Cosmology* (New York: Columbia University Press, 1984), pp. 184-193 — 번역: 문중양 역, 『중국의 우주론과 청대의 과학혁명』(소명출판, 2004), 213-221쪽; 박권수, "徐命膺의 易學的 天文觀", 『한국과학사학회지』 20(1998), 57-101; 문중양, "18세기 조선 실학자의 자연지식의 성격"; 김영식, "서양 과학, 우주론적 관념, 그리고 17-18세기 조선의 역학(易學)", 『동아시아 과학의 차이 — 서양 과학, 동양 과학, 그리고 한국 과학』(사이언스북스, 2013), 135-156쪽. 사실 조선에서는 상수학이 이미 17세기 초에 남인계 사인들 사이에 유행하고 있었고 18세기에 들어서서는 金昌翕, 김석문, 金元行, 황윤석 등 낙론계 사인들의 상수학 연구가 활발했다. 유봉학, 『燕巖一派 北學思想 硏究』(一志社, 1995), 82-84쪽; 문중양, 『조선후기 과학사상사』, 85, 242쪽.

34) Willard J. Peterson, "Learning from Heaven: The Introduction of Christianity and Other Western Ideas into Late Ming China," in Denis Twitchett and Frederick W. Mote, eds., *The Cambridge History of China*, volume 8 (Cambridge: Cambridge University Press, 1998), pp. 789-839; Nicolas Standaert, ed., *Handbook of Christianity in China. Volume One: 635-1800* (Leiden: Brill, 2001), pp. 474-491.

러서야 그 같은 일이 일어났던 것이다. 물론 17세기 초부터 북경에 다녀온 사신들을 통해 리치의 『천주실의(天主實義)』, 알레니(Giulio Aleni: 艾儒略, 1582-1649)의 『직방외기(職方外記)』, 샬의 『주제군징(主制群徵)』, 판토하(Diego de Pantoja: 龐迪我, 1571-1618)의 『칠극(七克)』 등 많은 기독교 서적이 조선에 소개되고 전래되어 있었다.[35] 그러나 한참 동안 대부분의 조선 사인들은 기독교에 대해 부정적인 태도를 견지했다. 앞 장에서 보았듯이 한역 서학서들에 담긴 서양 과학 지식에 관심을 가진 사람들이 있었지만 그들도 대부분 천주교에 대해서는 부정적이었다. 물론 연행한 조선 사인들이 천주교당을 방문하고 신부들을 만나고 선물을 받아오기도 했고, 그런 가운데 예수나 마리아에 대해 듣기도 했다.[36] 그러나 조선 사인들은 서양 신부들의 천문 의기(儀器), 천주교당의 회화(繪畵) 등에는 관심이 있었지만 그들의 종교인 천주교에는 대체로 무관심했던 것으로 보인다.[37] 예컨대 홍대용은 연행 중 당시 흠천감정이던 할러슈타인(August von Hallerstein, 劉松齡, 1703-1774)을 방문하여 길게 대화하는 과정에서, 유가에서는 오륜(五倫)을 존중하는데 서양에서 존중하는 것이 무엇이냐는 자신의 질문에 대한 답에서 할러슈타인이 상제(上帝)를 언급하면서 상제가 "하늘의 주재(天之主宰)"라는 『시경(詩經)』 주(註)의 구절을 언급했지만 그에 대해 더 묻지 않고 오성(五星)의 관측법과 계산법에 관한 질문으로 화제를 돌렸다.[38]

---

35) 裵賢淑, "朝鮮에 傳來된 天主敎 書籍", 한국교회사연구소 편, 『한국교회사논문집』 (한국교회사연구소, 1984), 1-34쪽; 최재건, 『조선후기 서학의 수용과 발전』(한들출판사, 2005), 105-120쪽.

36) 葛兆光, 『想像異域―讀李朝朝鮮漢文燕行文獻札記』(北京: 中華書局, 2014), 209-210쪽.

37) 葛兆光, 『想像異域』, 212쪽.

18세기 말에 이르러서야 조선 사인들 중에 기독교 교리에 심취한 사람들이 나타나기 시작했다.[39] 이에 계기가 되었던 것은 1777년에서 1779년 사이에 천진암(天眞菴) 주어사(走魚寺)에서 권철신(權哲身, 1736-1801)의 주도로 이벽(李檗, 1754-1785), 이승훈(李承薰, 1756-1801), 이가환, 정약전(丁若銓, 1758-1816) 등 남인(南人) '신서파(信西派)' 학자들이 참여해서 유교 경전을 탐구하면서 천주교 교리를 담은 서학서들의 내용에 대해서도 논의한 것으로 보이는 강학회(講學會)였다. 이들의 천주교 교리 학습은 이후 계속 이어졌고, 1783년 사행(使行)길에 오른 부친을 수행해 북경에 간 이승훈이 다음 해 영세(領洗)를 받고 돌아오자 이벽을 비롯해서 정약전, 정약용, 권일신(權日身, 1742-1791) 등이 이승훈으로부터 세례를 받기에 이르렀다. 그러나 조선 사인들이 이처럼 천주교 교리에 관심을 갖기 시작한 이때쯤에는 중국에서는 이미 긴 전례논쟁(典禮論爭)을 거친 후 사인들 간에 기독교에 대한 관심이 현저히 줄어들어 있었다.[40] 사인들이 천주교에 관심을 갖게 되는 시기에 있어서 조선과 중국 사인들 사이에 현저한 시간지연이 있었던 것이다.

한편 1785년 이들 초기 사인 신자의 천주교 신앙과 활동이 적발되자 조선 조정은 사교(邪敎) 금령을 내렸고 이듬해에는 서양서적 수입

---

38) "余曰. 儒尙五倫, 佛尙空寂, 老尙淸淨. 聞貴方所尙. 答曰. 我國之學, 敎人愛尊天, 萬有之上, 愛人如己. 余曰. 愛之云者, 指何耶, 抑別有其人耶. 答曰. 乃孔子所云郊社之禮, 所以事上帝也. 並非道家所講玉皇上帝. 又曰. 詩經註不言上帝天之主宰耶. 余曰. 竊聞僉位兼尙測候五星經緯推步之法, 願問是法來. …": 『湛軒書』 外集 卷7 『燕記』 「劉鮑問答」(문집총간 a248_249a-249b).

39) 최재건, 『조선후기 서학의 수용과 발전』, 39-45쪽.

40) 전례논쟁(Rites Controversy)에 대해서는 David E. Mungello, ed., *The Chinese Rites Controversy: Its History and Meaning*(Nettetal: Steyler Verlag, 1994)을 볼 것.

금령까지 내렸다. 그러나 이들의 신앙활동은 그 후 몇 년간 지속되었고 이런 상황에서 천주교 교리는 이들을 중심으로 해서 급히 퍼져나가서, 급기야 1791년에는 천주교 신자들이 신주(神主)를 불태우고 제사를 폐지하는 진산(珍山)사건이 발생하였다.[41] 그에 따라 다시 강경한 박해가 가해졌지만 천주교가 계속 퍼져나가는 것을 막지는 못했고, 1794년에는 중국인 신부 주문모(周文謨, 1752-1801)가 조선에 잠입하여 활동하는 것이 발각되어 다시 물의를 빚었다. 정조가 살아 있는 동안은 천주교에 대한 탄압이 비교적 온건한 수준이었는데, 정조가 죽은 후 1801년에는 신유사옥(辛酉邪獄)이 발생했고, 뒤이어 청의 영향력과 서양의 무력을 빌려 조선에서의 천주교 포교를 꾀하는 황사영(黃嗣永, 1775-1801)의 백서(帛書)가 발각되자 천주교는 정치적으로도 체제전복적인 세력으로 인식되어 천주교 신자에 대한 더 심한 박해가 뒤따랐다. 그리고 대부분의 사인 신자들은 이때쯤에는 천주교 신앙을 버렸다.

조선의 사인 천주교 신자들의 천주교 신앙과 그들이 천주교 박해를 접해 보이는 태도에서도 천주교 전래 과정에서의 시간지연의 영향이 있었음을 볼 수 있다. 중국에 천주교가 전래된 초기 중국 사인들은 천주교 교리 중 몇 가지, 예컨대 창조주의 세계창조, 악(evil)의 존재, 천당과 지옥, 영혼의 불멸성, 예수의 탄생 등에 대해 의혹을 지니고 그것들을 받아들이지 않았다.[42] 천주교 교리가 유가 사인들에게 그런 식으로 문제가 될 수 있음을 인식한 리치 등 초기 예수회사들은 그 같은 문제의 소지가 있는 관념들을 강조하지 않고 감추려 들었고,

---

41) 珍山사건의 자세한 전말에 대해서는 최재건, 『조선후기 서학의 수용과 발전』, 130-144쪽을 볼 것.
42) Peterson, "Learning from Heaven."

그들이 저술한 책들도 위와 같은 문제가 될 수 있는 내용이 거의 담겨 있지 않고 오히려 천주교 교리가 유가의 가르침을 보완할 수 있다는 보유론(補儒論)적 성향의 것들이었다. 조선의 사인들이 읽었던 것은 『천주실의』를 비롯해서 바로 이 같은 보유론적 서적들이었고, 따라서 그들에게는 기독교 교리가 유학과 상충되는 측면들이 두드러지게 드러나지 않았기가 쉽다. 중국에서는 18세기 초 전례논쟁을 겪은 후의 달라진 지적 풍토에서 이 같은 서적들이 이미 사인들의 지적 관심에서 벗어난 상태였는데, 18세기 말에 이르기까지 조선 사인들은 이같은 보유론적 한역 서학서들을 읽음으로써 천주교에 대한 지적 흥미를 지니게 되었으며, 이에 따라 그들에게 천주교와 유교 사이의 양립 불가능한 차이들이 명확하게 드러나지는 않았던 것이다.

이런 상황에서 조선의 사인들이 천주교를 종교로서보다는 단지 새로운 학문의 조류로 인식하고 이에 대해 지적인 차원의 관심을 지녔던 것일 수 있다. 예컨대 정약용은 자신이 처음에는 천주교를 "유가의 또 다른 일파(儒門別派)"로 인식했다고 이야기했는데, 실제로 그가 천주교를 고대 유학에 더 충실한 유학의 한 분파일 수 있다고 생각했을 가능성도 있다.[43] 사실 처음에는 이들은 정식으로 서품(敍品)된 사제(司祭) 없이 예배를 보는 것이 적법치 않다는 것조차 인식하지 못했다가 1787년에 가서야 그에 대해 의문을 가지게 되었다.[44] 따라서 천주교에 관심을 지니게 된 조선 사인들이 처음에 처했던 상황은 유학과

---

43) "臣之得見是書, 蓋在弱冠之初. 而此時原有一種風氣. 有能說天文曆象之家, 農政水利之器, 測量推驗之法者, 流俗相傳, 指爲該洽. 臣方幼眇, 竊獨慕此. … 惶惑於離奇辯博之文, 認作儒門別派.": 『與猶堂全書』第1集 詩文集 卷9 「辨謗辭同副承旨疏」(문집총간 a281_202b).

44) 도날드 베이커 저, 김세윤 역, 『朝鮮後期 儒教와 天主教의 대립』(一潮閣, 1997), 197쪽.

천주교 둘 중에 하나를 택하고 하나를 버려야 하는 것이 아니었으며, 그들에게는 천주교도가 된다는 것이 유가 전통을 떠나는 것이 아니었다. 18세기 후반 조선 사인들은 서광계, 이지조, 양정균(楊廷筠, 1557-1627) 같은 초기 중국 사인 개종자들과 비슷한 생각을 하고 있었다고 할 수 있는데, 이 초기 중국 개종자들은 유학의 기본을 유지한 채 천주교 교리 몇 가지를 받아들이고 있었던 것이고, 유학이 지닌 적응력과 탄력성이 그 같은 일을 얼마든지 가능하게 해주었던 것이다.

그렇다면 당초 유가의 학문을 보완해줄 것이라는 보유론적 믿음에서 받아들인 천주교 교리들 중에 유가의 핵심 가르침에 어긋나는 것들이 포함되어 있다는 실상에 접하면서 조선 사인들이 천주교 신앙을 버리게 되는 것은 자연스러운 일이었다고 할 수 있다. 특히 1790년 북경 구베아(Alexandre de Gouvea) 주교의 제사(祭祀)폐지령이 조선에 전달되자 그때까지 기독교를 믿던 많은 사인들이 유가의 핵심 의례를 부정하는 이 같은 방침에 큰 충격을 받게 되었다.[45] 결국 이 일을 계기로 정약용을 포함해서 초기 조선 사인 신자들 중 많은 사람들이 천주교 신앙을 버렸는데, 이들은 '배교(背教)'했다기보다 그동안 자신들이 천주교에 대해 오해한 것을, 심지어는 속은 것을 깨닫고 그것을 떠난 것이었다. 이들 중 일부는 천주교를 비판하기도 했다. 그리고 이 과정에서 주목되는 점은 천주교 교리가 유가의 핵심 가르침과 충돌하는 상황에 접하자 비교적 단기간에 대부분의 조선 사인 신자들이 천주교 신앙을 버렸다는 점이다. 중국에서 장기간 전개되었던 전례논쟁 같은 것이 조선에서는 거의 일어나지 않았던 것이다.

---

45) 샤를르 달레 저, 安應烈, 崔奭祐 역, 『韓國 天主教會史』(한국교회사연구소, 1980-1987), 上권, 92-93쪽; 최재건, 『조선후기 서학의 수용과 발전』, 138-139쪽.

14.4 '시간지연'의 다른 예들

앞 절들에서 살펴본 세 가지 예들 이외에도 중국으로부터 조선으로의 전래에 있어서 '시간지연'이 일어난 수많은 다른 예들이 있다. 이절에서는 그중 몇 가지에 대해서만 간단히 언급하려고 한다.

우선, 실용적인 것을 추구하는 학문적 경향이 중국 사인들 사이에서는 명말에 널리 퍼진 데 반해[46) 조선에서는 그 같은 실용적 경향이 한 세기가 더 넘은 후에야 유행했음을 주목할 만하다. 명과의 문화적, 정치적 교류가 빈번했음에도 명말의 실용적 학풍은 이수광(李睟光, 1563-1628) 같은 사람이 일부 받아들였을 뿐이었고 그 같은 학풍이 조선 사인들 사이에 본격적으로 나타난 것은 18세기에 들어선 후였다.[47) 그리고 이렇게 뒤늦게 일어난 학풍이 조선에서는 몇 갈래의 독특한 조류를 형성하며 흔히 '실학'이라고 부르는 학문적 움직임을 빚었던 것이다.

고증학(考證學)이 청으로부터 조선에 도입되는 데에도 시간지연이 있었다. 3장에서 보았듯이, 청에서 고증학이 크게 유행하던 18세기에서 19세기 초에 이르는 동안에는 조선 사인들 사이에 고증학에 대한 비판적 태도가 꽤 널리 퍼져 있었는데, 그 주된 이유는 청 고증학계의 반주자학적 경향에 대한 조선 사인들의 반감, 그리고 고증학의 연구가 경세적 관심과 유리되어 실용성이 결여되었다는 생각이었다. 19세기에 들어선 후에야 청의 고증학풍을 더 적극적으로 받아들인 조선의 사인들이 많이 나타났다. 그러나 이때 조선 사인들이 선호하여

---

46) 葛榮晉 主編, 『中國實學思想史』(北京: 首都師範大學出版社, 1994), 中卷, 78-95쪽.

47) 安大會, "李睟光의 『芝峯類說』과 조선 후기 名物考證學의 전통", 『震檀學報』98 (2004), 267-289 중 276, 281쪽.

받아들였던 것은 청 고증학의 여러 조류들 중 주로 건가(乾嘉) 학풍의 금석(金石) 고증학이었다. 원래 고염무(顧炎武, 1613-1682)나 전대흔(錢大昕, 1728-1804) 같은 청 고증학자들에게 경학(經學) 연구의 수단이었던 금석학이 옹방강(翁方綱, 1733-1818)에 이르러서는 변형되어 그 자체가 독자적 학문 분야가 되면서 실용성이 결여되는 경향을 보였는데, 조선에서는 주로 이 같은 옹방강류의 고증학이 유행하게 된 것이었고, 이에 따라 조선 사인들의 고증학에서는 비실용적 특성이 오히려 두드러졌다.[48]

앞 장에서 살펴본 '서학중원론'이 조선에 전래되는 데에도 시간지연이 있었다. 중국에서 17세기 중반쯤에 유행하기 시작한 서학중원론은 조선에는 훨씬 후, 18세기 후반에야 나타났던 것이다. 주목할 만한 점은 이처럼 시간지연을 겪은 후 조선에 도입된 서학중원론을 처음 제기한 서명응이 서양 우주론 지식의 중국 기원에 대해 중국 사인들보다 훨씬 정교한 주장을 하고 있었다는 것이다. 앞 장에서 보았듯이 서명응은 『주역』, 특히 선천역(先天易)을 서양 우주론 지식을 포함한 모든 우주론 지식의 기원으로 보고 그에 바탕해서 '상수학적' 우주론 체계를 구축했는데, 그 과정에서 구체적 서양 우주론 지식 하나하나의 기원을 제시했다.[49] 또한 서명응은 주역을 '체(體)', 서양 천문학을 '용(用)'으로—또는 선천역을 '체', 구고법(句股法)을 '용'으로—제시함으로써 나중 19세기 후반에 나타나는 '중체서용(中體西用)'론의 원형을 제시하기도 했다.[50]

---

48) 노대환, 『동도서기론 형성과정 연구』, 96-97쪽.

49) 박권수, "徐命膺의 易學的 天文觀".

50) 중체서용론에 대해서는 閔斗基, "中體西用論考", 『中國 近代改革運動의 硏究—康有爲 中心의 1898 改革運動』(一潮閣, 1985), 2-52쪽을 볼 것.

14.5 시간지연: 낙후? 차별? 독창?

문화요소나 경향들의 중국으로부터 조선으로의 전래에 있어 나타난 시간지연에 관한 앞 절들에서의 논의가 그 같은 요소와 경향에 관련된 조선인들의 이해와 성취에 대한 부정적 평가로 보일 수도 있다. 그러나 어떤 문화요소의 전래와 수용을 두고 시간지연이 있었다는 것은 그 같은 요소가 생겨난 쪽과 그것을 받아들이는 쪽의 상황 사이에 차이가 있었음을 보일 뿐 받아들이는 쪽의 이해와 성취의 부족을 나타내는 것은 아니다. 오히려 중국으로부터 조선으로의 문화요소의 전래에 나타난 시간지연의 성격과 그것을 둘러싼 상황을 제대로 이해하는 것은 바로 그 문화요소가 전래되고 있던 시기의 조선과 조선 사인들의 상황을, 특히 조선의 사인들이 중국의 것들을 비롯한 외래의 사상이나 기물들에 대해 어떠한 태도를 지녔는지를 더 정확하게 이해하도록 해준다.

예컨대 1절에서 그러했듯이 어느 시점에 이황이 주희 사상에 대한 완전한 이해에 이르지 못했었다고 지적하는 것은 이황의 위대함을 깎아내리는 것이 아니라 오히려 그의 위대함을 더 정확하게, 그리고 그의 시기의 맥락 속에서 더 현실적으로 이해하는 것이 된다. 사실 아무리 지적 능력이 탁월한 학자라고 해도 주희 사상의 방대한 체계를 단번에 모두 이해할 수는 없다. 물론 이황이 주희 체계에 대한 본격적인 이해를 향한 큰 진전을 이룬 것은 사실이지만, 그럼에도 불구하고 그가 주희의 생각 중 어떤 것들을 잘못 이해하고 자기 자신의 방식으로 해석하고 있었다는 것은 그 단계에서 얼마든지 있을 수 있는 일로 이것이 그의 능력이나 성취에 대한 부정적 평가로 이어질 일은 아닌 것이다.[51] 실제로 이황의 시기에는 주희 사상의 여러 측면과 맥락을 생생하게 보여주는 핵심 문헌인 『주자어류(朱子語類)』가 아직 조선에서 본격적으로 유통되지 않았고, 이황 자신도 40세가 훨씬 지난 후에야 『주자어류』에 접했는데, 그는 그 이전에는 진덕수(眞德秀, 1178-1235)의 『심경(心經)』의 영향하에 주희를 이해했었고, 그 영향은 '사단칠정'에 대한 그의 독특한 해석에 나타나기도 한다. 그렇다면 이황에게서 볼 수 있는 이런 불완전한, 미완의 모습까지를 제대로 보는 것이 이황을 완전히, 그가 처한 맥락 속에서 제대로 이해하는 것이 되겠다.

이런 면에서 위에서 본 시간지연의 사례들은 중국에 비해 조선이 낙후되었음을 뜻하는 것이 아니라 오히려 중국과 조선의 차별성, 조선의 중국으로부터의 독자성을 보여주는 것이라고 할 수 있다. 이들 사례에서 보는 시간지연은 조선인들이 중국의 어떤 문화적 요소나 경향을 무조건 곧바로 받아들인 것이 아니라 조선의 환경이 그에 맞도록 되었을 때 또는 조선의 환경을 적절히 변화시킨 후에 받아들였고, 그후 조선의 환경에 맞도록 변형시켜 발전시킨 것을 보여주는 것이다. 만약 중국의 것을 조선이 시간지연 없이 바로 그대로 받아들였다고 하면 그것은 오히려 종속적인 모습이 되는 것이 아닐까?

---

51) 사실 그가 주희의 생각을 잘못 이해했기보다는 己卯士禍 후 그가 처했던 상황과 그에 대한 해결책 모색이 그로 하여금 '理'의 능동적 역할을 강조함으로써 주희의 언급을 인간의 도덕성을 고양시키는 방향으로 치우쳐 해석하도록 했을 가능성을 생각해볼 수 있다.

15장
조선의 역서와 중국의 역법: '자국력'?

앞의 11장에서 중화 사상의 폭과 유연함을 재조명하면서 조선의 독자적, 자주적 정서의 표현으로 흔히 해석되는 여러 학문적, 문화적 작업들도 자세히 살펴보면 중화 사상을 벗어난 것이기보다는 중화 사상의 틀 안에서 중국을 본받으려 하고 중국과 같은 '중화'의 수준에 이르려는 욕구에 바탕한 것이었음을 보았는데, 그 같은 독자적 정서를 보여주는 한 예로 조선 후기의 역(曆) 계산과 역서(曆書) 간행 작업을 들 수 있다. 그리고 이 작업에 관여했던 조선 사인들이 중국 역에 대해 지녔던 태도에서도 여러 복잡한 측면들을 찾아볼 수 있고, 하늘과 천체들의 물리적 현상을 기반으로 만들어진 역법에 대한 그들의 태도에서 나타나는 그 같은 복잡한 측면들이 그들에게 중국과 중국 문화가 지녔던 의미의 복잡한 성격을 구체적으로 보여준다. 이 장은 이에 대해 살펴볼 것이다.[1]

---

1) 이 장의 내용은 "조선 후기 역(曆) 계산과 역서(曆書) 간행 작업의 목표: '자국력'

조선은 건국 이래 전 시기를 통해 계속해서 대통력(大統曆), 시헌력(時憲曆) 등 중국의 역법(曆法)을 받아들이고 그에 바탕한 역서를 사용했다. 그러나 그렇다고 해서 중국에서 간행, 반포(頒布)한 역서를 조선에 들여와서 쓰거나 그대로 재간행해서 썼던 것은 아니다. 조선 자체적으로 역 계산을 했고, 역서를 간행해서 배포했던 것이다. 물론 조선이 중국과 다른 별도의 역법을 채택한 것은 아니었고 어디까지나 중국 역법의 틀 안에서의 역서 간행 작업이었지만, 조선이 간행, 배포한 역서는 중국이 간행, 반포한 역서와 차이가 있었다. 그렇다면 과연 그 차이는 어떤 것이었고, 그 같은 차이를 빚은 '역 계산'을 통해서 조선은 무엇을 어떻게 계산했으며 조선이 목표로 한 것은 무엇이었던 것인가? 이 질문은 결국 조선 '역서'의 성격이 무엇이었는가 하는 질문이 되고, 이에 대해서는 학자들에 따라 의견의 차이가 있지만, 조선의 역서가 중국의 역법과 다른 조선 자체의 독자적인 역법 체계를 기반으로 하는 것은 아니라는 데에는 대부분 의견이 일치한다. 결국 조선의 역서란 중국의 역법 체계에 바탕해서 조선에서 별도로 제작해서 사용한 역서라고 할 수 있겠다.[2]

그러나 그렇다고 하면 바로 또 다른 질문이 제기된다. 조선에서의 자체적 역 계산과 역서 간행을 통해 조선의 역이 조선 독자적인 역,

---

인가? 중국 수준 역서인가?", 『한국과학사학회지』 39(2017), 405-434쪽에 발표된 바 있다.

[2] 예를 들어 전용훈은 조선의 역법에 관해 다음과 같이 이야기했다. "결국 조선은 조공·책봉 체제의 제약 속에서 독자적 역법의 수립은 제약받았지만, 그 제약 속에서도 자국의 시간 규범을 수립하고 실용하는 역사를 가질 수밖에 없었다. 중국의 역법을 수입하여, 그것을 적용하는 역산을 수행하고, 이를 통해 조선의 시간 규범을 수립하고, 이를 백성들에게 반포하는 것이 조선이 할 수 있는 최선이자 최적의 역산활동이었다." 전용훈, "한국 천문학사의 한국적 특질에 관한 시론: 세종 시대 역산(曆算) 연구를 중심으로", 『한국과학사학회지』 38(2016), 1-34 중 25쪽.

즉 '자국력(自國曆)'의 성격을 지니게 되었는가 하는 질문이 그것이다. 이 장은 특히 이 질문을 염두에 두고 조선 후기의 역 계산과 역서 간행의 상황을 검토해보려고 하는데, 이를 통해 조선의 역서와 중국의 역서 및 역법의 관계에 대한 조선 정부와 사인들의 인식을 볼 수 있을 것이고, 이는 그들의 중국에 대한 인식의 구체적 모습을 보여주는 또 다른 사례가 될 것이다.

15.1 조선의 '역서'와 중국력

조선에서는 중국 황제가 반포한 역을 사용하면 되었고, 또한 사용해야만 했다. 이는 조선이 명과 청의 번속국이어서 반드시 그렇게 해야 했던 것 때문만은 아니었다. 당시 중국 중심의 세계에서 실제로 중국과 같은 역을 사용하는 것이 당연하게 느껴졌고 실제로 편리했기 때문이기도 했던 것이다.[3] 그렇다면 그럼에도 불구하고 조선에서 별도로 역 계산을 했던 이유는 무엇이었을까? 이에 대해서는 여러 요인들을 생각해볼 수 있겠다.

우선, 가장 기본적인 이유로 조선에서의 역서의 수요에 맞춰 이를 제때에 보급해야 할 필요가 있었다.[4] 조선 사회에서 역서는 천문학적

---

3) 이는 오늘날 세계 거의 모든 나라가 서양에서 유래한 현대과학의 이론과 틀을 받아들이고 그에 바탕한 과학 활동을 수행하고 있는 상황과 비교해보면 쉽게 알 수 있다. 물론 과거 동아시아에서 어느 한 국가가 분명한 주도권을 지니지 못했던 시기, 예를 들어 宋과 遼, 宋과 金이 병립하던 시기에는 이 나라들이 서로 다른 역을 사용했고 그 사이에 날짜가 차이 나는 경우가 흔했다.

4) 박권수는 조선의 역서 간행 작업을 검토한 연구에서 조선과 북경과의 거리 및 그에 따라 중국으로부터 역서를 반입하는 데 걸리는 시간, 필요한 부수의 역서 간행

정보뿐 아니라 생활에 필요한 여러 정보를 담고 있어서 모든 사람에게 필요했으며, 실제로 18세기 후반에는 1년에 38만 부의 역서가 간행될 정도로 대단한 수요를 지니고 있었다.[5] 그러나 매년 10월 중국으로부터 공식적으로 받아오는 101부의 역서가 이 같은 조선의 역서 수요를 충족하기에는 턱없이 부족했을 것임은 당연하다. 그렇다고 해서 조선이 필요로 하는 막대한 부수의 역서를 중국이 반포한 역서인 '청력(淸曆)'[6]이 11월경 도착한 후 인쇄하는 것은 시간상으로 불가능했기 때문에 '청력'이 도착하기 전에 역서 인출(印出) 과정을 진행할 수밖에 없었다. 실제로 조선 조정은 역서 전체 15장의 판목을 몇 차례로 나누어 인쇄했고 매년 4월부터 이 인쇄 작업을 시작해야만 했는데,[7] 물론 역서를 인쇄하기 위해서는 그에 앞서 역 계산 작업이 이루어져야 했다.

이 같은 역 계산에는 당연히 시간이 소요되었기에 조선은 역서를 배포하기 1년 전부터 역 계산 작업을 시작해야만 했다.[8] 그런데 문제는 청이 자신들이 반포한 역서만을 조선에 전했을 뿐 그것을 만드는 데 사용한 구체적 역 계산법을 알려주지 않는다는 것이었다. 조선 조정은 여러 가지, 주로 비공식적인 방법으로 중국의 역 계산법을 입수하여 자신들의 역 계산을 수행해야만 했다.

   에 필요한 시간 등을 조선에서 역 계산을 별도로 할 수밖에 없는 이유로 들었다. 박권수, "조선의 역서(曆書) 간행과 로컬사이언스", 『한국과학사학회지』 35(2013), 69-103.
5) 박권수, "조선의 역서(曆書) 간행과 로컬사이언스", 69쪽.
6) 이 장에서 '청력'이란 말은 청이 반포한 역서를 가리키며, 역법을 가리킬 때는 "대통력", "시헌력" 등의 명칭을 사용한다.
7) 박권수, "조선의 역서(曆書) 간행과 로컬사이언스", 74쪽 주 8.
8) 박권수, "조선의 역서(曆書) 간행과 로컬사이언스", 74-79쪽.

한편 다음 해의 역서 인출을 위한 역 계산 작업이 끝나고 인쇄 과정이 이미 한참 진행되는 도중인 11월경에 청력이 북경으로부터 도착하면 조선 조정은 새로 도착한 청력과 자신들이 계산하여 인출 과정 중인 조선의 역서와 대조해보게 되었고, 조선의 역 계산 결과가 청력과 차이가 날 때는 결국 청력을 따라야 했다. 중국과의 조공책봉 관계 속에서 중국의 정삭을 받아들여 사용할 수밖에 없었던 상황에서 조선의 역서가 중국력과 일치해야 할 필요성은 다른 모든 고려사항에 우선했기 때문이다. 사실 조선 정부가 시헌력을 받아들인 것 자체가 중국이 채택한 새 역법을 받아들임으로써 중국의 역과 차이가 나지 않는 역을 사용하려는 것이었다.[9] 시헌력의 채택을 처음 주장했을 때 김육(金堉, 1580-1658)이 제시한 주된 이유가 그렇게 하지 않으면 청력과 차이가 날 것이라는 것이었음이 이를 잘 보여준다.

중국이 병자·정축 연간부터 이미 역법을 고쳤은즉 내년의 신력(新曆)은 반드시 우리나라의 역과 크게 차이 나는 바가 있을 것입니다. 신력 속에 잘 맞아떨어지는 곳이 있으면 마땅히 옛것을 버리고 새것을 꾀해야 할 것입니다.[10]

역은 오래되면 오차가 생겨서 개력을 해야 하는데, 마침 중국에서 서양력을 따라 개력했으니 이를 따라야 한다는 생각이었다.[11]

9) 조선의 시헌력 도입과 수용 과정에 대해서는 전용훈, "17-18세기 서양과학의 도입과 갈등―時憲曆 施行과 節氣配置法에 대한 논란을 중심으로", 『東方學志』 117 (2002), 1-49쪽을 볼 것.
10) "中國自丙子丁丑間已改曆法, 則明年新曆必與我國之曆大有所逕庭, 新曆之中若有妙合處, 則當舍舊圖新.": 『仁祖實錄』 23년(1645) 12월 18일.
11) 사실 13장에서 지적했듯이 시헌력이 중국의 전통 역법이 아니라 서양 역법을

따라서 대통력으로부터 시헌력으로 바꾼 후에도 역의 계산법만 달라졌을 뿐 역서의 간행 방식이나 절차, 그리고 역서의 형식과 역주(曆註)의 구성에서는 거의 차이를 보이지 않았다.[12] 조선의 역서 담당자들이 주로 관심을 두었던 것은 조선에서 계산해서 간행한 역이 청력과 차이가 나지 않도록 하는 것이었고, 그들은 청력과 차이가 났을 때를 제외하고는 청력의 근거가 되는 근본 이론에 대해서는 별로 큰 관심을 보이지 않았다.[13] 이런 상황이었기에 청이 역옥(曆獄) 시기 동안 대통력으로 되돌아갔을 때 조선에서도 대통력 복원의 주장이 당연히 제기되었고 이에 따라 1667-1669년 3년간은 청을 따라 조선에서도 시헌력을 폐지하고 대통력으로 회귀했지만, 이 경우에도 서양력에 대한 반감이나 대명의리의 정서보다는 조선의 역서를 청력과 맞춰야 할 필요가 더 크게 작용했다. 물론 청이 시헌력으로 회귀하자 조선도 당연히 바로 시헌력으로 회귀했다.[14]

받아들여 그에 기반해서 만들어졌다는 사실은 조선의 역서 담당자들에게는 부차적인 문제였다고 할 수 있다.

12) 박권수, "조선의 역서(曆書) 간행과 로컬사이언스", 80쪽. 이 같은 점은 나중 1895년 태양력으로 바꾼 후에도 그대로 나타나서 한참 동안 역서의 형식과 내용(역주 포함)이 바뀌지 않았다: 전용훈, 『한국 천문학사』, 312쪽.

13) 따라서 시헌력의 계산법을 터득한 1655년경부터 약 50년 동안은 시헌력 학습이 사실상 중단되기도 했다. 林宗台, "17,18世紀朝鮮天文學者的北京旅行—以金尙范和許遠的事例爲中心", 『自然科學史硏究』 33卷(2013), 446-455 중 449쪽.

14) 전용훈, "17·18세기 서양 천문역산학의 도입과 전개—時憲曆의 수입과 시행을 중심으로", 연세대학교 국학연구원 편, 『韓國實學思想硏究 4. 科學技術篇』(혜안, 2005), 275-333 중 293쪽.

15.2 조선의 역 계산

15.2.1 조선의 역서와 청력의 차이

조선에서 청의 역법을 사용하여 미리 계산해서 인출 과정에 들어가 있는 역서가 북경에서 도착한 청력과 차이가 날 수 있는 이유는 여러 가지가 있었다. 먼저 생각할 수 있는 것은 조선에서의 역 계산이 정확하지 못했을 가능성이다. 그리고 그 원인으로는 우선 역 계산을 담당했던 조선 관상감(觀象監) 관원들의 역 계산 능력 자체가 부족했었을 가능성을 생각해볼 수 있겠다.[15)]

그러나 조선 관상감 관원들의 계산 능력에 부족함이 없었더라도 그들이 '청력'의 역법 체계에 입각해서 역 계산을 하기 위해 필요한 정보가 부족했었을 수가 있다. 청에서 조선에 역서만 보내주었을 뿐, 그 계산법은 전해주지 않았기 때문이다. 실제로 시헌력 채택 후 처음 얼마 동안은 시헌력과 대통력의 계산법이 구체적으로 어떻게 다른 것인지도 충분히 파악하지 못했던 것으로 보이며, 1644년 개력 사업을 시작한 후 10년 만인 1654년 역서에서부터야 시헌력을 사용하게 되었다.[16)] 그리고 이마저도 일과력(日課曆)이었을 뿐 일월교식(日月交食)과 오성(五星)의 운행 계산은 1708년까지 대통력을 사용해야만 했다.[17)] 1726년 청이 역 계산을『역상고성(曆象考成)』의 방법으로 바꾼

---

15) 실제로 조선 역서가 청력과 차이가 난 경우의 대부분은 역 계산이 틀렸을 경우였고, 물론 관상감 관원에게 책임을 묻게 되었다. 문중양,『조선후기 과학사상사—서구 우주론과 조선 천지관의 만남』(들녘, 2016), 150쪽.

16) 전용훈,『한국 천문학사』, 218-224쪽.

17) 1708년 조선에서 본격적인 시헌력 적용이 가능해지기까지의 과정에 대해서는 전용훈,『한국 천문학사』, 227-230쪽을 볼 것.

후에도 상당 기간 조선에서는 그 자세한 내용을 알지 못해 역 계산에 어려움을 겪었으며, 1742년 청이 『역상고성후편(曆象考成後編)』으로 바꾼 후에도 마찬가지의 상황이 되풀이된 후 1760년대 후반에 들어서야 『역상고성후편』 체제에 어느 정도 통달할 수 있게 되었다.[18]

조선 조정은 이 같은 어려움을 해소하는 과정에서 청의 역법의 구체적 세부 내용을 익히기 위해 꾸준한 노력을 기울였다. 실제로 청력의 계산법을 배워 조선의 역 계산법을 개선하려는 노력은 조선 역서에 청력과 중요한 차이가 나타났을 때마다 집중적으로 경주되었다. 시헌력의 역 계산법이 『역상고성』, 『역상고성후편』으로부터 바뀌었을 때 청으로부터의 역법 서적, 계산표 등의 도입이 활발해지고, 관상감의 삼력관(三曆官), 수술관(修述官) 등의 정원이 늘어난 사실이 이를 말해준다.[19]

그러나 조선의 역서 담당자들이 아무리 정확한 계산 능력을 가지고 청의 역법체계에 완전히 통달하게 되었다고 하더라도 조선의 역이 청력과 차이가 날 수밖에 없는 측면이 있었다. 우선, 중국과 조선이 함께 쓰는 '표준시각'의 개념이 없이 각각 북경 순천부(順天府)와 한양(漢陽)에서의 중성(中星) 정남(正南) 시각을 기준으로 쓰는 상황에서 중국과 조선의 경도(經度) 차이는 동일 천문 현상에 대한 중국과 조선의 관측시각에 42분(分)의 차이가 나게 했으며, 또한 북경과 한양의 북극고도(北極高度), 즉 위도(緯度)의 차이는 중국과 조선에서의 낮과 밤의

---

18) 전용훈, 『한국 천문학사』, 234-245쪽.

19) 박권수, "조선 후기 역서(曆書) 간행에 참여한 관상감 중인 연구", 『한국과학사학회지』 37(2015), 119-145 중 131쪽. 사실 세종 때의 『七政算』 제작 작업이 시작된 것도 명나라에서 받아온 역서와 조선에서 계산한 역서에 나타나는 차이를 없애기 위해 조선의 역법 계산을 교정하려는 목적 때문이었다. 박권수, "조선의 역서(曆書) 간행과 로컬사이언스", 97쪽.

길이의 차이와 일출(日出), 일몰(日沒) 시각의 차이 등으로 나타났다. 그리고 이 같은 차이들은 당연히 역의 중요한 요소들에 차이를 빚을 수밖에 없었다.

먼저, 달(month)의 대소(大小)를 결정하는 일에 문제가 생겼다. 역의 주된 구성요소인 달(month)은 해와 달(moon)의 겹침이 일어나는 순간인 합삭(合朔)이 속하는 날에 한 달이 시작되도록 해서 결정되는데, 합삭 시간이 북경과 한양의 경도 차이 때문에 42분(分) 차이가 남에 따라, 이것이 한 달이 시작하는 날짜의 차이로, 나아가 달의 대소의 차이로 이어질 수가 있었다. 만약 합삭 시각이 청에서 자정−x, 조선은 자정+y가 되는 경우에는 조선에서 새로운 달이 시작하는 날짜가 청보다 하루 늦게 되고 그렇게 되면 청력과 조선력에서의 월 대소의 차이를 빚게 되었기 때문이다. 북경과 한양의 경도의 차이는 역 계산에서 또 다른 중요한 요소인 윤달(閏月) 결정에도 문제를 빚었다. 윤달은 중기(中氣)[20]가 없는 달을 윤달로 한다는 이른바 '무중치윤(無中置閏)'의 원칙에 의해 정해지기 때문에 윤달의 결정은 정확한 절기(節氣) 시각에 좌우되었고, 따라서 청과 조선에서의 중기 시각의 차이가 날짜의 차이로 나타나고 이것이 한 달의 마지막 날에 해당될 경우 해당 중기가 속하는 달이 달라지게 되고 이는 윤달의 결정에도 차이를 빚을 수 있었다.

청의 역과 조선에서 간행하는 역서 사이에 나타날 수 있는 이 같은 차이들 중, 절기 시각의 경우는 월 대소의 경우에 비교해서 실제 하늘의 현상을 더 직접적으로 반영했고 이에 따라 조선은 조선에서의 절기

---

20) 24절기는 中氣와 節氣가 번갈아가며 이어지며, 따라서 1년에는 12개의 중기와 12개의 절기가 있었다.

시각이 청과 차이가 있을 수밖에 없음을 받아들였다. 실제로 조선 역에서 절기 시각은 한양을 기준으로 계산했으며, 역서 첫 장에 한양을 기준으로 한 중기와 절기의 입기(入氣) 시각을 기록했다.[21] 그러나 월의 대소의 결정을 두고서는 조선은 청력을 따랐다. 비록 월의 대소가 해와 달의 겹침이라는 실제 하늘의 현상에 바탕해서 결정되는 것이었지만, 그 같은 현상을 정확히 반영해야 할 필요보다는 청과 조선의 역서에서 같은 달의 대소가 같아야 할 필요가 더 컸던 것이고 실제로 조선의 역서는 청력과 같게 월 대소를 결정해서 사용하면 되는 것이었기 때문이다. 이처럼 월의 대소와 윤달의 결정을 청력과 일치시키기 위해 조선은 청과 차이가 나는 것이 당연한 합삭 시간을 청 역서와 동일하게 맞추고 있었고 그 외에도 보름, 상하현(上下弦) 시각을 북경 시각에 일치시키고 역서에도 중국의 일자를 기록했다.[22]

15.2.2 조선 자체적 역 계산 능력의 필요

이렇듯 월 대소나 윤달의 결정에 영향을 미치는 합삭 시각이나 절기 시각은 편의상 중국의 시각을 사용해도 일상생활에는 문제가 없었지만, 밤낮의 길이나 일출(日出), 일몰(日沒) 시각의 경우에는 직접 경험하고 관측되는 것으로 일상생활에 영향을 미치는 것이었기에 조선의 역서는 조선을 기준으로 계산한 수치를 사용해야 했다. 사실 조선역서가 청력과 달랐던 것은 이 두 가지뿐이었다. 그렇다면 단지 밤낮의 길이와 일출몰 시각을 얻기 위해 조선에서 별도로 역 계산을 했던

---

21) 역서가 儀式과 擇日 등을 위해 사용되었다는 점은 이와 관련해서 주목할 만하다. 이를 위한 曆註의 경우 조선의 절기에 바탕해서 만들어졌기 때문이다.

22) 문중양, "'鄕曆'에서 '東曆'으로", 260쪽.

것일까? 그것만을 위해서라면 청력에서 각 성(省)과 번속(蕃屬) 지역들에 대해 계산해서 제시한 자료를 사용하면 되는 일이지 않았을까? 그 외의 다른 이유는 없었던 것일까? 예를 들어 역서에 포함되지는 않지만 일월식, 특히 관측 위치에 따라 크게 차이가 나는 일식 계산의 필요가 있었던 것이었을까?[23]

위의 질문들은 모두 조선에서 자체적으로 역을 계산해야만 했었을 실제적 필요를 제기하고 있는데, 조선에서의 역 계산의 구체적 상황을 살펴보면 그 같은 수준의 필요를 가지고 설명하기 힘든 두 가지 사실이 눈에 띈다. 첫째, 조선이 굳이 조선의 위치에 해당하는 절기 시각에 바탕해서 조선 역 나름의 윤달을 결정해보았다는―비록 청력과 다른 결과가 나왔을 경우 청력을 따르기는 했지만―점이다. 만약 청력과 부합되는 윤달을 결정하는 것만이 목적이었다면 애초에 북경의 절기 시각을 기준으로 결정했으면 되었을 것임에도 굳이 조선의 경도에 바탕해서 윤달을 결정해보았다는 사실이 눈길을 끄는 것이다.

이와 관련해서 1735년 역서의 윤달 결정과 관련한 조선 조정의 논의가 흥미 있는 점을 보여준다.[24] 1734년, 이듬해인 1735년의 역 계산 과정에서 조선은 청이 그 전 해부터 채택하여 사용하기 시작한 신법에 따라 절기 시각을 추산해본 결과, 청에서는 4월의 마지막 날인 소만(小滿)이 조선에서는 다음 달 첫날로 넘어가서 청의 4월이 조선에서는 윤3월이 되면서 문제가 되었던 것이다. 영조가 참여한 논의에서

---

23) 예를 들어 이창익은 『조선시대 달력의 변천과 세시의례』(창비, 2013), 58쪽에서 그 같은 가능성을 제기하고 있다.

24) 1735년 역서의 윤달 결정을 둘러싼 조선 조정에서의 논의에 대해서는 김영식, "1735년 역서(曆書)의 윤달 결정과 간행에 관한 조선 조정의 논의", 『한국과학사학회지』 36(2014), 1-27쪽을 볼 것.

신하들은 청력과 같도록 조선에서도 윤4월을 두기로 결정했는데, 그러면서도 그렇게 "청력을 따르면 [조선의] 절후에 어긋난다"고 이야기하거나[25] 조선의 절기에 바탕한 '무중치윤'법을 따르지 않음으로써 "역 만드는 법(成曆之法)"에 어긋나게 된다[26]는 등 문제점을 지적했다. 한양의 절기 시각에 바탕해서 '무중치윤'의 원칙을 적용한 결과가 윤3월이 되어야 함에도 불구하고 청력과 같도록 윤4월로 하는 것은 조선의 "역 만드는 법"에 어긋난다는 것이었다. 결국 조선 조정은 그 같은 문제를 피하기 위해 청에서 폐기한 구법을 따르기로 결론지었다. 물론 청력과 같게 하기 위해 윤달을 4월로 한 것이기는 하지만, 청력이 채택한 새 계산법인 신법을 쓰지 않고 그동안 써오던 구법에 따르기로 한 것인데, 그것을 사용하면 조선의 절기 시각에 바탕해서 윤달을 결정해도 조선도 청력과 같이 윤4월이 되므로 조선의 '역 만드는 법'에 어긋나는 상황을 피할 수 있게 된다고 생각했던 것이다.[27] 조선 조정이 조선의 '역 만드는 법'을 지니고 지키고 유지할 필요를 그만큼 강하게 느끼고 있었음을 보여준다고 할 수 있다.

둘째는 조선에서 굳이 '칠정력(七政曆)', 즉 행성운행표(ephemerides)를 계산할 수 있는 능력을 확보하려고 했다는 점이다. 만약 정확한 역서를 만드는 것만이 목적이었다고 한다면 일월을 제외한 다른 행성들의 운행을 모두 계산할 수 있어야 할 필요는 없었음에도 불구하고 조선 조정은 계속해서 '행성운행표' 전체의 계산법을 확보하기 위해

---

25) "若從淸曆則節候乖舛, 不從則彼中往復文書, 將有不便.":『英祖實錄』10년(1734) 11월 19일.

26) "今若一遵彼曆, 以閏四月印頒, 則大有違於成曆之法. 若以我國推算作曆之法, 爲閏三月, 則又有違於皇曆.":『承政院日記』英祖 10년(1734) 11월 18일.

27) "宜從舊法, 置閏四月, 以同於淸曆.":『英祖實錄』10년(1734) 11월 19일.

노력했던 것이다. 사실 조선이 시헌력의 세부 사항을 배우려고 기울인 노력의 많은 부분이 '행성운행표' 계산 능력을 확보하는 것이었다. 이는 '행성운행표'가 실제로 역서에 포함시켜야 할 필요가 있었던 것은 아니었지만 그것이 역법 체계의 중요한 구성요소였기에 이를 계산할 수 있는 능력을 가지려 했던 것임을 보여준다.

결국 조선 조정이 조선에서의 하늘의 운행을 반영하는 자체적 역 계산을 할 수 있는 능력을 갖추어서 조선 나름의 '역 만드는 법'을 유지하고 있을 필요성을 느꼈던 것이고, 그 일환으로 조선의 절기 시각에 바탕한 윤달을 추정해보기도 했고 '행성운행표' 계산법을 확보하려고 했던 것이라고 할 수 있다. 이는 사실 나라를 다스리는 자가 천상(天象)을 관찰하여 백성들에게 바른 시간을 부여해주어야 한다는 유가의 '관상수시(觀象授時)'의 이념에 따른 것인데, 청에 복속하여 청의 역을 받아 사용해야 했으면서도 이 정도의 역 계산 능력을 보유함으로써 조선 국왕이 유교 치자(治者)의 '관상수시'의 역할을 행하고 있음을 보이려 했던 것이다.[28]

15.2.3 정조 시기 역 계산 능력에 대한 자신감

앞 절에서 본 것과 같은 필요와 이유 때문에 조선 정부는 자체적 역 계산 능력을 확보하기 위해 노력했고 그 같은 노력에 힘입어 조선의 역 계산 능력이 향상되었고, 이에 따라 1760년경부터는 조선에서 자신들의 역 계산 능력에 어느 정도 자신을 갖게 되었다.[29] 이는 1763년

---

28) 전용훈은 이와 아울러 조공책봉 관계가 단절될 경우에 대비해야 할 필요가 있었음도 지적한다. 전용훈, "고려시대의 曆法과 曆書", 202, 212-213쪽.

29) 전용훈, "17·18세기 서양 천문역산학의 도입과 전개", 319쪽.

그동안 매년 북경에 파견하던 일관(日官)을 3년에 한 번 파견하는 일로 나타났으며, 『상위고(象緯考)』가 완성된 1770년대에 들어서는 『역상고성』과 『역상고성후편』에 대한 이해가 완전해졌다고 할 수 있다.

특히 1782년에 편찬한 『천세력(千歲歷)』이 그 같은 자신감을 보여준다.[30] 향후 100년 동안의 역일(曆日)과 절기 시각, 윤달 등을 미리 계산하여 수록하고 매 10년마다 개정하여 편찬하게 되는 역서인 『천세력』은 영조 때에 이미 관상감에 제작을 명했었으나 이루어지지 못해 오다가 정조대에 이르러 1782년과 1792년 두 차례 간행되었는데, 그 범례(凡例)에 나오는 다음과 같은 언급에 조선의 역 계산 능력에 대한 자신감이 드러나 있다.

근자에 주비(周髀)의 유법(遺法)이 빛나고 크게 밝아져서 우리 동국 천년의 날들을 종횡으로 헤아림에 털끝만큼의 어긋남도 없어지기에 이르렀다. 이것이 우리 성상(聖上)께서 천세력을 세워 역을 담당하는 자들이 분주하게 측험(測驗)하고 때에 따라 고치는 수고를 덜어주신 까닭이다.[31]

서호수가 관상감을 주도하게 되고 조선 천문역법의 역사를 정리한 『국조역상고(國朝曆象考)』가 편찬된 1796년에 이르면 이 같은 자신감은 더욱 확고히 드러났는데, 시헌력의 행성운행표 계산 매뉴얼인 『칠정보법(七政步法)』이 편찬된 1798년에는 조선 역산가들이 시헌력의

---

30) 천세력의 편찬과 그 내용에 대한 보다 자세한 논의는 전용훈, "정조대의 曆法과 術數學 지식", 322-327쪽을 참조할 것.

31) "近者周髀遺法煥然大明, 於我東千歲之日至握籌縱橫, 無纖毫差違. 此我聖上所以命立千歲歷, 以省司曆者奔走測驗隨時隨改之勞也.": 『千歲歷』上篇 "時憲起數凡例.": 전용훈, "정조대의 曆法과 術數學 지식", 324쪽 주 45)에서 재인용(우리말 번역은 일부 수정했음).

계산법을 완전히 통달했다고 할 수 있으며『역상고성후편』체제에 따른 조선 역법이 '완성'되었다고 할 수 있다.[32]

이 시기에 이르러서는 조선에서의 절기 시각의 계산 결과가 청력과 달랐을 때에도 조선의 결과를 그대로 따르기도 했는데, 문중양은 세 차례의 그 같은 예를 확인하고 있다.[33] 먼저 1796년에 관상감이 계산해 올린 1797년의 역서에 청력과 절기 시각이 다른 경우가 나타났을 때 이를 그대로 간행했다. 12월 합삭이 1분(分)의 차이, 5월 하지(夏至)는 3분의 차이, 그리고 10월 대설(大雪)은 무려 1각(刻) 9분의 차이가 났으나 그대로 간행했던 것이다. 그 후 1799년의 역서도 2월 경칩(驚蟄)이 3분, 2월 춘분(春分)이 8분, 7월 하현(下弦)이 1분, 11월 대설이 1분 차이가 나는 것이 그대로 간행되었는데, 이때 관상감은 청의 역서는 왕에게 아예 올리지도 않은 채 조선에서 계산한 역서를 시행했다. 그리고 서호수가 죽은 후인 1800년에 제작된 1801년의 역서를 두고도 비슷한 일이 있었다.

물론 실제로 조선의 절기 시각 계산이 청력과 다른 결과를 냈음에도 이를 그대로 역서에 실은 경우가 이 세 경우[34]보다 더 있었을 가능

---

32) 전용훈, "정조대의 曆法과 術數學 지식", 315쪽; 문중양, "19세기 초·중반 조선 과학의 지형과 역사성", 30쪽.

33) 이 세 차례의 예들에 대해서는 문중양, "'鄕曆'에서 '東曆'으로", 259-262쪽; 전용훈, "17·18세기 서양 천문역산학의 도입과 전개", 329-331쪽을 볼 것. 한편 1637년 청의 정삭을 받아들인 직후인 1639년에도 조선의 역서가 청의 역서와 달랐을 때 청력을 따르지 않고 대통력을 따랐지만 이는 청의 입관 이전 시헌력을 채택하기 전의 일로 아직 부정확한 청의 역일 대신 대통력으로 계산한 역일을 따르기로 한 것이었다: 문중양, "'鄕曆'에서 '東曆'으로", 246, 262쪽; 전용훈,『한국 천문학사』, 216쪽.

34) 전용훈도 그 같은 예가 세 차례에 그쳤다고 이야기하면서 문중양을 인용하고 있다: 전용훈,『한국 천문학사』, 264-265쪽.

성을 배제할 수는 없다. 그러나 중요한 것은 정조 말기에 이르러서는 청력과 다른 계산 결과가 나왔을 때 내놓고 자신감을 표시하면서 이를 역서에 실었다는 점이다. 예컨대 1797년 역서에서 청력과의 사이에 절기 시각의 차이가 났을 때 관상감이 정조에게 올려 윤허를 받은 계(啓)의 다음과 같은 언급은 그 같은 자신감을 보여준다.

> 우리나라의 추보(推步)는 오로지 입성(立成)에 따르므로 혹 시차(時差)의 가감(加減)에 착오가 있었을까 염려하여 다시 역관을 시켜 한결같이 『역상고성』 본법(本法)에 따라 상세히 추보하여 살펴보게 하였더니, 합삭과 하지가 몇 분의 차이가 나는 것은 모두 초(秒)나 미(微)의 나머지 수를 올리기도 하고 버리기도 한 데에 기인했지만, 대설이 1각이 넘게 차이가 나는 것으로 말하면 우리나라 역서의 균수(均數)와 승도(升度)에서 시차를 가감함이 이미 본법과 마디마디 꼭 맞았습니다. 비록 연경(燕京)의 시각으로 말하더라도 마땅히 해초(亥初)가 될 것을 청의 역서가 술정(戌正)이라고 한 것은 저들의 시차의 가감이 제대로 살피지 못한 것입니다. 소만이 청은 24일인데 우리나라는 25일인 것은 우리나라의 절기가 연경에 비해 42분이 더하므로 혹 자시의 초와 정이 바뀌는 때에 해당하면 마땅히 하루의 차이가 나야 하는 것입니다. 모두 우리나라의 역서를 따라 시행하는 것이 어떻겠습니까.[35]

---

35) "我國推步, 專依立成, 或慮時差加減之有所錯誤, 更令曆官一依曆象考成本法細推詳覈, 則合朔夏至之數分相差, 皆因秒微零數之或收或捨, 而至於大雪之差以一刻餘, 鄕書之均數升度兩時差加減, 旣與本法節節勿合. 雖以燕京時刻言之, 應爲亥初而淸書爲戌正者, 彼中時差加減之失其照檢. 小滿之淸爲二十四日鄕爲二十五日者, 我國節氣比燕京加四十二分, 故或當子時正正之交, 則應差一日. 並從鄕書施行如何. 允之." 『書雲觀志』 권3 故事(한국과학사학회 영인본, 1983, 295-296쪽): 이면우, 허윤섭, 박권수 역주, 『서운관지』(소명출판, 2003), 310-311쪽 참조(원문 450쪽).

이는 1775년 역서에서 한 달에 세 개의 절기가 드는 결과가 나왔을 때, 이것이 시헌력이 정기법(定氣法)을 따르기 때문에 생기는 자연스러운 결과였음에도 먼저 청나라에 가부(可否)를 물은 후 확인을 받고 시행했던 것과는 분명히 다른 태도였다.[36]

또한 위의 예들은 그 이전에 청력과의 사이에 같은 종류의 차이들이 발생했던 경우에 조선 조정이 취했던 것과도 대비되는 태도를 보여준다. 1654년 시헌력 체제를 도입한 이래 조선에서 계산한 절기나 합삭, 보름 등의 시각이 청의 역서와 다른 경우는 항상 청의 역서를 따르고 계산을 잘못했다고 하여 담당 관원의 책임을 물었다.[37] 사실 이 같은 일은 1795년까지도 이어져서 이해에 계산한 1796년 역서에 입동(立冬) 날짜가 청력과 하루 차이가 나고 7월 보름과 12월 하현의 시각이 1분 차이가 났을 때, 관상감은 입동 날짜의 차이는 북경 순천부와 한양의 경도 차이 때문에 생긴 것으로 설명하면서도 보름과 하현 시각에 차이가 난 데 대해서는 해당 관원을 엄중히 처벌하도록 해달라고 관상감 스스로 청하기까지 했다.[38] 그 이전의 이 같은 예들과 비교해보면 1796년 이후 조선의 역 계산 능력에 대한 자신감이 자리잡았음을 보여준다고 할 수 있다.[39]

조선의 역 계산 능력과 역법 지식에 대한 이 같은 자신감에서 정조

---

36) 전용훈, 『한국 천문학사』, 258-259쪽.
37) 문중양, "'鄕曆'에서 '東曆'으로", 262쪽.
38) "我國曆法, 皆倣彼法, 而較之皇書, 旣有相左, 則當該曆官, 不可無警. 請自本監, 從重施罰." 『正祖實錄』19년(1795) 11월 30일.
39) 그러나 사실 1795년의 경우(1796년 역서)에도 관상감이 당초 그렇듯 자신들의 계산 잘못을 인정하는 태도를 보였음에도 결국에는 청력과 1분 차이 나는 보름과 하현 시각을 그대로 기록했음을 보면 이미 청력과 다른 계산 결과를 수록하는 이 같은 방침이 1795년에 시작되었을 수도 있음을 알 수 있다. 문중양, "'鄕曆'에서 '東曆'으로", 260쪽.

는 1799년 이가환에게 중국에서 책을 들여와 『율력연원(律曆淵源)』과 같은 성격의 "역산학의 대전(曆算學之大典)"을 편찬할 것을 명하기도 했다. 실제로 이미 1798년부터 이에 대한 준비작업이 물밑에서 진행되고 있었던 것으로 보이는데, 정조의 죽음으로 중단되었다.[40] 그리고 7장에서 보았듯이 이 같은 일은 역법 분야에만 국한된 것이 아니어서 그 외의 다른 분야들에서도 비슷한 시도가 있었고 실제 성과로도 이어졌다.

15.3 조선 자체의 역서: '자국력'?

앞 절에서 조선이 조선 나름의 '역 만드는 법'을 유지하려 했고 그 일환으로 조선의 절기 시각에 바탕한 윤달을 정하거나 '행성운행표' 계산법을 확보하려고 했으며, 그 같은 노력에 힘입어 정조 시기에 이르면 조선 자체의 역 계산 능력에 대한 자신감을 지니게 되었음을 보았다. 그러나 이처럼 윤달 결정이나 행성운행표 계산 등을 시도한 데서 '자국력'을 만들겠다는 의식을 찾아보기는 힘들다. 사실 역 계산 능력에 대한 자신감이란 것은 중국의 역법에 따른 조선에서의 역 계산을 정확하게 할 수 있다는, 따라서 중국의 역 계산에 구애받지 않는 역 계산을 할 수 있다는 자신감이었지 중국의 역과 별도의 독자적인 조선 자체의 역을 만들겠다는 생각은 아니었던 것이다. 그런 면에서 정조 말기 조선에서 역 계산 결과 합삭이나 절기 시각이 청력과

---

40) 문중양, "18세기 후반 조선 과학의 역사 시간", 김인걸 외, 『정조와 정조 시대』(서울대 출판문화원, 2011), 17-56 중 40-41쪽.

차이가 났는데도 그대로 역서에 싣는 앞 절에서 본 예들은 월 대소나 윤달의 결정과 같은 중요한 사항에 영향을 미치는 경우들이 아니었음을 주목할 필요가 있다. 그 같은 중요한 차이를 빚게 되었을 경우에는 조선 조정이 청력과 다른 선택을 할 수 없었던 것이다.[41]

이와 관련해서 실제 그 같은 중요한 문제에서 차이가 생길 가능성이 빚어졌던, 위에서 본 1735년 역서의 경우를 돌이켜볼 만하다. 청이 새로 채택한 신법으로 조선에서의 절기 시각을 계산한 결과 소만의 날짜가 다음 달로 넘어가게 되고 이에 따라 조선의 역은 윤3월, 청력은 윤4월로 서로 차이가 나게 된 상황에서 당시 조선 조정은 신법 대신 그동안 사용해오던 구법을 계속 사용함으로써 조선에서의 '역 만드는 법'을 유지하면서도 청력과 같이 윤4월이 되도록 하는 편법을 구사해 어려운 상황을 모면했던 것이다. 이 경우 만약 그 같은 편법을 찾는 것이 불가능했었다고 하더라도 윤달 결정과 같은 중요한 문제를 두고 조선의 '역 만드는 법'을 고집해서 청력과 다른 결정을 내리지는 못했을 것임은 짐작할 수 있는 일이다. 실제로 같은 1735년 역서에서 7, 8월의 월 대소가 청력과 달라지는 문제를 두고서는 조선 조정은 위에서 본 것처럼 청력을 따라 조선도 7월을 작은달, 8월을 큰달로 하기로 결정했고 1704년력의 11, 12월 대소가 청력과 다르게 계산되었을 때 청력을 따랐던 전례를 찾아 이를 합리화했다.[42]

그리고 역 계산에 대한 자신감이 높았던 정조 말기라고 해서 이와 다른 결정을 내릴 수는 없었을 것이다. 예컨대 1782년 정조는 『천세력』을 편찬하면서 1813년 역의 계산 결과 10월 한 달에 1개의 중기와 2개

---

41) 전용훈은 "미완의 본국력"이라는 말로 이 같은 상황을 표현했다. 『한국 천문학사』, 265쪽.
42) 『承政院日記』 英祖 10년(1734) 11월 20일.

의 절기가 들게 되었음에도 이것이 시헌력이 정기법(定氣法)을 따랐기에 생긴 결과라 하여 그대로 넣도록 했는데,[43] 나중 1811년이 되어 조선 조정은 이대로 하면 1813년의 동지가 10월이 되는 문제가 생기며 청에서는 이미 윤달을 8월에서 다음 달 2월로 바꾸어 이를 해결하기로 한 것을 알게 되었고, 이런 상황에서『천세력』대로 하게 되면 청력과 차이가 나게 되는 것을 막기 위해『천세력』을 따르지 않고 청력을 따르기로 결정했다.[44] 물론 그사이 정조가 죽고 조선 조정의 상황이 바뀌었음은 사실이지만,[45] 정조가 살아 있었다고 하더라도 이와 다른 결정을 내릴 가능성은 거의 없었을 것이다.

그렇다면 조선 후기에 위의 경우들 이외에 '자국력'을 지향하는 다른 시도들은 없었던 것일까? 이와 관련해서, 문중양은 정조 시기 동안 이루어진 역서 편찬 사업이 목표했던 것을 '자국력(national calendar)'이라고 지칭하면서 이는 "동아시아 세계에서 보편적인 역서였던 중국의 역서에 부속된 '지방의 역서'가 아니라, 중국 역서에 버금가는 형식과 내용을 갖춘, 독립된 국가의 격에 어울리는 독자적인 역서를 말한다"고 규정했고, 이를 기본적으로 "향력(鄕曆)"이었던 그 이전까지의 사례, 특히 세종(世宗, 재위 1418-1450)대 '칠정산(七政算)'의 경우와 대비했다.[46] 문중양은 정조 시기의 다음과 같은 시도들이 조선

---

43) 전용훈, "정조대의 曆法과 術數學 지식", 325-326쪽.
44) 전용훈, "17-18세기 서양과학의 도입과 갈등", 44-45쪽; 문중양, 『조선후기 과학사상사』, 161쪽.
45) 이 같은 일들을 두고 문중양은 "18세기 말과 다른 19세기 조선의 천문역산학 역량에 대한 자신감의 차이"나 "정확한 최신 천문 데이터를 확보하지 못한 데서 비롯된 자신감의 결여"를 언급하기도 했다. 문중양, 『조선후기 과학사상사』, 162쪽.
46) 문중양, "'鄕曆'에서 '東曆'으로: 조선후기 自國曆을 갖고자 하는 열망", 『歷史學報』 218집(2013), 237-270 중 239쪽. 문중양의 이 같은 해석은 세종대 『七政算』도 조선의 '자국력'이었다고 보는 그간 여러 학자들의 입장과 차이가 있다. 예를 들어

자체의 역인 '자국력'을 만들겠다는 의식을 보여준다고 주장한다.

15.3.1 세종대 역법 재평가

문중양은 정조 시기 조선의 '자국력'에 대한 인식을 보여주는 예로 우선 조선의 독자적 역법이 세종대에 이루어졌다는 생각이 이 시기에 자리잡았음을 지적한다.[47] 세종대 역법에 대한 이 같은 재평가는 위에서 언급한 『천세력』에 담겨 있다. 1782년에 편찬된 『천세력』의 범례(凡例)에서 "우리나라의 『천세력』은 세종조 이후 처음 나온 책이며 우리나라의 인문(人文)의 일단을 열었다"고 하여 이 역서가 세종대에 편찬됨으로써 조선의 문화('人文')의 중요한 요소가 갖추어졌다는 생각을 보이고 있는 것이다.[48] 또한 『천세력』은 황제(黃帝) 61년을 '상원(上元)'으로 한 중국 역법을 따르지 않고 세종 26년(1444년)을 '상원'으로 잡았음을 밝히고 있는데, 세종 26년은 『칠정산(七政算)』을 반포한 해이기에 이는 조선 역법의 기원을 세종대의 『칠정산』에서 찾은 것이라고 볼 수 있다.[49]

사실 세종대에 조선의 역법이 시작되었다는 이 같은 생각은 영조대부터 자주 표명되었다.[50] 가장 두드러진 예는 1760년 경연 자리에서

한영호, 이은희, "麗末鮮初 本國曆 완성의 道程", 『동방학지』155집(연세대학교 국학연구원, 2011), 31-75쪽을 볼 것.

47) 문중양, "'鄕曆'에서 '東曆'으로", 250-254쪽.

48) "我國之千歲曆, 乃是世宗朝以後初出之書, 開我國人文之一端.": 『千歲曆』 「時憲起數 凡例」.

49) "中國曆法 肇自黃帝氏迎日推筴, 故黃帝六十一季甲子爲上元, 而我國則自古循用中國所頒之曆, 及至世宗朝始立推筴之法, 故今以世宗二十六季甲子爲上元.": 『千歲曆』 上篇 「時憲起數 凡例」; 전용훈, "정조대의 曆法과 術數學 지식", 324-325쪽.

50) 문중양, "'鄕曆'에서 '東曆'으로", 251-253쪽.

"우리나라의 역법은 세종조에 창시된 후 거의 다 갖추어졌다"고 한 서명응의 언급이지만,[51] 이미 조현명(趙顯命, 1690-1752)이 1728년 편찬된 『조감(祖鑑)』에서 세종의 『칠정산』 내외편 찬수(撰修)와 의기(儀器) 정비의 업적들을 열거하면서 "이에 천문 역수(曆數)가 비로소 차이와 잘못이 없어졌다"고 한 바 있으며,[52] 나중 1770년 완성된 『증보문헌비고(增補文獻備考)』 「상위고(象緯考)」의 첫머리에서 서호수도 우리나라가 고려 시기까지는 별도로 역서나 의기를 갖추지 못하고 중국의 역상(曆象)을 받아 사용해왔는데 조선의 세종 때 "중성(中星)을 바로잡고 의표(儀表)를 창제했다"고 기술하면서 "국가공인의 언설"이 되기에 이르렀다.[53]

물론 세종 자신이 경연에서 역법 개정 작업에 더욱 노력해서 역서를 완성하여 "후세로 하여금 오늘에 조선에서 전에 없던 일을 세웠음을 알게 하라"고 이야기한 바 있었으며,[54] 김돈(金墩, 1385-1440)은 세종이 규표(圭表), 자격루(自擊漏), 혼의(渾儀), 혼상(渾象) 등 의기들을 제작한 것을 가리켜 "요, 순 두 임금을 본받아 … 고제(古制)를 회복"한 것이라고 칭송하기도 했다.[55] 그러나 세종대 역법 관련 업적에 대한

51) "我國曆法 自世宗朝創始之後, 幾乎大備.": 『承政院日記』 英祖 36년(1760) 12월 8일.

52) "世宗修七政內外篇, 作諸儀象圭表 …, 漢陽日出入分, 皆自創制. 於是天文曆數始無差失.": 『祖鑑』 上, 「制作」: 구만옥, "세종, 조선 과학의 범형(範型)을 구축하다", 『한국과학사학회지』 35권(2013), 203-224 중 219쪽에서 재인용. 사실 이미 숙종 때부터 이미 그 같은 생각이 표현되고 있었다. 김슬기, "숙종대 관상감의 시헌력 학습—을유년 역서 사건과 그에 대한 관상감의 대응을 중심으로"(서울대학교 석사학위논문, 2016), 22-23쪽.

53) "東方由三國迄高麗, 曆象承用中國, 不別立書器. 本朝光御列聖繼述太祖. 世宗正中星刱儀表.": 『增補文獻備考』 권1 「象緯考」 영인본(東國文化社, 1957), 1쪽. 문중양, 『조선후기 과학사상사』, 171쪽.

54) "今若罷校正之事, 則二十年講究之功, 半途而廢. 故更加精力, 以爲成書. 使後世, 知今日建立朝鮮無前之事.": 『世宗實錄』 14년(1432) 10월 30일.

55) "聖神應期, 祖述二帝. 表漏儀象, 悉復古制.": 『世宗實錄』 19년(1437) 4월 15일.

이 같은 생각이 세종대 이후 계속 이어져 영조 시기까지 내려온 것으로 보이지는 않는다. 예컨대 김육은 1645년 시헌력으로의 개력을 주장하기 위해 그간 수백 년 동안의 수시력 개력 과정을 이야기하면서 『칠정산』을 언급하지 않았다.[56] 이렇듯 한동안 보이지 않던 생각이 영조대에 다시 자주 나타나게 된 데에는 "동방의 요순"으로서 세종을 계승하겠다는 영조의 포부도 영향을 미쳤던 것으로 보인다.[57]

그렇다면 세종대에 조선의 역이 시작되었다는 서명응과 서호수, 그리고 세종 자신의 이 같은 언급들이 중국의 역과는 별도로 조선의 독자적 '역'인 '자국력'이 세종대에 창제되었다는 인식을 나타내주는 것일까? 이 질문에 답하기 위해서는 세종대 『칠정산』 편찬 작업을 다시 검토해볼 필요가 있다. 그동안 세종대의 『칠정산』 작업이 한양의 경위도(經緯度)에 바탕한 조선의 '독자적' 역법을 만들어내려는 세종을 비롯한 조선인들의 희망을 보여준 것으로 해석되어왔다.[58] 그리고 그럼에도 불구하고 그 같은 노력의 결과 얻어진 역을 '역(曆)'이라고 하지 않고 '산(算)'이라고 한 것은 독자적 역법을 가질 수 없는 제후국의 처지에 천자국 명과의 외교적 마찰을 걱정해서였던 것으로 설명되었다.[59] 그러나 『칠정산』이 '○○력(曆)'이 되지 못하고 '칠정산'이 되

56) 문중양, "'鄕曆'에서 '東曆'으로", 250쪽.

57) 이 같은 영조의 포부에 대해서는 김백철, 『조선 후기 영조의 탕평정치―「속대전」의 편찬과 백성의 재인식』(태학사, 2010), 28-53쪽을 볼 것.

58) 전상운, "조선 전기의 과학과 기술―15세기 과학기술사 연구재론", 『한국과학사학회지』 14(1992), 141-168 중 154-156쪽; 구만옥, "조선왕조의 집권체제와 과학기술정책―조선전기 천문역산학의 정비과정을 중심으로", 『東方學志』 124집(2004), 219-272 중 220쪽.

59) 많은 한국 과학사학자들이 공유해온 이 같은 관점을 나 자신도 최근까지 지녀왔다. 김영식, "한국 과학사 연구에서 나타나는 '중국의 문제'", 『동아시아 과학의 차이―서양 과학, 동양 과학, 그리고 한국 과학』(사이언스북스, 2013), 207-222 중

었던 이유가 과연 그 같은 외교적 마찰에 대한 우려 때문이었던 것일까?

이에 대해 자세히 검토해보면, 세종과 조선 정부가 추구했던 것은 중국과 다른 독자적인 역법이 아니라 오히려 중국 역법에 철저히 합치되는 역서를 만들어내는 것이었음이 드러난다. 실제로 과거 조선의 역법이 정밀하지 못하였지만 "역법을 교정한 이후로는 일식, 월식과 절기의 일정함이 중국 조정에서 반포한 역서와 비교해서 털끝만큼도 차이가 나지 않아 내가 이를 매우 기뻐하였다"[60]거나 조선이 "멀리 바다 밖에 있어 무릇 시행하는 바가 한결같이 중화의 제도에 따랐으나, 유독 하늘을 관찰하는 의기(儀器)에 빠짐이 있다"[61]는 세종 자신의 언급들이 당시 조선이 추구했던 것이 중국의 역서와 완전히 합치하는 역서였음을 보여준다. 세종의 『칠정산』 편찬과 의기 정비에 의해 천문, 역수에 차이와 잘못이 없어졌다는, 위에서 본 조현명의 언급도 세종대에 이르러 비로소 조선의 역이 중국 역서와 차이가 없어졌다는 생각을 보여주며, 그만큼 중국 역서와의 일치가 조선의 역서가 추구하는 바였음을 말해준다고 할 수 있다. 결국 세종대 역법 관련 작업은 중국 역서와의 일치를 추구하며 진행되었던 것이고,[62] 사실 전용훈

217-218쪽.[이 글은 원래 2008년에 발표되었다: "The 'Problem of China' in the Study of the History of Korean Science: Korean Science, Chinese Science, and East Asian Science," *Disquisitions on the Past and Present*, no. 18(Taipei: Institute of History and Philology, Academia Sinica, 2008), 185-198, pp. 194-195.]

60) "前此我國未精推步之法, 自立曆法校正以後, 日月之食節氣之定, 較之中朝頒曆, 毫釐不差. 予甚喜之.": 『世宗實錄』 14년(1432) 10월 30일.

61) "我東方邈在海外, 凡所施爲, 一遵華制, 獨觀天之器有闕.": 『世宗實錄』 19년(1437) 4월 15일.

62) 박권수는 중국 역서와 일치하는 역서를 만들려는 그러한 집착이 심지어 한양과

이 지적하듯이 "조공책봉 관계로 인해 조선은 중국과 다른 독자적인 역법을 개발하거나 채용할 수가 없었으며, 조선에서 계산한 역일을 수록한 조선의 역서에 독자적인 이름을 붙이는 일이 애초부터 불가능했"던 것이다.[63]

한편 조선 조정이 『칠정산』의 산법으로 계산되어 간행된 역서를 명에게 감추었다는 사실에 근거해서 이 역서를 조선의 독자적인 '역'으로 인식했기에 감추었을 것이고 이는 조선 조정이 『칠정산』을 독자적 역법으로 인식했다는 것을 보여준다는 주장이 제기되기도 하지만, 그것이 독자적인 역법이 아니라 단지 새로운 '산법'에 불과했더라도 이를 명에게 감추어야 할 필요는 있었다. 아무리 중국의 역법을 따른다고 해도 조선에서 자체적으로 역서를 따로 만드는 일은 용납될 수 없었기 때문이다. 이는 세종 시기 간의대(簡儀臺), 보루각(報漏閣), 흠경각(欽敬閣) 등을 제후국의 제도가 아니라 하여 중국 사신에게 보이지 않도록 조처한 것과 같은 이유였다.[64]

사실 이렇듯 조선 자체의 역서를 간행하면서 중국에 대해서는 비밀로 하는 일은 세종대 이후로 지속되었다. 예컨대 조선 조정은 1598년 12월 조선에 와 있던 명의 사신 정응태(丁應泰)를 통해 조선이 자체적으로 역서를 제작하는 일이 명에 알려지게 될 것을 걱정하여 이미 제작된 1599년 역서를 반포하지 않고 심지어 4-5천 권을 폐기하기까지 했으며, 결국 맨 첫 장에 명의 국호와 연호를 표기하고 "대통력"이라는 이름을 넣고 마지막 부분에 기년(紀年) 부분을 실어 명의 역서

북경의 경위도 차이에 따라 역서에 차이가 나야 함을 인식하는 것을 막기까지 할 정도였다고 주장했다. 박권수, "조선의 역서(曆書) 간행과 로컬사이언스", 98-99쪽.

63) 전용훈, 『한국 천문학사』, 176쪽.

64) 구만옥, "조선왕조의 집권체제와 과학기술정책", 235-236쪽.

와 같은 모습으로 만든 후 다음 해 2월에야 인출을 마칠 수 있었다.[65] 나중 1625년 1월에 평안도 가도(椵島)에 주둔하던 명의 장수 모문룡(毛文龍, 1576-1629)으로부터 새해 역서를 요청받고 조선의 역서를 보내주면서는 황제의 역서가 반포되기를 기다리자면 너무 늦게 되어 명의 역서를 본떠 간략한 소력(小曆)을 만들어 임시로 써오고 있는 것이라고 변명했다.[66] 흥미 있는 점은 명이 조선이 자체 역서를 간행해오고 있다는 사실을 알면서도 문제 삼지 않아온 상황에서 조선 정부가 이 같은 조처를 취했다는 것이다. 이는 박권수가 지적하듯이 조선 정부의 '자기검열'의 성격을 띠었다고 할 수 있겠는데, 그만큼 조선이 천자국 중국이 반포한 역서를 사용하여야 하고 독자적인 역서를 제작할 수 없는 제후국으로서의 자신의 위치를 깊이 의식하고 있었음을 보여주는 것이라 할 수 있다.[67] 그리고 이 같은 상황은 청이 명을 대체한 이후에도 지속되었다.[68]

15.3.2 팔도 경위도 수록

정조 시기 조선 자체의 역인 '자국력'을 갖추려는 희망을 보여주는 것으로 문중양이 들고 있는 또 다른 예는 청대에 시헌력을 채택한 후 중국의 역서에서 각 성(省)의 경위도에 해당하는 데이터를 수록하는

65) 박권수, "조선의 역서(曆書) 간행과 로컬사이언스", 83-87쪽. 심지어 명의 대통력서와 같게 하기 위해 그동안 조선 역서에서 역서 간행 참여자들의 이름 앞에 기재했던 '修述官', '監引官' 같은 직명을 삭제하기도 했다. 박권수, "조선 후기 역서(曆書) 간행에 참여한 관상감 중인 연구", 125쪽.
66) 『仁祖實錄』 3년(1625) 1월 13일.
67) 박권수, "조선의 역서(曆書) 간행과 로컬사이언스", 88, 94쪽.
68) 박권수, "조선의 역서(曆書) 간행과 로컬사이언스", 92-93쪽.

것과 같이 조선의 역서에도 서울만이 아니라 8도(道)의 경위도 데이터를 수록하려는 시도였다.[69] 이 같은 작업의 필요성은 8도의 지방 위치 데이터와 지방시 정보를 활용하자는 차원에서 서명응이 1760년의 경연(經筵)에서 이미 주장했었던 것으로, 그는 조선의 영토가 수천 리에 이르는데 왕정(王政)의 선무(先務)인 '경천수시(敬天授時)'를 서울 부근 300리 위주로만 해서는 안 된다는 논리를 펴면서 중국이 주야, 절기 시각을 13성 각각에 대해 나누어 정하듯이 조선도 8도 감영(監營)별로 주야절기 시각을 나누어 정해야 한다고 주장했다.[70]

서명응의 이 제안은 한양의 경도와 8도의 북극고도 실측값이 구해지지 않았기에 한참 동안 시행될 수가 없었다.[71] 물론 그사이에도 남북 수천 리에 이르는 조선 전역에서 한양 지역의 주야, 절기 시각을

---

69) 이에 대한 자세한 논의는 배우성, 『조선후기 국토관과 천하관의 변화』(일지사, 1998), 382-396쪽; 전용훈, "17·18세기 서양 천문역산학의 도입과 전개", 323-329쪽; 문중양, "'鄕曆'에서 '東曆'으로", 254-258쪽을 참조할 것. 사실 그 이전 세종 때 북경의 晝夜刻을 한양의 것으로 대체한 후로는 중국 역서와 차이가 생기는 것을 日出分이 다른 데서 생기는 것으로 해서 용인하게 되었던 것인데, 이때에 이르러서는 한양뿐 아니라 조선의 8도에 대해 주야각과 절기 시각을 수록하려고 한 것이다. 한영호, 이은희, "麗末鮮初 本國曆 완성의 道程", 55, 69-70쪽.

70) "我國曆書, 可用於京城三百里內, 而其外則不可用矣. 夫敬天授時, 王政之先務, 而堯之出治, 以是爲第一義. 今環東土數千里, 莫非王土, 聖人爲政, 何厚於三百里以內, 而何薄於三百里以外哉. … 中曆以十三省分晝夜節氣, 我國亦當以八道監營分晝夜節氣矣.": 『承政院日記』英祖 36년(1760) 12월 8일.

71) 그 때문이었는지 서명응은 1760년 이후 북극고도 실측에 쓰일 의기를 연구했고 1766년 유배 중 백두산을 등정하여 북극고도를 측정하기도 했으며, 자신이 산정한 8도의 위도를 그의 저술 『緯史』에 기록하기도 했다: 신민철, "서명응(1716-1787)의 팔도 주야, 절기 시각 표기론의 형성과 전개"(미발표 초고); 배우성, 『조선후기 국토관과 천하관의 변화』, 388-389쪽; 박권수, "서명응, 서호수 부자의 과학활동과 사상―천문역산 분야를 중심으로", 『한국실학연구』 11(2006), 109-125 중 112-113쪽.

사용할 수 없으니 한양 이외의 각 지역의 주야, 절기 시각을 산정해야 한다는 주장은 계속되었다.[72] 황윤석은 남에서 북으로 4천 리에 달하고 북극고도의 차이가 20도에 이르는데도 한성부(漢城府)의 각분(刻分) 측정에만 따르는 역법의 상황을 비판하고 각지에 해당하는 측정값을 사용해야 한다고 주장했으며,[73] 서명응의 백두산 북극고도 측정 소식에 접해 쓴 편지에서 이를 "일대 쾌거"라고 했다.[74] 서명응의 아들 서호수는 1770년 편찬된『상위고』에서 우리나라 각 도(道)의 북극고도는 한양에 비해 각각 2-3도, 4-5도 차이가 날 것이므로 "그 주야 시각을 모두 한양을 기준으로 하고 북극의 고저(高低)에 따라 가감해야" 하며 우리나라의 보척(步尺)이 정확지 않으므로 의기로 실측하여야 한다고 주장했다.[75]

1789년쯤 서울의 주야각을 시헌력에 입각해 계산한 경루법(更漏法)이 완성되면서 조선의 지방시 결정법이 정비되자 상황이 바뀌게 되었다.[76] 1789년 이가환은 정조의 책문에 대한 답에서 남북으로 3천 리,

---

72) 전용훈, "17 · 18세기 서양 천문역산학의 도입과 전개", 325-326쪽. 배우성이 지적하는 대로 각 지역의 북극고도 정보는 정확한 지도 제작을 위해서도 필요했던 측면이 있다: 배우성,『조선후기 국토관과 천하관의 변화』, 388-389쪽.

73) "我國曆法, 亦據時憲, 所測漢城府刻分而已. 自京以外, 南至濟州北至穩城實四千里, 北極之高殆差二十度左右. … 故不若各隨本地本日測用之爲眞也."『頤齋亂藁』(韓國情神文化硏究院, 1998), 4책, 109쪽.

74) "竊聞有千里行, 登白山絶頂, 觀北極高四十餘度. 以夙昔經緯之志, 當一大快."『頤齋遺藁』卷7「與徐判書命膺書」(문집총간 a246_150a-150b).

75) "其晝夜時刻, 俱當以漢陽爲正, 隨北極高低而加減. 然我國步尺不眞, 苟非儀器實測, 難以里差比例而定之也."『增補文獻備考』「象緯考」卷2, 10b.

76) 조선의 中星推步의 노력은 이미 인조 때부터 시작되었는데 1718년부터 中星 관측이 가능해지고 1745년에는『漏籌通義』에서 보듯이 한양 기준의 지방시를 확정할 수 있게 되었으며 1789년에 이르러서『新法中星記』,『新法漏籌通義』등을 편찬하는 등 국가 표준시간 체제가 정비되었다: 전용훈, "정조대의 曆法과 術數學

동서로 천여 리에 달하는 조선에서 한양에서 관측한 주야, 절기 시각만을 사용하는 것은 군왕이 하늘을 공경하고 시간을 내려주는 뜻에 크게 어긋나니 각지에 관원을 파견해서 측험을 하도록 하라고 제안했다.[77] 1791년에는 관상감 제조 서호수가 이를 다시 주장하여 정조가 이를 채택함에 따라 다음 해 역서에서부터 8도의 주야, 절기 시각을 수록하기로 하는 결정이 내려졌고, 이를 위해 서호수의 주도로 팔도 감영의 북극고도와 서울로부터의 동서편도가 정해지기에 이르렀다.[78]

그러나 1792년 역서에서부터 8도의 주야, 절기 시각을 수록하려는 이 같은 결정에 대해서는 반대 의견들이 제기되었고 결국은 시행되지 못했다. 예컨대 규장각 각신(閣臣) 서유방(徐有防, 1741-1798)은 조선의 경우 지역별로 시각 차이가 크지 않아 굳이 이를 역서에 표시하는 것은 한갓 보기에만 좋을 뿐 별다른 이익이 없음에도 당시 이미 『협기변방서(協紀辨方書)』 간행의 업무를 지고 있는 관상감이 이 같은 역서를 간행하기 위해서는 부가적으로 소요되는 용지나 작업이 부담이 되고

지식", 313-315, 322쪽; 문중양, "18세기 후반 조선 과학기술의 추이와 성격―정조대 정부 부문의 천문역산 활동을 중심으로", 『역사와 현실』 39(2001), 199-231 중 211-215쪽. 조선의 更漏法 정비 과정에 대해서는 한영호, 남문현, "朝鮮의 更漏法", 『동방학지』 143집(연세대학교 국학연구원, 2008), 167-218쪽을 볼 것. 사실 그 이전에는 한양의 경도 실측값도 가지고 있지 못하여 북경의 수치를 사용하는 실정이었고, 서호수는 이 같은 조선의 상황을 지적하면서 梅文鼎으로부터 비판받을 만하다고 자조하기도 했다: 문중양, 『조선후기 과학사상사』, 152-154쪽.

77) "我國之南北三千里, 東西亦且千餘里, 而晝夜長短, 節氣早晚, 只用都城之所測者, 其於若昊授時之義, 豈非欠闕之大者乎. 臣謂分遣臺官, 隨地測驗, 定其不同之分數, 以應天道, 以便民用, 恐不可已也.": 「天文策」 『錦帶殿策』(영인본 『近畿實學淵源諸賢集』 二)(성균관대학교 대동문화연구원, 2002), 543ㄷ-543ㄹ.

78) 『正祖實錄』 15년(1791) 10월 11일. 문중양, "18세기 후반 조선 과학기술의 추이와 성격―정조대 정부 부문의 천문역산 활동을 중심으로", 『역사와 현실』 39(2001), 199-231 중 216-218쪽.

역서의 매매에도 어려움이 있으리라는 등의 실무적인 문제를 지적하면서 파하기를 청했고, 정조가 이를 따랐다.[79) 그러나 이 같은 『실록』이나 『승정원일기』의 기록과 달리 『서운관지(書雲觀志)』는 중국만이 가질 수 있는 독자적 역을 조선 국왕이 시행하고 있다는 것이 알려지게 되면 생기게 될 외교적 문제에 대한 우려가 표명되었음을 보여주고 있다. 관상감 제거(提擧) 서용보(徐龍輔, 1757-1824)가 "외국에서 역을 만드는 것은 이미 법으로 금하고 있는데, 또 이 예(例)를 더하는 것은 헛되이 문제를 확대하게 된다고 경연에서 아뢰어 이를 폐지하"게 되었다는 것이다.[80)

---

79) "命雲觀曆書, 依舊規刊行. 前年閣臣徐浩修建議, 倣皇曆各省節氣橫看表, 推測本國各道節氣時刻, 增編卷首. 至是, 閣臣徐有防, 監印協紀辨方書, 仍言添刊, 徒歸觀美, 本監事役, 亦不逮, 請罷之. 從之.": 『正祖實錄』 16년(1792) 6월 16일; "有防日, … 昨年之自雲觀添刊三張者, 蓋欲其推地方之遠近, 驗節氣之早晚, 以爲敎民授時之意, 而第農家節氣, 東西南北, 江海峽野, 地各不同, 節亦隨異, 而若其彼此之差殊, 特不過分刻之間, 況耕鑿蟲蟲之類, 不識不知. 專昧此等推步之法, 則今雖廣布而遍行, 徒歸於觀瞻之美, 別無利害之端. 且其添刊之際, 本監事力之不逮, 京外買賣之難便 … 上日. … 況無甚所益, 而爲弊又如此, 則莫如勿爲. 何必稟處, 令廟堂分付該監, 使之依舊規爲之可也. …": 『承政院日記』 正祖 16년(1792) 6월 16일. 사실 조선은 중국처럼 영역이 넓지 않으니 지역별 차이를 역서에 표시할 필요가 없다는 반론은 당초 서명응의 제안에 접한 영조도 이미 제기한 바 있었다: "上日, 中國曆書, 亦不必每州每縣, 分其晝夜節氣, 則我國亦豈可測驗於每州每縣乎.": 『承政院日記』 英祖 36년(1760), 12월 8일. 그에 대한 서명응의 답은 "命膺日, 聖敎誠至當矣. 中曆以十三省分晝夜節氣, 我國, 亦當以八道監營, 分晝夜節氣矣."였다. 그 같은 반론은 서구구의 「擬上經界策」에도 다음과 같이 인용되어 있다. "或言, 中國之職方所紀, 遠者或萬餘里. 其治曆明時之必詳於里差固也. 如我東彈丸之大, 菫敵九州之, 烏用是璘璘爲也.": 『金華知非集』 卷12. 「擬上經界策」 下(문집총간 a288_526a).

80) "時徐龍輔提擧本監, 以外國造曆旣是法禁, 又添此例, 徒涉張大筵白, 罷之.": 『書雲觀志』 卷3 故事, 46b. 문중양, 『조선후기 과학사상사』, 156-157쪽. 조선이 독자적 역을 간행해서는 안 된다는 생각은 일찍이 宣祖에 의해서도 개진된 바 있었다. 『宣祖實錄』 31년(1598) 12월 22일. 박권수, "조선의 역서(曆書) 간행과 로컬

이렇게 결국 역서에 반영되지 못한 조선 각 지방의 경위도 차이에 대한 관심은 그 후 서호수와 그의 아들 서유구(徐有榘, 1764-1845)의 농업 관련 저술들에 오히려 더 강화되어 나타났다.[81] 서호수는 1798년 「구농서윤음(求農書綸音)」에 응해 편찬한 『해동농서(海東農書)』의 범례에서 남북 간 기후의 차이가 농시(農時)에 영향을 미치므로 이를 고려하기 위해 각지의 위도를 측정해서 주야의 길이, 계절의 변화 등을 농사에 감안하도록 해야 한다는 주장을 폈고, 그 같은 일이 중국에서뿐 아니라 조선에서도 필요하다는 것을 다음과 같이 설명했다.

우리 동국(東國)은 북으로 갑산(甲山)에 이르면 북극고도가 이미 40여 도를 넘고 남으로 탐라(耽羅)에 이르면 북극고도가 겨우 30여 도이니, 남북 수천 리 간에 천기(天氣)와 한난(寒暖)이 구분됨이 … 중국과 어찌 다르겠는가?[82]

서유구는 1820년 순조(純祖, 재위 1800-1834)에게 올린 「의상경계책(擬上經界策)」에서 농정(農政)에서 서둘러 시행해야 할 여섯 가지 일들 중 첫 번째로 "북극고도를 측정하여 백성에게 시간을 알려주기"를 들면서 서호수와 같은 주장을 편 후, 관측 의기를 주조해서 8도에 보내

사이언스", 86-87쪽. 사실 청은 이미 康熙 말에 "私習天文"의 禁令을 해제하였고 이는 擁正 초에 大淸律에도 반영되었지만 조선에서는 이를 인지하지 못하고 있었던 것으로 보이는데, 이 점에 대해서는 이 책의 원고를 심사한 대우재단의 익명의 심사자가 지적해주었다.

81) 허윤섭, "정조말~순조초의 農政개혁 논의를 통해 보는 曆象개혁에 대한 당시의 두세 가지 추구 방향"(한국과학사학회 2010년 추계학회 발표문, 2010. 11. 5.), 3-6쪽.

82) "我東, 北至甲山, 極高已過四十餘度, 南至耽羅, 極高僅爲三十餘度. 南北數千里間, 天氣寒暖之分 … 與中國何以異哉.":『海東農書』, 凡例.

북극고도를 측정하게 한 후 관상감으로 하여금 각지의 주야 각분(刻分)을 추산하여 역서에 실어 중국 시헌력서 범례와 같게 되도록 하자고 제안했다.[83] 이런 면에서 당초 서명응이 제기하고 서호수가 추진했던 이 작업은 서씨 가문의 가학(家學) 전통을 이어받은 프로젝트 성격을 지닌 것이었다고 할 수 있겠다.

15.3.3 일반 사인들의 '자국력' 주장

한편 정조 시기 조선 사인들 중에서 중국의 '역'과는 별도인 조선의 독자적 '역'을 가져야 한다는 생각이 원론적인 차원에서 제기되기도 했다.[84] 예컨대 이종휘는 『고려사』에서의 정인지(鄭麟趾, 1396-1478)의 논의를 인용하면서 역대 제왕이 역을 중시하여 주(周)가 쇠망한 후에는 여러 나라들이 모두 자신의 역을 지니고 있었는데 고려는 별도의 역을 두지 않고 선명력과 수시력을 사용하는 것을 지적하고 "고려인들의 비루함이 심했다"고 개탄했고,[85] 『동사(東史)』에서는 정삭(正朔)이

---

83) "農政之亟宜施措者六, 一曰. 測極高以授人時. …":『金華知非集』卷12,「擬上經界策」下(문집총간 288_525a). "臣謂宜令書雲觀造銅鑄象限儀八, 分送八路. … 令量田官吏測量極高. 各以實測度分上聞下之雲觀, 推各地晝刻分, 載之日曆, 如中國時憲書凡例.":『金華知非集』卷12「擬上經界策」下(문집총간 a288_525d-526a).「擬上經界策」의 관련 부분에 대한 논의는 정명현, "서유구(徐有榘, 1764-1845)의 선진 농법 제도화를 통한 국부창출론:「의상경계책(擬上經界策)」의 해제 및 역주"(서울대학교 박사학위논문, 2014), 246-258쪽을 볼 것. 서유구는 나중『林園經濟志』에서는 경위도 차이 문제만을 다루는 별도의 절(『本利志』審時編,「經緯度」)을 할애하면서 이에 대해 다루었다.

84) 문중양, "'鄕曆'에서 '東曆'으로", 263-266쪽.

85) "夫治曆明時, 歷代帝王莫不重之. 周衰, 曆官失紀, 散在諸國, 於是國自有曆, 至五季, 閏國若蜀若唐之類, 雖立國崎嶇, 而亦莫不各有所用之曆焉. 蓋以先王用授人時, 不可一日廢也. 高麗不別治曆, 承用唐宣明曆. … 麗人之陋甚矣.":『修山集』

천자의 제도이기는 하지만 춘추 시대 노(魯)나라에 노력(魯曆)이 있었듯이 제후국에서도 역을 지니고 있었는데 "하물며 해외의 별구(別區)로 그 분야와 전도(躔度)가 중국과 다른" 조선은 당연히 별도의 역을 가져야 한다고 주장했다.[86] 사실 이종휘를 비롯한 소론 사인들이 기자와 고구려를 중시하는 등 조선의 고대사와 독자적 문화에 대한 자부심을 지녔던 것을 감안하면[87] 이종휘가 이 같은 생각을 지녔던 것은 자연스러운 일이었다고 할 수 있다.

나중 홍경모(洪敬謨, 1774-1851)도 같은 주장을 제기했다.[88] 그는 1840년대에 저술한 「역론(曆論)」에서 역시 위에서 본 『고려사』의 내용과 같은 점을 지적하면서, 5대 시기 남당(南唐), 후촉(後蜀) 등의 나라들도 자신들의 역을 사용했음에도 "단지 동방의 나라[즉 조선]만 추측(推測)의 법과 고수(考數)의 묘(妙)를 이해하지 못해 치력(治曆)을 하지 못하고 단지 중국의 역을 따라 그에 의지하고 모방해 사용하기만 했으니, 참으로 동인(東人)의 누천함이다"라고 개탄하고 조선이 독자적 역을 사용할 것을 주장했다.[89] 특히 홍경모는 이 글에서 조선의 역인

卷13 「高麗史志 曆志」(문집총간 a247_560d-561a).

86) "正朔, 天子制也. 然春秋有魯曆. 曆者, 諸侯之國. 亦不可廢其法. 況海外別區, 其分埜躔度與中國異者乎.": 『修山集』卷12 「東史志 高勾麗律曆志」(문집총간 a247_544d).

87) 趙成山, "조선후기 소론계의 古代史 연구와 中華主義의 변용", 『歷史學報』202집 (2009), 49-90쪽.

88) 문중양, "홍경모의 역법관과 '東曆' 인식", 이종묵 편, 『관암 홍경모와 19세기 학술사』(경인문화사, 2011), 211-244 중 211-212, 238-239쪽.

89) "國自有曆. 如五季閏國唐蜀之類, 雖至國岐嶇, 而曆莫不各有所用之曆. 惟東方之國, 莫曉推測之法考數之妙, 無得以治曆, 只從中國之曆, 依倣而用之. 固哉東人之陋也.": 「曆論. 東曆」: 「叢史」(奎章閣本, 43-44쪽). 조선 전체를 28수(宿) 중 단지 '箕' 한 수에 배정하던 그동안의 분야설에서 벗어나서 8도의 군현들을 28수 전체에 배당하자는 "東方分野圖"를 홍경모가 주장한 데서도 그의 그 같은 태도를 볼 수

'동력(東曆)'을 '명력(明曆)', '청력(淸曆)', '서력(西曆)' 등과 같은 반열에 놓고 기술함으로써 조선의 역이 중국의 역과는 다른 독자적인 것으로 취급하고 있었다.[90]

여기서 주목해야 할 점은 이 같은 조선의 독자적인 역을 주장한 이종휘, 홍경모 같은 사인들의 생각은 단지 조선이 독자적인 나라로서 당연히 독자적 '역'을 가져야 한다는 원론적인 것이었을 뿐, 그들이 그 같은 역서의 구체적 내용이나 역법의 구체적 문제들에 대해서는 언급하지 않았다는 것이다. 사실 그들은 역법 지식이 깊지 않았고 역서 제작 업무에 관여한 적도 없어 실제 역 계산과 관련된 문제들에는 관심이 없었기에 조선이 독자적인 '역'을 가져야 한다는 원론적인 주장을 쉽게 제기할 수 있었고 그런 면에서 관상감의 역서 제작 업무에 직접 관여했던 서명응, 서호수 같은 사람들과는 달랐던 것이다.

15.4 중국 역서 수준의 역서

앞 절에서 살펴본 정조 시기 '자국력'을 지향하는 역법 관련 작업들은 세종대 『칠정산』의 예와 비교해보면 좀 더 '독자적'이고 '자주적'인 정서를 보이는 면이 있음을 부정할 수는 없다. "관상감 관원들이 오랜 관습에 얽매이고 업무에서 경장(更張)하기를 꺼리며 '영축유복(盈縮留伏)', '교식능력(交食凌歷)'[과 같은 천체 운행을 계산함]에 한결같이 중국의 역법만 사용하고 변통하는 바가 없다"는 정조의 비판은 그 같은

있다. 문중양, "홍경모의 역법관과 '東曆' 인식", 239-241쪽.
90) 문중양, "홍경모의 역법관과 '東曆' 인식", 213쪽

정서를 드러내준다.[91] 또한 서명응, 서호수, 서유구 등 서씨 가문의 조선 내 경위도 차이에 대한 관심이나 이종휘, 홍경모 등의 '동력(東曆)' 관련 주장에서 조선 사인들 간에 독자적인 자국력을 향한 희망을 얼마간 볼 수도 있었다. 사실 위에서 보았듯이 조선이 '행성운행표'의 계산법을 확보하려고 했거나 조선의 절기에 바탕하여 윤달을 결정하는 원칙을 고수하려고 했던 것들도 그 같은 희망의 표현이었다고 할 수 있다.

그러나 일부 사인들 사이에 그 같은 면이 있었음을 부인할 수는 없다고 하더라도, 조선 정부 차원에서의 역 계산과 역서 편찬 작업의 목표는 어디까지나 중국 역법의 틀 안에서 중국 역서와 일치하는 조선의 역서를 편찬해내는 능력을 갖추는 것이었다. '자국력'을 지향하는 정서를 보여준다고 하여 앞 절에서 살펴보았던 정조 시기의 시도들도 모두 근본적으로 중국 역법의 틀 안에서 정확한 역 계산을 통해 조선의 역서를 중국 역서에 일치시키고 중국 역서의 수준으로 높이고자 하는, 근본적으로는 중국을 본받으려고 하는 정조와 조선인들의 희망을 보여주는 것이다.[92] 젊은 능력 있는 학자들을 뽑아 역법 학습에 전념하도록 하고 직책과 녹봉을 우대함으로써 조선에서도 매문정(梅文鼎, 1633-1721), 이천경(李天經, 1579-1659) 같은 사람이 나오도록 하자는 이가환의 주장은 결국 그 같은 능력을 갖추도록 하자는 것이었다고 할 수 있다.[93]

---

91) "臺官泥於舊聞, 當事憚於更張, 盈縮留伏, 交食凌歷, 一用中制, 無所通變.": 『弘齋全書』 卷50 「策問三 天文」(문집총간 a263-272c).

92) 그리고 이는 문중양이 世宗代 과학기술의 '자주성'과 관련하여 지적한 것과 같은 측면이라고 할 수 있다: 문중양, "세종대 과학기술의 '자주성 다시보기", 『歷史學報』 189집(2006), 39-72.

93) "今若擇同年美質之士, 絕去外誘, 專意本業 … 今必優其稟祿, 許以顯職, 使人情

그런 면에서, 당초 정조의 명에 의해 1792년 역서에서부터 포함시키려고 했던 8도의 경위도 등 수치들이 실제 관측에 의한 것이 아니라 계산에 의한 것이었다는 점은 주목할 만하다. 문중양이 지적하듯이 1789년의 『중성기』도 중국의 데이터를 한양을 기준으로 보정한 것에 불과했던 것이다.[94] 그들에게 중요했던 것은 실제 관측과 일치하는 정확한 수치들을 얻어내는 것이 아니라 조선의 역서에 중국 역서처럼 각 도에 해당하는 수치들을 포함시키는 것 자체였다.[95] 이와 관련해서 신민철은 원래 서명응의 제안이 희(羲), 화(和)를 먼 곳에 파견하여 실측하도록 한 요순(堯舜)의 예를 본받는 모습을 보임으로써 영조의 왕권을 강화하려는 의도에서 제기되었다고 주장했다.[96]

중국과 같은 수준의 역서를 제작하여 사용하고 그 같은 사실을 내세우려고 하는 이러한 노력은 역사서 편찬, 주자학 체계 수립 등의 노력에서 보듯이 문화와 학문의 모든 영역에서 중국과 같은 수준의

樂赴, 則方可以盡心學習, 綽有成效, 何患梅文鼎李天經之徒稍出於其間耶.": 「天文策」, 『錦帶殿策』, 546ㄷ-ㄹ.

94) 문중양, 『조선후기 과학사상사』, 152-153쪽.

95) 그리고 그런 면에서 청의 일식 기록도 계산에 의한 것이었다는, 따라서 청 역서에서도 이들 수치의 의미가 과학적이기보다는 "ritual"한 것이었다는 Lingfeng Lü의 지적을 참고할 만하다. Lingfeng Lü, "Eclipses and the Victory of European Astronomy in China," *East Asian Science, Technology, and Medicine* 27(2007), pp. 127-145 중 pp. 139ff. 한편 전용훈은 이 작업이 실측에 의한 것이 아니라 계산에 의한 것이라는 점 때문에 이 작업을 "천문학적으로 과소평가할 필요는 없을 것 같다"고 하면서 당시 상황에서 동서편도를 실측하는 것은 불가능했음을 지적했다: 전용훈, 『한국 천문학사』, 413-414쪽.

96) 신민철, "서명응(1716-1787)의 팔도 주야, 절기 시각 표기론의 형성과 전개". 같은 논리가 청조에 의해 각 성의 수치를 기록한 시헌력이 대통력보다 皇曆으로서 더 우월하다는 논리로 제시되었으며 송시열 등 노론은 이 같은 시헌력이 "春秋大一統"의 뜻에 위배된다고 하여 비판하기도 했다.

성취를 꾀했던 정조 시기의 다양한 추구들과 함께 진행되었다[97] 이 같은 추구들은 조선이 모든 분야, 모든 차원에서 중국과 같은 수준에 달해서 참 중화가 되려는 희망을 보여주며, 역법과 관련해서 이 장에서 살펴본 상황은 이 같은 추구들의 일환이었던 것이다. 이는 결국은 중국을 기준으로, 중국을 중심으로 하는 사고(思考)—중화 사상—의 한 양상이었다고 할 수 있다.

---

97) 김문식, 『정조의 제왕학』(태학사, 2007); 문중양, "'鄕曆'에서 '東曆'으로", 258쪽. 예컨대 정조는 화성을 축조하고 거기에 황제의 수도로서의 면모를 부여하기 위해 "皇橋", "大皇橋", "萬石渠" 등 중국 황제에게나 어울릴 이름을 붙이는 등 "초월적 군주상을 정립하고자" 하는 의도를 보이기도 했다: 한영우, 『정조의 화성행차, 그 8일』(효형출판, 1998), 76-107, 특히 79쪽.

맺음말

　이 책에서 조선 후기 사인들이 중국에 대해 지녔던 다양한 인식과 태도, 그리고 그 변화에 대해 살펴보았다. 그리고 그 같은 다양한 인식과 태도가 때로는 서로 모순되고 마찰을 빚기도 하는 등 매우 복잡하고 다층적이었음을 보았다. 사실 중국을 어떻게 볼 것인가 하는 것은 조선 후기 사인들에게 지극히 중요한 문제였고 그들이 많은 구체적 일들에 접하고 대처하는 데 있어 중국에 대한 그들의 인식과 태도가 반영되고 영향을 미쳤다. 그 같은 구체적 사례들로 이 책의 3부에서 조선 사인들의 중국 사인들과의 관계, 서양 과학의 도입, 중국으로부터의 문화요소들의 전래에 있어서의 시간지연, 조선의 역서의 제작과 간행 등을 살펴보았는데, 이들 각각에 정치, 외교, 경제, 종교 등의 여러 측면들이 복잡하게 개입되어 영향을 미쳤고, 그 과정에서 조선 사인들의 중국과 중국 문화에 대한 인식이 나타났다. 물론 그 외의 무수히 많은 구체적 사례들을 생각할 수 있을 것이다.
　중국과 중국 문화에 대해 그들이 지녔던 인식과 태도의 다양함과 변화에도 불구하고 조선 후기 사인들 모두에게서 볼 수 있었던 점은 그들이 대체로 중국 중심의 중화 체제를 인정하고 자신들이 중화의 전통을 계승한 중화의 후예라고 생각했다는 것이다. 물론 그들은 조선이 중화 문화의 역사적, 현실적 중심인 중원(中原)에서 멀리 떨어진 주변부인 '동국(東國)'이나 '해동(海東)'에 지나지 않음을 모르지 않았고 중심 중국의 문화적, 학문적 상황을 항상 의식했지만, 그들의 이상(理想)은 참된 중화였다. 그리고 그 같은 이상이 대전제로 깔려 있었기에, 이 책에서 중국과 중국 문화에 대한 그들의 인식과 태도의 다양한 모습들을 논의하면서 다룬 여러 경향들이 때로는 중원의 중화와 주변의 이적의 구분에 바탕한 중화 사상에 균열을 일으키고 모순을 빚기도 했지만, 그럼에도 불구하고 모두 중화 사상을 벗어나지 않고 그 틀 안에서 일어났던 것이다.[1]

그런데 이처럼 조선 후기 사인들의 다양한 중국 인식이 중화 사상의 틀을 벗어나지 못했음을 지적하는 것이 이들에 대한 부정적 평가인 것은 아니라는 점을 분명히 할 필요가 있다. 때로 중국 중심의 중화 사상이 독자적 자주 국가로서는 벗어나야만 할 '사대'와 '종속'의 사상인 것으로 평가되기도 하지만, 이는 중화 사상의 틀 속에서 발현될 수 있는 지적 활기와 다양성, 역동성을 무시하는 지나치게 단순한 생각이다. 물론 정치적, 외교적인 측면에서 중화 사상에 그 같은

---

1) 사실 머리말에서 잠깐 언급했듯이 조선 사인들의 중국 및 중화 문화에 대한 인식과 태도에 대한 그간의 논의는 식민사관과 민족사관 사이의 논쟁과 깊이 연결되어 있었다. 이 책에서는 이 같은 논쟁으로부터 초연해서 조선 후기 사인들이 실제 처했던 상황에서 그들이 어떤 의식과 태도를 보였는가를 논의해보려고 노력했다. 저자로서 그 같은 노력이 얼마나 성공했는지 장담할 수는 없지만, 어쨌든 이 책의 논의 과정에서 조선 후기 사인들에게 중국과 중국 문화가 지녔던 중요성이 크게 부각되었을 것이다.

'종속적' 측면이 있었던 것은 사실이지만, 문화적으로는 그렇지 않았기 때문이다. 중화 사상에 대한 이 같은 부정적 인식이 받아들여진 것은 근본적으로 전통 시기 조선 사인들이 널리 공유하던 생각을 오늘날과 같은 다국가 체제에서 한 국가가 다른 국가의 문화를 숭상하고 그것을 본받으려 하고 그에 종속되려 하는 것과 같은 성격의 것으로 오인한 데서 기인한다. 그러나 조선 후기 사인들이 중화를 존숭(尊崇)하고 그에 기꺼이 복속한 것은 중국이라는 국가, 정권에 대한 복속이 아니라 중화 문화, 중화 체제에 대한 복속이었고, 따라서 그들은 그같은 복속을 부당하다고 생각하거나 수치감을 느낄 이유가 없었고, 오히려 이를 당연하고 심지어 자랑스럽게 생각했던 상황이었다. 다만 그들은 청의 경우에 대해서는 중화 국가가 아니었고 정당한 복속의 대상이 아니라고 평가하고 그에 대한 복속을 부당하다고 생각하고 수치심을 느꼈고, 그 대신 정당한 복속의 대상으로 이미 멸망한 명을 중화 국가로 이상화시켜서 그에 관념적으로 복속했던 것이다.

그렇다면 이들 조선 후기 사인에게 '중화'란 중국의 현실 정권이 아니라 이상적 '보편' 문화, '보편' 가치를 가리키는 것이었고, 따라서 조선이 중화를 존숭하고 그것에 도달하고자 염원하는 것은 자연스럽고 당연한 일이었다. 이상적 보편 문화에 비해 부족한, 그것으로부터 벗어난 상태는 이적(夷狄)이었고 이적의 상태에서 벗어나 중화를 지향하는 것은 당연했던 것이다. 더 나아가 과거에 존재했던 중화 문화—그것이 실재했건 않았건—를 존숭하는 것은 당연했다.

사실 오늘날의 다국가 체제하에서도 어느 특정 국가의 문화가 아닌 세계 보편의 문화, 가치에 대한 존숭이나 본받기는 널리 퍼져 있고, 그 같은 존숭, 본받기는 전혀 종속으로 느끼지 않으며, 오히려 그와는 반대되는 예들—북한의 주체사상이나 이슬람 특수주의, 유대

지상주의 등—이 오히려 비정상인 것으로 인식된다. 오늘날 유럽과 아메리카 대륙의 많은 사람들이 기독교를 신앙하고 성경과 예수를 숭배하는 것은 그들에게 보편적인 기독교 문화, 기독교 경전에 대한 존경, 숭배이지, 그것들이 유래한 유대 국가나 유대 문화에 대한 종속으로 생각지 않고 있다. 또한 이슬람 국가에서도 코란이나 메카에 대한 경배(敬拜)를 특정 국가, 지역에 대한 종속으로 여기지 않는다. 이런 상황이 가능했던 것은 기독교, 이슬람교 등이 그것들이 기원한 특정 지역, 종족에 국한되지 않는 보편성, 포괄성, 유연성을 지녔기 때문이다. 조선 후기 사인들이 중화 사상을 받아들인 것도 중화 문화가 지닌 그 같은 보편성, 포괄성, 유연성을 기반으로 했던 것이고, 실제로 중화 사상은 여러 다양한 태도들을 모두 포괄, 포용할 수 있을 만큼 폭넓고 유연했음을 앞 장들에서 보았다.

반면에 이 책에서 조선의 독자적, 독창적 측면은 상대적으로 소홀히 되었을 텐데, 이에는 어쩔 수 없는 면이 있었다. 그동안 우리 역사 연구가 주로 한국에서 독특한 독자적인 것을 찾으면서 좋은 점만, 긍정적, 발전적인 점만을 찾는 데 치중한 면이 있는데, 이를 지적하고 그 같은 편중을 시정하여 균형을 잡으려는 시도의 과정에서 반대편으로 치우치게 되었을 것이기 때문이다. 특히 한국의 역사에서 좋은 점과 독특한 점만을 주로 보고 부정적인 면은 외면하려고 하는 것은 제대로의 역사 이해에 방해가 되는 것이다. 흔히 한국사의 독특한 특성들로 드는 당쟁(黨爭), 노비(奴婢)제 등의 예들도 그것들이 한국사의 부정적 측면을 보여준다고 하여 외면만 할 것이 아니라 그 같은 요소들이 한국사에서 독특한 형태로 나타났던 것임을 받아들이고 그것들에 대해서도 연구함으로써 그것들이 한국 사회와 역사에서 어떤 의미를 지니고 어떤 역할을 했는지 제대로 이해하고 그것들에 부정적인 측면만 있는 것이 아님을 보일 수 있어야 한다. 조선 후기 사인들의 중국과 중화 문화에 대한 인식과 태도를 살펴본 이 책이 그 같은 균형 잡힌 시각의 연구가 자리 잡는 데에도 기여할 것을 기대한다.

　이와 관련해서 지적할 것은 조선에서 중국과 별도로 독자적으로 무엇인가를 하려고 한 경우에 접해서 성급하게 조선의 '자주성', '주체성'이나 중화 사상으로부터의 탈피 등을 보는 것은 잘못이라는 점이다. 세종대에 자주 드러난 조선과 중국의 '풍토부동(風土不同)'에 대한 인식도 조선의 독자성, 자주성의 방향으로 진전된 것이 아니라 '풍토부동'을 중화 문화의 구현에 대한 제약 요건으로 인식하고 그것을 극복해서 중국과 같은 문화 수준을 이루어내려는 생각에서 표명되었다는 문중양의 지적은 그런 점에서 수긍할 만하다.[2] 또한 이렇듯 중국을 철저히 본받아 중국의 수준에 달하려는 노력을 반드시 사대적이라거나 종속적이라고 부정적으로 볼 수는 없다는 점도 지적할 만하다. 이는 당시 절대적 대전제로 받아들여졌던 중국 중심의 동아시아 세계질서와 중화 사상의 틀 안에서 조선이 최고 수준을 이루겠다는 적극적인 노력이었기 때문이다. 오늘날 전 세계적으로 공유하는 현대 문화와 학문의 여러 영역들에서 최고의 수준, 이른바 '국제적' 수준을 지향하는 것이 당연한 것처럼 위에서 본 정조 시기의 여러 시도들은 당시 중화문화권 안에서 최고 수준을 지향하는, 조선으로서 당연히 지닐 만한 태도였다고 할 수 있다. 마지막 장에서 다룬 역법의 경우를 보아도, 중국 역법의 틀 안에 머물며 중국 수준의 역서를 목표로 했던 정조 시기 역 계산과 역서 간행 작업은 오늘날 서양에서 기원한

---

2)　문중양, "15세기의 '風土不同論'과 조선의 고유성", 『韓國史硏究』 162호(2013), 45-83쪽.

달력, 서력 기원, 그리니치(Greenwich) 기준의 경도(經度) 체계와 표준시(標準時) 등으로 이루어진 틀 안에서 그러한 것들을 사용하는 일이 당연시되듯이 당시로서는 당연한 일이었던 것이다.

한편 이 책에서는 조선 사인들이 중국과 중화 문화에 대해 지닌 인식과 태도의 복잡함을 새로운 시각에서 조망해보려는 시도의 하나로 중국이 중심이고 조선은 주변부인 '중심-주변부'의 시각을 제시하고 중국의 기물, 관념, 사조 등이 조선에 전래되는 데 있어서의 시간지연, 그리고 그 같은 시간지연에 수반되는 중국 원형의 변형, 왜곡에 대해서 논의했다. 물론 이 외의 다른 시각들에서의 새로운 조망이 가능할 것이다.

참고문헌

가. 원전류

- 이 목록에는 구체적 구절이나 그 내용을 본문에서 직접 인용한 문헌만 포함하며, 그 외에 본문에서 언급한 문헌들은 찾아보기에서 찾아볼 수 있다.
- 저자 이름은 가나다순으로 하되 저자가 없이 문헌 이름만 있는 경우는 문헌 이름으로 저자명을 대신한다.

姜再恒, 『立齋先生遺稿』

宮維漢, 『東槎餘談』

權近, 『陽村先生文集』

權尙夏, 『寒水齋先生文集』

『奎章總目』

金景善, 『燕轅直指』

金魯謙, 『性庵集』

金邁淳, 『臺山集』

金富軾, 『三國史記』

金尙憲, 『淸陰先生集』

金允植, 『雲養集』

金履安, 『三山齋集』

金鍾厚, 『本庵集』

金昌業, 『老稼齋燕行日記』

金昌協, 『農巖集』

金昌翕, 『三淵集』

金平黙, 『重菴先生文集』

南公轍, 『金陵集』

南秉哲, 『圭齋遺藁』

南有容, 『䨓淵集』

『論語』

『東國通鑑』

梅文鼎, 『歷算全書』

『孟子』

閔鼎重, 『老峯先生文集』

朴珪壽, 『瓛齋先生集』

朴世堂, 『西溪先生集』

朴世采, 『南溪先生文正集』

朴齊家, 『北學議』

朴齊家, 『貞蕤閣文集』

朴趾源, 『燕巖集』

『磻溪先生年譜』

卞季良, 『春亭先生文集』

『史記』

『尙書』

徐兢, 『宣和奉使高麗圖經』

徐命膺, 『箕子外記』

徐命膺, 『保晚齋集』

徐命膺, 『保晚齋叢書』

『書雲觀志』

徐有榘, 『金華知非集』

徐有榘, 『林園經濟志』

徐有聞, 『무오연행록』(규장각한글본)

徐有本, 『左蘇山人文集』

徐瀅修, 『明皐全集』

徐浩修, 『私稿』

徐浩修, 『燕行記』

徐浩修, 『海東農書』

薛鳳祚, 『曆學會通』

成大中, 『靑城雜記』

成大中, 『靑城集』

成海應, 『研經齋全集』

宋時烈, 『宋子大全』

『承政院日記』

申景濬, 『旅菴遺稿』

申箕善, 『陽園遺集』

申維翰, 『靑泉集』

『新增東國輿地勝覽』

愼後聃, 『西學辨』

安錫儆, 『霅橋集』

安鼎福, 『東史綱目』

安鼎福, 『萬物類聚』

安鼎福, 『順菴先生文集』

安鼎福, 『雜同散異』

梁誠之, 『訥齋集』

『禮記』

吳道一, 『西坡集』

吳熙常, 『老洲集』

雍正帝, 『大義覺迷錄』

禹夏永, 『千一錄』

熊明遇, 『格致草』

魏濬, 「利說荒唐惑世」

柳得恭, 『古芸堂筆記』

柳得恭, 『泠齋集』

柳得恭, 『燕臺再遊錄』

柳得恭, 『熱河紀行詩註』

柳夢寅, 『於于野談』

俞莘煥, 『鳳棲集』

柳麟錫, 『毅菴先生文集』

俞漢雋, 『自著』

柳馨遠, 『磻溪隨錄』

尹光紹, 『素谷先生遺稿』

尹愭, 『無名子集』

尹鳳九, 『屏溪先生集』

尹祥, 『別洞先生集』

尹行恁, 『碩齋稿』

尹鑴, 『白湖先生文集』

尹鑴, 『白湖全書』

李家煥, 『錦帶殿策』

李匡師, 『圓嶠集選』

李光地, 『榕村集』

李圭景,『五洲衍文長箋散稿』

李奎報,『東國李相國集後集』

李箕洪,『直齋集』

李德懋,『국역청장관전서』

李德懋,『雅亭遺稿』

李德懋,『靑莊館全書』

李晩采,『闢衛編』

李福休,『漢南集』

李穡,『牧隱文藁』

李書九,『惕齋集』

李涫,『燕途紀行』

李惟泰,『草廬先生文集』

李宜顯,『庚子燕行雜識』

李珥,『栗谷先生全書』

李瀷,『星湖僿說』

李瀷,『星湖僿說類選』

李瀷,『星湖先生全集』

李種徽,『修山集』

李重煥,『擇里志』

李夏坤,『頭陀草』

李恒老,『華西先生文集』

李獻慶,『艮翁先生文集』

李憲明,『淸史提要』

李衡祥,「井蛙談叢」

李滉,『退溪先生文集』

張維,『谿谷先生漫筆』

張顯光,『旅軒先生續集』

鄭道傳,『三峯集』

鄭東愈, 『晝永編』

鄭範祖, 『海左先生文集』

丁若鏞, 『與猶堂全書』

鄭蘊, 『桐溪先生文集』

鄭齊斗, 『霞谷集』

正祖, 『弘齋全書』

『正祖國葬都監儀軌』

鄭澔, 『丈巖先生集』

『祖鑑』

『朝鮮王朝實錄』

趙憲, 『重峯先生東還封事』

『尊周彙編』

『左傳』

『周易』

朱熹, 『論語精義』

朱熹, 『四書集注』

朱熹, 『小學』

朱熹, 『朱文公文集』

朱熹, 『朱子語類』

『增補文獻備考』

『千歲歷』

『淸聖祖仁皇帝實錄』

『淸世祖章皇帝實錄』

『淸太宗文皇帝實錄』

崔德中, 『燕行錄』

崔錫鼎, 『明谷集』

崔益鉉, 『勉菴先生文集』

『春秋繁露』

韓百謙, 『久菴遺稿』

『漢書』

韓元震, 『南塘先生文集』

韓愈, 「原道」

韓致奫, 『海東繹史』

許穆, 『記言』

胡安國, 『春秋胡氏傳』

洪敬謨, 『冠巖全書』

洪敬謨, 『冠巖存藁』

洪敬謨, 『耘石外史』

洪敬謨, 『叢史』

洪吉周, 『孰遂念』

洪吉周, 『沆瀣丙函』

洪樂純, 『大陵雜書』

洪大容, 『湛軒書』

洪萬宗, 『東國歷代總目』

洪錫謨, 『陶厓詩文選』

洪奭周, 『鶴岡散筆』

洪良浩, 『耳溪集』

洪汝河, 『東國通鑑提綱』

洪翼漢, 『花浦先生朝天航海錄』

洪直弼, 『梅山先生文集』

洪直弼, 『梅山雜識』

洪翰周, 『智水拈筆』

洪羲俊, 『傳舊』

黃景源, 『江漢集』

黃胤錫, 『圓嶠集選』

黃胤錫, 『頤齋亂藁』

黃胤錫,『頤齋遺藁』

『後漢書』

• 위의 문헌들 이외에 현대에 편찬된 다음의 자료집들이 있다.

成均館大學校 大東文化研究院 편,『燕行錄選集』(成均館大學校 大東文化研究院,
　　1960).

林基中 編,『燕行錄全集』(東國大學校 出版部, 2001).

나. 2차문헌

1. 한국어

姜明官, "조선후기 서적의 수입 · 유통과 장서가의 출현—18,19세기 京華世族
　　문화의 한 단면",『민족문학사연구』9(1996), 171-194쪽.

강석화, "관암 홍경모의 학문과 사상", 이종묵 편,『관암 홍경모와 19세기
　　학술사』, 3-40쪽.

계승범, "조선후기 중화론의 이면과 그 유산",『韓國史學史學報』19(2009),
　　39-81쪽.

계승범,『정지된 시간—조선의 대보단과 근대의 문턱』(서강대학교출판부,
　　2011).

계승범, "조선후기 조선중화주의와 그 해석 문제,"『韓國史研究』159호(2012),
　　265-294쪽.

具萬玉, "朝鮮後期 '地球'說 受容의 思想史的 意義",『韓國史의 構造와 展
　　開—河炫綱敎授定年記念論叢』(혜안, 2000), 717-747쪽.

구만옥, "16~17세기 조선 지식인의 서양 이해와 세계관의 변화",『동방학지』
　　122집(2003), 1-51쪽.

具萬玉,『朝鮮 後期 科學思想史 硏究 I. 朱子學的 宇宙論의 變動』(혜안, 2004).

구만옥, "조선왕조의 집권체제와 과학기술정책―조선전기 천문역산학의 정비과정을 중심으로",『東方學志』124집(2004), 219-272쪽.

구만옥, "세종, 조선 과학의 범형(範型)을 구축하다",『한국과학사학회지』35권(2013), 203-224쪽.

구만옥,『영조대 과학의 발전』(한국학중앙연구원출판부, 2015).

丘凡眞, "淸의 朝鮮使行 人選과 ʻ大淸帝國體制ʼ",『인문논총』59권(2008), 1-50쪽.

구범진,『청나라, 키메라의 제국』(민음사, 2012).

구범진, "조선의 청 황제 성절 축하와 건륭 칠순 ʻ진하외교ʼ",『한국문화』68 (2014), 215-248쪽.

김대중, "성호 이익―냉정한 우호의 정치학",『한국실학연구』18호(2009), 365-407쪽.

김대중, "내부 ≒ 외부에 대한 두 개의 시선―이덕무와 박제가",『韓國史硏究』162(2013. 9), 165-209쪽.

金明昊,『熱河日記 硏究』(창작과비평사, 1990).

김명호,『환재 박규수 연구』(창작과비평사, 2008).

金文植, "18세기 후반 徐命膺의 箕子 認識",『韓國史學史硏究』(나남출판사, 1997), 325-356쪽.

김문식, "『송사전』에 나타난 이덕무의 역사인식",『한국학논집』33집(1999), 29-51쪽.

김문식, "徐命膺의 생애와 규장각 활동",『정신문화연구』22(1999), 151-184쪽.

김문식,『정조의 경학과 주자학』(문헌과해석사, 2000).

김문식, "18세기 후반 順菴 安鼎福의 箕子 인식",『한국실학연구』2호(2000), 25-53쪽.

김문식, "조선후기 지식인의 자아인식과 타자인식―대청교섭을 중심으로", 『대동문화연구』(성균관대학교 대동문화연구원) 39권(2001), 425-467쪽.

김문식, "조선후기 지식인의 대외인식",『한국실학연구』5호(2003), 223-245쪽.

김문식, "星湖 李瀷의 箕子 인식", 『退溪學과 韓國文化』 33호(경북대학교 퇴계 연구소, 2003), 65-90쪽.

김문식, 『정조의 제왕학』(태학사, 2007).

김문식, 『조선후기 지식인의 대외인식』(새문사, 2009).

김문용, "동도서기론의 논리와 전개", 한국근현대사회연구회 개화파연구반 엮음, 『한국근대의 개화사상과 개화운동』(신서원, 1997), 247-291쪽.

김문용, "18세기 北學論의 문명론적 함의에 대한 검토", 『泰東古典研究』第19 輯(2003. 6), 79-104쪽.

김문용, 『홍대용의 실학과 18세기 북학사상』(예문서원, 2005).

김문용, "동국의식과 세계 인식―조선시대 집단적 자아의식의 한 단면", 『국학연구』 제14집(2009), 121-150쪽.

김백철, 『조선 후기 영조의 탕평정치―「속대전」의 편찬과 백성의 재인식』 (태학사, 2010).

金順姬, "『增補歷代總目』의 書誌學的 研究", 『서지학연구』 23집(2002), 149- 189쪽.

김슬기, "숙종대 관상감의 시헌력 학습―을유년 역서 사건과 그에 대한 관상감의 대응을 중심으로"(서울대학교 석사학위 논문, 2016).

김영민, "조선중화주의의 재검토―이론적 접근", 『한국사연구』 162(2013), 211-252쪽.

金永植, "李滉의 理氣觀과 新儒學 傳統上에서의 그 位置", 『退溪學報』 제81집 (退溪學研究院, 1994년 3월), 70-101쪽. ―김영식, 『유가 전통과 과학』 (예문서원, 2013), 40-70쪽에 재수록.

김영식, 『주희의 자연철학』(예문서원, 2005).

김영식, 『동아시아 과학의 차이―서양 과학, 동양 과학, 그리고 한국 과학』 (사이언스북스, 2013).

김영식, "서학(西學) 중국기원론의 출현과 전개", 김영식, 『동아시아 과학의 차이』, 113-134쪽.

김영식, "서양 과학, 우주론적 관념, 그리고 17-18세기 조선의 역학(易學)",

김영식, 『동아시아 과학의 차이』, 135-156쪽.

김영식, "한국 과학사 연구에서 나타나는 '중국의 문제'", 김영식, 『동아시아 과학의 차이』, 207-222쪽.

김영식, "한국 과학사 연구의 문제와 전망", 김영식, 『동아시아 과학의 차이』, 171-205쪽.

김영식, 『정약용의 문제들』(혜안, 2014).

김영식, "1735년 역서(曆書)의 윤달 결정과 간행에 관한 조선 조정의 논의", 『한국과학사학회지』 36(2014), 1-27쪽.

김영식, "조선 후기 역(曆) 계산과 역서(曆書) 간행 작업의 목표: '자국력'인가? 중국 수준의 역서인가?", 『한국과학사학회지』 39권(2017), 405-434쪽.

金英心, 鄭在薰, "朝鮮後期 正統論의 受容과 그 變化―修山 李種徽의 『東史』를 중심으로", 『한국문화』 26(2000), 171-200쪽.

김영진, "조선 후기 실학파의 총서 편찬과 그 의미―「삼한총서(三韓叢書)」, 「소화총서(小華叢書)」를 중심으로", 이혜순 등, 『한국 한문학 연구의 새 지평』(소명출판, 2005), 949-981쪽.

김종수, "西溪 朴世堂의 燕行錄과 북경 체류 32일", 『한국실학연구』 16호(2008), 7-50쪽.

김철범, "이조 후기의 동문선집과 산문비평의 전개", 『韓國 古文의 理論과 展開: 靑嵐 金都鍊先生 停年紀念論叢』(태학사, 1998), 251-305쪽.

김태년, "총론: '다름'들이 상생하는 대동(大同)의 장을 꿈꾸며", 인하대학교 한국학연구소 편, 『중국 없는 중화』(인하대학교출판부, 2009), 1-11쪽.

김호, "조선후기 華夷論 再考―'域外春秋'論을 중심으로", 『韓國史研究』 162(2013), 123-163쪽.

김홍백, "『大義覺迷錄』과 조선 후기 華夷論", 『한국문화』 56집(2011), 47-77쪽.

노관범, "1910년대 한국 유교지식인의 중국 인식―柳麟錫, 朴殷植, 李炳憲을 중심으로", 『民族文化』 40집(2012), 7-39쪽.

노관범, "대한제국기 『황성신문(皇城新聞)』의 중국 인식", 『韓國思想史學』 45집(2013), 35-63쪽.

盧大煥, "정조대의 서기수용 논의―'중국원류설'을 중심으로", 『한국학보』 99 (1999), 126-167쪽.

노대환, "조선후기 '西學中國源流說'의 전개와 그 성격", 『歷史學報』 178 (2003), 113-139쪽.

노대환, 『동도서기론 형성과정 연구』(일지사, 2005).

盧明鎬, "高麗時代의 多元的 天下觀과 海東天子", 『한국사연구』 105호(1999), 3-40쪽.

노명호, "고려 전기 천하관과 황제국 체제", 노명호 등, 『고려 역사상의 탐색』 (집문당, 2017), 3-23쪽.

노태돈, "5세기 금석문에 보이는 고구려인의 천하관", 『한국사론』 19권(1988), 31-66쪽.

샤를르 달레 지음, 安應烈, 崔奭祐 옮김, 『韓國 天主敎會史』(한국교회사연구소, 1980-1987).

문중양, "18세기 조선 실학자의 자연지식의 성격―象數學的 宇宙論을 중심으로", 『한국과학사학회지』 21(1999), 27-57쪽.

문중양, 『조선후기 水利學과 水利 담론』(집문당, 2000).

문중양, "18세기 후반 조선 과학기술의 추이와 성격―정조대 정부 부문의 천문역산 활동을 중심으로", 『역사와 현실』 39(2001), 199-231쪽.

문중양, "崔漢綺의 기론적 서양과학 읽기와 기륜설", 『大東文化硏究』 43집 (2003), 273-311쪽.

문중양, "세종대 과학기술의 '자주성' 다시보기", 『歷史學報』 189(2006), 39-72쪽.

문중양, "19세기 초·중반 조선 과학의 지형과 역사성", 『19세기 조선사회의 역사성과 정체성―역사 지표의 변화양상을 중심으로』(규장각 국제워크숍 발표논문집, 2009. 11. 12.-13.), 29-43쪽.

문중양, "18세기 후반 조선 과학의 역사 시간", 김인걸 외, 『정조와 정조 시대』 (서울대 출판문화원, 2011), 17-56쪽.

문중양, "홍경모의 역법관과 '東曆' 인식", 이종묵 편, 『관암 홍경모와 19세기 학술사』, 211-244쪽.

문중양, "'鄕曆'에서 '東曆'으로: 조선후기 自國曆을 갖고자 하는 열망", 『歷史學報』 218집(2013), 237-270쪽.

문중양, "15세기의 '風土不同論'과 조선의 고유성", 『韓國史研究』 162호(2013), 45-83쪽.

문중양, 『조선후기 과학사상사―서구 우주론과 조선 천지관의 만남』(들녘, 2016).

閔斗基, "中體西用論考", 『中國 近代改革運動의 硏究―康有爲 中心의 1898改革運動』(一潮閣, 1985), 2-52쪽.

민족과사상연구회, 『四端七情論』(曙光社, 1992).

민족문화추진회 편, 『국역청장관전서』 영인본(솔, 1997).

閔賢九, "高麗中期 三國復興運動의 역사적 의미", 『한국사시민강좌』 제5집(1989), 82-108쪽.

박광용, "箕子朝鮮에 대한 認識의 변천", 『韓國史論』 6(1980), 251-296쪽.

박권수, "徐命膺의 易學的 天文觀", 『한국과학사학회지』 20(1998), 57-101쪽.

박권수, "최한기의 천문학 저술과 기륜설", 『과학사상』 30(1999), 89-115쪽.

박권수, "서명응, 서호수 부자의 과학활동과 사상―천문역산 분야를 중심으로", 『한국실학연구』 11(2006), 109-125쪽.

박권수, "조선의 역서(曆書) 간행과 로컬사이언스", 『한국과학사학회지』 35(2013), 69-103쪽.

박권수, "조선 후기 역서(曆書) 간행에 참여한 관상감 중인 연구", 『한국과학사학회지』 37(2015), 119-145쪽.

朴星來, "洪大容의 科學思想", 『한국학보』 23(1981), 159-180쪽.

박성래, 『한국사에도 과학이 있는가』(교보문고, 1998).

박종배, "조선시대 문묘 향사 위차의 특징과 그 교육적 시사―명, 청 시기 중국과의 비교를 중심으로", 『한국교육사학』 34권 3호(2012), 1-21쪽.

박종채, 박희병 옮김, 『나의 아버지 박지원』(돌베개, 1998), 143쪽.

朴現圭, "中國에서 刊行된 朝鮮後四家 著書物 總攬", 『韓國漢文學研究』 24집(1999), 273-292쪽.

朴現圭, "조선 金正喜의 《東古文存》에 대한 再論", 『동아인문학』 3집(2003), 357-380쪽.

박희병, 『범애와 평등—홍대용의 사회사상』(돌베개, 2013).

배우성, 『조선후기 국토관과 천하관의 변화』(일지사, 1998).

배우성, "조선후기 지식인의 漢語 인식과 滿洲語", 『朝鮮時代史學報』 43호(2007), 133-166쪽.

배우성, "조선후기 中華 인식의 지리적 맥락", 『韓國史研究』 158호(2012), 159-195쪽.

배우성, 『조선과 중화—조선이 꿈꾸고 상상한 세계와 문명』(돌베개, 2014).

배우성, 『독서와 지식의 풍경—조선 후기 지식인들의 읽기와 쓰기』(돌베개, 2015).

배우성, "『조선과 중화』와 나"(규장각 특강, 2015. 1. 22. 발표문).

裵宗鎬, "退溪의 宇宙觀—理氣論을 중심으로", 『退溪學研究』 제1집(1987), 1-21쪽.

裵賢淑, "朝鮮에 傳來된 天主敎 書籍", 한국교회사연구소 편, 『한국교회사논문집』(한국교회사연구소, 1984), pp. 1-34.

백민정, 『정약용의 철학—주희와 마테오 리치를 넘어 새로운 체계로』(이학사, 2007).

도날드 베이커 지음, 김세윤 옮김, 『朝鮮後期 儒敎와 天主敎의 대립』(一潮閣, 1997).

손혜리, "18세기 후반-19세기 전반 조선 지식인들의 明 遺民에 대한 기록과 편찬의식—李德懋의 『磊磊落落書』와 成海應의 『皇明遺民傳』을 중심으로", 『한국실학연구』 28호(2014), 327-361쪽.

송영배, "홍대용의 상대주의적 사유(思惟)와 변혁의 논리—특히 「장자(莊子)」의 상대주의적 문제의식과의 비교를 중심으로", 『한국학보』 20권 1호(1994), 112-134쪽.

宋日基, 尹珠英, "中國本 西學書의 韓國 傳來에 관한 文獻的 考察", 『서지학연구』 15(1998), 159-195쪽.

신동원, 『동의보감과 동아시아 의학사』(들녘, 2015).

신민철, "서명응(1716-1787)의 팔도 주야, 절기 시각 표기론의 형성과 전개" (미발표 초고).

沈慶昊, "18세기 후반, 19세기 전반의 한국문학에 나타난 실학적 특성에 관한 일 고찰", 『韓國實學硏究』 5호(2003), 247-291쪽.

심경호, "실학 시대의 여행", 『韓國實學硏究』 12호(2006), 47-89쪽.

沈載勳, "華夷觀의 前史―商周시대 自他 의식의 형성", 『東洋史學硏究』 131집 (2015), 189-231쪽.

안대옥, "18세기 正祖期 朝鮮 西學 受容의 系譜", 『東洋哲學硏究』 71집(2012), 55-90쪽.

安大會, "李睟光의 『芝峯類說』과 조선 후기 名物考證學의 전통", 『震檀學報』 98(2004), 267-289쪽.

안대회, "임원경제지(林園經濟志)를 통해 본 서유구의 이용후생학(利用厚生學)", 『韓國實學硏究』 11호(2006), 47-72쪽.

오상학, "다산 정약용의 지리사상地理思想", 『茶山學』 10(2007), 105-131쪽.

王元周, "조선 후기 북벌대의론의 변화와 영향: '조선중화주의'에 대한 시론", 『社會科學論集』(연세대학교 사회과학연구소) 40집(2009), 1-36쪽.

우경섭, "송시열의 화이론(華夷論)과 조선중화주의의 성립", 『진단학보』 101(2006), 257-289쪽.

우경섭, "朝鮮中華主義에 대한 학설사적 검토", 『韓國史硏究』 159호(2012), 237-263쪽.

우경섭, "조선후기 귀화 한인(漢人)과 황조유민(皇朝遺民) 의식", 『한국학연구』 (인하대학교 한국학연구소) 27집(2012), 333-365쪽.

우경섭, 『조선중화주의의 성립과 동아시아』(유니스토리, 2013).

원재린, "星湖 學派의 '致疑' 學風과 經傳 學習法", 한국사연구회 편, 『韓國實學의 새로운 摸索』(경인문화사, 2001), 411-438쪽.

유봉학, "北學思想의 形成과 그 性格―湛軒 洪大容과 燕巖 朴趾源을 중심으로", 『韓國史論』 8(1982), 183-246쪽.

유봉학,『燕巖一派 北學思想 研究』(一志社, 1995).

尹絲淳,『退溪哲學의 研究』(고려대학교출판부, 1980).

尹絲淳, "退溪의 宇宙生成觀",『退溪學報』제39집(1983), 24-39쪽.

이군선, "기윤(紀昀)과 조선문인과의 교유와 그 의미",『漢文敎育研究』24
    (2005), 337-366쪽.

李晩采, 金時俊 譯,『新完譯 闢衛編—韓國天主教迫害史』(明文堂, 1987).

이면우, 허윤섭, 박권수 역주,『서운관지』(소명출판, 2003).

이상혁, "조선 후기 훈민정음의 유통과 담론의 양상",『韓國實學研究』29호
    (2015), 7-44쪽.

李成珪, "『宋史筌』의 編纂背景과 그 特色—朝鮮學人의 中國史編纂에 關한
    一研究",『震檀學報』49호(1980), 85-114쪽.

李成珪, "中華思想과 民族主義",『철학』37집(1992), 31-67쪽.

이성규, "명청 史書의 '曲筆'과 조선의 '辨誣'",『오송 이공범교수 정년기념동
    양사논총』(서울: 1993), 508-528쪽.

이성규, "中華帝國의 팽창과 축소: 그 이념과 실체",『역사학보』186집(2005),
    87-133쪽.

李完宰,『朴珪壽 研究』(集文堂, 1999).

李佑成 編,『雪岫外史』(亞細亞文化社, 1986).

이종묵, "한시의 보편적 가치와 조선후기 중국 문인과의 시문 교류",『韓國詩
    歌研究』30(2011), 35-64쪽.

이종묵 편,『관암 홍경모와 19세기 학술사』(景仁文化社, 2011).

이창익,『조선시대 달력의 변천과 세시의례』(창비, 2013).

李學堂, 牛林傑, "17-18세기 中·韓 文人 間의 文化交流와 相互作用 現象 一考
    察,"『韓國實學研究』19호(2010), 55-86쪽.

李賢九,『崔漢綺의 氣哲學과 西洋 科學』(대동문화연구원, 2000).

임종태, "무한우주의 우화—홍대용의 과학과 문명론",『역사비평』(2005,
    여름): 261-285쪽.

임종태, "'극동(極東)과 극서(極西)의 조우': 이기지(李器之)의『일암연기(一菴

燕記)』에 나타난 조선 연행사의 천주당 방문과 예수회사의 만남", 『한국
　　과학사학회지』 31(2009), 377~411쪽.

임종태, "'서양의 물질문화와 조선의 衣冠': 李器之의 『一菴燕記』에 묘사된
　　서양 선교사와의 문화적 교류", 『韓國實學硏究』 24호(2012), 367~401쪽.

임종태, 『17, 18세기 중국과 조선의 서구 지리학 이해—지구와 다섯 대륙의
　　우화』(창비, 2012).

임종태, "정조대 북학론과 그 기술 정책"(『한국과학문명사』 프로젝트 전통팀
　　2017년 11월 세미나 발표문).

林熒澤, "『사대고례事大考例』와 정약용의 대청관계對淸關係 인식", 『茶山學』
　　12호(2008), 25~47쪽.

林熒澤, "17~19세기 동아시아 상황과 燕行·燕行錄", 『韓國實學硏究』 20호
　　(2010), 7~28쪽.

임형택, "『列朝詩集』·『明詩綜』과 朝鮮詩部—한문 세계의 중심과 주변",
　　『제7회 규장각한국학심포지엄 발표자료집』(규장각한국학연구원, 2014.
　　8. 21.-8. 22), 25~40쪽.

장유승, "이종휘(李種徽)의 자국사(自國史) 인식과 소중화주의(小中華主義)",
　　『민족문학사연구』 35(2007), 40-82쪽.

전상운, "조선 전기의 과학과 기술—15세기 과학기술사 연구재론", 『한국과
　　학사학회지』 14(1992), 141-168쪽.

전용훈, "17-18세기 서양과학의 도입과 갈등—時憲曆 施行과 節氣配置法에
　　대한 논란을 중심으로", 『東方學志』 117집(2002), 1~49쪽.

전용훈, "조선후기 서양천문학과 전통천문학의 갈등과 융화"(서울대학교 박사
　　학위 논문, 2004).

전용훈, "17·18세기 서양 천문역산학의 도입과 전개—時憲曆의 수입과 시행
　　을 중심으로", 연세대학교 국학연구원 편, 『韓國實學思想硏究 4. 科學
　　技術篇』(혜안, 2005), 275-333쪽.

전용훈, "19세기 조선 지식인의 서양과학 읽기—최한기의 기학과 서양과학",
　　『역사비평』 81호(2007. 11), 247-284쪽.

전용훈, "정조대의 曆法과 術數學 지식:『千歲曆』과『協吉通義』를 중심으로",
　　　『한국문화』54집(2011), 311-338쪽.

전용훈, "19세기 조선에서 서양 과학과 천문학의 성격―청조 고증학의 영향
　　　을 중심으로",『한국과학사학회지』35(2013), 435-464쪽.

전용훈, "고려시대의 曆法과 曆書",『한국중세사연구』39호(2014), 193-257쪽.

전용훈, "한국 천문학사의 한국적 특질에 관한 시론: 세종 시대 역산(曆算)
　　　연구를 중심으로",『한국과학사학회지』38(2016), 1-34쪽.

전용훈,『한국 천문학사』(들녘, 2017).

丁奎英,『俟菴先生年譜』(正文社, 1984).

정명현, "서유구(徐有榘, 1764-1845)의 선진 농법 제도화를 통한 국부창출론:
　　　「의상경계책(擬上經界策)」의 해제 및 역주"(서울대학교 박사학위논문,
　　　2014).

정민, "18, 19세기 조선 지식인의 병세의식(並世意識)",『한국문화』54집
　　　(2011), 183-204쪽.

정순우, "다산에 있어서의 천과 상제,"『茶山學』9호(2006), 5-39쪽.

정옥자, "大報壇 創設에 관한 硏究", 邊太燮博士 華甲紀念 史學論叢刊行委
　　　員會 編,『邊太燮博士華甲紀念史學論叢』(三英社, 1985), 527-550쪽.

정옥자,『조선후기 조선중화사상연구』(일지사, 1998).

정일균,『다산 사서경학 연구』(일지사, 2000).

鄭在薰, "조선후기 史書에 나타난 中華主義와 民族主義",『韓國實學硏究』
　　　8(2004), 299-323쪽.

정재훈, "19세기 조선의 출판문화―관찬서(官撰書)의 간행을 중심으로",
　　　『한국문화』54(2011), 131-152쪽.

정혜중, "명청중국과 조선사행의 지적 교류",『東洋史學硏究』111집(2010),
　　　33-61쪽.

趙成山, "조선후기 소론계의 古代史 연구와 中華主義의 변용",『歷史學報』
　　　202집(2009), 49-90쪽.

趙成山, "18세기 후반~19세기 전반 對淸認識의 변화와 새로운 中華 관념의

형성", 『韓國史研究』 145(2009), 67-113쪽.

조성산, "조선후기 소론계의 東音 인식과 訓民正音 연구", 『韓國史學報』 36호
　　(2009), 87-118쪽.

조성산, "18세기 후반~19세기 전반 '朝鮮學' 형성의 전제와 가능성", 『東方
　　學志』 148(2009), 179-240쪽.

조성산, "18세기 후반~19세기 전반 조선 지식인의 語文 인식 경향", 『한국
　　문화』 47(2009), 177-202쪽.

조성산, "18세기 후반-19세기 전반 조선의 碑學 유행과 그 의미", 『정신문화
　　연구』 33권(2010), 129-161쪽.

조성산, "조선후기 西人 · 老論의 풍속인식과 그 기원", 『史學研究』 102호
　　(2011), 39-77쪽.

조성산, "18세기 후반~19세기 중반 朝鮮 세시풍속서 서술의 특징과 의의—
　　'中國' 인식의 문제를 중심으로", 『朝鮮時代史學報』 60輯(2012), 183-
　　221쪽.

조성산, "18세기 말~19세기 전반 조선의 自國文獻에 대한 관심확대와 그
　　의의", 『중화문물과 조선의 정체성』(한국사연구회 · 템플턴 「동아시아의 과
　　학과 종교」 프로젝트 연합학술회의 자료집, 2013. 4. 19.-4. 20.), 73-94쪽.

조성산, "조선 후기 성호학과 '지역성'의 문제", 『조선시대 지식 · 지식인 재
　　생산체계—17~18세기 여주 이씨를 중심으로』(고려대학교 민족문화연
　　구원 "조선시대 지식 · 지식인 재생산체계" 연구팀 제2차 학술회의 자료집,
　　2013. 4. 26.), 67-85쪽.

조성산, "조선후기 성호학의 '지역성' 담론", 『민족문화연구』 60(2013), 25-
　　56쪽.

조성산, "19세기 조선의 동문의식과 한문근대", 미야지마 히로시 엮음, 『동아
　　시아는 몇 시인가?』(너머북스, 2015), 204-233쪽.

좌담, "다산, 주자학, 그리고 서학", 『茶山學』 제2호(2001), 210-271쪽.

지두환, "인조대 후반 친청파와 반청파의 대립—심기원, 임경업 옥사를 중심
　　으로", 『한국사상과 문화』 9(2000), 101-121쪽.

진재교, "18세기 조선조와 청조 학인(學人)의 학술교류—홍양호와 기윤을 중심으로", 『古典文學研究』 23집(2003), 301-326쪽.

채웅석, "원간섭기 성리학자들의 화이관과 국가관", 『역사와 현실』 49(2003), 99-124쪽.

최갑순, 김상범, "淸朝 支配의 理念的 指向과 國家祭祀 運營—順治~乾隆時期를 중심으로", 『역사문화연구』(한국외국어대학교 역사문화연구소) 34집(2009), 339-387쪽.

최경숙, 『황성신문연구』(부산외국어대학교 출판부, 2010).

崔博光, "李德懋의 中國體驗과 學問觀", 『大東文化研究』 27輯(1992), 49-79쪽.

崔炳憲, "고려 시대 단군신화 전승문헌의 검토", 윤이흠 등, 『檀君: 그 이해와 자료』(서울대출판부, 1994), 139-157쪽.

崔相天, "李家煥과 西學", 『韓國敎會史論文集』 II(1984), 41-67쪽.

최소자, 『淸과 朝鮮—근세 동아시아의 상호인식』(혜안, 2005).

최식, "19세기 '實事求是'의 다양한 층위와 학적 지향", 『韓國實學研究』 19호(2010), 255-286쪽.

崔完秀, "秋史書派考", 『澗松文華』 19호(韓國民族美術研究所, 1980).

최재건, 『조선후기 서학의 수용과 발전』(한들출판사, 2005).

최종석, "조선 초기 국가 위상과 '聲敎自由'", 『韓國史研究』 162(2013), 3-44쪽.

河宇鳳, 『朝鮮後期實學者의 日本觀研究』(一志社, 1992).

하현강, "고려시대의 역사계승의식", 『이화사학연구』 8(1975), 12-20쪽.

한국근현대사회연구회 개화파연구반 엮음, 『한국근대의 개화사상과 개화운동』(신서원, 1997).

한국사상사연구회 편, 『인성물성론』(한길사, 1994).

한명기, "재조지은(再造之恩)과 조선후기 정치사—임진왜란~정조대 시기를 중심으로", 『대동문화연구』 59권(2007), 191-230쪽.

한명기, 『정묘·병자호란과 동아시아』(푸른역사, 2009).

韓永愚, 『朝鮮前期 史學史 研究』(서울대학교출판부, 1981).

韓永愚, 『朝鮮後期史學史研究』(一志社, 1989).

한영우, 『정조의 화성행차, 그 8일』(효형출판, 1998).

한영호, 남문현, "朝鮮의 更漏法", 『동방학지』 143집(연세대학교 국학연구원, 2008), 167-218쪽.

한영호, 이은희, "麗末鮮初 本國曆 완성의 道程", 『동방학지』 155집(연세대학교 국학연구원, 2011. 9), 31-75쪽.

한형조, 『주희에서 정약용으로—조선 유학의 철학적 패러다임 연구』(세계사, 1996).

허윤섭, "정조말~순조초의 農政개혁 논의를 통해 보는 曆象개혁에 대한 당시의 두세 가지 추구 방향"(한국과학사학회 2010년 추계학회 발표문, 2010. 11. 5.).

허태구, "崔鳴吉의 主和論과 對明義理", 『韓國史研究』 162(2013), 87-122쪽.

허태구, "丙子胡亂 이해의 새로운 시각과 전망—胡亂期 斥和論의 성격과 그에 대한 맥락적 이해", 『奎章閣』 47(2015), 163-200쪽.

허태용, "'북학사상'을 연구하는 시각의 전개와 재검토", 『오늘의 동양사상』 14(예문 동양사상연구원, 2006), 315-354쪽.

허태용, 『조선후기 중화론과 역사인식』(아카넷, 2009).

허태용, "17,18세기 北伐論의 추이와 北學論의 대두", 『大東文化研究』 69집 (2010), 373-418 중 405쪽.

허태용, "동아시아 중화질서의 변동과 조선왕조의 정치·사상적 대응"(서울대학교 Templeton 과학과 종교 프로젝트 세미나 발표문, 2013. 11. 14.).

허태용, "조선후기 東國意識의 系譜 검토와 역사적 이해"(서울대 역사연구소 발표문, 2014. 12. 6.).

허태용, "전근대 동국의식의 역사적 성격 재검토", 『역사비평』 111호(역사비평사, 2015년 여름), 443-470쪽.

허태용, "朝鮮王朝의 건국과 國號 문제", 『韓國史學報』 61(2015), 145-172쪽.

홍대용 지음, 김태준, 박성순 옮김, 『산해관 잠긴 문을 한 손으로 밀치도다』 (돌베개, 2001).

洪性鳩, "청질서의 성립과 조청관계의 안정화: 1644-1700", 『東洋史學研究』 140輯(2017), 155-194쪽.

후마 스스무(夫馬進) 지음, 정태섭 옮김, 『연행사와 통신사』(신서원, 2008).

2. 중국어·일본어

• 저자 이름 한자의 한국어 발음 가나다순으로 배열한다.

葛榮晉 主編, 『中國實學思想史』(北京: 首都師範大學出版社, 1994).

葛兆光, 『想像異域—讀李朝朝鮮漢文燕行文獻札記』(北京: 中華書局, 2014).

高橋亨, "李朝儒學史における主理主氣派の發達", 『朝鮮支那文化の研究』 (東京, 1929), 141-281쪽.

渡邊英幸, 『古代〈中華〉觀念の形成』(東京: 岩波書店, 2010).

薄樹人 主編, 『中國科學技術典籍通彙. 天文卷六』(鄭州: 河南教育出版社, 1995).

徐宗澤編, 『明淸間耶穌會士譯著提要』(北京: 中華書局, 1949 影印本).

徐昌治 輯, 『明朝破邪集』(四庫未收書 輯刊) 10輯 4冊(北京: 北京出版社, 1998).

艾尓曼(Benjamin A. Elman), "朝鮮鴻儒金正喜與淸朝乾嘉學術", 『世界漢學』 14(中國人民大學漢學研究中心, 2014), 35-48쪽.

王揚宗, "'西學中源'說在明淸之際的由來及其演變", 『大陸雜誌』(臺北) 90:6(1995), 39-45쪽.

王重民 輯校, 『徐光啓集』(上海: 中華書局, 1963).

林宗台, "17,18世紀朝鮮天文學者的北京旅行—以金尙范和許遠的事例中心", 『自然科學史研究』33卷(2013), 446-455쪽.

張永堂, 『明末方氏學派研究初編—明末理學與科學關係試論』(臺北: 文鏡文化 事業有限公司, 1987).

張永堂, 『明末淸初理學與科學關係再論』(臺北: 學生書局, 1994).

全勇勳, "韓國の曆書の曆注", 東アジア怪異學會 編, 『アジア遊學 187: 怪異を媒介するもの』(京都: 勉誠出版, 2015), 265-271쪽.

川原秀城, 『朝鮮數學史—朱子學的な展開とその終焉』(東京: 東京大學出版會, 2010)—번역본: 가와하라 히데키 지음, 안대옥 옮김, 『조선수학사—주자학적 전개와 그 종언』(예문서원, 2017)

3. 영어

Brockey, Liam Matthew. *Journey to the East: The Jesuit Mission to China, 1579-1724*(Cambridge, Mass.: Harvard University Press, 2007).

Chu, Pingyi. "Remembering Our Grand Tradition: The Historical Memory of the Scientific Exchanges between China and Europe, 1600-1800", *History of Science* 41(2003), pp. 193-215.

de Bary, William Theodore, ed. *The Unfolding of Neo-Confucianism* (New York: Columbia University Press, 1975).

Eggert, Marion. "Knowledge Trans/formation and Imagination: The Case of 'Records of Records' in *Yŏrha Ilgi*," *Horizons: Seoul Journal of Humanities* 7(2016), pp. 29-44.

Elman, Benjamin A. *From Philosophy to Philology: Intellectual and Social Aspects of Change in Late Imperial China*(Cambridge, Mass.: Harvard University Press, 1984).

Henderson, John B. *The Development and Decline of Chinese Cosmology* (New York: Columbia University Press, 1984)—번역본: 문중양 역, 『중국의 우주론과 청대의 과학혁명』(소명출판, 2004).

Kim, Yung Sik. "The 'Problem of China' in the Study of the History of Korean Science: Korean Science, Chinese Science, and East Asian Science," *Disquisitions on the Past and Present* no. 18(Taipei:

Institute of History and Philology, Academia Sinica, 2008), pp. 185–198.

Lim, Jongtae, "Learning 'Western' Astronomy from 'China': Another Look at the Introduction of the *Shixian li* Calendrical System into Late Chosŏn Korea," *The Korean Journal for the History of Science* 34(2012), pp. 205–225.

Lim, Jongtae. "Tributary Relations between the Chosŏn and Ch'ing Courts to 1800," Willard J. Peterson, ed., *The Cambridge History of China*, vol. 9 The Ch'ing Empire to 1800, Part 2(Cambridge University Press, 2016), pp. 146–196.

Lü, Lingfeng. "Eclipses and the Victory of European Astronomy in China," *East Asian Science, Technology, and Medicine* 27(2007), pp. 127–145.

Morris-Suzuki, Tessa. *The Technological Transformation of Japan: From the Seventeenth to the Twenty-first Century*(Cambridge: Cambridge University Press, 1994).

Mungello, David E., ed. *The Chinese Rites Controversy: Its History and Meaning*(Nettetal: Steyler Verlag, 1994).

Nakayama, Shigeru. "The Spread of Chinese Science into East Asia," Yung Sik Kim and Francesca Bray, eds., *Current Perspectives in the History of Science in East Asia*(Seoul: Seoul National University Press, 1999), pp. 13–20.

Peterson, Willard J. "Confucian Learning in Late Ming Thought," in Denis Twitchett and Frederick W. Mote, eds., *The Cambridge History of China*, volume 8(Cambridge: Cambridge University Press, 1998), pp. 708–788.

Peterson, Willard J. "Learning from Heaven: The Introduction of Christianity and Other Western Ideas into Late Ming China," in

Denis Twitchett and Frederick W. Mote, eds., *The Cambridge History of China*, volume 8(Cambridge: Cambridge University Press, 1998), pp. 789-839.

Ricci, Matteo. *China in the Sixteenth Century: The Journals of Matthew Ricci: 1582-1610*, ed. Nicholas Trigault, tr. Louis Gallagher(New York: Random House, 1953).

Shi, Yunli, "The Origin and Confluence of Three Neo-Confucian Cliques in Natural Philosophy in the Seventeenth Century," *Comparative Perspectives on the Introduction of Western Science into East Asian Countries during the late Chosŏn Period*(Kyujanggak International Workshop, Seoul, 16-18 October 2007), pp. 138-162.

Standaert, Nicolas, ed. *Handbook of Christianity in China. Volume One: 635-1800*(Leiden: Brill, 2001).

Tu, Wei-ming. "T'oegye's Creative Interpretation of Chu Hsi's Philosophy of Principle," 『退溪學報』 35(1982), 35-57쪽.

찾아보기

김영식(金永植)

1969년 서울대학교 화학공학과를 졸업하고 미국 하버드 대학교에서
화학물리학 박사, 프린스턴 대학교에서 역사학 박사 학위를 받았다.
1977년부터 2001년까지 서울대학교 화학과 교수로, 2001년부터는 동양사학과로 옮겨
2013년 정년퇴임 시까지 재직하고 현재는 명예교수로 있다.
1984년부터 퇴임 시까지 '과학사 및 과학철학 협동과정'에 겸임교수로 있었으며,
2006년부터 2010년까지는 서울대학교 규장각한국학연구원 원장을 역임했다.
저서로 『주희의 자연철학』, 『정약용의 문제들』, 『유가전통과 과학』 등이 있다.

중국과 조선, 그리고 중화

대우학술총서 620

1판 1쇄 펴냄 | 2018년 12월 6일
1판 2쇄 펴냄 | 2019년 9월 30일

지은이 | 김영식
펴낸이 | 김정호
펴낸곳 | 아카넷

출판등록 | 2000년 1월 24일(제406-2000-000012호)
주소 | 10881 경기도 파주시 회동길 445-3
전화 | 031-955-9510 (편집)·031-955-9514 (주문)
팩시밀리 | 031-955-9519
책임편집 | 이하심
www.acanet.co.kr

© 김영식, 2018

Printed in Seoul, Korea.

ISBN 978-89-5733-613-7 94910
ISBN 978-89-89103-00-4 (세트)

이 도서의 국립중앙도서관 출판예정도서목록(CIP)은
서지정보유통지원시스템 홈페이지(http://seoji.nl.go.kr)와
국가자료공동목록시스템(http://www.nl.go.kr/kolisnet)에서 이용하실 수 있습니다.
(CIP제어번호: CIP2018035652)